铁路路基与支挡结构工程抗震

杨果林　林宇亮　杨　啸　著

科学出版社

北　京

内 容 简 介

本书结合汶川地震等地震灾害诱发的铁路、公路路基与支挡结构的破坏模式，针对地震高烈度区复杂地质条件山区铁路建设这一工程实际难题，通过现场调研、振动台模型试验、数值分析、理论分析等手段，对路基与支挡结构抗震动力特性及其抗震设计方法开展研究。包括：对汶川地震公路、铁路路基与支挡结构进行现场震害调研与分析；开展铁路路基边坡、支挡结构-基覆边坡、支挡结构-顺层岩质边坡以及加筋土挡墙地震动力响应特性振动台试验；对支挡结构-基覆边坡、支挡结构-顺层边坡进行数值模拟分析；基于塑性极限分析上限定理，推导地震土压力上限解；研究基覆边坡支挡结构地震动位移模式；对比和分析国内外支挡结构抗震规范和抗震设计方法；研究多级锚杆挡墙静动稳定性分析与抗震设计方法。研究成果可为铁路和公路路基震害防治提供依据，为复杂地质条件山区铁路建设支挡结构选型与抗震设计提供参考，部分研究成果已纳入《铁路工程抗震设计规范》修订中。

本书可供从事岩土工程、道路与铁道工程、结构工程抗震的工程技术人员参考。

图书在版编目（CIP）数据

铁路路基与支挡结构工程抗震/杨果林，林宇亮，杨啸著．—北京：科学出版社，2015.9
  ISBN 978-7-03-045868-1

Ⅰ.①铁⋯ Ⅱ.①杨⋯ ②林⋯ ③杨⋯ Ⅲ.①铁路路基-支挡结构-防震设计 Ⅳ.①U213.1

中国版本图书馆 CIP 数据核字（2015）第 231578 号

责任编辑：刘凤娟 / 责任校对：彭 涛
责任印制：张 伟 / 封面设计：陈 敬

科学出版社 出版
北京东黄城根北街 16 号
邮政编码：100717
http://www.sciencep.com

北京盛通商印快线网络科技有限公司 印刷
科学出版社发行　各地新华书店经销

*

2015 年 12 月第 一 版　开本：720×1000　1/16
2020 年 3 月第二次印刷　印张：32 1/2
字数：643 000

定价：189.00 元
（如有印装质量问题，我社负责调换）

前　言

我国地处环太平洋地震带与欧亚地震带之间,是世界上大陆地震最活跃、地震灾害最严重的国家之一。2008年5月12日汶川地震,由于部分路基与边坡支挡未设防或防护不足,发生大规模的路基震陷、边坡滑落崩坍、支挡失效等灾害,给人民生命财产安全带来巨大损失。汶川特大地震对路基、边坡支挡结构的抗震性能提出了新的挑战。研究地震区地震作用下路基与支挡结构的动力响应,选取合理的路基与支挡结构形式,修订当前的抗震设计行业规范显得十分迫切。

本书以山区大瑞铁路工程建设为背景,依托原铁道部科技开发计划项目"高陡边坡特殊支挡工程抗震技术研究"(编号:2008G028-D)和"铁路路基工程抗震设计标准与方法研究"(编号:2008G010-A);国家自然科学基金项目"高速铁路路基长期动力稳定性评价方法研究"(编号:51278499)、"高速铁路路膨胀土路堑新型基床结构研究"(编号:51478484)、"挡墙黏性土地震土压力非线性分布的分析方法研究"(编号:51308551);湖南省自然科学基金项目"挡墙地震动土压力非线性分布的分析方法研究"(编号:13JJ4017)。采取现场调研、理论分析、振动台模型试验、数值模拟等方法,开展如下的主要研究工作:汶川地震路基及支挡结构震陷现场调查;铁路路堤地震响应振动台试验;支挡结构-加筋挡墙试验研究;支挡结构-边坡振动台模型试验;支挡结构地震动位移模式;边坡支挡结构的数值模拟分析;多级支挡结构地震土压力的极限分析;支挡结构抗震设计方法等。研究成果将为修订《铁路工程抗震设计规范》提供依据,并为地震地区支挡结构提出总体效果最优的不同类型的支挡结构组合体系。

本书是在课题组林宇亮、文畅平、李昀的博士学位论文,易岳林、何丽平、钟正的硕士学位论文,以及课题研究成果报告的基础上整理而成的,在形成过程中申权博士做了大量的整理工作,在此表示感谢!

作者在完成本书过程中,得到了原铁道部、国家自然科学基金委员会的大力支持;得到了中国中铁二院工程集团有限责任公司冯俊德、薛元、王智猛、李建国,成都铁路局绵阳、自贡、西昌等工务段,招商局重庆交通科研设计院有限公司张又进、唐光武,西南交通大学张建经、姚令侃,中国科学院力学研究所李世海、冯春等的通力合作,在此表示感谢!

杨果林
2015年6月2日

目 录

前言

第1章 综述 ……………………………………………………………… 1
  1.1 引言 …………………………………………………………………… 1
  1.2 地震响应特性的理论分析方法 ……………………………………… 3
    1.2.1 剪切条分法 ……………………………………………………… 4
    1.2.2 集中质量法 ……………………………………………………… 4
    1.2.3 数值分析方法 …………………………………………………… 4
  1.3 地震响应特性的模型试验 …………………………………………… 6
    1.3.1 振动台模型试验 ………………………………………………… 6
    1.3.2 动力离心模型试验 ……………………………………………… 8
    1.3.3 爆炸模型试验 …………………………………………………… 9
  1.4 地震作用下土体的永久变形 ………………………………………… 9
    1.4.1 土体永久变形机制和计算方法 ………………………………… 9
    1.4.2 地震作用下的震陷变形 ………………………………………… 11
    1.4.3 震陷计算及评价 ………………………………………………… 15
    1.4.4 震陷防治处理措施 ……………………………………………… 16
  1.5 支挡结构抗震设计研究 ……………………………………………… 17
    1.5.1 支挡结构的位移控制 …………………………………………… 17
    1.5.2 支挡结构的强度控制 …………………………………………… 18
    1.5.3 动力模型试验 …………………………………………………… 20
  1.6 边坡地震动力稳定性 ………………………………………………… 21
    1.6.1 地震稳定性评价方法的分类 …………………………………… 21
    1.6.2 边坡地震稳定性的确定性分析方法 …………………………… 23
  参考文献 …………………………………………………………………… 26

第2章 汶川地震路基及支挡结构震害调查 …………………………… 42
  2.1 地震区路堤震害调查 ………………………………………………… 42

  2.1.1 汶川地震概况···43
  2.1.2 汶川地震路基震陷调查··45
  2.1.3 加筋土路堤震害情况···56
 2.2 地震区支挡结构震害调查···58
  2.2.1 汶川地震公路支挡结构实震表现···58
  2.2.2 汶川地震铁路支挡结构实震表现···64
  2.2.3 其他地震中支挡结构实震表现··66
 参考文献··68

第3章 铁路路堤边坡地震响应振动台试验···70
 3.1 铁路路堤边坡振动台模型试验设计···70
  3.1.1 振动台主要技术指标···71
  3.1.2 模型试验相似关系设计··72
  3.1.3 模型试验填料及其物理力学特性···76
  3.1.4 铁路路堤边坡模型设计··81
  3.1.5 试验加载方案··89
 3.2 铁路路堤边坡地震动力反应与数值模拟··93
  3.2.1 铁路路堤动力特性分析··93
  3.2.2 铁路路堤边坡地震动力反应特性···98
  3.2.3 路堤边坡地震残余变形··116
  3.2.4 路堤边坡破坏与抗震性能···120
  3.2.5 振动台试验的数值模拟验证···122
 3.3 不同压实度及加筋路堤边坡的地震动力反应分析··135
  3.3.1 不同压实度路堤边坡动力特性分析··135
  3.3.2 不同压实度路堤边坡地震动力反应分析··137
  3.3.3 不同压实度路堤边坡地震残余变形··155
  3.3.4 不同压实度路堤边坡地震动力反应的数值模拟对比研究··························160
  3.3.5 加筋路堤边坡动力特性分析···173
  3.3.6 加筋路堤边坡地震动力反应分析···174
  3.3.7 加筋路堤边坡地震残余变形···186
  3.3.8 加筋路堤边坡地震动力反应的数值模拟对比研究····································189
 参考文献··200

第4章 支挡结构-加筋挡墙试验研究 ··· 201
4.1 概述 ··· 201
4.2 筋材拉伸力学特性 ··· 202
4.2.1 拉伸试验概况 ··· 203
4.2.2 筋材拉伸力学特性分析 ··· 204
4.2.3 拉伸曲线模拟 ··· 208
4.2.4 筋材在约束条件下的变形方程 ································· 212
4.3 筋土界面摩擦特性 ··· 213
4.3.1 筋土界面摩擦特性试验方法 ···································· 213
4.3.2 筋材的拉拔试验概况 ·· 215
4.3.3 拉拔试验结果与分析 ·· 217
4.4 新型加筋土结构及其抗震动力特性 ·································· 221
4.4.1 新型加筋土结构的动变形特性与动力分析 ··················· 221
4.4.2 新型加筋土结构的地震动力响应 ······························ 230
参考文献 ·· 237

第5章 支挡结构-边坡振动台模型试验 ·· 240
5.1 概述 ··· 240
5.2 支挡结构-边坡地震动力特性大型振动台模型试验设计 ··········· 242
5.2.1 相似关系设计 ··· 242
5.2.2 试验设备及其主要特性参数 ···································· 244
5.2.3 试验方案设计 ··· 244
5.2.4 试验材料 ··· 248
5.2.5 模型制作与传感器安装 ··· 251
5.2.6 地震波的选取与试验加载方案 ································· 257
5.3 支挡结构-基覆边坡地震动力特性 ··································· 259
5.3.1 模型地震动力特性分析 ··· 261
5.3.2 加速度动力响应特性 ··· 265
5.3.3 动位移响应特性 ·· 289
5.3.4 动土压力响应特性 ·· 299
5.3.5 锚杆动应变响应特性 ··· 307
5.4 支挡结构-顺层岩质边坡动力特性 ··································· 311

	5.4.1 模型地震动力特性分析	311
	5.4.2 加速度动力响应特性	314
	5.4.3 动位移响应特性	338
	5.4.4 动土压力响应特性	352
	5.4.5 锚杆动应变响应特性	363

参考文献 ········ 369

第6章 支挡结构地震动位移模式 ········ 373

- 6.1 概述 ········ 373
- 6.2 模型试验动位移计布设 ········ 374
- 6.3 重力式挡墙地震动位移模式 ········ 376
  - 6.3.1 地震动位移响应特性 ········ 376
  - 6.3.2 地震动永久位移与动位移模式分析 ········ 377
- 6.4 桩板式挡墙地震动位移模式 ········ 381
  - 6.4.1 地震动位移响应特性 ········ 381
  - 6.4.2 地震动永久位移与动位移模式分析 ········ 382
- 6.5 格构式框架结构地震动位移模式 ········ 386
  - 6.5.1 地震动位移响应特性 ········ 386
  - 6.5.2 地震动永久位移与动位移模式分析 ········ 388
  - 6.5.3 组合体系中框架结构地震动位移模式分析 ········ 391

参考文献 ········ 393

第7章 边坡支挡结构的数值模拟分析 ········ 395

- 7.1 FLAC3D软件及数值模拟模型的建立 ········ 395
  - 7.1.1 数值模拟模型的建立 ········ 395
  - 7.1.2 数值模拟内容 ········ 404
- 7.2 顺层边坡数值模拟结果分析 ········ 405
  - 7.2.1 双向汶川波作用下支挡结构动力响应 ········ 405
  - 7.2.2 不同方向汶川波作用下支挡结构动力响应 ········ 414
  - 7.2.3 不同倾角顺层边坡支挡结构的动力响应 ········ 418
- 7.3 基覆边坡数值模拟结果分析 ········ 421
  - 7.3.1 基覆边坡第一组振动台试验数值模拟结果分析 ········ 421
  - 7.3.2 基覆边坡第二组振动台试验数值模拟结果分析 ········ 429

  7.3.3 基覆边坡第三组振动台试验数值模拟结果分析 ⋯⋯⋯⋯⋯⋯ 435
 参考文献 ⋯⋯⋯⋯⋯⋯⋯⋯⋯⋯⋯⋯⋯⋯⋯⋯⋯⋯⋯⋯⋯⋯⋯⋯⋯⋯⋯ 440

第8章 多级支挡结构地震土压力的极限分析 ⋯⋯⋯⋯⋯⋯⋯⋯⋯⋯⋯⋯ 441
 8.1 概述 ⋯⋯⋯⋯⋯⋯⋯⋯⋯⋯⋯⋯⋯⋯⋯⋯⋯⋯⋯⋯⋯⋯⋯⋯⋯⋯ 441
 8.2 塑性极限分析上限定理 ⋯⋯⋯⋯⋯⋯⋯⋯⋯⋯⋯⋯⋯⋯⋯⋯⋯⋯ 441
 8.3 塑性极限分析能耗计算 ⋯⋯⋯⋯⋯⋯⋯⋯⋯⋯⋯⋯⋯⋯⋯⋯⋯⋯ 443
  8.3.1 外力功率 ⋯⋯⋯⋯⋯⋯⋯⋯⋯⋯⋯⋯⋯⋯⋯⋯⋯⋯⋯⋯⋯⋯ 444
  8.3.2 内能耗散功率 ⋯⋯⋯⋯⋯⋯⋯⋯⋯⋯⋯⋯⋯⋯⋯⋯⋯⋯⋯⋯ 445
 8.4 地震土压力上限解 ⋯⋯⋯⋯⋯⋯⋯⋯⋯⋯⋯⋯⋯⋯⋯⋯⋯⋯⋯⋯ 448
  8.4.1 地震主动土压力上限解 ⋯⋯⋯⋯⋯⋯⋯⋯⋯⋯⋯⋯⋯⋯⋯⋯ 448
  8.4.2 地震被动土压力上限解 ⋯⋯⋯⋯⋯⋯⋯⋯⋯⋯⋯⋯⋯⋯⋯⋯ 449
  8.4.3 基于强度折减技术的地震土压力上限解 ⋯⋯⋯⋯⋯⋯⋯⋯⋯ 451
 8.5 地震主动土压力系数的影响因素分析 ⋯⋯⋯⋯⋯⋯⋯⋯⋯⋯⋯⋯ 452
 8.6 实例计算与分析 ⋯⋯⋯⋯⋯⋯⋯⋯⋯⋯⋯⋯⋯⋯⋯⋯⋯⋯⋯⋯⋯ 460
 参考文献 ⋯⋯⋯⋯⋯⋯⋯⋯⋯⋯⋯⋯⋯⋯⋯⋯⋯⋯⋯⋯⋯⋯⋯⋯⋯⋯⋯ 464

第9章 支挡结构抗震设计方法 ⋯⋯⋯⋯⋯⋯⋯⋯⋯⋯⋯⋯⋯⋯⋯⋯⋯⋯ 467
 9.1 国外抗震规范支挡结构抗震设计方法 ⋯⋯⋯⋯⋯⋯⋯⋯⋯⋯⋯⋯ 467
  9.1.1 日本规范 ⋯⋯⋯⋯⋯⋯⋯⋯⋯⋯⋯⋯⋯⋯⋯⋯⋯⋯⋯⋯⋯⋯ 467
  9.1.2 欧洲规范 ⋯⋯⋯⋯⋯⋯⋯⋯⋯⋯⋯⋯⋯⋯⋯⋯⋯⋯⋯⋯⋯⋯ 469
  9.1.3 新西兰规范 ⋯⋯⋯⋯⋯⋯⋯⋯⋯⋯⋯⋯⋯⋯⋯⋯⋯⋯⋯⋯⋯ 473
  9.1.4 美国规范 ⋯⋯⋯⋯⋯⋯⋯⋯⋯⋯⋯⋯⋯⋯⋯⋯⋯⋯⋯⋯⋯⋯ 477
 9.2 国内抗震规范支挡结构抗震设计方法 ⋯⋯⋯⋯⋯⋯⋯⋯⋯⋯⋯⋯ 478
  9.2.1 公路规范 ⋯⋯⋯⋯⋯⋯⋯⋯⋯⋯⋯⋯⋯⋯⋯⋯⋯⋯⋯⋯⋯⋯ 478
  9.2.2 铁路规范 ⋯⋯⋯⋯⋯⋯⋯⋯⋯⋯⋯⋯⋯⋯⋯⋯⋯⋯⋯⋯⋯⋯ 480
 9.3 多级锚杆挡墙支护高边坡静动稳定性分析与抗震设计方法 ⋯⋯ 482
  9.3.1 极限分析上限法 ⋯⋯⋯⋯⋯⋯⋯⋯⋯⋯⋯⋯⋯⋯⋯⋯⋯⋯⋯ 482
  9.3.2 基本假定 ⋯⋯⋯⋯⋯⋯⋯⋯⋯⋯⋯⋯⋯⋯⋯⋯⋯⋯⋯⋯⋯⋯ 483
  9.3.3 破坏机构 ⋯⋯⋯⋯⋯⋯⋯⋯⋯⋯⋯⋯⋯⋯⋯⋯⋯⋯⋯⋯⋯⋯ 484
  9.3.4 能耗计算 ⋯⋯⋯⋯⋯⋯⋯⋯⋯⋯⋯⋯⋯⋯⋯⋯⋯⋯⋯⋯⋯⋯ 485
  9.3.5 基于强度折减技术的静动稳定性分析 ⋯⋯⋯⋯⋯⋯⋯⋯⋯⋯ 490
  9.3.6 参数敏感性分析 ⋯⋯⋯⋯⋯⋯⋯⋯⋯⋯⋯⋯⋯⋯⋯⋯⋯⋯⋯ 492

  9.3.7 抗震设计方法与实例分析 …………………………………… 495
9.4 锚杆挡墙与重力式挡墙组合静动稳定性分析与抗震设计方法 ……… 499
  9.4.1 破坏机构 ……………………………………………………… 499
  9.4.2 能耗计算 ……………………………………………………… 500
  9.4.3 静动稳定性分析 ……………………………………………… 501
  9.4.4 参数敏感性分析 ……………………………………………… 502
  9.4.5 抗震设计方法与实例分析 …………………………………… 503
9.5 锚杆挡墙与桩板式挡墙组合静动稳定性分析与抗震设计方法 ……… 504
  9.5.1 破坏机构 ……………………………………………………… 504
  9.5.2 能耗计算 ……………………………………………………… 505
  9.5.3 静动稳定性分析 ……………………………………………… 506
  9.5.4 参数敏感性分析 ……………………………………………… 507
  9.5.5 抗震设计方法与实例分析 …………………………………… 509
参考文献 ……………………………………………………………………… 509

第1章 综　　述

1.1 引　　言

　　地震是一种全球性的、具有瞬时突发性的自然现象。从地震发生位置的地理环境上看,全球地震可分为海洋地震和大陆地震两大类,其中海洋地震约占85%,大陆地震约占15%。但由于大陆是全球人类主要的聚居地,所以地球上的地震灾害绝大部分来自大陆地震。地震在全球范围内造成的灾害是巨大的。1994年,美国洛杉矶发生6.7级地震,1340人死亡,约1.5万人受伤,直接经济损失200亿美元;1995年,日本阪神发生7.2级地震,6432人死亡,43792人受伤,直接经济损失830亿美元;1999年,土耳其伊兹米特发生7.4级地震,约1.7万人死亡,2.64万人受伤,直接经济损失200亿美元;1999年,中国台湾集集发生7.6级地震,2470多人死亡,1.13万余人受伤,直接经济损失118亿美元;2003年,伊朗巴姆城发生6.3级地震,4万余人死亡,2万余人受伤,2万余间房屋倒塌,伊朗具有2500多年历史的著名古迹巴姆古城遭到严重破坏。最近几年,全球范围内高强度地震频发。2010年1月12日,海地发生7.3级地震,预计死亡人数达到20万;2010年2月27日,智利发生了8.8级特大地震,其后连续发生多次强余震,并引发海啸,波及阿根廷等多个邻国。

　　我国地处环太平洋地震带与欧亚地震带之间,受太平洋板块、印度洋板块和菲律宾板块的挤压,地震活动频繁而又强烈,是世界上大陆地震最活跃、地震灾害最严重的国家之一。我国的地震活动具有频率高、强度大、震源浅、分布范围广、伤亡严重等特点。自公元前1177年至公元1969年,除资料不确切外,共发生里氏震级$M \geqslant 5.0$地震2097次(部分数据为史料推断);1970年至2007年年底,中国(含边界附近)共发生$M \geqslant 5.0$地震4500余次。20世纪以来,我国共发生6级及以上地震近800次,遍布除贵州、浙江两省和香港特别行政区以外所有的省、自治区、直辖市,其中7级及以上的地震100次,约占世界7级及以上地震的1/10;8级以上地震10次;全球共发生Ms(面波震级)8.5级及以上的特大地震4次,其中2次发生在中国,分别是1920年宁夏海原8.5级地震和1950年西藏察隅-墨脱8.6级地震。自有史料记载以来,我国发生$M \geqslant 8.0$的特大地震已有18次,如表1-1所示。

表 1-1 中国 $M \geqslant 8.0$ 地震基本信息表

序号	发震时间	地名 (部分为古地名)	纬度/(°)	经度/(°)	震级 (部分为推算震级)
1	1303 年 9 月 17 日	山西 赵城、洪洞	36.3	111.7	8
2	1556 年 1 月 23 日	陕西 华县	34.5	109.7	8
3	1604 年 12 月 19 日	福建 泉州海外	25.0	119.5	8
4	1668 年 7 月 25 日	山东 郯城、莒县	35.3	118.6	8.5
5	1679 年 9 月 2 日	河北 三河、平谷	40.0	117.0	8
6	1739 年 1 月 3 日	宁夏 银川、平罗	38.9	106.5	8
7	1833 年 9 月 6 日	云南 嵩明	25.2	103.0	8
8	1902 年 8 月 22 日	新疆 阿图什	40.0	76.5	8.3
9	1906 年 12 月 23 日	新疆 玛纳斯	43.9	85.6	8
10	1920 年 6 月 5 日	台湾 花莲海外	23.5	122.7	8
11	1920 年 12 月 16 日	宁夏 海原	36.5	105.7	8.5
12	1927 年 5 月 23 日	甘肃 古浪	37.6	102.6	8
13	1931 年 8 月 11 日	宁夏 银川、平罗	38.9	106.5	8
14	1950 年 8 月 15 日	西藏 察隅-墨脱	28.4	96.7	8.6
15	1951 年 11 月 18 日	西藏 当雄	31.1	91.4	8
16	1972 年 1 月 25 日	台湾 新港东 海中	23.0	122.3	8
17	2001 年 11 月 14 日	新疆 若羌、青海交界	36.2	90.9	8.1
18	2008 年 5 月 12 日	四川 汶川县	31.0	103.4	8.0

注：本表数据来源于中国地震网

在我国的国土面积上,7 度以上的高烈度区覆盖了一半的国土,其中包括 23 个省会城市和 2/3 的百万以上人口大城市。我国目前居住在农村的 8 亿人口中,有 6.5 亿人居住在地震高烈度区[1,2]。我国强震及地震带分布如图 1-1 所示。

另外,我国作为发展中国家,人口稠密,且建筑物抗震能力低,我国的地震灾害可谓全球之最。据不完全统计,20 世纪全球因地震而死亡的人数为 110 万人,其中我国就占 55 万人之多,占全球的 50%。20 世纪后半叶以来,我国地震死亡人数占同期我国所有自然灾害死亡人数的 50%。进入 21 世纪后,2008 年 5 月 12 日,我国四川省汶川县发生里氏 8.0 级特大地震,全国受灾总面积约 50 万 km^2,其中极重灾区、重灾区面积 13 万 km^2,受灾群众 4625 万多人,69227 人遇难,17923 人失踪,37 万多人受伤,直接经济损失达 8451 亿元。这也是新中国成立以来规模最大、受灾面积最广、伤亡最为惨重的一次地震。

如果能实现地震预报,防患于未然,人民的生命财产安全则能得到很大的保障。但是从世界范围来说,地震预报是一个非常复杂的科学问题,目前对地震孕育发生的

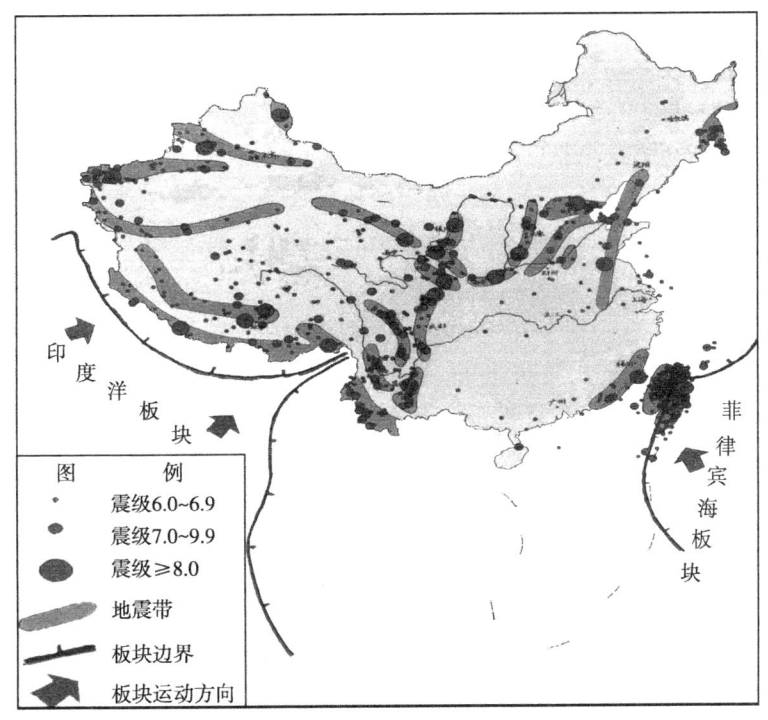

图 1-1　中国强震及地震带分布图

（上图因分辨率有限，我国的钓鱼岛、赤尾岛和东沙群岛等没有标出）

物理机理和错综复杂的前兆现象的认识还非常肤浅，基本上处于经验性认识阶段。因此，作为地球科学的前沿课题，地震预报仍然是当前世界性的科学难题。我国的地震预报是1966年以邢台地震为起源，在全国范围内逐步发展起来的。我国目前的地震预报水平状况大体可以这样概括：我国对地震孕育发生的原理、规律有所认识，但还没有完全认识；能够对某些类型的地震作出一定程度的预报，但还不能预报所有的地震；作出较大时间尺度的中长期预报已有一定的可信度，但短期预报的成功率还相对较低。

在巨大的地震灾害面前，加之地震预报的局限性，修正已有抗震设计方法，经济合理地进行构筑物抗震设防显得十分必要。地震灾害的综合调查报告表明，破坏性地震造成的人员伤亡和经济财产损失主要是由建筑物的倒塌、损毁等因素造成的。在"5·12"汶川地震中，建筑物抗震设防的不足或不达标也是造成巨大生命财产损失的一大"元凶"。目前，研究构筑物的地震动力反应特性、合理地进行构筑物抗震设防已成为减轻地震灾害有效、可行的方法之一。

1.2　地震响应特性的理论分析方法

岩土结构物地震反应特性的分析方法经历了从拟静力法（pseudo-static method）

到土体仿真地震分析方法,从总应力法到考虑土的液化和软化的有效应力法,从线性分析到非线性以及弹塑性分析方法,从确定性分析到考虑随机地震的非确定性分析,从一维问题到二维、三维岩土构筑物抗震分析的发展历程[3,4]。关于岩土构筑物的地震响应理论分析方法概括起来主要有三大类:①剪切条分法,通过弹性介质的剪切振动微分方程和边界条件,求出岩土结构的地震反应;②集中质量法,把岩土结构看成由若干个集中质量组成的体系,用动力学的方法求出地震反应;③数值计算方法。

1.2.1 剪切条分法

剪切条分法最早是由 Mononobe 等[5]在进行土坝地震动力响应计算分析时提出来的。一维黏弹性剪切条分法可得到土体地震反应的闭合解,对其进行参数研究是很方便的,因此在过去几十年里受到了一些学者和工程师的欢迎,剪切条分模型也被推荐为多层房屋、土层等结构抗震分析的理想化分析模型。尽管如此,剪切条分法既没有考虑边界变化、土料不同等情况,也不能得到同一水平截面上不同部位的动力响应。因此,很多学者对剪切条分法作了补充和完善,主要包括[6-14]:①非均质土层构筑物地震反应的剪切条分模型;②考虑横向和竖向激励土工构筑体地震反应分析模型;③基于多维边界条件,能用于分析复杂形状的动力响应剪切条分模型;④考虑土体-结构相互作用的动力响应分析模型;⑤将剪切条分法与土的非线性动力分析技术相结合的岩土构筑物非线性地震动力响应分析方法;⑥构筑物随机振动的剪切条分模型;⑦考虑多相介质耦合的地震响应分析模型。

1.2.2 集中质量法

集中质量法就是将剪切振动的土柱质量集中到若干个点上,然后按多质点体系进行反应分析。Seed 等[15]首先采用集中质量法研究了水平层状场地的地震响应问题,并采用振型分析法求解系统的运动方程。Martin 和 Seed[16]基于集中质量法的"MASH"程序对垂直入射剪切波的水平层状场地响应进行了非线性分析。Finn 等[17,18]基于集中质量法采用"DEARA"程序对土层的地震响应及地震液化问题进行了研究。刘曾武等[19]采用集中质量法研究了场地土层的周期特性,通过对各种常见场地地质剖面分析,总结了土层固有周期的特点。文献[20]提到 Idriss 等为研究土层分层数对求解精度的影响,把集中质量法按不同分层情况的求解结果同剪切梁法作了比较,得到了分层数与精度的关系。邓亚虹等[21]在集中质量法的基础上发展了基于一致质量矩阵的一致质量法,分析了土层剪切模量分布、土层层厚分布以及覆盖层总厚度对场地自振频率的影响。

1.2.3 数值分析方法

通常数值分析方法可以考虑复杂地形、土的非线性、非均质性、弹塑性及土中孔隙水等诸多因素的影响,并能深入分析土的动力特性及土体各部分的动力反应,因此数值分析方法已经成为动力分析中最重要的分析方法。目前,国内外对岩土构筑物抗震分析常采用的数值分析方法有有限元法、有限差分法等。以这些方法为手段,很多计算软件已经被开发应用,并趋于成熟。

1. 有限元法

Clough 和 Chopra[22]首先将有限元法应用于土石坝地震动力响应分析。采用有限元法分析坝体的地震动力响应时,初期曾采用线性黏弹性模型表示土的应力应变关系,用振型叠加法求解动力方程。后来,引入了非线性黏弹性模型和弹塑性模型,这些本构模型与有限元法相结合,发展了弹性分析方法、等效线性分析方法、真非线性分析方法以及弹塑性动力特性分析方法等。

等价线性分析方法是目前进行土体动力分析最为广泛的方法之一。等价线性分析方法将土体视为黏弹性体,采用等效剪切模量和等效阻尼比来反映土体动应力应变关系的非线性和滞后性,并通过土工试验获得剪切模量和等效黏性阻尼比随动应变幅的变化表达式,然后通过多次线性计算,反复迭代,使等效参数与剪应变水平相协调,由此获得近似的非线性解答。这种方法具有概念明确、应用方便等优点,但不能反映土体的变形累计。沈珠江[23]指出,一个完整的等效黏弹性模型应包括平均剪切模量、阻尼比、残余剪应变、残余体积应变等计算公式,这样的黏弹性理论既能用于振动孔隙水压力的增长、消散计算及液化分析,同时也能估算土体的地震变形。因此,一些学者将等效黏弹性本构模型与振动孔隙水压力增长模式和残余应变计算模式相结合来计算振动孔隙水压力和地震永久变形[24]。

另一类与等价线性分析方法同时发展起来的方法为真非线性分析方法。它直接采用描述土在不同加载条件下的应力应变关系对动力方程进行逐步数值积分求解,且在每一增量过程中依靠某种迭代格式取得符合规定加载路径的"真实"应力与变形状态。由于真非线性分析方法能反映土在循环或瞬时荷载作用下的动态响应而受到了很大的关注。而沈珠江[25]则认为,对于土体性质完全取决于剪切模量的无体积变形材料,真非线性理论无疑比等价黏弹性理论更为合理,但对于体积变形有决定意义的砂土液化变形问题,真非线性理论是否优于等价黏弹性理论就值得讨论。

当土体应变量级达到 10^{-4} 时,土体将处于弹塑性状态,此时地震反应分析若能采用土体弹塑性本构模型的有限元动力分析方法,在理论上是更为合理的。文献[4]指出王志良曾将基于 Dafalias 低塑性边界面理论而建立的弹塑性模型同有限元程序结合,对一个一维问题进行了地震反应分析。日本学者 Iai 等[26]将多重剪切机构塑性模型结合动力有限元程序,计算了日本神户、钏路冲等大地震中遭受破坏的港工结构物,计算结果与震后实测情况吻合得很好。而在国内,这方面的研究工作还处于初始阶段。

另外,有限元动力分析一个很重要的问题在于如何将土体结构无限边界处理成有限边界,这一处理的好坏直接影响计算的精度。目前采用的边界条件主要有一致边界、透射边界、黏性边界、黏弹性边界、旁轴边界、Smith边界、Higdon边界等。

2. 有限差分法

目前在岩土工程领域具有代表性的有限差分程序为美国Itasca咨询公司推出的商业化软件FLAC(fast Lagrangian analysis of continua)/FLAC3D。FLAC/FLAC3D采用显式差分法求解微分方程。对于显式法,非线性本构关系与线性本构关系并无算法上的区别,根据已知应变增量,可以很方便地求得应力增量并跟踪系统的演化过程。在处理大变形问题时,由于每一时步变形很小,所以可采用小变形本构关系,将各时步的变形叠加得到大变形,这也就避免了推导并应用大变形本构关系遇到的麻烦。另外,FLAC/FLAC3D即使在模拟静力系统时,也采用动态运动方程进行求解,可以很好地模拟物理上的不稳定过程。正是由于上述优点,FLAC/FLAC3D在岩土工程领域得到了广泛的应用,并已有不少学者将其应用于边坡、坝体、墩基和桩基、挡墙、地下结构以及考虑土体-结构相互作用的地震反应分析中。

3. 其他方法

应用于岩土地震反应分析的数值分析方法还有离散元法、边界元法、非连续变性方法(DDA)、流行元法以及各种方法之间的耦合。

1.3 地震响应特性的模型试验

模型试验具有直观性,可以在很短时间内再现实际需要几年或几十年时间观测的结果,为实际工程提供重要的参考价值。因此,在一些国家的设计规范中,明确规定了要以模型试验作为论证设计方案或提供设计参数的手段。目前,岩土构筑物地震反应特性研究的试验手段主要有振动台模型试验、动力离心模型试验和爆炸模型试验等。

1.3.1 振动台模型试验

振动台模型试验相似关系设计和边界条件模拟是能否实现试验室真实重演构筑物地震破坏现象的重要内容。模型试验相似设计的理论依据为相似三大定理。在相似设计中,通常考察包括几何条件、物理条件、边界条件、初始条件等单值条件的物理量,建立起物理量的相似准则,根据相似第三定理,如果相似准则在数值上相等,则现象相似。在岩土构筑物振动台模型试验相似设计中,不仅需要考虑重力场问题,还需要考虑土体动力非线性等因素,相似设计也更为复杂。林皋等[27]提出了结构动力模型试验结构振动相似设计和重力相似设计的一些技巧,对岩土构筑物振动台模型试验相似设计有很大参考价值。吕西林和陈跃庆[28]针对土体-结构相互作用的振动台试验相似设计做了诸多有意义的研究工作。凌贤长等[29]对液化场地土体-结构物动力相互作用振动台模型试验相似关系进行了研究。刘小生等[30]采用等效线性动黏弹性模型考虑土体的动力非线性,推导了面板坝振动台模型试验的相似关系。该相似关系已被推广应用于边坡等土工构筑物抗震动力模型试验中[31-34]。尽管如此,在实际试验中,很多物理量难以同时满足相似设计的要求,这就要求我们对所研究的现象有比较清楚的认识,能辨清主次,有所取舍。

由于振动台模型试验难以模拟 $n \cdot g$ 重力场,根据相似关系的推导,对于岩土构筑物缩尺试验,通常需要研制高容重、低黏聚力、低弹模、低强度的土体相似材料。如今,相似材料的研制已成为制约振动台模型试验发展的瓶颈。关于相似材料的研制,已有诸多单位和学者开展了研究。意大利等国家的科研单位采用的相似材料主要有两类[35]:一类是采用铅氧化物(PbO 或 Pb_3O_4)和石膏的混合物为主料,以沙子或小圆石作为辅助材料,这类相似材料可以达到较大的容重,但是价格比较昂贵,且铅氧化物有毒,容易污染环境;另一类模型材料主要以环氧树脂、重晶石粉和甘油为组分,其强度和弹模均高于第一类模型材料,且需要高温固化,其固化过程中散发的有毒气体也会危害人体的健康。在国内,韩伯鲤等[36,37]研究了一种大容重、低弹模的岩土相似材料,该材料以铁粉、重晶石粉、红丹粉为骨料,以石蜡和松香为黏结剂,并以酒精和氯丁胶黏结剂等为调和剂和附加剂,采用压力成形。但该材料中作为铁粉黏结剂的氯丁胶含有甲苯,对人体的毒副作用较大。马芳平等[38]研制出一种新型岩土相似材料。该材料成分主要包括主料磁铁矿、精矿粉、河砂,黏结剂石膏或水泥,拌和用水及添加剂等。该类材料的显著特点是重度大、弹性模量和单轴抗压强度的变化范围大、价格低廉、性能稳定,但干燥慢、养护时间长。张强勇等[39,40]采用铁矿粉、重晶石粉和石英砂作为骨料,松香、酒精溶液作为胶结剂,石膏粉作为调节剂,研制出相似材料铁晶砂胶结料(IBSCM),该材料具有重度高、抗压强度与弹性模量低、干燥快速、无毒无害等优点。然而,以铁矿粉和重晶石作为骨料制作相似模型,由于增加了加膜的工艺,制作成本增加,而且膜一旦脱落铁粉很容易生锈,从而影响材料性质的稳定性,容易导致试验失败。罗定伦等[41]采用粉煤灰、河砂和机油等材料模拟隧道 V 级围岩。潘一山等[42]研究了岩爆模型的相似材料并进行了相似模型试验。范鹤等[43]以砂、石膏、硅藻土混合物配置涵洞相似材料,采用正交法设计得出相似材料配比与力学指标的变化规律。吴玉庚[44]指出,模拟断层、破碎带、软弱夹层的相似材料有:黏土和凡士林,黏土和液体石蜡,黏土和滑石粉,砂和凡士林,砂、黏土、凡士林和石膏,石膏、黏土、凡士林和液体石蜡,黏土和水,砂、黏土、液体石蜡和石膏,砂、石膏和凡士林,黏土、凡士林和滑石粉,黏土和甘油等。也有一些学者采用铜粉作为主要材料。采用铜粉也可以满足高容重材料的要求,且不会像铁粉那样容易生锈,但很难找到合适的原料,且成本过高。综上所述,目前正在使用的岩土相似材料大致可以归纳为以下几种:①采用重晶石粉作为主要材料,以石膏或液体石蜡油作为胶结剂,其他材料(如石英砂、氧化锌粉、铁粉、膨润土粉等)作为调节容重和弹模的辅助材料;

②采用砂、石膏作为主要材料,其余材料为添加剂;③由加膜铁粉和重晶石粉为骨料,以松香为胶结剂并且通过压制成形;④采用铜粉作为主要材料。

振动台模型试验边界条件的处理主要体现在模型箱的制作和处理上。目前,典型的模型箱主要有刚性模型箱、圆筒形柔性模型箱和层状剪切模型箱。刚性模型箱的特点是整体刚度很大,振动时箱壁侧向变形很小。采用这种模型箱进行振动台试验时,由于侧向变形刚度很大往往导致边界上地震波反射强烈,所以,在大多数的试验中,箱壁都需要粘贴一些柔性材料以放松土体的边界变形,从而减弱模型箱效应[45]。圆筒形柔性模型箱的侧壁通常为围成圆筒形的橡胶膜或其他柔性材料。土箱的径向刚度由若干根围成圆形的外包纤维带或钢丝提供,外包纤维带和钢丝的间距可以调整模型箱的侧向刚度。圆筒形柔性模型箱提供了土体多向振动的条件,在振动台模型试验中已有较为广泛的应用。层状剪切模型箱是认为能提供土体剪切变形条件的较为理想的模型箱。其通常由一些各自独立的矩形或圆形层状框架拼装而成,层状框架间放置一定数量的滚动轴承,一方面限制竖向和侧向运动,另一方面使得框架间可以在振动方向上相对滑动以模拟土的剪切变形。

目前,岩土构筑物地震反应特性振动台模型试验已有研究成果主要包括[46-58]:
①地震条件下路堤破坏机理研究。日本铁道技术研究所的 Huzawa 等[46]于 1973~1975 年期间通过振动台模型试验研究了地震条件下软弱地基上的路堤沉陷,并从基底土液化及侧向流动的角度进行震陷估算。②坝体构筑物的地震动力反应特性研究。包括面板堆石坝、粉煤灰坝等。③地震作用下边坡反应特性研究,以及压实度、加筋措施对边坡地震响应的影响。④地基土层对地震动的影响。陈跃庆等[49]研究了土质从软到硬的几种不同地基土层对地震动的影响,指出地基土层对地震动的影响不一定是放大作用,也可能起隔震滤波作用,与场地土特性、地震动大小等密切相关。⑤饱和砂土液化、液化地基产生的不均匀沉陷,以及液化场地的桩基、坝体、管道等构筑物的地震动力反应研究。⑥土-地铁结构相互动力作用的振动台试验研究。⑦土体-基础-结构相互作用的研究。⑧垃圾填埋场地震响应、永久变形以及地震稳定性分析。⑨地震动土压力的研究。

值得一提的是,振动台由单向和双向输入激励发展到三向输入激励标志着振动台技术到达了一个高峰。目前,我国很多单位已经拥有三维六自由度、大行程、宽频带等技术先进的地震模拟振动台试验设备,例如,中国地震局工程力学研究所(哈尔滨,台面尺寸 5m×5m)、中国水利水电科学研究院(北京,台面尺寸 5m×5m)、中国建筑科学研究院(北京,台面尺寸 6m×6m)、同济大学(上海,台面尺寸 4m×4m)、中南大学(长沙,台面尺寸 4m×4m)、招商局重庆交通科研设计院有限公司(重庆,台面尺寸 3m×6m)、中国核动力设计研究院(成都,台面尺寸 6m×6m)等。

1.3.2 动力离心模型试验

如前所述,振动台模型试验不能模拟 $n \cdot g$ 重力场,对于缩尺模型,为满足模型试验相似要求,通常需要研制相似材料。而离心模型试验能模拟重力场,因此无需研制相似材料便可使得诸多物理力学参数满足许多相似准则,离心机模型试验也因此被黄文熙先生誉为"土工模型发展的里程碑"。Dewoolkar 等[59,60]利用动力离心模型试验,对于诸如可液化土等不同类型地基和墙后土体的悬臂式挡土结构的地震动力特性进行了研究;Ling 等[61]利用动力离心模型试验,研究了加筋土挡墙的动力稳定性,并与有限元结果进行了对比分析;Stamatopoulosa 等[62,63]利用离心机试验对锚杆支护边坡的动力响应规律进行了分析和研究;于玉贞等[64,65]采用动力离心模型试验对抗滑桩的地震动力响应特性进行了分析研究;张建民等[66,67]采用动力离心模型试验对抗滑桩、土钉等的地震动力响应特性进行了分析研究;Chen 等[68]采用离心模型试验对加筋土挡墙的地震动力响应特性进行了分析研究;杨明等[69]基于拟静力法,采用离心模型试验和数值模拟方法,对抗滑桩、抗滑桩联合锚杆框架 2 种支挡结构的地震稳定性进行了对比分析,提出了高烈度地震区斜坡堆积体的工程加固抗震设计措施。尽管如此,由于动力离心模型试验技术复杂、对设备要求较高,其诸多关键技术仍需进一步解决和完善,尤其是大比尺的动力离心设备,目前全球还比较少。

1.3.3 爆炸模型试验

爆炸模型试验的优点是激发能量大,能激振较大的模型,并且试验设备简单、成本较低,但由于需要控制的因素多而难以精确控制,且重复性较差,所以在支挡结构抗震设计研究中的应用还不多。艾畅等[70]采用爆炸模型试验,研究了顺层岩质边坡及其支挡结构的地震动力响应特性,并对研究中所使用的爆炸波与汶川波的频谱特性进行了对比分析;赵安平等[71]采用爆炸模型试验,研究了基覆边坡及其重力式挡墙、桩板式挡墙等支挡结构的地震动力响应特性。

1.4 地震作用下土体的永久变形

1.4.1 土体永久变形机制和计算方法

地震引起的永久变形是造成路基、土坝等岩土构筑物地震灾害的主要原因之一。大量震害调查、研究及经验表明[72,73],由于土体横向永久位移和竖向沉陷引起的震害占有相当的比例,诸多岩土构筑物抗震设防的核心问题不仅是强度问题,而且已逐渐转变为以变形作为控制标准。概括起来,地震引起的土体永久变形机制和计算方法主要包括如下几种。

1. 非饱和土在地震作用下由体积压缩产生的变形

Seed 和 Silver[74]曾对干砂的体积变形规律开展了研究。当非饱和砂性土处于比较松散的状态时,受往返剪应变作用会震密,使得地基和土工构筑物产生竖向沉降。通常情况下这种变形对土体的稳定性没有直接影响,因此只要采取适当的措施就可减轻或避免。但在某一些情况下,这种震密引起的附加沉降会影响土工构筑物的正常工作。如铁路路基因压实度过小在地震作用下产生过大的不均匀竖向变形将直接导致列车无法正常通行。

2. 地震惯性力产生的地震永久变形

1) 地震永久变形滑动位移分析方法

有限滑动位移的计算方法是以 1965 年 Newmark[75]提出的屈服加速度概念为基础的。Newmark 假定土体是刚塑性体,采用圆弧滑裂面,认为永久变形是由于滑动土体沿着最危险的滑动面在地震荷载作用下发生瞬态失稳时的滑动位移所产生的。其基本思想是:当土体加速度超过屈服加速度时,沿破坏面就会发生滑动,加速度减去屈服加速度积分两次就能得到永久位移。Frankin 和 Chang[76]在美国水道试验室按照 Newmark 法进行了土坝坝坡地震永久滑动位移的计算,得到了最大永久位移、屈服加速度和最大水平地震加速度系数的关系图。Seed 和 Makdisi[77,78]以 Newmark 法为依据,但不作刚性假设,通过假定破坏发生于指定滑动面,且当应力小于破坏应力时,土是弹性的,超过破坏应力时土呈绝对塑性特性,对 Newmark 法作了改进。另外,为考虑地震动过程的随机性,很多学者以 Newmark 滑块模型为基础,建立了地震永久变形的概率分析模型[79,80]。

2) 地震永久变形整体变形分析方法

整体变形分析方法的基本假定是将土体的变形作为连续介质处理,采用有限单元法进行计算、再结合试验研究而发展起来的一类方法。这类方法包括软化模量法和等效结点力法。

软化模量法认为永久变形是由地震应力作用下静剪切模量降低而引起的,降低后的剪切模量所算得的静变形与地震前静变形之差就是地震永久变形。这种方法是由 Lee 和 Albaisa[81]提出来的,后来 Serff 等[82]提出了整体变形分析应变势的概念,并提出了初步近似估算法、线性修正模量法、非线性修正模量法以及等效结点力法。国内张克绪等[83-85]在这方面做了很多有意义的工作。

等效结点力法认为地震惯性力对变形的影响可用一组作用于单元结点上的等效静结点力代替,在等效结点力作用下产生的附加变形即为永久变形。代表方法有 Taniguchi 等[86]针对非液化性土坝提出的计算地震永久变形等效惯性结点力的方法。张克绪等[87]根据往返荷载三轴试验结果,给出了永久偏应变的经验公式,并在此基础上建立了等效结点力法分析若干土坝的地震永久变形。钱家欢等[88,89]在 Serff 的等效结点力法和 Taniguchi 等效惯性力法的基础上,结合两种方法的优点,提出了一种改进的地震永久变形计算方法。

3. 由于土体液化或软化引起的土体变形

地震液化引起的永久变形已经受到了广泛关注。目前常用的分析模型和方法包括有效应力非线性本构模型、经验应力应变关系、Biot 动力固结理论、有限单元法或有限差分法迭代求解等。另外,文献[4]提到有些学者把 Newmark 滑动位移分析法和整体变形分析方法推广到用于分析液化引起的变形。

4. 地震液化后地表产生的大变形

地震液化后地表产生的变形主要是由于饱和土体孔隙水压消散与再固结而引起的。这种永久变形的分析方法和采用的模型主要有软化模量法、抗剪强度降低和应变硬化模型、最小势能模型、黏滞性模型、有效应力本构模型等。研究的主要手段有现场灾害调查、试验研究和数值分析等。

1.4.2 地震作用下的震陷变形

1. 震陷的定义和分类

关于震陷目前还没有统一的定义,大体上主要分为两类。一类是现场对土体或建筑物地基震陷性的评价,用残余变形表示。例如,郁寿松等[90]将震陷定义为地震引起的建筑物或土层的永久变形或残余变形;陈国兴[91]将震陷定义为地震引起的建(构)筑物地基基础的附加沉陷变形。另一类是室内试验研究时,如动三轴试验、动单剪试验、共振柱试验、动力扭剪试验、模型试验,多用残余应变表示。谢君斐等[92]在我国最早提出了用震陷量来评价地基震害程度的思想,王兰民等[93]在研究随机荷载下黄土的震陷性时,将震陷定义为土体在随机地震荷载时程作用结束后的残余应变值,循环荷载下的动三轴震陷试验则用动应力作用前后试样的高度差与动应力作用前试样高度之比的残余应变来评价土的震陷性。即

$$\varepsilon_p(N) = \frac{H - H'(N)}{H} \tag{1-1}$$

式中,$\varepsilon_p(N)$ 表示动应力循环作用 N 次所产生的残余应变;H 表示动应力作用前的试样高度;$H'(N)$ 为动应力循环作用 N 次后的试样高度。

地震时,土体按震陷性能的不同也可分为两类[94]。一类是土体在地震时孔隙水压力会明显升高、抗剪强度显著降低,其中以地震时砂土液化和黏土软化最为典型。在液化机理、液化势评价和减轻及预防液化危害等方面,已有学者做了大量的工作并取得了丰硕的成果。另一类则认为,土体在地震时孔隙水压力没有明显升高、抗剪强度不产生明显下降,震陷主要由土体震密及侧向变形引起。

第二类土体的震陷研究在以往的研究中涉及较少。Rogers[95]通过对人工堤坝、公路和建筑填方地基等人工填方工程的震害调查发现,地震地面变形以土体的地震压实为主,灾害后果也非常严重,如 1994 年洛杉矶北岭地震损坏场地的修复费用几乎与重建费用相当。地震压实引起的震陷变形的研究与应用引起了人们的高度重视,Tokimatsu 和 Seed[96]通过动态单剪试验研究,提出了净砂的地震压实分析方法;Stewart 等[97]利用可施加多向振动的数控单剪仪(DC-SS),研究了 14 种净砂材料、8

种非塑性粉砂材料和5种塑性材料在不同饱和度、不同压实度、不同应力状态等条件下的动态压实特性,并提出了相应的地震压实分析方法;美国加利福尼亚州地质调查局(CGS)要求将地震压实作为学校、医院建筑等关键工程设计的一部分,并将 Tokimatsu 和 Seed,Stewart 等提出的土体地震压实简化分析方法作为推荐使用方法。

2. 土的物性参数对震陷的影响

影响震陷的物性参数主要包括干密度、含水量、孔隙比及结构类型、固结压力等。

(1) 干密度对震陷的影响。郁寿松等[90]认为在偏应力下,随着砂的密度的增大,砂的剪胀性作用增强,因此抗震陷能力也就更强,残余应变更小,并建立了砂土的震陷参数与相对密度间的关系。王兰民等[98,99]通过对黄土震陷的三轴试验研究得出,震陷系数与干密度之间呈负增长关系。震陷与干密度曲线的形态可分为两种,一种是非线性曲线型,另一种是准线性直线型。当干密度由 $1.513g/cm^3$ 增大到 $1.63g/cm^3$ 时,震陷曲线开始由非线性转变为准线性,且当干密度大于 $1.63g/cm^3$ 时,在地震烈度不超过9度的地震动作用下,击实黄土的震陷性将被消除。曹继东等[100]通过对厦门填海土的振动台试验研究得出,填海土在干密度较小时,ε_p-t 关系曲线近似为指数曲线;干密度较大时,ε_p-t 关系曲线近似为直线。在同一加速度、同一外部荷载作用下,相同振动时间的残余应变随着干密度的增加而减小。

(2) 含水量对震陷的影响。徐舜华等[99]在研究黄土震陷时得出,同种黄土在初始应力条件相同时,含水量对震陷变形影响显著:当含水率小于缩限时,黄土的震陷变形很小,需要施加较大的动应力才会产生震陷变形;当含水量从缩限逐渐增大到塑限时,震陷变形与动应力近似为直线关系;含水量大于塑限时,震陷变形与动应力关系越来越呈曲线关系,而达到震陷变形急剧发展时所对应的动应力则越来越小。王峻等[101]通过动三轴试验研究了俄罗斯伊尔库茨克地区黄土的动力特性,认为含水量是影响该地区黄土震陷的主要因素。郁寿松等[90]对淤泥的震陷试验研究也得出,淤泥类土特别是砂性稍大的淤泥质土含水率越低,抗震陷效果越好,其主要原因在于淤泥类土的固结排水作用能提高强度,使土的震陷性减小。

(3) 孔隙比及结构类型对震陷的影响。孔隙比对震陷有很大的影响,且震陷量随着孔隙比的增大而增加,但不是简单的线性关系,还与土体的微观结构有关。孔隙大小和结构类型对土体结构强度有重要影响,在动应力达到使其结构破坏的破坏动应力之前,所引起的残余变形量很小,而结构破坏之后所引起的残余变形将显著增加。徐舜华等[99]对黄土震陷变形特征进行了细观分析和结果统计,认为黄土孔隙比大于0.8才会产生震陷。石玉成等[102]则得出,当孔隙比小于0.85时,黄土不产生震陷;当孔隙比大于0.9时,黄土在动应力作用下都会产生不同大小的震陷量,但不同区域黄土因结构类型的不同差别很大,并根据粒间接触关系将黄土骨架形态分为架空接触、镶嵌接触和胶结接触,其中粒状架空结构为主的黄土震陷性明显,而以粒状镶嵌、粒状胶结为主的黄土震陷性较低。

(4) 固结压力对震陷的影响。早在 20 世纪 60 年代后期，Seed 等[103]研究土壤震陷问题时就指出固结压力是影响残余变形的决定因素之一。固结压力对震陷的影响可以分为两个方面：一方面，当固结压力小于试样结构破坏的临界值时，固结压力越大，土样压实度由于轴向压缩得到的提高也就越大，在相同振次和动应力下，残余应变随固结应力的增大而减小；另一方面，王兰民等[93]在研究黄土地基震陷时发现，轴向固结压力大于 245kPa 时，残余应变随固结压力的增大反而增大，因为在静固结压力下，黄土的大孔隙结构已受到一定程度的破坏，黄土的部分胶结黏聚力已损失，这时，残余应变主要由颗粒填入孔隙而产生，因此，当固结压力大于试样结构破坏的临界值时，固结应力越大，孔隙结构破坏程度就越高，遭受动应力时的残余应变也就越大。石兆吉等[104]在研究软土地基震陷时得出，对于一般工业与民用建筑，8 度地震时的非淤泥质软土地基的设计地基承载力小于 80kPa，或 9 度地震时小于 100kPa 时可不考虑震陷影响，且建筑物越高，震陷越大。

3. 动荷载或者地震动参数对震陷的影响

地震荷载是一种振幅和频率均不规则变化的随机动荷载，频率在 1～5Hz，影响震陷的地震动参数主要有荷载类型、地震的震级或者峰值强度、震动持续时间或振次、震中距离、频率特性等。

(1) 荷载类型。同种土体遭受不同地震荷载作用时，其震陷是不同的。王兰民[105]通过动三轴试验研究黄土震陷时得出，当加载的是冲击型地震荷载时，残余应变主要发生在最大峰值处，其后的小峰值序列波对残余应变的贡献较小；当加载往返型地震荷载时，残余应变则发生在有效持时的整个振动过程中，加载振次越多，持续时间越长，则残余应变越大，而且加载初期增长较快，随后逐渐变缓，残余变形大都集中在前 10 次振动中。王峻等[106]通过动三轴试验研究黄土震陷时得出，在相同动应力下，随机地震荷载作用下黄土的残余变形比等幅正弦荷载作用下的小。不同地震荷载作用下，黄土的震陷临界动应力不同，随机地震荷载下黄土的震陷临界动应力都比等幅正弦荷载下的大。

(2) 峰值强度。陈国兴[94]研究得出，当往返应力峰值达到不排水强度的 80% 时，往返应力作用 100 次，土样只产生非常小的永久塑性变形，基本上表现为弹性性能；当往返应力峰值达到不排水强度的 95% 时，往返作用 10 次则产生了大的永久塑性变形。地基震陷量随着地震动强度的增大而逐渐增大，且存在一临界加速度，当地震动加速度峰值大于这一临界值时，震陷量急剧增加。Thiers 等[107]通过动三轴试验研究了黏土的强度和应力应变特性，试验结果表明，施加动应变（即动应力）后试样的静模量总小于作用前，试件表现出明显的"软化"现象，而且动应变峰值强度越大，静模量减小的程度则越大。Swaisgood 等[108]对近 70 座大坝的地震反应情况进行了统计和对比后指出，地震时场地的地面峰值加速度和震级是影响坝顶沉降的最重要因素，并用图表形式总结了沉陷量和峰值加速度的关系，给出了经验公式及经验估算图表。

(3) 振次和有效持时。曹继东等[100]通过振动台模型试验研究填海土震陷时得出残余应变随振动时间的增加而逐渐增大,从振动开始到10s左右,残余应变增长很快,随着时间的增加,填海土逐渐变密实,残余应变的增长逐渐变缓。王兰民[104]对黄土地震灾害预防与减轻研究得出,黄土的残余应变随振次的增大而增大,当振次大于30次时,残余应变的增长变得缓慢,且对同一地震动时程,卓越周期越长,持时越长,残余应变越大。谷天峰[109]认为当振动次数与持时增加时,黄土的残余应变量增加明显,但振动次数与持时增大到一定程度后,它们对于黄土的残余应变量增加的贡献率明显降低,表现出很典型的边际递减效益。

(4) 动荷载的距离与衰减。谷天峰[109]依据弗拉曼解在地震荷载分布宽度范围内积分得到土中任意一点的应力,并以此来估计震陷分布情况。

4. 影响震陷的其他因素

Pyke等[110]研究了砂土分别在一维、二维、三维情况下的震动沉陷,指出多维震动沉陷较一维震动大,具有重叠效应。

Tokimatsu和Seed[111]研究了砂土震陷估算方法,指出除了砂的标准贯入度及震度外,震动产生的循环应力比和最大剪应变是饱和砂土中沉陷的主要控制因素,震动产生的周期应变是干砂或部分饱和砂沉陷的主要控制因素。

Nasu[112]通过调查路基地震破坏情况指出:当路基下地面接近水平且分层时,路基震害较轻;而软土地基上的基岩倾斜或路基跨越基岩及软土时,一般会发生倾向于基岩方向的沉陷。许多震害均是由软土层厚度不均匀导致的不均匀水平及竖向位移造成的。

Matsuda等[113]指出黏土震陷取决于地震时超孔隙水压的累积,尤其当黏土层为超固结,且有超孔隙水压生成时,超孔隙水压消散引发的沉降相对于二次压缩系数非常大,并描述了黏土沉降特征及其估算方法。

刘惠珊等[114]总结了软土震陷的原因:第一,动静荷载共同作用使土中剪应力增大;第二,软土的触变性;第三,孔压上升,有效应力下降,使土的抗剪强度降低,但认为孔压上升影响并不明显。

Okamoto[115]指出堆石坝的地震残余变形不仅与地震强度及延时有关,而且还和坡角及堤坝填筑方式有关。

Elliot等[116]的研究表明:永久变形的发展趋势除了取决于应力状态和应力历史,还与循环加载的间隔时间有关。

Yuan等[117]通过一系列的动三轴试验研究了唐山地震中建筑物的不均匀沉降,指出造成地震中建筑物不均匀沉降的主要原因是地震波的不对称性和不规则性。

陈国兴等[118]研究了建筑物的基底压力、基础尺寸、埋深及形式的改变、地震动强度等对地基震陷量的影响,并总结出了如下基本规律:①基底压力增大、基础埋深增加、地震动强度增大,地基震陷量增大;②基底压力和地基条件一定时,地震动峰值加速度大于临界加速度值时,地基震陷量急剧增大;③宽深比越大,非液化土层厚度越大,砂土的相对密度越大,地基的震陷比越小;④基础形式采用片筏基础,当基础宽度一定时,基础长度越小,震陷量越小,当基础长度一定时,基础宽度越大,震陷量越大。

可以看出,迄今为止关于震陷的影响因素的研究还很不够,且集中于黄土震陷、软土震陷及砂土液化震陷方面,多为定性研究,定量研究较少;研究方法主要采用动三轴试验,仅针对尺度为10cm左右的土样进行参数测试,进行模型试验研究的较少,无法完全反映填土体的震陷特性。

1.4.3 震陷计算及评价

1974年,Lee[119]通过循环三轴试验建立了残余应变的经验关系式,并以此来估计土坝的震陷量:

$$\varepsilon_p = 10 \left\{ \frac{[C'_4 + S'_4(k_c-1) + C'_5\sigma_3 + S'_5(k_c-1)\sigma_3]^{-1} \cdot \sigma_d}{(0.1N)^{S_1}} \right\}^{\frac{1}{C'_6+S'_6(k_c-1)}} \quad (1-2)$$

式中,ε_p 为残余应变;σ_1、σ_3 分别为固结的大小主应力;$k_c = \sigma_1/\sigma_3$ 为固结比;σ_d 为动应力;N 为动应力作用次数;C'_4、S'_4、C'_5、S'_5、C'_6、S'_6、S_1 均为试验常数。

Lee还指出,震陷量与初始静模量关系不大。通过软化模量法计算路基震陷时,分别采用初始静模量、软化后模量作静力有限元分析,震陷值即为两次计算出的位移之差,而初始静模量的影响在求差的过程中基本消除。

1981年,在Lee的方法基础上,谢君斐等[120]建立了只含五个参数的残余应变求解公式:

$$\varepsilon_p = \left\{ \left[\frac{\sigma_d}{\sigma_3} \left(\frac{N}{10} \right)^{-S_1} + k_c \right] \Big/ [C''_3 + C''_4 (\sigma_3)^{S'_4} \cdot k_c] \right\}^{\frac{1}{S'_2}} \% \quad (1-3)$$

式中,S_1、S'_2、S''_4、C''_3、C''_4 均为有关试验常数。

1987年,Tokimatsu 和 Seed[96]在总结现行可用估算方法的基础上,发展出一种可用于估算饱和砂土地震体积应变的基于循环应力率和标准贯入值 N 的经验图表,此方法广泛应用于实践。尽管方法简单,但需要用到图形、表格等,当用于估算土性不同的多土层场地时会非常费时。

郁寿松和石兆吉[90]对国内外土壤震陷问题进行了总结,并结合自己在土壤震陷特性方面的试验,给出了土的震陷参数与相对密度、含水量、压缩模量和剪切波速等土物性指标之间的经验表达式,供无试验资料时选用,并根据一系列不同 σ_3 和 k_c 建立的 ε_p-N 关系曲线,建立了估算残余应变的经验表达式:

$$\varepsilon_p = 10 \left(\frac{\sigma_d}{\sigma_3} \cdot \frac{1}{C_5} \right)^{\frac{1}{S_5}} \cdot \left(\frac{N}{10} \right)^{-\frac{S_1}{S_5}} \% \quad (1-4)$$

或

$$\varepsilon_p = 10 \left\{ \frac{\sigma_d}{\sigma_3 \cdot [C_6 + S_6(K_c-1)]} \right\}^{\frac{1}{C_7+S_7(K_c-1)}} \cdot \left(\frac{N}{10}\right)^{\frac{-S_1}{C_7+S_7(K_c-1)}} \% \qquad (1-5)$$

式中，C_5、C_6、C_7、S_1、S_5、S_6 和 S_7 是由试验确定的土壤震陷参数，且随土性的不同而改变。从式中可以看出，参数 C_6、C_7、S_6、S_7 越大，残余应变 ε_p 则越小；参数 S_1 表示 ε_p 随振动次数的衰减规律，S_1 越大，则在给定振动次数作用下，土的残余应变就越大。

Stewart 和 Whang[121]总结了 1987 年 Tokimatsu 和 Seed 方法后的一系列相关研究进展，在对这些进展进行综合总结的基础上，Lee[122]基于 Tokimatsu 和 Seed 的方法提出了一种不需要使用图形、表格的新方法，能方便用于数值计算及快速分析复杂的多层土，且能得出用于划分非液化区及液化区的液化边界线。Lee 用这种方法对日本 Tokachi-Oki 地震(1968 年)和旧金山 Loma Prieta 地震(1989 年)两不同震级的场地进行了估算，与其他计算方法及现场测量结果较一致。

上述研究对震陷估算产生了深远影响，并在实践中得到了应用，但参数较多，需进行专门的静、动力学参数的试验研究，而目前大多数勘察、设计单位还不具备这些手段，限制了使用范围。

一般来说，在工程实际中，通常采用震陷量的大小评价震陷是否对工程地基形成灾害，参照国家地震局震害防御司《地震灾害预测和评估工作手册》，根据地基破坏对建筑物的影响程度制定的有关"地基基础破坏等级标准"规定来评定震陷灾害程度，将震陷量按以下 5 级标准划分：①震陷量小于 2cm 时属基本完好地基；②震陷量在 2~4cm 时属轻微破坏(轻微震陷区)；③震陷量在 4~8cm 时属中等破坏(中等震陷区)；④震陷量在 8~40cm 时属严重破坏(严重震陷区)；⑤震陷量大于以上范围就是失稳破坏。

1.4.4 震陷防治处理措施

根据震陷影响因素，对于震陷的防治可以从两方面入手：一类是改良土体；另一类是控制震陷发生的条件和环境，包括在选线、选址时绕避不良地质发育地区、采取隔震消震措施约束或者改变地震荷载，减小震陷发生的可能。基于有效性和经济性，在工程实际中主要采取改良土体的办法进行震陷防治。

目前较为通用的改良土体的方法包括以下几种：

（1）改变土体成分，使土体的物理力学性质提高，达到加固土体的目的。在此类方法中，较为典型的包括拌和法、换土垫层法、化学加固法、加筋等。

（2）通过改变土体结构和物理性质，达到改良土体的目的。此类方法中较为典型的有表层原位压实法、振冲密实法、强夯等。

（3）改变地下水条件，降低土体水分，以加速土体的固结，提高土体强度，增强土体稳定性。常见的有砂井堆载预压法、抽降水法、真空预压法、电渗法等。

(4) 各种组合方法。如砂石挤密桩法：在土体中加入砂石不仅有排水加速固结的作用，还可以形成复合地基，有效地提高土体的强度。

目前，对于软土、砂土和黄土震陷，一般采用挖除换填、桩基及挤密法。其中王兰民等[93,98]研究了击实黄土的抗震性能以及强夯法、化学处理法、挤密桩和换土垫层法对提高黄土抗震性能的效果，并结合实际工程进行了研究，在"兰州东郊330kV变电所地基强夯抗震性能研究"中，研究了强夯处理后黄土地基的震陷性变化，评价了强夯处理对黄土地基抗震性能改善的效果；在"兰州铁路局兰州车辆段整备场第一部分路基病害整治工程场地"中研究了化学灌浆对黄土震陷性的影响；在"兰州炼油厂原职工子弟第一小学地基处理"工程中得出挤密灰土桩在一定程度上可以减小黄土震陷性。翁效林[123]通过模型试验比较了原状黄土与强夯黄土震陷变形的不同，试验结果表明：在有效深度范围内，经过强夯处理的黄土地基的震陷性已被完全消除。

1.5 支挡结构抗震设计研究

目前，在支挡结构抗震设计实践中，主要采用两类方法，分别为基于力法和基于位移法的抗震设计方法。基于力法的抗震设计的一个重要项目是确定支挡结构的地震动土压力及其分布，抗震设计由强度准则加以控制。而基于位移法的抗震设计是把允许位移作为一个抗震设计标准[124]，确定挡土结构永久变形的分析方法主要采用Richards-Elms法[125]和Whitman-Liao法[126]等，其中，Richards-Elms法的一个重要内容是采用拟静力法确定屈服加速度系数。

1.5.1 支挡结构的位移控制

有限滑动位移法是Newmark在第五届Rakine讲座上提出的。基于位移设计方法就是把允许位移作为设计标准来进行挡墙的抗震设计，但此方法有诸多的假定限制条件，后人对Newmark的方法进行了扩展和改进。

在国外，Richards和Elms[125]为挡土墙的抗震设计提供了一个更为经济的有限位移设计方法，该方法结合了物部-冈部(M-O)分析方法和Newmark滑块模型，通过最大加速度和最大速度以及容许位移来进行控制，然而该方法作了很多简化，从力学的角度来看过于简单牵强，并且地震动参数难以确定，与之相似的设计方法还有Whitman-Liao法[126]。随后，Zarrabi[127]对Richards-Elms法进行了改进，在输入水平和竖向加速度时，计算动态地震土压力和破裂面倾角，计算的地震位移值要比Richards-Elms法计算的小，更精确。Giovanni等[128]采用Newmark分析法，考虑了饱和无黏性土地震引起的孔隙水压力和剪切强度降低对于位移的影响，并用谐波和实际地震波进行了分析，发现忽略孔隙水压力会低估墙体的地震反应。Kanthaasamy等将有限元分析、离心模型试验、拟静力分析与Newmark分析法进行有效的结合,提出了更加合理经济的抗震设计方法。用峰值加速度来描述地震存在一定的限制,Ciovanni 等[129]引入了地震破坏趋势因子 PD 来控制边坡稳定的主要影响因数,分析了大量的实际地震波,并提出了水平地震 Newmark 刚性滑块与地震破坏趋势因子 PD 的关系式。

在国内,王思敬等[130-132]基于 Newmark 法提出了边坡块体滑动动力学法,之后通过试验,提出了运动摩擦力和动摩擦系数概念,并在此基础上,进一步推导出了楔形体下的三维动力反应方程式。张建经等[133]对汶川特大地震灾区公路和铁路支挡结构的破坏类型、破坏模式进行了调查,根据调查结果,提出了支挡结构的抗震设计的墙体位移对支挡结构抗震设计三级设防的要求。

1.5.2 支挡结构的强度控制

1. 土压力的拟静力法

目前,拟静力法普遍应用于我国以及印度、日本等国相应的抗震设计规范中,Eurocode-8 规范采用位移法进行抗震设计时,同样采用拟静力法。日本学者 Mononobe 等首先提出了基于库仑土压力理论的挡墙土压力计算拟静力方法[134-136],也就是 M-O 公式。该公式通过引进破坏区域土的惯性力来考虑地震中的土压力,以计算主动和被动土压力。此方法假定动土压力分布为线性分布,动土压力的合力作用点为距墙底 $\frac{1}{3}H$(H 为墙高)处。Whitman[137]在总结动土压力试验研究成果基础上,发现试验测试土压力值与按 M-O 公式计算的土压力比较接近,肯定了此公式地震土压力理论的正确性。在 1970 年召开的第二届美国土木工程协会土力学专委会上,M-O 公式被推荐为挡土墙侧向地震动土压力计算的标准方法。

但是,Richards 等[138]认为 M-O 法仅考虑了墙后土楔体的平衡,故不能确定土压力的分布形式和合力作用点的位置。一般来说,按照 M-O 法得到的动土压力合力作用点为距墙底 $\frac{1}{3}H$ 处,与静土压力合力相同,但大量试验和数值模拟结果表明,动土压力的合力作用点要高于距墙底 $\frac{1}{3}H$ 处,基于原始 M-O 公式拟静力法,后人针对在不同的条件下挡墙和墙后土体,对计算动土压力的 M-O 公式进行了拓展和对墙后动土压力分布进行了改进。

Seed 和 Whitman[139]建议,在求动土压力合力作用点的位置时,应把动土压力分为静土压力和动土压力增量两部分之和,假定静土压力合力的作用点距墙底 $\frac{1}{3}H$,动土压力增量合力作用点距墙底为 $\frac{1}{6}H$,然后再根据力的等效原理求出总动土压力的合力作用点。同时对墙后土体情况了作了一些简化,提出了只需要内摩擦角和地震动峰值加速度就可以求出地震土压力的简化 M-O 公式。Prakash[140]研究了填土的黏聚力对地震主动土压力的影响。Matsuzawa 等[141]考虑了饱和填土条件下地震土压力计算方法,拓展了 M-O 算法的应用范围。Choudhury 等[142]考虑地震荷载时间效应,对地震土压力非线性分布进行了研究。Ashok[143]利用条分法并满足静力平衡条件,推导出黏性土的地震动土压力,但计算公式复杂,并且不能得出墙后土压力的分布。Choudhury 等[144]认为墙面摩擦可能出现负摩阻力,用拟静力的方法来计算地震时挡土墙被动土压力大小和分布。Zhang 等[145]研究了在不同位移模式下地震动土压力的大小和分布,并提出了在不同位移模式下挡墙在不同位移水平时的地震土压力强度大小的评价方法。在计算中,一般假设破裂面为平面,但实际上不一定为平面,为此,Morrison 和 Ebeling[146]将破裂面假定为对数螺旋线,用拟静力法计算被动土压力的大小。

在国内,张昌龄[147]在破坏楔体上同时考虑水平和竖向惯性力的作用,推导出了黏性土的总土压力合力和作用点位置的计算方法,其中提出了动土压力系数与静土压力系数比值系数的概念。梁波[148]在考虑了铁路荷载和墙背仰斜较大时土压力误差的基础上,提出一种计算地震土压力的简化公式,该法突破了公式在填土表面水平,填土内摩擦角小于地震角时无法计算的局限性。李涛[149]针对公路桥台,直接用水平系数导出了地震土压力计算公式,简洁实用。朱桐浩[150]用烈度法推导出具有地表裂缝和超载时黏性土的地震主动土压力计算式。王贻荪和赵明华[151]提出滑楔烈度法,推导出了计算各种复杂情况下的地震主动和被动土压力的计算式。

刘忠玉等[152]以 M-O 假定为基础,应用水平层分析法,得出刚性挡土墙平移模式下地震主动土压力非线性分布解。王云球[153]应用水平层分析法,研究水平层单元在水平惯性力下的平衡,推导出按曲线规律变化土压力分布公式,地震土压力作用点位于墙底上$(0.45\sim0.60)H$处。林宇亮和杨果林等[154,155]应用水平层条分法研究了地震作用下考虑超载和地表裂缝时地震主动和被动土压力的大小、作用点位置和分布规律。张建经等[133]对汶川地震中挡土墙的实震破坏进行统计,得出挡土墙的破坏或外鼓大概发生在距挡墙底$(0.45\sim0.63)H$处,所以得出地震作用下墙背土压力作用点距墙底的高度为$(0.45\sim0.63)H$。

2. 拟动力法

由于拟静力法不考虑加速度时程,相位差以及墙后土体剪切模量的变化,Steedman 等[156]则假定地震加速度惯性力随着深度和时间呈正弦变化,土体剪切模量为有限定值,提出采用拟动力法来确定地震主动土压力及其分布,并且通过模型试验进行了验证。随后,Choudhury 等[157-159]采用该方法对地震被动和主动土压力,被动情形下的转动位移、滑动稳定性及抗震设计方法等进行了研究。此外,采用该方法又对主动情形下的重力式挡墙地震动转动位移和动土压力进行了研究;Ghosh 等[160,161]采用拟动力法对地震主动和被动土压力进行了研究,并考虑了倾斜墙背或折线形墙背的地震土压力的计算方法；Ahmad 等[162]基于水平层分析法，将拟动力法应用于江岸加筋土挡墙地震土压力的计算中；Azad 等[163]基于水平层分析法，将拟动力法应用于刚性挡墙地震主动土压力的计算中；Basha 等[164]基于 Newmark 滑块法和极限平衡理论，将拟动力法应用于重力式挡墙地震转动位移和动土压力的分析计算中。

王丽艳等[165]采用考虑时间、相位差和地震波放大效应的拟动力法，对码头重力式挡墙的地震主动土压力进行了计算，并推导了地震残余角位移的计算公式；夏唐代等[166]采用拟动力法，提出了考虑时间和相位变化的黏性土地震主动土压力及其分布强度的计算式。

3. 数值分析法

采用诸如有限元法、边界元法等数值方法，对支挡结构地震动土压力及其抗震设计进行研究，也是一种有效方法。

Al-Homoud 等[167]采用二维有限元模型对挡墙倾覆情形下的地震动土压力进行了研究，并将分析结果与动力离心模型试验进行了对比分析，发现两者吻合较好；Zeng 等[168-170]在进行挡墙动土压力有限元分析时，考虑了土体地震反应的非线性以及地震条件下孔隙水压的影响，并将数值分析结果与离心模型试验进行了对比分析；Psarropoulos 等[171]采用有限元法，分别对刚性和柔性挡墙地震动土压力分布情况进行了分析研究；Alyami 等[172]应用有效应力分析法，对堤岸重力式挡墙地震稳定性，开展了弹塑性有限元分析研究；Zarnani 等[173]采用线弹塑性本构模型和等效线性方法，对墙土之间设有聚苯乙烯土工泡沫板（EPS）的支挡结构系统的地震动力特性，进行了有限元分析研究，并与振动台模型试验结果进行对比分析；Tiznado 等[174]对重力式挡墙的地震动位移进行了有限元分析。

近年来，有学者将动力数值方法应用于挡土墙的抗震研究中。陈学良等[175]在挡土墙地震反应、动土压力及其分布等方面的研究中，运用了廖振鹏[176]提出的解耦近场非线性波动数值模拟方法，在支挡结构抗震设计动力数值模拟研究方面获得了有价值的研究成果；叶海林等[177,178]结合强度折减动力分析法，采用动力有限元对锚杆支挡结构、抗滑桩等进行了抗震设计。

锚杆支挡结构具有施工方便快捷、安全经济等特点，但目前对这种结构地震作用下动力特性的研究较少。Zhang 等[179]采用数值分析对锚杆支护的岩体结构进行了地震反应分析；董建华等[180,181]采用数值分析对锚杆挡墙、土钉支护边坡的地震稳定性进行了分析研究；朱宏伟等[182]在现场调研的基础上，利用有限差分软件 FLAC3D，对锚杆支护边坡地震动力特性进行了数值模拟，并分析了锚固参数对其动力响应特性的影响等。

1.5.3 动力模型试验

Kim 等[183,184]对堤岸重力式挡墙地震土压力研究中，开展了振动台模型试验研究，并且利用 Newmark 滑块法，考虑超孔隙水压力和地震土压力的影响，对这种形式挡墙的动位移进行了振动台试验研究；Sadrekarimi 等[185]采用振动台模型试验，对堤岸重力式挡土墙的地震土压力及其分布进行了研究；Latha 等[186]对包裹式、刚性面板加筋土挡墙以及无加筋刚性面板等三种挡墙的地震动力响应特性进行了振动台模型试验研究；Moghadam 等[187]也对堤岸重力式挡墙地震动位移展开过振动台模型试验研究；Ling 等[188-190]对模块式加筋挡墙地震动力特性进行了大型振动台模型试验研究，并与有限元法分析结果进行了对比分析研究，开展了盒式面板加筋挡土结构的振动台模型试验，研究了地震条件下面板变形和沉陷、动土压力等动力响应特性；El-Emam 等[191]通过振动台模型试验，研究了加筋参数对加筋土挡墙地震动力反应特性的影响；Sabermahani 等[192]对加筋土挡墙的地震动力响应特性进行了振动台模型试验，研究后认为，加筋刚度是挡墙动力响应和变形的主要影响因素；Anastasopoulos 等[193]对钢筋网加筋挡墙地震动力特性进行了大型振动台模型试验研究，并与 ABAQUS 软件数值模拟结果进行了对比分析；Jamshidi 等[194]对桩板墙动力响应特性进行了振动台模型试验，研究后认为，对墙后填土进行纤维加筋能有效提高挡墙抗变形能力；Huang 等[195]通过振动台模型试验，研究了加筋土挡墙水平向地震动位移，并与 Newmark 滑块法进行了对比分析。

Hong 等[196]对土钉支护陡坡的地震动力特性进行了振动台模型试验研究；Nakajima 等[197]通过振动台模型试验研究后认为，埋置式板桩和大直径土钉的抗震性能良好；叶海林等[198]对边坡锚杆支护结构的抗震性能进行了振动台模型试验研究，为工程实践中的锚杆抗震设计提供了有效思路；张明聚等[199]对边坡永久性土钉支护体系的抗震性能进行了振动台模型试验研究。

路基及其支挡结构由于地震而产生的破坏事例屡见不鲜，其地震响应特性也非常复杂，开展动力模型试验具有理论和工程实践意义。李金贝等[200]以汶川地震灾区的典型路堤边坡及其重力式挡墙为研究对象，开展了大型振动台模型试验，研究了强震作用下路基及其支挡结构的动力响应及其破坏过程；徐佩华等[201]则对高烈度区浸水高填石路堤地震稳定性，开展了小型振动台模型试验研究。

Bathurst 等[202-204]对墙土之间设有 EPS 的刚性挡墙进行了振动台模型试验研究，验证了 EPS 可以减小墙背所受侧土压力的假设，并将试验结果与有限元分析进行了对比研究；汪益敏等[205]也进行过类似的研究，并将振动台模型试验结果与水平条分法数值模拟结果进行对比分析。

1.6　边坡地震动力稳定性

1.6.1　地震稳定性评价方法的分类

岩土边坡地震稳定性分析是岩土地震工程研究的热点和前沿课题之一，其根本目的是为边坡抗震设计提供坚实的理论基础,研究内容主要包括:边坡在地震条件下的响应分析和失稳机理、稳定性评价方法,以及稳定性评价指标与安全标准的研究等,其中核心问题是岩土边坡地震稳定性评价方法。目前,针对各种方法还没有明确定义,因而不同的学者给出了不同的分类。本节在阅读相关文献的基础上,对其作下述分类:

(1) 根据评价指标与安全标准,可将岩土边坡地震稳定性评价方法分为定量方法和定性方法等两大类。

定量方法以数学、力学和计算工具的发展为前提,以考察岩土边坡地震动力行为的物理本质为目标[206],大致可以分为拟静力法、滑块分析法、概率分析法、数值分析法和动力模型试验法等五大类,并且主要采用安全系数或永久位移单一指标。

由于确定安全系数的方法各异,所以出现了不同的安全系数判据,如单一安全系数法、动力安全系数、最小平均安全系数等。也有学者基于能量观点,运用塑性极限分析理论,得到边坡地震稳定安全系数的上限解。

由于定量方法涉及的参数多,现场勘察、室内外试验以及计算工作量大,所以难以适应大范围、多点位的预测和评价,因此有学者提出对边坡地震条件下的稳定性,简单定性为稳定或是失稳,然后采用多个指标建立数学模型进行综合评价,即边坡地震稳定性分析的定性方法。目前,这种定性方法主要有综合指标法、神经网络法、灰色聚类法、未确知测度法、突变级数法和属性数学法等。

(2) 根据边坡岩土体参数的确定性和不确定性,可分为确定性方法和概率分析方法两大类。这样划分就将上述定量方法分为两类,将概率分析法划分为非确定性方法,而其他四种方法(拟静力法、滑块分析法、数值分析法和动力模型试验法)则为确定性方法。

概率分析法在边坡地震稳定性分析中考虑了岩土体参数的不确定性,也称为随机性分析法或可靠性分析法。Lin 等[207]将边坡滑体假定为刚体,并把强地震动看成高斯过程,对滑块失效概率进行了研究;Bray 等[208,209]在 Newmark 法的基础上,基于概率理论提出了土质边坡地震永久变形的简化耦合算法;Ai-Homoud 等[210]利用安全系数和边坡破坏的临界位移,建立了概率三维稳定性分析模型,对土质边坡和堤坝地震条件下的稳定性进行了分析;徐建平等[211]采用概率分析法,提出了随机地震作用下的土坡永久变形分析方法;贾超等[212]以安全系数来表征土坡的可靠度,导出了土坡在随机地震作用下的失效概率的数学表达式;Basha 等[213]将填土等相关材料参数处理成随机变量,将概率分析法与极限平衡法、拟动力分析法相结合,对加筋土边坡的地震稳定性进行了分析研究。上述研究成果从不同的角度、基于不同的方法,将概率分析法应用于边坡地震稳定性分析之中,但总体而言,这方面的研究还不太深入,研究成果也还不太成熟,仍不能满足工程抗震设计实践的需要。

(3) 根据边坡地震失稳机理,可分为惯性失稳分析法和弱化失稳分析法两类。

Kramer[214]将边坡地震失稳机理分为惯性失稳和弱化失稳两类,将拟静力法、滑块分析法(包括 Newmark 有限滑动位移法及其各种改进方法等)和应力分析法等,称为惯性失稳的分析方法,将弱化失稳的分析方法归纳为流动破坏分析法和变形破坏分析法两类;刘立平等[215]在此基础上将边坡地震失稳机理分为惯性失稳和衰减失稳两类,将拟静力法、Newmark 法、有限元法及概率分析法等称为惯性失稳分析法,而衰减失稳分析法与上述弱化失稳分析法相同。

(4) 根据研究手段进行分类,可分为理论分析法和动力模型试验法等。

祁生文等[216]从理论计算角度出发,将边坡地震稳定性分析方法分为拟静力法、Newmark 有限滑动位移法、Makdisi-Seed 简化法、剪切楔法、概率分析法以及数值模拟法等。这样就基本上涵盖了国内外岩土边坡地震稳定性评价方法。研究表明,动力模型试验在边坡地震稳定性分析中也是一个有效手段,主要包括爆炸模型试验、动力离心模型试验和大型振动台模型试验等。

1.6.2 边坡地震稳定性的确定性分析方法

为了能尽量全面、清晰地反映岩土边坡地震稳定性评价方法的研究概况,下面对确定性分析方法中的拟静力法、滑块分析法、数值模拟法以及动力模型试验法的研究进展作一简要评述。

1. 拟静力法

边坡地震稳定性分析所采用的拟静力法主要有两类:一是 Seed 的简化拟静力法[217],二是 Sarma 的改进拟静力法[218]。

拟静力法的基本思想是将地震荷载所产生的惯性力作为拟静力,作用在边坡潜在滑楔体上,然后根据极限平衡理论进行静力分析,其实质与静力条件下的稳定性分析相同。由于拟静力法将复杂的地震作用效应简化为水平和竖向大小不变的惯性力,所以也无法反映边坡的动力响应特性,即不能考虑地震动的频谱特性和持时的影响,这是其本身无法逾越的缺陷。但自从 Terzaghi 将拟静力法应用于岩土边坡地震稳定性分析以来,该方法则拓展了包括极限平衡法、极限分析法和滑移线场法等传统静力稳定性分析方法的应用范围,并且在实践中广泛使用,积累了大量的工程经验,因而也纳入了相关抗震设计规范。

Chang 等[219]基于拟静力法,结合极限分析上限定理和 Newmark 滑块法,对边坡在地震条件下的临界状态和动位移进行了分析研究;Leshchinsky 等[220]基于拟静力法,采用数值方法模拟了简单边坡潜在滑动面上的正应力分布,确定了满足所有极限平衡条件的最小安全系数;Ling 等[221,222]应用拟静力法,对沿节理面滑动的岩体地震稳定性进行了分析,并且研究了水平向和竖向地震加速度惯性力共同作用下,边坡的动力稳定性和地震动位移等。Siyahi 等[223]应用拟静力法并考虑了剪切强度降低的影响,对正常固结土边坡地震稳定性进行了分析;Biondi 等[224]基于拟静力法,结合改进的 Newmark 滑块法，研究了孔隙水压力对饱和无黏性土边坡地震稳定性的影响；Siad[225]基于拟静力法，结合屈服设计理论的运动学方法，研究了以平移失稳为主的破裂岩体边坡的地震稳定性，并给出了不同的破裂面摩擦角的稳定性系数上限曲线；Bray 等[226]在对边坡进行拟静力分析时，考虑了位移对地震拟静力系数取值的影响；Baker 等[227,228]基于拟静力法，采用极限平衡和强度折减技术，提出了非均质土坡地震稳定性分析图。

吴世明等[229]早在 1987 年就将拟静力法和极限分析理论相结合，基于非线性破坏准则，对土坡地震条件下的动力稳定性进行了研究；Loukidis 等[230]基于拟静力法，结合极限分析上、下限定理，假定土体服从线性摩尔-库仑准则，对土质边坡地震动稳定性进行了数值模拟；Yang[231]基于拟静力法，结合极限分析上限定理，假定岩体服从非线性 Hoek-Brown(H-B) 准则，对岩质边坡地震动稳定性进行了研究；Li 等[232]基于拟静力法，采用极限分析理论，提出了岩质边坡地震稳定性分析图。

姚爱军等[233]基于拟静力法并结合改进的 Sarma 法，对复杂岩质边坡地震稳定性进行了分析，并对参数敏感性进行了分析研究；阮永芬等[234]将拟静力法和动力有限元法结合，对高填土路堤边坡地震稳定性进行了分析；李维光等[235,236]采用拟静力法对顺层岩质边坡和岩质边坡的地震稳定性进行了研究；赵炼恒等[237]基于拟静力法，结合极限分析上限定理和强度折减技术，对层状岩体边坡的地震稳定性进行了分析；罗强等[238]则采用相同的方法对均质土坡的地震稳定性进行了分析。

有研究认为，目前常用的二维拟静力分析，与三向地震荷载作用下的边坡实际情况有较大的出入，因此有学者[239]在二维拟静力分析方法的基础上，建立了三向地震作用下边坡的平衡方程，并且对二维与三维拟静力分析间的差异、三向地震作用对安全稳定系数的影响等进行了研究。

2. 滑块分析法

滑块分析法是 Newmark 有限滑动位移法及其改进方法的总称。Newmark[75]在研究了堤坝地震稳定性后认为，边坡地震稳定性取决于地震时产生的变形而不是最小稳定安全系数，于是在 1965 年第五届 Rankin 讲座上提出了有限滑动位移的思想。此后，各国学者一直致力于边坡地震永久位移计算方法改进的研究。Newmark 有限滑动位移法假设土体为刚塑性体，以屈服加速度概念为基础，其思想基础实际上也是拟静力法，但比拟静力分析更合理，较之数值分析简单而实用。有研究认为，Newmark 方法与实际情况较为吻合，因而得到了广泛应用且被多次改进[240-243]，其中以 Seed 的改进方法[240]最为典型也最具代表性。

此后，有学者运用非线性黏弹性模型，提出了地震永久变形简化解耦算法，即 Makdisi-Seed 法[244]。Stewart 等[245]则在此基础上提出了概率筛析法，Bray 和 Travasarou 利用完全非线性耦合滑块体模型，提出了基于概率理论的地震永久变形简化耦合算法，即 Bray-Travasarou 简化地震位移法[246]，对 Newmark 有限位移法进行修正;Kokusho 等[247]提出了边坡地震永久位移的半经验方法。

王思敬[248-250]等基于 Newmark 的思想,提出了岩体边坡块体滑动的动力学方法,在此基础上又将该方法应用到楔形体和层状山体的三维动力反应分析之中;祁生林等[251]基于 Newmark 的思想,提出了基于剩余推力法并考虑了孔隙水压力变化的边坡地震永久位移的计算方法;刘忠玉等[252]则在考虑饱和黄土孔隙水压力变化的基础上,提出了饱和黄土无限边坡的地震动力分析模型;李红军等[253]运用黏着滑动耦合动力分析方法,对 Newmark 有限位移法进行修正,其计算结果与 Wartman 等[254]的模型试验结果较为一致。

3. 数值模拟法

目前,对边坡地震稳定性分析常采用有限元法、离散元法和快速拉格朗日元法等数值方法,并且主要采用安全系数或永久位移作为地震稳定性的评定指标。

董志高等[255]基于反应谱法,对崩塌堆积体边坡在地震条件下的应力和位移变化进行了有限元分析,并给出了安全系数的计算方法;Zheng 等[256]采用弹塑性有限元法,对边坡地震稳定性进行了分析研究;陈晓利等[257]则利用有限元分析软件 FEPG,对汶川硬岩震区的斜坡坡体内位移场和应力场的变化规律进行了数值模拟。

Bouckovalas 等[258]则利用有限元法研究了地形对边坡地震动力响应特性的影响;何丽君等[259]对某三级黄土边坡的地震稳定性进行数值模拟;郑颖人等[260]对地震条件下边坡破坏机制和破裂面的力学性质进行了数值模拟;周桂云等[261]将拟静力法与非线性有限元强度折减法相结合,对边坡抗震稳定性进行了数值模拟;张敏江等[262]将极限平衡法与有限元法相结合,研究了边坡地震稳定性,为边坡在地震条件下采取相应的防护措施提供了依据。

此外,祁生文等[263]对边坡加速度动力响应、地震动相关参数的影响等进行了数值模拟;徐光兴等[264]不仅对边坡加速度动力响应等进行了数值模拟,并以振动台模型试验对有限元分析结果进行了验证;刘华北[265,266]应用动力有限元法,对土工格栅加筋土挡墙、模块式土工合成材料加筋土挡墙的地震动力稳定性进行了研究。

在应用快速拉格朗日元法时,主要采用有限差分软件 FLAC 进行数值模拟。张友葩等[267]利用 FLAC 对边坡在地震荷载作用下的稳定性进行了分析;祁生文等[268]利用有限差分软件 FLAC3D 对边坡高度在一定范围内的动力响应,包括位移、速度、加速度三量等的响应特性,进行了一系列的数值模拟;刘春玲等[269]也利用 FLAC3D 对某边坡的地震永久位移进行了分析研究;言志信等[270]等利用 FLAC3D 对某三级黄土边坡的地震动力反应进行了分析研究。此外,何铮等[271]等采用三维数值模拟技术,对顺层岩质边坡的地震渐进破坏失稳过程及机制进行了数值模拟,而这方面的研究工作才刚刚起步。

4. 动力模型试验法

理论分析总是基于一定的假定,没有考虑边坡地震动力响应特性,并且因原位地震数据有限,这些方法的准确性和可靠性还有待验证。动力模型试验则是解决这一难题的有效途径之一。目前,大型振动台模型试验已广泛应用于各类岩土边坡地震动力反应特性研究中。

王存玉等[272]较早地利用振动台模拟试验,对岩质边坡地震动力问题进行了研究;许强等[273,274]以汶川地震为背景,对软硬不同岩性组合的水平层状岩质边坡的地震稳定性,开展了大型振动台模型试验研究;冯文凯等[275]将振动台模拟试验与数值模拟相结合,对汶川震区单面和双面斜坡的地震震裂力学机制进行了分析和研究;肖锐铧等[276]在汶川震区野外调查的基础上,采用振动台模型试验模拟了双面坡地震动力破坏过程;吴伟等[277]利用振动台模型试验,研究了坡形及加筋措施对边坡地震动稳定性的影响;王建等[278]以汶川震区路堤土工格栅加筋边坡为背景,通过振动台模型试验研究其地震变形和成灾机制;孔宪京等[279]利用振动台模型试验,研究了加筋长度和加筋密度等相关参数对提高边坡地震稳定性的影响;董金玉等[280]对一边坡坡角大于岩层倾角的顺层岩质边坡的地震动力反应特性,开展了大型振动台模型试验研究,分析了边坡地震动力响应规律、破坏特征和模式,以及地震动力参数、坡体地质结构对边坡地震动力响应特性的影响等。

Wartman等[281]通过小型振动台模型试验,研究了四个软黏土边坡地震作用下的变形机理和位移模式,模型试验所测定的滑动位移验证了Newmark滑块法的可靠性;Kokusho等[282]基于能量法,对地震条件下边坡破坏机制进行了振动台模型试验研究;Wang等[283]通过振动台模型试验,研究了汶川地震波作用下边坡动力响应特性和破坏机制;Wang等[284]基于极限平衡分析法,对地震条件下滑坡机制进行了振动台模型试验研究。

离心模型试验能够再现原型的应力场及与重力相关的变形过程,因而在岩土构筑物地震动力破坏机制研究中得到了较广泛的应用。Charles等[285]采用动力离心模型试验,研究了松填坝坡受双向地震作用时的动力响应特性;于玉贞等[286,287]则采用动力离心模型试验,在50g条件下研究了砂土边坡的地震动力响应特性;Lee等[288]采用动力离心模型试验研究了干砂和饱和砂土边坡的地震动力响应特性,并对层状剪切模型箱的边界效应进行了研究。

参 考 文 献

[1] 马宗晋,赵阿兴. 中国的地震灾害概况和减灾对策建议. 中国地震,1991,7(1):89-94.
[2] 陈国兴. 岩土地震工程学. 北京:科学出版社,2007.
[3] 吴世明. 土动力学. 北京:中国建筑工业出版社,2000.
[4] 刘汉龙. 土动力学与岩土地震工程//中国土木工程学会第九届土力学及岩土工程学术会议论文集. 北京:清华大学出版社,2003:56-68.

[5] Mononobe N, Takata A, Matumura M. Seismic stability of earth dam. Proceeding of the 2nd Congress of Large Dams, Washington D C. 1936.

[6] Gazetas G. A new dynamic model for earth dams evaluated through case histories. Soils and Foundations, 1981, 21(1): 67-78.

[7] Dakoulas P, Gazetas G. A class of inhomogeneous shear models for seismic response of dams and embankments. Soil Dynamic and Earthquake Engineering, 1985, 4(4): 166-182.

[8] Oner M. Shear vibration of inhomogeneous earth dams in rectangular canyons. Soil Dynamic and Earthquake Engineering, 1984, 3(1): 19-26.

[9] Gazetas G. Vertical oscillation of earth and rock-fill dams: Analysis and field observation. Soils and Foundations, 1981, 21(4): 56-68.

[10] 栾茂田, 金崇磐, 林皋. 非均质堤坝振动特性简化分析. 大连理工大学学报, 1998, 29(4): 479-488.

[11] Elgmal A W M, Abdel-Ghaffar A M, Prevost J H. Elasto-plastic earthquake shear response of one-dimensional earth dam models. Earthquake Engineering and Structural Dynamics, 1985, 13(5): 617-633.

[12] Yiagos A N, Pervost J H. Two-phase elasto-plastic seismic response of earth dams: Theory. Soil Dynamics and Earthquake Engineering, 1991, 10(7): 357-370.

[13] Gazetas G, Debchaudhury A, Gasparini D A. Random vibration analysis for the seismic response of earth dams. Geotechnique, 1981, 31(2): 261-277.

[14] 徐志英. 估计土坝地震反应的有效应力简化方法. 地震工程与工程振动, 1983, 3(4): 93-101.

[15] Seed H B, Idriss I M. Influence of soils conditions on ground motion during earthquakes. Journal of Soil Mechanics and Foundations Division, 1969, 95(SM1): 99-173.

[16] Martin P P, Seed H B. Simplified procedure for the dynamic effective stress analysis of ground response. Journal of Soil Mechanics and Foundations Division, 1979, 105(GT5): 423-438.

[17] Finn W D L, Lee K W, Martin G R. Seismic response and liquefaction of sands. Journal of the Geotechnical Engineering Division, 1976, 102(GTS): 841-856.

[18] Finn W D L, Lee K W, Martin G R. An effective stress model for liquefaction. Journal of the Geotechnical Engineering Division, 1977, 103(GT6): 517-533.

[19] 刘曾武, 等. 场地土层的周期特性//中科院工程力学研究所地震工程研究报告集(4). 北京: 科学出版社, 1981.

[20] 邓亚虹. 层状自由场地固有频率的求解方法、特性及应用研究. 浙江大学博士学位论文, 2007.

[21] 邓亚虹, 夏唐代, 彭建兵, 等. 水平层状场地自振频率的剪切质点系法研究. 岩土力学, 2009, 30(8): 2489-2494.

[22] Clough R W, Chopra A K. Earthquake stress analysis in earth dams. Journal of the Engineering Mechanics Division, 1966, 92(2): 197-212.

[23] 沈珠江. 一个计算砂土液化变形的等价黏弹性模式//中国土木工程学会第四届土力学及基

础工程学术会议论文选集. 北京：中国建筑工业出版社，1986：199-207.

[24] 侯文峻，张建民，张嘎. 采用挤压式边墙结构的面板堆石坝的动力反应分析. 水力发电学报，2008，27(2)：50-54.

[25] 沈珠江. 理论土力学. 北京：中国水利水电出版社，2000.

[26] Iai S, Kaneoka T. Finite element analysis of earthquake induced damaged to anchored sheet pile quay walls. Soils and Foundations，1993，33(1)：71-91.

[27] 林皋，朱彤，林蓓. 结构动力模型试验的相似技巧. 大连理工大学学报，2000，40(1)：1-8.

[28] 吕西林，陈跃庆. 结构-地基相互作用体系的动力相似关系研究. 地震工程与工程振动，2001，21(3)：85-92.

[29] 凌贤长，王臣，王成. 液化场地桩-土-桥梁结构动力相互作用振动台试验模型相似设计方法. 岩石力学与工程学报，2004，24(3)：450-456.

[30] 刘小生，王钟宁，汪小刚，等. 面板坝大型振动台模型试验与动力分析. 北京：中国水利水电出版社，2005.

[31] 林宇亮，杨果林. 不同压实度路堤边坡的地震残余变形特性. 中南大学学报（自然科学版），2012，43(9)：3631-3638.

[32] 林宇亮，杨果林，钟正. 不同压实度路堤边坡地震响应振动台试验研究. 岩土力学，2012，33(11)：3285-3291.

[33] Lin Y L, Yang G L. Dynamic behavior of railway embankment slope subjected to seismic excitation. Natural Hazards，2013，69(1)：219-235.

[34] 李昀，杨果林，林宇亮. 水平地震作用下加筋格宾挡土墙动力特性试验研究. 岩土工程学报，2009，31(12)：1930-1935.

[35] 陈兴华. 脆性材料结构模型试验. 北京：水利电力出版社，1984.

[36] 韩伯鲤，陈霞龄，宋一乐，等. 岩体相似材料的研究. 武汉水利电力大学学报，1997，30(2)：6-9.

[37] 陈霞龄，韩伯鲤，梁克读. 地下洞群围岩稳定的试验研究. 武汉水利电力大学学报，1994，27(1)：17-23.

[38] 马芳平，李仲奎，罗光福. NIOS模型材料及其在地质力学相似模型试验中的应用. 水力发电学报，2004，23(1)：48-51.

[39] 张强勇，李术才，郭小红，等. 铁晶砂胶结新型岩土相似材料的研制及其应用. 岩土力学，2008，29(8)：2126-2130.

[40] 王汉鹏，李术才，张强勇，等. 新型地质力学模型试验相似材料的研制. 岩石力学与工程学报，2006，25(9)：1842-1847.

[41] 罗定伦，高波，申玉生. 关于隧道抗减震模型试验围岩相似材料的研究. 石家庄铁道学院学报（自然科学版），2008，21(9)：70-73.

[42] 潘一山，章梦涛，王来贵，等. 地下硐室岩爆的相似材料模拟试验研究. 岩土工程学报，1997，19(4)：49-56.

[43] 范鹤，刘斌，王成，等. 高填土涵洞相似材料的试验研究. 东北大学学报（自然科学版），2007，28(8)：1194-1197.

[44] 吴玉庚. 工程地质力学模型材料试验研究. 北京: 地质出版社, 1985.
[45] 杨林德, 季倩倩, 郑永来, 等. 地铁车站结构振动台试验中模型箱设计的研究. 岩土工程学报, 2004, 26(1): 75-78.
[46] Huzawa H. Subsidence of embankment on weak ground due to earthquake and its countermeasure. Quarterly Report of RTRI, 1975, 16(3): 103-106.
[47] 孔宪京, 刘君, 韩国城. 面板堆石坝模型动力破坏试验与数值仿真分析. 岩土工程学报, 2003, 25(1): 26-30.
[48] 陈建斌, 周立运. 大型粉煤灰坝模型抗震试验研究. 岩土力学, 2006, 27(7): 1109-1113.
[49] 陈跃庆, 吕西林, 侯建国, 等. 不同土性地基中地震波传递的振动台模型试验研究. 武汉大学学报(工学版), 2005, 38(2): 49-53.
[50] 苏栋, 李相崧. 地震历史对砂土抗液化性能影响的试验研究. 岩土力学, 2006, 27(10): 1815-1818.
[51] 孟上九, 刘汉龙, 袁晓铭, 等. 可液化地基上建筑物不均匀震陷机制的振动台试验研究. 岩石力学与工程学报, 2005, 24(11): 1978-1985.
[52] Dungca J R, Kuwano J, Takahashi A. Shaking table tests on the lateral response of a pile buried in liquefied sand. Soil Dynamics and Earthquake Engineering, 2006, 26(2/4): 287-295.
[53] Motamed R, Towhata I. Shaking table model tests on pile groups behind quay walls subjected to lateral spreading. Journal of Geotechnical and Geoenvironmental Engineering, 2010, 136(3): 477-489.
[54] Towhata I, Vargas-Monge W, Orense R P, et al. Shaking table tests on subgrade reaction of pipe embedded in sandy liquefied subsoil. Soil Dynamics and Earthquake Engineering, 1999, 18(5): 347-361.
[55] 陈国兴, 庄海洋, 杜修力, 等. 液化场地土-地铁车站结构大型振动台模型试验研究. 地震工程与工程振动, 2007, 27(3): 163-170.
[56] 吕西林, 陈跃庆, 陈波, 等. 结构-地基动力相互作用体系振动台模型试验研究. 地震工程与工程振动, 2000, 20(4): 20-29.
[57] 邓学晶, 孔宪京, 刘君. 城市垃圾填埋场的地震响应及稳定性分析. 岩土力学, 2007, 28(10): 2095-2100.
[58] 孔宪京, 邓学晶. 城市垃圾填埋场地震变形机理的振动台模型试验研究. 土木工程学报, 2008, 41(5): 65-74.
[59] Dewoolkar M M, Ko H Y, Park R Y S. Experimental developments for studying static and seismic behavior of retaining walls with liquefiable backfills. Soil Dynamics and Earthquake Engineering, 2000, 19(8): 583-593.
[60] Dewoolkar M M, Ko H Y, Park R Y S. Seismic behavior of cantilever retaining walls with liquefiable backfills. Journal of Geotechnical and Geoenvironmental Engineering, 2001, 127(5): 424-435.
[61] Ling H I, Liu H, Kaliakin V N, et al. Analyzing dynamic behavior of geosynthetic-reinforced soil retaining walls. Journal of Engineering Mechanics, 2004, 130(8): 911-920.

[62] Stamatopoulosa C A, Bassanoua M, Brennan A J, et al. Mitigation of the seismic motion near the edge of cliff-type topographies. Soil Dynamics and Earthquake Engineering, 2007, 27(12): 1082-1100.

[63] Stamatopoulosa C A, Bassanoua M. Mitigation of the seismic motion near the edge of cliff-type topographies using anchors and piles. Bulletine Earthquake Engineering, 2009, 7(1):221-253.

[64] 于玉贞,邓丽军. 抗滑桩加固边坡地震响应离心模型试验. 岩土工程学报, 2007, 29(9): 1320-1323.

[65] 李荣建,于玉贞,吕禾. 饱和砂土地基上抗滑桩加固边坡的动力离心模型试验研究. 岩土力学, 2009, 30(4): 897-902.

[66] Zhang J M, Pu J, Zhang M, et al. Model tests by centrifuge of soil nail reinforcements. Journal of Testing and Evaluation, 2001, 29(4):315-328.

[67] 王丽萍,张嘎,张建民,等. 抗滑桩加固黏性土坡变形规律的离心模型试验研究. 岩土工程学报, 2009, 31(7):1075-1081.

[68] Chen H T, Hung W Y, Chang C C, et al. Centrifuge modeling test of a geotextile-reinforced wall with a very wet clayey backfill. Geotextiles and Geomembranes, 2007, 25(6): 346-359.

[69] 杨明,姚令侃,王建,等. 斜坡堆积体抗震加固措施离心模型试验. 西南交通大学学报, 2008, 43(3): 335-340.

[70] 艾畅,冯春,李世海,等. 地震作用下顺层岩质边坡动力响应的试验研究. 岩石力学与工程学报, 2010, 29(9):1825-1832.

[71] 赵安平,冯春,李世海,等. 地震力作用下基覆边坡模型试验研究. 岩土力学, 2012, 32(2): 515-523.

[72] Seed H B, Makdisi F I, Alba P D. Performance of earth dams during earthquakes. Journal of the Geotechnical Engineering Division, 1978, 104(7): 967-994.

[73] Idriss I M, Mathour J M, Seed H B. Earth dam-foundation interaction during earthquakes. Earthquake Engineering and Structural Dynamics, 1974, 2(4): 313-323.

[74] Seed H B, Silver M L. Settlement of dry sands during earthquake. Journal of Soil Mechanics and Foundations, ASCE, 1972, 98(4): 381-397.

[75] Newmark N M. Effects of earthquakes on dams and embankments. Geotechnique, 1965, 15(2): 139-159.

[76] Frankin A G, Chang F K. Earthquake resistance of earth and rockfill dams. Report 5, Miscellaneous Paper S-71-17, Soil and Pavement Laboratory, U S Army Engineer Waterways Experiment Station, Vicksburg, Mississippi, U S A, 1977.

[77] Seed H B. Consideration in the earthquake resistant design of earth and rockfill dams. Geotechnique, 1979, 29(3): 215-263.

[78] Makdisi F I, Seed H B. Simplified procedure for estimating dam and embankment earthquake-induced deformation. Journal of Geotechnical Engineering Division, 1978, 104(GT7): 423-438.

[79] 吴再光,韩国城,林皋. 土石坝地展永久变形的危险性分析. 岩土工程学报, 1991, 13(2): 13-20.

[80] Pal S K, Rahman M S, Tung C C. A probabilistic analysis of seismically induced permanent movements in earth dams. Soils and Foundations, 1991, 31(1): 47-59.

[81] Lee K L, Albaisa A. Earthquake-induced settlement in saturated sands. Journal of the Geotechnical Engineering Division, ASCE, 1974, 100(GT4): 387-406.

[82] Serff N, Seed H B, Makdisi F I, et al. Earthquake induced deformations of earth dams. Report No. EERC76-4, University California, Berkeley, USA, 1976.

[83] 张克绪. 饱和非黏性土坝地震稳定性分析. 岩土工程学报, 1980, 2(3): 1-9.

[84] 谢君斐, 石兆吉, 郁松寿, 等. 液化危害性分析. 地震工程与工程振动, 1988, 8(1): 61-77.

[85] 张克绪. 饱和砂土的液化应力条件. 地震工程与工程振动, 1984, 4(1): 99-109.

[86] Taniguchi E, Whitman R V, Mar W A. Prediction of earthquake induced deformation of earth dams. Soils and Foundations, 1983, 23(4): 126-132.

[87] 张克绪, 李明宰, 常向前. 地震引起的土坝永久变形分析. 地震工程与工程振动, 1989, 9(1): 91-100.

[88] 钱家欢, 曾力真. 小浪底土坝地震后永久变形预估. 河海科技进展, 1993, 13(4): 70-72.

[89] 刘汉龙, 陆兆溱, 钱家欢. 土石坝地震永久变形分析. 河海大学学报, 1996, 24(1): 91-96.

[90] 郁寿松, 石兆吉. 土壤震陷试验研究. 岩土工程学报, 1989, 11(4): 35-44.

[91] 陈国兴. 高层建筑基础设计. 北京: 中国建筑工业出版社, 2000.

[92] 谢君裴, 石兆吉, 郁寿松, 等. 液化危害性分析. 地震工程与工程振动, 1988, (1): 61-77.

[93] 王兰民, 等. 黄土动力学. 北京: 地震出版社, 2003.

[94] 陈国兴. 岩土地震工程学. 北京: 科学出版社, 2007.

[95] Rogers J D. Seismic response of highway embankments. Transportation Research Record, 1992, 13(43): 52-62.

[96] Tokimatsu K, Seed H B. Evaluation of settlements in sands due to earthquake shaking. Journal of Geotechnical Engineering, 1987, 113(8): 861-878.

[97] Stewart J P, Whang D H, Moyneur M, et al. Seismic compression of as-compacted fill soil wit variable levels of fines content and fines plasticity. Consortium of Universities for Research in Earthquake Engineering (CUREE), Richmond, 2004: 19-74.

[98] 王兰民, 哀中夏, 王峻, 等. 干密度对击实黄土震陷性影响的试验研究. 地震工程与工程振动, 2000, 20(1): 75-80.

[99] 徐舜华, 王兰民, 袁中夏. 黄土震陷初判指标的界定研究. 西北地震学报, 2006, 28(2): 140-143.

[100] 曹继东, 王权民, 陈正汉. 厦门填海土的振动台试验研究. 岩石力学与工程学报, 2004, 23(20): 3529-3535.

[101] 王竣, 李兰. 俄罗斯伊尔库茨克地区黄土动力特性试验研究闭. 西北地震学报, 2001, 23(3): 286-290.

[102] 石玉成, 李兰. 黄土震陷变形特征的细观分析. 岩石力学与工程学报, 2003, 22(增2): 2829-2833.

[103] Seed H B, Chan C K. Clay strength under earthquake loading condition. Journal of the Soil

Mechanics and Foundations Division,1966,92(2):81-97.

[104] 石兆吉,翁鹿年. 地震时软土震陷的观测与估算//中国工程抗震研究四十年. 北京:地震出版社,1989:32-36.

[105] 王兰民. 黄土地震灾害预防与减轻研究. 中国地震局工程力学研究所,2000.

[106] 王峻,王兰民. 地震荷载作用下黄土地基震陷研究. 世界地震工程,2007,23(4):44-47.

[107] Thiers G R, Seed H B. Strength and stress-strain characteristics of clays subjected to seismic loading conditions vibration effects of earthquake on soil and foundation. ASTM, 1969.

[108] Swaisgood J R, et al. Embankment dam deformations caused by earthquakes. Pacific Conference on Earthquake Engineering, 2003.

[109] 谷天峰. 郑西客运专线地基黄土振(震)陷研究. 西北大学博士学位论文,2007.

[110] Pyke R, Seed H B, Chan C K. Settlement of sands under multidirectional shaking. Journal of the Geotechnical Engineering Division, 1975, 101(4): 379-398.

[111] Tokimatsu K, Seed H B. Evaluation of settlements in sand due to earthquake shaking. Journal of Geotechnical Engineering, 113(8): 861-878.

[112] Nasu M. Earthquake-induced damage to embankment vs. soft ground underlaid with inclined bed rock. Quarterly Report of RTRI (Railway Technical Research Institute), 1990, 31(1): 49-57.

[113] Matsuda H, Ohara, S. Geotechnical aspects of earthquake-induced settlement of clay layer. Marine Geotechnology, 1990, 9(3): 179-206.

[114] 刘惠珊,张在明. 地震区的场地与地基基础. 北京:中国建筑工业出版社,1994.

[115] Okamoto T. Recent trend for earthquake induced residual settlement of rockfill dam and some consideration on affecting factors. Proceedings of the 4th International Conference on Dam Engineering-New Developments in Dam Engineering, 2004: 705-716.

[116] Elliot R P, Dennis N D, Qiu Y J. Permanent Deformation of Subgrade Soils Phase Ⅱ: Repeated Load Testing of Four Solid. MBTC FR-1089, 1998.

[117] Yuan X M, Sun R, Meng S J. Effect of asymmetry and irregularity of seismic waves. Soil Dynamics and Earthquake Engineering, 2003, (23): 107-114.

[118] 陈国兴,李方明,从卫民. 多层建筑物地基震陷的简化计算方法及其影响因素分析. 防灾减灾工程学报,2004(1):47-52.

[119] Lee L K. Sesmic permanent deformations in earth dam. Los Angeles: Mechnaics and Srtuctures Department School of Engineering and Applied Science Univesrty of California, 1974.

[120] 谢君斐,石兆吉. 神头电厂震陷的初步分析. 哈尔滨:中国科学院工程力学研究所,1981.

[121] Stewart J P, Whang D H. Simplified procedure to estimate ground settlement from seismic compression in compacted soils. Pacific Conference on Earthquake Engineering, 2003.

[122] Lee C Y. Earthquake-induced settlements in saturated sandy soils. ARPN Journal of Engineering and Applied Sciences, 2007, 2(4): 6-13.

[123] 翁效林. 强夯黄土地基震陷性离心试验研究. 岩土工程学报,2007,29(7):1094-1097.

[124] 李志强. 重力式挡土墙抗震动力可靠度分析与基于位移法的抗震设计研究. 北京:北京交通

大学,2007.

[125] Richards R, Elms D G. Seismic behavior of gravity retaining walls. Journal of the Geotechnical Engineering Division, 1979, 105(4): 449-464.

[126] Whitman R V, Liao S. Seismic design of gravity retaining walls. Proc. of the Eighth World Conference on Earthquake Engineering, San Francisco, 1984, 3: 533-540.

[127] Zarrabi K K. Sliding of gravity retaining wall during earthquake considering vertical accelerations and changing inclination of failure surface. Cambridge: Department of Civil Engineering Massachusetts Institute of Technology, 1979.

[128] Giovanni B, Emesto C, Michele M, et al. Pore pressure effect on seismic response of slope. 12th WCEE, 2000.

[129] Ciovanni T, Madiai C, Vamtucchi G. Earthquake destructiveness potential factor and slope stability. Geotechnique, 1998, 48(3): 411-419.

[130] 王思敬. 岩石边坡动态稳定性的初步探讨. 地质科学, 1977, (4): 120-125.

[131] 王思敬, 张菊明. 边坡岩体滑动稳定的动力学分析. 地质科学, 1982, (2): 162-170.

[132] 王思敬, 薛守义. 岩体边坡楔形体动力学分析. 地质科学, 1992, (2): 177-182.

[133] 张建经, 冯君, 肖世国, 等. 支挡结构抗震设计的2个关键技术问题. 西南交通大学学报, 2009, 44(3): 321-326.

[134] Mononobe N. Considerations into earthquake vibrations and vibration theories. Journal of the Japan Society of Civil Engineers, 1924, 10(5): 1063-1094.

[135] Mononobe N, Matsuo H. On the determination of earthquake pressure during earthquake. Proc. of World Engineering Congress, Japan, 1929: 177-185.

[136] Okabe S. General theory on earth pressure and seismic stability of retaining wall and dam. Journal of the Japan Society of Civil Engineers, 1924, 10(6): 1277-1323.

[137] Whitman R V. Seismic design of earth retaining structures. Proc. 2nd Int. Conf. on Recent Advances in Geotechnical Earthquake Engineering and Soil Dynamics. Missouri, USA: University of Missouri-Rolla, 1991: 1767-1778.

[138] Richards R, Huang C, Fishman K L. Seismic earth pressure on retaining structures. Geotechnical and Geoenvironmental Engineering, 1999, 125(9): 771-778.

[139] Seed H B, Whitman R V. Design of earth retaining structures for dynamic loads. Proc. of Specialty Conference on Lateral Stresses in the Ground and Design of Earth Retaining Structures, 1970: 103-147.

[140] Prakash S. Analysis of rigid retaining wall during earthquake. Proc Int Conf on Recent Advances in Geotechnical Earthquake Engineering and Soil Dynamics, University of Missouri, Rolla, 1981: 1-28.

[141] Matsuzawa H, Ishibashi I, Kawamura M. Dynamic soil and water pressures of submerged soils. Journal of Geotechnical Engineering, 1984, 111(10): 1161-1176.

[142] Choudhury D, Timbalkar S. Pseudo-dynamic approach of seismic active earth pressure behind retaining wall. Geotechnical and Geological Engineering, 2006, 24: 1103-1113.

[143] Ashok C K. A unified procedure for earth pressure calculation. Third International Conference on Recent Advances in Geotechnical Earthquake Engineering and Soil Dynamics, St Louis, 1995, 4(3): 1179-1182.

[144] Choudhury D, Subba R K S. Seismic passive resistance in soils for negative wall friction. Canadian Geotechnical Journal, 2002, 39(l): 971-981.

[145] Zhang J M, Yasuhior S, Kohij T. Seismic earth pressure theory for retaining walls under any lateral displacement. Soils and Foundations, 1998, 38(2): 143-163.

[146] Morrison E E, Ebeling R M. Limit equilibrium computation of dynamic passive earth pressure. Canadian Geotechnical Journal, 1995, 32: 481-487.

[147] 张昌龄. 地震时的土压力计算. 路基工程, 1989, (2): 16-24.

[148] 梁波. 地震条件下桥台台背主动土压力简化计算方法. 铁道工程学报, 1999, 62(2): 36-38.

[149] 李涛. 地震主动土压力简化公式. 铁道工程学报, 1996, (1): 103-105.

[150] 朱桐浩. 在地震荷载作用下挡土墙主动土压力. 四川建筑科学研究, 1981, (3): 37-44.

[151] 王贻荪, 赵明华. 地震土压力一般解及其工程应用. 湖南大学学报, 1990, 17(4): 76-82.

[152] 刘忠玉, 杨会朋, 何盛东. 刚性挡土墙地震主动土压力的非线性分布. 郑州大学学报, 2004, 25(2): 36-43.

[153] 王云球. 地震土压力的非线性分布. 华东水利学院学报, 1983, (4): 61-72.

[154] 林宇亮, 杨果林, 赵炼恒. 地震条件下挡墙黏性土主动土压力研究. 岩土力学, 2011, 32(8): 2479-2486.

[155] 林宇亮, 杨果林, 赵炼恒, 等. 地震动土压力的水平层分析法. 岩石力学与工程学报, 2010, 29(12): 2581-2591.

[156] Steedman R S, Zeng X. The influence of phase on the calculation of pseudo-static earth pressure on a retaining wall. Geotechnique, 1990, 40(1): 103-112.

[157] Choudhury D, Nimbalkar S. Seismic passive resistance by pseudo-dynamic method. Geotechnique, 2005, 55(9): 699-702.

[158] Choudhury D, Nimbalkar S S. Pseudo-dynamic approach of seismic active earth pressure behind retaining wall. Geotechnical and Geological Engineering, 2006, 24(5): 1103-1113.

[159] Choudhury D, Nimbalkar S S. Seismic rotational displacement of gravity walls by pseudo-dynamic method: Passive case. Soil Dynamics and Earthquake Engineering, 2007, 27(3): 242-249.

[160] Ghosh P. Seismic passive earth pressure behind non-vertical retaining wall using pseudo-dynamic analysis. Geotechnical and Geological Engineering, 2007, 25(6): 693-703.

[161] Kolathayar S, Ghosh P. Seismic active earth pressure on walls with bilinear backface using pseudo-dynamic approach. Computers and Geotechnics, 2009, 36(7): 1229-1236.

[162] Ahmad S M, Choudhury D. Pseudo-dynamic approach of seismic design for waterfront reinforced soil-wall. Geotextiles and Geomembranes, 2008, 26(4): 291-301.

[163] Azad A, Yasrobi S, Ali P. Seismic active pressure distribution history behind rigid retaining

walls. Soil Dynamics and Earthquake Engineering, 2008, 28(5): 365-375.

[164] Basha B M, Sivakumar G L. Seismic rotational displacements of gravity walls by pseudodynamic method with curved rupture Surface. International Journal of Geomechanics, 2010, 10(3): 93-105.

[165] 王丽艳,刘汉龙.可液化回填土中重力码头地震旋转残余角位移的拟动力法计算.土木工程学报,2009,42(10):97-103.

[166] 夏唐代,华伟南,王志凯.倾斜挡土墙后黏性土的地震主动土压力分析.世界地震工程,2010,26(增):315-321.

[167] Al-Homoud A S, Whiteman R V. Computer between predication and result from dynamic centrifugen tests on tiling gravity walls. Soil Dynamic and Earthquack Engineering, 1995, 14(9): 259-268.

[168] Zeng X. Seismic response of gravity quay walls I: Centrifuge modeling. Journal of Geotechnical and Geoenvironmental Engineering, 1998, 124(5): 406-417.

[169] Madabhushi S P G, Zeng X. Seismic response of gravity quay walls. II: Numerical modeling. Journal of Geotechnical and Geoenvironmental Engineering, 1998, 124(5): 418-427.

[170] Zeng X, Steedman R S. Rotating block method for seismic displacement of gravity walls. Journal of Geotechnical and Geoenvironmental Engineering, 2000, 126(8): 709-717.

[171] Psarropoulos P N, Kkonaris G, Gazetas G. Seismic earth pressures on rigid and flexible retaining walls. Soil Dynamics and Earthquake Engineering, 2005, 25(7/10): 795-809.

[172] Alyami M, Rouainia M, Wilkinson S M. Numerical analysis of deformation behaviour of quay walls under earthquake loading. Soil Dynamics and Earthquake Engineering, 2009, 29(3): 525-536.

[173] Zarnani S, Bathurst R J. Influence of constitutive model on numerical simulation of EPS seismic buffer shaking table tests. Geotextiles and Geomembranes, 2009, 27(4): 308-312.

[174] Tiznado J C, Rodriguez-Roa F. Seismic lateral movement prediction for gravity retaining walls on granular soils. Soil Dynamics and Earthquake Engineering, 2011, 31(3): 391-400.

[175] 陈学良,袁一凡.挡土墙地震反应非线性波动模拟.地震工程与工程振动,2003,23(4):9-16.

[176] 廖振鹏.近场波动问题的有限元解法.地震工程与工程振动,1984,4(2):1-14.

[177] 叶海林,黄润秋,郑颖人,等.岩质边坡锚杆支护参数地震敏感性分析.岩土工程学报,2010,32(9):1374-1379.

[178] 叶海林,郑颖,黄润秋,等.强度折减动力分析法在滑坡抗滑桩抗震设计中的应用研究.岩土力学,2010,31(增1):317-323.

[179] Zhang C S, Zou D H, Madenga V. Numerical simulation of wave propagation in grouted rock bolts and the effects of mesh density and wave frequency. International Journal of Rock Mechanics and Mining Sciences, 2006, 43(4): 634-639.

[180] 董建华,朱彦鹏.地震作用下土钉支护边坡稳定性计算方法.振动与冲击,2009,28(3):119-124.

[181] 董建华,朱彦鹏. 地震作用下土钉支护边坡动力分析. 重庆建筑大学学报,2008,30(6):90-95.

[182] 朱宏伟,项琴. 锚杆支护边坡动力响应规律及锚固参数影响. 公路交通科技,2011,28(7):30-34.

[183] Kim S R, Kwon O S, Kim M M. Evaluation of force components acting on gravity type quay walls during earthquakes. Soil Dynamics and Earthquake Engineering, 2004, 24(11): 853-866.

[184] Kim S R, Jang I S, Chung C K, et al. Evaluation of seismic displacements of quay walls. Soil Dynamics and Earthquake Engineering, 2005, 25(6): 451-459.

[185] Sadrekarimi A, Ghalandarzadeh A, Sadrekarimi J. Static and dynamic behavior of hunchbacked gravity quay walls. Soil Dynamics and Earthquake Engineering, 2008, 28(2): 99-117.

[186] Latha G M, Krishna A M. Seismic response of reinforced soil retaining wall models: Influence of backfill relative density. Geotextiles and Geomembranes, 2008, 26: 335-349.

[187] Moghadam A M, Ghalandarzadeh A, Towhata I, et al. Studying the effects of deformable panels on seismic displacement of gravity quay walls. Ocean Engineering, 2009, 36(15/16): 1129-1148.

[188] Ling H I, Mohri Y, Leshchinsky D, et al. Large-scale shaking table tests on modular-block reinforced soil retaining walls. Journal of Geotechnical and Geoenvironmental Engineering, 2005, 131(4): 465-476.

[189] Ling H I, Leshchinsky D, Wang J P, et al. Seismic response of geocell retaining walls: Experimental studies. Journal of Geotechnical and Geoenvironmental Engineering, 2009, 135(4): 515-524.

[190] Ling H I, Yang S T, Leshchinsky D, et al. Finite-element simulations of full-scale modular-block reinforced soil retaining walls under earthquake loading. Journal of Engineering Mechanics, 2010, 136(5): 653-661.

[191] El-Emam M M, Bathurst R J. Influence of reinforcement parameters on the seismic response of reduced-scale reinforced soil retaining walls. Geotextiles and Geomembranes, 2007, 25(1): 33-49.

[192] Sabermahani M, Ghalandarzadeh A, Fakher A. Experimental study on seismic deformation modes of reinforced-soil walls. Geotextiles and Geomembranes, 2009, 27(2): 121-136.

[193] Anastasopoulos I, Georgarakos T, Georgiannou V, et al. Seismic performance of bar-mat reinforced-soil retaining wall: Shaking table testing versus numerical analysis with modified kinematic hardening constitutive model. Soil Dynamics and Earthquake Engineering, 2010, 30(10): 1089-1105.

[194] Jamshidi R, Towhata I, Ghiassian H, et al. Experimental evaluation of dynamic deformation characteristics of sheet pile retaining walls with fiber reinforced backfill. Soil Dynamics and Earthquake Engineering, 2010, 30(6): 438-446.

[195] Huang C C, Horng J C, Chang W J, et al. Dynamic behavior of reinforced walls—Horizontal displacement response. Geotextiles and Geomembranes, 2011, 29(3): 257-267.

[196] Hong Y S, Chen R H, Wu C S, et al. Shaking table tests and stability analysis of steep nailed slopes. Canadian Geotechnical Journal, 2005, 42(5): 1264-1279.

[197] Nakajima S, Koseki J, Watanabe K, et al. Study on resistant mechanism of aseismic countermeasure for geosynthetic-reinforced wall and leaning type retaining wall. Journal of Geoengineering, 2008, 3(3): 121-129.

[198] 叶海林, 郑颖人, 陆新. 边坡锚杆地震动特性的振动台试验研究. 土木工程学报, 2011, 44(增): 152-157.

[199] 张明聚, 吕琦, 王诚浩, 等. 土钉支护结构体系动力性能的振动台试验研究. 北京工业大学学报, 2011, 37(6): 822-828.

[200] 李金贝, 张鸿儒, 李志强. 填方路基振动台动力破坏试验研究. 岩土力学, 2011, 32(10): 3075-3080.

[201] 徐佩华, 黄润秋, 邓辉. 高烈度区浸水高填石路堤稳定性的小型振动台试验. 吉林大学学报(地球科学版), 2011, 41(4): 1092-1097.

[202] Bathurst R J, Keshavarz A, Zarnani S, et al. A simple displacement model for response analysis of EPS geofoam seismic buffers. Soil Dynamics and Earthquake Engineering, 2007, 27(4): 344-353.

[203] Bathurst R J, Zarnani S, Gaskin A. Shaking table testing of geofoam seismic buffers. Soil Dynamics and Earthquake Engineering, 2007, 27(4): 324-332.

[204] Zarnani S, Bathurst R J. Numerical modeling of EPS seismic buffer shaking table tests. Geotextiles and Geomembranes, 2008, 26(5): 371-383.

[205] 汪益敏, Bathurst R J. 振动条件下 EPS 缓冲层对挡土墙受力与变形影响的水平条分法模型研究. 土木工程学报, 2008, 41(10): 73-80.

[206] 刘红帅, 薄景山, 刘德东. 岩土边坡地震稳定性分析研究评述. 地震工程与工程振动, 2005, 25(1): 164-171.

[207] Lin J S, Whitman R. Earthquake induced displacements of sliding blocks. Journal of Geotechnical Engineering, 1986, 112(1): 44-59.

[208] Bray J D, Rathje E M. Earthquake-induced displacements of solid-waste landfills. Journal of Geotechnical and Geoenvironmental Engineering, 1998, 124(3): 242-253.

[209] Bray J D, Rathje E M, Augello A J, et al. Simplified seismic design procedures for geosynthetic-lined, solid waste landfills. Geosynthetics International, 1998, 5(1/2): 203-235.

[210] Ai-Homoud A S, Tahtamoni W W. Reliability analysis of three-dimensional dynamic slope stability and earthquake-induced permanent displacement. Soil Dynamics and Earthquake Engineering, 2000, 19(2): 91-114.

[211] 徐建平, 谢伟平, 白冰. 随机地震作用下土坡的永久变形研究. 武汉理工大学学报, 2002, 24(9): 55-58.

[212] 贾超, 刘宁, 陈进. 地震作用下土坡可靠度风险分析. 岩石力学与工程学报, 2005, 24(4): 703-707.

[213] Basha B M, Babu G L S. Reliability assessment of internal stability of reinforced soil structures:

A pseudo-dynamic approach. Soil Dynamics and Earthquake Engineering, 2010, 30(5): 336-353.

[214] Kramer S L. Geotechnical Earthquake Engineering. New Jersey: Prentice Hall, 1995.

[215] 刘立平, 雷尊宇, 周富春. 地震边坡稳定分析方法综述. 重庆交通学院学报, 2001, 20(3): 83-88.

[216] 祁生文, 伍法权, 严福章, 等. 岩质边坡动力反应分析. 北京: 科学出版社, 2007.

[217] Seed H B. Considerations in the earthquake-resistant design of earth and rockfill dams. Géotechnique, 1979, 29(3): 215-263.

[218] Sarma S K. Stability analysis of embankments and slopes. Journal of the Geotechnical Engineering Division, 1979, 105(12): 1511-1524.

[219] Chang C J, Chen W F, Yao J T P. Seismic displacements in slopes by limit analysis. Journal of Geotechnical and Geoenvironmental Engineering, 1984, 110(7): 860-874.

[220] Leshchinsky D, San K C. Pseudo-static seismic stability of slopes: Design charts. Journal of Geotechnical Engineering, 1994, 120(9): 1514-1532.

[221] Ling H I, Cheng A D. Rock sliding induced by seismic force. International Journal of Rock Mechanics and Mining Sciences, 1997, 34(6): 1021-1029.

[222] Ling H I, Leshchinsky D, Mohri Y. Soil slopes under combined horizontal and vertical seismic accelerations. Earthquake Engineering and Structural Dynamics, 1997, 26(12): 1231-1241.

[223] Siyahi B J, Bilge G. A pseudo-static stability analysis in normally consolidated soil slopes subjected to earthquakes. Technical Journal of Turkish Chamber of Civil Engineers, 1998, 9(1): 1525-1552.

[224] Biondi G, Cascone E, Maugeri M. Flow and deformation failure of sandy slopes. Soil Dynamics and Earthquake Engineering, 2002, 22(9/12): 1103-1114.

[225] Siad L. Seismic stability analysis of fractured rock slopes by yield design theory. Soil Dynamics and Earthquake Engineering, 2003, 23(3): 21-30.

[226] Bray J D, Travasarou T. Pseudostatic coefficient for use in simplified seismic slope stability evaluation. Journal of Geotechnical and Geoenvironmental Engineering, 2009, 135(9): 1336-1340.

[227] Baker R, Shukha R, Operstein V, et al. Stability charts for pseudo-static slope stability analysis. Soil Dynamics and Earthquake Engineering, 2006, 26(9): 813-823.

[228] Shukha R, Baker R. Design implications of the vertical pseudo-static coefficient in slope analysis. Computers and Geotechnics, 2008, 35(1): 86-96.

[229] 吴世明, 张显杰, 陈龙珠. 土坡稳定的非线性极限分析. 岩土工程学报, 1987, 9(6): 27-38.

[230] Loukidis D, Bandini P, Salgado R. Stability of seismically loaded slopes using limit analysis. Géotechnique, 2003, 53(5): 463-479.

[231] Yang X L. Seismic displacement of rock slopes with nonlinear Hoek-Brown failure criterion. International Journal of Rock Mechanics & Mining Sciences, 2007, 44: 948-953.

[232] Li A J, Lyamin A V, Merifield R S. Seismic rock slope stability charts based on limit analysis methods. Computers and Geotechnics, 2009, 36(1/2): 135-148.

[233] 姚爱军,苏永华. 复杂岩质边坡锚固工程地震敏感性分析. 土木工程学报, 2003, 36(11): 34-37.

[234] 阮永芬,潘文,费维水,等. 高填土路堤边坡地震稳定性静动力法比较分析. 公路交通科技, 2006, 23(4): 41-45.

[235] 李维光,张继春. 地震作用下顺层岩质边坡稳定性的拟静力分析. 山地学报, 2007, 25(2): 184-189.

[236] 刘杰,李建林,张玉灯,等. 基于拟静力法的大岗山坝肩边坡地震工况稳定性分析. 岩石力学与工程学报, 2009, 28(8): 1562-1570.

[237] 赵炼恒,罗强,李亮,等. 层状岩体边坡动态稳定性拟静力上限分析. 岩土力学, 2010, 31(11): 3627-3634.

[238] 罗强,赵炼恒,李亮,等. 地震效应和坡顶超载对均质土坡稳定性影响的拟静力分析. 岩土力学, 2010, 31(12), 3835-3841.

[239] 胡成,卢坤林,朱大勇,等. 三维边坡拟静力抗震稳定性分析. 岩石力学与工程学报, 2011, 30(增1): 2904-2912.

[240] Seed H B. Considerations in the earthquake-resistant design of earth and rockfill dams. Geotechnique, 1979, 29(3): 215-263.

[241] Kramer S L, Smith M W. Modified Newmark model for seismic displacements of compliant slopes. Journal of Geotechnical and Geoenvironmental Engineering, 1997, 123(7): 635-644.

[242] Robert W D. Modified Newmark model for seismic displacements of compliant slopes. Journal of Geotechnical and Geoenvironmental Engineering, 1999, 125(1): 86-90.

[243] Wartman J, Bray J D, Seed R B. Inclined plane studies of the Newmark sliding block procedure. Journal of Geotechnical and Geoenvironmental Engineering, 2003, 129(8): 673-684.

[244] Makdisi F I, Seed H B. Simplified procedure for estimating dam and embankment earthquake-induced deformations. Journal of the Geotechnical Engineering Division, 1978, 104(7): 849-867.

[245] Stewart J P, Blake T F, Hollingsworth R A. A screen analysis procedure for seismic slope stability. Earthquake Spectra, 2003, 19(3): 697-712.

[246] Bray J D, Travasarou T. Simplified procedure for estimating earthquake-induced deviatoric slope displacements. Journal of Geotechnical and Geoenvironmental Engineering, 2007, 133(4): 381-392.

[247] Kokusho T, Ishizawa T. Energy approach to earthquake-induced slope failures and its implications. Journal of Geotechnical and Geoenvironmental Engineering, 2007, 133(7): 828-840.

[248] 王思敬. 岩石边坡动态稳定性的初步探讨. 地质科学, 1977, (10): 372-376.

[249] 王思敬,薛守义. 岩体边坡楔形体动力学分析. 地质科学, 1992, (2): 177-182.

[250] 薛守义,王思敬,刘建中. 块状岩体边坡地震滑动位移分析. 工程地质学报, 1997, 5(2): 131-136.

[251] 祁生林,祁生文,伍法权,等. 基于剩余推力法的地震滑坡永久位移研究. 工程地质学报, 2004, 12(1): 63-68.

[252] 刘忠玉,魏建东. 饱和黄土边坡的动力稳定性分析. 岩土力学,2005,26(2):198-202.
[253] 李红军,迟世春,林皋. 基于黏着滑动耦合动力分析的 Newmark 滑块位移法. 岩石力学与工程学报,2007,26(9):1787-1793.
[254] Wartman J,Bray J D,Seed R B. Shaking table experimental of a model slope subjected to a pair of repeated ground motions. Proceedings of Fourth International Conference on Recent Advance in Geotechnical Earthquake Engineering and Soil Dynamics,San Diego,2001:5-14.
[255] 董志高,吴继敏,王文远,等. 地震作用崩塌堆积体边坡稳定性分析. 水利水电科技进展,2006,26(5):37-40.
[256] Zheng H,Liu D F,Li C G,et al. Slope stability analysis based on elasto-plastic finite element method. International Journal for Numerical Methods in Engineering,2005,64(14):1871-1888.
[257] 陈晓利,李杨,洪启宇,等. 地震作用下边坡动力响应的数值模拟研究. 岩石学报,2011,27(6):1899-1908.
[258] Bouckovalas G D,Papadimitriou A G. Numerical evaluation of slope topography effects on seismic ground motion. Soil Dynamics and Earthquake Engineering,2005,25(7/10):547-558.
[259] 何丽君,石玉成,杨惠林,等. 地震作用下黄土边坡稳定性分析. 西北地震学报,2009,31(2):142-147.
[260] 郑颖人,叶海林,黄润秋. 地震边坡破坏机制及其破裂面的分析探讨. 岩石力学与工程学报,2009,28(8):1714-1723.
[261] 周桂云,李同春. 基于静动力有限元的边坡抗震稳定分析方法. 岩土力学,2010,31(7):2303-2308.
[262] 张敏江,郑欣桐. 基于极限平衡理论的边坡动力稳定性数值分析. 沈阳建筑大学学报(自然科学版),2011,27(3):490-494.
[263] 祁生文. 单面边坡的两种动力反应形式及其临界高度. 地球物理学报,2006,49(2):518-523.
[264] 徐光兴,姚令侃,李朝红. 边坡地震动力响应规律及地震动参数影响研究. 岩土工程学报,2008,30(6):918-923.
[265] 刘华北. 水平与竖向地震作用下土工格栅加筋土挡墙动力分析. 岩土工程学报,2006,28(5):594-599.
[266] 刘华北. 地震作用下模块式面板土工合成材料加筋土挡墙的内部稳定分析. 岩土工程学报,2008,30(2):278-283.
[267] 张友葩,高永涛,王杰林,等. 动荷载下边坡的失稳分析. 北京科技大学学报,2003,25(2):110-116.
[268] 祁生文,伍法权,孙进忠. 边坡动力响应规律研究. 中国科学(E辑),2003,33(增):28-40.
[269] 刘春玲,祁生文,童立强,等. 利用 FLAC3D 分析某边坡地震稳定性. 岩石力学与工程学报,2004,23(16):2730-2733.
[270] 言志信,曹小红,张刘平,等. 地震作用下黄土边坡动力响应数值分析. 岩土力学,2011,

32(增2):610-614.

[271] 何铮,徐卫亚,石崇,等. 顺层岩质高边坡地震变形破坏机制三维数值反演研究. 岩土力学,2009,30(11):3512-3518.

[272] 王存玉,王思敬. 斜坡模型振动试验研究——岩体工程地质力学问题(七). 北京:科学出版社,1987.

[273] 许强,刘汉香,邹威,等. 斜坡加速度动力响应特性的大型振动台试验研究. 岩石力学与工程学报,2010,29(12):2420-2428.

[274] 邹威,许强,刘汉香,等. 强震作用下层状岩质斜坡破坏的大型振动台试验研究. 地震工程与工程振动,2011,31(4):143-149.

[275] 冯文凯,许强,黄润秋. 斜坡震裂变形力学机制初探. 岩石力学与工程学报,2009,28(增1):3124-3110.

[276] 肖锐铧,许强,冯文凯,等. 强震条件下双面坡变形破坏机理的振动台物理模拟试验研究. 工程地质学报,2010,18(6):837-843.

[277] 吴伟,姚令侃,陈强. 坡形和加筋措施对地震响应影响的振动台模型实验研究. 重庆交通大学学报(自然科学版),2008,27(5):689-694.

[278] 王建,姚令侃,陈强. 汶川地震路堤成灾模式及土工格栅加筋变形控制研究. 岩石力学与工程学报,2010,29(增1):3387-3394.

[279] 孔宪京,李永胜,邹德高,等. 加筋边坡振动台模型试验研究. 水力发电学报,2009,28(5):152-157.

[280] 董金玉,杨国香,伍法权,等. 地震作用下顺层岩质边坡动力响应和破坏模式大型振动台试验研究. 岩土力学,2011,32(10):2977-2982.

[281] Wartman J, Seed R B, Bray J D. Shaking table modeling of seismically induced deformations in slopes. Journal of Geotechnical and Geoenvironmental Engineering, 2005, 131(5):610-622.

[282] Kokusho T, Ishizawa T. Energy approach for earthquake induced slope failure evaluation. Soil Dynamics and Earthquake Engineering, 2006, 26(2/4):221-230.

[283] Wang J, Yao L K, Hussain A. Analysis of earthquake-triggered failure mechanisms of slopes and sliding surfaces. J. Mt. Sci., 2010, 7:282-290.

[284] Wang K L, Lin M L. Initiation and displacement of landslide induced by earthquake—A study of shaking table model slope test. Engineering Geology, 2011, 122(1/2):106-114.

[285] Charles W W, Li X S, Paul A V L, et al. Centrifuge modeling of loose fill embankment subjected to uni-axial and bi-axial earthquakes. Soil Dynamics and Earthquake Engineering, 2004, 24(4):305-318.

[286] 于玉贞,邓丽军,李荣建. 砂土边坡地震动力响应离心模型试验. 清华大学学报(自然科学版),2007,47(6):789-792.

[287] Yu Y Z, Deng L J, Sun X, et al. Centrifuge modeling of a dry sandy slope response to earthquake loading. Bulletin of Earthquake Engineering, 2008, 6(3):447-461.

[288] Lee C J, Wei Y C, Kuo Y C. Boundary effects of a laminar container in centrifuge shaking table tests. Soil Dynamics and Earthquake Engineering, 2012, 34(1):37-51.

第 2 章 汶川地震路基及支挡结构震害调查

2.1 地震区路堤震害调查

2008 年 5 月 12 日 14 时 28 分,在北纬 31.0°、东经 103.4°的四川省汶川县发生了 Ms8.0 级特大地震。汶川地震是新中国成立以来地震灾害最严重、破坏性最强、救灾难度最大、波及范围最广的大地震,造成惨重的人员伤亡和巨大的经济损失。地震震中烈度达 11 度,发震断裂长度达 300km,持续时间达 100s,影响范围包括 50km 范围内的县城和 200km 范围内的大城市,全国除新疆、黑龙江、吉林三省区外其他省市均有震感,地震涉及四川、陕西、重庆、甘肃等 10 个省(区、市)、417 个县(市、区)、4667 个乡(镇)、48810 个村庄,受灾总面积约 50 万 km^2,其中 11 度烈度区的面积约 2419km^2(唐山地震 11 度区的面积仅 47km^2),10 度区 3144km^2,9 度区 7738km^2,8 度区 27786km^2,7 度区 84449km^2,6 度区 314906km^2,6 度区以上面积合计 440442km^2。受灾群众 4625 万多人,造成 69227 人遇难、17923 人失踪、37 万多人受伤,紧急转移安置受灾群众 1510 万人。

地震造成巨大灾难的同时,也给我们留下了大量的震害信息,值得我们思考和探索。通过对震灾信息的系统搜集和分析研究,了解地震与工程之间的相互作用信息,认识地震与工程相互作用的规律,进而改进人类工程活动范围与规模、改进人类的工程活动方式,并促进人与自然的和谐,达到增强防御和抵抗地震风险的能力及抗震减灾的目的;同时,能够为抗震新规范的制定和对现有规范修订提供重要依据。

纵观世界工程抗震技术的发展,是一个伴随着对地震灾害机理的认识而不断进步的过程。目前,我国已经颁布和实施的主要有 6 部抗震设计规范,即《公路工程抗震规范》(JTG B02-2013)、《构筑物抗震设计规范》(GB50191-93)、《水工建筑物抗震设计规范》(SL203-97)(中华人民共和国水利部发布)、《水工建筑物抗震设计规范》(DL5073-2000)(中华人民共和国国家经济贸易委员会发布)、《建筑抗震设计规范》(GB50011-2001)和《铁路工程抗震设计规范》(GB50111-2006)。这些规范也是在总结、归纳大量工程震害的基础上制定的,如我国铁路和公路抗震设计规范,在 1976 年唐山地震(M7.8 级)前,我国的铁路抗震设计规范仅有一个试用版,唐山地震、1975 年海城地震后,我国在总结这两次实震资料的基础上,于 1987 年颁布了《铁路工程抗震设计规范》(GBJ111-87),对唐山地震灾害的研究,使我国建筑抗震技术取得了革命性的发展,解决了地基地震液化问题;2001 年出版了新修订的国家地震动参数标准《中国地震动参数区划图》(GB18306-2001),为了与此相对应,2006 年颁布了《铁路工程抗震设计规范》(GB50111-2006),但由于在 1978~2006 年,我国大陆未发生震害较大的地震,有关铁路和公路工程的抗震设计计算条文修订不大。在国外对抗震知识体系的发展促进较大的有 1995 年日本的阪神(Kobe)地震(M7.3 级),地震后全面促进了对地震机理的认识以及建筑、交通工程抗震技术的发展。地震监测与临震预报、基于性能的工程抗震设计、铁路防灾监控等防灾减灾技术也得到迅速发展。

在汶川地震中,地震近场区的铁路、公路工程经受了 8 度以上高烈度地震作用的检验,这无疑是破坏力最强、最直接、最全面、最现实的地震试验场,给我们留下了研究工程抗震的十分重要、也是无可替代的宝贵资料。鉴于此,课题组对近场区铁路、公路路基与支挡结构震害情况展开了现场调研,调研区域主要包括汶川县、绵竹市、什邡市、理县、都江堰市等极重灾区及部分重灾区。

2.1.1 汶川地震概况

1. 汶川地震的大地构造背景及其成因

汶川地震发生在青藏高原的东南边缘、川西龙门山的中心,位于汶川-茂汶大断裂带上。龙门山受印度大陆向北挤压,青藏高原东缘的巴颜喀拉地块随之向南西方向推移,遇到坚硬的四川盆地的阻挡所形成的逆冲推覆构造带:此逆冲推覆构造带北起广元,南至天全,长约 500km,宽约 30km,呈北东-南西向展布,北东与大巴山相交,南西被鲜水河断裂相截。在此逆冲推覆构造带与四川盆地相交的 60km 范围内,海拔从约 600m 迅速上升到近 5km,此巨大的地貌台阶是我国大陆地形最为陡峭的地方。汶川地震最根本的动力,即来源于青藏高原板块向东缓慢流动,在高原东缘沿龙门山构造带向东挤压,遇到四川盆地之下刚性地块的顽强阻挡,造成构造应力能量的长期积累,最终在龙门山北川-映秀地区突然释放,从而诱发地震。这次地震发震构造是龙门山构造带中央断裂带,在挤压应力作用下,由南西向北东逆冲运动,因此属于逆冲、右旋、挤压型断层地震[1]。

2. 汶川地震特点

汶川地震作为新中国成立以来地震灾害最严重、破坏性最强、救灾难度最大、波及范围最广的 Ms8.0 级大地震,具有如下特点[2-4]。

(1) 汶川地震为 Ms8.0 级大地震,震源距地表仅 14km,震级高,震源浅,地表变形剧烈。在映秀-北川主断裂,最大的竖向和水平位移为 4~5m,沿主断裂,强烈的地表变形无坚不摧。

(2) 汶川地震的宏观震中不是一个点,而是一条狭长的、中间断开的窄带,极震区大体与 11 度区相当,映秀 11 度地震区沿汶川-都江堰-彭州方向分布,北川 11 度地震区沿安县-北川-平武方向分布,两个 11 度区的面积总和约 2419km²。烈度分布如图 2-1 所示。

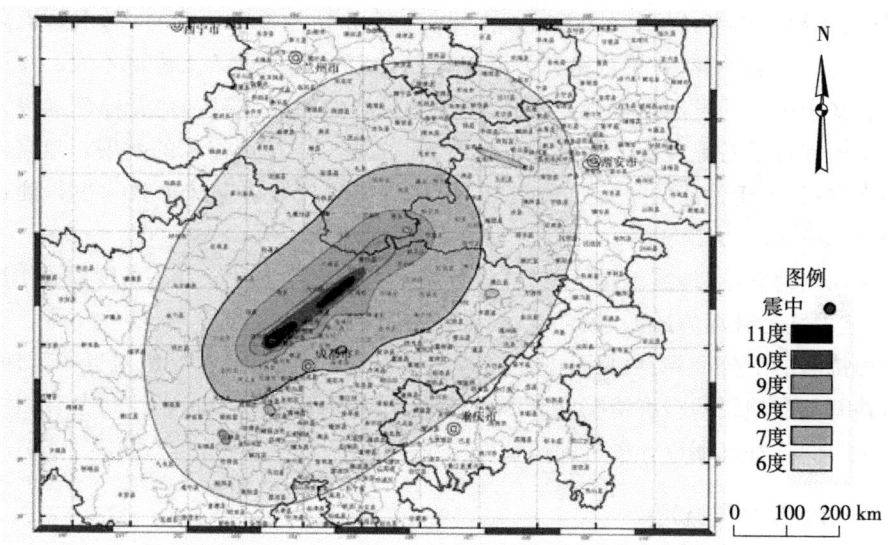

图 2-1 四川汶川 8.0 级地震烈度分布图(后附彩图)

(3)汶川地震为典型的主震-余震型,余震多,且持续时间长。根据中国地震局公布的结果,截至 2009 年 5 月 19 日,共记录到余震 54469 次,其中最大余震为 5 月 25 日 16 时 21 分 46 秒四川青川县 6.4 级地震。汶川地震 4.0 级以上余震统计结果如表 2-1 所示。

表 2-1 四川汶川地震 4.0 级以上余震统计(截至 2009 年 5 月 19 日 12 时)

时间	6.0 级以上	5.0~5.9 级	4.0~4.9 级	小计
2008 年 5 月	5	25	161	191
2008 年 6 月	0	3	31	34
2008 年 7 月	1	2	15	18
2008 年 8 月	2	1	15	18
2008 年 9 月	0	1	3	4
2008 年 10 月	0	0	9	9
2008 年 11 月	0	1	6	7
2008 年 12 月	0	1	5	6
2009 年 1 月	0	1	2	3
2009 年 2 月	0	0	3	3
2009 年 3 月	0	0	3	3
2009 年 4 月	0	0	1	1
2009 年 5 月	0	0	1	1
总计	8	35	255	298

(4) 地震动峰值加速度空间分布特征。地震动峰值加速度空间分布展示了地震动特性,特别是近断层地震动的一些特征,成都市防震减灾局的洪时中[2]通过对汶川地震主震的强震动记录整理,分析了强地震动记录峰值加速度的分布情况:

(a) 较大的地震动峰值加速度沿发震断层分布,断层距(至发震断层的最近距离)明显地控制地震动强震的变化;最大峰值加速度为汶川卧龙强震动台记录957.7Gal(1Gal=1cm/s^2),其次为绵竹清平台测得842.1Gal,再次是什邡八角台测得633.1Gal。

(b) 断层附近的位移加速度和计算加速度峰值较高,绵竹清平台东西向位移和峰值加速度分别达到了130cm和131cm/s^2。

(c) 断层附近的震动持续时间特别长,平均在160s。

(d) 大的加速度峰值沿发震断层分布,集中在靠近断层的狭长区域;相同断层距的上盘峰值加速度值明显高于下盘值,且衰减缓慢;发震断层破裂前方的地震动加速度峰值较大,上盘效应和方向性效应较明显。

(e) 近断层竖向与水平向的比值随近断层距减小而增大,其比值明显大于2/3,甚至有竖向超过水平向的情况出现,远离断层时则水平向明显大于竖向;同时,竖向与水平向的比值受破裂分段的影响较为显著,逆冲段的比值明显比走滑段大。

(f) 近断层附近的加速度反应谱长周期分量并不明显,在沿断层破裂方向且离震中较远的陕西省部分台站的长周期分量十分显著。

2.1.2 汶川地震路基震陷调查

汶川地震造成直接经济损失达到8451亿元,其中基础设施,如道路、桥梁和其他城市基础设施等的损失,占到总损失的21.9%。地震近场区的铁路、公路工程受到不同程度的损害,路基工程在地震中的损害主要表现为主体结构破坏和次生灾害两大类,其中结构破坏主要为桥头路基下沉,高路堤下沉开裂,路基坍塌、错落,路堑边坡溜坍,挡墙坍塌、开裂,以及路肩溜坍等;次生灾害主要为路堑上方危岩落石、滑坡、泥石流掩埋路基等[5]。其中路基震陷下沉是本次地震中路基工程的主要震害现象之一,在地震烈度8度及以上地区,填方路基普遍出现下沉,路基下沉量最大值达1m,在桥台附近,由于桥路差异变形,路基下沉现象更为明显、直观。

1. 铁路路基震陷调查

汶川地震中,受损较严重的铁路包括广岳铁路、宝成铁路、成灌铁路、成汶铁路、德天铁路。根据现场调查情况,广岳铁路距震中较近,在这次地震中受灾最重,局部地段需经过改线方可通车;相比较而言,宝成铁路和成灌铁路的震害较轻[6,7]。

1) 广岳铁路

广岳铁路全长64.912km,起于宝成线广汉站,向西北方向经过什邡、永兴、雪门寺、穿心店、红白场、木瓜坪到岳家山,距汶川大地震震中映秀镇东侧大约52km,永兴至岳家山段处于龙门山活动断裂带内,沿线地震基本烈度分区及推测动峰值加速度如表 2-2 所示。

表 2-2　广岳铁路沿线地震基本烈度及推测动峰值加速度

区段范围	地震基本烈度	动峰值加速度
永兴—红白场	9 度	0.4g
红白场—木瓜坪	10 度	0.6g
木瓜坪—岳家山	11 度	0.9g

广岳铁路修建于 1968～1978 年,分段建成通车,修建时未考虑地震烈度问题,工程防护标准比较低,地基未经处理,且路堤填筑时多采用路堑弃碴,压实度较低,在强烈地震荷载作用下,填方路堤普遍出现下沉,典型工点是穿心店和红白场两个车站,灾害位置均在高路堤陡坡地段,最高边坡 15～25m。穿心店车站货场及其铁路右侧三段路肩墙下沉开裂错位,震陷下沉 0.3～0.5m,裂缝宽 0.1～0.5m;红白场车站 K54+500～+630 段Ⅱ、Ⅲ股道路基震陷下沉 0.5～1.0m,裂缝宽 0.2～0.5m。

广岳铁路修建时路堤与结构物之间没有设过渡段,路基填料选择及压实度又较低,由于桥台与路基的动静刚度相差悬殊,桥台是典型的刚性基础,纵横刚度较大,而路基是典型的柔性结构,在强烈地震作用下,导致桥台与路基连接处一定范围内的轨道出现沉降差,使列车行进方向突然发生改变,车体竖向加速度突然加大,产生跳车现象,影响列车运行的平稳性,严重时将限制列车运行速度、危及行车安全。汶川地震中,广岳铁路几乎全部桥梁的桥头路基均出现下沉现象,高度一般为 0.2～0.5m,最大达 1.8m[5,8]。

2) 宝成铁路

20 世纪 50 年代,修建既有宝成铁路时国内尚无统一的地震设防标准,路基工程及建筑物未设防;20 世纪 90 年代初,宝成铁路增建阳平关—成都段二线,在可研设计阶段,依据中国地震烈度区划图(1:300 万)和四川省地震危险区划图(1980 年),除成都青白江为 7 度外,其余地段都≤6 度,各类工程建筑物都没有设防;增建二线阳平关至青白江段施工图设计阶段,依据中国地震烈度区划图(1:400 万),沿线地震烈度为 6 度,路基工程建筑物未设防[9]。

由于修建宝成铁路时路堤填筑压实度较低,在汶川地震中多处发生路堤下沉病害。根据成都铁路局统计资料及现场调查结果,宝成铁路路基因地震灾害共造成 39 处(段)不同程度下沉,长 49.5km,路堤下沉量一般为 30～300mm,最大下沉 500mm,最严重的为广元—广汉段,在此 280km 范围内的多数路堤地段均有不同程度下沉,路基下沉造成线路变形、钢轨扭曲、局部坡脚及路肩挡墙开裂、路堤坡面护坡开裂外鼓,补砟后路肩宽度不足的现象非常普遍。虽然经工务部门抢修后运营已经恢复正常,但至 2008 年 7 月尚有部分地段路堤还未稳定,个别地段列车仍在慢行,补充大量道砟后仍需经常整道[10]。图 2-2 为宝成铁路罗妙真—斑竹园 ZK423+900~ZK424+000 右路堤震陷下沉造成线路变形、钢轨扭曲，图 2-3 为宝成铁路罗妙真—斑竹园 ZK423+900~ZK424+000 右路堤震陷下沉导致路堤坡面护坡开裂。

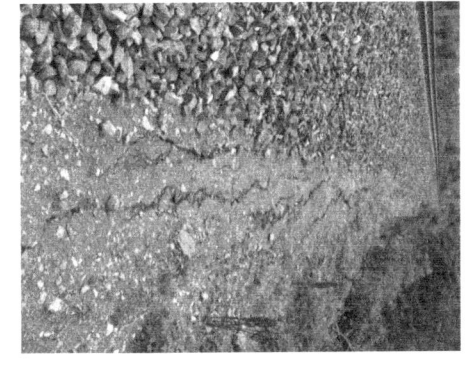

图 2-2 路堤震陷下沉造成线路变形　　图 2-3 路堤震陷下沉导致路堤坡面护坡开裂

汶川地震中，宝成铁路桥台路堤普遍下沉较大，引起桥台锥体破裂，沉陷严重，台后路基与桥台不均匀沉降，出现明显错台，锥体出现贯通裂缝。根据成都铁路局提供的病害筛查统计资料，宝成线桥梁锥体由地震灾害引起开裂下沉破坏桥梁共 15 座。图 2-4 为位于宝成铁路下行线 ZK416+100~ZK416+250 清江 2# 大桥成都端桥路连接处桥台沉陷远景(图 2-4(a))和近景(图 2-4(b))照片。图 2-5 为金龟岩大桥桥台路堤下沉导致钢轨变形，线路向河心被推移 300mm。图 2-6 为宝成铁路 YK547+866 磨刀沟桥路堤震陷下沉导致护锥开裂。

(a)桥台路堤下沉，锥体护坡开裂　　　　　　(b)桥台路堤下沉

图 2-4 清江 2# 大桥成都端桥路过渡段路堤下沉情况

3) 成灌铁路

成灌铁路主要以填方路堤为主，全线路基长度约 50km，填方高度为 6~8m，地震后桥台路基与普通填方路堤普遍下沉，下沉量为 20~60cm，局部地段的路堤边坡出现开裂现象。但同其他几条线相比，成灌线所受震害较轻[7]。

图 2-5 金龟岩大桥桥台路堤下沉导致钢轨变形　　图 2-6 磨刀沟桥路堤震陷下沉导致护锥开裂

4）成汶铁路

成汶线在青白江站与宝成线接轨,止于都江堰站,此线路正线长 59.513km,共有清流场、彭县、蒙阳、谭家场、丽春和都江堰 6 个车站;没有隧道;涵渠 157 座。

成汶铁路同样也以填方路堤为主,填方高 6～8m,沿线路基受地震影响,主要表现为路堤下沉开裂,不同区段破坏程度不一,下沉量为 20～60cm,局部地段的路堤边坡出现开裂现象。青白江车站至彭县车站段破坏较轻,彭县车站至都江堰车站段破坏严重,特别是在桥梁两端路堤地段,路堤下沉变形,造成路肩宽度不足,不能持砟。

5）德天铁路

德天支线于 1964 年建成,与宝成线在德阳站接轨,止于汉旺车站,线路正线延长 41.952km,共有杨嘉、孝泉、绵竹和汉旺 4 个车站;全线共有桥梁 29 座;无隧道;涵渠 105 座。

汶川地震后,德天铁路全线线路出现肉眼可见的扭曲变形,部分路堤下沉,造成线路区段下沉,虽经铁路部门进行紧急抢修整正了铁路平面与纵坡,但仍然可见有多处大洼地段。沿线路基受地震影响,主要表现为路堤下沉开裂,路堑挡墙外挤,由于路堤下沉变形,在此路肩宽度不足,不能持砟。

2. 公路路基震陷调查

汶川地震高烈度区位于四川西部、青藏高原东部边缘的高山峡谷地区,地质条件复杂、断裂构造发育、山高谷深,存在大量的深挖高填路堤,地震对此部分山区路基工程造成了严重损毁。据统计,此次地震共造成 15 条国省干线公路、21 条高速公路、2795 条农村公路的路基路面、桥梁隧道等结构物不同程度受损,受损里程近 2.8 万 km(其中国省干线公路 3849km、高速公路近 200km、农村公路 23800km)。从具体线路来看,都汶(都江堰至汶川)公路(包括高速公路段 25.858km 和二级公路段 56.193km)、国道 G108 线广元境内段 62.791km、国道 G212 线广元－青川段 105.2km、国道 G213 线都江堰－茂县段 200km、国道 G317 线汶川－马尔康段 215.791km、省道 S105 线 318.827km、省道 S302 线北川－茂县段 52km、省道 S303

线映秀－卧龙段44km等穿过龙门山地震断裂带或距离断裂带比较近的道路破坏最为严重。其中国道G213映秀－汶川段、省道S303线映秀－卧龙段、省道S302线北川－茂县段由于崩塌、山体滑坡、泥石流等方量巨大,抢通难度大,地震后数月甚至半年后才勉强通车[11,12]。

汶川地震造成公路路基的直接震害主要有以下9种类型:①临河或路基外侧临空、临河或临空半幅路基下沉、开裂;②地震导致地基液化、路基下沉;③路基路面整体坍滑或者沉陷;④桥头路基下沉;⑤地震导致路基错动变形、路面开裂、局部隆起;⑥路面脱空;⑦崩塌巨石砸坏路基路面,导致路面开裂形成坑槽、坑洞;⑧由崩塌、滑坡引起的堰塞湖导致路基被淹;⑨地震造成路基路面水毁[13-16]。

路基下沉作为汶川地震中公路路基的典型破坏形式,上述9种路基破坏类型中的前4种为根据位置或成因分类的不同而划分的震陷破坏形式。具体情况如下:①临河或临空半幅路基下沉、开裂如图2-7～图2-12所示;其中,图2-7为临空路基外倾引起的路基不均匀沉陷;图2-8为S210线宝兴－夹金山段病害典型图,临河侧半幅路面塌陷弧形开裂,外侧半幅路面纵向开裂下沉,路面下沉最大约5cm;图2-9为映日路邓生沟花岩子隧道下游1km,外侧临空路基开裂下沉,开裂宽度最大达10cm,路基最大下沉量达5cm;图2-10为开裂近照图;图2-11和图2-12为G213路基

图2-7 临空路基外倾引起路基不均匀沉陷

图2-8 S210线宝兴－夹金山段临河路堤下沉开裂

图2-9 映日路临空路基开裂下沉

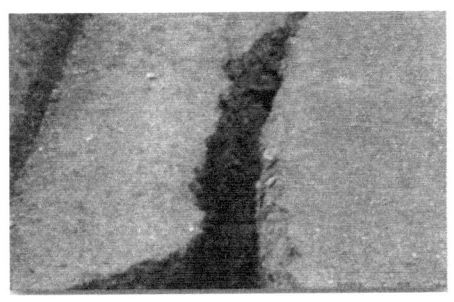

图2-10 映日路临空路基开裂下沉近照图

沉陷,开裂错台,最大约 0.7m。②临河路基地基液化导致路基下沉如图 2-13～图 2-16 所示;其中,图 2-13 和图 2-14 为映日路邓生沟至卧龙段路基,该路基紧邻河床,所处地形平坦,不存在陡坡路基问题,最大沉陷量达 30cm,路基沉陷与路基底部土液化有关。③路基整体沉陷多见于高填方路堤,如图 2-17～图 2-19 所示。④桥头路基下沉,如图 2-20～图 2-22 所示[14,17]。

图 2-11　G213 K1029+450 路基外侧沉陷

图 2-12　G213 K1032+400 路基沉陷错台约 0.7m

图 2-13　映日路临河路基底部土液化沉陷

图 2-14　映日路路基底部土液化沉陷近照图

图 2-15　绵广高速公路 K1032+800 临河路基沉陷开裂

图 2-16　映秀滨江路不均匀沉陷

图 2-17 都汶高速公路整体沉陷

图 2-18 G213 都江堰至映秀段路基不均匀沉陷

图 2-19 加筋土填方路堤下沉明显

图 2-20 桥头路基下沉

图 2-21 都映高速公路桥头沉陷约 15cm

图 2-22 都映高速公路桥头沉陷约 10cm

3. 典型线路路基震陷

广岳铁路是汶川地震中震陷灾害最为典型的一条线路，在强烈地震荷载作用下填方路堤普遍出现下沉，典型工点是穿心店和红白场两个车站，下沉量大，为 0.5~1.0m；桥台路基普遍下沉，下沉量一般为 20~30cm，最大下沉量约 50cm。

1) 广岳铁路路基震陷

广岳铁路是汶川地震中路基震陷最严重的一条铁路，较明显的地段共有 16 处，具体情况如表 2-3 和图 2-23~图 2-26 所示。

表 2-3　广岳铁路路基具体震陷情况

编号	区段	里程	破坏情况描述
1	什邡－两路口	K19+550～K23+910	地震造成路基下沉 10～50cm,边坡外挤溜坍
2	两路口－灵杰	K24+800～K30+500	地震造成路基下沉 30～70cm,边坡外挤溜坍,挡护墙开裂
3	灵杰－永兴	K32+200～K36+438	地震造成路基下沉 30～70cm,永兴站站场开裂下沉 20cm,边坡外挤溜坍,挡护墙开裂
4	永兴－雪门寺	K42+419～+550	6～8m 高路堤下沉 40cm
5	雪门寺－穿心店	K44+134～+210	6m 高路堤下沉 20cm
6	雪门寺－穿心店	K45+100～+540	4～6m 高路堤下沉 20～30cm,土质路肩开裂,部分地段枕木悬空
7	雪门寺－穿心店	K45+650～+930	4～6m 高路堤下沉 20～30cm,土质路肩开裂,部分地段枕木悬空
8	雪门寺－穿心店	K47+020～+450	4～6m 高路堤下沉 20～60cm,线路变形
9	雪门寺－穿心店	K47+570～+670	4～6m 路堤下沉 20～30cm,线路变形
10	穿心店－岳端道岔群	K48+445	右侧滑坡,1～4 线路基下沉、变形,2、3 线间开裂,4 线道岔向右下陷,横移 0.6m
11	穿心店－红白场	K49+020～K50+110	3～6m 高路堤向右下滑 20cm、路基下沉 50cm、枕木悬空、线路严重扭曲、变形,其中 K49+875 左股接头螺栓拉断
12	穿心店－红白场	K50+150～+220	高路堤右侧下沉,线路严重扭曲、变形
13	穿心店－红白场	K51+250～+325	高路堤下沉 20～30cm
14	红白场站	K54+300～+600	1～3 线路基下沉达 130cm,线路严重扭曲变形
15	红白场－木瓜坪	K56+600～+700	右侧路堤下沉,线路变形
16	红白场－木瓜坪	K60+060～+066	左侧路堤下沉,土质路肩开裂,桥端枕木悬空

图 2-23　永兴－雪门寺右堤下沉、线路变形图

图 2-24　雪门寺－穿心店路堤下沉、线路变形

图 2-25　K50+100～K49+020 路堤下沉、线路变形

图 2-26　红白场站广汉端 1、2、3 线路基向右侧坡

2）广岳铁路桥台震陷

汶川地震中，广岳铁路几乎全部桥梁的桥头路基均出现下沉现象，高度一般为 0.2～0.5m，最大达 1.8m。广岳铁路桥台震陷较严重的有 10 处，破坏形式主要为桥台填土下沉，枕木悬空。具体破坏情况如表 2-4 和图 2-27～图 2-30 所示。

表 2-4　广岳铁路桥台具体震陷情况

编号	桥台	里程	破坏情况描述
1	红白场—木瓜坪红东中桥	K55+153	两端桥台填土下沉，枕木悬空
2	红白场—木瓜坪立交桥	K55+224	两端桥台填土下沉，枕木悬空
3	红白场—木瓜坪中桥	K55+910	岳家山端桥台填土溜坍，枕木悬空
4	红白场—木瓜坪三江中桥	K56+114	桥台后填土下沉，枕木悬空
5	红白场—木瓜坪工读中桥	K56+241	桥面线路变形，桥台后填土下沉，枕木悬空
6	红白场—木瓜坪小桥	K56+557	岳端桥台右侧浆砌跨塌，桥台后填土下沉，桥面线路变形
7	红白场—木瓜坪石岗坪大桥	K57+239	桥面线路变形，桥台后填土下沉，枕木悬空；岳端左侧护锥下座变形
8	红白场—木瓜坪小桥	K58+138	桥面线路变形，桥台后填土下沉，枕木悬空
9	红白场—木瓜坪小桥	K58+880	桥面线路变形，桥台后填土下沉，枕木悬空
10	红白场—木瓜坪小桥	K59+059	桥面线路变形，桥台后填土下沉，枕木悬空

图 2-27　穿心店大桥桥面变形、下沉

图 2-28　木瓜坪大桥两端桥台填土下沉，枕木悬空

图 2-29　石岗坪大桥桥台下沉,枕木悬空

图 2-30　红白场—木瓜坪桥台下沉,线路变形

4. 路基震陷分析

路基震陷与填料性质、路堤高度及地基土的性质密切相关。根据以往地震中路基震陷现象并结合汶川地震震陷情况,引起路基震陷的原因可以分为三类,即地面沉陷、路堤填料震密与侧向变形和路堤滑动破坏[9]。

1) 地面沉陷

地面沉陷在地震中是非常普遍的现象,路堤填筑于地面之上,地面沉陷必然会导致路基的沉陷,其中地震诱发地面沉陷的常见因素包括砂土液化、软土震陷等,可用图 2-31 表示。

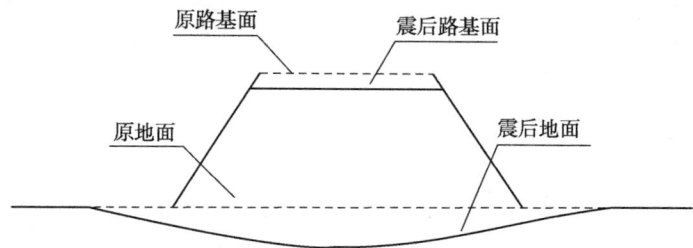

图 2-31　地面沉陷引起路堤下沉

地震时,在饱和松散的细砂、粉细砂地区,地震波导致路基基底液化,继而使上部的路基发生大面积沉陷。砂土液化在地震中非常普遍,我国海城地震、唐山地震及日本新潟地震中,都曾出现过由砂土液化引起严重的工程破坏现象。在汶川地震中,在近河谷填筑于砂砾石等含砂量大、地下水位高的地段多发生地基液化导致的路基下沉灾害。位于国道 G213 上邻近映秀镇处,道路一侧是岷江支流,临河侧的路堤边坡尽管设置了较为坚固的混凝土路肩挡墙,但坡脚位于砂层地段,地震造成坡脚砂土液化,挡墙严重坍塌,路基发生较大程度的破坏,引发路面出现较大沉降,破损极为严重。

软土震陷是引起地面下沉的另一个主要原因。强度较低的淤泥、淤泥质土、冲填土、杂填土和结构松散的黄土等软弱土,在地震中都非常可能产生震陷灾害。除此之外,地下水位之上,比较松散的碎石类土也可能发生震陷灾害。

在汶川地震中因砂土液化和软弱黏性土震陷造成路面和路堤边坡损坏的情况较为严重。针对这些情况,在今后的设计施工中还应考虑三个方面的问题:①对于有一定高度的路堤,其边坡坡脚地基若是处于富含水的砂质地层,在强烈地震作用下,坡脚容易失稳,继而诱发路堤边坡和路面破坏;②地基或填筑体为富含水的砂质地层或软弱黏性地层的路堤边坡,即使是低矮的路堤边坡,也会因坡脚砂土液化或震陷造成路堤路面的破坏;③位于河岸或富含水的低洼砂质土或软黏土地带,应对路基特别是路堤边坡进行特殊处理,防止发生砂土液化或软黏土震陷现象,应根据可能引起地面下沉的原因,采取针对性措施。目前,对于砂土液化、软土和黄土震陷,一般较多采用的是挖除换填、桩基以及挤密法(如强夯、振冲、砂桩挤密、振动加密)进行防治[18-20]。

2) 路堤填料震密与侧向变形

一般而言,路堤填料在地震作用下会被不同程度地震密,路堤填方的体积减小,引起路堤下沉;同时因为路堤双向临空,在地震水平力作用下容易产生侧向变形,引起路堤下沉。

填料的压实度越小,震密现象就越明显,反之就不明显。地震中,路堤填料震密与侧向变形往往同时产生,二者共同导致路堤下沉,如图 2-32 所示。汶川地震中成汶铁路路基普遍下沉,路基形状基本保持完好,没有发生滑动破坏。此外,根据调查,成汶线所经地段仅局部有砂层,无软土分布。基本可以排除砂土液化与软土震陷的可能。因此,引起成汶线路基下沉的主要原因应该是路堤填料震密与侧向变形。

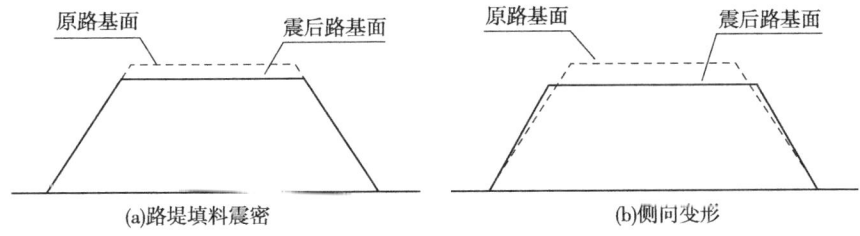

图 2-32 路堤填料震密及侧向变形引起路堤下沉

此外,由于地形条件限制,汶川地震高烈度地区存在着大量的高填路基,填料多采用砂类土及碎石类土,一般条件下,砂类土和碎石类土是比较理想的路基填料,但由于砂土和碎石类土的颗粒间黏结性较小,抗变形能力差,在地震作用下,特别是遭遇高烈度地震,路堤容易产生侧向变形或整体侧移,导致边坡坍塌、溜滑,路肩纵向开裂、下沉等,造成轨枕悬空,陡坡地段及桥头高路堤震害最为严重。鉴于加筋路堤在地震中的良好表现,且砂类土和碎石类土也是构筑加筋路堤的良好填料,可考虑通过在高填路基中加筋防治路基震陷。

3) 路堤滑动破坏

路堤在地震中由于稳定安全性不满足要求,可能产生局部或者整体的滑动破坏,导致路堤下沉,在汶川地震中,比较典型的为广岳铁路红白场站路堤发生滑动破坏、路堤下沉,即由路堤滑动破坏引起,破坏原理如图 2-33 所示。

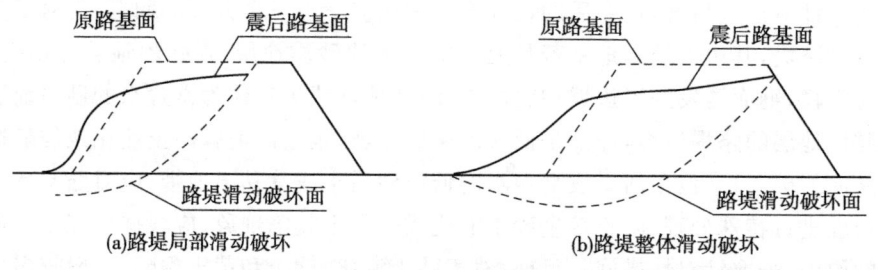

图 2-33　路堤滑动破坏引起路堤下沉

根据大量的震害实例的统计研究发现,堤防的抗滑稳定安全系数与地震时的沉降量之间存在着一定的相关关系,根据对遭受地震破坏的抗滑稳定计算结果与地震时的沉降量进行比较后可得出二者之间的相关关系,日本《堤防设计指针》提出了堤防地震时的沉降量与安全系数之间的关系,如表 2-5[9] 所示,其中,F_{sd} 为地震时的稳定安全系数;$F_{sd}(k_h)$ 为只考虑惯性力作用的安全系数;$F_{sd}(\Delta u)$ 为只考虑超孔隙水压力作用的安全系数;H 为堤防高度。

表 2-5　堤防沉降量与安全系数的关系

地震时的安全系数	沉降量	地震时的安全系数	沉降量
$F_{sd}>1.0$	0	$0.6 \leqslant F_{sd}(\Delta u) \leqslant 0.8$	$0.5H$
$0.8 < F_{sd} \leqslant 1.0$	$0.25H$	$F_{sd}(\Delta u) \leqslant 0.6$	$0.75H$
$F_{sd}(k_h) \leqslant 0.8$	$0.5H$		

汶川地震中,半填半挖路基也多出现开裂、滑移破坏,主要是填筑体与基底力学性质不同,地震时填筑体易沿填挖交界面或岩土分界面滑移、错动形成贯穿裂缝造成滑移破坏。

对由路堤滑动破坏引起的路基震陷,主要应通过设计时提高路堤稳定安全系数进行防治,综合利用各种用于改善路堤稳定性的措施,如在挖填交界处增设宽大错台、加铺高强土工格栅等加筋材料。

2.1.3　加筋土路堤震害情况

汶川地震中,加筋路堤表现良好,在 7 度区未见破坏,8 度区破坏现象不明显,主要以局部变形为主,在 9 度区开始出现坡面滑裂现象,但路堤整体相对比较稳定。对于上部加筋的路堤整体性更好——大部分工点路堤基本完好,未见加筋土路堤因地震发生大破坏的情况或出现边坡失稳现象。加筋路堤震害模式主要为骨架护坡开裂或折断、上一级坡脚凸出变形、路基边坡开裂或滑塌,其中以边坡上部拉裂、下部鼓胀变形的损害模式较为普遍,随地震烈度的增高,破坏形式由边坡水平开裂到局部坍塌,再发展为滑动面延伸至影响路基本体的滑坡。其中,最为典型的为国道 G213 K1029+300～+479 段,该段用土工格栅加固的路堤高 42m,设计烈度为 7 度,而汶川大地震中,工程区的实际烈度为 9 度,远大于设计标准。调查发现,路堤在大地震作用下整体稳定,仅有局部发生了小变形,如图 2-34 和图 2-35 所示。此外,在 11 度极震区的 2 个工点未被毁坏,都比较罕见,可以认为土工格栅的加固起了重要作用。

图 2-34 国道 G213 K1029+300～+479 路堤地震后完好

图 2-35 第一级平台鼓胀变形

姚令侃等[18]依据抗震设防原则"小震不坏,中震可修,大震不倒",将震害严重程度划分为 5 个等级(表 2-6),黄培敏[19]对国道 G213 都江堰—映秀段典型加筋路堤震害现象进行了调查,据调查统计国道 G213 线都江堰—映秀段 13 处加筋路堤,汶川地震中"基本完好"的有 6 处,4 处"损伤",3 处"严重损害",都处于"可修"范围,无"毁坏"情况出现;对都汶路 10 处(8 处加筋,2 处未加筋)典型工点的现场调查发现:8 处加筋路堤中,1 处"完好",5 处"基本完好",2 处"损伤",2 处未加筋路堤都处于"严重损害"。

表 2-6 震害等级评判标准

震害程度	评判标准	加固或修复措施	对应设防原则
完好	无明显震害	可正常使用	不坏
基本完好	构筑物出现裂缝、掉块等现象或轻微变形	可正常使用,按常规养护要求修复即可	不坏
损伤	有明显变形,但主要受力构建基本完好,在正常工况下构筑物整体能维持稳定	可维持使用,在抢险阶段过后逐步修复	可修
严重损害	构筑物产生过大变形或局部破坏,但未出现整体倒塌现象	必须采取紧急抢险加固措施,才能够保通运行	可修
毁坏	路基主体崩塌或滑动,挡墙倒毁	重建	倒毁

对汶川地震中加筋路堤的调查发现,以往的土工格栅加筋方案多在顶部和底部铺设土工格栅,在路堤中部铺设筋材的较少,而根据我们的调查结果发现:由于路堤中部或者护道平台处侧向变形过大引起上部开裂或溜坍现象也是加筋路堤比较常见的一种震害现象,因此建议,可以考虑在高烈度地区路堤中部铺设土工格栅以限制路堤侧向变形。

此外,加筋路堤设计时采用整体性差的砌块式墙面体系仍需慎重,位于地震烈度9、10度区的国道 G213 K1022＋940～＋970 段处加筋土挡土墙在地震作用下局部砌块式钢筋混凝土面板产生过量位移、脱落,进而引起系统崩溃,使加筋土挡土墙的下墙局部发生坍塌,继而引起上墙沉陷变形,如图 2-36 所示。

图 2-36　国道 G213 K1022＋940～＋970 段处加筋土挡墙破坏

2.2　地震区支挡结构震害调查

中国是一个地震多发国家,过去的几十年发生过大大小小的地震多达十余次,大的地震有 1976 年的唐山大地震和 2008 年的汶川大地震。这些地震带来了巨大的生命和财产损失,但同时也给我们留下许多宝贵的实震素材,推动了我国土工结构在抗震性能方面的研究发展。下面就地震区公路和铁路的支挡结构在历次大地震中的实震表现进行统计分析。

2.2.1　汶川地震公路支挡结构实震表现

1. 紫坪铺重载公路

甘善杰等[21]对紫坪铺水利枢纽重载公路的支挡结构的损毁情况进行了调查。调查发现其路基支挡的损毁比较严重,并对线路上的各种形式的支挡结构的破损情况了进行统计分析。此公路位于紫坪铺水库左岸,长约为 10.5km,全线仅有桥梁1座,其余为路基工程。全线调查的不同类型支挡结构情况,如表 2-7 所示。

调查分三个标段来进行统计,分别定义为 1、2、3 标段。

表 2-7 支挡结构调查情况表[21]

支挡结构	工点数/处	支护长/m
锚索桩	1	183
锚索	4	940
桩基托梁挡墙	7	262
土钉墙	8	852
加筋土挡墙	1	104
一般挡墙	59	6580

1) 锚索结构

标段 1 锚索结构加固的边坡总长度 377m,在地震中没有损坏,边坡整体稳定性较好;标段 2 锚索结构加固边坡总长度 563m,损坏长度约为 10m,占加固长度的比例为 1.8%;标段 3 无锚索结构挡墙。其统计分析如表 2-8 所示。可以看出,采用锚索结构加固的边坡抗震效果较好,边坡基本没有出现大的失稳。

表 2-8 锚索及锚索桩结构震害统计表[21]

标段	支护长度/m	损坏长度/m	损坏比例	震害形式
1	377	0	0	无震害
2	563	10	1.8%	整体稳定性好,个别锚头损坏

2) 土钉墙

对标段 2、3(标段 1 无土钉墙)的统计分析如表 2-9 所示,从中可以看出,土钉墙加固墙体整体稳定性较好,没有出现严重的损坏情况,由调查可知,采用土钉墙加固边坡,抗震效果较好。

表 2-9 土钉墙震害统计表[21]

标段	支护长度/m	损坏长度/m	损坏比例	震害形式
2	505	30	5.9%	整体稳定性好,局部产生剪裂纹
3	347	0	0	无震害

3) 路肩及路堤式挡墙

调查中发现路肩式或路堤式挡墙主要是浆砌片石衡重式挡土墙,有的地方使用混凝土重力式挡土墙,但是工点不多,沿线还存在抗滑桩、桩板式挡墙、桩基托梁挡墙等轻型支挡结构。由表 2-10 可知,调查段路肩挡墙支护长度约为 2496m,挡墙损坏长度共计约 710m,占总长度的 28.4%;路堤挡墙支护长度约 357m,挡墙损坏长度共计约 117m,占总长度的 32.8%。标段 1 挡墙震害程度最轻,损坏长度占支护长度的 5.8%;标段 2、3 挡墙震害比较严重,不同形式挡墙损坏程度占各自支护长度的 30% 以上。从三个标段的调查资料可知,路肩或路堤挡墙损坏形式主要以整体滑移为主,部分地段墙身剪裂。

表 2-10　路肩及路堤式挡土墙震害统计表[21]

标段及墙型		支护长度/m	损坏长度/m	损坏比例	震害形式
1	路肩墙	513	30	5.8%	整体滑移
2	路肩墙	979	367	37.5%	整体滑移、墙身剪裂
	路堤墙	321	117	36.4%	墙身剪裂
	桩基托梁	247	124	50.2%	墙体外倾
3	路肩墙	1004	313	31.2%	整体滑移
	路堤墙	36	0	0	无震害

4) 路堑挡土墙

由表 2-11 可知,调查段路堑挡墙支护长度为 3724m,挡墙损坏长度共计 501m,占总长度的 13.4%。标段 1 挡墙震害程度最轻,其损坏长度占标段 1 总长度 6.2%;标段 2、3 挡墙损坏长度分别占其各自标段总长度的 20.4% 和 10.3%。从现场调查的资料分析,路堑挡墙震害形式主要是墙身剪裂、墙身斜方向拉裂和墙底鼓胀。

表 2-11　路堑挡土墙震害统计表[21]

标段	支护长度/m	损坏长度/m	损坏比例	震害形式
1	644	40	6.2%	局部鼓胀、拉裂
2	1423	290	20.4%	局部鼓胀、拉裂、剪裂
3	1657	171	10.3%	局部鼓胀、拉裂

5) 加筋土挡墙

在 K4+605～K4+709 有一处加筋土挡墙,其最大填方高度为 22m,另一处在 K5+030～K5+170.55,其最大填方高度约 24m,在地震中均未出现边坡失稳的现象,只是上部路肩向外侧有少量的倾移。

紫坪铺重载公路调查结果分析总结:从震害调查结果和分析来看,在高烈度地震区尽量少用浆砌片石挡墙,应改用混凝土支挡结构,如片石混凝土重力式挡墙、混凝土重力式挡墙、桩板墙、抗滑桩等。由于锚索结构或与锚索结构相结合的组合支挡结构等柔性支护结构在实震中表现良好,所以在高烈度区应优先考虑。

2. 国道 G213 线

冯俊德等[22,23]对国道 G213 线紫坪铺至汶川段公路、国道 G213 线水磨支线、都江堰至映秀高速公路、映秀至汶川二级公路等强地震区的公路支挡结构震害情况作了统计分析。

1) 高烈度区支挡工程的震害情况

表 2-12 为位于 9 度和 10 度烈度区主要支挡结构类型的震害统计结果。表中所列工点中,桩板式挡墙工点基本完好;混凝土挡墙和浆砌片石挡墙震害最为普遍。从表 2-12 中可以看出不同结构类型支挡工程在汶川地震作用下抗震表现为:桩板式挡

墙最好,其次为混凝土挡墙,浆砌片石挡墙最差。

表 2-12 主要支挡结构类型震害统计表[22]

挡墙类型	9 度烈度区				10 度烈度区			
	工点数	完好及损伤工点数	严重损害工点数	毁坏工点数	工点数	完好及损伤工点数	严重损害工点数	毁坏工点数
桩板式挡墙	7	7(100%)	0(0)	0(0)	3	3(10%)	0(0)	0(0)
混凝土挡墙	21	18(85%)	2(10%)	1(5%)	8	7(88%)	0(0)	1(12%)
浆砌片石挡墙	20	16(80%)	1(5%)	3(15%)	24	10(45%)	6(25%)	8(33%)
加筋土挡墙	4	2(50%)	1(25%)	1(25%)	0	0	0	0

注:括号内为所占比例

2) 都汶路段高烈度区高路肩墙震害

调查对都坟路段高大路肩墙典型工点震害进行了统计,此处只统计高度在5~16m范围内挡墙震害情况,统计数据如表2-13所示。路肩墙以浆砌片石衡重式挡墙居多,偶尔也有桩基托梁混凝土挡墙、锚索桩板式挡墙、砌块式加筋土挡墙等新型结构。

路肩墙毁坏和严重损害的有11个工点,其中有6个为浆砌片石挡墙,2个为桩基托梁混凝土衡重式挡墙,这种桩基础与墙的组合体系,在地震时容易在两者连接处发生破坏。加筋土挡墙共有4处,其中有2处震害严重,也有2处完好无损,其中完好的编号19工点已在震前用框架锚索加固。

表 2-13 路肩墙震害调查表[22]

编号	路肩墙类型	墙高/m	地震烈度/度	震害情况	震害程度
1	浆砌片石(卵石)挡墙	5.8	11	严重开裂、濒于破坏	严重损害
2	浆砌片石挡墙	8.3	11	无震害	基本完好
3	浆砌片石挡墙	8.4	10	局部裂缝	基本完好
4	浆砌片石衡重式挡墙	5.9	10	横向外倾	损伤
5	浆砌片石衡重式挡墙	8.9	10	横向外倾	损伤
6	浆砌片石衡重式挡墙	11.3	10	横向外倾	严重损害
7	桩基托梁衡重式挡墙	12.5	10	垮塌	毁坏
8	浆砌片石挡墙	5.7	10	横向外倾	严重损害
9	浆砌片石挡墙	6.6	10	横向外倾	严重损害
10	浆砌片石挡墙	8.2	10	垮塌 14.8m	毁坏
11	浆砌片石挡墙	6.1	10	无震害	基本完好
12	加筋土挡墙	6.8	9	挡墙切块错位,濒于坍塌	严重损害
13	混凝土挡墙	6.7	9	挡墙外倾,局部线路外凸	损伤

续表

编号	路肩墙类型	墙高/m	地震烈度/度	震害情况	震害程度
14	桩板式挡墙(锚索桩)	8.4	9	无震害	完好
15	混凝土挡墙	7.9	9	横向外倾,局部破坏	严重损害
16	加筋土挡墙	14.1	9	无震害	完好
17	浆砌片石挡墙	6.3	9	横向外倾,局部线路外凸	严重损害
18	加筋土挡墙	15.4	9	垮塌	毁坏
19	加筋土挡墙	9.7	9	无震害	完好
20	浆砌片石挡墙	8.4	9	伸缩沉降缝扩展至7~12cm	损伤
21	桩基托梁混凝土衡重式	8.7	9	挡墙濒于倾覆,路面错台	毁坏
22	浆砌片石挡墙	8	9	横向外倾	损伤

3）都汶路段高烈度区高路堑墙震害

调查路段路堑墙的结构形式均为仰斜式挡墙,挡墙的基础均为天然地基,总共调查了59个工点,挡墙高度主要在3m以上。表2-14统计了9度和10度高烈度区严重损害或毁坏的13个路堑墙工点的震害情况。

表2-14 路堑墙中严重损害或毁坏震害调查表[22]

编号	路堑墙类型	墙高/m	地震烈度/度	震害情况	震害程度
1	浆砌片石挡墙	3.6	10	整体推移36~80m	毁坏
2	浆砌片石挡墙	3.6	10	整体垮塌24m	严重损害
3	浆砌片石挡墙	5.4	10	垮塌13.3m	毁坏
4	浆砌片石挡墙	5.3	10	垮塌25m	毁坏
5	浆砌片石挡墙	5.9	10	垮塌,用混凝土补强	毁坏
6	浆砌片石挡墙	5.1	10	垮塌6m	毁坏
7	片石混凝土挡墙	3.5	10	映秀端中上部垮塌	毁坏
8	浆砌片石挡墙	8	10	挡墙垮塌长度68m	毁坏
9	浆砌片石挡墙	9.8	9	两段挡墙垮塌	毁坏
10	浆砌片石挡墙	5	9	挡墙垮塌长度近30m	毁坏
11	混凝土挡墙	3.1	9	挡墙中部水平剪出24m	严重损害
12	浆砌片石挡墙	3.3	9	被落石砸毁长度18m	毁坏
13	浆砌片石挡墙	3.5	9	被落石砸毁长度8.6m	毁坏

从9度和10度高烈度区调查工点震害统计看,严重损害或毁坏13个工点中,浆砌片石挡墙占了11个,占13个工点的84.6%。在9度烈度区32个工点中,毁坏工点数仅占6%,而在10度烈度区22个工点中,毁坏工点数比例上升到32%,表明浆砌片石挡墙震害程度随着地震烈度的提高而变大。25个混凝土路堑墙中只有1处严重损害,可见混凝土挡墙比浆砌片石挡墙抗震表现要好。

4) 调查结果分析总结

综合以上调研,得到如下结论:在汶川地震作用下,常用支挡工程类型的抗震表现为桩板式挡墙最好,其次是混凝土挡墙,浆砌片石挡墙最差。

吉随旺等[24]对国道G213都江堰至映秀段支挡结构进行震害调查发现:

(1) 支挡结构工程中重力式挡墙、一般护面墙震害较多,但桩板墙(图2-37)、抗滑桩的震害相对较轻。

图2-37　K1018+800~K1018+840抗滑桩轻微外倾,挡土板错动不大,抗震良好

(2) 边坡防护工程中坡面框架锚杆(锚索)、锚杆结合主动防护网等抗震效果较好,主要原因是防护工程和坡体共同受力和波动,其破坏主要是锚头脱落、锚杆(锚索)失效、框架开裂或折断。但单纯的挂网喷混凝土、主动防护网等坡面防护抗震效果较差,震害较多。

(3) 高烈度地震区避免使用浆砌片石挡墙,应将挡墙做成片石混凝土挡墙或钢筋混凝土挡墙,在高挡墙处可以加横向约束(如锚索),避免过早发生倾覆破坏。

3. 庄毕公路

庄毕(庄房村—毕棚沟)公路位于四川理县著名景点毕棚沟内,汶川地震产生的破坏主要有路面开裂、支挡结构破坏、大规模山体滑坡、巨大落石砸毁路面等。其中一些标段支挡结构的破坏形式如图2-38~图2-40所示。

图2-38　K9+400浆砌片石挡墙产生斜向裂缝图　　图2-39　K9+660挡墙产生竖向裂缝并往外倾斜

图 2-40　K9+480 浆砌片石挡墙被边坡滑体破坏并往外倾斜

2.2.2　汶川地震铁路支挡结构实震表现

1. 广岳铁路

广岳支线铁路全长 64.912km,起于宝成线广汉站,向西北方向经什邡、永兴、雪门寺、穿心店、红白场、木瓜坪至岳家山,于 1968～1978 年分段通车。木瓜坪至岳家山区间在 2002 年因岳家山车站泥石流灾害和岳家山隧道坍方已经停运,"5·12"汶川大地震前运营范围为广汉至木瓜坪,里程 61.43km,也称广木铁路。根据国家地震局《中国地震动峰值加速度区划图》,其区段内动峰值加速度如表 2-15 所示。

表 2-15　沿线地震动参数区划表

区段	里程范围	地震动峰值加速度(烈度)
广汉—什邡	K0+000～K30+000	0.05g(6 度)
什邡—岳家山	K30+000～K65+900	0.10g(7 度)

地震中广岳线有几处路肩墙坍塌。路肩墙坍塌之处多为陡坡地段,据现场观察,路肩墙坍塌主要是由于墙下自然边坡坍滑导致墙体基础失稳(图 2-41～图2-44)。穿心店车站货场及通站公路长坪外侧由于铁路下方边坡坍滑,造成长约 150m 的路肩挡土墙垮塌。

图 2-41　永雪 K41+500～K41+090　　　图 2-42　永雪 K41+500～K41+090
　　　　山体滑落　　　　　　　　　　　　左侧山体砸毁边坡挡墙

图2-43　永雪K41+500～K41+090山体山崩　　图2-44　永雪K42+060左侧落石砸坏浆砌片石挡墙

2. 宝成铁路

汶川地震中,宝成(宝鸡—成都)线的边坡支护结构受灾较轻,除少数地段挡墙被落石砸坏外,沿线的浆砌片石挡墙、浆砌片石护墙和浆砌片石嵌补多数保持完好,仅有个别地段的路肩墙和拦石墙出现开裂现象。K424+820～K424+850段左拦石墙高约6.0m,墙身采用浆砌片石砌成距地面三分之一墙高处,墙身沿浆砌缝出现水平开裂现象,K508+200～K508+370右侧浆砌片石挡墙的路肩墙开裂,K516+660～K516+680右侧挡墙裂缝,灰缝脱落,顶部一层砌石外挤,K578+130～K578+160右侧高路堤下挡墙变形;K424+827～K424+847右侧3.6m拦石墙开裂,如图2-45～图2-48所示。根据国家地震局发布的《中国地震动峰值加速度区划图》,其区段内动峰值加速度如表2-16所示。

图2-45　K508+200～370右路肩墙开裂图　　图2-46　K516+660～680右侧挡墙上部开裂

图2-47　K578+130～160右侧高路堤挡墙变形图　　图2-48　K424+827～847右侧3.6m拦石墙开裂

表 2-16 沿线地震动参数区划表

区段	里程范围	地震动峰值加速度(烈度)
阳平关—广元	K269+100～K337+000	0.15g(7度)
广元—走马岭	K337+000～K336+200	0.10g(7度)
走马岭—潼河	K336+200～K468+800	0.15g(7度)
潼河—两河口	K468+800～K490+800	0.10g(7度)
两河口—双河场	K490+800～K530+000	0.15g(7度)
双河场—成都	K530+000～终点	0.10g(7度)

2.2.3 其他地震中支挡结构实震表现

1. 昭通地震

1974 年 5 月 11 日,在云南省昭通地区发生了 7.1 级的强烈地震。云南省永善、大关、盐津、绥江等县和四川省雷波县受到不同程度的破坏。导致的崩塌与滑坡不仅毁坏了许多建筑物,而且堵塞了河流,冲垮了公路和大路,掩埋了农田。

下面介绍在昭通地震中支挡结构实震表现。

1974 年昭通地震,调查干砌片石墙 12 处,全部有震害,其中 7 处倒塌,如表 2-17 所示。从表 2-17 看出,干砌片石挡土墙在高烈度区整体性差,震害普遍严重,尤其是 7 度以上的地震区,容易发生挡墙的倒塌,从中也可以看出干砌片石挡土墙的抗震性能差,所以在高烈度区使用干砌片石挡土墙要慎重。

表 2-17 昭通地震区干砌片石挡土墙震害调查[25]

编号	工程位置	墙身尺寸/m			地震烈度/度	震害情况
		墙高	顶宽	长度		
1	小绥公路 K105+500	3.5	0.6	21	7	倒塌
2	小绥公路 K110+300	4.0	0.8	15.8	7	鼓出
3	三江口—分水岭	3.9	0.7	18	7	开裂
4	分水岭—蒿之坝	4.5	0.6	5.2	7	开裂
5	分水岭—蒿之坝	6.3	0.7	5.0	7	开裂
6	分水岭—蒿之坝	8.6	0.6	75	7	倒塌
7	分水岭—蒿之坝	5.0	0.5	90	7	开裂
8	木杆村附近	1.5	0.3	66.7	8	倒塌
9	青龙埂—三江口	3.0	0.6	13.2	8	倒塌
10	木杆河堤坝	1.5	0.9	100	8	倒塌
11	木杆村附近	3.0	0.45	12	9	倒塌
12	青龙埂道班附近	1.7	0.4	15	9	倒塌

2. 海城地震

1975年2月4日,在辽宁省海城、营口县一带(东经122°50′,北纬40°41′)发生了强度为里氏7.3级的强烈地震,震源深度为16~21km。在地震烈度7度区域范围内,有鞍山、营口、辽阳三座较大城市;还有海城、营口、盘山等11个县。

据震后统计,地震造成城镇各种建筑物破坏严重,其中,破坏道路近3万米,给排水管路16万多米,供电线路100余万米,通信线路45万多米。损失大量工业设备和生产物资。在农村造成民房破坏占原有面积27.1%,破坏公路38km,各型桥梁2000余座。下面介绍在海城地震中支挡结构实震表现。

(1) 调查海城地震区,在8度和9度高烈度区的几处浆砌片石挡土墙震害情况如表2-18所示。

表2-18 海城地震区浆砌片石挡土墙震害情况[25]

工程位置	挡土墙类型	墙高/m	地震烈度/度	震害程度	附注
长大铁路K228+800	护基墙	3	8	基本完好	岩石地基
长大铁路K240+380	护岸墙	2.65	9	基本完好	碎石土地基
海城镁矿专用铁路	路堑墙	5~6	9	基本完好	岩石地基
海城镁矿专用铁路	路堑墙	5~7	9	损坏	墙身外鼓

(2) 海城河公路桥上游右岸护岸墙,长度大于100m,地基为卵石土,墙体未留沉降缝,经9度地震,挡土墙自上而下产生8条竖向裂缝,裂缝间距5~10m,缝宽1~2cm。

3. 唐山地震

1976年7月28日,在唐山发生里氏7.8级地震,地震震中在唐山开平区越河乡,即北纬39.6°,东经118.2°,震中烈度达11度,震源深度12km。唐山地震无明显前震,余震持续时间长,衰减过程起伏大。据统计,唐山大地震共造成24.2万多人死亡。下面介绍在唐山地震中支挡结构实震表现。

(1) 南堡专用线谢家坟车站站台墙,地基土为淤泥质砂黏土夹粉细砂,经8度地震,地基砂土发生液化,喷水冒砂严重,使地基沉陷变形,导致挡土墙开裂、部分墙体倒塌。因此,挡土墙的基础不应直接设置在液化土或软土地基上。若不可避免,可采用复合地基等措施处理。

(2) 调查唐山地震区,在8度和9度高烈度区的几处浆砌片石挡土墙震害情况如表2-19所示。

表2-19 唐山地震区浆砌片石挡土墙震害情况[25]

工程位置	挡土墙类型	墙高/m	地震烈度/度	震害程度	附注
南堡专用铁路K7+750	站台墙	2	8	倒塌	地基液化
南堡专用铁路K11+740	护岸墙	3	8	损坏	软弱地基

(3) 我国通海、昭通、溧阳、海城、唐山等五个地震区，浆砌片石挡土墙震害统计见表 2-20。砌缝是抗震的薄弱地方，大部分震害是沿着砌缝开裂或错断的。

表 2-20　浆砌片石挡土墙砌缝开裂统计表[25]

地震烈度/度	调查数量/处	砌缝开裂		砌缝砂浆类型及强度标号
		数量/处	比例	
7	30	11	37%	白灰砂浆及 M2.5～M5 水泥砂浆
8	24	8	33%	白灰砂浆及 M2.5～M5 水泥砂浆
9	13	7	54%	白灰砂浆及 M2.5～M5 水泥砂浆

因此，结合表 2-20 宏观震害经验，地震区内铁路应采用片石混凝土或混凝土整体浇筑挡土墙来代替浆砌片石挡土墙，以提高墙身的强度和整体性，增强抗震性能。

参 考 文 献

[1] 乔彦肖,马中社,吕凤军.汶川地震地质灾害发育特点及动因机制分析.中国地质.2009,36(3):736-741.

[2] 洪时中.汶川大地震基本特征概述//宋胜武.汶川大地震工程震害调查分析与研究.北京:科学出版社,2009:3-5.

[3] 江席苗.汶川地震地基基础震害调查研究.同济大学硕士学位论文,2009.

[4] 朱颖,魏永幸.汶川大地震道路工程震害特征及工程抗震设计思考.铁道工程学报.2008(增刊):86-90.

[5] 刘洋.汶川大地震广岳铁路路基工程的抢修.路基工程,2008,(4):207,208.

[6] 朱颖,魏永幸.铁路工程震害特征分析与研究综述//宋胜武.汶川大地震工程震害调查分析与研究.北京:科学出版社,2008:555-558.

[7] 李建国,褚宇光,杜玉柱.汶川地震铁路路基震害调查与分析.铁道工程学报,2008(增刊):91-95.

[8] 李安洪,刘洋.广岳铁路路基震害分析与对策.铁道工程学报.2008(增):298-303.

[9] 李建国,褚宇光.铁路路基震陷调查及其预防措施初探//宋胜武.汶川大地震工程震害调查分析与研究.北京:科学出版社,2008:619-624.

[10] 舒华武,王兴宁.铁路地震地质灾害成因分析及防治对策研究.铁道工程学报,2008(增):54-61.

[11] 吉随旺,唐勇建,庄卫林,等.四川省灾区公路震害调查情况综述//宋胜武.汶川大地震工程震害调查分析与研究.北京:科学出版社,2009:559-567.

[12] 庄卫林,刘振宇,蒋劲松."5·12"汶川地震公路桥梁震害分析及对策研究.公路,2009,(5):129-139.

[13] 吉随旺,唐勇建,胡德贵,等.四川省汶川地震灾区干线公路典型震害特征分析.岩石力学与工程学报,2009,28(6):1250-1260.

[14] 马洪生,李玉文,熊杰,等.汶川地震西线公路路基病害与地质灾害调查分析.西南公路,2008,(4):265-272.
[15] 毛成,杨智敏,张晓华."5·12"大地震震中地区公路路基路面典型震害调查及恢复重建措施.西南公路,2008,(4):230-237.
[16] 吉随旺,陈乐生,唐永建,等.重灾区国省干线公路震害调查检测//宋胜武.汶川大地震工程震害调查分析与研究.北京:科学出版社,2009:671-677.
[17] 张蓉,张毅.都映高速公路路面震害分析评估//宋胜武.汶川大地震工程震害调查分析与研究.北京:科学出版社,2009:723-732.
[18] 姚令侃,冯俊德,杨明.汶川地震路基震害分析及对抗震规范改进的启示.西南交通大学学报,2009,44(3):301-311.
[19] 黄培敏.土工格栅加筋土特性实验与抗震技术研究.成都:西南交通大学,2009.
[20] 周德培,张建经,汤涌.汶川地震中道路边坡工程震害分析.岩石力学与工程学报,2010,29(3):565-576.
[21] 甘善杰,刘永平,彭炳芬.公路路基工程震害调查及对现行抗震设计规范的思考.北京:中国铁道学会,2008.
[22] 冯俊德,姚令侃,王智猛.强震区路基工程震害模式与分析.北京:科学出版社,2009.
[23] 姚令侃,冯俊德,杨明.汶川地震路基震害分析及对抗震规范改进的启示.西南交通大学学报,2009,44(3):301-311.
[24] 吉随旺,唐永建,胡德贵,等.路基边坡地震病害调查.北京:科学出版社,2009.
[25] 铁道第一勘察设计院.铁路工程抗震设计规范(GB50111-2006).北京:中国计划出版社,2006.

第3章 铁路路堤边坡地震响应振动台试验

3.1 铁路路堤边坡振动台模型试验设计

从"5·12"汶川特大地震灾害现场调查情况来看,地震时铁路沿线路堤沉陷变形是一个普遍现象。在地震烈度8度及以上地区,路堤普遍出现下沉,下沉量最大值达1m左右。其中,广岳线桥台基础普遍下沉,下沉量一般为20~30cm,最大下沉量约50cm;宝成铁路路堤下沉量一般为3~30cm,最大下沉量约50cm;成汶铁路、成灌铁路下沉量一般为20cm左右。这种数量级的竖向变形对铁路已构成严重威胁,对于有砟轨道铁路,可以通过补充道砟的方式来抢修铁路,此种灾害威胁相对较小;但对于无砟轨道,地震时路基一旦发生这种震害现象,短时间内很难修复,而且抢修的工程投资十分巨大。铁路路堤边坡在强震激励下的地震动力特性及地震残余变形的相关研究已成为一个迫切需要解决的新问题。

导致上述震害现象的原因是多方面的,其中压实度不足是最主要的因素之一。如广岳线填筑时由于当时控制压实度标准较低,尽管已经历了多年的通车运营期,但在汶川地震中依旧损坏严重。另外,采用加筋措施可以很好地改善路堤结构的抗震性能,如都汶公路K1029+300~+479工点加筋路堤高达42m,在9度烈度区基本完好,属世界罕见。因此,本章主要针对压实度和加筋措施两方面来研究路堤震害的控制因素和解决措施。

揭示强地震动对工程结构物的破坏机理的重要手段是能够在实验室重演结构的破坏现象[1]。尽管振动台模型试验在相似关系设计、边界条件模拟等方面还存在一些不足,但振动台试验以其规模大、可重复性及可操作性强等优点受到了广大学者的青睐。目前在岩土工程领域,很多学者已开展关于坝体、边坡、土体-结构相互作用、饱和砂土液化、垃圾填埋场等方面的振动台模型试验,并取得了很多宝贵的试验资料,但关于铁路路堤结构地震反应特性,尤其是在强震激励下的反应特性研究还比较少见。本章以无砟轨道单线铁路路堤为原型,设计4种压实度和2种加筋形式的铁路路堤边坡模型(路堤下为硬质岩石地基),共计6组振动台模型试验。分组如下:

(1) 95%压实度路堤边坡。路堤本体和基床表层均按95%压实度填筑,路堤边坡模型。其中,路堤本体高度为1.2m,几何相似比$C_l=8$,模拟原型路堤高度为9.6m,坡度为1:1.5。

(2) 91%压实度路堤边坡。路堤本体按91%压实度填筑,基床表层按95%压实度填筑,路堤边坡模型。其中,路堤本体高度为1.2m,几何相似比$C_l=8$,模拟原型路堤高度为 9.6m,坡度为 1:1.5。

(3) 87%压实度路堤边坡。路堤本体按 87%压实度填筑,基床表层按 95%压实度填筑,路堤边坡模型。其中,路堤本体高度为 1.2m,几何相似比 $C_l=8$,模拟原型路堤高度为 9.6m,坡度为 1:1.5。

(4) 83%压实度路堤边坡。路堤本体按 83%压实度填筑,基床表层按 95%压实度填筑,路堤边坡模型。其中,路堤本体高度为 1.2m,几何相似比 $C_l=8$,模拟原型路堤高度为 9.6m,坡度为 1:1.5。

(5) 加筋 2 层路堤边坡。路堤本体按 87%压实度填筑,基床表层按 95%压实度填筑,路堤边坡模型。其中,路堤本体高度为 1.2m,几何相似比 $C_l=8$,即原型路堤高度为 9.6m,坡度为 1:1.5。铺设 2 层土工格栅进行加固,铺设位置为距混凝土基岩 0.5m 和 1.0m 高度处,筋带长度为 1m。

(6) 加筋 4 层路堤边坡。路堤本体按 87%压实度填筑,基床表层按 95%压实度填筑,路堤边坡模型。其中,路堤本体高度为 1.2m,几何相似比 $C_l=8$,即原型路堤高度为 9.6m,坡度为 1:1.5。铺设 4 层土工格栅进行加固,铺设位置为距混凝土基岩 0.3m、0.6m、1.2m 和 1.5m 高度处,筋带长度为 1m。

3.1.1 振动台主要技术指标

模型试验在招商局重庆交通科研设计院有限公司结构动力工程所的大型三向六自由度宽频域地震模拟振动台阵上进行。台阵系统由一个固定台阵(台阵 A)和一个移动台阵(台阵 B)组成,该试验系统通过国际招标由英美有关公司专门定制而成,拥有国际上最先进的数控系统、数据采集系统和测试分析系统,总体技术性能指标处于国际领先水平,如图 3-1 和图 3-2 所示。振动台阵系统可实现三向六自由度同时加载,其主要技术指标如表 3-1 所示。

图 3-1 地震模拟试验台阵系统

图 3-2 数字控制室

表 3-1　地震模拟试验台阵系统主要技术指标

技术参数	台阵 A	台阵 B
台面尺寸/m	3×6	3×6
最大试件重量/kN	350	350
最大倾覆力矩/(kN·m)	700	700
最大回转力矩/(kN·m)	350	350
工作频率范围/Hz	0.1~50	0.1~50
x 方向可移动距离/m	0.0(固定台)	2.0~22.0(可移动台)
最大位移/mm	$x:\pm150;y:\pm150;z:\pm100$	$x:\pm150;y:\pm150;z:\pm100$
最大速度/(mm/s)	$x:\pm800;y:\pm800;z:\pm600$	$x:\pm800;y:\pm800;z:\pm600$
最大加速度/g	$x:\pm1.0;y:\pm1.0;z:\pm1.0$	$x:\pm1.0;y:\pm1.0;z:\pm1.0$

3.1.2　模型试验相似关系设计

1. 相似理论

相似理论是说明自然界和工程科学中各种相似现象、相似原理的学说。对于许多物理现象，相似理论可以进一步帮助人们科学而简捷地建立一些经验性的指导方程。相似理论的基础是关于相似的三个定理[2]。

相似第一定理(相似正定理)表述为"对相似的现象，其相似指标等于 1"，或表述为"对相似的现象，其相似准则的数值相同"。该定理是 1848 年由法国贝特朗(J. Bertrand)建立的。相似第二定律表述为"当一个现象有 n 个物理量，且这些物理量中含有 k 个物理量的量纲是相互对立的，那么这 n 个物理量可以表示成相似准则 $\pi_1,\pi_2,\cdots,\pi_{n-k}$ 之间的函数关系"。即

$$f(\pi_1,\pi_2,\cdots,\pi_{n-k})=0 \tag{3-1}$$

式(3-1)称为准则关系式或 π 关系式，我们把式中的相似准则称为 π 项。

相似第二定律是 1914 年由美国白金汉(J. Bockingham)建立的，所以也称白金汉 π 定理。相似第二定理指出，须把试验结果整理成相似准则关系式，指明了如何整理试验结果的问题。

相似第三定理可表述为"对于同一类物理现象，如果单值量相似，而且由单值量所组成的相似准则在数值上相等，则现象相似"。其中，单值量指单值条件中的物理量，单值条件包括几何条件、运动条件、物理条件、动力平衡条件和边界条件等。该定理由前苏联基尔比契夫建立。

从相似三定理可以看出，相似第一定理和相似第二定理是在假定现象相似的前提下提出的相似后的性质，是相似现象的必要条件，而相似第三定理给出了相似的充分必要条件。三个相似定理构成了模型试验必须遵循的理论原则。

在利用相似三大定理指导模型试验时,首先应立足相似第三定理,正确、全面地确定现象的参量,然后通过相似第一定理提示的原则建立起该现象的全部相似准则 π 项,最后将所有 π 项按相似第二定理的要求组成 π 关系式。因此,相似准则的导出成为相似设计的重要问题之一。目前,相似准则的导出方法主要有三种:定律分析法、方程分析法和量纲分析法。方程分析法和量纲分析法应用较为广泛,其中量纲分析法应用最为广泛。

2. 铁路路堤边坡振动台试验的相似关系

铁路路堤边坡振动台模型试验的重要目标之一,是将路堤原型在外荷载作用下的力学现象在模型上进行相似模拟,以测量模型中的应力、位移和加速度等物理量,再通过一定的相似关系推算到原型上。这种相似关系就是模型的相似律(由相似准则导出)。一方面,相似律规定了将模型试验数据和结果推算到原型上的法则;另一方面,相似律又规定了原型和模型之间相似必须满足的条件。

目前,用于开展一般铁路路堤边坡地震反应的振动台模拟试验是研究工程抗震能力与破坏机理的重要手段之一,倍受国内外学术界及工程领域的关注。但是,由于试验设备和场地的限制,大型结构只能以缩尺模型进行试验。因此,为使模型试验能够尽可能真实地反映原型的动力特性,必须考虑模型与原型之间的物理相似性,这就涉及各物理量的相似比取值问题。本节基于白金汉 π 定理,主要采用量纲分析方法,并且结合考虑模型与原型之间的填料应力应变本构关系以及筋土接触界面相似性等内容,求解一般填方路堤边坡地震动力反应特性模型试验设计的相似常数。

根据相似第三定理,原型和模型路堤动力相似的充分必要条件是,这两个动力学物理过程的单值条件相似,并使单值量组成的相似准则相等。因此,对于一般填方路堤,要求原型和模型分别满足在地震作用下的基本单值条件相似,包括几何条件、运动条件、物理条件、动力平衡条件等。

(1) 几何条件相似:

$$C_A = C_l^2, \quad C_V = C_l^3, \quad C_u = C_l \cdot C_\varepsilon \tag{3-2}$$

式中,C_l 表示长度相似常数,$C_l = L_p / L_m$,其中,L_p、L_m 分别为原型和模型对应的几何尺寸;C_A、C_V 分别表示面积和体积的相似常数;C_u 表示位移的相似常数;C_ε 表示应变的相似常数。

(2) 运动条件相似:

$$C_{\dot{u}} = \frac{C_u}{C_t}, \quad C_{\ddot{u}} = \frac{C_{\dot{u}}}{C_t} \tag{3-3}$$

式中,$C_{\dot{u}}$ 和 $C_{\ddot{u}}$ 分别表示运动速度、加速度的相似常数;C_t 表示时间的相似常数。

(3) 物理条件相似:

$$\begin{cases} C_\nu = 1, \quad C_E = C_G = C_K \\ C_u = C_l \cdot C_\varepsilon \end{cases} \tag{3-4}$$

式中，C_v 表示泊松比的相似常数；C_E、C_G、C_K 分别表示杨氏模量、剪切模量、体积模量的相似常数。

(4) 动力平衡条件相似：

$$C_\sigma C_l^{-1} = C_\rho C_g = C_\rho C_{\ddot{u}} \tag{3-5}$$

式中，C_σ 表示应力的相似常数；C_g 表示重力加速度相似常数；C_ρ 表示填筑材料密度的相似常数。

一般填方路堤边坡是一个非弹性的离散体结构。由于填料的物理力学性质十分复杂，在应变水平较低时就开始出现非线性，并且其性质随填料的组成、应力状态、荷载水平和加载频率、历时和历史等因素的不同而变化，很难找到一种能全面考虑这些特性和影响因素的模拟材料。在模型试验中要选择合理的模拟材料目前还难以实现。本次试验采用原型填料作为模型路堤边坡的模拟材料。

在重力场下采用原型填料进行振动模型试验时，为满足原型路堤边坡与模型路堤边坡之间的相似条件，需确定如下物理量的相似常数关系，分述如下。

土体材料的抗剪强度遵循摩尔-库仑准则：

$$\tau = \sigma \tan\varphi + c \tag{3-6}$$

式中，σ 表示剪切面上的有效正应力；φ 和 c 分别表示填料的内摩擦角和凝聚力。为了使土体破坏现象相似，要求原型和模型土体的抗剪强度满足相似条件，即

$$C_\tau = C_\sigma C_\varphi = C_c \tag{3-7}$$

由于要求 $C_\tau = C_\sigma = C_c$，所以有

$$C_\varphi = 1 \tag{3-8}$$

由于振动台模型试验无法模拟 $n \cdot g$ 重力场，原型和模型的重力加速度相等，即 $C_g = 1$，由动力相似条件式(3-5)有

$$C_{\ddot{u}} = C_g = 1, \quad C_\sigma = C_\rho C_l \tag{3-9}$$

土的动强度关系多采用等效线性动黏弹性模型，考虑土的动力非线性特性。该模型可用一个参数和两条曲线表示：最大剪切模量 G_{max}，割线剪切模量 G 随剪应变幅值 γ 增大而减小的衰退曲线 $G/G_{max} \sim \gamma$ 和阻尼比 ξ 随剪应变幅值 γ 增大而增大的 $\xi \sim \gamma$ 曲线[3,4]，将其归一化可表示为

$$\frac{G}{G_{max}} = f_1\left(\frac{\gamma}{\gamma_r}\right) \quad \xi = f_2\left(\frac{\gamma}{\gamma_r}\right) \tag{3-10}$$

$$G_{max} = KP_a\left(\frac{\sigma_c}{P_a}\right)^n \tag{3-11}$$

$$G = \frac{\tau}{\gamma} \tag{3-12}$$

$$\gamma_r = \frac{\tau_{max}}{G_{max}} \tag{3-13}$$

$$\tau_{\max}=\left[\left(\frac{1+K_0}{2}\sigma_v\sin\varphi+c'\cos\varphi'\right)-\left(\frac{1-K_0}{2}\sigma_v\right)^2\right]^{1/2} \quad (3\text{-}14)$$

式中,γ_r 为参考剪应变;σ_c 为初始有效固结应力;K 为与土压实度、初始应力条件有关的无量纲系数;n 为与土性有关的拟合指数;P_a 为大气压;$\tau_{\max}$ 为最大剪应力强度;K_0 为静止侧应力系数;σ_v 为竖向有效应力;c' 和 φ' 分别为用有效应力表示的黏聚力强度和内摩擦角。

对式(3-10)~式(3-13)取 $n=0.5$ 进行相似变化,由方程分析法和量纲分析法有

$$\begin{cases} C_\varphi=1, \quad C_\zeta=1 \\ C_\sigma=C_\tau=C_{\tau_{\max}}=C_c=C_\rho C_l \\ C_{G_{\max}}=C_G=C_K C_\rho^{1/2} C_l^{1/2} \\ C_\gamma=C_{\gamma_r}=C_\varepsilon=C_\tau C_G^{-1}=C_\rho^{1/2} C_l^{1/2} C_K^{-1} \end{cases} \quad (3\text{-}15)$$

相应地,由运动相似和动力相似条件有

$$\begin{cases} C_u=C_l C_\gamma=C_l C_\rho^{1/2} C_l^{1/2} C_K^{-1}=C_\rho^{1/2} C_l^{3/2} C_K^{-1} \\ C_{\dot{u}}=C_u C_t^{-1}=C_\rho^{1/2} C_l^{3/2} C_K^{-1} C_t^{-1} \\ C_{\ddot{u}}=C_{\dot{u}} C_t^{-1}=C_\rho^{1/2} C_l^{3/2} C_K^{-1} C_t^{-2} \end{cases} \quad (3\text{-}16)$$

普通重力场下的振动台模型试验,由于原型和模型的振动加速度与重力加速度相似,即 $C_{\ddot{u}}=C_g=1$,式(3-16)可转化为

$$C_t=C_\rho^{1/4} C_l^{3/4} C_K^{-1/2} \quad (3\text{-}17)$$

$$C_u=C_\rho^{1/4} C_l^{3/4} C_K^{-1/2} \quad (3\text{-}18)$$

因此,本节在进行铁路路堤边坡振动台模型试验设计时,首先根据振动台负载能力、激振频率上限、原型尺寸等因素选定几何相似比 $C_l=8$。按地震动加速度时程输入台面激励,按时间相似比 $C_t=C_\rho^{1/4} C_l^{3/4} C_K^{-1/2}=4.76$ 压缩输入地震波的时间轴;输入地震波的加速度幅值不作调整,即 $C_a=C_{\ddot{u}}=C_g=1$。由此可得模型相似关系设计如表 3-2 所示[5,6]。

表 3-2 铁路路基边坡地震反应振动台模型试验相似设计

序号	物理量	相似律	相似常数	备注
1	几何尺寸 l	C_l	8	模型设计控制
2	质量密度 ρ	$C_\rho=1$	1	模型设计控制
3	模量系数 K	C_K	1	
4	剪切模量 G	$C_G=C_K C_\rho^{1/2} C_l^{1/2}$	2.83	
5	应力 σ	$C_\sigma=C_\rho C_l$	8	
6	重力加速度 g	C_g	1	模型设计控制
7	动位移 u	$C_u=C_\rho^{1/2} C_l^{3/2} C_K^{-1}$	22.6	

续表

序号	物理量	相似律	相似常数	备注
8	应变 ε	$C_\varepsilon = C_\rho^{1/2} C_l^{1/2} C_K^{-1}$	2.83	
9	剪应变 γ	$C_\gamma = C_\rho^{1/2} C_l^{1/2} C_K^{-1}$	2.83	
10	质点振动速度 $\dot{u}$	$C_{\dot{u}} = C_\rho^{1/4} C_l^{3/4} C_K^{-1/2}$	4.76	
11	质点加速度 $\ddot{u}$	$C_{\ddot{u}}$	1	
12	输入加速度 a	C_a	1	台面输入控制
13	时间 t	$C_t = C_\rho^{1/4} C_l^{3/4} C_K^{-1/2}$	4.76	台面输入控制
14	频率 f	$C_f = C_\rho^{-1/4} C_l^{-3/4} C_K^{1/2}$	0.21	
15	阻尼比 ξ	C_ξ	1	
16	摩擦角 φ	C_φ	1	
17	筋土界面摩擦角 φ'	$C_{\varphi'}$	1	

在上述相似关系推导过程中,土体材料在动力条件下的变形特性采用了等效黏弹性模型,静力条件下采用了摩尔-库仑模型。为使模型破坏现象与原型相似,要求模型和原型的土体材料满足抗剪强度相似。土体应力圆的平均有效应力与土体容重、深度(埋深)等因素有关,在取模型和原型加速度相等的条件下,土体平均有效应力的相似常数为 $C_\sigma = C_\rho C_l$。由于实际上土体材料的重度差别一般不会很大,而几何尺寸却成若干倍差别,缩尺模型试验的动应力是失真的,其小于原型动应力。由于应力失真,为使模型的破坏现象与原型相似,抗剪强度相似应与应力相似一致,即相似常数也应为 $C_\rho C_l$。由摩尔-库仑准则可以看出,在内摩擦角相似常数 $C_\varphi = 1$ 的情况下,黏聚力相似常数 $C_c = C_\rho C_l$。因此,对于缩尺模型试验,土体材料需满足低强度、低黏聚力等要求。

3.1.3 模型试验填料及其物理力学特性

前已提及,路堤边坡是一个非弹性的离散体结构,目前尚很难找到一种能全面考虑路堤土体特性及其影响因素的模拟材料。振动台模型试验采用路堤边坡原型填料作为模拟材料,一方面,路堤边坡填料应满足铁路路堤填筑的具体要求;另一方面,填料应满足模型试验相似关系要求的低强度、低黏聚力等要求。

试验路堤边坡填料为含一定砂颗粒的粗粒土(这类填料也有文献称为"砂黏土"),填料颗粒级配曲线如图3-3所示。经计算,填料不均匀系数 $C_u = 11.5$,曲率系数 $C_c = 1.04$,可认为填料粒径分布不均匀且级配良好,参照《铁路路基设计规范》(TB10001-2005)[7],应属于A类填料,既可用作路堤填料,也可用作基床底层填料。通过重型击实试验确定出填料的最佳含水量为8.44%,最大干密度为2.02g/cm³,

其击实曲线如图3-4所示。在进行路堤边坡模型填筑时,4种压实度和2种加筋形式路堤边坡模型的基床表层均按最佳含水量以及95%的压实度来控制压实,路堤本体分别按95%、91%、87%和83%的压实度控制。加筋路堤的路堤边坡本体部分按87%压实度控制。

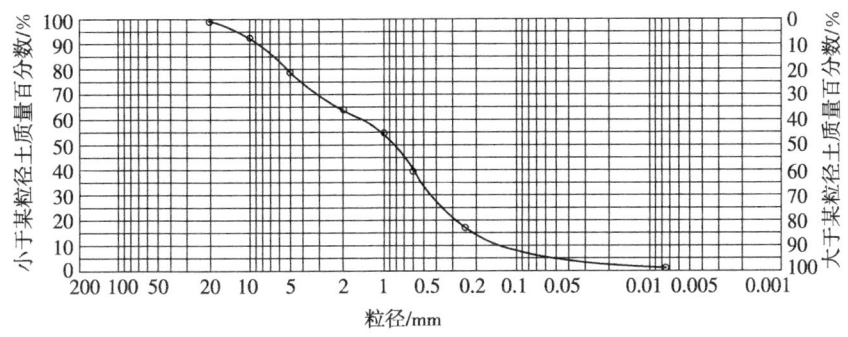

图3-3 填料颗粒级配曲线

为研究压实度和加筋对填料力学特性的影响,针对83%~95%压实度的土样开展了粗粒土三轴试验研究。试验设备采用四川大学华西岩土仪器研究所研制的SZ304型大型三轴剪切试验机。试样直径$D=300\text{mm}$,高度$H=600\text{mm}$,试验围压为100kPa、200kPa、300kPa和400kPa,剪切速率控制在2mm/min

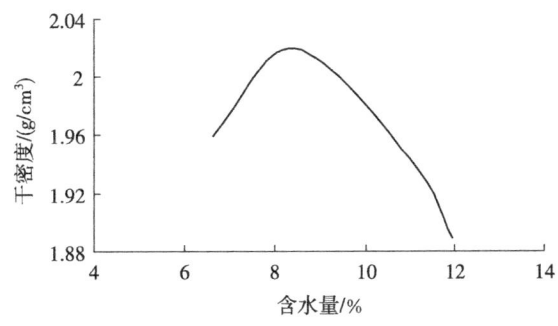

图3-4 填料击实试验结果

左右。共进行了7组试验,即在最佳含水率条件下配置5组不同压实度土样(压实度分别为95%、93%、90%、87%和83%)和2组加筋土样(87%压实度土样在二分之一土样高度处加1层筋;87%压实度土样在三分之一和三分之二土样高度处各加1层筋)。试验为不固结不排水剪切试验。

图3-5给出了不同压实度土样的应力应变关系曲线。应力应变曲线局部存在波动,这主要是因为在剪切过程中部分土体颗粒在点接触处因应力集中存在尖点破碎现象。随着围压不断增加,应力应变曲线初始段的线性程度及切线斜率均有所增加,表现出较为明显的准弹性性质。高压实度土样在低围压作用下,试样的应力应变关系主要表现为应变软化型,随着围压增大,开始由应变软化型向应变硬化型过渡。低压实度土样应力应变关系主要表现为应变硬化型。

图3-6给出了围压为200kPa时不同压实度土样的应力应变关系曲线。可以看出,压实度低的土样应力应变曲线较平缓,且初始段切线斜率较小,随着压实度的提

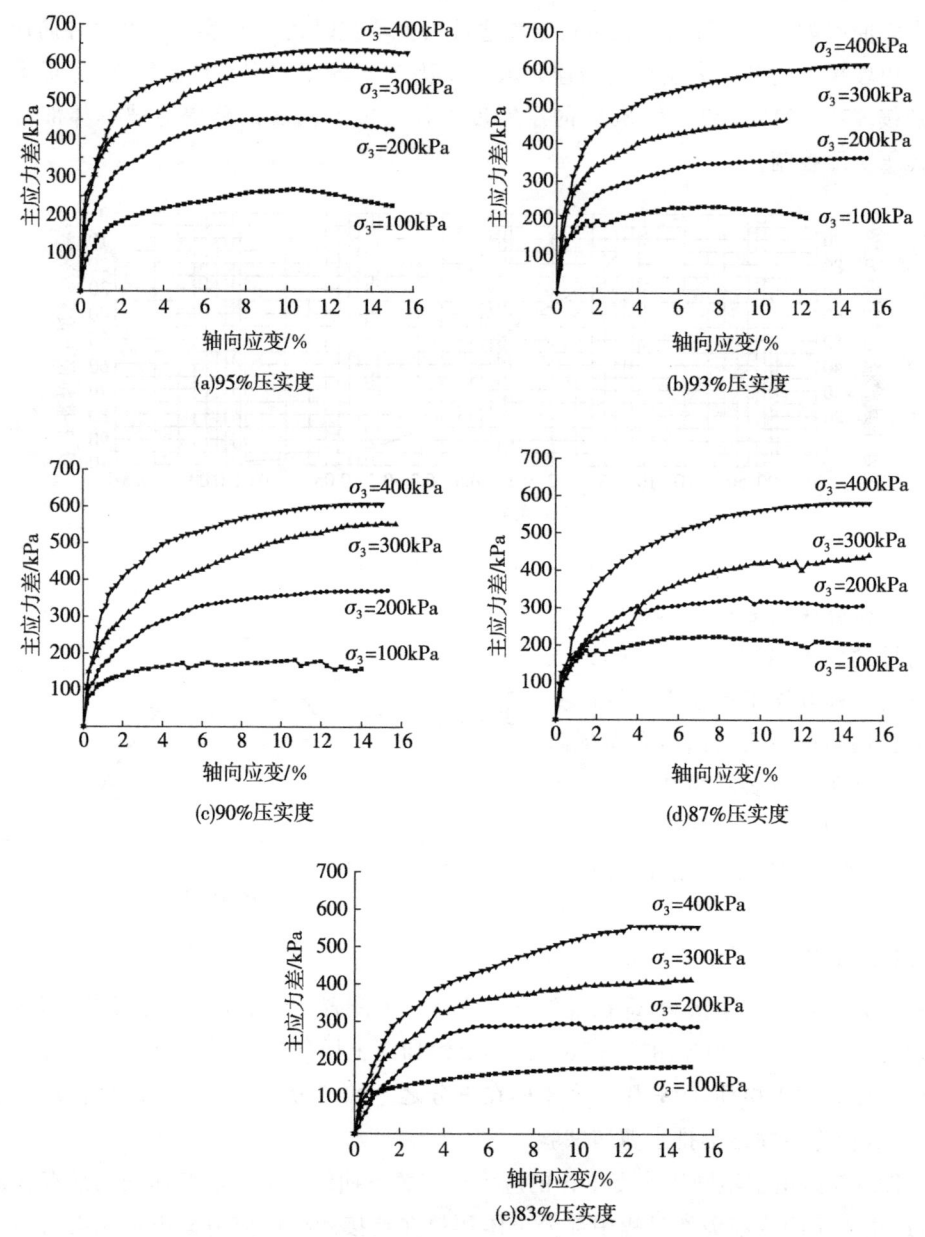

图 3-5　不同压实度土样应力应变关系曲线

高,初始段切线斜率增大,线性程度提高,强度有较大增长。当土样压实度较低时,随着轴向应变的增大,主应力差逐渐增大,应力应变关系曲线主要表现为应变硬化型;当压实度逐渐增大为95%时,应力应变关系曲线出现较为明显的峰值,随着轴向应变进一步增大,强度降低,经计算,残余强度为峰值强度的93.7%左右,应力应变关系曲线表现为应变软化型。

出现上述现象可以解释如下。当土体处于密实状态时,大小颗粒相互充填,颗粒排列紧密,在剪切过程中产生颗粒间接触变形,甚至翻越邻近颗粒,土体发生剪胀,必须克服较大的咬合力及剪胀变形做功,应力增长较快,且粗粒土越密实,剪胀效应的贡献越大,随着剪胀变形继续发展,试样变得疏松,应力增长变缓甚至可能出现减小的趋势。当围压较大时,剪胀变形能得到一定限制,颗粒间的翻越未完全形成,以弹性剪胀为主[8],试样内部颗粒所形成的刚性骨架未完全破坏,颗粒间重

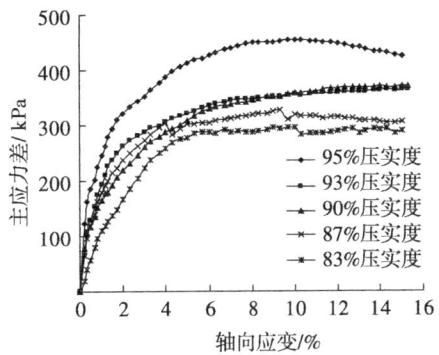

图 3-6　围压为 200kPa 时不同压实度土样应力应变曲线

新排列使孔隙有减小趋势,应力能继续缓慢增长,应力应变关系表现为硬化型。围压较低时,随着剪胀的进一步发展,颗粒间咬合作用得到克服,颗粒翻越完成,以塑性剪胀为主,土体结构崩解变松,接触点减少,当达到了一定的孔隙比时剪胀效应消失,摩擦力和咬合力减小,出现应力缓慢减小的现象,这就使应力应变关系表现为微软化型。

相反,当土体压实度较低时,土体疏松,颗粒接触点较少,低围压剪切时试样开始呈剪缩变形,土体由松变密,颗粒间重新排列,接触点逐渐增多,咬合力增大,密实至一定程度后,由于围压较小,粒间作用力增大反而出现剪胀变形,试样克服剪胀效应的能量增大,主应力差可能出现减小的现象。高围压时,试样始终呈剪缩变形,颗粒间排列越来越紧密,咬合力逐渐增大,应力值相应增长,应力应变关系为硬化型,且在整个受剪过程中颗粒间的紧密程度都不高,抗剪强度也就不高。

由此可见,填料的剪切特性具有较大的状态依赖性,即初始压实度和围压对土体的变形和强度特性影响显著。可以认为,存在一个临界压实度 k_{cr} 和临界围压 p_{cr},当压实度小于 k_{cr} 时应力应变为硬化型,当压实度大于 k_{cr}、围压小于 p_{cr} 时呈微软化型,围压大于 p_{cr} 时呈硬化型。

试验得到的不同压实度土样的抗剪强度指标如表 3-3 所示。可以发现,随压实度 k 的提高,填料的黏聚力 c 提高明显。填料黏聚力 c 和压实度 k 的关系曲线可采用指数函数关系来进行拟合,拟合方程为

$$c = m_1 \cdot \exp(k/m_2) \tag{3-19}$$

式中,m_1、m_2 为试验常数。

试验拟合曲线如图 3-7 所示,可求得 $m_1=0.0089$,$m_2=0.1212$,相关系数 R 达到了 0.986。随着压实度提高,填料内摩擦角也呈增大趋势,但压实度对内摩擦角影响相对不显著。

表 3-3 不同压实度和不同加筋形式土样的抗剪强度指标

压实度	加筋层数	c/kPa	φ/(°)
95%	—	24.5	27.2
93%	—	18.3	23.3
90%	—	13.9	23.5
87%	—	11.2	24.3
83%	—	8.9	23.3
87%	1	14.2	24.4
87%	2	18.8	23.3

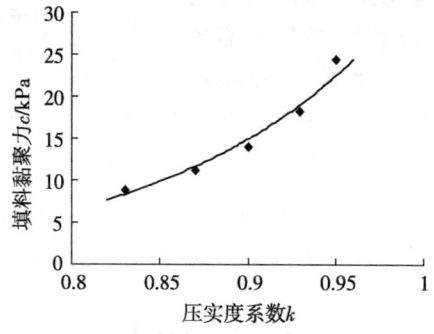

图 3-7 填料压实度与黏聚力关系曲线

图 3-8 为加筋 1 层和加筋 2 层土样(87%压实度)的应力应变关系曲线。图 3-9 对比了不同加筋形式土样(压实度均为 87%)在围压 200kPa 时的应力应变关系曲线。未加筋土样在 200kPa 的围压下应力应变关系表现为应变软化型,加筋之后,土样的应变软化得到了改善,土体延性提高,应力应变特性呈现出由应变软化型向应变硬化型过渡的趋势。另外可以看出,加筋后土样的应力应变曲线在 4% 的轴向应变范围内与未加筋土样大致重合,这说明加筋土样要在筋土发生一定相对变形后,筋带才能较为充分地发挥其加筋效果。当轴向应变大于 4% 之后,加筋土样的主应力差明显大于未加筋土样,且随加筋层数增多其抗剪强度也增大。加筋土样通过筋带对

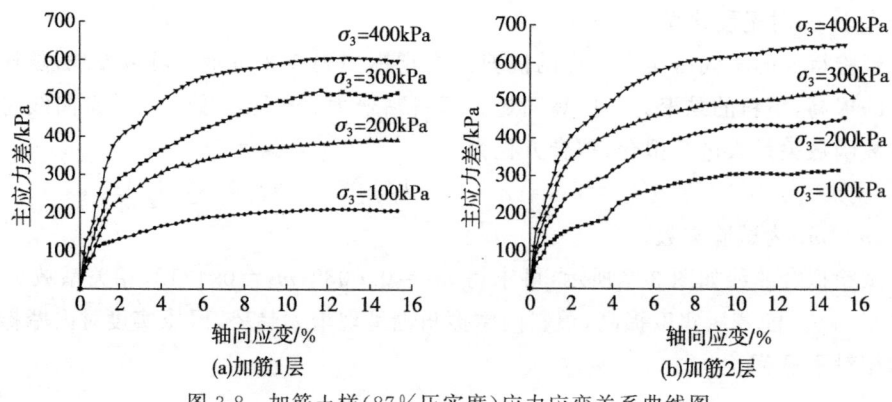

图 3-8 加筋土样(87%压实度)应力应变关系曲线图

粗颗粒的约束作用和粗颗粒对筋带的嵌固作用来限制土体侧向变形,起到了一个等效围压的作用,从而提高了土体的抗剪强度[9]。

为评价筋带对土样的加筋效果,引入强度比参数 R,并将其定义为

$$R=\frac{(\sigma_1-\sigma_3)_f^R}{(\sigma_1-\sigma_3)_f} \tag{3-20}$$

式中,$(\sigma_1-\sigma_3)_f^R$ 为加筋土样主应力差最大值;$(\sigma_1-\sigma_3)_f$ 为未加筋土样主应力差最大值。

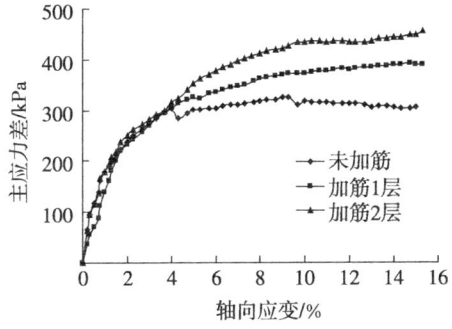

图 3-9 围压 200kPa 加筋土样应力应变曲线

图 3-10 给出了加筋 1 层和加筋 2 层土样强度比参数 R 与围压的关系。可以看出:一方面,强度比参数 R 随围压的增大而减小,低围压下加筋效果更为显著,这主要是因为低围压下试验可能发生的侧向变形较大,筋土界面摩擦特性发挥得更为充分,所以加筋效果显著;另一方面,随着加筋层数增加,强度比参数 R 增大。

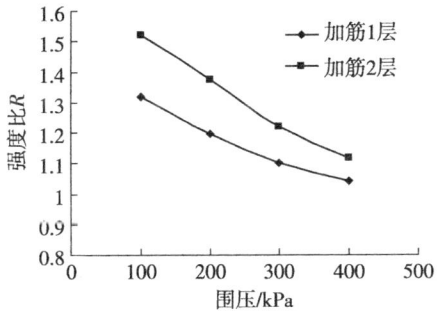

图 3-10 加筋路堤强度比 R 与围压关系曲线

试验得到的不同加筋形式土样的抗剪强度参数如表 3-3 所示。筋带对土样抗剪强度的影响主要体现在黏聚力的提高,对内摩擦角的影响较小。由此可见,加筋土样的加筋机理符合准黏聚力理论。可以看出,加筋 1 层土样比未加筋土样的黏聚力提高了 26.5%,加筋 2 层时提高了 67.9%。

3.1.4 铁路路堤边坡模型设计

1. 模型箱设计

铁路路堤边坡结构沿线走向可以认为是一种无限体,理论上是没有边界的,但在

振动台试验中,只能将模型置于有限尺寸的模型箱内。一方面,模型箱容积有限;另一方面,模型箱将随着台面振动而振动。这样,模型箱边界上的波动反射以及体系振动形态的变化将会给试验结果带来一定的误差,即所谓"模型箱效应"。成功的土体边界条件模拟应使容器中的模型土在地震作用下的变形方式与原型自由场相同。

本次模型试验采用钢板、型钢、有机玻璃等制作了一端开口的大型刚性模型箱,模型箱净空尺寸为 3.6m×1.5m×2.0m(长×宽×高)。模型箱两个侧面为 3.6m×2.0m(长×高)有机玻璃观测面。另外,在模型箱两个侧面适当位置钻孔,并通过高强螺栓在模型箱内部架设横梁以便安装动位移计。前端面和顶面为临空面,分别在前端面和顶面采用高强度螺栓固定了 3 根和 5 根 C100 槽钢,可自由摘取。底面焊接了 2cm 厚的钢板,钢板根据振动台台面孔眼尺寸钻孔,试验时采用高强度螺栓将模型箱固定在振动台台面上。为使模型箱自振频率远离土体自振频率,通常采用的方法有两种[10]:一是极大地提高模型箱的自振频率;二是尽可能地降低模型箱的自振频率。考虑到模型箱本身已经具有一定的刚度,本节选择前一种方法,通过在模型箱两侧的有机玻璃观测面横向每隔约 30cm 采用竖向角钢支撑,并在 1.0m 和 1.5m 高度处焊接了两排斜向支撑,以此来提高模型箱的自振频率。经 ABAQUS 计算得到模型箱自振频率达到了 120Hz,可认为模型箱自振频率远离土体自振频率。为减小模型箱边界振动波的反射,试验采取两种措施:一是采用大型模型箱,并将元器件布置位置尽可能远离模型箱边界;二是在模型箱内侧铺垫一定厚度的聚苯乙烯泡沫板层。

2. 不同压实度路堤边坡模型

试验路堤边坡原型为无砟轨道单线铁路路堤[11]。路堤以下为坚硬的岩石地基。试验模型为路堤边坡模型,如图 3-11 所示。路堤模型设计包括硬质岩石地基、路堤本体、基床底层、基床表层以及无砟轨道单线路堤路面静载模拟等内容,分述如下:

(1) 硬质岩石地基。C30 混凝土模拟,在模型箱底面浇筑约 40cm 厚的混凝土层。模型试验采用混凝土浇筑时在模型箱四周垫约 10cm 厚的柔性聚苯乙烯泡沫塑料板层。

(2) 路堤本体。模型路堤本体高度为 1.2m,几何相似比 $C_l=8$,即模拟 9.6m 高的原型路堤。在工程设计中,当铁路路堤高度大于 8m 时,路堤坡面常设计成台阶状并分级放坡,而试验模型为 1:8 的缩尺模型,结合模型试验填筑情况,模型只采用 1:1.5 坡度放坡而不考虑分级放坡情况。路堤本体的模拟材料为含砂的粗粒土,其物理力学特性详见 3.1.4 节内容。路堤本体部分根据填料的最佳含水量和最大干密度分别按 95%、91%、87% 和 83% 压实度来控制填筑,结合不同的压实度要求分 10~20 层进行人工夯实,每层夯完后取环刀进行压实度检测。填筑时在模型箱侧壁铺垫一定厚度的柔性聚苯乙烯泡沫塑料板层以减小模型箱边界效应的影响。

(3) 基床底层。无砟轨道铁路路堤原型基床底层厚度通常为 1.9~2.4m,根据几何相似关系,试验模型的基床底层厚度取 0.3m,也采用含砂的粗粒土来模拟,并根据填料的最佳含水量和最大干密度按 95% 的压实度来控制压实。

(4) 级配碎石层(基床表层及路面荷载部分)。试验模型在基床底层的表面浇筑级配碎石板层,级配碎石板层采用级配碎石和 5% 的水泥浇筑成型,且与基床底层表面黏结充分。级配碎石板层厚度的设计考虑两部分内容:一部分是无砟轨道路堤原型基床表层的厚度;另一部分是无砟轨道路面静荷载部分的配重(不考虑列车荷载)。无砟轨道路面静荷载计算如表 3-4 所示。设模型浇筑的级配碎石板层厚度为 h,容重 $\gamma=23\text{kN/m}^3$。设无砟轨道路堤原型基床表层厚度为 0.4m,路面静荷载传递到基床表层顶面的压强可近似计算为 $q=\dfrac{69.32}{8.6}=8.06(\text{kPa})$,因此有 $\gamma h=q/C_\sigma+0.4\gamma/C_l$,由此可计算得 $h\approx 0.1\text{m}$,如图 3-11 所示。

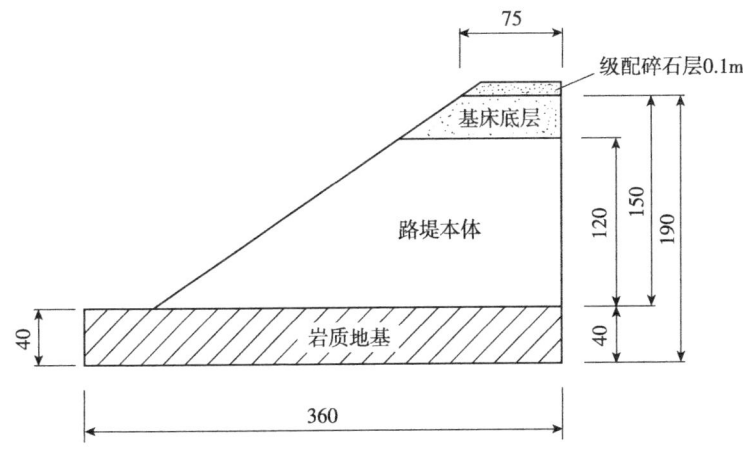

图 3-11 路堤边坡模型试验设计(单位:cm)

表 3-4 无砟轨道路面静荷载计算   (单位:kN/m)

钢轨	扣件	轨道板	轨枕	钢筋混凝土基础	合计
1.22	0.48	12.12	7.5	48	69.32

3. 加筋路堤边坡模型

加筋路堤边坡包括加筋 2 层和加筋 4 层路堤边坡,均以无砟轨道单线铁路路堤边坡为原型。加筋路堤边坡的路堤本体采用含砂的粗粒土模拟,并按 87% 的压实度来控制压实。加筋路堤边坡的硬质岩石地基、基床底层、级配碎石层的模拟情况与不同压实度的未加筋路堤边坡相同,这里不再赘述。

加筋 2 层路堤边坡模型分别在距混凝土基岩 0.5m 和 1.0m 高度处各铺设 1 层土工格栅,格栅长度为 1m;加筋 4 层路堤边坡模型分别在距混凝土基岩 0.3m、0.6m、0.9m 和 1.2m 高度处各铺设 1 层土工格栅,格栅长度均为 1m,如图 3-12 和图 3-13 所示。试验认为筋土界面黏聚力较小,界面摩擦角 φ' 是影响试验结果的主要因素。而模型试验在相似设计时取 $C_{\varphi'}=1$,因此试验采用原型土工格栅,即型号为 TGSG23-25 的双向土工格栅,其主要力学参数如表 3-5 所示。在确定加筋长度时,若按几何相似常数 $C_l=8$ 来确定,筋带长度只能取 0.1m 左右。考虑到影响试验结果的随机因素很多,为保证试验结果能为研究筋带改善路堤边坡抗震性能作出定性判断,路堤边坡模型铺设的土工格栅长度按工程实际应用的 1.0m 来选取。

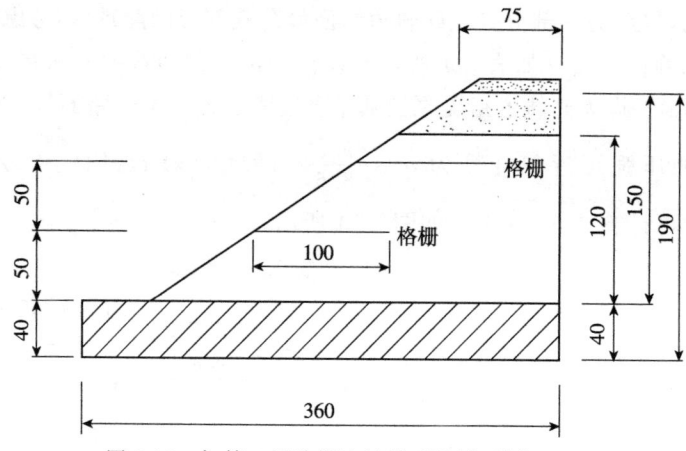

图 3-12 加筋 2 层路堤边坡模型设计(单位:cm)

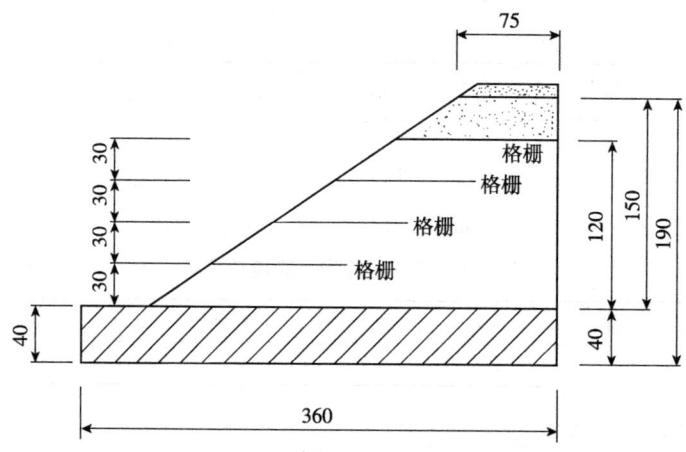

图 3-13 加筋 4 层路堤边坡模型设计(单位:cm)

表 3-5 双向土工格栅主要力学参数

项目	检验值
纵向拉伸强度/(kN/m)	26
横向拉伸强度/(kN/m)	23.1
纵向伸长率/%	15
横向伸长率/%	12
5%伸长率纵向拉伸强度/(kN/m)	18.7
5%伸长率横向拉伸强度/(kN/m)	18.2

4. 元器件及其布置情况

不同压实度及不同加筋形式路堤边坡采用的元器件及其布置方式均相同。

试验采用的传感器包括加速度传感器、动土压力盒以及动位移计(采用高精度激光动位移计)等,数据采集设备采用招商局重庆交通科研设计院有限公司提供的Dewetron2010采集系统,可实现加速度、动土压力以及动位移的同步快速采集。

路堤震陷变形和侧向残余变形测试分别采用长沙金码公司生产的竖向土应变计(JMDL-4103)和水平土应变计(JMDL-4505),并采用综合测试仪(JMZX-5003)进行数据采集。模型试验所用的主要元器件型号和仪器设备情况如表3-6所示。路堤边坡模型元器件埋设和布置情况分述如下。

表3-6 模型试验所用的主要元器件型号和仪器设备

序号	元器件及设备名称	元器件及设备型号	主要参数	生产厂家
1	加速度传感器	CA-YD-189	(1)量程±5g; (2)频率范围0.2~1000Hz; (3)灵敏度10mV/g; (4)最大横向灵敏度比<5%; (5)工作温度-40~120℃,工作电流2~10mA,IC工作电压12~24V(DC) (6)质量110g	上海华测创时
2	动土压力盒	BX-7	(1)量程100kPa; (2)超载能力20%; (3)非线性1.5%F.S; (4)桥接方式:全桥	上海华测创时
3	动位移计	ILD1401-200 (000)		德国米依公司生产的激光传感器
4	动态测试采集设备	Dewetron2010	主机16通道电压输入通道,外带16通道电压输入通道宽展箱和16通道应变输入通道扩展箱,每通道150k采样率	瑞士Kistler公司
5	竖向土应变计	JMDL-4103	(1)量程0.3m; (2)标距0.2m; (3)灵敏度0.01mm	长沙金码公司
6	水平土应变计	JMDL-4505	(1)量程0.5m; (2)标距0.3m; (3)灵敏度0.01mm	长沙金码公司
7	综合测试仪	JMZX-5003		长沙金码公司

图 3-14 加速度传感器置于方盒中

1) 加速度传感器

加速度响应是振动台模型试验测试的主要内容。为保护加速度传感器,把加速度传感器放入绝缘的塑料方盒之中,加速度传感器和方盒采用螺栓连接并拧紧,严格控制加速度传感器指向定位(如果加速度埋设方向与测试方向有偏差,将影响试验测试结果和路堤模态分析),如图 3-14 所示。同时在方盒内注满砂土,保证砂土、加速度传感器和方盒的总质量与方盒同体积的填料的质量相当。将装有加速度传感器的方盒一并埋设在路堤模型之中,并注意加速度传感器与测试方向的一致性以及周围土体的压实度要求。将加速度传感器导线穿入塑料软管中沿模型箱两侧面接出。台面和混凝土基岩上的加速度传感器采用环氧树脂或 502 胶固定。

振动台台面和混凝土基岩布置的水平和竖向加速度传感器的编号分别为 AHO1、AHO2 和 AVO1、AVO2;在路堤边坡坡面处距混凝土基岩垂直高度 0.2m、0.7m、1.2m 和 1.5m 处分别布置水平和竖向加速度传感器,编号分别为 AH1～AH4 和 AV1～AV4;在距离模型箱后壁约 0.4m 的垂直面处(下文简称路堤中截面),在距混凝土基岩垂直高度 0.2m、0.7m 和 1.2m 处分别布置水平和竖向加速度传感器,编号分别为 AH5～AH7 和 AV5～AV7,如图 3-15 所示。

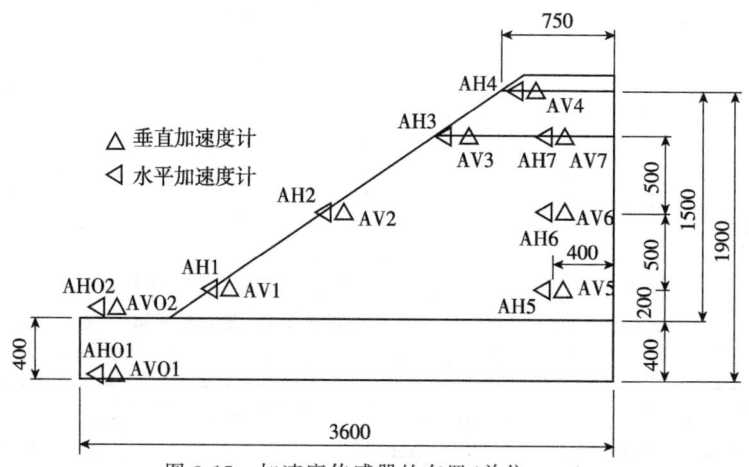

图 3-15 加速度传感器的布置(单位:mm)

2) 动土压力盒

在距混凝土基岩垂直高度 0.2m 的水平面内,分别在距模型箱后壁 1.90m、1.15m 和 0.40cm 位置处埋设动土压力盒,编号分别为 D1～D3;在路堤中截面处距混凝土基岩垂直高度 0.2m、0.7m 和 1.2m 位置处布置动土压力盒,编号分别为 D3～D6,如图 3-16 和图 3-17 所示。

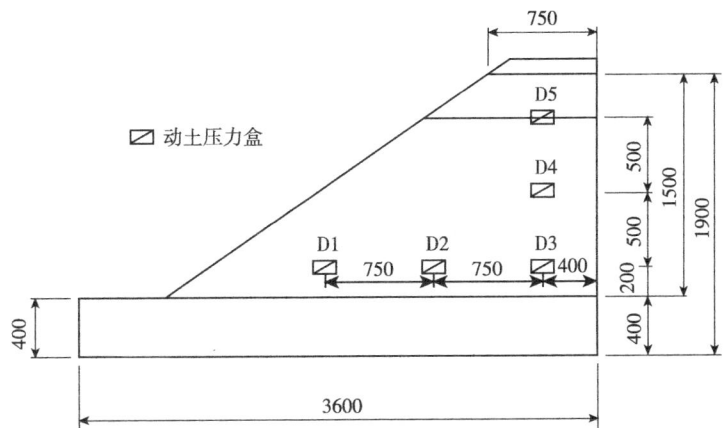

图 3-16 动土压力盒的布置(单位:mm)

图 3-17 动土压力盒的埋设

3) 动位移计

动位移计通过 C100 槽钢固定在模型箱上,槽钢采用高强度螺栓固定在模型箱的两个侧面上,如图 3-18 所示。从试验情况来看,采用该方法固定动位移计能使动位移计和模型箱一起振动,保证测试结果的准确性和有效性。沿路堤边坡坡面分别在坡脚及距混凝土基岩垂直高度 0.6m、1.2m 和 1.5m 处布置 4 支激光动位移计,编号分别为 DP1～DP4,如图 3-19 所示。

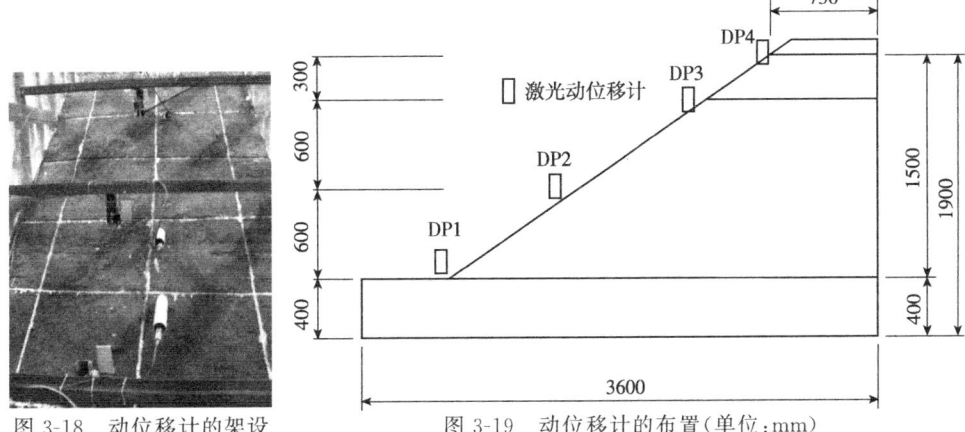

图 3-18 动位移计的架设　　图 3-19 动位移计的布置(单位:mm)

4) 水平和竖向土应变计

水平和竖向土应变计结构形式为：传感器两端为采用细铁丝固定的铁片，细铁丝长度可根据实际情况进行调整。试验时传感器两端的铁片随土颗粒一同发生变形和位移，试验测试结果为两端铁片的相对位移。在埋设水平土应变计时，一端铁片置于坡面附近，另一端铁片置于靠近模型箱后壁的土体中，并保证细铁丝沿测试方向放置。在埋设竖向土应变计时，一端铁片固定在混凝土基岩上，另一端铁片置于测点，并保证铁丝呈竖直放置。

每组路堤边坡模型均布置3个水平土应变计和3个竖向土应变计。水平土应变计分别布置在距混凝土基岩垂直高度0.3m、0.6m和1.2m位置处，编号依次为H1、H2和H3，如图3-20所示。竖向土应变计布置在距模型箱后壁约0.375m的垂直面内，分别测试距混凝土基岩垂直高度0.6m、1.2m和1.5m处的沉陷变形，编号依次为V1、V2和V3，如图3-21所示。

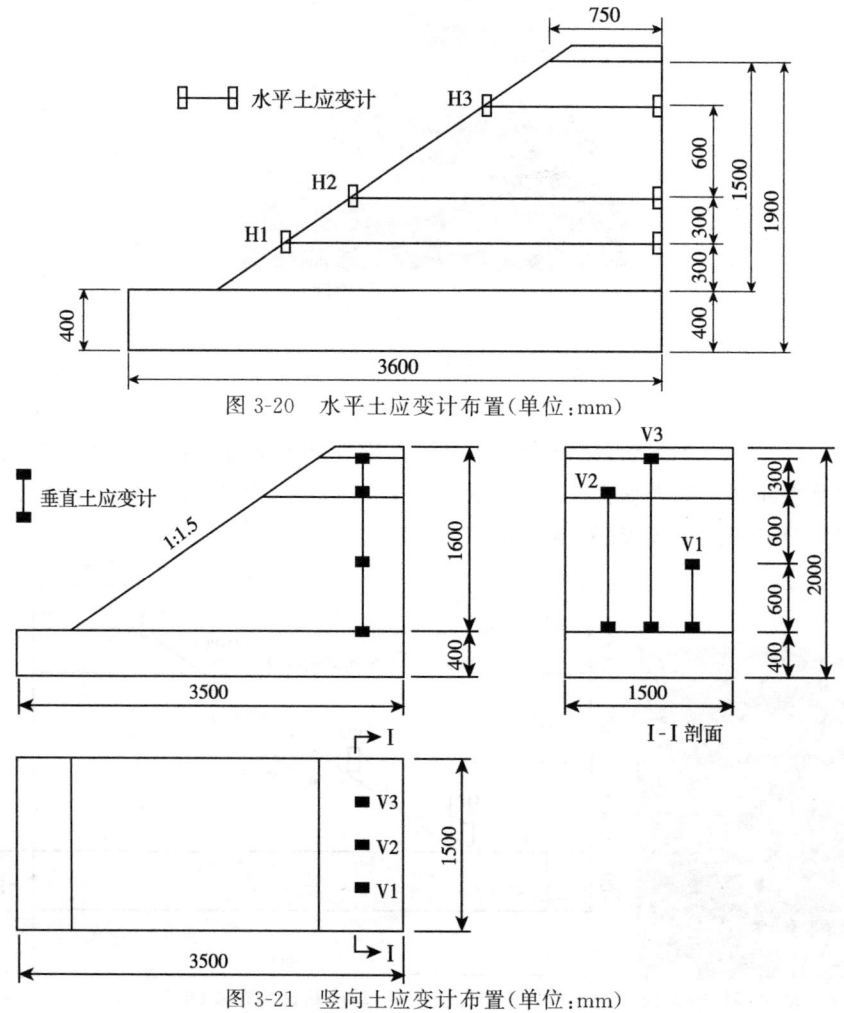

图3-20 水平土应变计布置(单位:mm)

图3-21 竖向土应变计布置(单位:mm)

5. 模型安装与试验

试验中为保证路堤边坡坡面成形,须采用模板和斜撑固定,以便夯实至所需的压实度,直至模型箱吊装至振动台台面再拆除模板。试验前,为便于观察试验中路堤坡面的变形情况,对坡面进行划线标志,如图 3-22 所示。

试验过程中,每个地震动激励工况前、后均对路堤边坡破坏情况进行检查,包括对试验过程录像,对振动前、后摄影记录等工作。图 3-23 给出了试验过程中的数据采集情况。

图 3-22 模型箱固定于台面

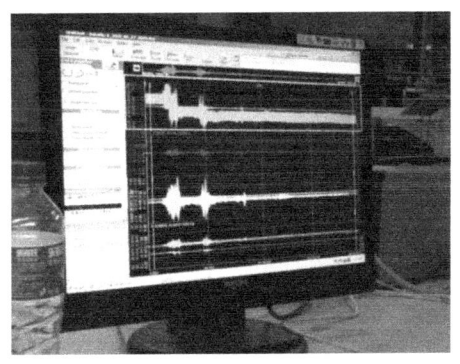

图 3-23 试验过程中的数据采集

3.1.5 试验加载方案

试验施加的地震波包括汶川原波、压缩汶川波、压缩大瑞人工波和压缩 Kobe 波,输入方式包括 x 单向输入,z 单向输入以及 x、z 双向输入。图 3-24~图 3-29 分别给出了这几种地震原波以及按时间压缩比 $C_t=4.76$ 得到的压缩波的加速度时程曲线及其傅氏谱。根据《铁路工程抗震设计规范》(GB 50111-2006),抗震设防 7~9 度对应的地震动加速度峰值 A_{amax} 为 $0.1g$、$0.2g$ 和 $0.4g$,如表 3-7 所示。模型试验加载时地震波加速度峰值调整至铁路规范 7~9 度所对应的抗震设防。另外,从汶川地震灾害现场调查情况来看,铁路路基发生竖向沉陷变形的现象十分普遍,这些震害现象都与竖向地震加速度作用有关,尤其是地震近场区竖向地震加速度的作用更加明显。因此在加载方案设计时应考虑竖向地震动的作用。据已有资料统计[12],一般竖向地震作用为水平地震作用的 1/2~2/3。因此,模型试验双向激励时竖向加速度峰值按水平加速度峰值的 2/3 折减后进行叠加。试验施加的三种地震波分别阐述如下:

(1) 汶川波(2008 年,代号为 WC)。采用单向(代号 WC_X 或 WC_Z)和双向(代号 WC_XZ)输入,时间压缩比为 4.76,水平加速度峰值分别调整为 7~9 度抗震设防对应的 $0.1g$、$0.2g$ 和 $0.4g$,并逐渐增大为 $0.6g$、$0.8g$ 和 $1.0g$。最后一个工况为汶川原波双向激励(代号 WC_XZ-O),水平加速度峰值调整为 $1.0g$。

(2) 大瑞人工合成波(代号为 DR)。根据大瑞线 30 个重点场地的地震安评资料人工合成。采用双向输入(代号 DR_XZ),时间压缩比为 4.76,水平加速度峰值分别调整为 7~9 度抗震设防对应的 0.1g、0.2g 和 0.4g。

(3) Kobe 波(1995 年,代号为 KB),采用双向输入(代号 KB_XZ),时间压缩比为 4.76,水平加速度峰值分别调整为 7~9 度抗震设防对应的 0.1g、0.2g 和 0.4g。

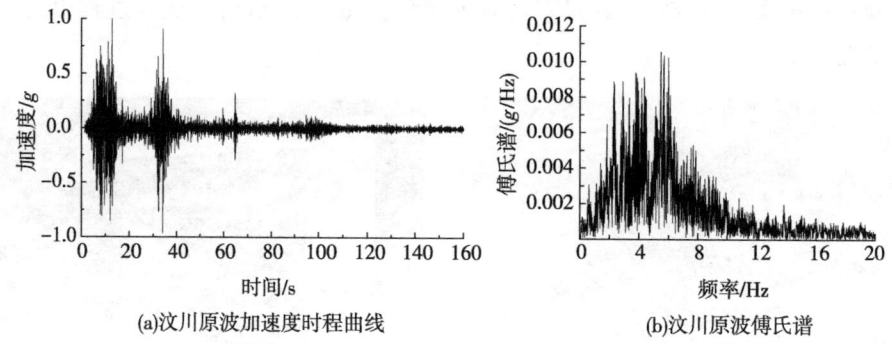

图 3-24　汶川原波加速度时程曲线及其傅氏谱

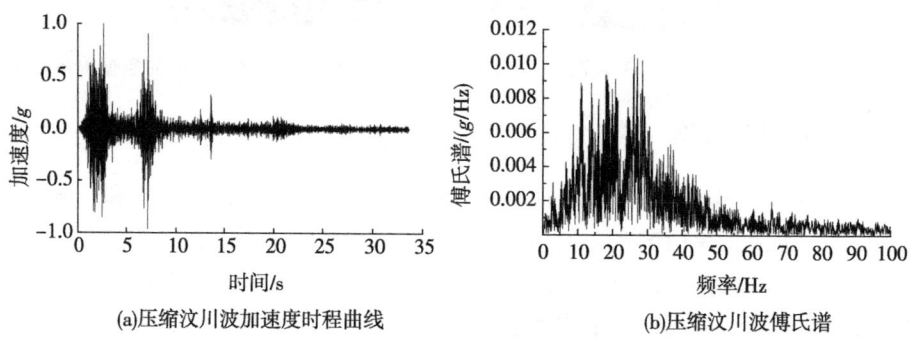

图 3-25　压缩汶川波加速度时程曲线及其傅氏谱

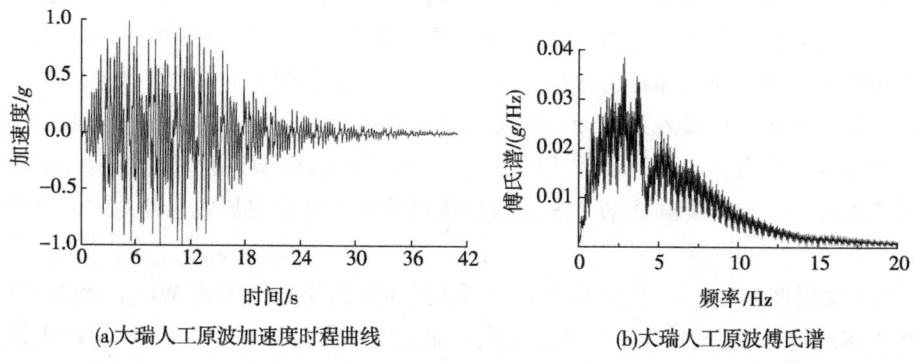

图 3-26　大瑞人工原波加速度时程曲线及其傅氏谱

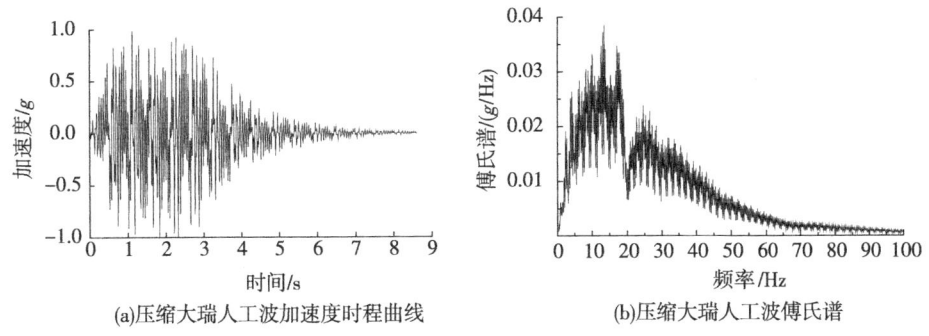

图 3-27 压缩大瑞人工波加速度时程曲线及其傅氏谱

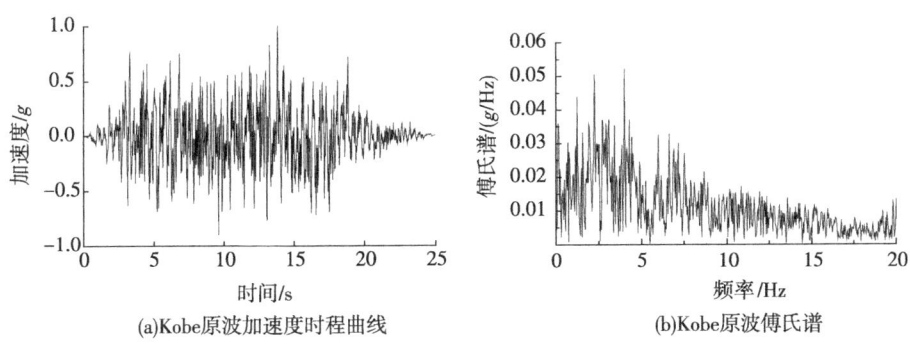

图 3-28 Kobe 原波加速度时程曲线及其傅氏谱

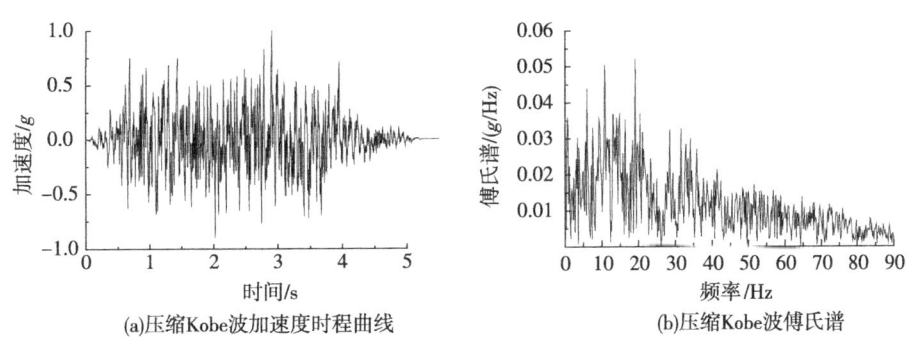

图 3-29 压缩 Kobe 波加速度时程曲线及其傅氏谱

表 3-7 抗震设防烈度和地震动加速度峰值 A_g 对应表

抗震设防烈度	地震动加速度峰值/g
6	0.05
7	0.10(0.15)
8	0.20(0.30)
9	0.40

注：括号内数字对应于设计地震动加速度峰值为 0.15g 和 0.30g 地区，也属 7 度和 8 度区

试验中穿插进行时间长度不小于 48s 的高斯平稳白噪声(代号为 WN,加速度峰值为 $0.03g\sim0.05g$)激励的微振试验,以观察路堤动力特性的变化情况。白噪声均采用双向输入(代号 WN_XZ)。6 组模型试验采用相同的加载制度,如表 3-8 所示。

表 3-8 铁路路堤振动台模型试验加载制度

序号	工况代号	加速度幅值/g			时间压缩比
		x	y	z	
1	WN-1	—	—	—	—
2	WC_X-1	0.1	—	—	4.76
3	WC_Z-1	—	—	0.067	4.76
4	WC_XZ-1	0.1	—	0.067	4.76
5	DR_XZ-1	0.1	—	0.067	4.76
6	KB_XZ-1	0.1	—	0.067	4.76
7	WN-2	—	—	—	—
8	WC_X-2	0.2	—	—	4.76
9	WC_Z-2	—	—	0.133	4.76
10	WC_XZ-2	0.2	—	0.133	4.76
11	DR_XZ-2	0.2	—	0.133	4.76
12	KB_XZ-2	0.2	—	0.133	4.76
13	WN-3	—	—	—	—
14	WC_XZ-3	0.4	—	0.267	4.76
15	WN-4	—	—	—	—
16	DR_XZ-3	0.4	—	0.267	4.76
17	WN-5	—	—	—	—
18	KB_XZ-3	0.4	—	0.267	4.76
19	WN-6	—	—	—	—
20	WC_XZ-4	0.6	—	0.2	4.76
21	WN-7	—	—	—	—
22	WC_XZ-5	0.8	—	0.533	4.76
23	WN-8	—	—	—	—
24	WC_XZ-6	1.0	—	0.667	4.76
25	WN-9	—	—	—	—
26	WC_XZ-O	1.0	—	0.667	1

注:87%压实度的路堤模型只进行了前 25 工况的加载;汶川地震中汶川波最大加速度峰值达到了 1.0g。

3.2 铁路路堤边坡地震动力反应与数值模拟

铁路路堤地震动力反应特性包括加速度响应、动应力响应、动位移响应以及路堤地震残余变形、地震破坏现象等内容。有关震害调查表明，与加速度有关的地震惯性力是引起路堤产生位移、变形和破坏的主要原因。现行抗震规范中普遍使用的拟静力分析法就是以加速度及其分布规律为基础的，同时，目前广泛使用的以 Newmark 刚体位移概念为基础的各种永久变形分析法也是以加速度反应为基础的。因此，铁路路堤加速度反应及其分布规律是评价路堤地震动力反应特性的基本资料。

地震荷载作用下，铁路路堤的动应力响应和动位移响应、残余变形发展规律及其最危险部位，是强震区铁路路基抗震设计存在疑虑的关键问题之一。为此，在缺乏强震区铁路路堤地震反应资料的情况下，通过大型振动台模型试验，研究路堤地震动应力响应、残余变形发展情况，探讨路堤的破坏模型，具有重要的应用价值，也具有重要的理论意义。

本章以95%压实度（路堤本体部分）路堤的振动台试验成果为例，主要内容包括：①测试路堤结构的动力特性参数，分析路堤动力特性变化规律及其影响因素；②研究路堤结构在不同地震波和不同地震动强度激励下的水平和竖向加速度响应、水平和竖向加速度放大倍数分布规律及其影响因素，以及地震波在路堤中的传播特性；③路堤结构动土压力和动位移响应特性；④路堤结构的震陷变形和侧向残余变形特性；⑤以振动台试验模型为原型，采用FLAC3D有限差分软件建立路堤概化模型，对路堤在地震作用下的动力反应特性（主要为加速度响应）作一些尝试性探讨，并将数值模拟结果同试验结果进行比较验证。

3.2.1 铁路路堤动力特性分析

铁路路堤的动力特性包括自振频率、阻尼比以及振型等内容。实际上，这些概念是针对线弹性结构系统而提出来的，在应变较大时，土体材料表现出很强的非线性，在大应变时路堤的动力特性是否稳定、性质如何，是人们关注的问题。通过振动台模型试验，可以确定路堤的动力特性；通过对各工况加载前、后路堤动力特性的测试和比较，可了解路堤受先期振动等因素的影响。本节主要研究路堤坡面上的动力特性及其影响因素。

1. 试验分析理论

1）传递函数法

传递函数是频域分析中极为重要的一个概念。传递函数 $H(i\omega)$ 是频率的函数，为复数，反映了结构的特征，通过它可以了解结构的特征，频域识别方法就是通过传递函数对结构参数进行识别的。

在模型试验中,路堤边坡模型加速度传递函数 $H_a(i\omega)$ 可以通过实测的加速度响应 $Y(t)$ 和台面实测的相应加速度激励 $X(t)$ 计算得到:

$$H_a(i\omega) = \frac{S_{XY}(i\omega)}{S_X(\omega)} \quad (3-21)$$

式中,$S_{XY}(i\omega)$ 为路堤某点实测加速度相应 $Y(t)$ 与相应台面实测加速度激励 $X(t)$ 的互谱密度函数;$S_X(\omega)$ 为台面实测加速度激励 $X(t)$ 的自功率谱密度函数。模型试验中采用幅值法进行模型参数识别。

为评价试验结果的可信性,应同时进行响应和激励的相干函数(或凝聚函数)$\rho_{XY}(\omega)$ 的计算:

$$\rho_{XY}^2(\omega) = \frac{|S_{XY}(i\omega)|^2}{S_X(\omega) S_Y(\omega)} \quad (3-22)$$

式中,$S_Y(\omega)$ 为路堤某点加速度响应的自功率谱。

相干函数的物理意义可说明如下:对于线性体系,假设 $X(t)$、$Y(t)$ 分别为输入和输出,$z(t)$ 为噪声或其他输入对输出 $Y(t)$ 的影响。有

$$S_Z(\omega) = S_Y(\omega)[1 - \rho_{XY}^2(\omega)] \quad (3-23)$$

式中,$S_Z(\omega)$ 为 $Z(t)$ 的自功率谱。

由此可知,当 $\rho_{XY}^2(\omega) = 1$ 时,表示在此频率 ω 处噪声谱 $S_Z(\omega)$ 为零,输出 $S_Y(\omega)$ 完全来自输入 $S_X(\omega)$,即输入与输出完全相关;反之,若 $\rho_{XY}^2(\omega) = 0$,则 $S_Z(\omega) = S_Y(\omega)$,表示在此频率 ω 处输出 $S_Y(\omega)$ 完全来自噪声谱,即输入与输出完全无关。因此,在振动台模型试验中,应保证相关函数接近 1。

2)稳定图法

结构模态参数的时域识别法是指在时间域内识别结构模态参数的方法。时域识别方法有基于离散时间数据的自回归滑动平均模型(ARMA)、特征实现算法(ERA)、自然激励技术(NET)、随机子空间法(SSI)等,其中随机子空间法具有较大的优越性。在随机子空间识别方法中,确定系统的阶数是该方法中的关键工作。稳定图方法是一种比较新颖的确定系统阶次的方法。稳定图法依次假定系统的阶次为从 $n_{\min}$ 到 $n_{\max}$。由于系统的特征值具有两两共轭的特性,所以阶次一定是偶数。从而得到 $(n_{\max} - n_{\min})/2 + 1$ 个结果。然后把所计算的结果绘到二维坐标图中,其中,坐标图的横坐标为频率值,纵坐标为阶次,得到稳定图。两相邻点的频率和阻尼比在容差范围内,则认为是相同的,最后得到各阶模态参数。其基本思路如图 3-30 所示。

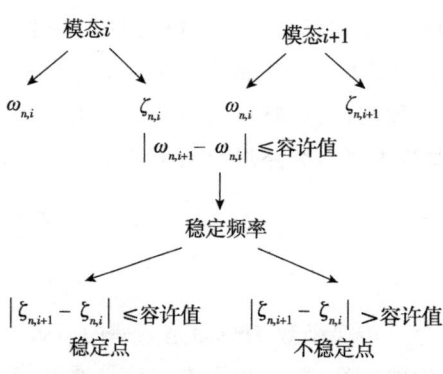

图 3-30 稳定图法基本思路

2. 铁路路堤边坡动力特性试验结果与分析

路堤边坡坡面在白噪声激励下 x 向振动的第一阶模态参数如表 3-9 所示。表 3-9 中将各测点得到的模态参数取平均值作为路堤边坡坡面的模态参数。虽然在同一次白噪声激励下路堤边坡坡面上各测点 x 向振动的第一阶自振频率有所差异,但相差很小,可以认为整个路堤边坡坡面上具有相同的第一阶自振频率,第一阶自振频率在 21.3~23.8Hz。对于阻尼比,试验结果虽然存在一定的离散性,但可以认为是试验和计算误差或其他随机因素所引起的,也认为路堤边坡坡面上存在相同的阻尼比。第一阶阻尼比在 10.8%~14.8%。试验中相应的相干函数值均在 1.0 附近,说明试验结果可靠。另外,本节采用了稳定图法求解路堤边坡坡面的模态参数作为验证,从求解结果来看,两种方法结果接近,试验结果可靠。

表 3-9 路堤边坡坡面各点 x 向振动第一阶模态参数

工况	AH1 频率 f/Hz	AH1 阻尼比 ζ/%	AH2 频率 f/Hz	AH2 阻尼比 ζ/%	AH3 频率 f/Hz	AH3 阻尼比 ζ/%	AH4 频率 f/Hz	AH4 阻尼比 ζ/%	平均值 频率 f/Hz	平均值 阻尼比 ζ/%	稳定图法 频率 f/Hz	稳定图法 阻尼比 ζ/%
WN1	24.0	9.8	24.5	10.5	24.9	11.3	23.1	11.8	24.6	10.8	23.8	10.7
WN2	23.8	11.6	23.9	11.2	24.5	12.1	24.9	11.1	24.3	11.5	24.7	11.4
WN3	23.5	10.1	23.7	12.4	23.7	12.5	24.4	12.2	23.8	11.8	23.9	12.4
WN4	23.3	11.4	23.6	9.3	23.6	13.1	23.8	14.8	23.6	12.1	23.2	13.2
WN5	23.8	10.9	23.4	10.1	23.2	13.3	23.6	13.6	23.5	12.0	22.9	11.3
WN6	23.6	10.4	23.4	12.6	23.2	12.1	23.0	13.6	23.4	12.2	23.3	13.0
WN7	22.3	12.4	22.9	13.6	22.4	13.8	22.9	14.9	22.6	13.8	23.1	13.1
WN8	21.8	12.4	21.4	14.7	22.4	13.7	22.5	14.1	22.2	13.9	22.7	14.2
WN9	20.5	13.8	20.9	13.1	21.9	14.6	22.1	13.7	21.4	14.8	21.3	14.4

图 3-31 为路堤边坡坡面在不同白噪声工况激励下 x 向振动第一阶振型的试验结果。图中横坐标为路堤边坡坡面上各控制点第一阶振型的归一化坐标值 Φ_x。可以看出,在不同白噪声激励下路堤边坡坡面第一阶振型形状大致相同。

路堤边坡坡面各点在白噪声激励下 x 向振动第二阶模态参数如表 3-10 所示。第二阶模态与测点位置有关,在

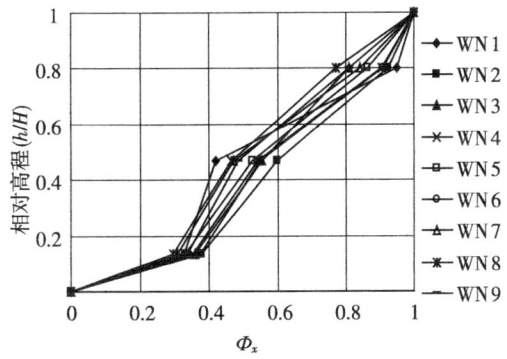

图 3-31 路堤边坡坡面 x 向振动第一阶振型

靠近顶面的测点并没有激起显著的第二阶模态。经过较强的先期振动之后,二阶模态优势有所加强。从二阶模态参数试验结果来看,同一白噪声激励下路堤边坡坡面上各点第二阶自振频率也相差不大,且与稳定图法得到的结果比较接近,路堤边坡面上第二阶自振频率在 44.1~53.5Hz;第二阶阻尼比在 6.1%~10.6%。

表 3-10　路堤边坡坡面各点 x 向振动第二阶模态参数

工况	AH1		AH2		AH3		AH4		平均值		稳定图法	
	频率 f/Hz	阻尼比 ζ/%	频率 f/Hz	阻尼比 ζ/%	频率 f/Hz	阻尼比 ζ/%	频率 f/Hz	阻尼比 ζ/%	频率 f/Hz	阻尼比 ζ/%	频率 f/Hz	阻尼比 ζ/%
WN1	52.9	6.9	51.2	3.5	—	—	—	—	52.0	6.2	53.5	6.1
WN2	49.1	3.9	50.5	6.6	50.5	8.4	—	—	50.1	7.0	49.9	7.5
WN3	48.5	7.1	49.1	6.8	—	—	—	—	48.8	7.0	48.7	7.7
WN4	47.9	7.1	48.5	7.4	—	—	—	—	48.2	7.3	47.9	3.6
WN5	46.8	7.5	48.7	7.5	48.9	7.6	—	—	48.1	7.5	47.5	6.2
WN6	47.4	7.6	48.3	7.3	48.0	7.9	48.5	—	48.0	7.6	47.2	7.9
WN7	43.6	8.1	46.3	8.2	47.4	9.4	—	—	46.4	6.4	46.8	9.0
WN8	44.1	8.8	46.3	8.9	44.9	11.1	43.2	9.2	44.9	9.5	46.0	8.0
WN9	43.8	9.5	44.3	10.2	44.0	12.2	44.2	10.4	44.1	10.6	43.2	9.5

注:"—"表示模态不明显或试验结果不可靠

路堤边坡坡面上各测点在白噪声激励下 z 向振动第一阶模态参数测试结果如表 3-11 所示。当路堤边坡经历强度较小的地震动激励后,路堤边坡坡面第一阶自振频率有所增大,当地震动加速度峰值达到一定大小(如 $A_{x\max}=0.4g$)后,随着地震动强度增大,自振频率却随之变小,z 向振动的第一阶自振频率在 39.2~47.0Hz。z 向振动的第一阶阻尼比经历了由大到小,又由小到大的变化规律。这可能是因为路堤

表 3-11　路堤边坡坡面 z 向振动第一阶模态参数

工况	AV1		AV2		AV3		AV4		平均值		稳定图法	
	频率 f/Hz	阻尼比 ζ/%	频率 f/Hz	阻尼比 ζ/%	频率 f/Hz	阻尼比 ζ/%	频率 f/Hz	阻尼比 ζ/%	频率 f/Hz	阻尼比 ζ/%	频率 f/Hz	阻尼比 ζ/%
WN1	42.9	7.7	44.6	6.6	41.7	6.8	44.9	7.9	43.5	7.2	43.3	7.8
WN2	43.0	6.0	44.4	3.3	42.8	6.0	43.5	7.8	43.9	6.2	42.1	3.3
WN3	43.8	6.1	44.6	6.2	43.4	6.5	43.9	3.7	44.4	6.1	44.9	6.6
WN4	43.2	3.6	46.2	7.0	44.7	3.9	43.7	6.8	43.6	6.3	43.2	6.1
WN5	43.1	6.6	46.4	6.2	43.0	6.6	43.6	6.1	43.5	6.4	47.0	6.9
WN6	43.4	6.9	42.7	7.5	42.6	7.6	44.9	6.9	43.4	7.2	44.9	7.6
WN7	42.4	8.3	42.4	7.9	42.3	8.9	44.4	10.2	42.9	8.8	42.3	7.8
WN8	41.4	11.1	41.3	9.4	41.4	9.4	42.7	11.0	41.7	10.2	40.8	8.8
WN9	40.4	10.9	40.1	11.4	41.5	12.5	41.7	13.5	40.9	12.1	39.2	11.3

边坡填土不够密实,在经历了先期的地震动激励后填土趋于密实,土体阻尼比较小;而当地震动峰值达到一定值后,土体在较大的地震动作用下会变得松散,阻尼比增大,自振频率减小。

路堤边坡坡面上各点 z 向振动第二阶模态不显著。

参照振动台试验的加载制度(表3-8),从表3-9~表3-11可以看出,路堤边坡的自振频率和阻尼比与先期振动历史密切相关。图3-32给出了路堤边坡坡面上的模态参数在不同白噪声加载工况激励下的变化情况(每组试验各进行了9个白噪声工况激励,如表3-8所示)。可以看出,先期振动使得路堤边坡自振频率降低,阻尼比增大。先期振动的影响和先期振动的强度有关,先期振动强度越大,其影响也越大。当施加先期振动后再施加同样加速度峰值的地震动激励,后期振动引起路堤边坡自振频率降低不明显;当经过比先期振动更大强度的振动后,还会引起自振频率的进一步下降和阻尼比的进一步增大。例如,对于路堤边坡坡面 x 向振动的第一阶模态参数,在分别经历工况WC_XZ-3、DR_XZ-3和KB_XZ-3(水平加速度峰值均为0.4g)后,第一阶自振频率分别变化为23.6Hz、23.5Hz和23.4Hz,第一阶阻尼比分别变化为12.1%、12.0%和12.2%,自振频率和阻尼比变化均不明显;但当路堤边坡经过了工况WC_XZ-4(水平加速度峰值为0.6g)后,第一阶自振频率降低为22.6Hz,第一阶阻尼比增大为13.8%。

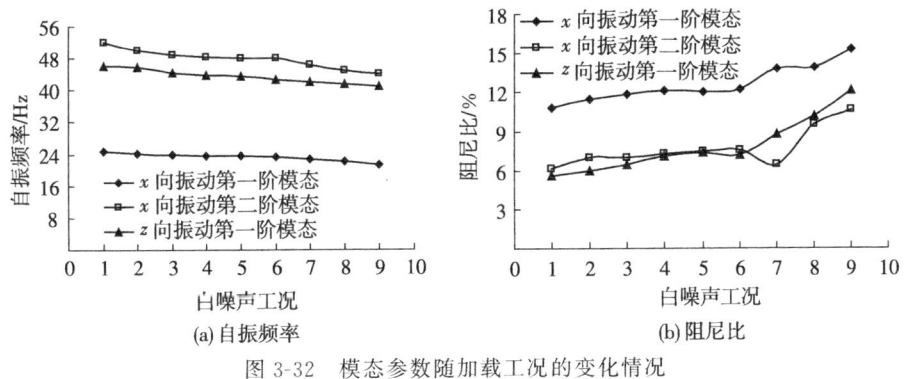

图3-32 模态参数随加载工况的变化情况

从表3-9~表3-11中还可以看出,在同一白噪声激励下,路堤边坡坡面上不同测点位置的模态参数有所差异(在进行路堤边坡坡面动力特性数据处理时认为这种差异很小,坡面具有相同的模态参数)。在靠近路堤边坡顶面测点的自振频率略大于其他测点位置。这主要与路堤边坡顶面的级配碎石板的约束有关,级配碎石板对上部土体产生一定的环箍约束作用,导致靠近模型顶面测点自振频率偏大。由此可见,路堤边坡动力特性与端部约束条件有关。

此外,影响路堤边坡动力特性的因素还包括台面地震动激励强度、激励的频谱特性、模型尺寸、多向输入等因素。刘小生等[5]在研究面板坝模型的动力特性时指出,无论 x 向还是 z 向输入地震动激励,都有自振频率 f 随地震动激励加速度峰值 A_{max}

增大而减小,阻尼比 ζ 随 A_{max} 增大而增大的规律。$f \sim A_{max}$ 和 $\zeta \sim A_{max}$ 的关系可表示成如下形式:

$$f = A + B\ln A_{max} \tag{3-24}$$

$$\zeta = a \cdot e^{b \cdot A_{max}} \tag{3-25}$$

式中,A、B、a 和 b 为试验参数。

关于地震动激励多向输入对坝体动力特性的影响,刘小生等[5]指出,单向输入得到的自振频率大于多向输入。

3.2.2 铁路路堤边坡地震动力反应特性

1.水平加速度反应

路堤边坡加速度传感器测点位置布置情况及其编号如图 3-15 所示。试验输入的地震动包括汶川原波、压缩汶川波、压缩大瑞人工波以及压缩 Kobe 波,输入的方向包括 x 单向、z 单向,以及 x、z 双向输入等几种方式,如表 3-8 所示。从地震波的加速度时程曲线和频谱特性曲线(图 3-26～图 3-29)可以看出:汶川原波的卓越频段为 2～9Hz;压缩汶川波的卓越频段主要集中在 10～30Hz,其次为 30～50Hz;压缩大瑞人工波的卓越频段为 4～19Hz 和 20～40Hz,主要集中在 14Hz 左右;压缩 Kobe 波能量集中的频段较宽,其卓越频段主要集中在 1～22Hz,其次集中在 29～50Hz。

1) 混凝土基岩对水平加速度的影响

表 3-12 比较了各种加载工况下台面(AHO1 测点)和混凝土基岩(AHO2 测点)的实测水平加速度峰值情况。可以看出:一方面,台面实测水平加速度峰值与设计加速度峰值基本吻合,试验可靠;另一方面,混凝土基岩对水平加速度存在一定的放大效应。因此,下文进行路堤边坡水平加速度放大倍数计算时,均参照混凝土基岩的水平加速度峰值。

表 3-12 台面和混凝土基岩实测水平加速度峰值比较

工况代号	时间压缩	设计加速度		台面			混凝土基岩		
		x	z	最大值	最小值	变化幅值	最大值	最小值	变化幅值
WCX-1	4.76	0.1	—	0.101	−0.090	0.191	0.108	−0.083	0.192
WCXZ-1	4.76	0.1	0.067	0.099	−0.086	0.186	0.106	−0.086	0.192
DRXZ-1	4.76	0.1	0.067	0.094	−0.099	0.193	0.097	−0.103	0.200
KBXZ-1	4.76	0.1	0.067	0.092	−0.095	0.187	0.107	−0.092	0.198
WCX-2	4.76	0.2	—	0.211	−0.160	0.371	0.226	−0.158	0.384
WCXZ-2	4.76	0.2	0.133	0.210	−0.162	0.373	0.227	−0.156	0.383
DRXZ-2	4.76	0.2	0.133	0.197	−0.191	0.387	0.206	−0.200	0.406
KBXZ-2	4.76	0.2	0.133	0.197	−0.174	0.371	0.198	−0.187	0.386
WCXZ-3	4.76	0.4	0.267	0.421	−0.417	0.837	0.431	−0.398	0.829

续表

工况代号	时间压缩	设计加速度		台面			混凝土基岩		
		x	z	最大值	最小值	变化幅值	最大值	最小值	变化幅值
DRXZ-3	4.76	0.4	0.267	0.400	−0.408	0.808	0.426	−0.426	0.852
KBXZ-3	4.76	0.4	0.267	0.384	−0.367	0.750	0.422	−0.392	0.814
WCXZ-4	4.76	0.6	0.4	0.659	−0.634	1.293	0.693	−0.619	1.311
WCXZ-5	4.76	0.8	0.533	0.843	−0.803	1.647	0.888	−0.820	1.708
WCXZ-6	4.76	1.0	0.667	0.975	−0.965	1.940	1.292	−1.247	2.539
WCXZ-O	1	1.0	0.667	1.073	−0.949	2.021	0.987	−0.941	1.928

图 3-33 给出压缩汶川波 x、z 双向激励（$A_{x\max}=0.2g$）下台面与混凝土基岩实测水平加速度时程曲线及其傅氏谱。从中可以看出，混凝土基岩对水平加速度高频频段存在一定的滤波作用，但影响不显著。

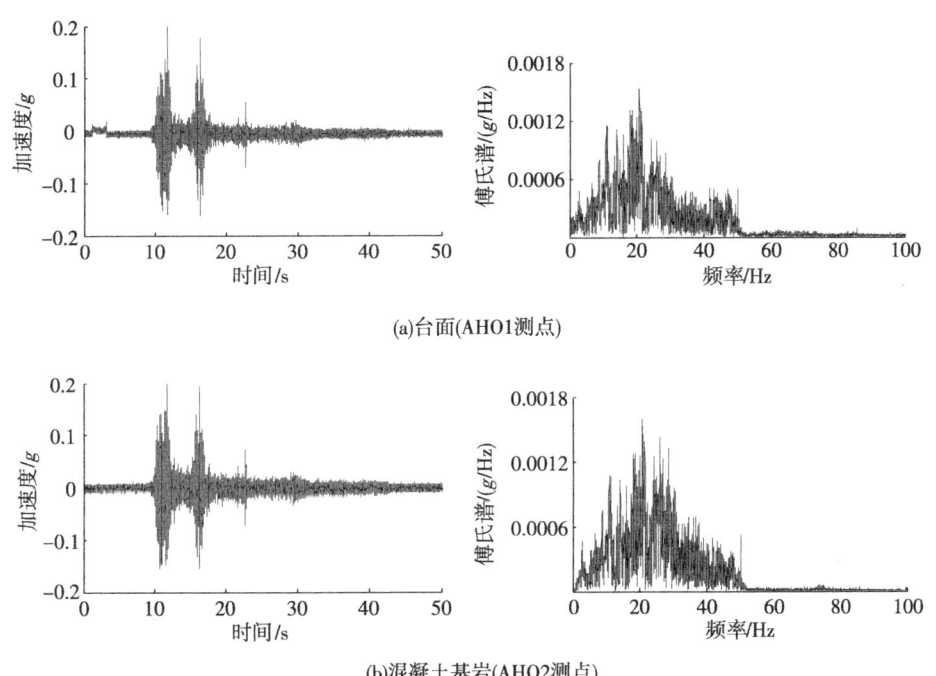

(a)台面(AHO1测点)

(b)混凝土基岩(AHO2测点)

图 3-33 压缩汶川波双向激励下台面与混凝土基岩实测水平加速度时程曲线及其傅氏谱

2）水平加速度放大倍数分布规律

图 3-34～图 3-36 分别为路堤边坡在压缩汶川波、压缩大瑞人工波以及压缩 Kobe 波 x、z 双向激励下路堤边坡坡面和中截面处的水平加速度放大倍数分布情况。图 3-37～图 3-39 分别给出了路堤边坡坡面和中截面处各测点在不同地震波激励下水平加速度放大倍数与台面水平加速度峰值的关系。从中可以得出如下结论：

（1）路堤边坡对输入的台面激励水平加速度具有明显的放大效应。沿路堤边坡高度方向，水平加速度放大倍数逐渐增大，最大值发生在路堤边坡的顶部。随着台面激励加速度峰值 A_{xmax} 的增大，水平加速度放大倍数的分布形状发生改变。

（2）路堤边坡坡面和中截面各个测点均表现为水平加速度放大倍数随着台面激励加速度峰值 A_{xmax} 增大而逐渐减小的趋势。各测点水平加速度放大倍数 RATIO 随 A_{xmax} 增大而减小的关系大致可以采用如下函数式来拟合：

$$\text{RATIO} = A + B\ln(A_{xmax}) \quad (3\text{-}26)$$

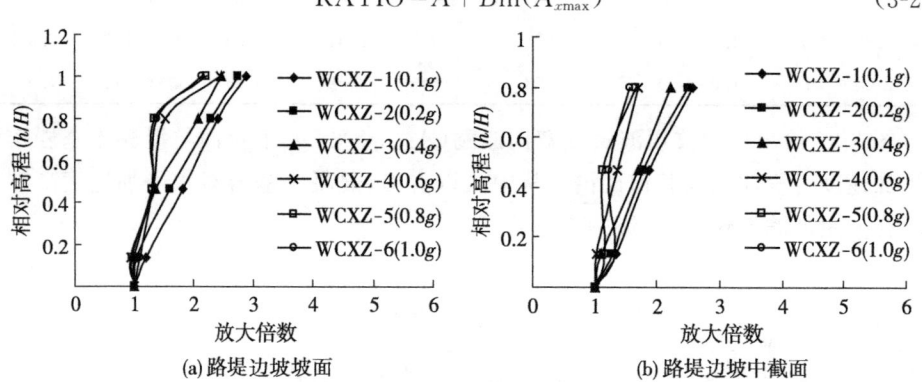

图 3-34　压缩汶川波双向激励下路堤边坡水平加速度放大系数分布情况

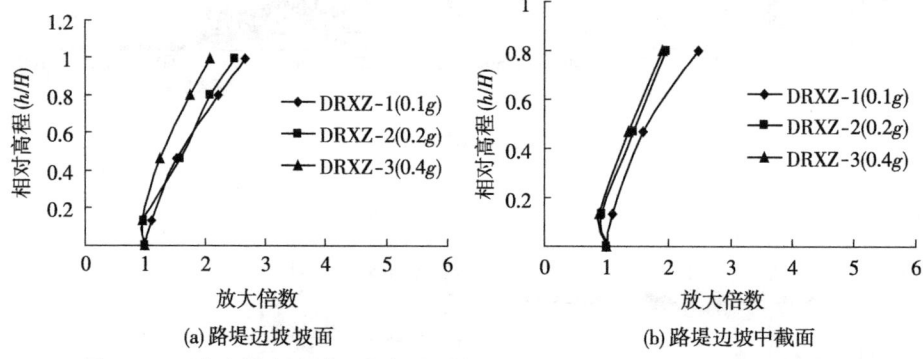

图 3-35　压缩大瑞人工波双向激励下路堤边坡水平加速度放大系数分布情况

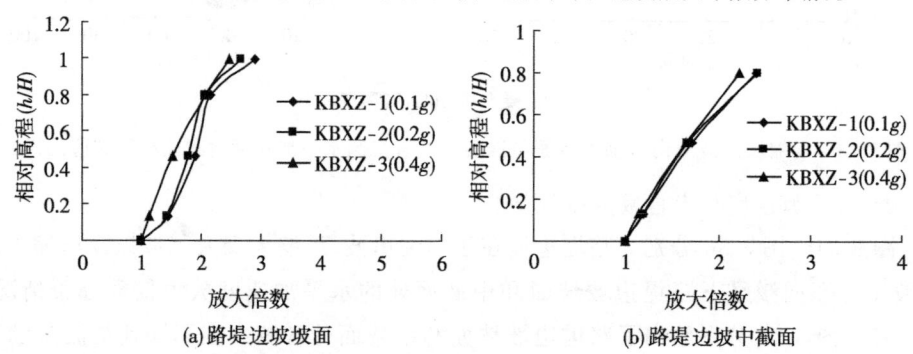

图 3-36　压缩 Kobe 波双向激励下路堤边坡水平加速度放大系数分布情况

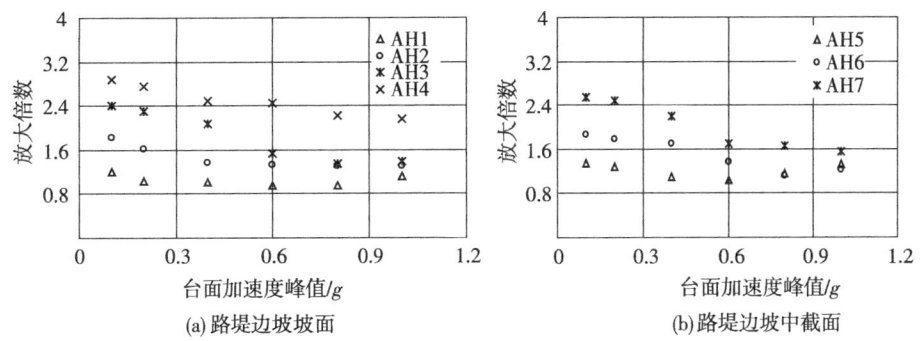

图 3-37 压缩汶川波双向激励下路堤各测点水平加速度放大倍数与台面水平加速度峰值关系

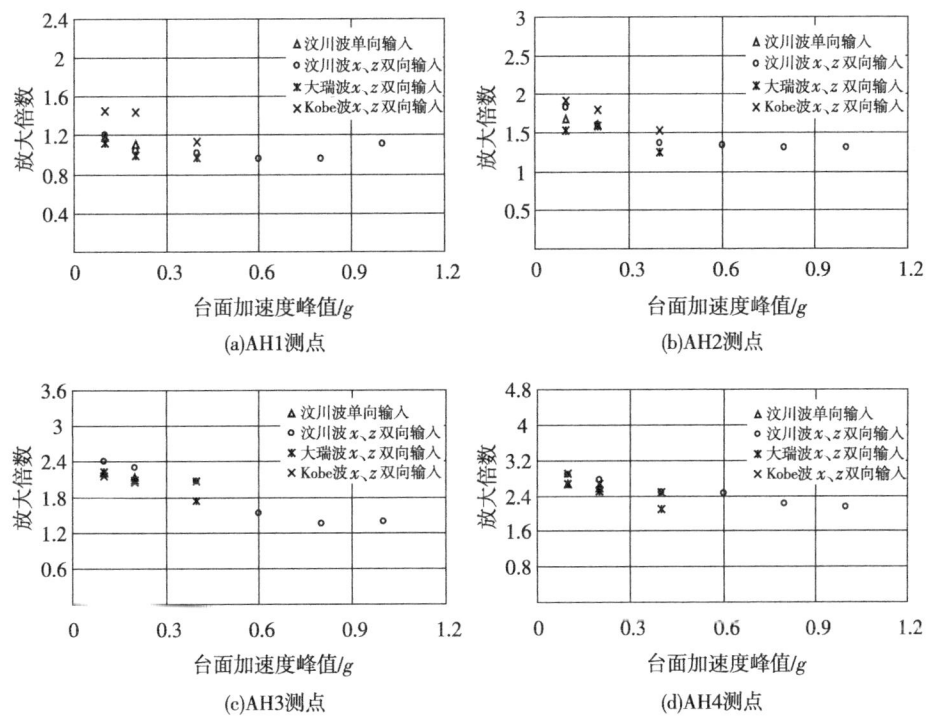

图 3-38 不同地震波激励下路堤边坡坡面各测点水平加速度
放大倍数与台面水平加速度峰值关系

图 3-40 和图 3-41 分别给出了压缩汶川波 x、z 双向激励下路堤边坡坡面和中截面各测点水平加速度放大倍数与台面水平加速度峰值按式(3-26)的拟合曲线,各测点的拟合参数 A、B 列于表 3-13。水平加速度放大倍数 RATIO 随 A_{xmax} 增大而减小的现象可以从路堤填料的非线性、土体的阻尼特性来加以解释。随着 A_{xmax} 的增大,土的剪应变和阻尼比逐渐增大,土体的剪切模量降低,土体表现出明显的非线性特性,土层的滤波作用也将随之增强,这使得水平加速度放大倍数呈现出递减的趋势。

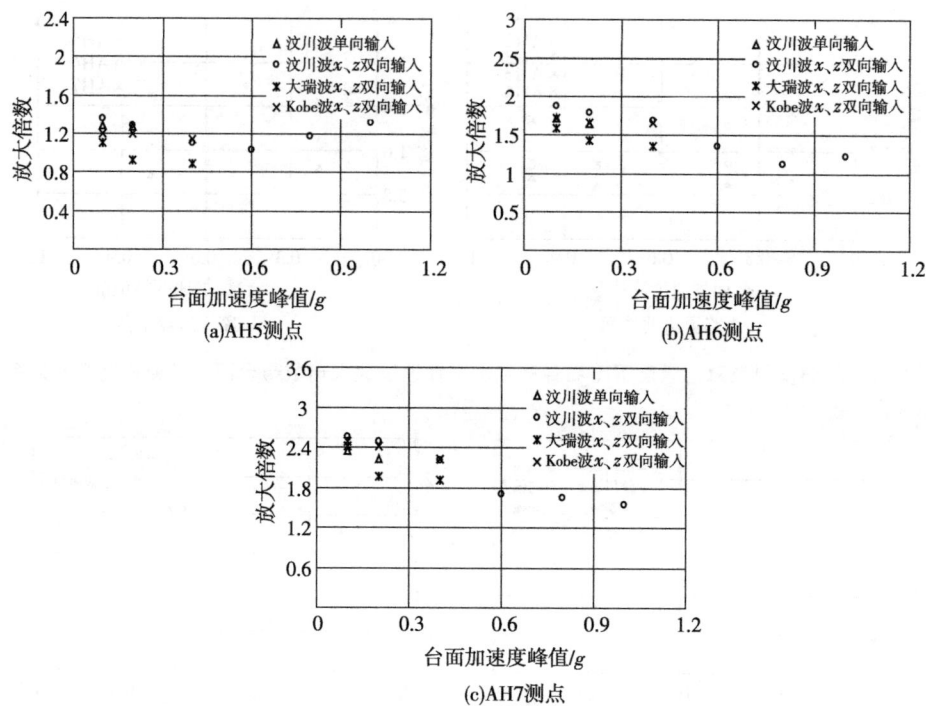

图 3-39 不同地震波激励路堤边坡中截面测点水平加速度放大倍数与台面水平加速度峰值关系

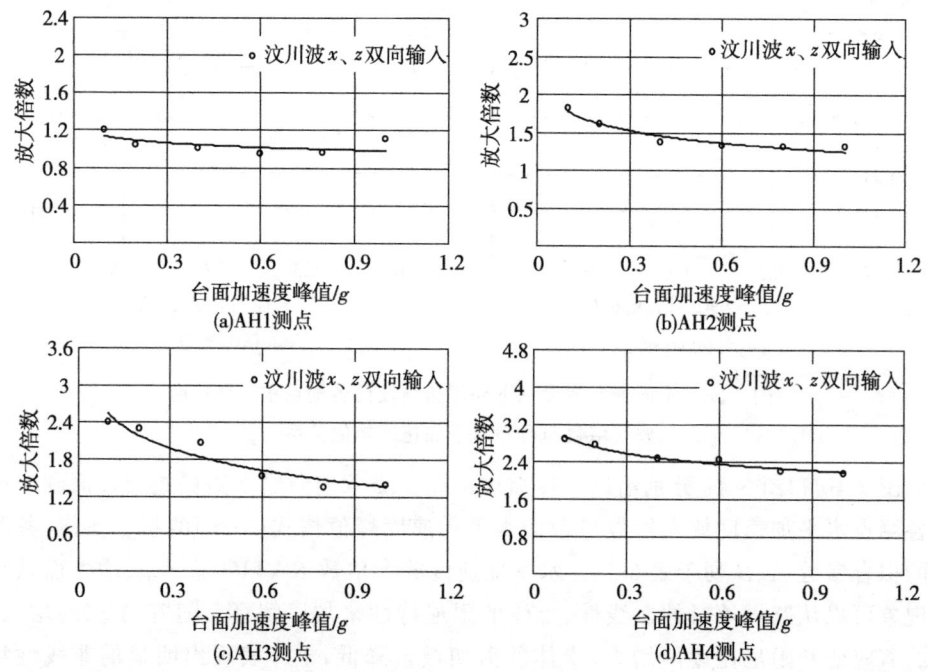

图 3-40 压缩汶川波双向激励路堤边坡坡面各测点水平加速度放大倍数与台面水平加速度峰值关系

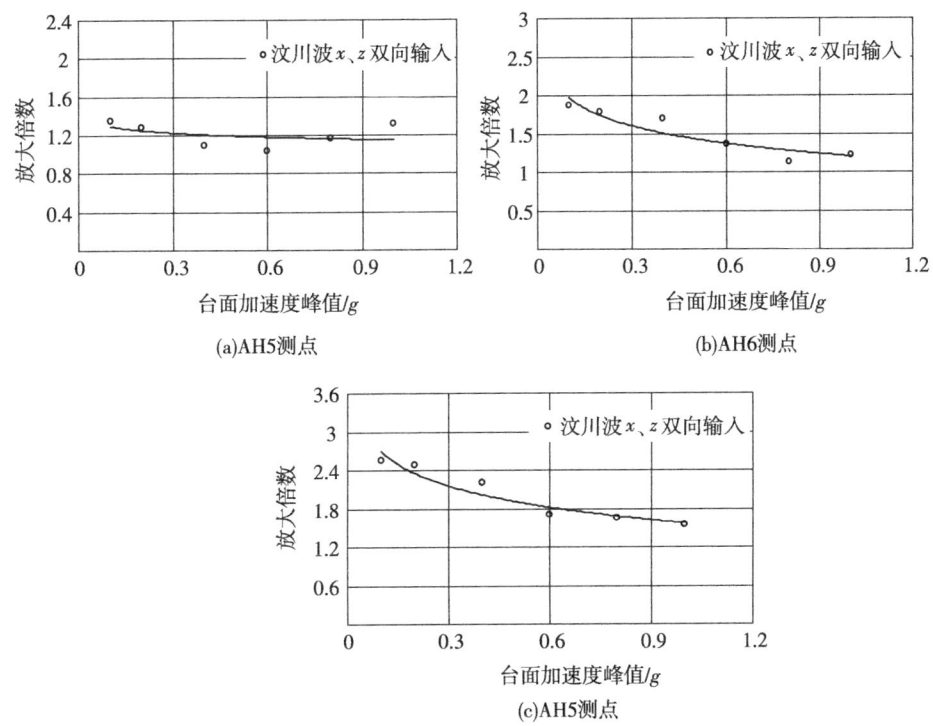

图 3-41 压缩汶川波双向激励路堤边坡中截面测点水平加速度
放大倍数与台面水平加速度峰值关系

表 3-13 路堤边坡各测点水平加速度放大倍数拟合参数

系数 \ 测点	坡面测点				中截面测点		
	AH1	AH2	AH3	AH4	AH5	AH6	AH7
A	0.988	1.246	1.367	2.190	1.150	1.203	1.575
B	−0.066	−0.230	−0.511	−0.324	−0.063	−0.331	−0.485

拟合参数 B 绝对值的大小反映了各测点水平加速度放大倍数随 A_{xmax} 增大而减小的快慢。可以看出，台面激励加速度峰值 A_{xmax} 对水平加速度放大倍数影响的显著性与测点位置有关，在路堤边坡坡面中部位置测点的水平加速度放大倍数的减幅高于路堤边坡坡面底部和顶部测点。例如，在压缩汶川波 x、z 双向激励下，当台面激励水平加速度峰值 A_{xmax} 由 0.1g 增大到 1.0g 时，路堤边坡中截面处 AH7 测点（距混凝土基岩表面 1.2m）加速度放大倍数由 2.56 下降至 1.55，而 AH5 测点（距混凝土基岩表面 0.2m）加速度放大倍数仅由 1.35 下降到 1.32。这与路堤边坡的端部约束等因素有关。

(3) 不同地震动激励下路堤边坡的水平加速度放大倍数差异明显。例如，在压缩汶川波 x、z 双向激励下（$A_{xmax}=0.4g$）路堤边坡坡面的水平加速度放大倍数为

$1.01\sim2.48$,压缩大瑞人工波 x、z 双向激励下($A_{x\max}=0.4g$)为 $0.97\sim2.09$,压缩 Kobe 波 x、z 双向激励下($A_{x\max}=0.4g$)为 $1.44\sim2.68$。这种现象大致可以从地震波的频谱特性来解释。从路堤边坡坡面动力特性测试结果可以看出,路堤边坡坡面 x 向振动的第一阶自振频率为 $21\sim26\text{Hz}$,第二阶自振频率为 $44\sim55\text{Hz}$;压缩汶川波、压缩大瑞人工波以及压缩 Kobe 波的显著频段均已覆盖了路堤边坡模型的第一阶自振频率,尤其是压缩 Kobe 波最主要的频段正好覆盖了路堤边坡模型的第一阶自振频率。此外,压缩汶川波和压缩 Kobe 波显著频段也部分地与路堤边坡坡面的第二阶自振频率重叠。当台面地震动激励的主要频段与结构自振频率接近时,结构会发生类共振现象。这也就很好地解释了压缩 Kobe 波激励下路堤边坡坡面各测点加速度放大倍数最大,压缩汶川波激励下次之,压缩大瑞人工波激励下最小的现象。

3) 地震波在路堤边坡中的传播

台面输入的地震波沿着路堤边坡向上传播时,由于土体材料及路堤边坡坡面临空面等因素的影响,路堤边坡中各点的加速度反应时程与台面输入的加速度时程并不一致。这种不同主要表现在如下三个方面:

(1) 路堤边坡各点的地震动强度与台面输入的地震动强度不同,如前所述,路堤边坡各测点对水平加速度产生了明显的放大效应。

(2) 由于路堤边坡坡面等临空面对输入地震动的反射作用,会产生大量的不同方向和不同类型的反射波。由弹性波散射理论可知,基底垂直入射的 SV 波传播到路堤边坡坡面时将产生波场的分裂现象,分解为同类型的反射 SV 波和新的反射 P 波(压缩波),而 P 波经反射也可能产生新的 P 波和 SV 波,各种类型的波相互叠加形成复杂的地震波场。图 3-42 给出了压缩汶川波 x 单向激励下(WCX-2 工况,$A_{x\max}=0.2g$)路堤边坡 AV7 测点竖向加速度时程曲线及其傅氏谱,可以看到 AV7 测点的竖向加速度峰值达到了 $0.157g$,达到了台面输入的水平加速度峰值的 78.5%,这也充分地说明了这一现象。

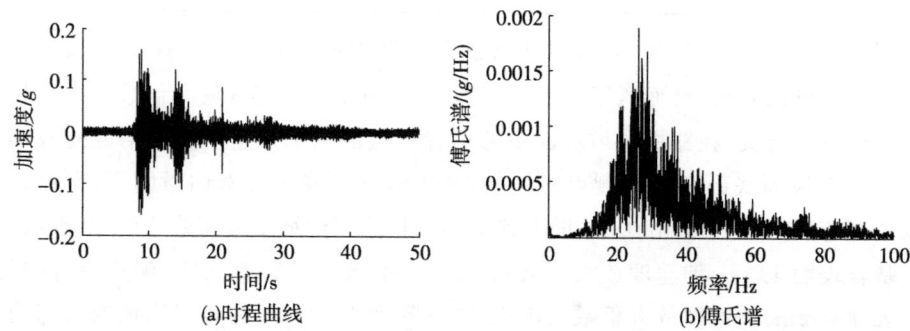

图 3-42 压缩汶川波 x 单向激励下路堤边坡 AV7 测点竖向加速度时程曲线及其傅氏谱

(3) 路堤边坡中各测点地震动所包含的频谱成分与输入的地震动存在明显的差异。台面输入的地震波经过路堤边坡土体传播后,其频谱特性会发生明显的变化。

图 3-43 给出了压缩汶川波 x、z 双向激励下（WC_XZ-3 工况，$A_{x\max}=0.4g$）路堤边坡坡面各测点水平加速度时程曲线及其傅氏谱。台面输入的压缩汶川波加速度卓越频段为 10～30Hz，混凝土基岩及路堤边坡坡面上 AH1 和 AH2 测点的加速度卓越频率集中在 10～30Hz 和 40～50Hz 两个频段，与路堤边坡坡面的第一阶和第二阶自振频率相对应；AH3 和 AH4 测点加速度卓越频率主要集中在 10～30Hz，与模型第一阶自振频率相对应。由此可见，一方面，由于土体材料阻尼的存在，能吸收一部分地震波的能量，对高频段的地震波存在滤波作用；另一方面，土体能对地震波某些低频段的能量加以放大，在靠近土体自振频率的能量较其他频段显著增加。

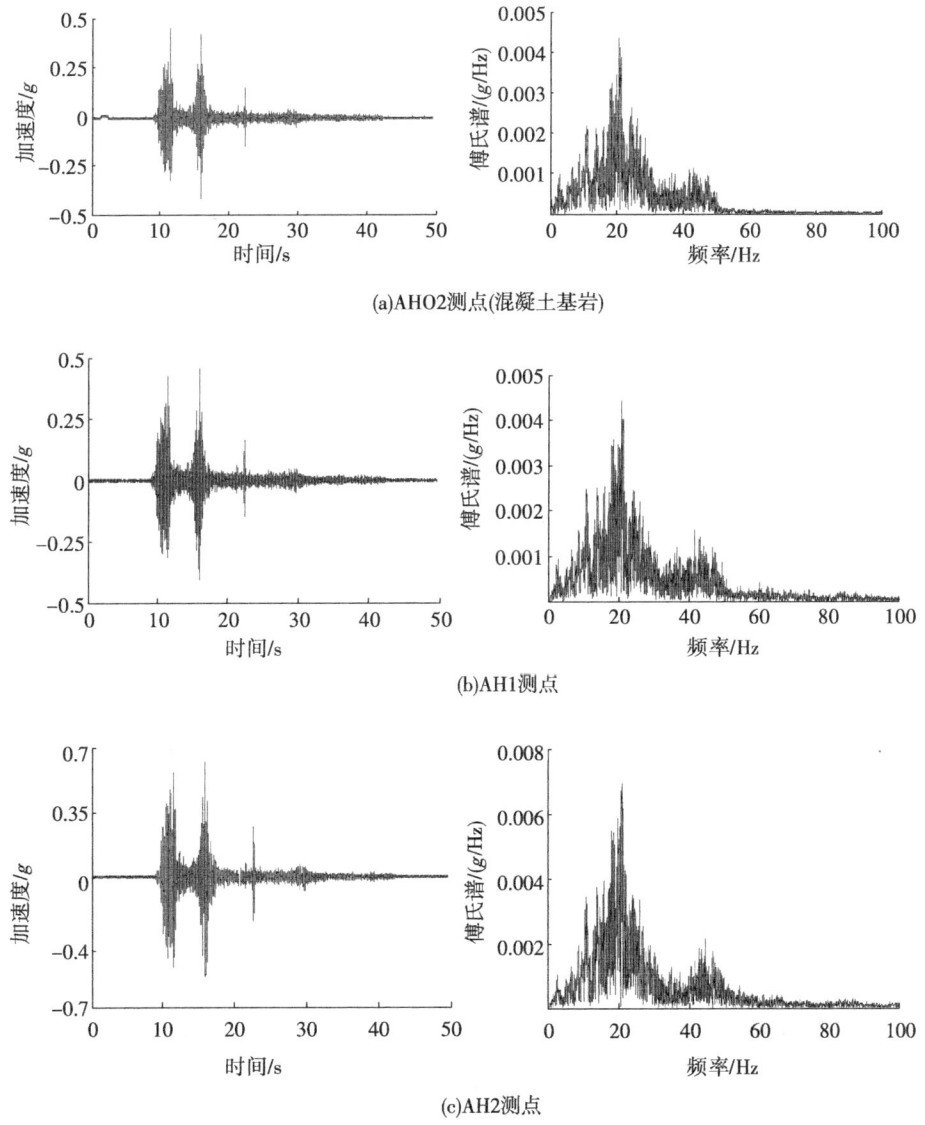

(a) AH02 测点（混凝土基岩）

(b) AH1 测点

(c) AH2 测点

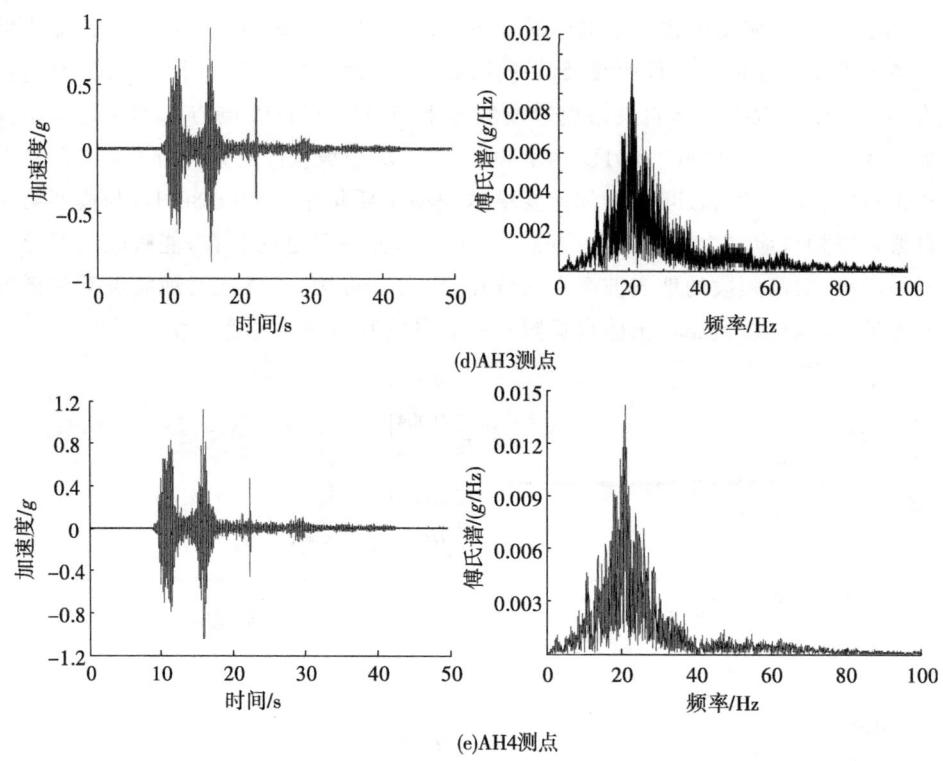

图 3-43 压缩汶川波双向激励下路堤边坡坡面各测点水平加速度时程曲线及其傅氏谱

4) 多向输入对水平加速度反应的影响

图 3-44 比较了分别在压缩汶川波 x 单向激励和 x、z 双向激励下路堤边坡坡面和中截面处水平加速度放大倍数的分布情况。可以看出,双向激励下的水平加速度放大倍数大于单向激励,但两者相差不大。例如,在 WC_X-2($A_{x\max}=0.2g$)工况下路堤边坡坡面加速度放大倍数为 1~2.57,在 WC_XZ-2($A_{x\max}=0.2g$)工况下路堤坡面水平加速度放大倍数仅增大为 1~2.76。

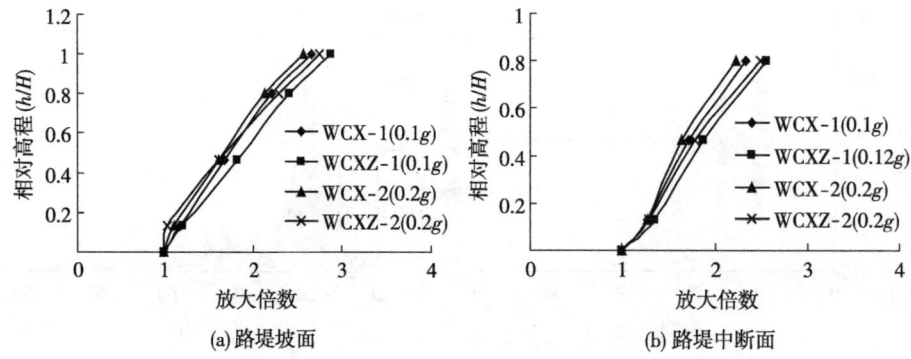

图 3-44 压缩汶川波 x 单向和 x、z 双向激励下路堤边坡水平加速度放大倍数分布情况

5) 时间压缩比对加速度反应的影响

图 3-45 为压缩汶川波($C_t = 4.76, A_{xmax} = 1.0g$)与汶川原波($C_t = 1, A_{xmax} = 1.0g$)$x$、$z$ 双向激励下路堤边坡坡面和中断面处水平加速度放大倍数的分布情况。从图中可以看出,压缩汶川波双向激励下引起的地震反应明显强于汶川原波双向激励。在汶川原波双向激励下,靠近混凝土基岩处的测点甚至出现了水平加速度放大倍数小于 1 的现象。对两种输入波进行频谱分析可以发现,汶川原波的卓越频段为 2~9Hz,其卓越频段较窄,且远离路堤边坡自振频率;而压缩汶川波的卓越频段为 10~45Hz,基本覆盖了路堤边坡前两阶自振频率。当台面地震动激励的主要频段与自振频率接近时,结构会发生类共振现象,这也很好地解释了压缩汶川波能产生更大地震反应现象。

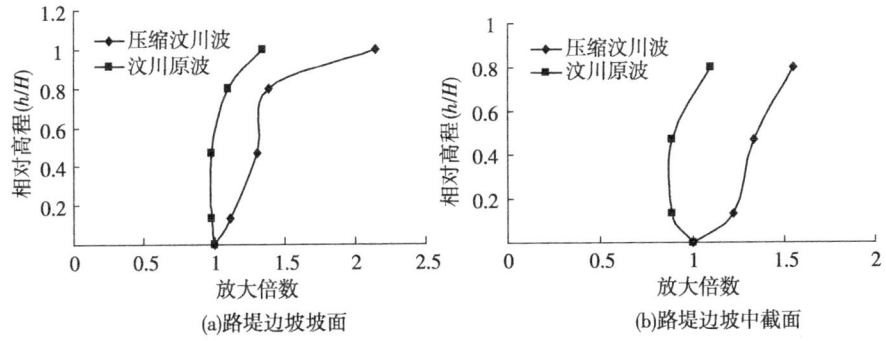

图 3-45 压缩汶川波与汶川原波双向激励下路堤边坡水平加速度放大倍数分布情况

2. 竖向加速度反应

1) 混凝土基岩对竖向加速度的影响

混凝土基岩对台面竖向加速度具有放大效应。表 3-14 对比了台面(AVO1 测点)和混凝土基岩(AVO2 测点)实测竖向加速度峰值情况。混凝土基岩对竖向加速度最大值(正值)的放大倍数为 0.82~1.67,最小值(负值)的放大倍数为 1.07~1.59。下文在进行竖向加速度放大倍数计算时均相对于混凝土基岩实测竖向加速度正峰值。

表 3-14 台面和混凝土基岩实测竖向加速度峰值比较

工况代号	时间压缩比	设计加速度峰值		台面			混凝土基岩		
		x	z	最大值	最小值	变化幅值	最大值	最小值	变化幅值
WC_Z-1	4.76	—	0.07	0.074	−0.061	0.135	0.086	−0.097	0.182
WC_XZ-1	4.76	0.1	0.07	0.075	−0.073	0.149	0.106	−0.102	0.208
DR_XZ-1	4.76	0.1	0.07	0.084	−0.082	0.166	0.088	−0.104	0.191
KB_XZ-1	4.76	0.1	0.07	0.085	−0.072	0.157	0.095	−0.089	0.183
WC_Z-2	4.76	—	0.13	0.146	−0.097	0.243	0.119	−0.130	0.249
WC_XZ-2	4.76	0.2	0.13	0.157	−0.131	0.288	0.183	−0.190	0.373

续表

工况代号	时间压缩比	设计加速度峰值		台面			混凝土基岩		
		x	z	最大值	最小值	变化幅值	最大值	最小值	变化幅值
DR_XZ-2	4.76	0.2	0.13	0.142	−0.135	0.277	0.156	−0.174	0.330
KB_XZ-2	4.76	0.2	0.13	0.139	−0.117	0.256	0.166	−0.152	0.318
WC_XZ-3	4.76	0.4	0.27	0.248	−0.286	0.533	0.327	−0.305	0.631
DR_XZ-3	4.76	0.4	0.27	0.298	−0.248	0.546	0.312	−0.312	0.623
KB_XZ-3	4.76	0.4	0.27	0.265	−0.237	0.503	0.282	−0.265	0.547
WC_XZ-4	4.76	0.6	0.40	0.276	−0.322	0.598	0.462	−0.510	0.972
WC_XZ-5	4.76	0.8	0.53	0.502	−0.540	1.042	0.602	−0.718	1.319
WC_XZ-6	4.76	1.0	0.67	0.615	−0.709	1.324	0.724	−0.880	1.604
WC_XZ-O	1	1.0	0.67	0.778	−0.803	1.581	0.974	−1.077	2.050

对比台面和混凝土基岩表面实测竖向加速度时程曲线及其傅氏谱可以发现，混凝土基岩不仅对竖向加速度具有一定的放大效应，而且使加速度频谱特性发生了变化，如图 3-46 所示（$A_{zmax}=0.27g$），竖向加速度的显著频段由 20Hz 左右变化为 30Hz 左右，这可能与混凝土基岩自振频率等因素有关。另外，混凝土基岩对地震波高频频段也存在滤波作用。

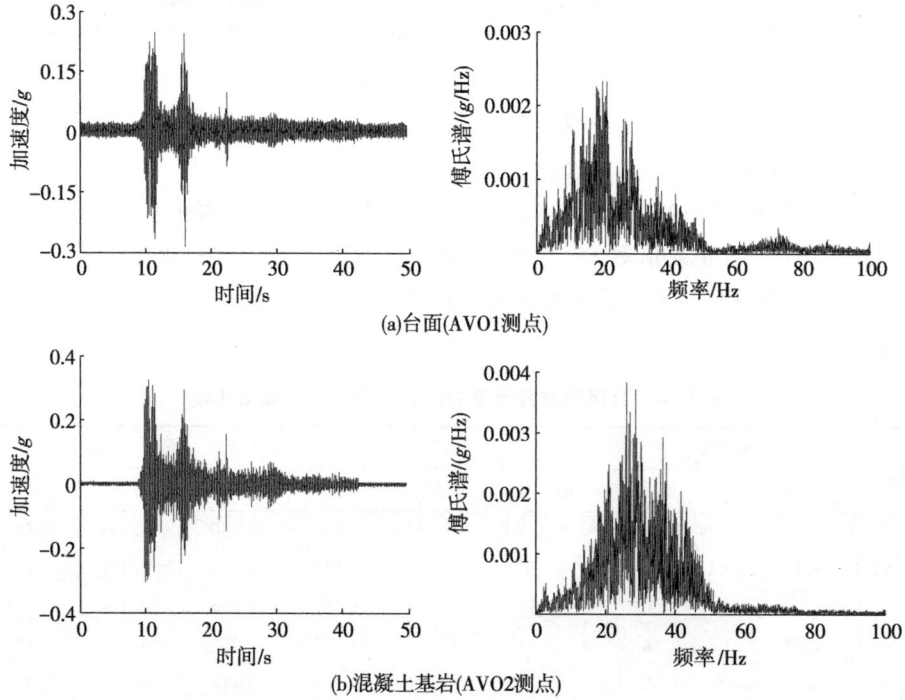

图 3-46　压缩汶川波双向激励下台面和混凝土基岩竖向加速度时程曲线及其傅氏谱

2) 竖向加速度放大倍数分布规律

图 3-47～图 3-49 分别为压缩汶川波、压缩大瑞人工波以及压缩 Kobe 波 x、z 双向激励下路堤边坡坡面和中截面处竖向加速度放大倍数分布情况。图 3-50 和图 3-51 分别为不同地震波激励下路堤边坡坡面和中截面测点竖向加速度放大倍数与台面竖向加速度峰值关系。

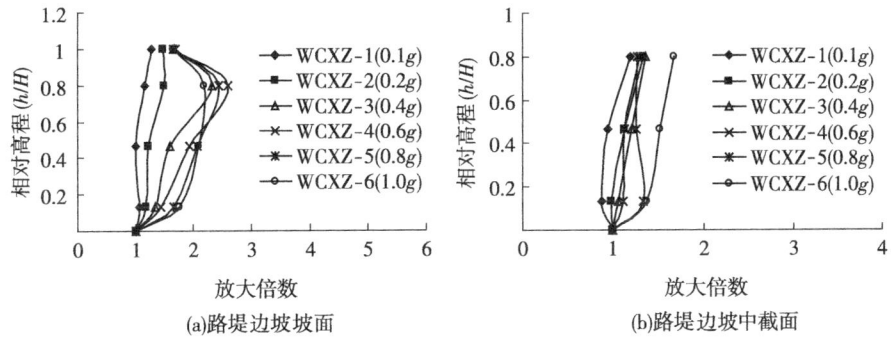

图 3-47 压缩汶川波双向激励下路堤边坡竖向加速度放大倍数分布情况

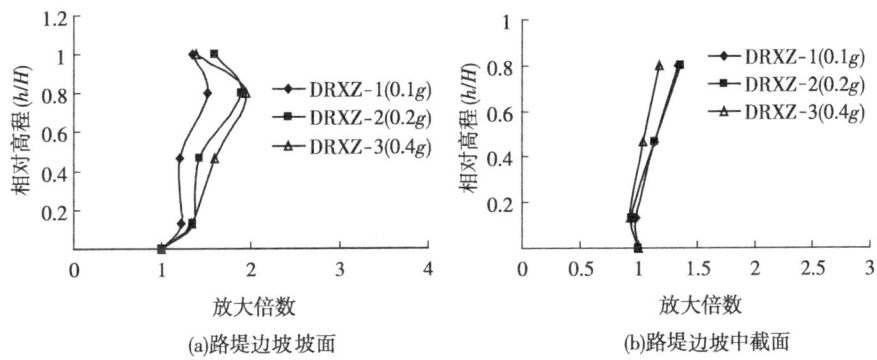

图 3-48 压缩大瑞人工波双向激励下路堤边坡竖向加速度放大倍数分布情况

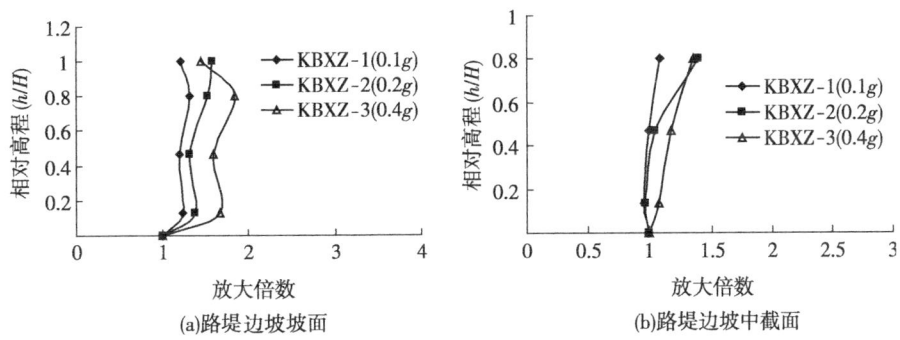

图 3-49 压缩 Kobe 波双向激励下路堤边坡竖向加速度放大倍数分布情况

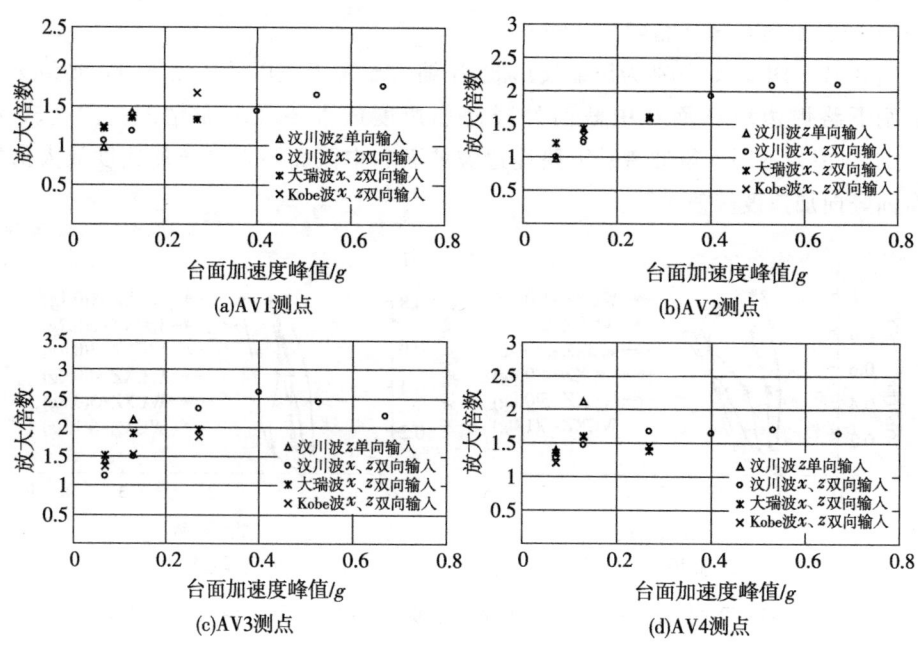

图 3-50 不同地震波激励下路堤边坡坡面测点竖向加速度放大倍数与台面竖向加速度峰值关系

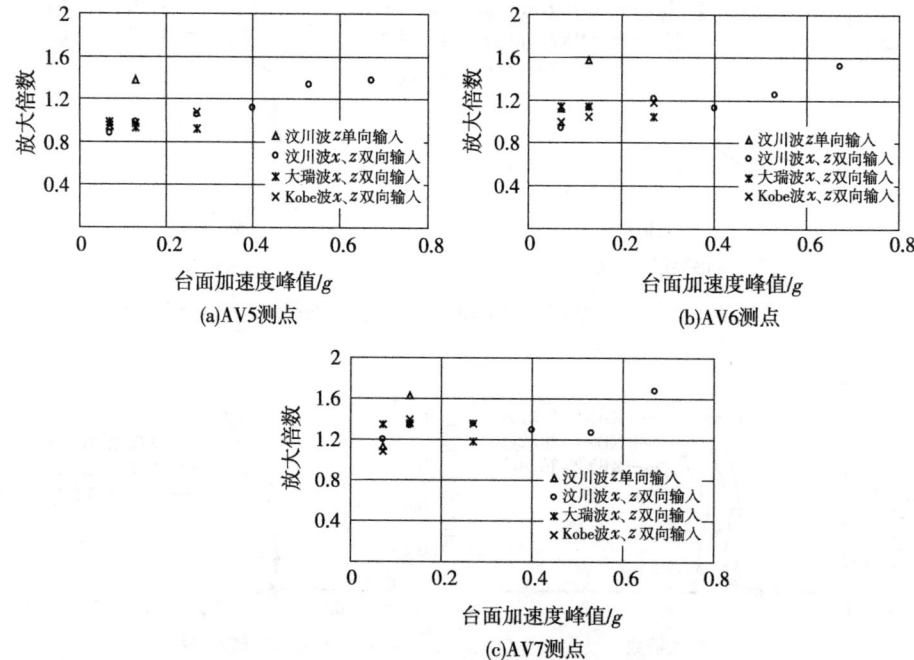

图 3-51 不同地震动激励路堤边坡中截面测点竖向加速度放大倍数与台面竖向加速度峰值关系

对比水平加速度放大倍数分布情况，竖向加速度放大倍数分布情况显得更为复杂。竖向加速度放大现象较水平加速度放大现象更不显著，甚至出现了部分测点竖向加速度放大倍数小于1.0的情况。

从竖向加速度放大倍数分布情况可以看出，路堤边坡坡面上竖向加速度最大峰值并没有发生在路堤边坡的顶面，而大致发生在0.8H的高度处（路堤边坡中截面处没有在1.0H处布置加速度传感器），这与路堤边坡顶面级配碎石板的垂向约束有关。

在相同地震动激励下，路堤边坡坡面竖向加速度放大现象比路堤边坡中截面明显，这与路堤边坡中截面处垂向约束更强等因素有关。

从图3-50和图3-51可以看出，竖向加速度放大倍数并没有表现出明显的随台面激励竖向加速度峰值A_{zmax}增大而减小的现象，部分测点甚至出现了相反的情况。造成这种现象的原因是多方面的。一方面，竖向加速度放大倍数与路堤边坡动力特性和地震动激励强度、频谱特性等因素有关。从路堤边坡z向振动模态参数测试结果来看（表3-11），路堤边坡自振频率并没有表现为逐渐减小的现象，阻尼比也没有表现为逐渐增大的现象。这可能是由于路堤边坡填土不够密实，在经历了先期地震动激励后填土趋于密实，土体阻尼比较小，这将导致竖向加速度放大倍数有所增大。另一方面，竖向加速度放大倍数与土体竖向约束密切相关。土体在较强的地震动激励下会变得松散，竖向约束减弱，竖向加速度放大倍数也有可能出现增大的趋势。在缺乏大量试验数据和相关文献资料的情况下，竖向加速度放大倍数尚有待于进一步研究。

此外，值得注意的是，当台面竖向加速度峰值$A_{zmax} \geqslant 0.53g$时，混凝土基岩以及路堤均出现了竖向加速度峰值大于1.0g的现象。若考虑竖向加速度作用，根据《铁路工程抗震设计规范》(GB 50111-2006)来进行路堤抗震稳定性验算，对于黏结力较小的路堤填料是无法满足稳定性要求的。但从观测到的试验现象来看，路堤并没有发生明显的破坏，也没有出现填料抛洒等现象。因此，若修正现行铁路规范中大于9度地震烈度的抗震设计条文，可以允许路基部分地出现竖向加速度响应峰值大于1.0g的情况。

3）竖向加速度频谱特性

以压缩汶川波x、z双向激励（$A_{zmax}=0.27g$）为例，图3-52和图3-53分别给出了路堤边坡坡面和中截面处各测点竖向加速度响应时程曲线及其傅氏谱。试验测试结果表明，路堤边坡主要表现为对竖向加速度的放大作用，高频滤波作用不显著。从竖向加速度时程曲线可以看出，最大加速度正峰值绝对值大于最小负峰值绝对值。

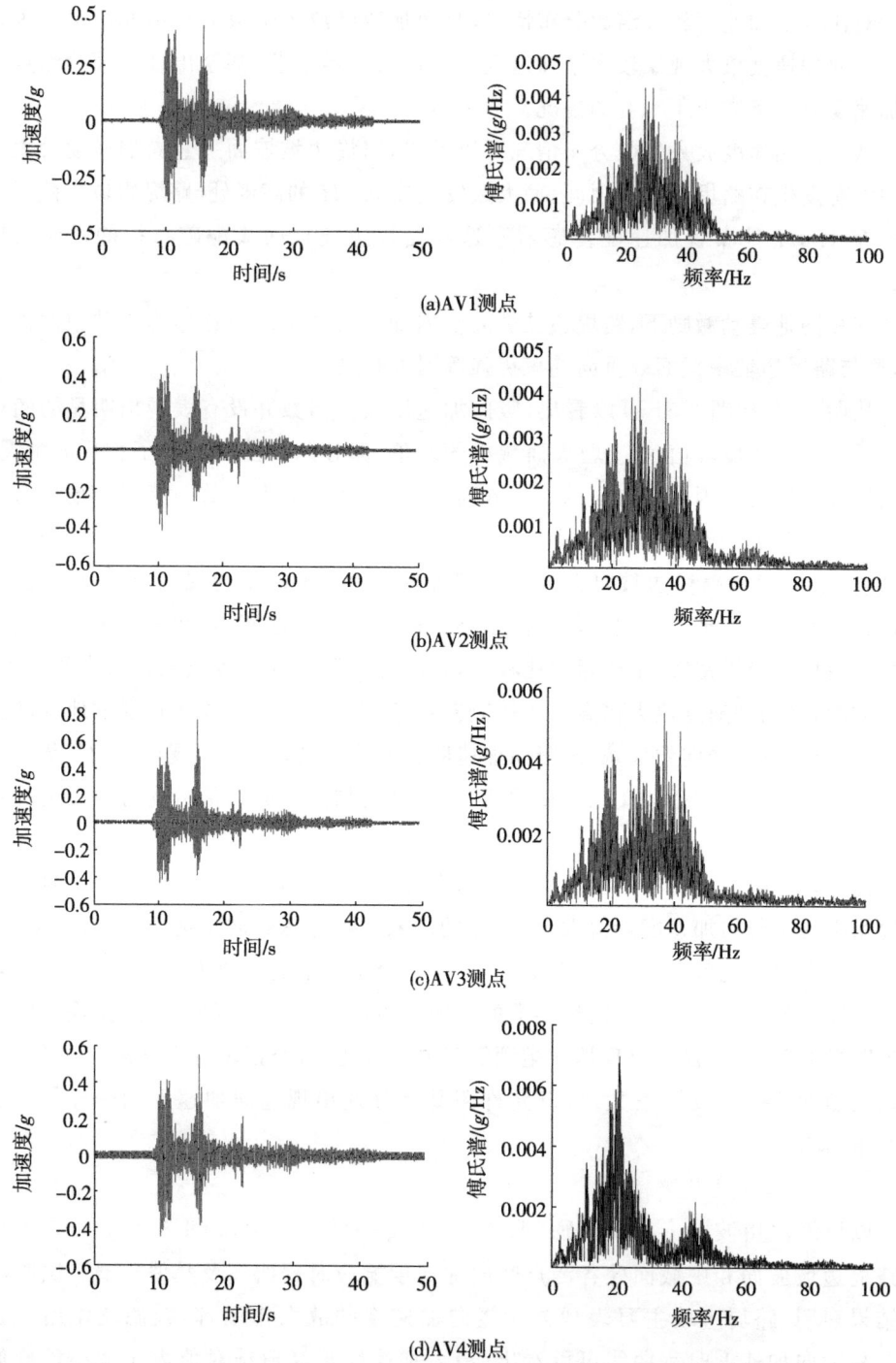

图 3-52　压缩汶川波双向激励下路堤边坡坡面上各测点竖向加速度响应时程曲线及其傅氏谱

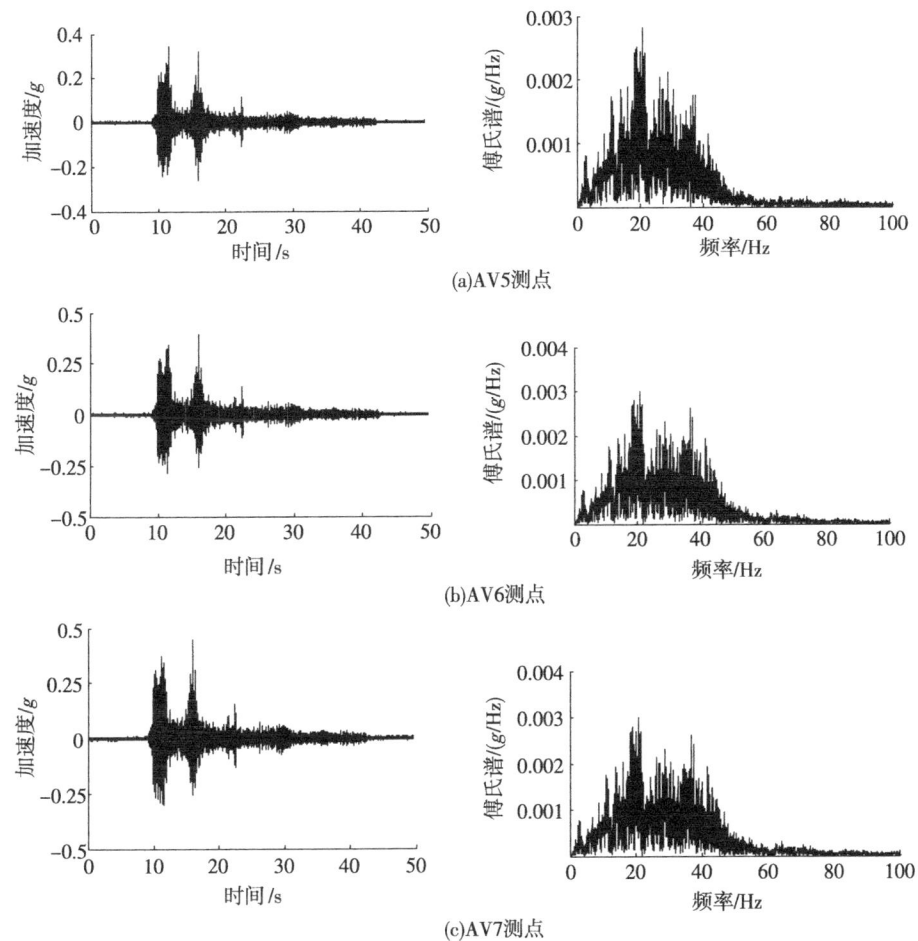

图 3-53 压缩汶川波双向激励下路堤边坡中截面各测点竖向加速度响应时程曲线及其傅氏谱

3. 动土压力响应

动应力响应是路堤边坡地震动力反应特性的重要内容之一。本节以压缩汶川波 x、z 双向激励为例进行讨论和分析。

约定土压力符号以土体受压为正。图 3-54 给出了水平加速度峰值 $A_{xmax}=0.4g$ 压缩汶川波 x、z 双向激励下路堤边坡各测点动土压力响应的时程曲线。可以看出：①汶川波加速度时程曲线存在两个加速度幅值较大的时段。路堤边坡在汶川波激励时，动土压力响应随之出现了两次突变，且第一次突变明显于第二次突变，路堤边坡产生了残余土压力。当经历了较强的地震动激励后，再经历同样大小的激励时残余土压力突变不显著。②D1 测点产生的残余土压力为正值，即土体所受的静土压力有细微增大，在坡脚位置出现了应力集中现象，而其他测点的残余土压力为负值，即土体的静土压力有所释放。由此可见，残余土压力与测点位置、上覆土厚度以及地震动强度等因素有关。

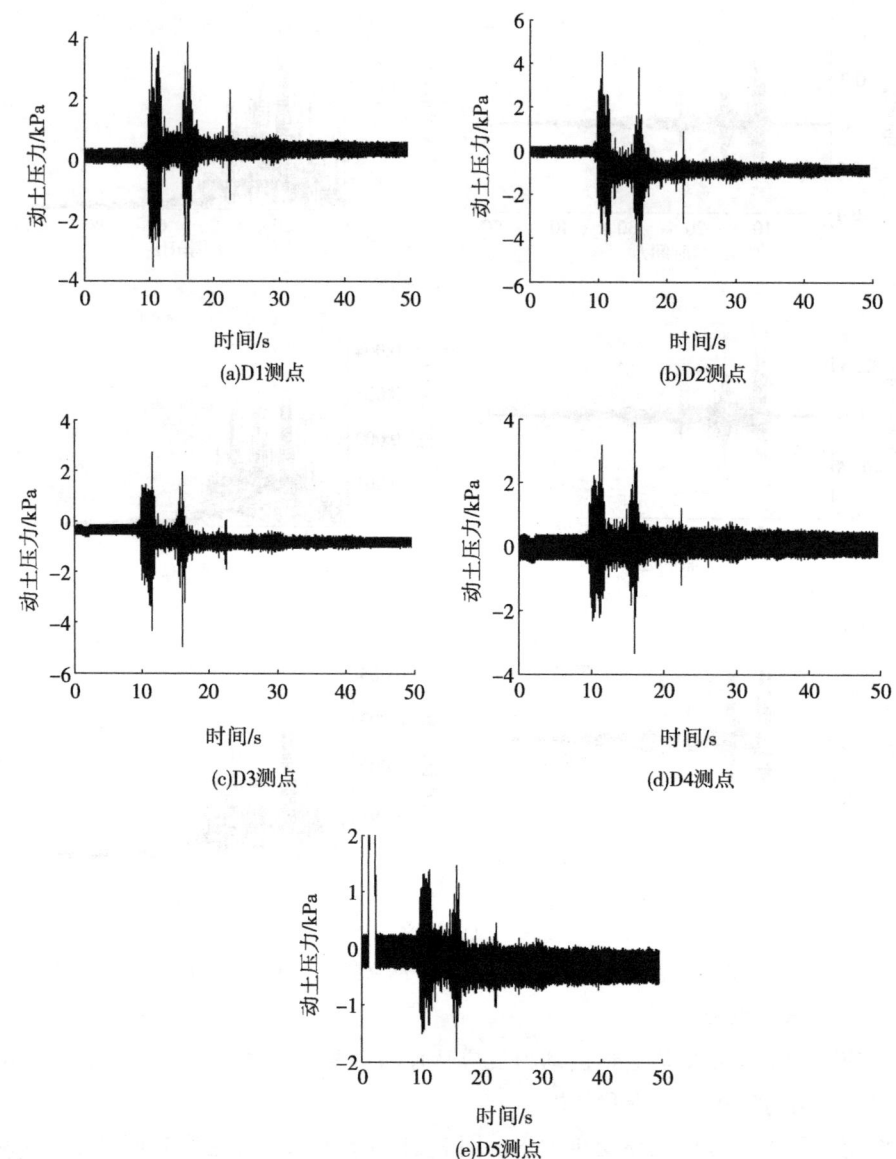

图 3-54　压缩汶川波双向激励下路堤边坡各测点动土压力响应时程曲线

图 3-55 为路堤边坡在不同强度的压缩汶川波 x、z 双向激励下动土压力峰值分布情况。可以看出：①从 D1、D2 和 D3 测点的动土压力峰值测试情况可以看出，动土压力峰值在靠近坡脚位置较小，沿路堤中线方向逐渐增大；②动土压力峰值沿路堤边坡高度呈递减趋势，在靠近路堤边坡顶面达到最小值，也就是说，动土压力峰值沿路堤边坡高度方向会随地震动能量的损耗而减小；③动土压力峰值与上覆盖土厚度、垂向约束、测点位置、地震动强度和频谱特性等诸多因素有关。

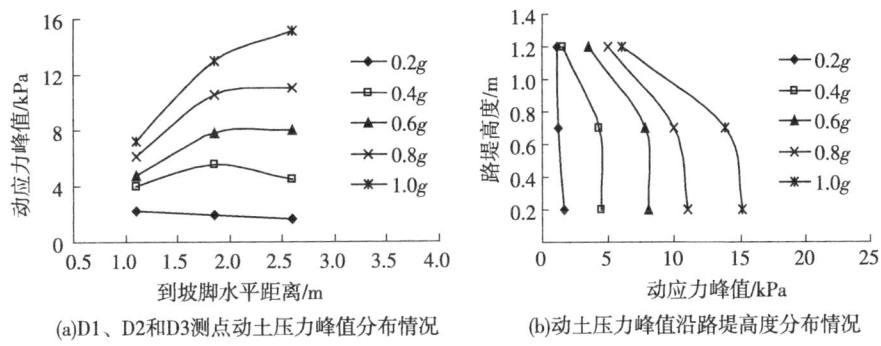

(a)D1、D2和D3测点动土压力峰值分布情况　　(b)动土压力峰值沿路堤高度分布情况

图 3-55　压缩汶川波双向激励下路堤边坡动土压力峰值分布情况

4. 水平动位移响应

模型试验在路堤边坡坡面处不同高程位置处布置了 4 个水平动位移计,从下往上编号依次为 DP1、DP2、DP3 和 DP4,如图 3-19 所示。

在地震动激励下相对动位移曲线可能发生突变,路堤边坡产生残余变形。相对动位移曲线的突变量可反映地震残余变形的大小。相对动位移测试结果表明,在地震动峰值 $A_{x\max}$<0.2g 时,路堤边坡坡面上各测点动位移响应曲线没有发生突变或突变很小,地震作用产生的残余变形很小,且以弹性变形为主;当 $A_{x\max}$≥0.4g 时,相对动位移曲线产生的突变较为明显,地震作用产生了一定的残余变形,随着 $A_{x\max}$ 增大,残余变形量也随之增大。限于篇幅,本节仅给出压缩汶川波和汶川原波 x、z 双向激励下($A_{x\max}$=1.0g)路堤边坡坡面各测点的水平动位移响应时程曲线,如图 3-56

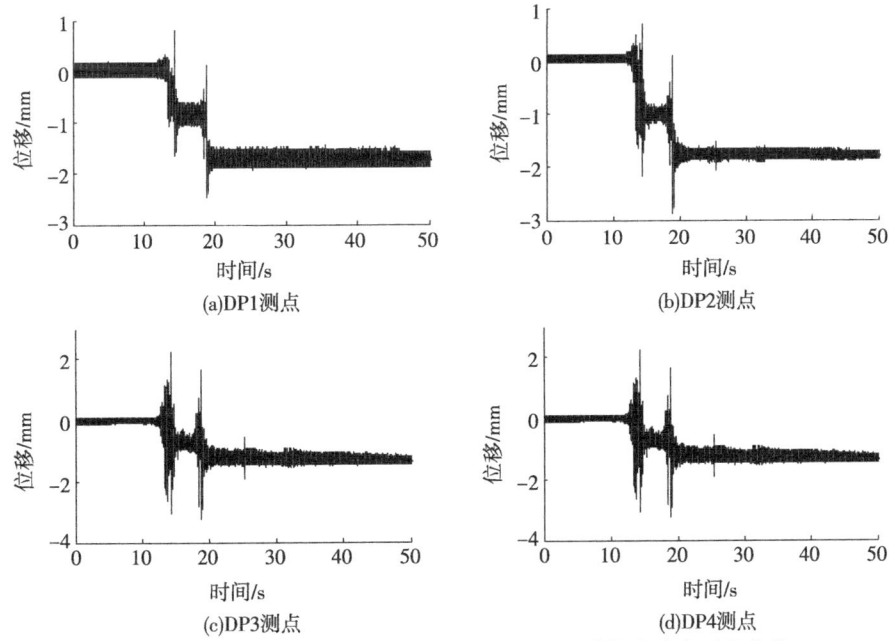

(a)DP1测点　　(b)DP2测点

(c)DP3测点　　(d)DP4测点

图 3-56　压缩汶川波双向激励下路堤边坡坡面动位移响应时程曲线

和图 3-57 所示。在压缩汶川波和汶川原波双向激励下,动位移时程曲线发生了两次突变,且第一次突变产生的残余变形大于第二次。另外可以看出,在同一测点位置,汶川原波激励产生的动位移峰值、残余变形均远大于压缩汶川波,这主要是因为汶川原波地震动持时较长。

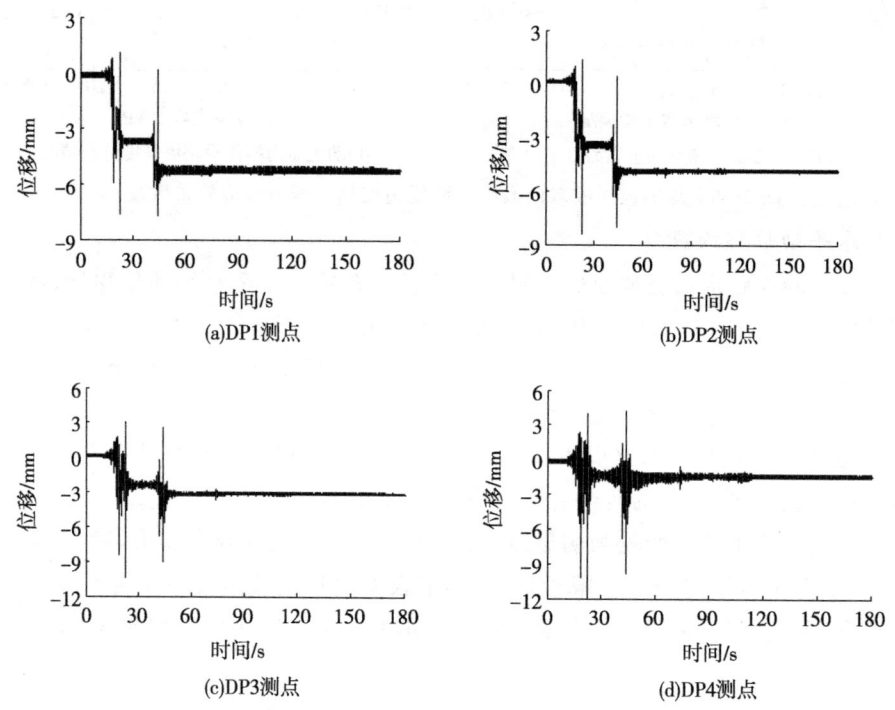

图 3-57　汶川原波双向激励下路堤边坡坡面动位移响应时程曲线

从图 3-56 和图 3-57 可以看出,压缩汶川波双向激励下路堤边坡坡面 DP1~DP4 测点的侧向残余变形分别为 1.68mm、1.81mm、1.44mm 和 0.91mm,这与下文侧向残余变形测试结果基本一致;汶川原波激励下 DP1~DP4 测点的侧向残余变形分别为 3.20mm、3.04mm、3.12mm 和 1.43mm。

3.2.3　路堤边坡地震残余变形

地震残余变形包括竖向沉陷变形(震陷)和水平侧向变形,模型试验分别采用竖向土应变计和水平土应变计进行测试,其布置情况如图 3-20 和图 3-21 所示。试验中每次地震动激励前、后分别读数,读数差值视为该次地震动激励产生的残余变形。

1. 路堤边坡变形模式

路堤边坡结构在地震作用下可能发生的变形模型大致可以分为三种。①震陷变形模式。在路基地基良好,不存在砂土液化或软弱结构面,路基形状基本保持完好的情况下,地震地面变形以土体的地震压实为主。一般而言,地震作用下,路堤填料均会产生不同程度的震密,填料压实度越小,震密现象越明显,反之则不明显。路堤左右两侧(相对于线路方向)为双向临空面时,在水平地震力的作用下,路堤很容易产生侧向变形,从而引起路基下沉。地震中,路堤填料震密与侧向变形往往同时产生,二者共同导致路堤下沉,如图 3-58 所示。②滑体下错变形模式。路堤结构在地震作用下可能形成滑裂面,滑体沿滑裂面下错变形,如图 3-59 所示。③滑塌模式。地震作用下路堤坡面顶面的填土可能直接滑塌,如图 3-60 所示。其中,震陷变形模型为小变形模型,其变形量可能为厘米级;滑体下错变形量可达分米级或更大;滑塌模式则可能造成坡体的完全解体。

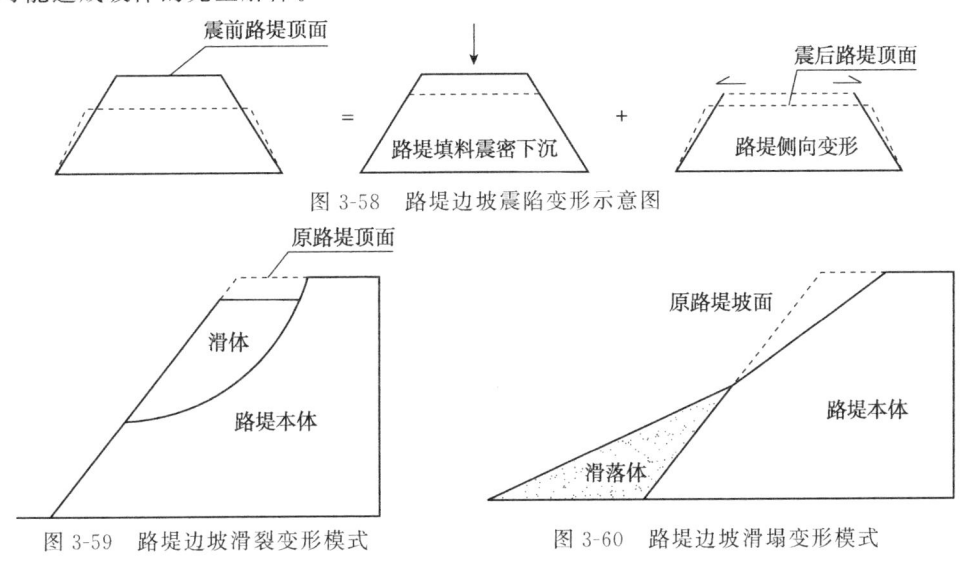

图 3-58　路堤边坡震陷变形示意图

图 3-59　路堤边坡滑裂变形模式　　图 3-60　路堤边坡滑塌变形模式

2. 路堤边坡震陷变形

表 3-15 给出了不同强度压缩汶川波 x、z 双向激励下路堤震陷变形和震陷变形率(震陷变形率为竖向土应变计两端变形差与两端测距的比值)的变化情况,图 3-61 为震陷变形与压缩汶川波激励水平加速度峰值的关系曲线。可以看出,在不同强度压缩汶川波 x、z 双向激励下,路堤边坡震陷变形总体量值很小,路堤边坡发生的变形模式为震陷变形模式。在水平加速度峰值 $A_{x\max}=0.1g$ 压缩汶川波双向激励下(工况 WC_XZ-1),各测点变形量均小于 0.01mm。当 $A_{x\max}$ 增大到 0.4g 时(工况 WC_XZ-3,相当于 9 度抗震设防),V1、V2 和 V3 测点震陷变形分别为 0.14mm、0.27mm 和 0.30mm,震陷变形率分别为 0.017%、0.013% 和 0.011%,均小于 0.1%。当 $A_{x\max}$ 增大到 1.0g 时(工况 WC_XZ-6),V1、V2 和 V3 测点震陷变形分别为 0.39mm、0.72mm 和 0.80mm,震陷变形率分别为 0.065%、0.060% 和 0.053%,也小于 0.1%。由此可见,当路堤边坡达到 95% 的压实度时,即使在强震激励下也不会产生很大的震陷变形。试验中震陷变形皆为正值,即为下陷,没有发生路堤隆起的现象。

表 3-15　不同强度压缩汶川波双向激励下路堤边坡震陷变形测试结果

台面水平加速度峰值/g	测点 V1		测点 V2		测点 V3	
	震陷量/mm	变形率/%	震陷量/mm	变形率/%	震陷量/mm	变形率/%
0.1	0	0	0	0	0	0
0.2	0.02	0.003	0.03	0.003	0.02	0.001
0.4	0.10	0.017	0.16	0.013	0.17	0.011
0.6	0.14	0.023	0.27	0.023	0.30	0.020
0.8	0.24	0.040	0.51	0.043	0.55	0.037
1.0	0.39	0.065	0.72	0.060	0.80	0.053

注：测点 V1、V2 和 V3 分别距混凝土基岩表面 0.6m、1.2m 和 1.5m

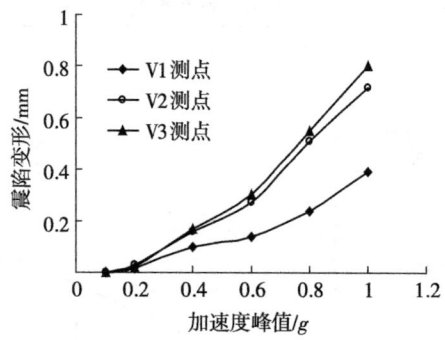

图 3-61　压缩汶川波双向激励下震陷变形与水平加速度峰值关系

另外可以看到，震陷变形随台面激励加速度峰值增大而非线性增大。当台面水平加速度峰值大于 0.6g 时，震陷变形量增幅增大。例如，在水平加速度峰值分别为 0.6g、0.8g 和 1.0g 的压缩汶川波双向激励时，V3 测点产生的震陷变形分别占累积震陷变形的 61.2%、52.9% 和 43.5%，这与下文侧向残余变形在台面水平加速度峰值大于 0.6g 时增幅显著增大的测试结果一致。路堤发生震陷变形主要由两部分组成：一部分为路堤填料震密压实而产生的震陷变形；另一部分为由于路堤发生侧向变形而产生的震陷变形。在台面水平加速度峰值大于 0.6g 时，震陷变形主要是由于路堤侧向变形引起的。由此可见，在地震高烈度区修建路堤结构，除了应保证填土压实度之外，还应采取措施约束和限制路堤侧向变形，如采用加筋措施等。

图 3-62 给出了不同强度压缩汶川波 x、z 双向激励下震陷变形沿路堤边坡高度的分布情况。震陷变形量沿路堤边坡高度呈增大趋势，但增幅减小。由此可推断，在地震动激励及土体自重作用下，路堤底部土体比上部土体会产生更大的震陷变形。

图 3-63 对比了压缩汶川波和汶川原波 x、z 双向激励下（$A_{xmax}=1.0g$）震陷变形沿路堤边坡高度的分布情况。可以看出，汶川原波激励下产生的震陷变形明显大于

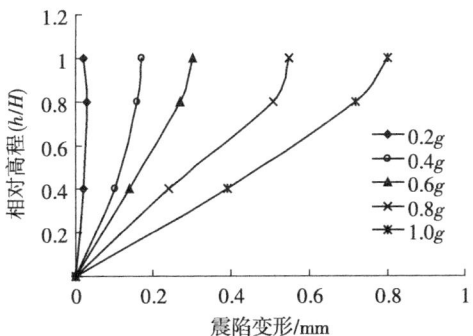

图 3-62　不同强度压缩汶川波双向激励下震陷变形沿路堤边坡高度分布情况

压缩汶川波。主要是由于汶川原波持时较长。压缩汶川波地震持时为34s左右，而汶川原波地震持时达到160s左右。由此可见，路堤边坡震陷变形受地震持时影响显著。

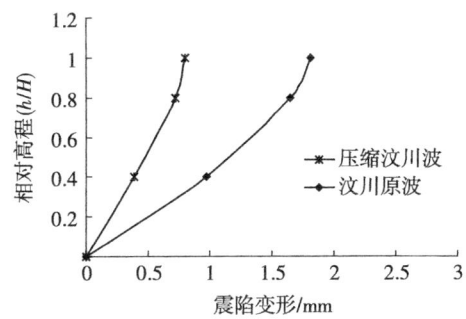

图 3-63　压缩汶川波和汶川原波双向激励下震陷变形沿路堤高度分布情况

3. 路堤边坡侧向残余变形

侧向变形不仅会影响竖向变形的发展，还会影响土工构筑物的受力特性。在路基稳定性分析中，侧向变形大小是判断路堤稳定的主要控制指标之一，侧向变形的大小及其产生的位置也是划分路基破坏形式的重要依据。

由于侧向变形而导致的路堤结构沉降变形量是很可观的。根据实际工程观测资料分析，对于软土路基，其侧向位移产生的沉降量占总沉降量的25%以上，南京水利科学研究院的张诚厚等在沪宁高速公路建设中研究了剪切变形引起的沉降问题，建立了相应的沉降估算公式，根据该公式，发现附加剪切变形引起的沉降达到总沉降量的14%~30%。因此，研究地震作用下侧向残余变形变化规律具有十分重要的意义。

图 3-64 为压缩汶川波 x、z 双向激励下路堤边坡侧向残余变形与台面地震动激励水平加速度峰值的关系曲线。侧向残余变形随水平加速度峰值增大而增大。当水平加速度峰值小于等于0.4g时，侧向残余变形量与震陷变形相当。例如，当水平加

速度峰值为 0.4g 时(工况 WC_XZ-3),H1、H2 和 H3 测点侧向残余变形为 0.12mm、0.30mm 和 0.35mm,与 V1、V2 和 V3 测点震陷变形相当。当水平加速度峰值大于 0.6g 时,侧向残余变形增幅明显增大。当水平加速度峰值增大为 1.0g 时(工况WC_XZ-6),H1、H2 和 H3 测点侧向残余变形增大为 1.70mm、1.80mm 和 1.40mm。这主要是由于强震激励下路堤坡面附近土体震松现象显著。

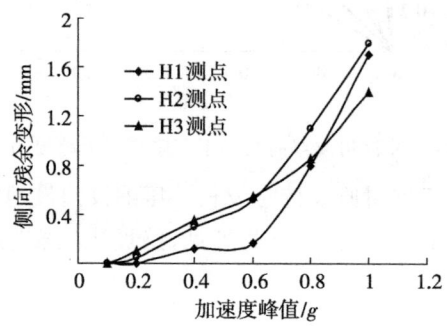

图 3-64　压缩汶川波双向激励下路堤边坡侧向变形与水平加速度峰值关系

图 3-65 为不同强度的压缩汶川波 x、z 双向激励下侧向残余变形沿路堤边坡高度分布情况。考虑到混凝土基岩对坡脚土体较强的约束作用,图中假定坡脚处侧向残余变形为 0。当台面水平加速度峰值小于 0.6g 时,最大侧向残余变形发生在路堤边坡坡面顶面(0.8H 处),当水平加速度峰值大于 0.6g 时,最大侧向残余变形发生在路堤边坡坡面 0.4H 位置处,路堤边坡坡面呈现中间鼓出的趋势。

图 3-66 对比了压缩汶川波和汶川原波 x、z 双向激励下($A_{xmax}=1.0g$)侧向残余变形沿着路堤坡高度分布情况。由于汶川原波激励持时明显长于压缩汶川波,汶川原波激励下也产生了更大的侧向残余变形。

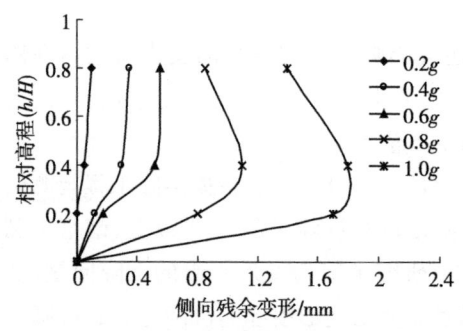 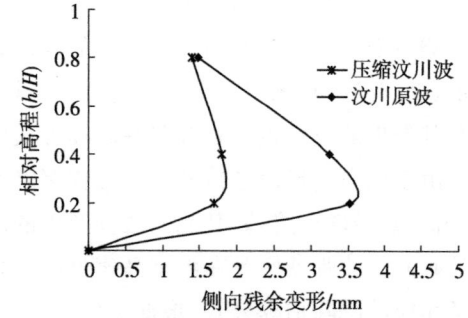

图 3-65　不同强度压缩汶川波双向激励下侧向变形沿路堤坡高度分布情况　　图 3-66　压缩汶川波和汶川原波双向激励下侧向残余变形沿着路堤边坡高度分布情况对比

3.2.4　路堤边坡破坏与抗震性能

由于路堤边坡模型相似率只是在路堤边坡应变较小时的近似弹性范围内成立,

随着土体应变增大,土体的散粒体特性表现显著,试验结果推广至原型时由于不满足相似律所引起的误差也将更加显著。尽管当路堤边坡接近破坏时,不能通过相似律将模型试验结果定量换算到原型路堤边坡,但由于模型与原型满足几何相似,且模型路堤采用原型土料填筑,并注意了土体抗剪强度的相似等要求,试验反映的定性规律是正确的。因此通过对路堤边坡模型进行地震破坏现象和机理研究,对于理解路堤边坡可能的地震破坏现象和机理,是有重要意义的。

针对模型试验的实际情况,路堤边坡破坏情况主要从如下几个方面研究:

(1) 在对路堤边坡施加各种地震动激励工况时,穿插进行微小振幅的白噪声激励,以测定路堤边坡的自振频率和阻尼比,以振前、振后路堤边坡自振频率和阻尼比的变化情况来判定结构的变化情况。

(2) 每个加载工况结束后对路堤边坡的破坏情况进行检查,并对试验过程进行全程录像及振后摄像记录。

(3) 采用水平和竖向土应变计测试路堤边坡的残余变形,分析路堤边坡可能发生的破坏模式。

表 3-9～表 3-11 列出了路堤边坡坡面 x 向和 z 向振动的模态参数,结合表 3-8 的试验加载制度可以发现,当路堤边坡经过较大的地震动激励后,路堤边坡的自振频率和阻尼比都有不同程度的变化。主要表现为自振频率逐渐变小,阻尼比逐渐变大。尤其是当地震动加速度峰值较大时,模态参数变化更为明显。这表明土体在地震动激励后更为松散,路堤边坡结构已经发生了变化。同时也表明,采用自振频率来衡量地震动对路堤边坡结构的影响是比较灵敏的,能很好地表征路堤边坡微观特性的变化情况。

在对模型试验进行观测和录像时发现,当台面加速度峰值较小时(如地震动加速度峰值 $A_{xmax}=0.1g$),即有少量碎石滚落的现象。当台面加速度峰值增大到一定大小时($A_{xmax}>0.4g$),即可观察到明显的表面滚石现象:首先从靠近路堤边坡坡面顶部位置开始滑落,这和加速度放大倍数最大值发生在路堤边坡坡面顶部的试验结论一致。随着台面加速度峰值的进一步增大,滚石面积越来越大,低压实度路堤边坡坡面出现了裂缝。

当台面激励加速度峰值 $A_{xmax}=0.1g$ 时即可观测到有细小土颗粒滚落现象,这可以用摩尔-库仑准则来说明。当黏聚力可忽略时,按平面滑动假定,路堤边坡坡面上土颗粒临界加速度 a_{cr} 为[5]

$$a_{cr}=\tan(\varphi-\theta)g \tag{3-27}$$

式中,φ、θ 分别表示土体内摩擦角和路堤边坡坡面坡角;g 表示重力加速度。

对于路堤边坡模型,路堤边坡坡面坡角 $\theta=33.6°$,若土体内摩擦角取 $\varphi=45°$,则临界加速度为 $a_{cr}=0.202g$。而从水平加速度放大倍数分布规律可以看出,在台面加速度峰值较小时,靠近路堤边坡坡面顶部的加速度放大倍数一般达到 2.0～3.0,即当输入 0.1g 的地震动激励时,路堤边坡坡面顶部可产生 0.2g~0.3g 的加速度反应,因此发生滚石是正常的。实际上,试验得到的路堤边坡加速度已经远大于平面滑动假定推导得到的临界加速度,但路堤边坡并没有发生明显的深层滑动现象。

从残余变形测试结果来看,路堤边坡的震陷变形和侧向残余变形均比较微小,路堤边坡主要变形模式为震陷变形模式。试验后模型开挖表明,振动后路堤边坡压实度有所松动,但变化不大。

3.2.5 振动台试验的数值模拟验证

1. 路堤边坡数值模型的建立

1) 路堤边坡数值模型的基本信息

数值模拟采用有限差分软件 FLAC3D。数值模拟原型为振动台试验模型,按平面应变问题处理。数值模型尺寸参照振动台试验尺寸,即路堤边坡本体高度 1.2m,基床底层厚 0.3m,级配碎石层厚 0.1m。数值模拟建模内容包括地震波选取和输入、网格单元划分、材料特性的模拟、模型参数的选取、边界条件的模拟等,如图 3-67 所示。

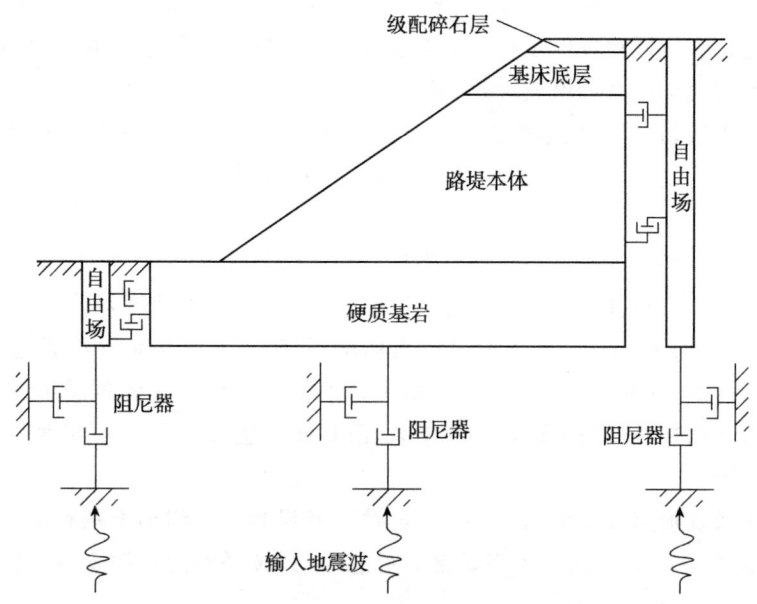

图 3-67 路堤边坡试验模型数值模拟

2) 输入地震波的调整

强震记录频率成分通常比较复杂,而输入地震波的频率成分与结构自身特性会影响地震波在结构中传播的精度。Kuhlemeyer 和 Lysmer[13]的研究表明,要精确地描述模型中地震波的传播,模型网格尺寸 Δl 必须小于等于输入波形最高频率对应波

长的 1/8~1/10,即

$$\Delta l \leqslant (1/8 \sim 1/10)\lambda \quad (3-28)$$

式中,λ 为输入波形最高频率对应的波长。

由此可见,地震波高频分量对系统网格尺寸影响较大。当地震波高频分量增加时,满足精度要求的网格尺寸越小,由此会成倍地增加系统单元网格划分的数量,增加计算机时。因此,对输入地震波作频谱分析时,应尽可能滤掉原有波形中的高频分量,但也应保证截余波形的能量占原波形能量的绝大部分,以保证波形不失真。另外可以看到,在动力计算中,土体模量越小,即土体越软,最大网格尺寸划分应较小,划分的网格数量也就增多。

本次数值分析主要采用的地震波为压缩汶川波(同振动台模型试验),按加速度时程输入控制。对其进行频谱分析可以知道,压缩汶川波能量主要集中在 50Hz 以内(图 3-52 和图 3-53),因此在对其进行滤波调整时,过滤频率大于 50Hz 的成分。输入的地震动持时约为 33.6s,均采用 x、z 双向输入,z 方向(垂直方向)加速度峰值按 x 方向(水平方向)加速度峰值的 2/3 进行折减。分别进行水平加速度峰值为 0.1g、0.2g、0.4g、0.6g、0.8g 和 1.0g 的地震动工况的模拟,如表 3-16 所示。

表 3-16 数值模拟工况与地震动参数

模拟工况	峰值加速度		输入方式	地震动持时/s	备注
	x/g	z/g			
WC_XZ-1	0.1	0.067	x、z 双向输入	33.6	模拟 7 度设防
WC_XZ-2	0.2	0.133	x、z 双向输入	33.6	模拟 8 度设防
WC_XZ-3	0.4	0.267	x、z 双向输入	33.6	模拟 9 度设防
WC_XZ-4	0.6	0.400	x、z 双向输入	33.6	模拟 9 度以上设防
WC_XZ-5	0.8	0.533	x、z 双向输入	33.6	模拟 9 度以上设防
WC_XZ-6	1.0	0.667	x、z 双向输入	33.6	模拟 9 度以上设防

按加速度时程输入地震波时,将加速度进行积分得到的最终速度和最终位移通常不为 0,在动力计算时,在模型底部会出现继续的速度和残余的位移,此时需要对加速度时程进行基线校正,即通过在原始加速度时程上增加一个低频率的波形(多项式或周期函数),使得最终的速度和位移均为 0。如图 3-68 所示。

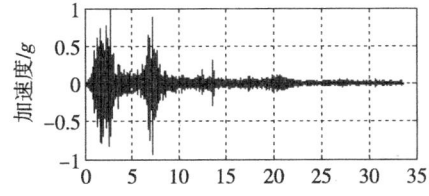
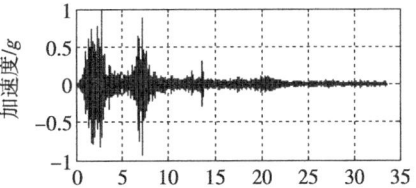

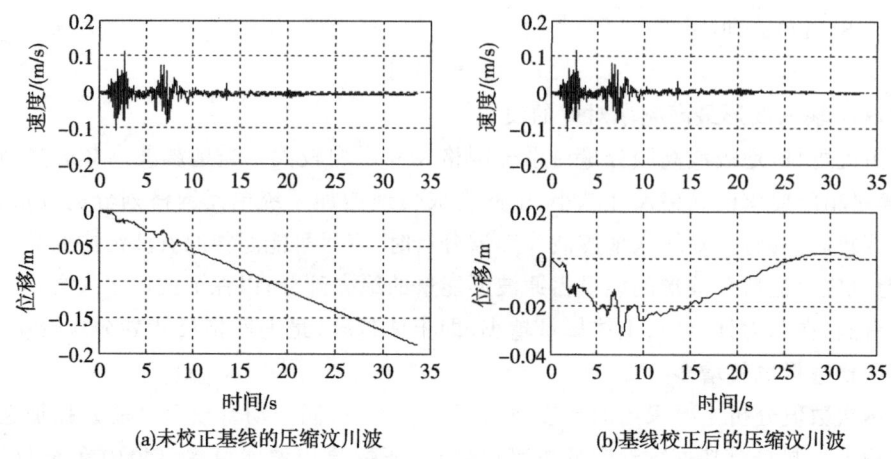

(a) 未校正基线的压缩汶川波　　　　(b) 基线校正后的压缩汶川波

图 3-68　压缩汶川波的基线校正

3）模型网格单元划分与模型参数

路堤边坡模型按平面应变问题处理。为节省计算时间，路堤边坡长度方向取宽度为 0.20m 的 1 个单元。模型网格单元划分如图 3-69 所示，计算区域共划分为 220 个单元和 508 个节点（不包括自由场单元和节点）。在进行网格单元划分时，应注意施加的地震波最大频率对网格尺寸的影响。表 3-17 给出了路堤边坡建模时划分的最大网格单元尺寸和按式 (3-28) 得到的最大允许单元尺寸，可以看出，模型网格能满足地震波传播精度要求。

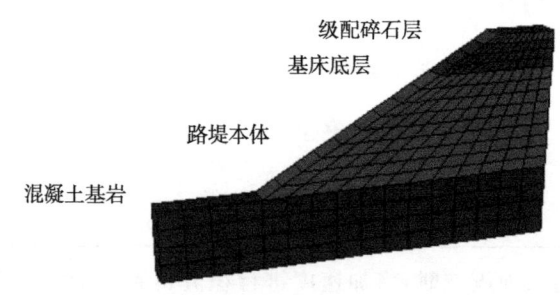

图 3-69　路堤边坡模型网格单元划分

表 3-17　动力分析网格单元尺寸要求

材料	干密度/(kg/m³)	最大网格单元尺寸/m	地震波最大频率/Hz	剪切波速/(m/s)	容许最大单元尺寸/m
混凝土基岩	2500	0.25	50	400	0.800～1.000
路堤本体	1919	0.25	50	150	0.300～0.375
基床底层	1919	0.20	50	150	0.300～0.375
级配碎石层	2200	0.20	50	300	0.600～0.750

采用 FLAC3D 进行动力计算时,可以采用弹性模型、摩尔-库仑模型等静力本构模型进行计算。这是因为,FLAC3D 的原理是求解动力方程,所以从算法上来说,不管进行静力分析还是动力分析,其实质是求解运动方程,只是对于静力分析,采用了特定的阻尼方式以达到快速收敛的目的,所以某些场合将 FLAC3D 的静力分析方法称为"拟动力方法"。相应地,FLAC3D 在进行动力分析时,通过求解动力方程理所当然可以得到合适的动力学解答[14]。鉴于此,本次数值模拟混凝土基岩和级配碎石层采用弹性模型,路堤本体和基床底层土体采用摩尔-库仑模型,并结合已有文献及三轴试验结果选取模型参数。路堤模拟及参数选取情况如图 3-69 和表 3-18 所示。

表 3-18 模型模拟及参数选取

材料	单元类型	本构关系	干密度 /(kg/m³)	弹性模量 /MPa	泊松比 ν	黏聚力 c/kPa	内摩擦角 $\varphi/(°)$
混凝土基岩	Brick	弹性模型	2500	28000	0.20	—	—
路堤本体	Brick	摩尔-库仑模型	1919	48	0.39	24.5	27.2
基床底层	Brick	摩尔-库仑模型	1919	48	0.39	24.5	27.2
级配碎石层	Brick	弹性模型	2200	1979	0.24		

4) 动力边界条件与材料阻尼设置

在动力问题中,边界上会存在波的反射,对动力分析结果产生影响。把分析模型范围设得越大分析结果越好,但较大的模型会造成巨大的计算负担。FLAC3D 提供了静态(黏性)边界和自由场边界条件两种边界条件来解决地震波在边界上的反射问题。本次数值模拟采用自由场边界来处理地震波反射问题,如图 3-67 所示。FLAC3D 通过在模型四周生成二维和一维网格的方法来实现自由场边界条件,主体网格的侧边界通过阻尼器与自由场网格进行耦合,自由场网格的不平衡力施加到主体网格的边界上,由于自由场边界提供了与无限场地相同的效果,所以面波在边界上不会产生扭曲和反射。

材料阻尼的产生主要来源于材料的内部摩擦以及可能存在的接触表面的滑动。FLAC3D 动力分析提供了三种阻尼形式以重现系统在动载作用下的阻尼作用:瑞利阻尼(Rayleigh damping)、局部阻尼(local damping)和滞后阻尼(hysteretic damping)。瑞利阻尼最初应用于结构和弹性体的动力计算中,以减弱系统自然振动模式的振幅。在计算时,将动力方程的阻尼矩阵表述为系统质量矩阵和刚度矩阵的关系式,而质量分量和刚度分量本身与频率有关,地震波频率成分通常非常复杂,在地震分析时选取瑞利阻尼参数难度会进一步加大,而且瑞利阻尼设置可能使得动力计算时间步太小,耗时大大增加,有时令人无法接受。滞后阻尼使用模量衰减系数来描述土体非线性特征,但其模型比较复杂,参数设置困难,很难得到满意的分析结果。局部阻尼通过在节点或结构单元上增加或减少单元质量的方法达到收敛,由于系统中增加的单元

质量和减小的单元质量相等，系统保持质量守恒。局部阻尼系数 α_L 通过系统临界阻尼比 D 来反映，即

$$\alpha_L = \pi D \tag{3-29}$$

局部阻尼系数不用求解系统的自振频率，而且相对瑞利阻尼而言不会减少时间步。虽然局部阻尼不能有效衰减复杂波形的高频部分，但经过低通滤波的地震波通常只包含其主要的低频成分，因此本次数值模拟通过设置局部阻尼进行动力分析计算，并考虑5%的临界阻尼比。

在进行动力计算前，路堤边坡模型应在重力作用下达到平衡，并对节点速度、位移等进行清零处理。数值模拟跟踪了模型试验水平加速度、竖向加速度和动土压力测点所对应节点加速度时程和单元动应力时程。

2. 试验结果与数值模拟的比较

1）水平加速度响应

表 3-19 对比了不同强度压缩汶川波 x、z 双向激励下各测点的水平加速度峰值的试验结果和数值模拟结果。从数值模拟结果可以看出，混凝土基岩对输入的水平加速度表现出放大作用，放大倍数稳定在 1.35 左右，可以认为混凝土基岩处于弹性状态。对比试验结果，数值模拟得到的水平加速度峰值偏大，这主要是由混凝土基岩水平加速度峰值有所差异引起的，可将这种差异归纳为模型试验安装、振动台加载等因素引起的误差。总体来说，数值模拟和试验结果是吻合的，数值模拟结果可靠。

表 3-19　不同强度压缩汶川波双向激励下各测点水平加速度峰值试验结果与数值模拟比较

测点	0.1g		0.2g		0.4g		0.6g		0.8g		0.10g	
	试验值	模拟值	试验值	模拟值	试验值	模拟值	试验值	模拟值	试验值	模拟值	试验值	模拟值
AHO2	0.099	0.134	0.210	0.261	0.451	0.536	0.689	0.795	0.893	1.106	0.975	1.357
AH1	0.120	0.203	0.219	0.434	0.457	0.739	0.660	0.948	0.860	1.424	1.183	1.867
AH2	0.180	0.246	0.339	0.474	0.618	0.941	0.918	1.244	1.174	1.681	1.376	1.919
AH3	0.239	0.351	0.484	0.659	0.933	1.234	1.055	1.681	1.205	2.154	1.452	2.189
AH4	0.286	0.423	0.581	0.758	1.119	1.328	1.688	1.978	1.979	2.265	2.193	2.793
AH5	0.134	0.186	0.269	0.395	0.496	0.721	0.711	0.986	1.045	1.193	1.284	1.582
AH6	0.186	0.258	0.375	0.551	0.763	1.126	0.939	1.397	1.004	1.577	1.191	2.026
AH7	0.253	0.345	0.523	0.654	0.993	1.236	1.173	1.613	1.472	2.194	1.511	2.218

图 3-70 给出了压缩汶川波双向激励下路堤边坡水平加速度放大倍数分布情况的数值模拟结果。图 3-71 为路堤边坡各测点水平加速度放大倍数与台面水平加速度峰值关系。可以看出，路堤边坡对输入的加速度有明显的放大作用，放大倍数沿着路堤边坡高度呈增大趋势，最大值发生在路堤顶部；随着台面地震动激励加速度峰值的增大，水平加速度放大倍数呈递减趋势，这主要是由于随着地震动激励的增大，土

体剪应变和阻尼比增大，土体表现出非线性特性，滤波作用增强。路堤边坡坡面的水平加速度放大倍数为1~3.15；路堤边坡中截面的水平加速度放大倍数为1~3.26。这与振动台试验结论是一致的。

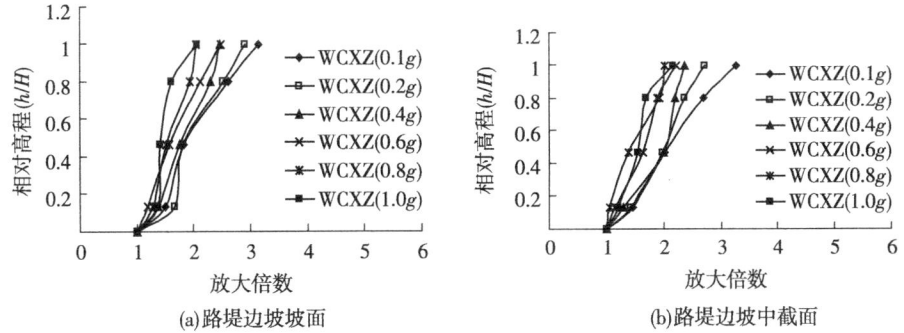

图 3-70　压缩汶川波双向激励下路堤边坡水平加速度放大倍数分布情况数值模拟结果

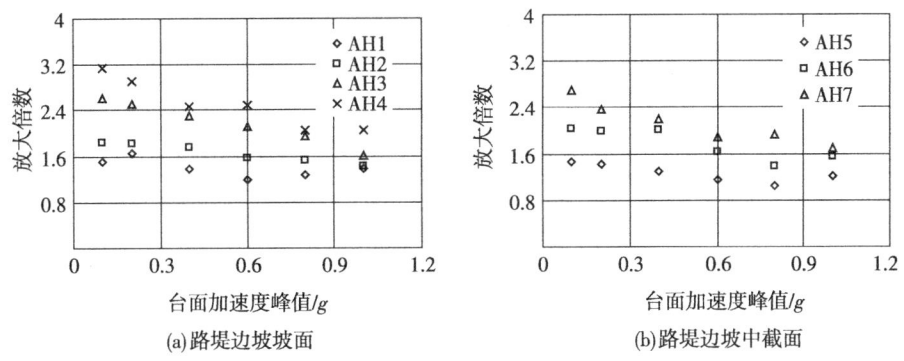

图 3-71　压缩汶川波双向激励路堤边坡各测点水平加速度
放大倍数与台面水平加速度峰值关系

图 3-72 对比了压缩汶川波双向激励下（$A_{x\max}=0.4g$）路堤边坡坡面各测点的水平加速度时程及其傅氏谱的试验结果和数值模拟结果。为便于比较，加速度时程曲线只给出了 0~10s 的情况，傅氏谱曲线给出了 0~50Hz 的情况。可以看出，加速度时程曲线吻合得比较好，而傅氏谱曲线在 AHO2 和 AH1 测点吻合得比较好，AH2、AH3 测点有所差异。造成这种现象的原因是多方面的。一方面，这与地震波传播特性有关。如前所述，当基底垂直入射的 SV 波传播到路堤坡面时将产生波场的分裂现象，分解为同类型的反射 SV 波和新的反射 P 波（压缩波），而 P 波经反射也可能产生新的 P 波和 SV 波，各种类型的波相互叠加形成复杂的地震波场，使得路堤边坡中加速度傅氏谱特性发生变化。另一方面，数值模拟采用的土体模型尚有待于进一步验证和改进。尽管如此，数值模拟得到的傅氏谱特性曲线所反映出来的显著频段与试验结果是基本一致的。

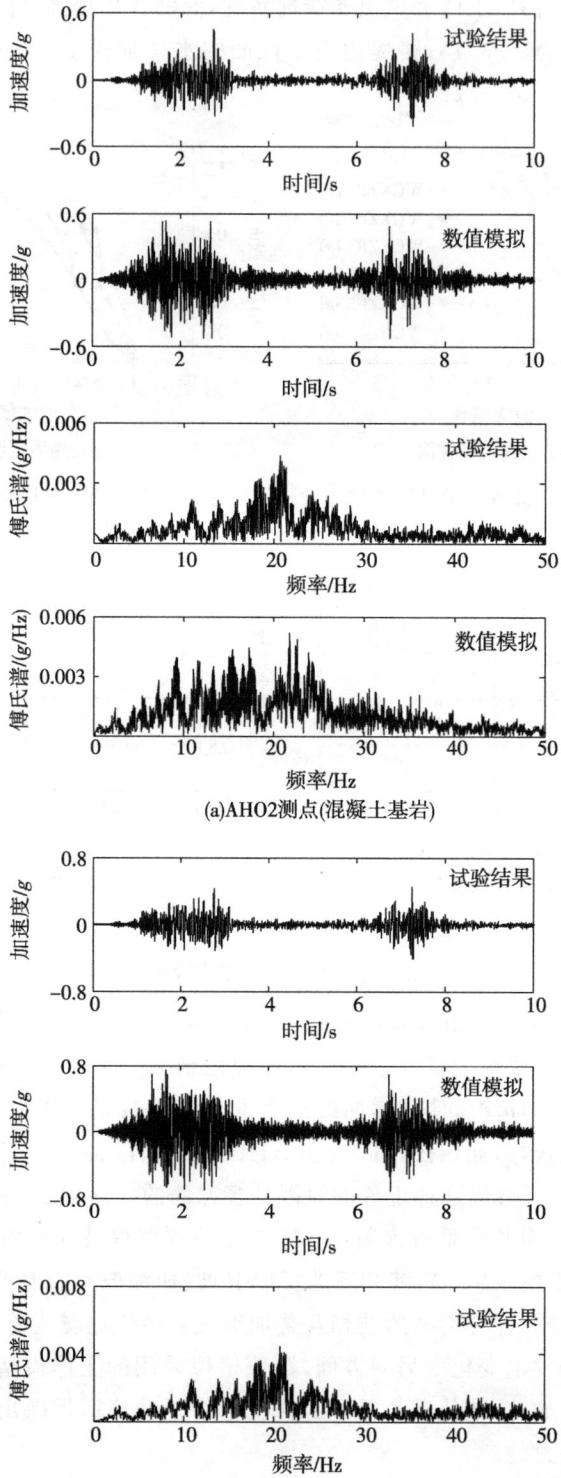

(a) AH02测点(混凝土基岩)

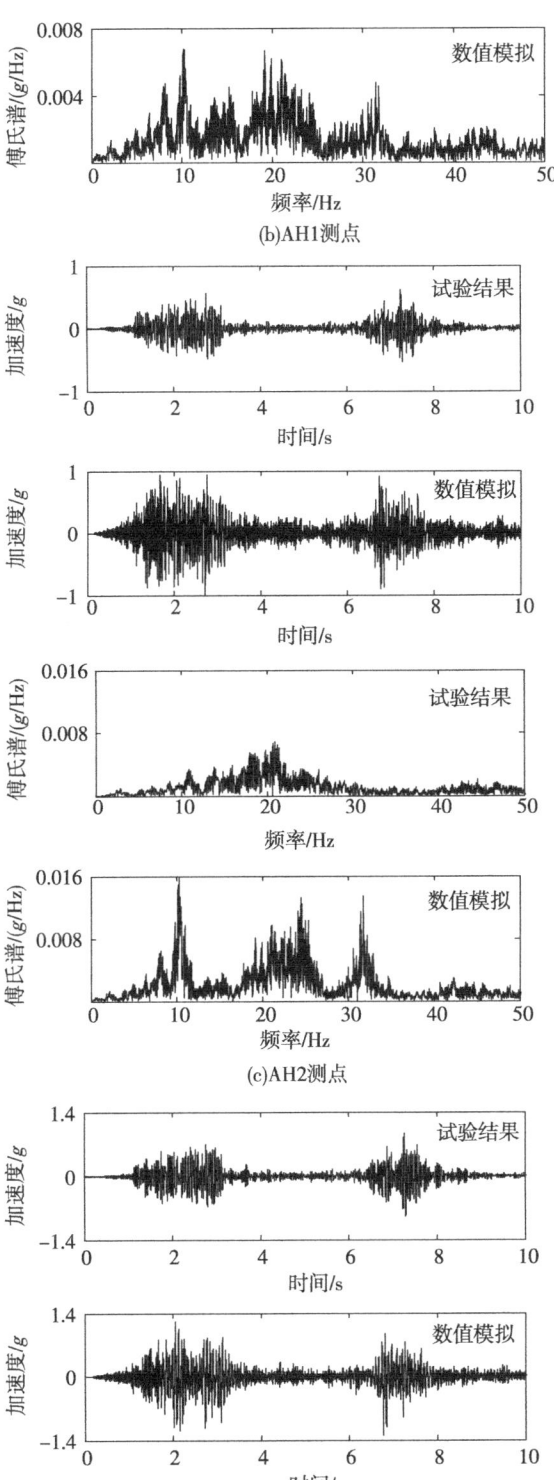

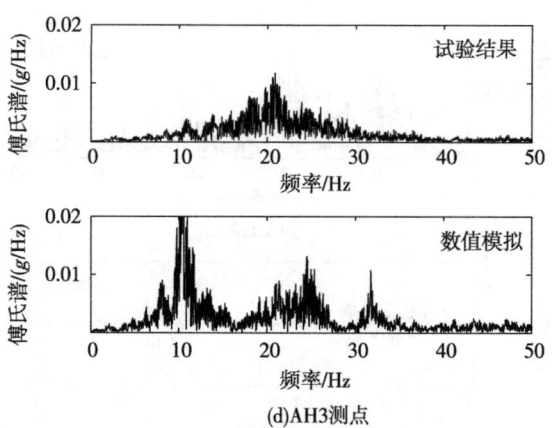

(d)AH3测点

图 3-72 压缩汶川波双向激励下路堤边坡坡面各测点水平加速度时程
及其傅氏谱的试验结果和数值模拟结果比较

2) 竖向加速度响应

表 3-20 对比了压缩汶川波 x、z 双向激励下各测点竖向加速度峰值的试验结果和数值模拟结果。混凝土基岩表现出了对竖向加速度的放大作用。由数值模拟结果可知,混凝土基岩的竖向加速度放大倍数为 1.15~1.46;由试验结果得到的混凝土基岩竖向加速度放大倍数为 1.08~1.52,两者比较接近。另外可以看到,高程较低的测点(如 AV1、AV2 和 AV5 测点),数值模拟和试验得到的加速度峰值比较接近;而高程较大测点(如 AV3、AV4、AV6 和 AV7 测点),加速度峰值差异比较明显。这可能与地震动传播时发生波场分裂有关。地震动发生波场分裂后各种类型的波相互叠加,将形成更加复杂的地震波场,使得竖向加速度分布情况更为复杂,尤其是对于高程较大测点的影响更为显著。

表 3-20 压缩汶川波双向激励下各测点竖向加速度峰值试验结果与数值模拟比较

强度 测点	0.07g		0.13g		0.27g		0.40g		0.53g		0.67g	
	试验值	模拟值	试验值	模拟值	试验值	模拟值	试验值	模拟值	试验值	模拟值	试验值	模拟值
AVO1	0.106	0.081	0.183	0.191	0.327	0.372	0.462	0.553	0.602	0.637	0.724	0.854
AV1	0.113	0.119	0.217	0.223	0.436	0.491	0.666	0.695	0.993	0.858	1.271	1.094
AV2	0.106	0.137	0.223	0.261	0.520	0.630	0.892	0.818	1.253	1.130	1.518	1.280
AV3	0.123	0.209	0.275	0.396	0.758	0.806	1.203	1.007	1.468	1.481	1.591	1.736
AV4	0.137	0.306	0.271	0.610	0.547	1.262	0.762	2.166	1.027	2.273	1.195	2.573
AV5	0.094	0.138	0.180	0.226	0.345	0.565	0.517	0.826	0.804	1.017	1.001	1.166
AV6	0.100	0.210	0.208	0.410	0.396	0.776	0.521	1.264	0.756	1.565	1.102	1.702
AV7	0.127	0.297	0.244	0.638	0.444	1.047	0.601	1.755	0.766	1.809	1.218	2.280

图 3-73 给出了压缩汶川波双向激励下路堤边坡竖向加速度放大倍数分布情况的数值模拟结果,图 3-74 为路堤边坡各测点竖向加速度放大倍数与台面竖向加速度峰值的关系。竖向加速度放大倍数沿路堤边坡高度呈非线性增大,最大峰值发生在路堤边坡顶部。当台面竖向加速度峰值逐渐增大时,竖向加速度放大倍数并没有表现出明显的递减趋势。竖向加速度放大倍数不仅与路堤边坡动力特性、台面地震动强度、频谱特性有关,还与土体垂向约束条件等因素有关,竖向加速度放大倍数的分布情况显得更为复杂。另外,数值模拟结果并没有出现竖向加速度放大倍数小于 1.0 的情况。

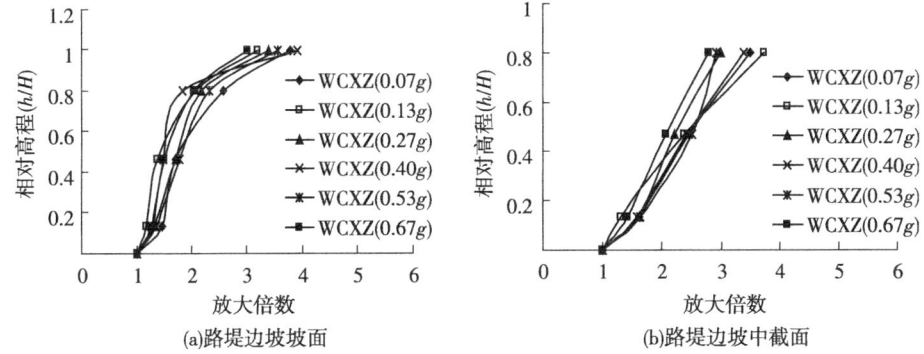

图 3-73 压缩汶川波双向激励下路堤边坡竖向加速度放大倍数分布情况的数值模拟结果

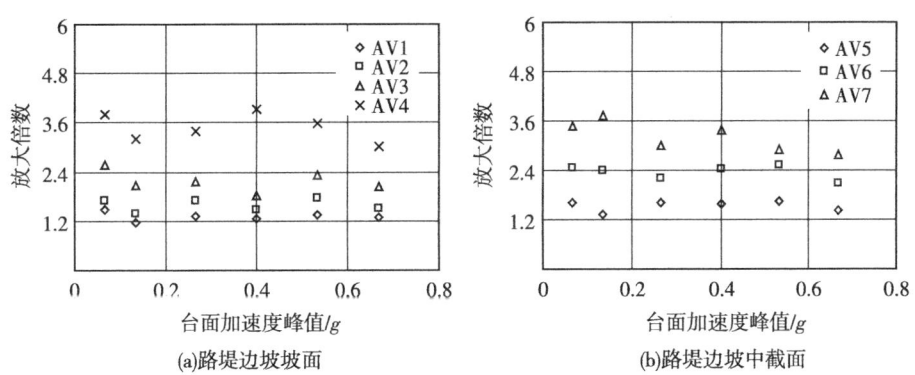

图 3-74 压缩汶川波双向激励下路堤边坡各测点竖向加速度放大倍数与台面竖向加速度峰值的关系

图 3-75 对比了压缩汶川波 x、z 双向激励下($A_{z\max}=0.27g$)路堤边坡坡面各测点竖向加速度响应时程曲线及其傅氏谱的试验结果和数值模拟结果。为便于比较分析,加速度时程曲线只给出了 0~10s 的情况,傅氏谱特性曲线只给出了 0~60Hz 的情况。可以看出,各测点竖向加速度时程曲线的试验结果和数值模拟结果吻合得比较好;对于傅氏谱曲线,在靠近坡脚位置的测点(如 AH02 和 AH1 测点)吻合得很好,高程较大的测点(如 AH2 和 AH3 测点)则有所差异。这主要是由于地震动传播特性造成波场分裂现象,使得高程较大测点的加速度频谱特性更为复杂。

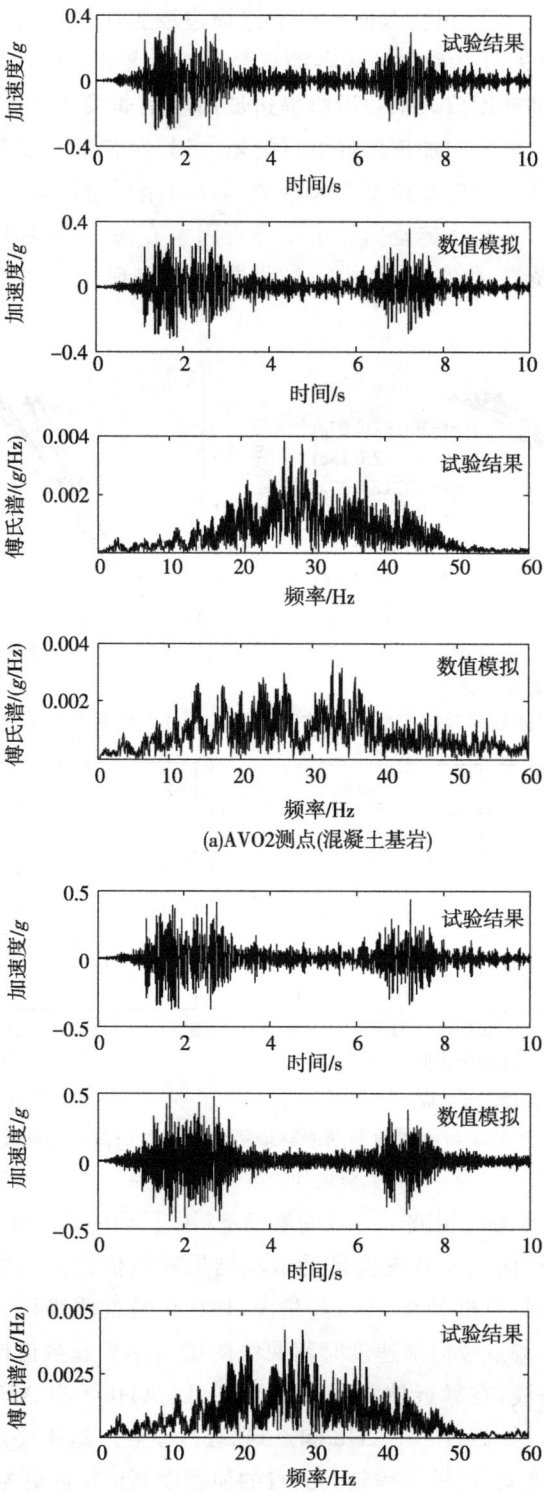

(a)AVO2测点(混凝土基岩)

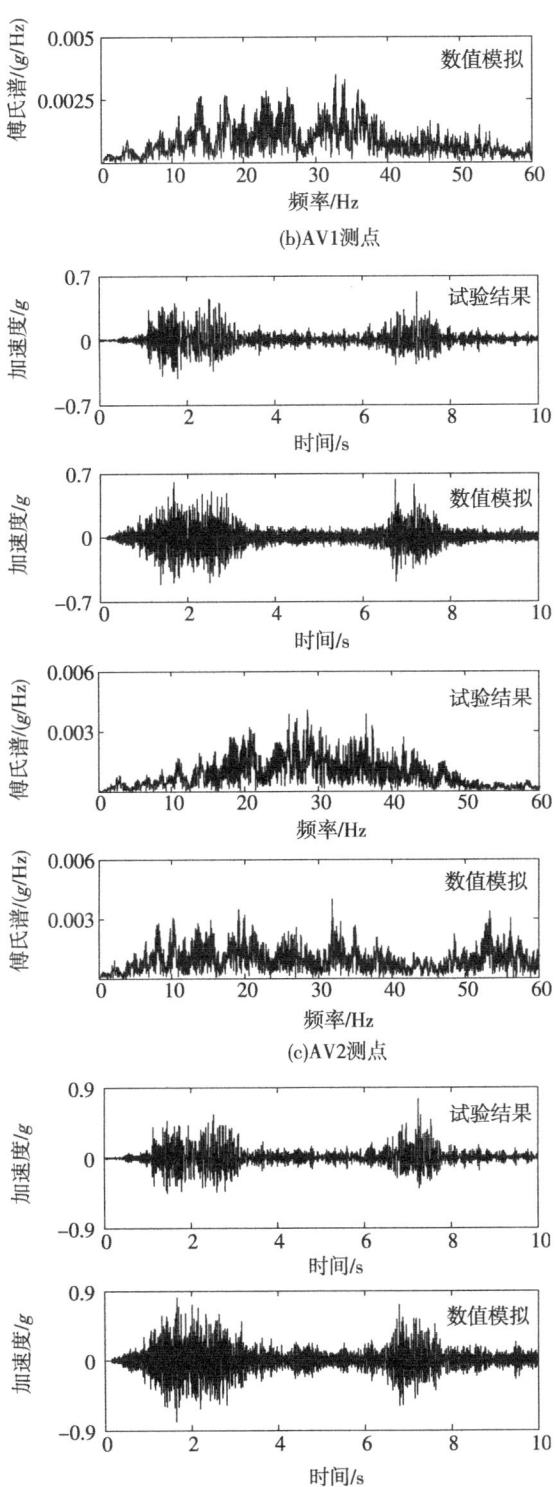

(b)AV1测点

(c)AV2测点

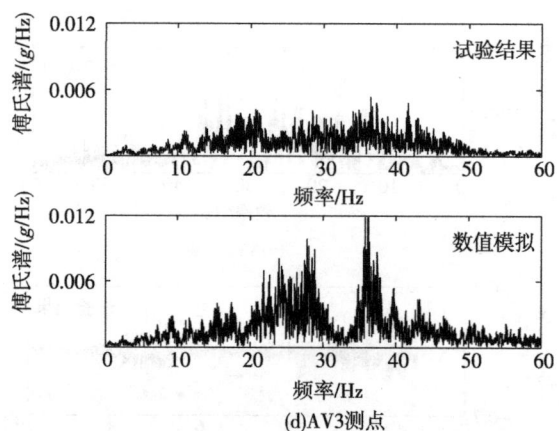

(d)AV3测点

图 3-75 压缩汶川波双向激励下路堤边坡坡面各测点竖向加速度响应
时程曲线及其傅氏谱的试验结果和数值模拟结果比较

3) 动土压力响应

约定土压力符号以土体受压为正。图 3-76 给出了水平加速度峰值 $A_{xmax}=0.4g$ 压缩汶川波 x、z 双向激励下各测点动应力时程曲线的数值模拟结果。数值模拟得到的动土压力幅值大于试验结果,尽管如此,两者得到的定性结论是一致的。在压缩汶川波双向激励下,动土压力曲线出现了两次突变,且第一次突变强于第二次突变,路堤产生残余土压力。D1 测点残余土压力为正,在靠近坡脚位置处出现了应力集中

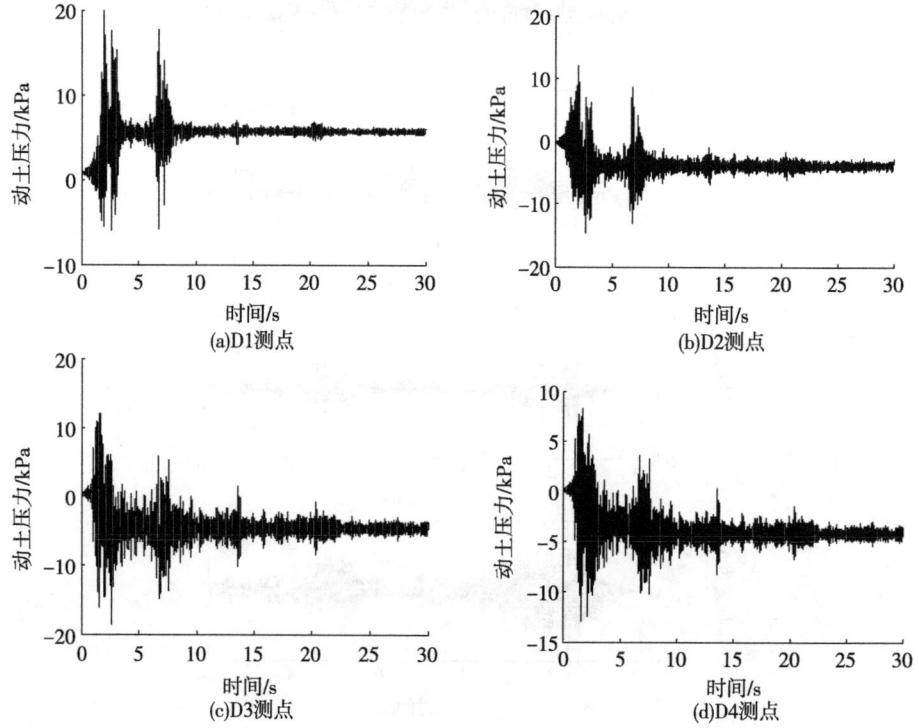

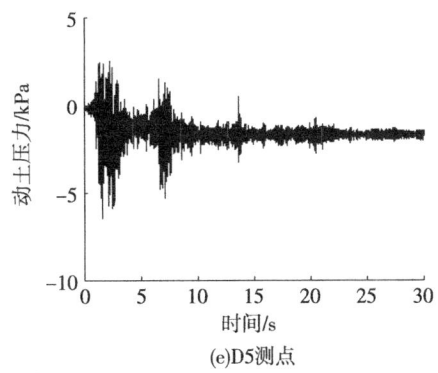

(e)D5测点

图 3-76 压缩汶川波双向激励下各测点动应力时程曲线数值模拟结果

现象,土体静土压力有所增大;其他测点残余土压力为负,即出现了土体松动和土压力释放的现象。这与振动台试验结论基本一致。

3.3 不同压实度及加筋路堤边坡的地震动力反应分析

本章主要介绍 95%、91%、87% 和 83% 压实度,以及加筋 2 层和加筋 4 层路堤边坡的振动台试验成果。一方面,通过振动台试验重演不同压实度路堤边坡在强震激励下的地震反应特性,以期为铁路路堤结构抗震设计以及既有的低压实度路堤抗震加固提供参考;另一方面,通过对比和揭示不同加筋形式路堤边坡地震反应特性,为改善加筋路堤抗震设计提供依据。本节主要内容包括:①通过白噪声激励获得不同压实度和不同加筋形式路堤边坡的动力特性参数,分析其动力特性变化规律和影响因素;②针对不同压实度路堤边坡的振动台试验现象作对比分析;③对比和分析不同压实度和不同加筋形式路堤边坡的水平和竖向加速度响应,水平和竖向加速度放大倍数分布规律及其影响因素,并从时域和频域角度研究地震波在路堤边坡中的传播特性;④对比和分析不同压实度、不同加筋形式路堤边坡的动土压力和动位移响应特性;⑤对比和分析不同压实度、不同加筋形式路堤边坡的地震残余变形特性;⑥以振动台试验模型为原型,采用 FLAC3D 建立不同压实度和不同加筋形式路堤边坡的概化模型,并进行振动台试验主要加载工况的模拟,以作为对振动台试验结果的补充和验证。

3.3.1 不同压实度路堤边坡动力特性分析

对不同压实度路堤边坡坡面各测点采用加速度传递函数法得出其模态参数,路堤坡面模态参数取各测点模态参数的均值。表 3-21 和表 3-22 分别给出了不同压实度路堤边坡坡面 x 向和 z 向振动的第一阶模态参数。图 3-77 和图 3-78 分别给出了不同压实度路堤边坡 x 向和 z 向振动第一阶模态参数在不同白噪声加载工况激励下的变化情况。

表 3-21 不同压实度路堤边坡坡面 x 向振动第一阶模态参数

压实度	工况	WN1	WN2	WN3	WN4	WN5	WN6	WN7	WN8	WN9
95%	频率 f/Hz	23.8	24.7	23.9	23.3	22.9	23.3	23.4	22.7	21.3
	阻尼比 ζ/%	10.8	11.5	11.8	12.1	12.0	12.2	13.8	13.9	14.8
91%	频率 f/Hz	24.1	24.6	21.9	22.0	21.8	21.7	21.2	20.3	18.8
	阻尼比 ζ/%	11.4	12.1	12.6	13.7	13.9	13.6	12.6	13.9	13.9
87%	频率 f/Hz	24.0	23.5	22.2	20.5	19.5	19.6	19.0	19.0	18.8
	阻尼比 ζ/%	14.5	12.4	12.1	14.4	14.5	14.1	14.1	14.4	13.7
83%	频率 f/Hz	20.0	18.5	17.4	16.4	16.2	16.1	16.2	16.2	16.1
	阻尼比 ζ/%	13.0	13.6	13.2	13.6	13.2	13.7	13.8	16.2	16.2

表 3-22 不同压实度路堤边坡坡面 z 向振动第一阶模态参数

压实度	工况	WN1	WN2	WN3	WN4	WN5	WN6	WN7	WN8	WN9
95%	频率 f/Hz	43.5	43.9	44.4	43.4	43.5	43.4	42.9	41.7	40.9
	阻尼比 ζ/%	7.2	6.2	6.1	6.3	6.4	7.2	8.8	10.2	12.1
91%	频率 f/Hz	42.0	42.0	41.5	41.3	39.9	40.2	39.3	39.2	38.3
	阻尼比 ζ/%	9.9	7.3	7.3	7.3	9.3	10.2	9.2	12.6	13.2
87%	频率 f/Hz	36.9	37.9	37.4	33.4	33.3	34.8	33.8	33.8	33.5
	阻尼比 ζ/%	11.3	10.8	10.4	12.2	12.6	13.6	13.2	13.8	14.3
83%	频率 f/Hz	29.3	29.1	29.7	30.7	30.6	30.5	29.5	28.6	28.4
	阻尼比 ζ/%	13.1	13.7	11.6	12.1	10.2	13.6	14.2	14.9	13.4

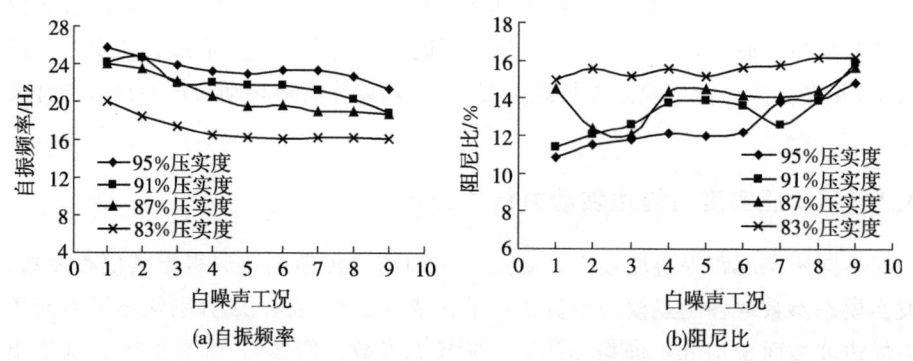

(a)自振频率 (b)阻尼比

图 3-77 不同压实度路堤边坡 x 向振动的第一阶模态参数变化情况

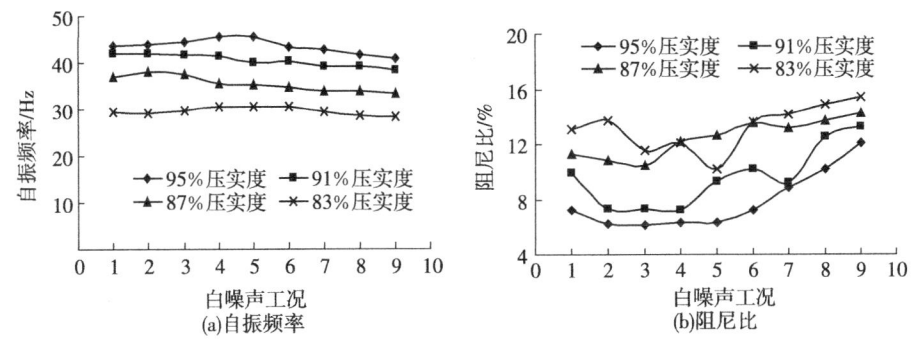

图 3-78　不同压实度路堤边坡 z 向振动的第一阶模态参数变化情况

路堤边坡坡面 x 向振动第一阶自振频率在经历不同地震动激励工况后呈逐渐减小的趋势,第一阶阻尼比呈逐渐增大的趋势。当模型经历先期振动后再施加同样加速度峰值的地震动激励,后期振动引起路堤边坡自振频率降低不明显;当经过比先期振动更大强度的振动后,还会引起路堤边坡自振频率的进一步下降和阻尼比的进一步增大。不同压实度路堤边坡均表现出相同的规律。

路堤边坡坡面 z 向振动的第一阶模态参数变化情况则显得更为复杂。当经历地震动加速度峰值较小的先期振动时,路堤边坡出现了第一阶自振频率逐渐增大、阻尼比减小的现象,尤其是 83% 和 87% 压实度的路堤边坡,这种现象表现得更为明显;随着台面地震动激励加速度峰值的增大,路堤边坡第一阶自振频率逐渐减小、阻尼比逐渐增大。这可能是因为路堤边坡填筑时不够密实,在经历微震之后土体会更加密实,使得自振频率有所增大、阻尼比有所减小;当经历更强的地震动激励之后,土体趋于松散,自振频率变小、阻尼比增大。这也体现了路堤边坡 x 向和 z 向振动模态特性的差异性。

对比不同压实度路堤边坡的模态参数可以发现,压实度对模态参数影响显著。无论是 x 向振动还是 z 向振动,在相应的白噪声工况下,路堤边坡的压实度越大,则第一阶自振频率越大,第一阶阻尼比越小。这主要是因为随着压实度的提高,土体的剪切模量也将随之提高。另外可以看出,压实度对路堤 z 向振动模态参数的影响更为显著。例如,在白噪声 WN-1 工况下(即施加地震波激励前的白噪声工况),95% 压实度路堤边坡 x 向和 z 向振动的第一阶自振频率分别为 23.8Hz 和 43.5Hz,而 83% 压实度路堤边坡 x 向和 z 向振动的一阶自振频率分别为 20.0Hz 和 29.3Hz,分别降低了 22.5% 和 32.6%。

3.3.2　不同压实度路堤边坡地震动力反应分析

1. 不同压实度路堤边坡试验现象描述

不同压实度路堤边坡的振动台试验现象主要表现为两个方面:一方面,路堤边坡坡面表层填料在地震动激励下震松且沿路堤边坡坡面发生滚落现象,这种现象随地震动加速度峰值增大而更加明显；另一方面，低压实度路堤边坡坡面出现裂缝，主要为水平裂缝，竖向裂缝较少。在整个试验过程中，不同压实度路堤边坡的外形基本保持不变，没有出现大面积的滑动、坍塌等现象，主要为填料震密或震松引起的震陷变形和侧向残余变形。

当台面地震动加速度峰值较小时，95%压实度路堤只有靠近路堤边坡坡面顶部位置的极少量细小土颗粒发生滑落现象。当台面地震动水平加速度峰值 $A_{x\max} \geqslant 0.8g$ 时，95%压实度路堤边坡坡面才出现可观的细小土颗粒滚落的现象，且主要集中在路堤边坡坡面顶部位置。

对于91%和87%压实度路堤边坡，当地震动水平加速度峰值 $A_{x\max} \leqslant 0.4g$ 时，两种压实度路堤边坡出现碎石滚落现象并不明显。当地震动强度逐渐增大时，路堤边坡地震反应也随之增强。主要试验现象依旧表现为路堤边坡坡面表面的细小填料被震松且沿着路堤边坡坡面滚落。当地震动水平加速度峰值为 $0.6g$ 时，87%和91%压实度路堤边坡出现了较为明显的土颗粒滚落现象，滚落主要集中在路堤边坡坡面的顶部，这与水平加速度放大倍数最大值出现在路堤边坡顶部的结论是一致的。当台面水平加速度峰值达到 $0.8g$ 时，87%压实度路堤边坡坡面在 $0.8H \sim 1.0H$ 位置处出现了短而细的竖向裂缝，如图3-79(a)所示。当地震动水平加速度峰值达到 $1.0g$ 时，出现了大量的大粒径碎石滚落，87%压实度路堤边坡坡面的竖向裂缝进一步扩大。

83%压实度路堤边坡在地震动水平加速度峰值为 $0.4g$ 时就出现了较为明显的细小颗粒滚落现象。随着加速度峰值的增大，滚落区域不断扩展，滚落土颗粒的粒径也越来越大。当台面水平加速度峰值达到 $0.6g$ 时，路堤边坡坡面顶部开始出现裂缝。随着地震动强度进一步增大，裂缝逐渐增多，且宽度增大，并逐渐出现贯通的现

(a)87%压实度路堤边坡的试验裂缝　　(b)83%压实度路堤边坡的试验裂缝

图3-79　不同压实度路堤边坡振动台试验现象

象。当经历了 $A_{rmax}=1.0g$ 汶川原波双向激励后,在路堤边坡坡面 $\frac{2}{3}H$ 位置处出现了一条贯通的水平裂缝;在路堤边坡坡面顶部(0.8H~1.0H 位置处)出现了竖向裂缝。级配碎石板下的填料部分被掏空,如图 3-79(b)所示。

2. 不同压实度路堤边坡水平加速度反应

以压缩汶川波 x、z 双向激励(WC_XZ-3 工况,$A_{rmax}=0.4g$)为例,图 3-80 和图 3-81 分别给出了不同压实度路堤边坡坡面和中截面处水平加速度放大倍数的分布情况。路堤边坡对水平加速度具有明显的放大效应,沿路堤边坡高度方向水平加速度放大倍数呈非线性增大,在靠近路堤边坡顶部位置达到最大值。不同压实度路堤边坡表现出相同的特性。

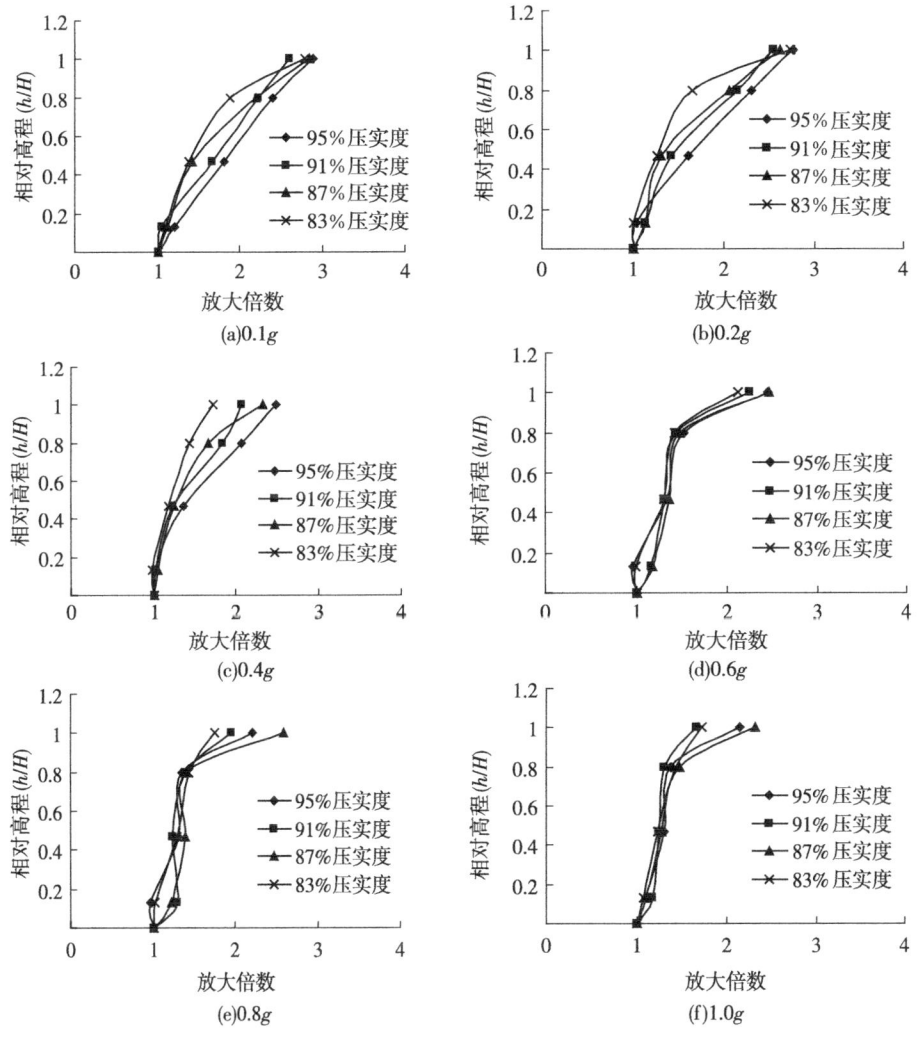

图 3-80 压缩汶川波双向激励下不同压实度路堤边坡坡面处水平加速度放大倍数分布情况

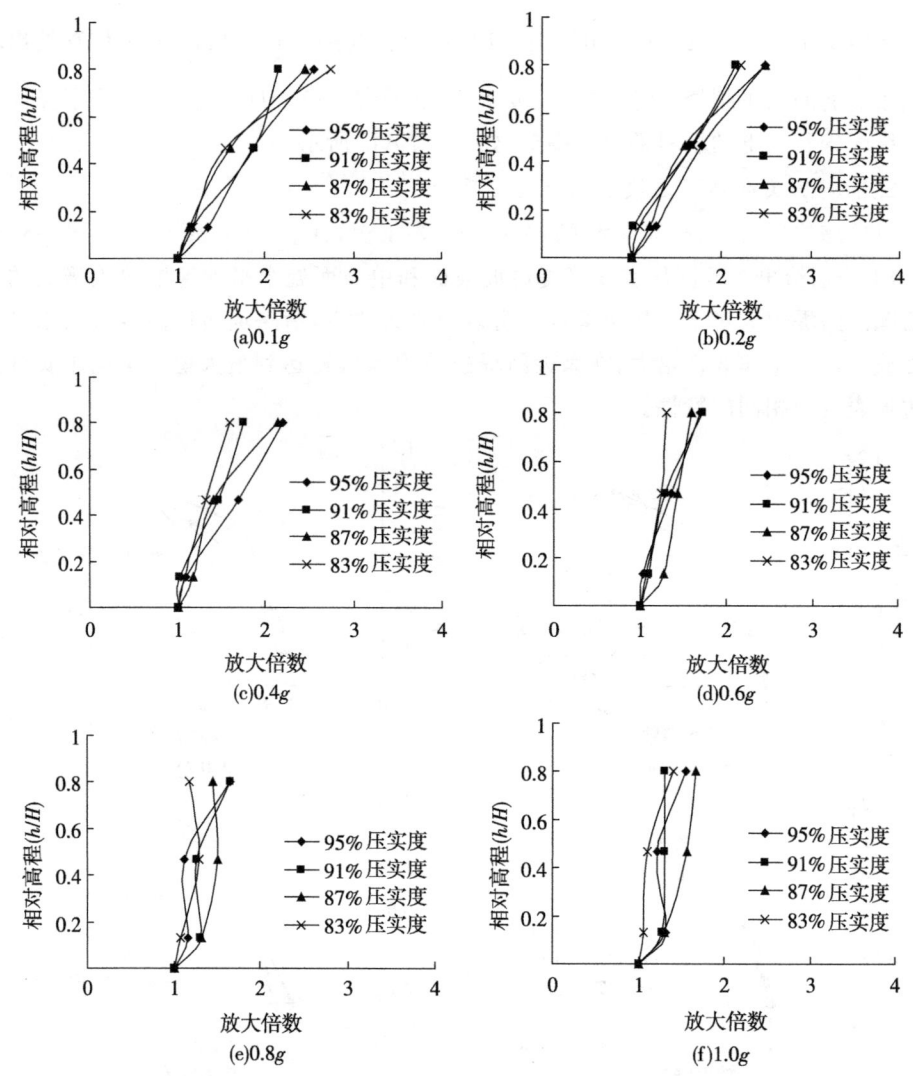

图 3-81 压缩汶川波双向激励下不同压实度路堤边坡中截面处水平加速度放大倍数分布情况

在相应的地震动激励工况下,高压实度路堤边坡的水平加速度放大现象更为显著。压实度对水平加速度放大倍数的影响主要体现在对路堤边坡自振频率和阻尼比的影响。从不同压实度路堤边坡模态参数测试结果可以看出,压缩汶川波卓越频段已经覆盖了4种压实度路堤边坡的第一阶自振频率(压缩汶川波的卓越频段主要集中在 10~30Hz,其次为 30~50Hz),但从阻尼比测试结果可以看出,低压实度路堤边坡阻尼比大于高压实度路堤边坡,这也是导致高压实度路堤边坡水平加速度放大现象更显著的一个重要因素。当台面地震动强度逐渐增大时,不同压实度路堤边坡水平加速度放大倍数分布形状发生了不同程度的改变。随着台面地震动强度的增大,土体受到的扰动程度增大,土体表现出很强的非线性特性,路堤边坡结构的自振频率和阻尼比也随之发生变化。当自振频率与台面地震动的主要频段接近时,结构会发生类共振现象,加速度放大现象将随之增大。不同压实度路堤边坡自振频率和阻尼比变化的差异性导致其加速度放大倍数分布形状发生不同程度的改变。

图 3-82 和图 3-83 为压缩汶川波 x、z 双向激励下不同压实度路堤边坡各测点水平加速度放大倍数与台面水平加速度峰值关系。除 AH1 和 AH5 测点(靠近混凝土基岩的测点),其余各测点均表现为水平加速度放大倍数随台面水平加速度峰值增大而减小的趋势。AH1 和 AH5 测点由于受到了混凝土基岩的端部约束作用,其水平加速度放大倍数与台面地震动强度关系不显著。随着台面水平加速度峰值的增大,土体剪应变和阻尼比逐渐增大,剪切模量降低,滤波作用随之增强,水平加速度放大倍数也因此随之减小。若各测点水平加速度放大倍数 RATIO 随台面加速度峰值 $A_{x\max}$ 增大而减小的规律采用关系式(3-26)来拟合,可得到不同压实度路堤边坡各测点试验拟合参数 A 和 B,如表 3-23 所示。由于 AH1 和 AH5 测点试验结果离散性较大,表 3-23 中未给出这两点的试验拟合参数。参数 B 的绝对值大小反映了地震动强度对水平加速度放大倍数影响的显著性。尽管试验结果存在一定离散性,但也不难看出,地震动强度对高压实度路堤边坡水平加速度放大倍数的影响更为显著。

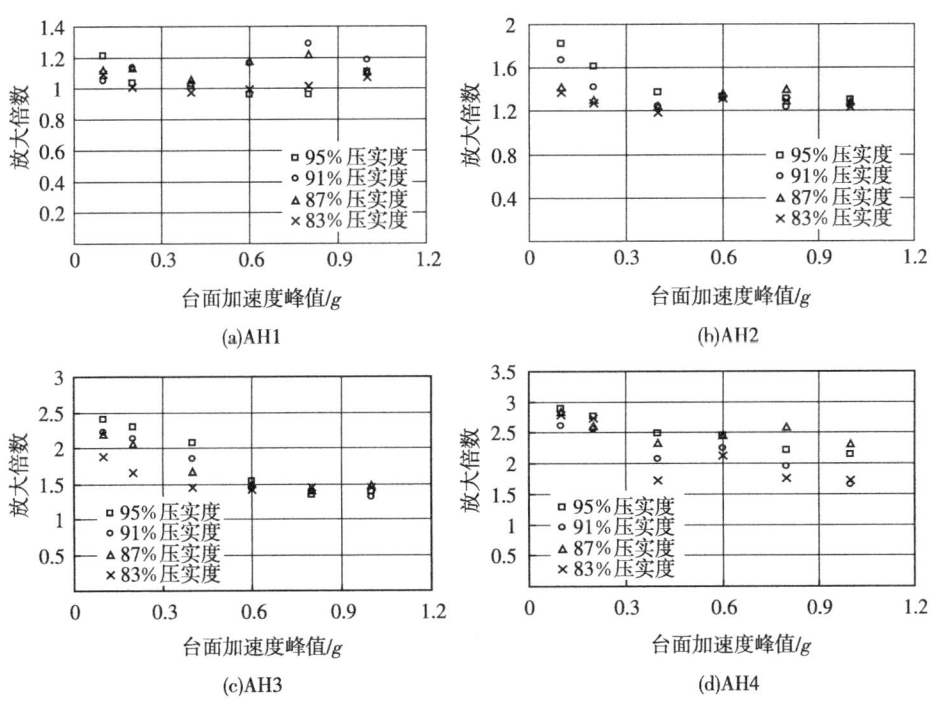

图 3-82 压缩汶川波双向激励下不同压实度路堤边坡坡面各测点水平加速度放大倍数与台面水平加速度峰值关系

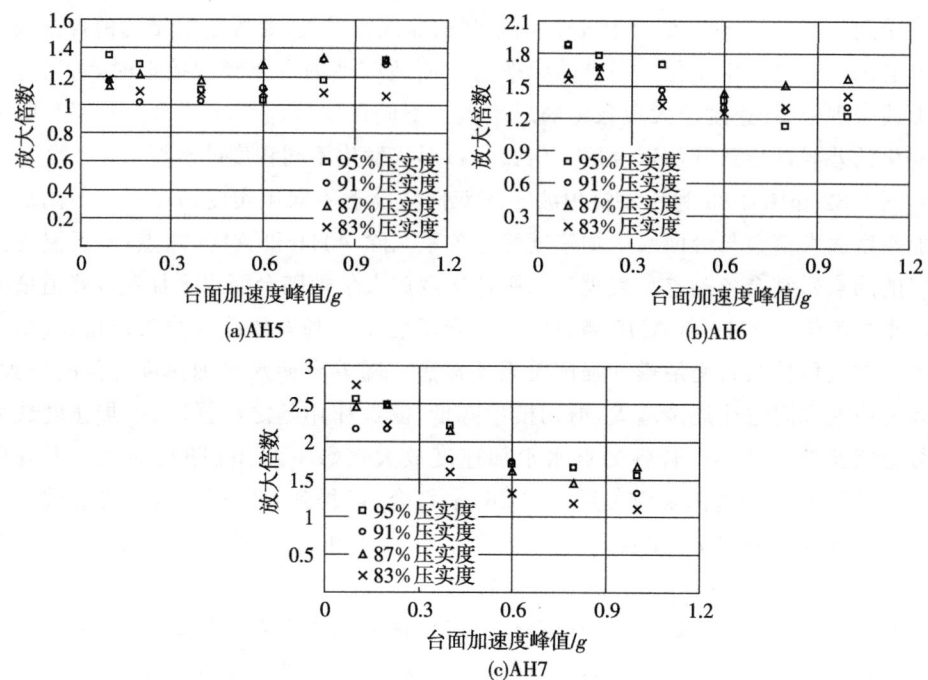

图 3-83 压缩汶川波双向激励下不同压实度路堤边坡中截面各测点水平加速度放大倍数与台面水平加速度峰值关系

表 3-23 不同压实度路堤边坡加速度放大倍数与地震动强度关系拟合参数

压实度	测点	坡面上测点			中截面测点	
		AH2	AH3	AH4	AH6	AH7
95%	A	1.246	1.367	2.190	1.203	1.575
	B	−0.230	−0.511	−0.324	−0.331	−0.485
91%	A	1.191	1.321	1.833	1.226	1.479
	B	−0.178	−0.437	−0.375	−0.275	−0.343
87%	A	1.316	1.374	2.367	1.480	1.538
	B	−0.025	−0.369	−0.173	−0.046	−0.466
83%	A	1.241	1.368	1.673	1.292	1.008
	B	−0.039	−0.195	−0.505	−0.138	−0.738

为对比地震波在不同压实度路堤边坡中传播的差异性，图 3-84 给出了压缩汶川波 x、z 双向激励下 ($A_{xmax}=0.4g$) 不同压实度路堤边坡 AH4 测点的水平加速度时程曲线及其傅氏谱。可以看出：

（1）台面输入的地震波经路堤边坡传播后，其频谱特性发生了明显的变化。路堤边坡能吸收一部分地震波的能量，对高频部分存在滤波现象，也能对地震波某些低频段的能量加以放大。不同压实度路堤边坡表现出了相同的特性。

（2）不同压实度路堤边坡对地震波频谱特性的影响不同。这主要体现在不同压实度路堤边坡对地震波高频滤波作用以及低频能量放大作用的效果不同，以及对应频段的差异性。例如，在压缩汶川波 x、z 双向激励下（$A_{xmax}=0.4g$），87%、91%和95%压实度路堤边坡 AH4 测点的水平加速度频谱曲线的卓越频段主要集中在 20~25Hz，而 83%压实度的路堤边坡则集中在 16Hz 左右，这正好与相应工况下路堤边坡的第一阶自振频率相对应，如表 3-21 所示。这说明土体能对接近其自振频率的地震波频段能量加以放大。

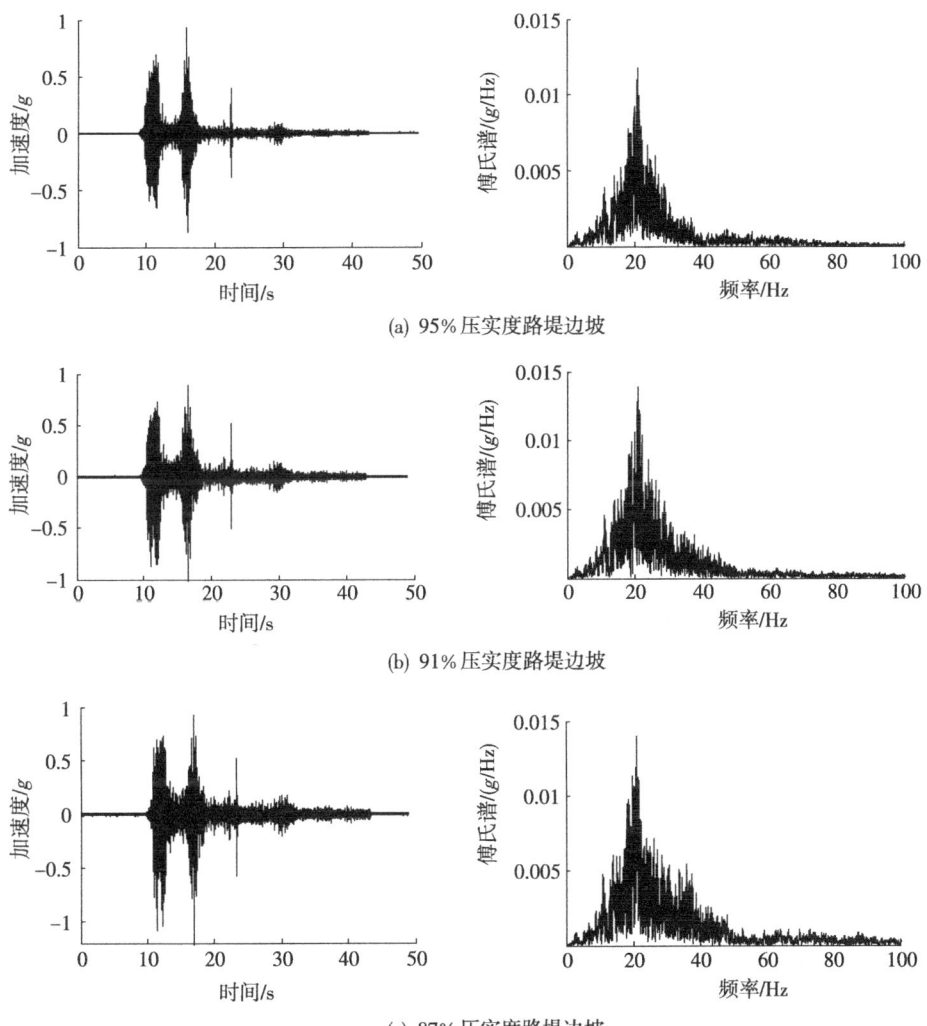

(a) 95%压实度路堤边坡

(b) 91%压实度路堤边坡

(c) 87%压实度路堤边坡

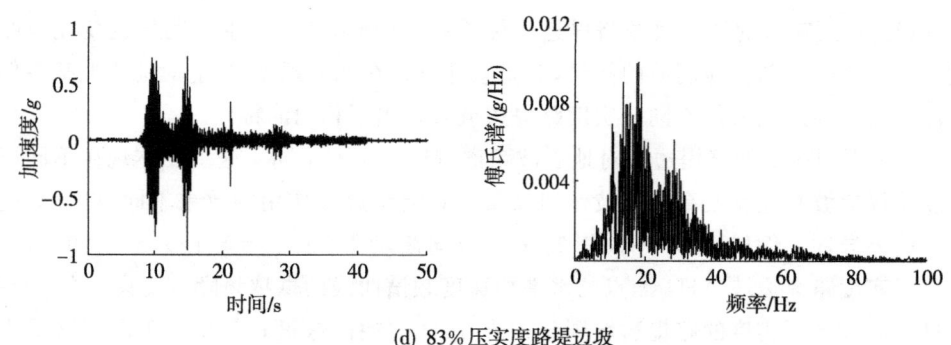

图 3-84 压缩汶川波双向激励下不同压实度路堤边坡 AH4 测点水平加速度时程曲线及其傅氏谱

图 3-85 给出了不同地震波 x、z 双向激励下($A_{x\max}=0.4g$)不同压实度路堤边坡坡面水平加速度放大倍数分布情况。不同地震波激励下水平加速度放大倍数分布有所差异。尽管压缩汶川波、压缩大瑞人工波和压缩 Kobe 波的卓越频段已经覆盖了不同压实度路堤边坡的第一阶自振频率,但地震波本身频谱特性的差别导致了加速度放大倍数分布的差异性。

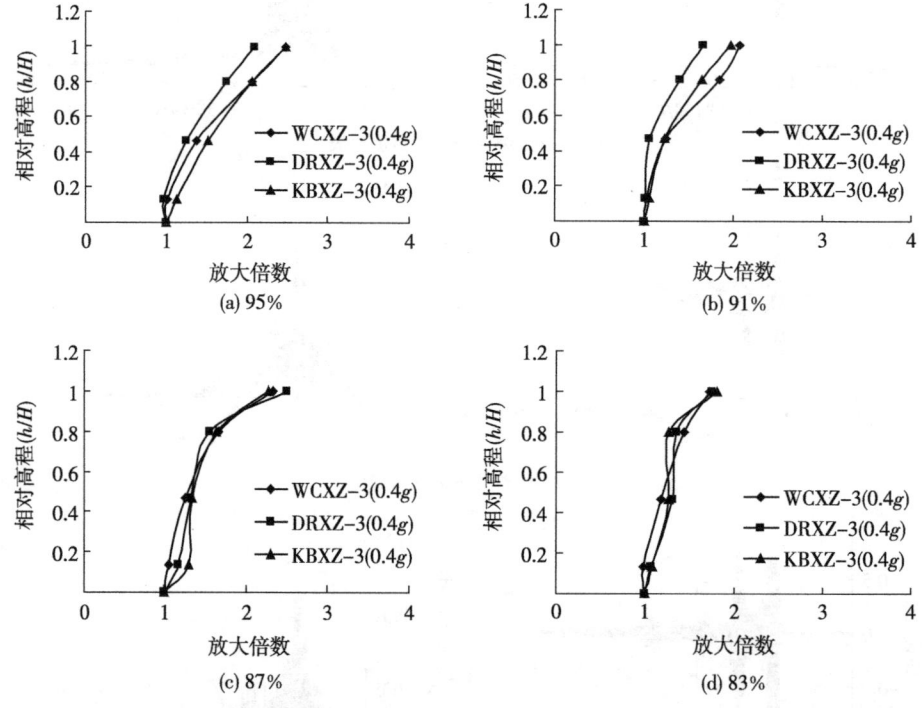

图 3-85 不同地震波双向激励下不同压实度路堤边坡坡面水平加速度放大倍数分布情况

图 3-86 为汶川原波 x、z 双向激励下($A_{x\max}=1.0g$)不同压实度路堤边坡坡面和中截面处水平加速度放大倍数的分布情况。由于 87% 压实度路堤边坡振动台试验未进行汶川原波激励的加载工况,图 3-86 仅给出 83%、91% 和 95% 压实度路堤边坡

的水平加速度放大倍数分布情况。从地震波的频谱特性可以看出(图 3-25),汶川原波的卓越频段为 2~9Hz,其卓越频段较窄,且远离路堤边坡自振频率,因此,在汶川原波双向激励下,水平加速度放大倍数较小,甚至出现了加速度放大倍数小于 1 的现象。另外可以发现,3 种压实度路堤边坡的水平加速度放大倍数有所差异,83% 压实度路堤边坡的水平加速度放大倍数明显大于 91% 和 95% 压实度的路堤边坡,这可能与 83% 压实度路堤边坡第一阶自振频率更小,更接近汶川原波卓越频段等因素有关。

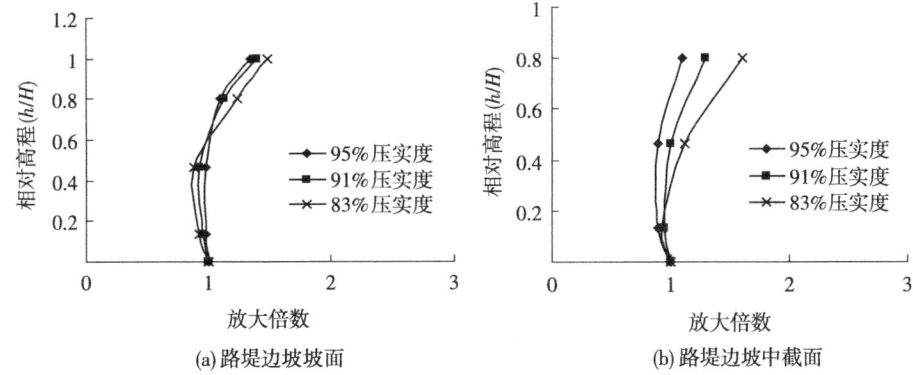

图 3-86　汶川原波双向激励下不同压实度路堤边坡坡面和中截面水平加速度放大倍数分布情况

3. 不同压实度路堤边坡竖向加速度反应

混凝土基岩对竖向加速度存在放大效应,因此,在进行竖向加速度放大倍数计算时均相对于混凝土基岩实测竖向加速度的最大正峰值。以不同强度的压缩汶川波 x、z 双向激励为例,图 3-87 和图 3-88 分别给出了不同压实度路堤边坡坡面和中截面处竖向加速度放大倍数的分布情况。

竖向加速度放大倍数沿路堤边坡高度呈递增趋势,但增幅减弱,这与路堤边坡顶部级配碎石板的约束作用有关。竖向加速度放大倍数在 $0.8H$ 或 $1.0H$ 处达到最大值。路堤边坡坡面处竖向加速度放大倍数明显大于路堤边坡中截面,这主要是因为路堤边坡坡面处垂向约束作用比路堤边坡中截面更小。

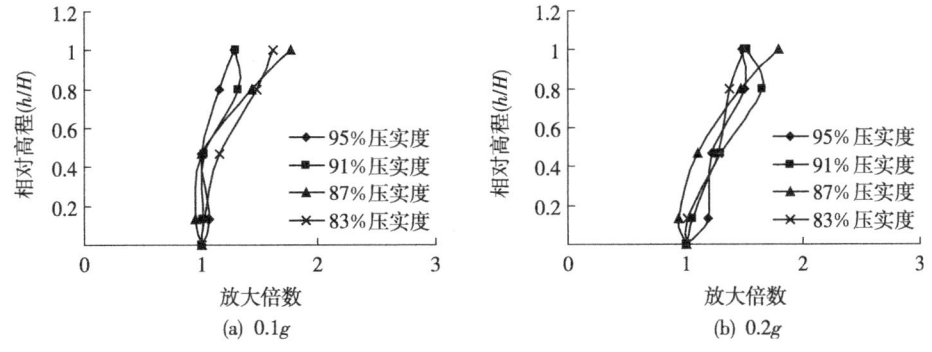

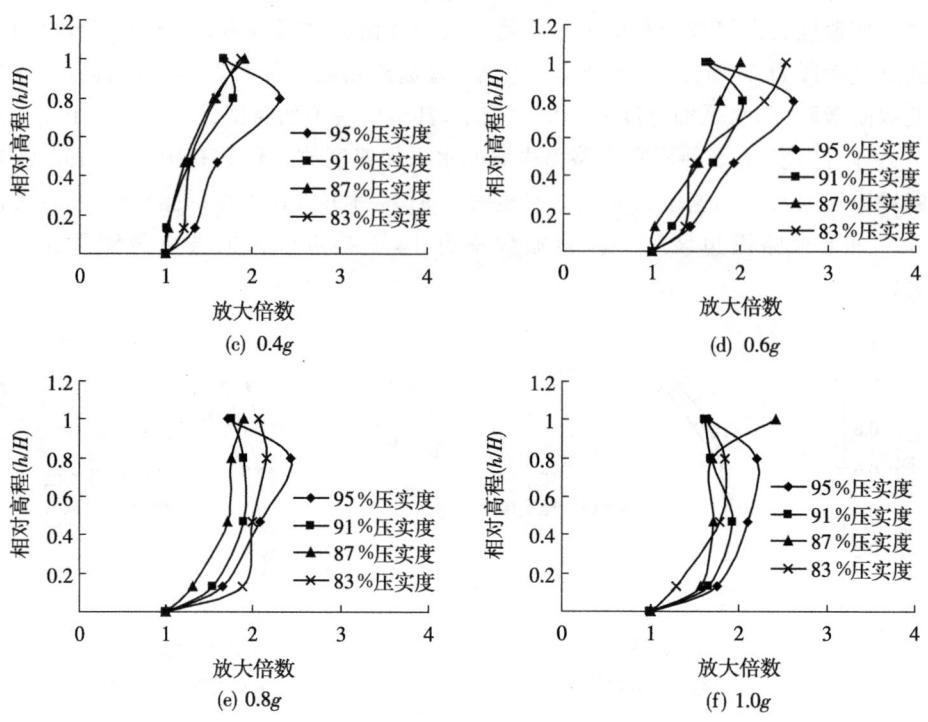

图 3-87 压缩汶川波双向激励下不同压实度路堤边坡坡面竖向加速度放大倍数分布情况

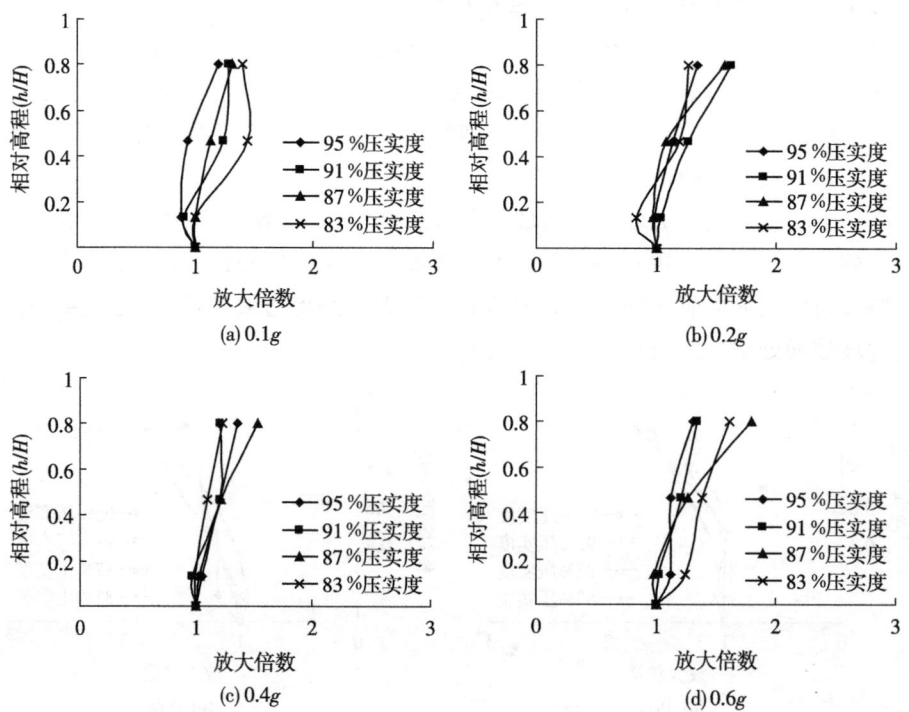

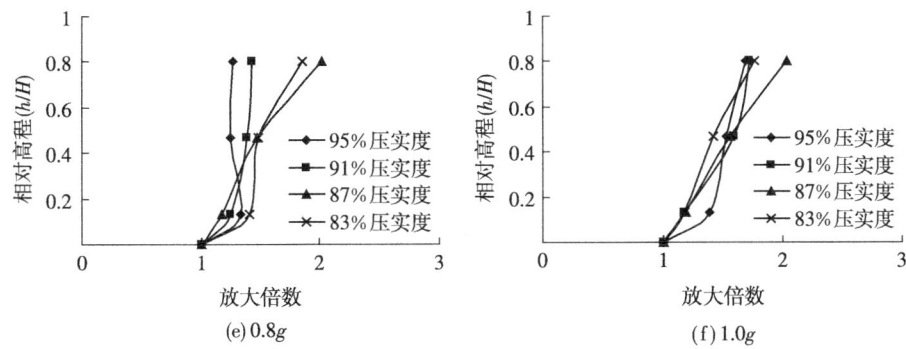

图 3-88 压缩汶川波双向激励下不同压实度路堤边坡中截面竖向加速度放大系数分布情况

另外可以看到,不同压实度路堤边坡出现了竖向加速度放大倍数小于1的现象,路堤边坡部分地表现出了隔震减震作用。

从不同压实度路堤边坡的竖向加速度分布情况可以看出,低压实度路堤边坡对竖向加速度放大效应更为明显。这大致可以从地震波的频谱特性来解释。压缩汶川波的卓越频段为 10~45Hz,主要集中在 20Hz 左右。而从不同压实度路堤边坡 z 向振动的第一阶模态参数测试结果(表 3-22)可以看出,83%、87%、91% 和 95% 压实度路堤边坡的第一阶自振频率分别为 28.4~30.7Hz、33.5~37.9Hz、38.3~42.0Hz 和 40.9~43.5Hz。低压实度路堤边坡的第一阶自振频率与压缩汶川波能量集中频段更为接近,由共振原理可知,由此将产生更大的竖向加速度反应。

当台面地震动激励竖向加速度峰值 $A_{zmax}=0.6g$ 时,87% 压实度路堤边坡 AV3 和 AV4 测点出现了竖向加速度峰值大于 $1.0g$ 的现象。然而通过对整个试验过程录像和摄影发现,路堤边坡并没有发生明显的宏观破坏现象。当台面地震动激励竖向加速度峰值 $A_{zmax} \geqslant 0.8g$ 时,不同压实度路堤边坡普遍出现了竖向加速度反应峰值大于 $1.0g$ 的现象。尽管如此,除 83% 和 87% 压实度路堤边坡出现裂缝外,其余两种压实度路堤边坡的试验现象主要表现为路堤边坡坡面上有大量碎石滑落,并产生了不同程度的残余变形,但路堤边坡依旧满足"可修"的要求。而 83% 压实度的路堤边坡尽管产生了相对较大的残余变形,并出现了明显的横向和竖向裂缝,但能满足现行规范中"大震不倒"的要求。由此可见,在强震激励下路堤边坡可以允许产生竖向加速度峰值大于 $1.0g$ 的情况。

图 3-89 和图 3-90 为压缩汶川波 x、z 双向激励下不同压实度路堤边坡各测点竖向加速度放大倍数与台面竖向加速度峰值关系。不同于水平加速度放大倍数的情况,随台面激励加速度峰值增大,竖向加速度放大倍数并没有表现出明显的随之减小的现象,一些测点甚至出现了随之增大的现象。一方面,竖向加速度放大倍数与路堤动力特性和地震动激励强度、频谱特性有关。从路堤 z 向振动模态参数测试结果(表 3-22)来看,路堤边坡自振频率并没有表现为逐渐减小的现象,阻尼比也没有表现为逐渐增大的现象。这可能是由于路堤边坡填土不够密实,在经历了强度较低的

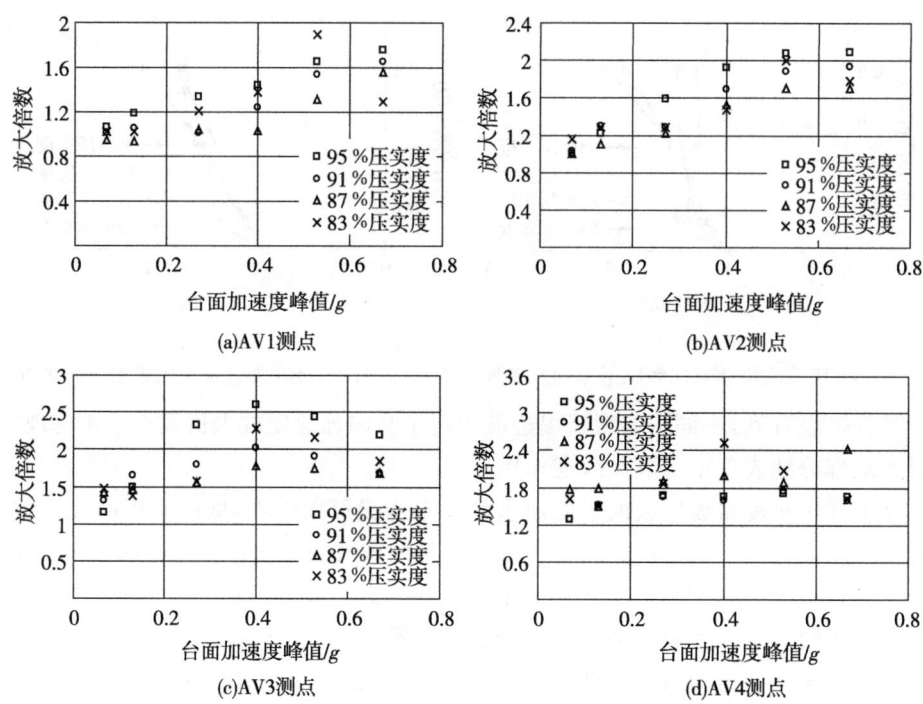

图 3-89　压缩汶川波双向激励下不同压实度路堤边坡坡面各测点竖向加速度放大倍数与台面竖向加速度峰值关系

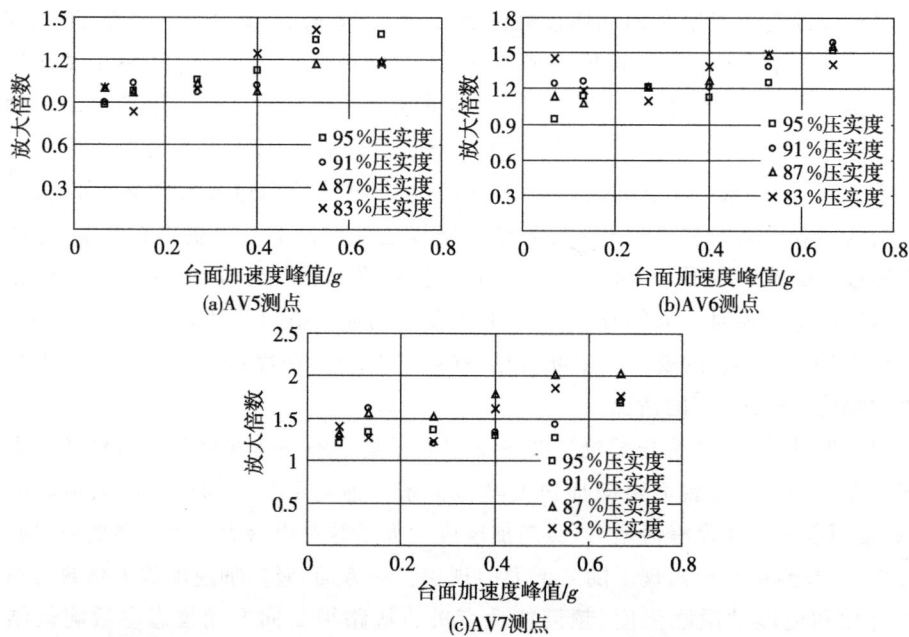

图 3-90　压缩汶川波双向激励下不同压实度路堤边坡中截面各测点竖向加速度放大倍数与台面竖向加速度峰值关系

先期地震动激励后填土趋于密实,土体阻尼比减小,这将导致竖向加速度放大倍数有所增大。另一方面,竖向加速度放大倍数与土体垂向约束密切相关。在较强的地震动激励下土体会变得松散,竖向约束减弱,竖向加速度放大倍数也有可能出现增大的趋势。总而言之,影响竖向加速度放大倍数的因素很多,在缺乏大量试验资料的情况下,有待于进一步研究。

图 3-91 给出了压缩汶川波 x、z 双向激励下 ($A_{z\max}=0.27g$) 不同压实度路堤边坡 AV4 测点的竖向加速度响应时程曲线及其傅氏谱。从压缩汶川波时程曲线及其傅氏谱特性曲线(其卓越频段主要集中在 10~30Hz,其次为 30~50Hz)可以看出,路堤边坡坡面不仅对竖向加速度表现出了放大效应,也使得加速度的傅氏谱特性发生了改变。这种变化主要体现在路堤边坡对接近其自振频率的地震波频段能量加以放大。例如,95%和91%压实度路堤边坡 AV4 测点加速度卓越频段主要集中在 20~

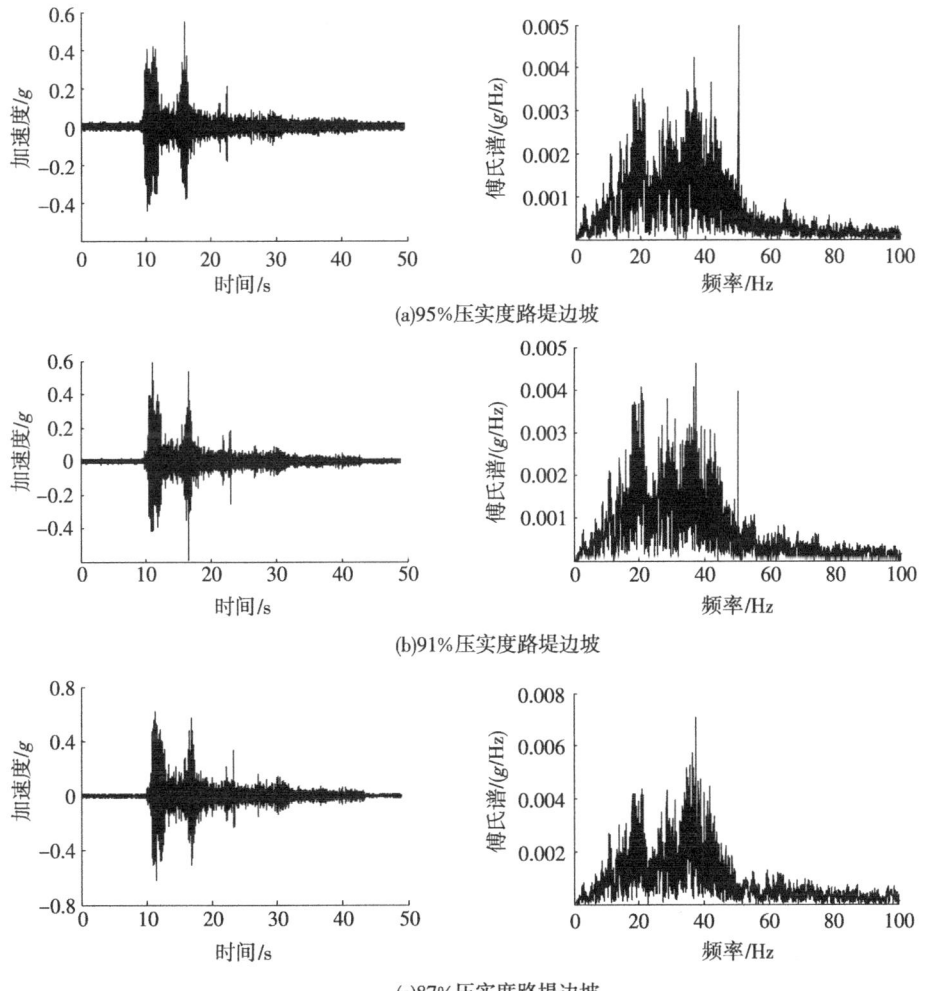

(a) 95%压实度路堤边坡

(b) 91%压实度路堤边坡

(c) 87%压实度路堤边坡

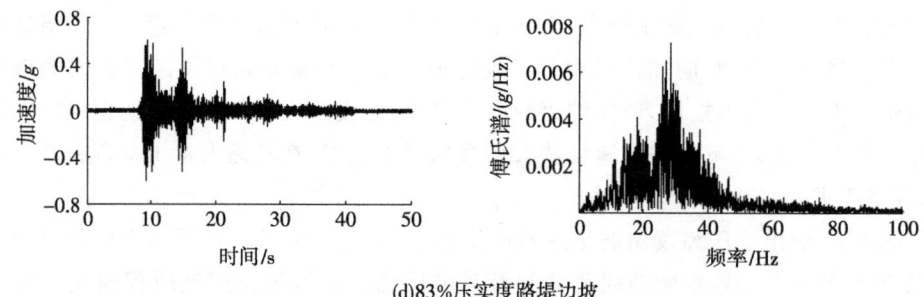

(d)83%压实度路堤边坡

图 3-91 压缩汶川波双向激励下不同压实度路堤边坡 AV4 测点竖向加速度时程曲线及其傅氏谱

40Hz;87%压实度路堤边坡则主要集中在 30～40Hz,其次为 20Hz 左右;83%压实度路堤边坡则主要集中在 30Hz,其次为 20Hz 左右。不同压实度路堤边坡 AV4 测点的加速度傅氏谱曲线能量集中频段正好与路堤边坡第一阶自振频率测试结果一致,如表 3-22 所示。

图 3-92 给出了不同地震波激励下($A_{z\max}=0.27g$)不同压实度路堤边坡坡面处竖向加速度放大倍数的分布情况。可以看出,不同地震波激励下竖向加速度分布情况有所不同,这与地震波频谱特性、不同压实度路堤边坡模态特性有所差异等诸多因素有关。

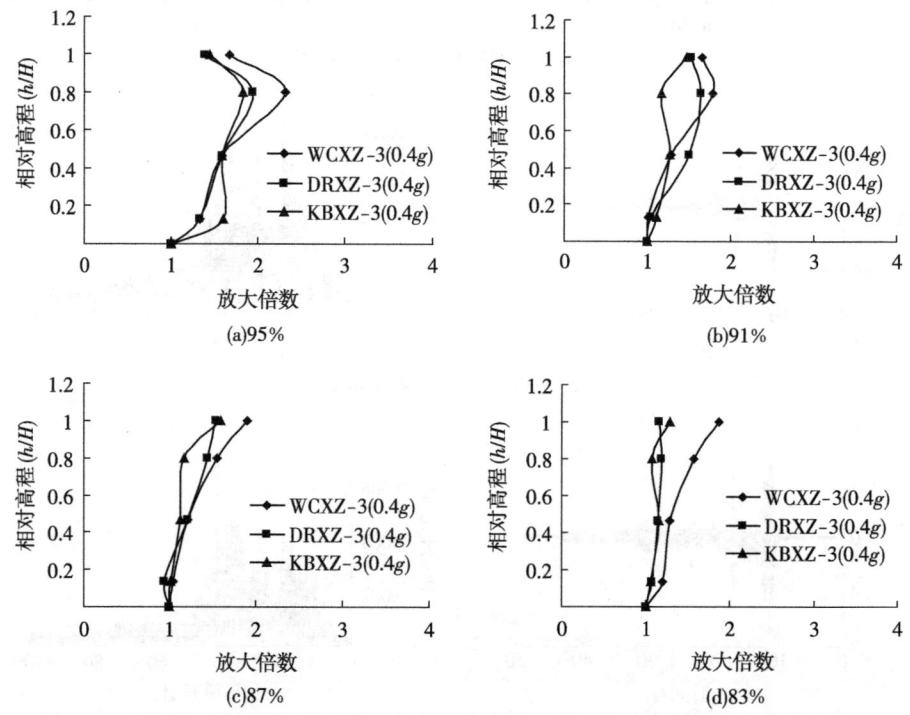

图 3-92 不同地震波激励下不同压实度路堤边坡坡面竖向加速度放大倍数分布情况

图 3-93 为汶川原波 x、z 双向激励下（$A_{z\max}=0.67g$）不同压实度路堤边坡坡面和中截面竖向加速度放大倍数分布情况。对于汶川原波，由于其卓越频段为 $2\sim 9\mathrm{Hz}$，远离不同压实度路堤边坡 z 向振动的第一阶自振频率，所以竖向加速度放大现象不明显，甚至出现了竖向加速度放大倍数小于 1 的现象。

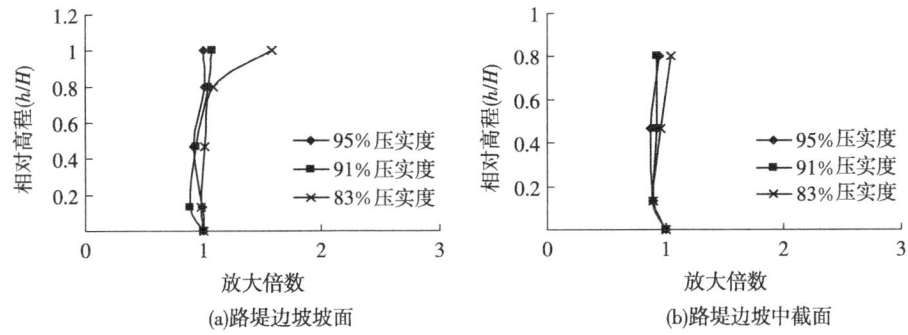

图 3-93　汶川原波双向激励下不同压实度路堤边坡坡面和中截面竖向加速度放大倍数分布情况

4. 不同压实度路堤边坡动土压力响应

以水平加速度峰值 $A_{x\max}=0.4g$ 压缩汶川波 x、z 双向激励为例，并约定土压力符号以土体受压为正。图 3-94～图 3-96 给出了不同压实度路堤边坡 D1、D3 和 D5 测点的动土压力响应时程曲线。可以看出，在压缩汶川波激励下，路堤边坡产生了残余土压力，残余土压力大小和方向与路堤边坡压实度、测点位置等因素有关。D1 测点

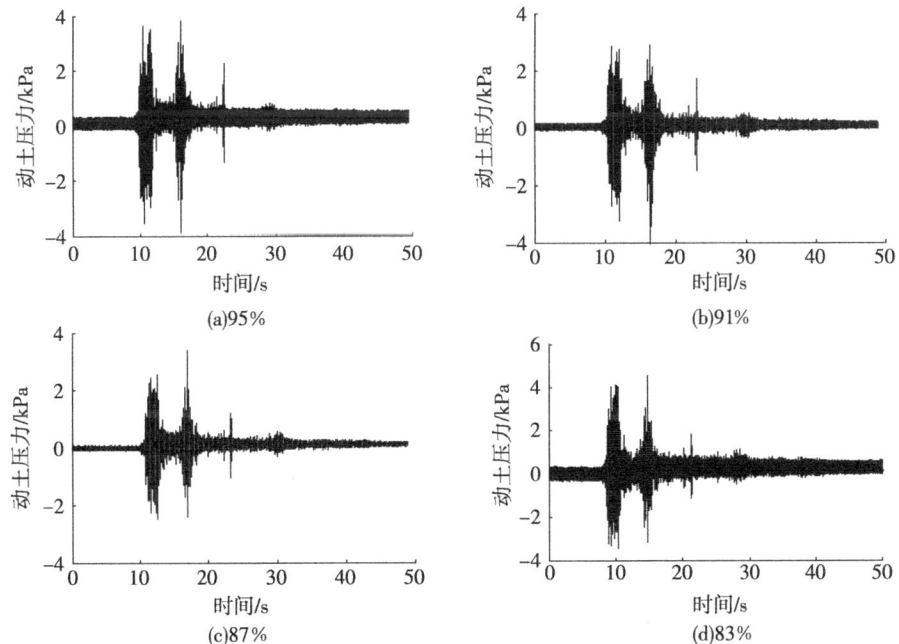

图 3-94　压缩汶川波双向激励下不同压实度路堤边坡 D1 测点的动土压力时程曲线

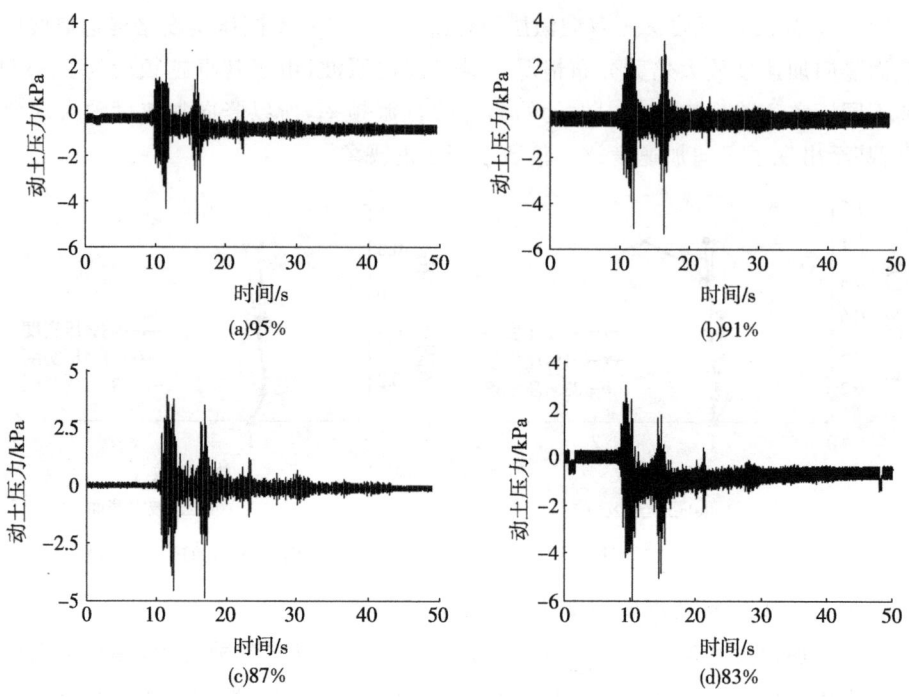

图 3-95　压缩汶川波双向激励下不同压实度路堤边坡 D3 测点的动土压力时程曲线

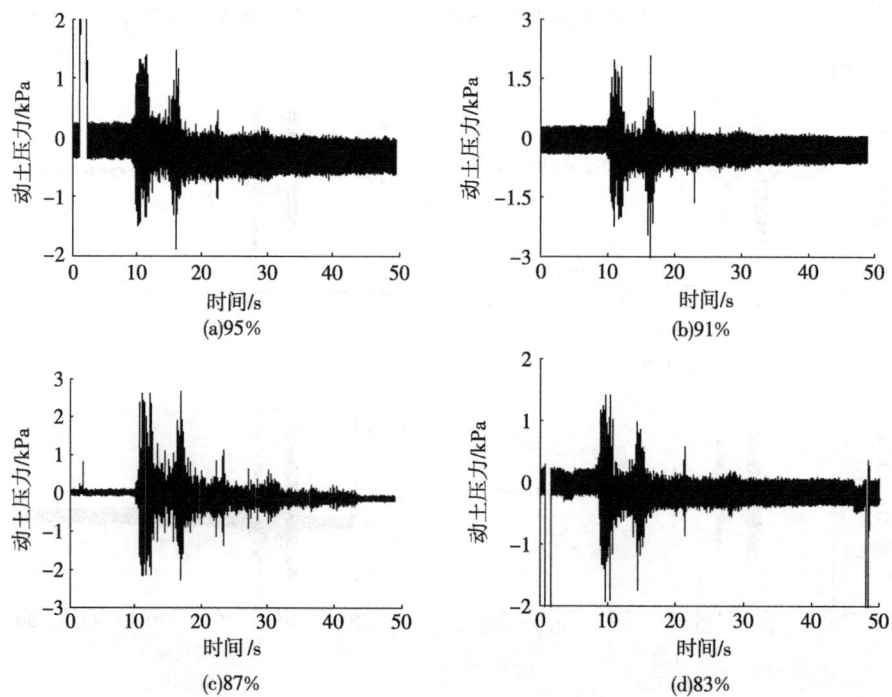

图 3-96　压缩汶川波双向激励下不同压实度路堤边坡 D5 测点的动土压力时程曲线

位置产生的残余土压力为正值,即土体所受的静土压力有细微增大;D3 和 D5 测点位置产生的残余土压力为负值,即土体所受的静土压力有所释放。一些测点的动土压力曲线表现出两次突变后残余土压力逐渐恢复趋于 0 的现象,如 83% 压实度路堤边坡的 D3 测点。

图 3-97~图 3-99 分别为不同强度的压缩汶川波 x、z 双向激励下 91%、87% 和 83% 压实度路堤边坡动土压力峰值的分布情况。95% 压实度路堤边坡动土压力峰值分布情况如图 3-55 所示。可以看出,动土压力峰值在靠近路堤边坡坡面位置处较

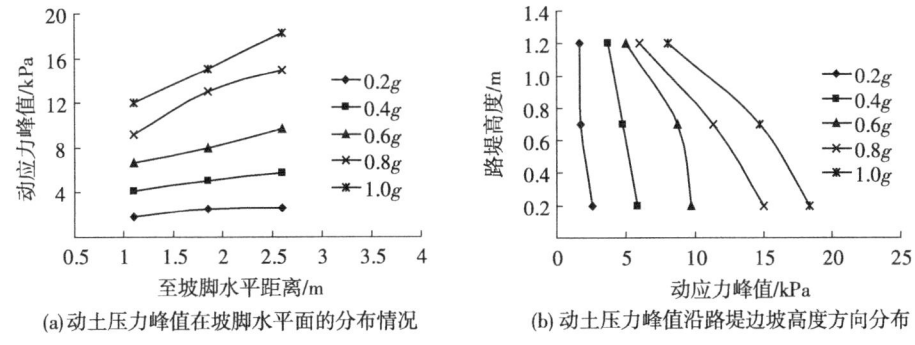

图 3-97　压缩汶川波双向激励下 91% 压实度路堤边坡动土压力峰值分布情况

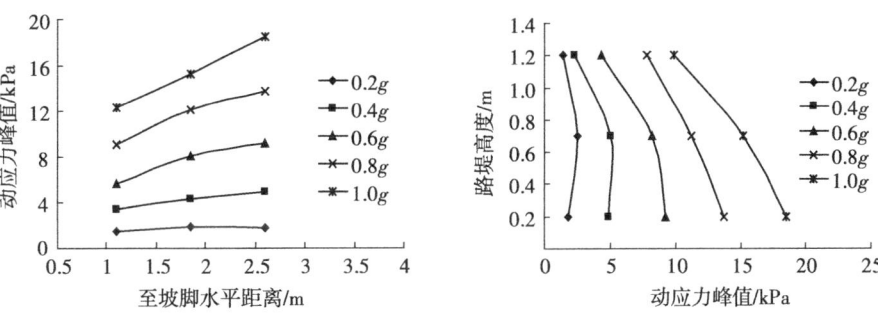

图 3-98　压缩汶川波双向激励下 87% 压实度路堤边坡动土压力峰值分布情况

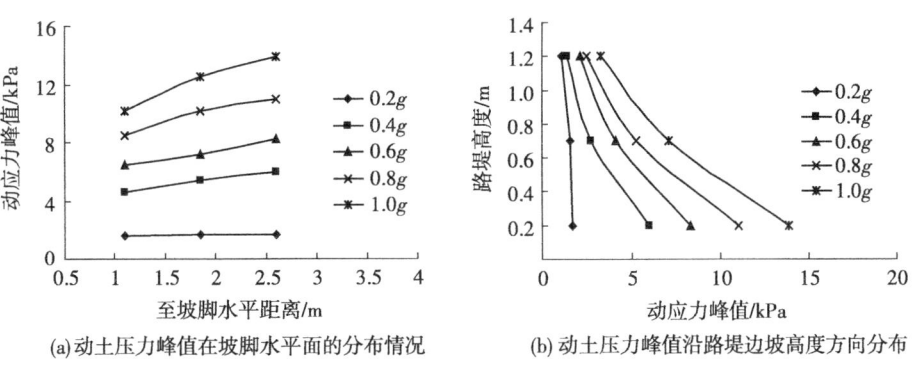

图 3-99　压缩汶川波双向激励下 83% 压实度路堤边坡动土压力峰值分布情况

小,沿靠近路堤边坡中轴线的方向逐渐增大;动土压力峰值沿路堤边坡高度呈递减趋势,在靠近路堤边坡顶面达到最小值,且随着台面加速度峰值的增大,减幅越大。由此可见,地震动土压力与上覆土层厚度、测点位置、端部约束、地震动强度等诸多因素有关,压实度对地震动土压力影响并不显著。

5. 不同压实度路堤边坡水平动位移响应

从不同压实度路堤边坡的动位移测试结果可以看出,当台面地震动激励加速度峰值较小时(如 $A_{xmax}<0.2g$),各测点的动位移响应没有发生突变或突变很小,即地震产生的残余变形较小,以弹性变形为主。当台面加速度峰值逐渐增大时(如 $A_{xmax} \geqslant 0.4g$),动位移响应突变明显,路堤产生了明显的残余变形,且随着 A_{xmax} 增大,残余变形也逐渐增大。限于篇幅,图 3-100 和图 3-101 仅给出了不同压实度路堤边坡 DP2 测点在压缩汶川波 x、z 双向激励下($A_{xmax}=1.0g$)以及汶川原波 x、z 双向激励下($A_{xmax}=1.0g$)的相对动位移时程曲线。其中,87%压实度路堤边坡未进行汶川原波激励的试验工况。可以看出,在压缩汶川波和汶川原波的强震激励下,相对动位移曲线发生了两次明显的突变,且第一次突变产生的地震残余变形大于第二次突变。汶川原波激励下产生的残余变形大于压缩汶川波,这主要是由于汶川原波地震动持时更长。另外可以看到,压实度对相对动位移响应影响显著,压实度越小,在相应的强震激励下相对动位移响应曲线突变越显著,路堤边坡产生的残余变形也就越大。

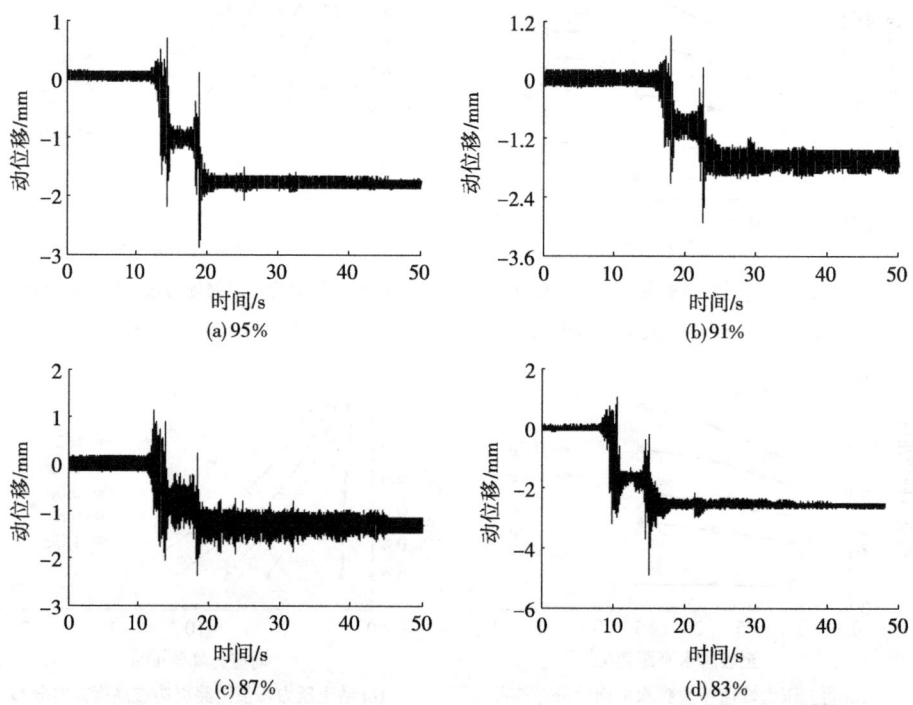

图 3-100　压缩汶川波双向激励下不同压实度路堤边坡 DP2 测点相对动位移时程曲线

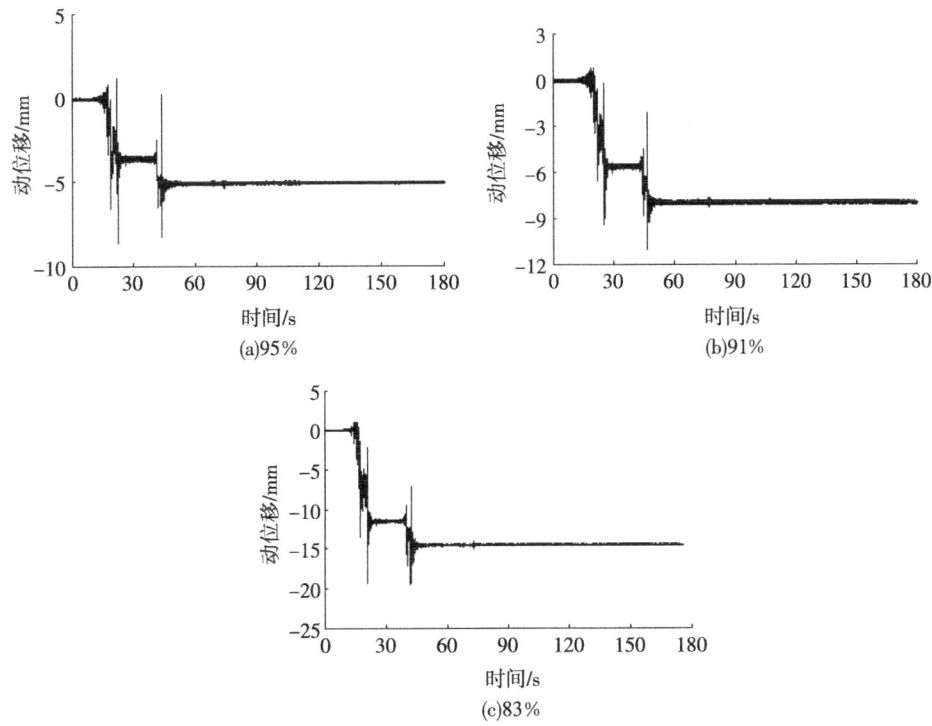

图 3-101　汶川原波双向激励下不同压实度路堤边坡 DP2 测点相对动位移时程曲线

3.3.3　不同压实度路堤边坡地震残余变形

1. 不同压实度路堤边坡震陷变形

图 3-102 给出了压缩汶川波 x、z 双向激励下不同压实度路堤边坡震陷变形与台面水平加速度峰值的关系曲线。台面地震动强度对震陷变形影响显著，随着台面加速度峰值的增大，震陷变形表现出明显的递增趋势，尤其当加速度峰值大于 0.6g 时，震陷变形增幅显著增加。例如，在 $A_{x\max}=0.4g$ 的压缩汶川波双向激励下，95%、91%、87% 和 83% 压实度路堤的震陷变形分别为 0.17mm、0.21mm、0.40mm 和 1.14mm；当台面水平加速度峰值到达 0.6g 时，不同压实度路堤边坡震陷变形分别达到了 0.30mm、0.43mm、0.70mm 和 2.23mm，增幅分别达到了 76.5%、104.8%、73.0% 和 93.6%。图 3-103 为压缩汶川波 x、z 双向激励下不同压实度路堤边坡震陷变形沿路堤边坡高度的分布情况。震陷变形量沿路堤边坡高度方向呈递增趋势，且震陷变形量均为正值，即路堤边坡没有发生隆起的现象。震陷变形总体量值较小，为毫米级，且震陷变形主要产生在 $0\sim 0.8H$ 处（即路堤边坡本体部分）；$0.8H\sim 1.0H$ 处（基床底层）产生的震陷变形量较小，这主要是由于基床底层达到了 95% 的压实度，且厚度相对较小。

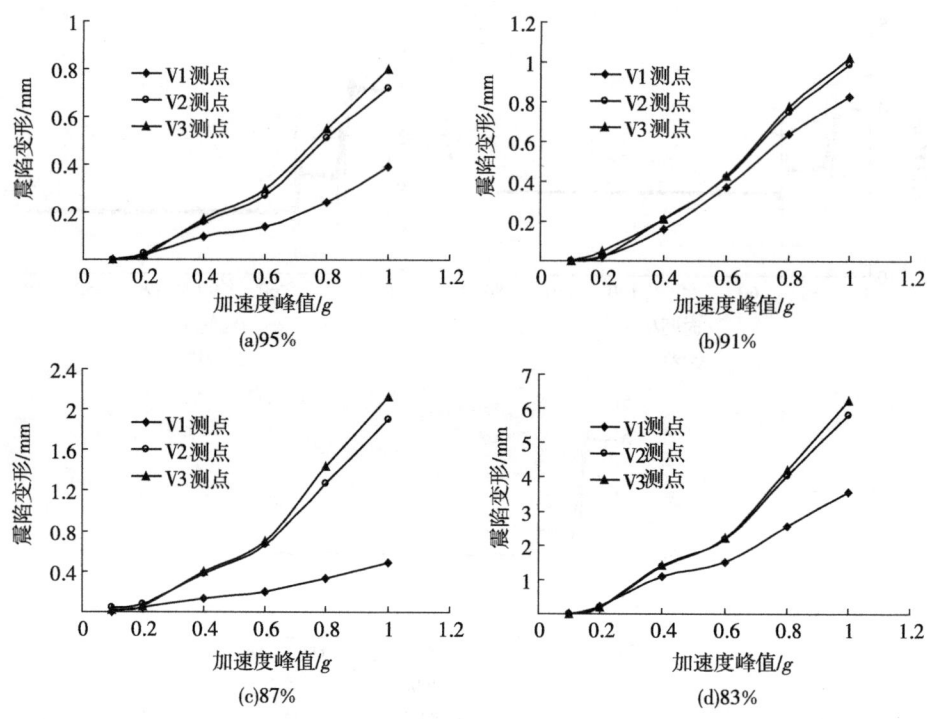

图 3-102 压缩汶川波双向激励下不同压实度路堤边坡震陷变形与台面水平加速度峰值的关系

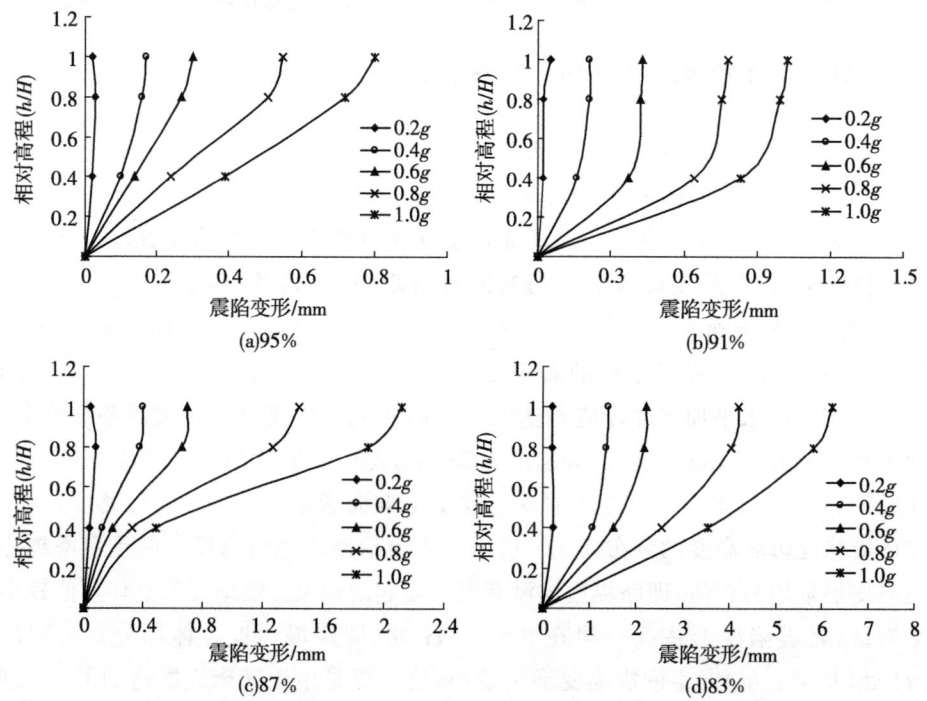

图 3-103 压缩汶川波双向激励下不同压实度路堤边坡震陷变形沿路堤边坡高度分布情况

另外可以看到,不同压实度路堤边坡震陷变形量差别显著。为直观表述压实度对路堤边坡震陷变形的影响,图 3-104 给出了不同强度的压缩汶川波 x、z 双向激励下路堤边坡顶部震陷变形(V3 测点)与压实度的关系曲线。震陷变形随压实度增大而减小。当路堤边坡压实度小于 90% 时,随压实度的减小,路堤边坡震陷变形显著增加;当路堤边坡压实度大于 90% 时,即使压实度增大,路堤边坡震陷变形不再显著减小。例如,在 $A_{xmax}=0.4g$ 的压缩汶川波双向激励下,95%、91%、87% 和 83% 压实度路堤边坡的震陷变形分别为 0.17mm、0.21mm、0.40mm 和 1.14mm,比值为 1:1.24:2.35:6.71。因此,可定义 90% 压实度为震陷变形的界限压实度,当路堤施工填筑时压实度小于这个界限压实度,在地震作用下将可能产生较大的震陷变形破坏,对工程实体是极为不利的。

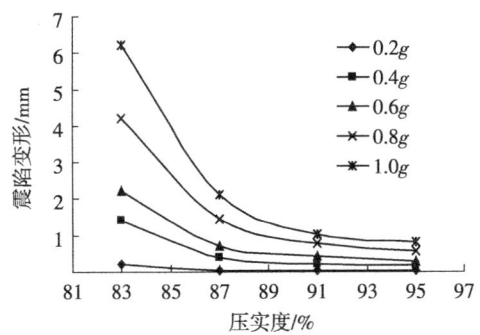

图 3-104 压缩汶川波双向激励下路堤边坡顶部震陷变形与压实度关系曲线

不同强度压缩汶川波 x、z 双向激励下路堤边坡震陷变形与压实度关系曲线可采用三次多项式来拟合。假设路堤边坡震陷变形表示为 s(mm),压实度表示为 k(%),可得到路堤震陷变形 s 与压实度 k 的关系如下。

当地震动水平加速度峰值为 1.0g 时:
$$s=-0.0055k^3+1.5418k^2-142.88k+4415.7$$
当地震动水平加速度峰值为 0.8g 时:
$$s=-0.0043k^3+1.2007k^2-110.53k+3393.1$$
当地震动水平加速度峰值为 0.6g 时:
$$s=-0.0029k^3+0.8006k^2-73.258k+2234.9$$
当地震动水平加速度峰值为 0.4g 时:
$$s=-0.0017k^3+0.481k^2-44.2k+1353.9$$
当地震动水平加速度峰值为 0.2g 时:
$$s=-0.0005k^3+0.127k^2-11.471k+345.18$$

上述拟合结果相关系数 R 均达到了 1.0,拟合曲线如图 3-105 所示。由此可见,采用三次多项式曲线拟合路堤震陷变形与压实度关系是有效和可靠的。

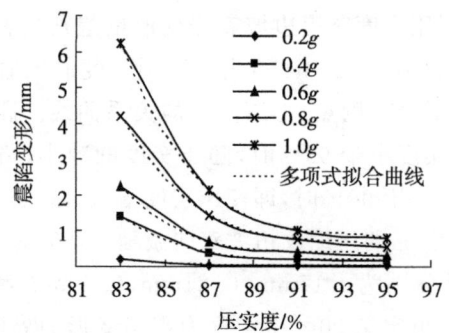

图 3-105　路堤边坡震陷变形与压实度关系曲线的三次多项式拟合结果

2. 不同压实度路堤边坡侧向残余变形

图 3-106 为压缩汶川波 x、z 双向激励下不同压实度路堤边坡侧向残余变形与台面水平加速度峰值的关系曲线。侧向残余变形随台面水平加速度峰值增大而增大，且增幅为增大的趋势。总体来说，侧向残余变形大于震陷变形。

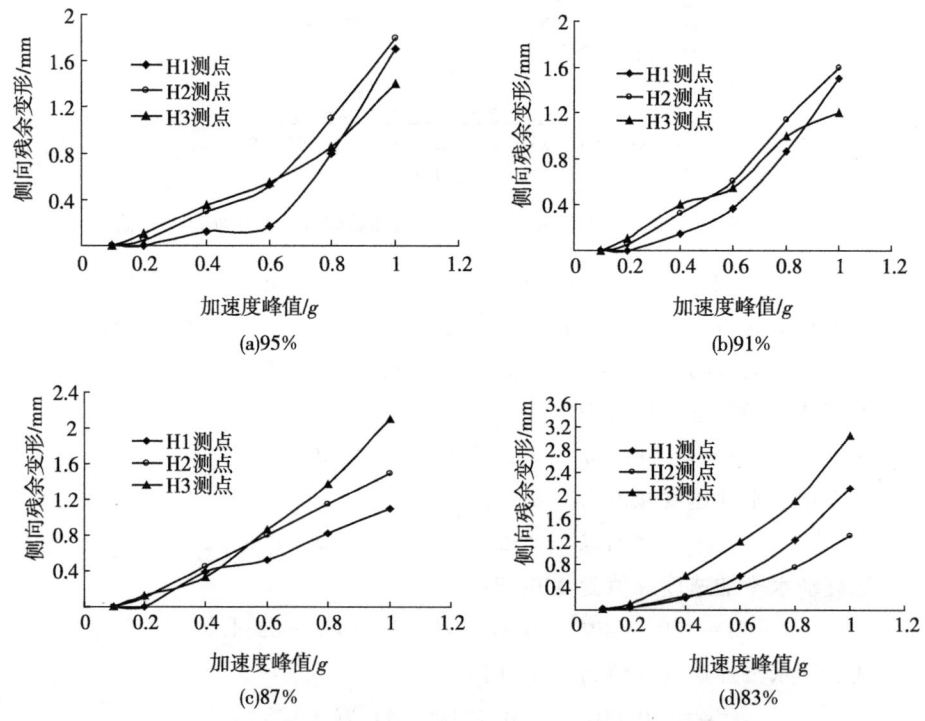

图 3-106　压缩汶川波双向激励下不同压实度路堤边坡侧向
残余变形与台面水平加速度峰值的关系

图 3-107 为压缩汶川波 x、z 双向激励下不同压实度路堤边坡侧向残余变形沿路堤边坡高度分布情况；表 3-24 为不同强度压缩汶川波 x、z 双向激励下不同压实度路

堤边坡最大侧向残余变形及其发生位置的统计情况。压实度增大，路堤边坡的侧向残余变形越小。可以发现，当路堤边坡填筑压实度小于90%时，随着压实度减小，侧向残余变形显著增加；当路堤边坡压实度大于90%时，即使压实度增大，侧向残余变形随之减小的趋势也趋于缓和。因此，也可定义90%压实度为路堤边坡侧向残余变形的界限压实度。不同压实度路堤边坡的侧向残余变形分布形状有所差异。对于95%和91%压实度的路堤边坡，当台面水平加速度峰值小于0.6g时，最大侧向变形发生在0.8H处，当地震动加速度峰值大于0.6g时，最大侧向变形发生在0.4H处，路堤边坡呈现出中间鼓起的趋势；对于87%和83%压实度的路堤边坡，当加速度峰值大于0.4g时，最大侧向变形发生在路堤边坡0.8H处，这与观测到的87%和83%压实度路堤边坡在路堤边坡坡面顶部出现裂缝和较多土颗粒滚落的试验现象是一致的。从试验结果可以推测，当路堤边坡填筑压实度较低时（如小于90%），强震激励下路堤边坡顶部容易出现裂缝、土颗粒滚落等破坏现象，这与路堤边坡坡面顶部加速度放大倍数较大等因素有关。当路堤边坡压实度大于90%时，强震激励下路堤边坡可能在坡面中部位置出现鼓出的现象。

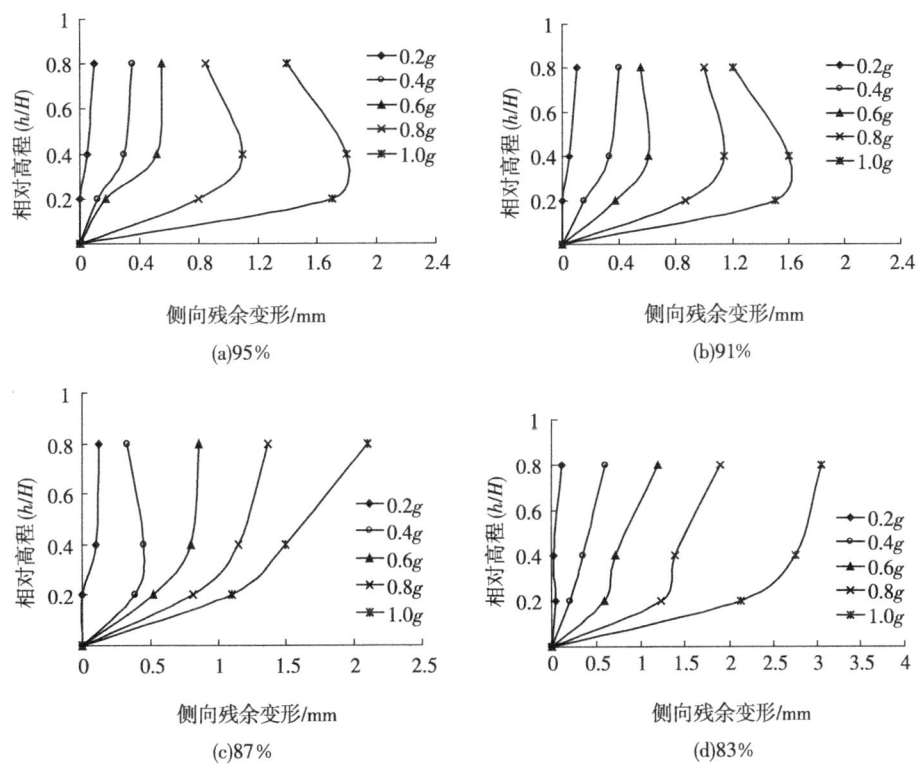

图 3-107　压缩汶川波双向激励下不同压实度路堤边坡侧向残余变形沿路堤边坡高度分布情况

表 3-24 压缩汶川波双向激励下不同压实度路堤边坡最大侧向残余变形及其发生位置

地震动峰值/g	95%		91%		87%		83%	
	最大侧向变形/mm	最大值位置	最大侧向变形/mm	最大值位置	最大侧向变形/mm	最大值位置	最大侧向变形/mm	最大值位置
0.2	0.10	0.8H	0.10	0.8H	0.10	0.4H	0.11	0.8H
0.4	0.35	0.8H	0.40	0.8H	0.45	0.4H	0.60	0.8H
0.6	0.55	0.8H	0.61	0.8H	0.86	0.4H	1.20	0.8H
0.8	1.10	0.4H	1.14	0.4H	1.37	0.8H	1.90	0.8H
1.0	1.80	0.4H	1.60	0.4H	2.10	0.8H	3.05	0.8H

图 3-108 给出了 $A_{xmax}=0.4g$ 的压缩汶川波 x、z 双向激励下路堤边坡顶面最大震陷变形(V3 测点)和路堤边坡坡面最大侧向残余变形与压实度的关系曲线。低压实度路堤边坡产生的震陷变形远大于高压实度路堤边坡。路堤边坡震陷变形主要由两部分组成：一部分是由于路堤边坡填料震密压实引起的震陷变形；另一部分是路堤边坡侧向变形引起的震陷变形。不同压实度路堤边坡会因填料震密压实程度不同而使得震陷变形有所差异；另外，压实度不同也会使得侧向残余变形有所差异，从而进一步影响震陷变形。当路堤边坡压实度较低时，这种现象将表现得更为明显，低压实度路堤边坡产生的震陷变形也将显著增大。

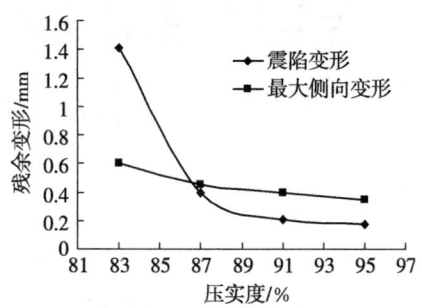

图 3-108 压缩汶川波双向激励下路堤边坡顶面最大震陷变形及坡面最大侧向残余变形与压实度关系曲线

3.3.4 不同压实度路堤边坡地震动力反应的数值模拟对比研究

1. 不同压实度路堤边坡的数值模型

对于不同压实度路堤边坡的振动台试验模型，其压实度的差异主要体现在路堤本体部分压实度的不同，而混凝土基岩、基床底层以及级配碎石层等的模拟情况均相同。因此，数值模拟主要考虑不同压实度路堤边坡的路堤本体模拟参数输入的差异性。结合三轴试验结果，表 3-25 给出了 95%、91%、87% 和 83% 压实度路堤边坡收集用的本构模型及其参数选取。不同压实度路堤边坡模型边界条件的处理、地震动输入工况等均与 95% 压实度路堤边坡数值模型相同，这里不再赘述。

对应于振动台试验水平加速度、竖向加速度和动土压力测点位置,数值模拟跟踪了相应网格的加速度时程和相应单元的动应力时程。

表 3-25 不同压实度路堤边坡的路堤本体数值模拟情况及参数输入

压实度	单元类型	本构关系	干密度/(kg/m³)	弹性模量/MPa	泊松比 ν	黏聚力 c/kPa	内摩擦角 φ/(°)
95%	Brick	摩尔-库仑模型	1919	48	0.39	24.5	27.2
91%	Brick	摩尔-库仑模型	1838	44	0.35	17.9	23.5
87%	Brick	摩尔-库仑模型	1757	38	0.29	11.2	24.4
83%	Brick	摩尔-库仑模型	1677	33	0.24	8.9	23.3

2. 不同压实度路堤边坡试验结果与数值模拟对比

1) 水平加速度响应

表 3-26 列出了压缩汶川波 x、z 双向激励下($A_{x\max}=0.4g$)不同压实度路堤边坡各测点的水平加速度峰值的试验结果与数值模拟结果。从数值模拟结果可以看出,混凝土基岩对输入的水平加速度具有放大作用,且放大倍数与路堤本体的压实度有关,路堤本体压实度越大,混凝土基岩加速度放大倍数越小。95%、91%、87% 和 83% 压实度路堤边坡的混凝土基岩放大倍数分别为 1.34、1.36、1.39 和 1.40(由 AHO2 测点的水平加速度峰值除以台面水平加速度峰值而得到)。为此,下文在进行水平加速度放大倍数计算时均参照混凝土基岩的水平加速度峰值。数值模拟得到加速度峰值大于试验结果,且随着测点高程的增大,这种差异也随之增大。一方面,试验模型安装、台面加载等因素导致了振动台试验得到的混凝土基岩水平加速度峰值存在误差;另一方面,这与地震波传播发生波场分裂有关,各种类型的反射波互相叠加形成更为复杂的地震波场,使得加速度放大情况更为复杂,尤其是对于高程较大的测点影响更为显著。由此可以认为,数值模拟结果和试验结果是比较一致的,两者可互为印证。

表 3-26 压缩汶川波双向激励下不同压实度路堤边坡各测点水平加速度峰值试验结果与数值模拟的比较

测点\压实度	95%		91%		87%		83%	
	试验值	模拟值	试验值	模拟值	试验值	模拟值	试验值	模拟值
AHO2	0.451	0.536	0.486	0.545	0.400	0.556	0.427	0.560
AH1	0.457	0.739	0.500	0.755	0.422	0.651	0.417	0.729
AH2	0.618	0.941	0.603	0.955	0.499	0.721	0.504	0.684
AH3	0.933	1.234	0.897	1.159	0.668	1.180	0.616	1.070
AH4	1.119	1.328	1.005	1.569	0.932	1.178	0.737	1.098
AH5	0.496	0.721	0.499	0.864	0.469	0.862	0.459	0.698
AH6	0.763	1.126	0.710	1.146	0.561	0.995	0.565	0.792
AH7	0.993	1.236	0.857	1.380	0.858	1.100	0.679	1.147

图 3-109 和图 3-110 分别给出了不同强度压缩汶川波 x、z 双向激励下不同压实度路堤边坡坡面和中截面水平加速度放大倍数分布情况的数值模拟结果。图 3-111 和图 3-112 为不同压实度路堤边坡各测点的水平加速度放大倍数与台面激励水平加速度峰值关系的数值模拟结果。从数值模拟结果可以看出，路堤边坡对水平加速度表现出了明显的放大效应，加速度放大倍数沿路堤边坡高度方向呈递增趋势，在路堤边坡顶部达到最大值。随着台面水平加速度峰值的增大，不同压实度路堤边坡各测点水平加速度放大倍数随之减小。这主要是由于随着地震动强度的增大，土体表现出显著的非线性，土体剪应变和阻尼比增大。另外，从不同压实度路堤边坡水平加速度反应来看，高压实度路堤边坡的水平加速度放大现象强于低压实度路堤边坡，这与低压实度路堤边坡的弹性模量较低、阻尼比较大等因素有关，这与振动台试验结论是一致的。由此可见，数值模型及参数选取基本上是合理的。

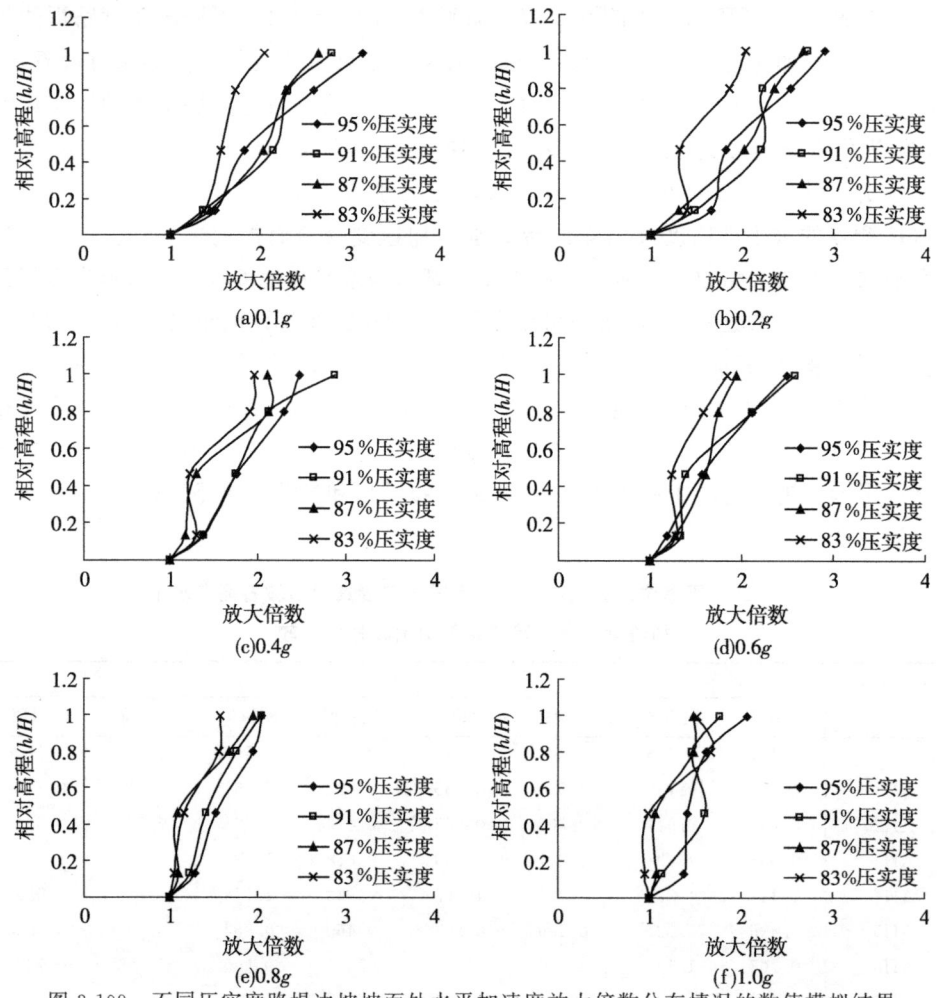

图 3-109 不同压实度路堤边坡坡面处水平加速度放大倍数分布情况的数值模拟结果

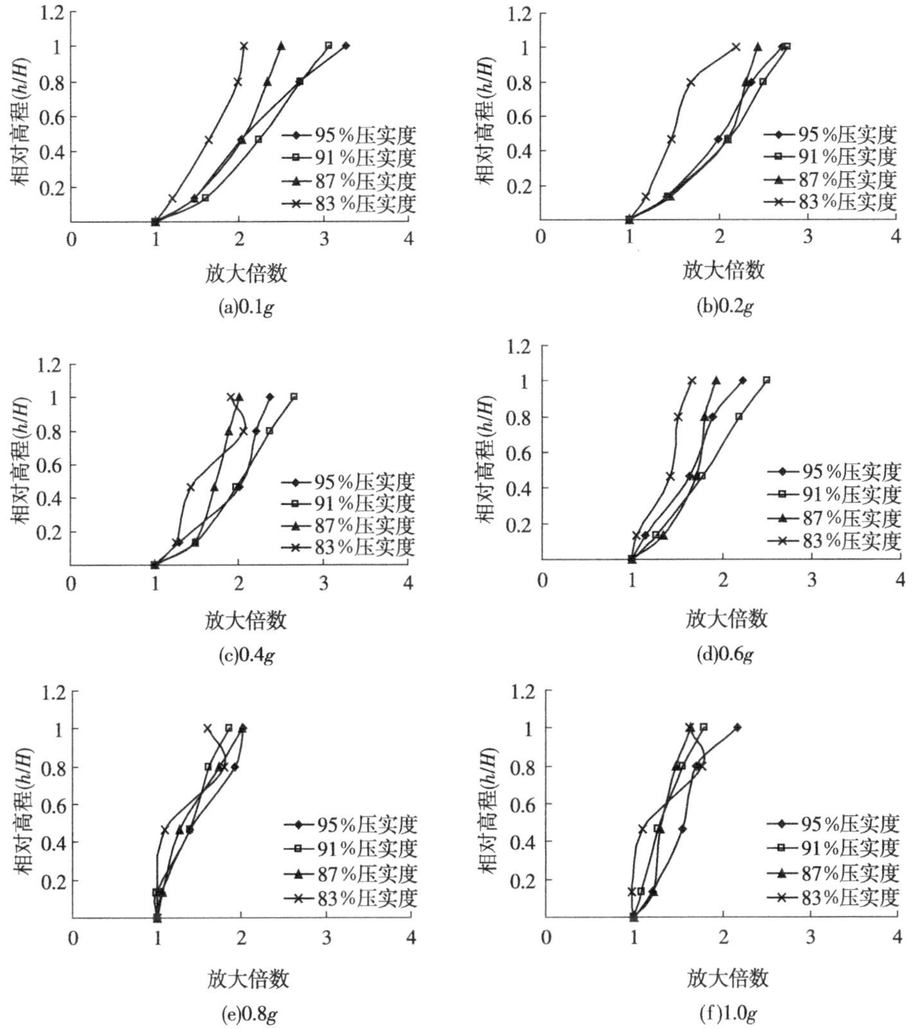

图 3-110 不同压实度路堤边坡中截面处水平加速度放大倍数分布情况的数值模拟结果

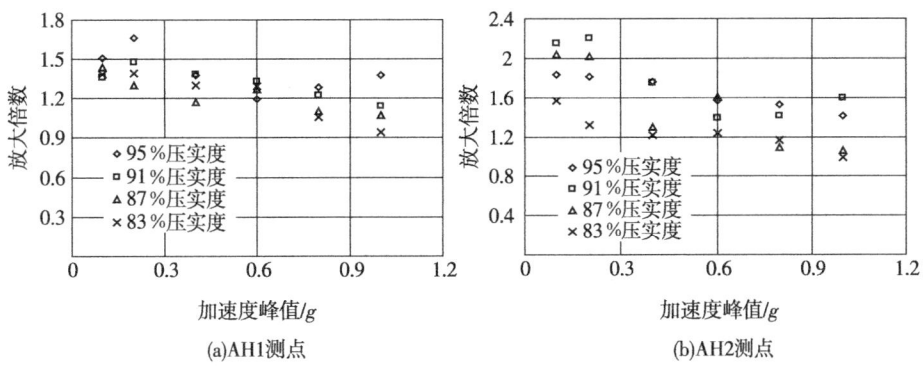

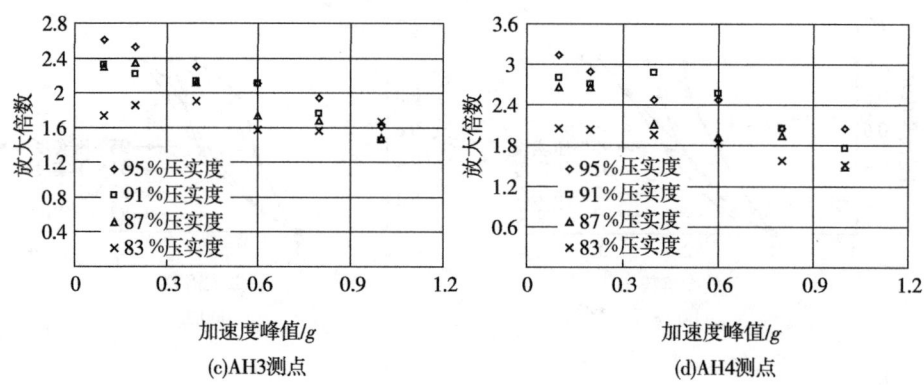

图 3-111　不同压实度路堤边坡坡面各测点水平加速度放大倍数与台面激励水平加速度峰值关系的数值模拟结果

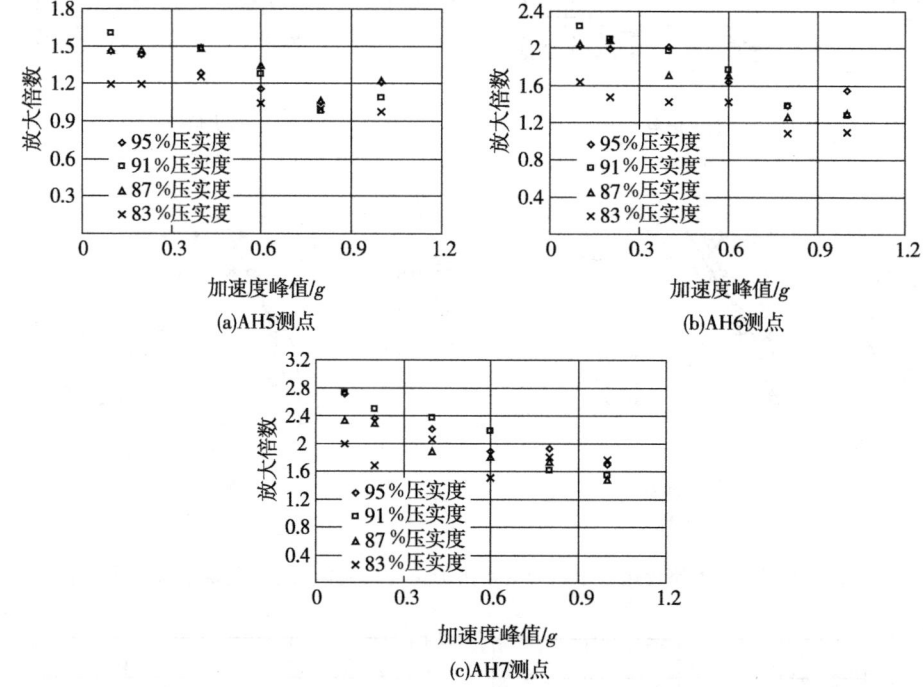

图 3-112　不同压实度路堤边坡中截面各测点水平加速度放大倍数与台面激励水平加速度峰值关系的数值模拟结果

以 AH1 测点为例,图 3-113 给出了压缩汶川波 x、z 双向激励下($A_{xmax}=0.4g$)不同压实度路堤边坡的水平加速度时程曲线及其傅氏谱特性的试验结果和数值模拟结果。可以看出,不同压实度路堤边坡的水平加速度时程曲线的试验结果和数值模拟结果吻合得比较好,而傅氏谱特性曲线有所差异,尽管如此,两者所反映出的显著频段是接近的。

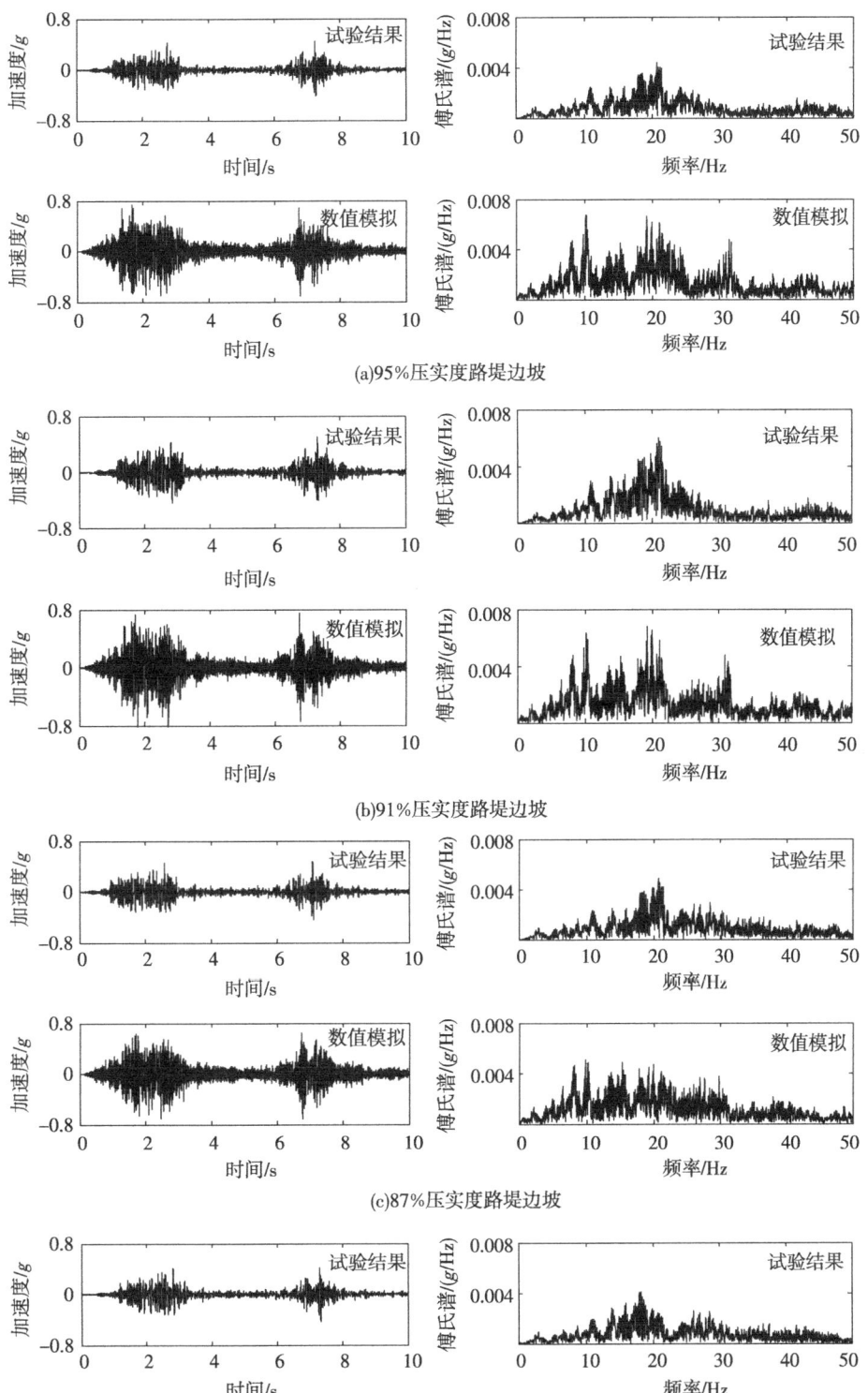

(a) 95%压实度路堤边坡

(b) 91%压实度路堤边坡

(c) 87%压实度路堤边坡

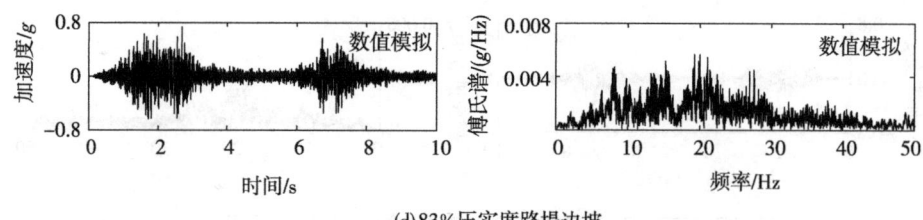

(d) 83%压实度路堤边坡

图 3-113　不同压实度路堤边坡的水平加速度时程曲线及其傅氏谱特性的试验结果和数值模拟比较

2）竖向加速度响应

表 3-27 给出了压缩汶川波 x、z 双向激励下（$A_{zmax}=0.27g$）不同压实度路堤边坡各测点竖向加速度峰值的试验结果与数值模拟结果。混凝土基岩对输入的竖向加速度表现出明显的放大效应，放大倍数为 1.22～1.38。因此，下文在进行竖向加速度放大倍数计算也参照混凝土基岩的竖向加速度峰值。从表中可以看出，路堤边坡坡面上各测点竖向加速度峰值的数值模拟与试验结果非常接近，而路堤边坡中截面各测点的竖向加速度峰值有所差异。

表 3-27　不同压实度路堤边坡各测点竖向加速度峰值的试验结果与数值模拟结果对比

测点 \ 压实度	95%		91%		87%		83%	
	试验值	模拟值	试验值	模拟值	试验值	模拟值	试验值	模拟值
AVO2	0.327	0.372	0.355	0.330	0.325	0.349	0.442	0.304
AV1	0.436	0.491	0.360	0.433	0.338	0.409	0.535	0.473
AV2	0.520	0.630	0.457	0.519	0.396	0.584	0.569	0.518
AV3	0.758	0.806	0.636	0.903	0.503	0.805	0.698	0.746
AV4	0.547	1.262	0.590	1.430	0.622	1.097	0.826	0.880
AV5	0.345	0.565	0.343	0.715	0.335	0.748	0.440	0.542
AV6	0.396	0.776	0.430	1.218	0.395	1.194	0.484	0.975
AV7	0.444	1.047	0.428	1.245	0.497	1.120	0.544	1.154

图 3-114 和图 3-115 给出了不同强度压缩汶川波 x、z 双向激励下不同压实度路堤边坡坡面和中截面处竖向加速度放大倍数分布情况的数值模拟结果。在路堤边坡坡面处，竖向加速度放大倍数沿路堤边坡高度方向表现出明显的增大趋势，在路堤边坡顶部达到最大值；而路堤边坡中截面处的竖向加速度放大倍数峰值在诸多工况下并没有出现在路堤边坡顶部（即 $1.0H$ 处），而发生在 $0.8H$ 处。由此可见，级配碎石板对竖向加速度表现出了显著的约束作用。竖向加速度放大倍数的分布情况与振动台试验结论基本是一致的（振动台试验没有在 $1.0H$ 处埋设加速度传感器）。另外可以看到，路堤边坡坡面竖向加速度放大现象强于路堤边坡中截面。

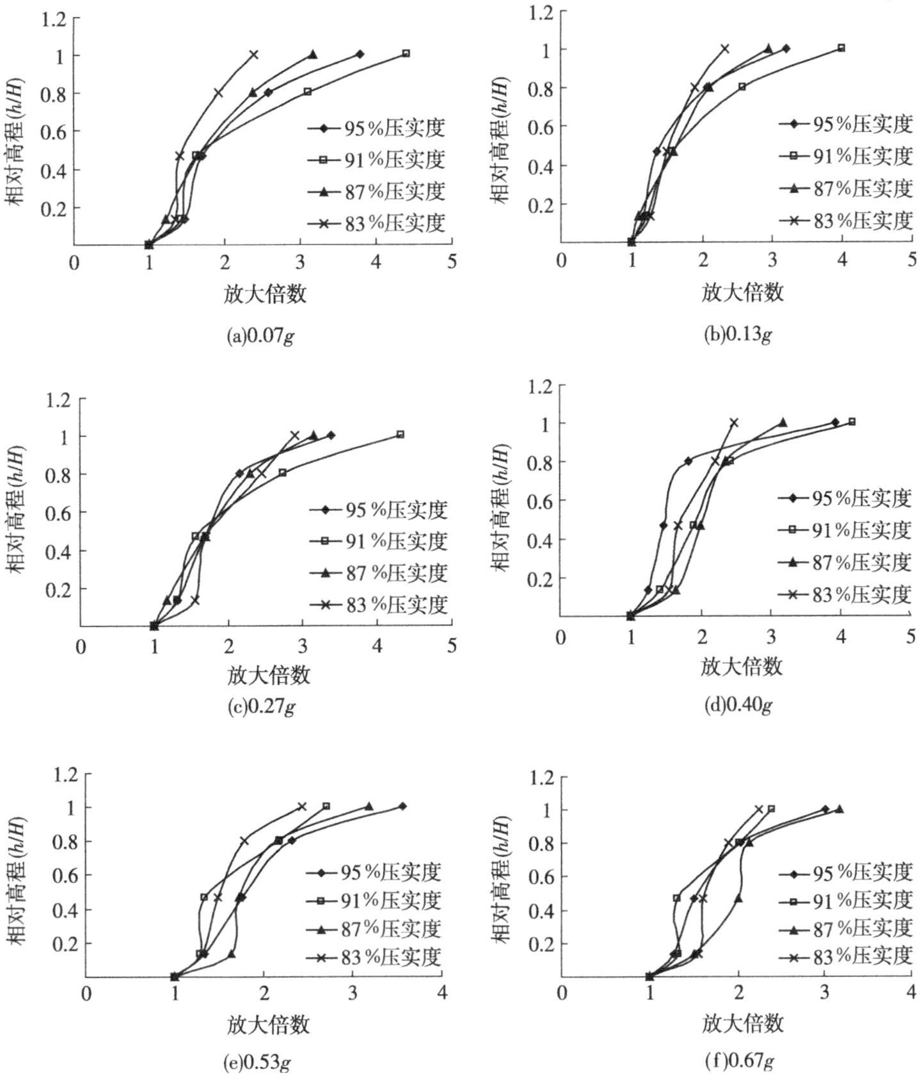

图 3-114 不同压实度路堤边坡坡面处竖向加速度放大倍数分布情况的数值模拟结果

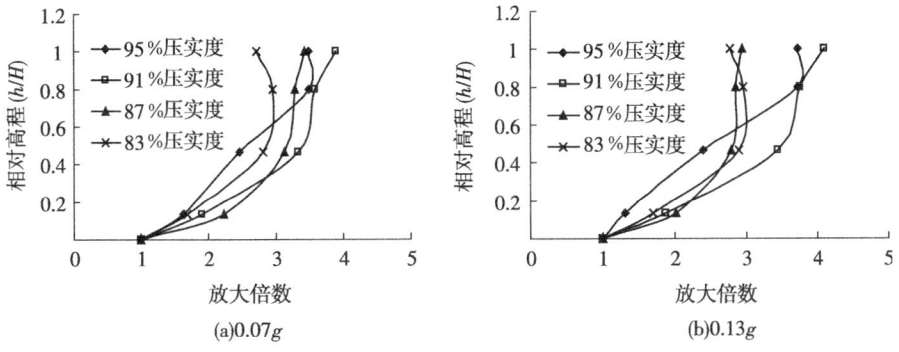

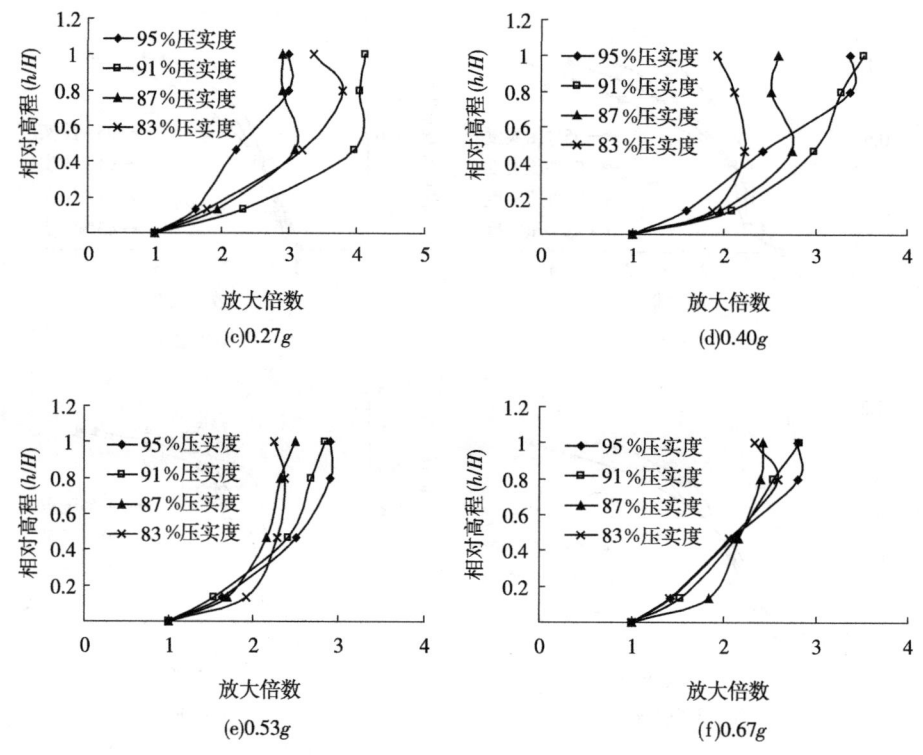

图 3-115 不同压实度路堤边坡中截面处竖向加速度放大倍数分布情况的数值模拟结果

图 3-116 和图 3-117 为不同强度压缩汶川波 x、z 双向激励下不同压实度路堤边坡坡面和中截面各测点竖向加速度放大倍数与台面激励竖向加速度峰值关系的数值模拟结果。竖向加速度放大倍数并没有表现出明显的随台面加速度峰值增大而减小的现象,这可能与竖向加速度放大倍数受上覆土垂向约束等其他因素影响有关。振动台试验也得出了类似的结论。

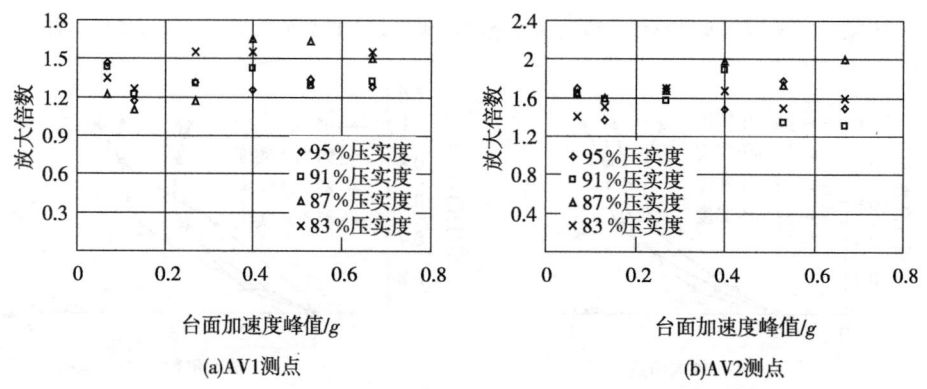

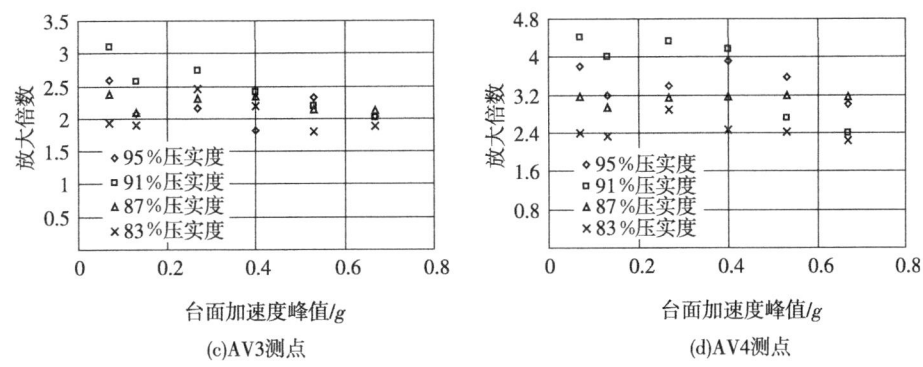

图 3-116　不同压实度路堤边坡坡面各测点竖向加速度放大倍数
与台面激励竖向加速度峰值关系的数值模拟结果

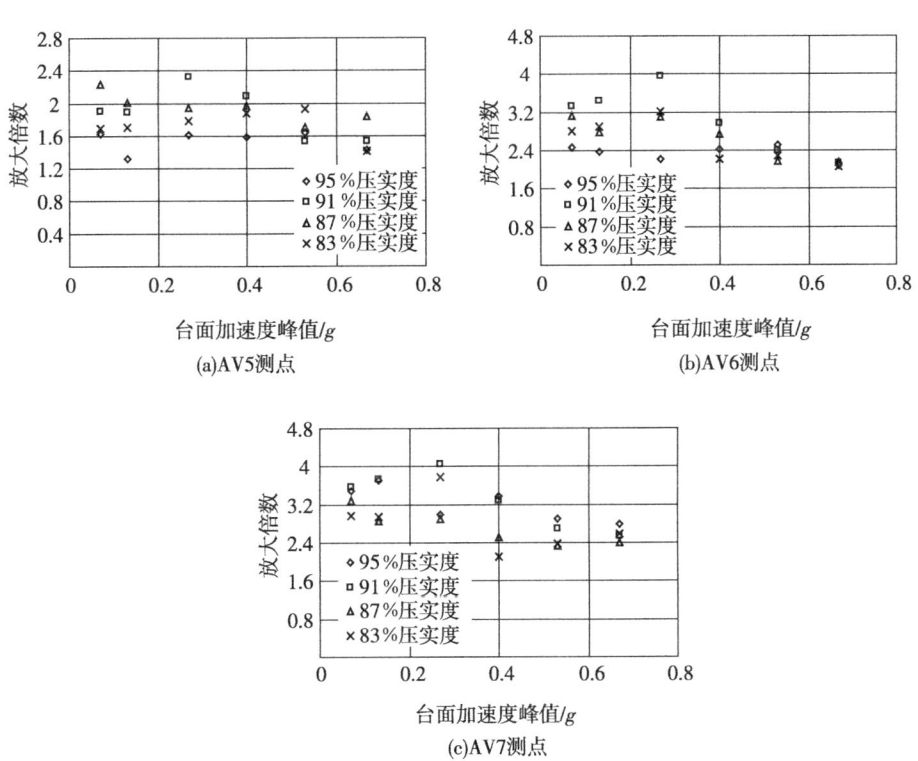

图 3-117　不同压实度路堤边坡中截面各测点竖向加速度放大倍数
与台面激励竖向加速度峰值关系的数值模拟结果

以 AV1 测点为例,图 3-118 对比了压缩汶川波 x、z 双向激励下($A_{z\max}=0.27g$)不同压实度路堤边坡竖向加速度时程曲线及其傅氏谱特性的试验结果和数值模拟结果。可以看出,不同压实度路堤边坡的竖向加速度时程曲线及其傅氏谱特性曲线均表现出了较高的相似性。

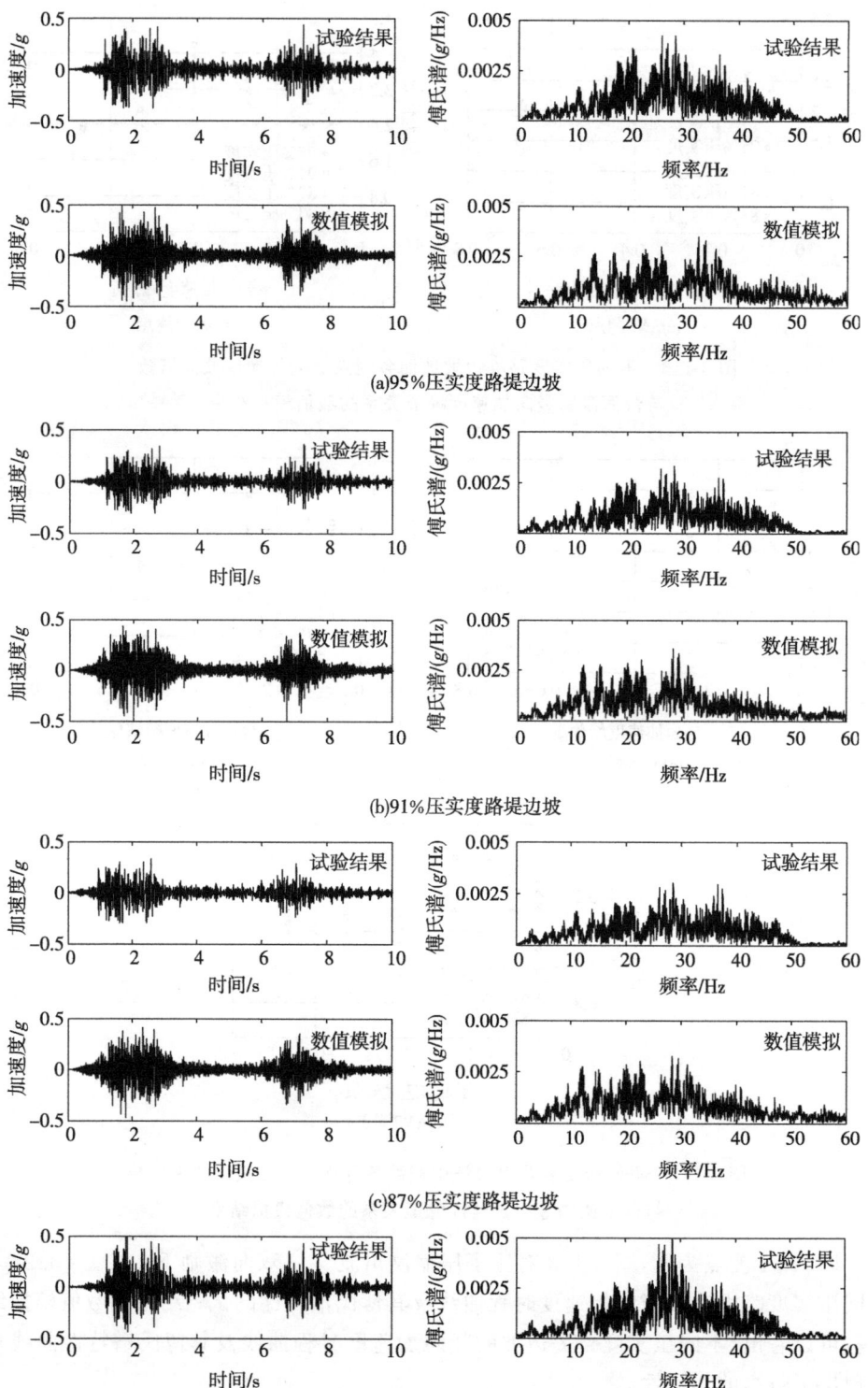

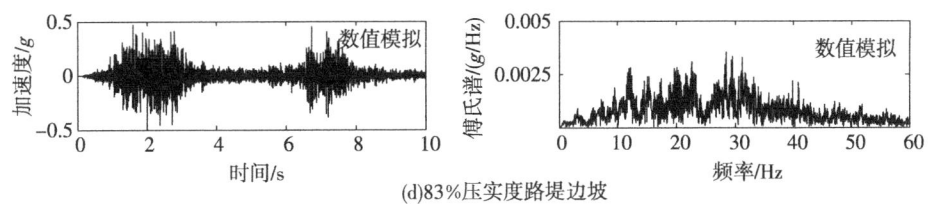

(d)83%压实度路堤边坡

图 3-118 不同压实度路堤边坡的竖向加速度时程曲线及其傅氏谱特性的
试验结果和数值模拟结果比较

3) 动土压力响应

动土压力数据处理时,约定土压力符号以土体受压为正。图 3-119～图 3-121 分别给出压缩汶川波 x、z 双向激励下 ($A_{xmax}=0.4g$) 不同压实度路堤边坡 D1、D3 和 D5 测点动土压力时程曲线的数值模拟结果。从数值模拟结果可以看出,动土压力响应曲线出现了两次突变,产生了残余土压力,且第一次产生的残余土压力大于第二次。不同压实度路堤边坡在靠近坡脚位置(D1 测点)残余土压力为正值,静土压力增大;D3 和 D5 测点残余土压力为负值,土体的静土压力有所释放。这与振动台试验结果是一致的,如图 3-94～图 3-96 所示。动土压力响应曲线特性与测点位置有关,而压实度影响不显著。

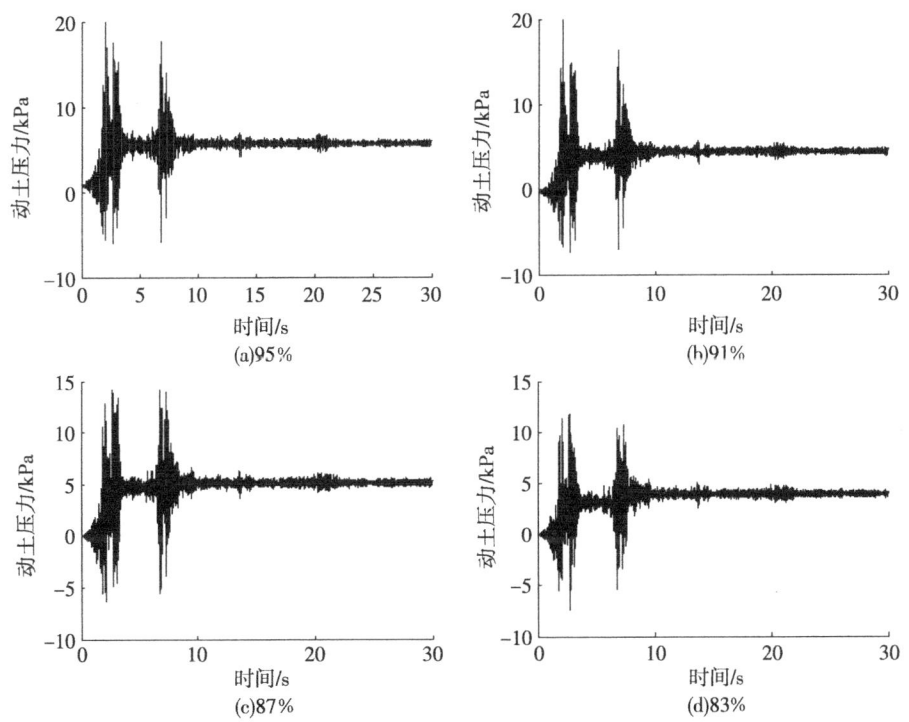

图 3-119 压缩汶川波双向激励下不同压实度路堤边坡 D1 测点动土
压力时程曲线的数值模拟结果

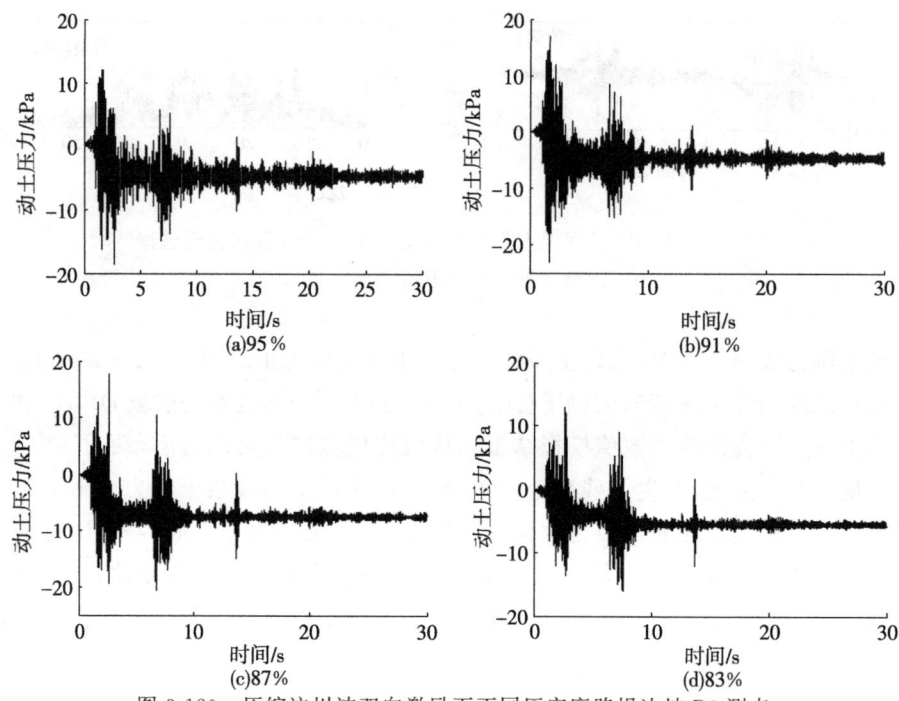

图 3-120　压缩汶川波双向激励下不同压实度路堤边坡 D3 测点动土压力时程曲线的数值模拟结果

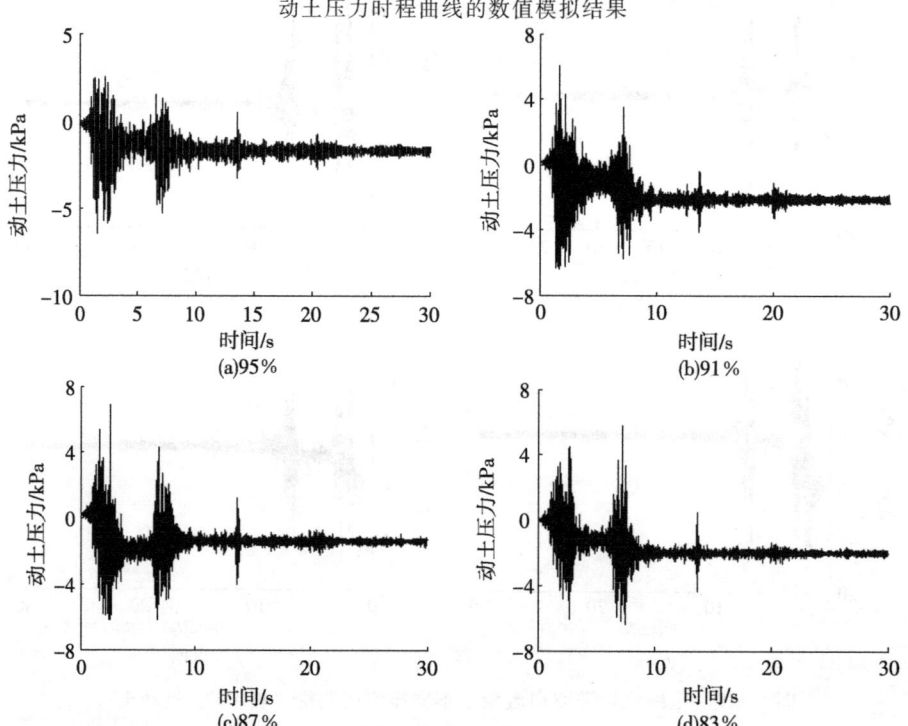

图 3-121　压缩汶川波双向激励下不同压实度路堤边坡 D5 测点动土压力时程曲线的数值模拟结果

3.3.5 加筋路堤边坡动力特性分析

为研究加筋对改善路堤边坡地震反应特性的作用,选取未加筋路堤边坡、加筋 2 层和加筋 4 层路堤边坡(路堤本体压实度均为 87%)振动台试验结果进行比较分析。加筋 2 层和加筋 4 层路堤边坡的筋带布置情况如图 3-12 和图 3-13 所示,试验加载制度如表 3-8 所示,元器件布置情况及编号同未加筋路堤。

对路堤边坡坡面各测点采用加速度传递函数法得出其第一阶自振频率和阻尼比,路堤边坡坡面的模态参数取各测点模态参数的均值。不同加筋形式路堤边坡的 x 向和 z 向振动的第一阶模态参数如表 3-28 和表 3-29 所示。图 3-122 和图 3-123 给出了不同加筋形式路堤边坡 x 向和 z 向振动模态参数随白噪声加载工况的变化情况。尽管第一阶阻尼比测试结果离散性偏大,但仍可以看出,路堤边坡坡面 x、z 向振动的第一阶自振频率在加载过程中大致呈递减趋势,第一阶阻尼比呈递增趋势。当模型经历过先期振动后再施加同样强度的地震动激励,后期振动引起路堤边坡模态参数变化不明显;当经历比先期振动更大强度的振动后,还会引起路堤边坡第一阶自振频率的进一步下降和第一阶阻尼比的进一步增大。

表 3-28 不同加筋形式路堤边坡坡面 x 向振动第一阶模态参数

加筋形式	工况	WN1	WN2	WN3	WN4	WN5	WN6	WN7	WN8	WN9
未加筋	频率 f/Hz	24.0	23.5	22.2	20.5	19.5	19.6	19.0	19.0	18.8
	阻尼比 ζ/%	14.5	12.4	12.1	14.4	14.5	14.1	14.1	14.4	13.7
加筋 2 层	频率 f/Hz	24.5	24.1	24.1	23.3	23.3	23.2	22.2	21.8	22.0
	阻尼比 ζ/%	12.7	12.4	12.9	13.0	13.1	13.9	14.2	13.3	16.0
加筋 4 层	频率 f/Hz	23.7	23.6	24.7	24.7	23.7	23.7	23.2	22.8	22.2
	阻尼比 ζ/%	11.4	11.6	11.6	12.1	14.0	14.4	14.6	14.8	13.9

表 3-29 不同加筋形式路堤边坡坡面 z 向振动第一阶模态参数

加筋形式	工况	WN1	WN2	WN3	WN4	WN5	WN6	WN7	WN8	WN9
未加筋	频率 f/Hz	36.9	37.9	37.4	33.4	33.3	34.8	33.8	33.8	33.5
	阻尼比 ζ/%	11.3	10.8	10.4	12.2	12.6	13.6	13.2	13.8	14.3
加筋 2 层	频率 f/Hz	39.2	38.6	38.1	37.9	37.7	37.5	36.7	36.0	33.8
	阻尼比 ζ/%	9.8	8.4	9.5	9.9	10.1	10.9	12.2	13.2	14.4
加筋 4 层	频率 f/Hz	40.1	39.6	39.5	39.1	38.8	38.9	38.3	38.2	37.5
	阻尼比 ζ/%	8.9	9.3	9.6	10.2	10.5	10.8	10.4	11.2	12.4

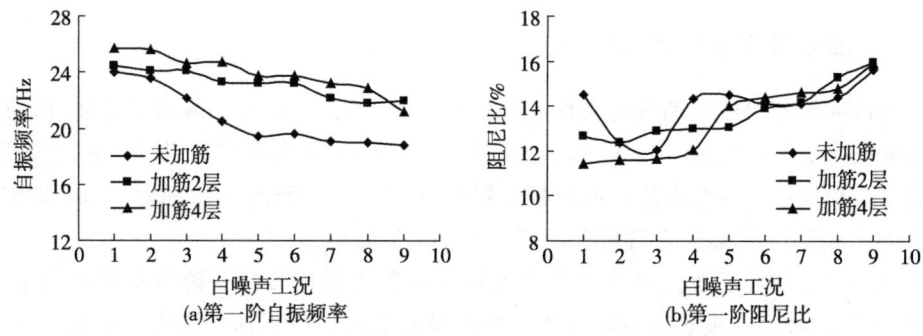

图 3-122　不同加筋形式路堤边坡 x 向振动第一阶模态参数变化情况

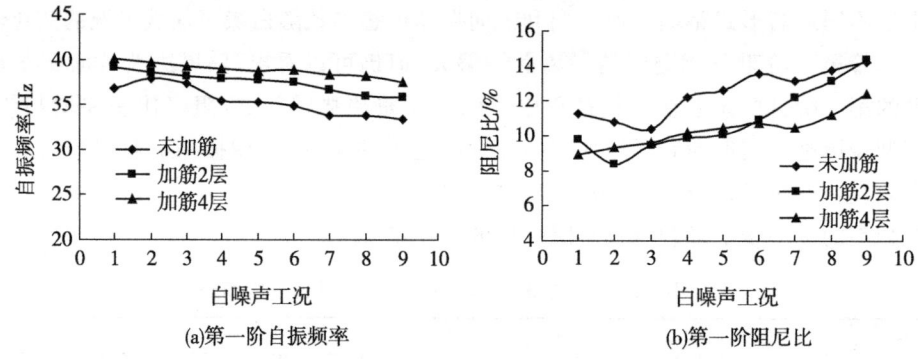

图 3-123　不同加筋形式路堤边坡 z 向振动第一阶模态参数变化情况

对比不同加筋形式路堤边坡的模态参数可以看出,加筋能提高路堤边坡自振频率,降低阻尼比。这主要是因为筋带与土体的界面摩擦作用能改善土体的变形特性、提高土体的剪切模量,从而达到加固路堤边坡、改善路堤边坡结构特性的目的。加筋层数越多,加筋间距越密,则路堤自振频率越大、阻尼比越小。另外可以看到,在地震动激励下,加筋路堤边坡 x 向和 z 向振动的第一阶自振频率的降幅明显小于未加筋路堤边坡。例如,未加筋路堤边坡在经历了试验加载工况后,x 振动第一阶自振频率由 24.0Hz 降低到 18.8Hz,而加筋 2 层和加筋 4 层路堤边坡仅分别由 24.5Hz 降低到 22.0Hz 和由 23.7Hz 降低到22.2Hz。这也反映出筋带能有效减小地震动对路堤边坡结构的损伤作用,提高路堤边坡的抗震性能。

3.3.6　加筋路堤边坡地震动力反应分析

1. 加筋路堤边坡水平加速度反应

图 3-124 和图 3-125 给出了压缩汶川波 x、z 双向激励下($A_{x\max}=0.4g$)不同加筋形式路堤边坡坡面和中截面处水平加速度放大倍数的分布情况。可以看出,路堤边坡对水平加速度有明显的放大效应,放大倍数沿路堤边坡高度方向逐渐增大,在靠近路堤边坡顶部位置达到最大值。不同加筋形式路堤边坡表现出了相同特性。

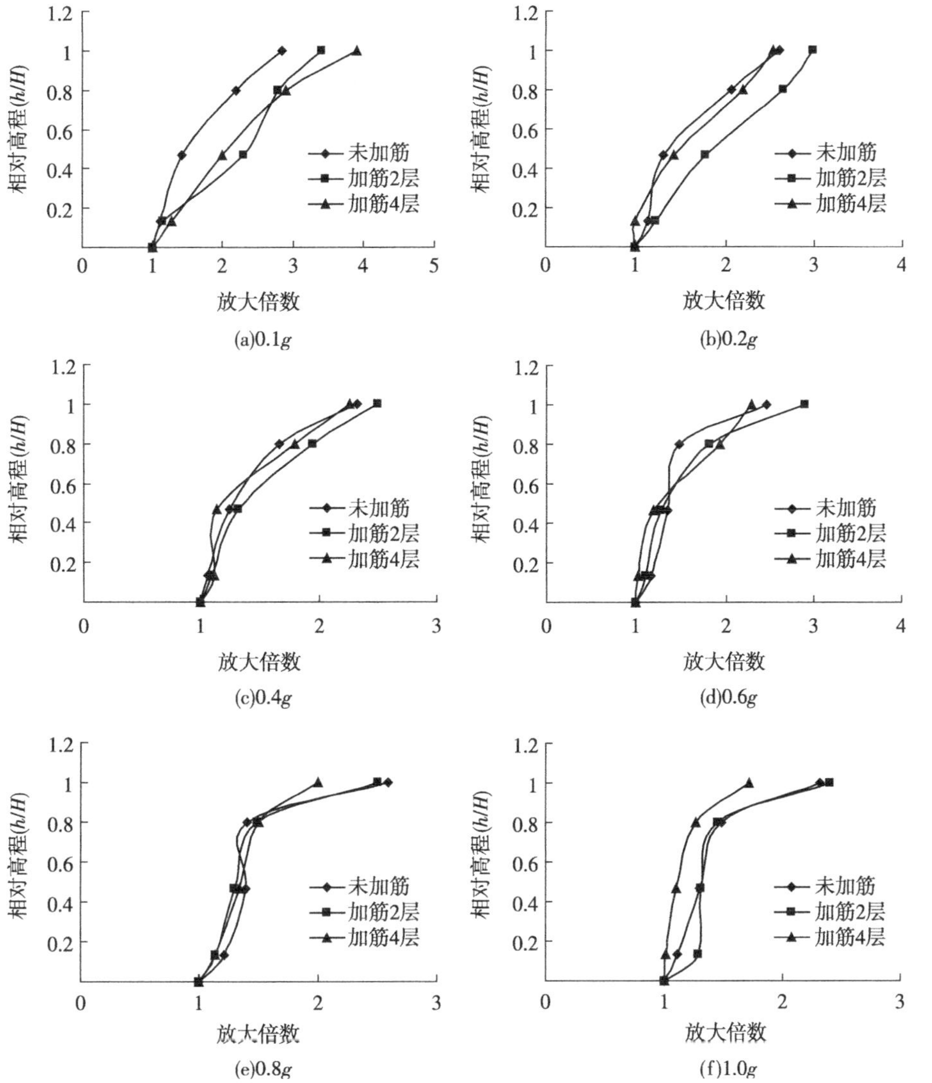

图 3-124 压缩汶川波双向激励下不同加筋形式路堤边坡坡面处水平加速度放大倍数分布情况

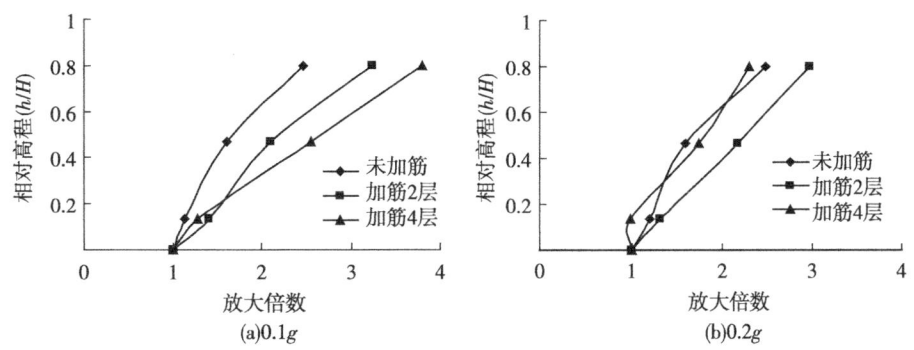

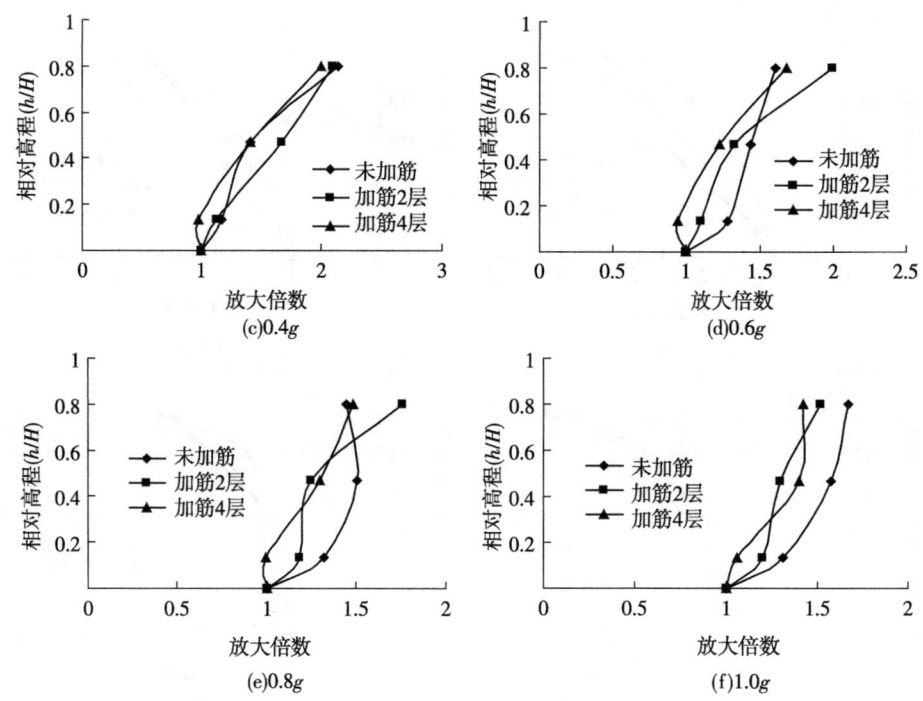

图 3-125　压缩汶川波双向激励下不同加筋路堤边坡中截面处水平加速度放大倍数分布情况

不同加筋形式路堤边坡的水平加速度放大倍数分布情况有所差异。当地震动强度较小时,加筋路堤边坡水平加速度放大现象比未加筋路堤边坡明显。从地震波频谱特性来看,压缩汶川波的卓越频段主要集中在 $10\sim30Hz$,其次为 $30\sim50Hz$,对比不同加筋形式路堤边坡模态参数测试结果,压缩汶川波卓越频段已经覆盖了加筋路堤边坡的第一阶自振频率。尽管如此,不同加筋形式路堤边坡自振频率的差异性会导致加速度放大倍数分布情况的差异性。另外,加筋路堤边坡第一阶阻尼比小于未加筋路堤边坡,这也是导致加筋路堤边坡具有更大加速度放大现象的原因之一。当台面地震动强度逐渐增大时,加筋路堤边坡水平加速度放大倍数逐渐接近未加筋路堤边坡,直至出现加筋路堤边坡放大倍数小于未加筋路堤边坡的现象,这种现象在路堤边坡中截面处表现得更为明显。

图 3-126 和图 3-127 给出了压缩汶川波 x、z 双向激励下不同加筋形式路堤边坡坡面和中截面处各测点水平加速度放大倍数与台面水平加速度峰值关系。除 AH1 和 AH5 测点外,不同加筋形式路堤边坡的其他各测点都表现出水平加速度放大倍数随台面激励水平加速度峰值增大而减小的趋势。AH1 和 AH5 测点靠近混凝土基岩,受端部约束作用强烈,导致其水平加速度放大倍数与台面加速度峰值关系不显著。随着台面加速度峰值的增大,土的剪应变和阻尼比增大,土体剪切模量逐渐减小,土体滤波作用随之增强,水平加速度放大倍数也因此随之减小。

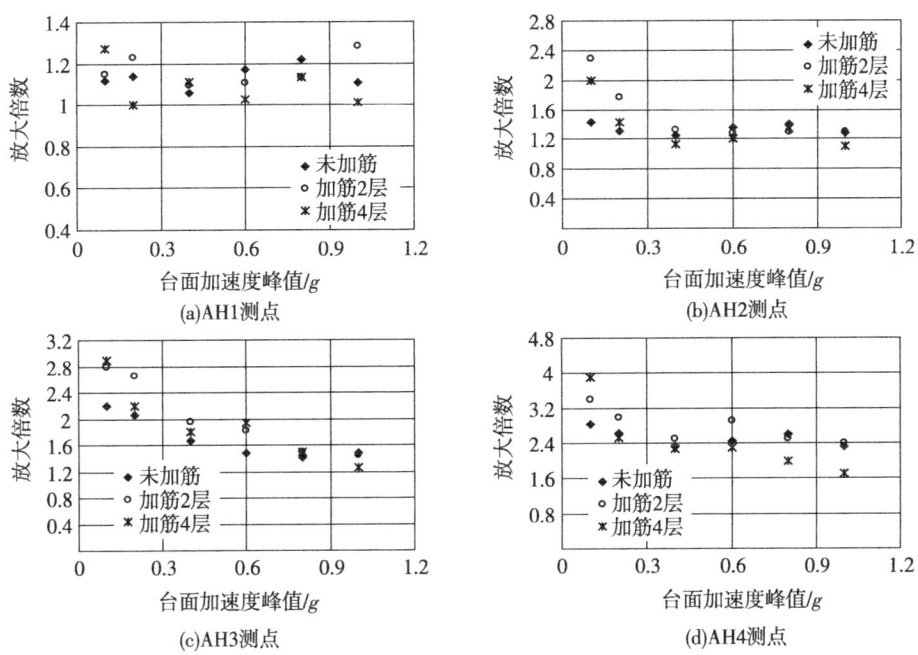

图 3-126 压缩汶川波双向激励下不同加筋形式路堤边坡面各测点水平加速度放大倍数与台面水平加速度峰值关系

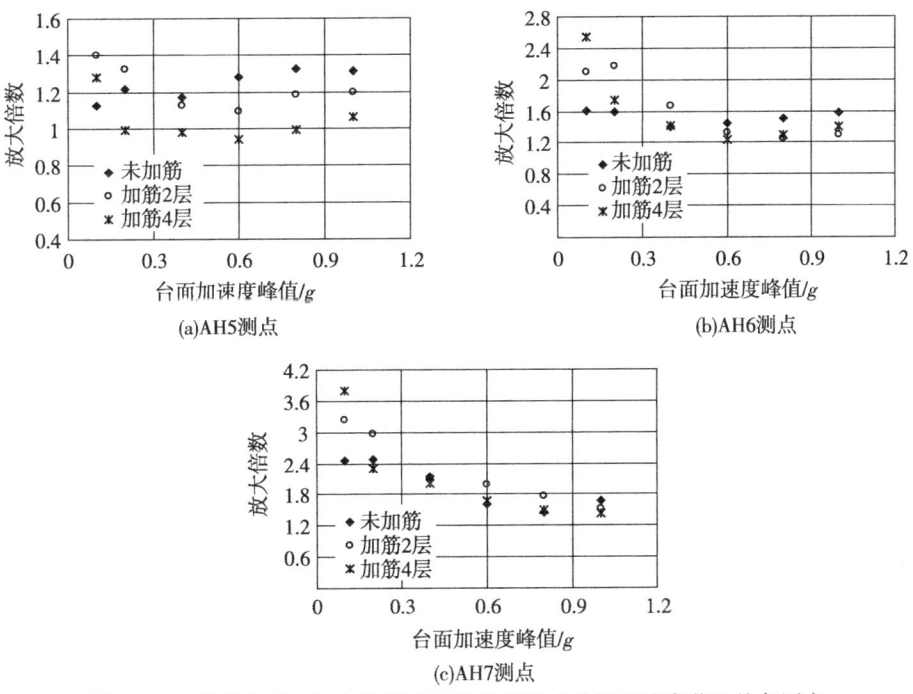

图 3-127 压缩汶川波双向激励下不同加筋形式路堤边坡中截面处各测点水平加速度放大倍数与台面水平加速度峰值关系

将各测点水平加速度放大倍数 RATIO 随台面水平加速度峰值 A_{xmax} 增大而减小的规律采用关系式(3-26)来拟合,可得到不同加筋形式路堤边坡各测点的试验拟合参数 A 和 B,如表 3-30 所示。试验参数 B 绝对值大小反映了水平加速度放大倍数随台面加速度峰值增大而减小的快慢。可以看出,加筋路堤边坡在强震作用下能有效减弱水平加速度放大效应,说明了在强震区采用加筋方案改善路堤边坡抗震性能是可行和有效的。

表 3-30 不同加筋形式路堤边坡水平加速度放大倍数与地震动加速度峰值关系的拟合参数

加筋形式	测点	坡面上测点			中截面测点	
		AH2	AH3	AH4	AH6	AH7
未加筋	A	1.316	1.374	2.367	1.480	1.538
	B	−0.025	−0.369	−0.173	−0.046	−0.466
加筋2层	A	1.140	1.435	2.424	1.229	1.551
	B	−0.439	−0.639	−0.386	−0.442	−0.770
加筋4层	A	1.071	1.350	1.706	1.140	1.231
	B	−0.321	−0.629	−0.806	−0.502	−0.954

图 3-128 对比了压缩汶川波 x、z 双向激励下($A_{xmax}=04g$)不同加筋形式路堤边坡 AH4 测点加速度时程曲线及其傅氏谱。一方面,不同加筋形式路堤边坡对台面输入的地震动存在放大现象,但放大效应有所差异;另一方面,地震动经路堤边坡传

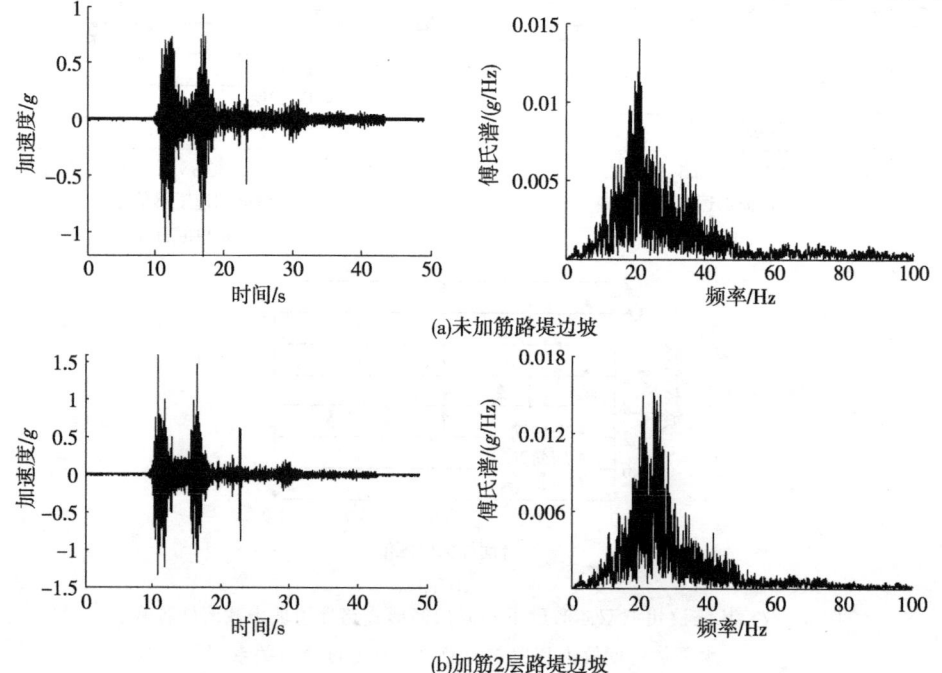

(a)未加筋路堤边坡

(b)加筋2层路堤边坡

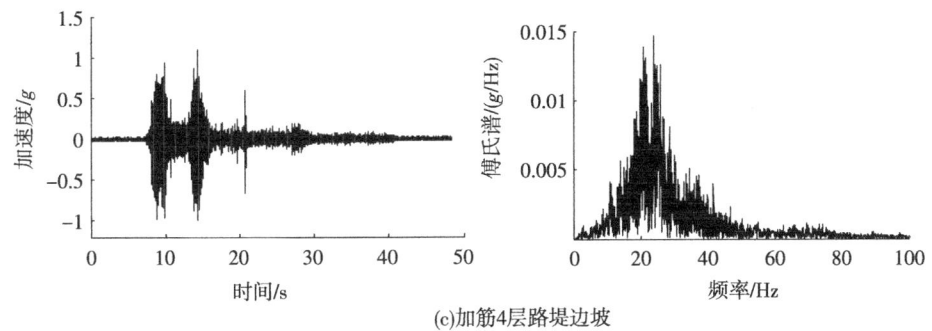

(c)加筋4层路堤边坡

图 3-128　压缩汶川波双向激励下不同加筋形式路堤边坡 AH4 测点
加速度时程曲线及其傅氏谱

播后频谱特性发生变化,路堤边坡对高频段地震波具有滤波作用,对靠近路堤边坡自振频率的地震波频段能量加以放大,不同加筋形式路堤边坡表现出相同特性。

2. 加筋路堤边坡竖向加速度反应

由于混凝土基岩对竖向加速度存在放大效应,在进行竖向加速度放大倍数计算时均相对于混凝土基岩竖向加速度最大正峰值。图 3-129 和图 3-130 分别给出了压缩汶川波 x、z 双向激励下($A_{zmax}=0.27g$)不同加筋形式路堤边坡坡面和中截面处竖向加速度放大倍数的分布情况。图 3-131 和图 3-132 为压缩汶川波 x、z 双向激励下($A_{zmax}=0.27g$)不同加筋形式路堤边坡坡面及中截面处各测点竖向加速度放大倍数与台面竖向加速度峰值关系。可以看出:

(1) 不同加筋形式路堤边坡竖向加速度放大倍数沿路堤边坡高度方向呈非线性递增趋势,在靠近路堤边坡顶面达到最大值。

(2) 路堤边坡坡面处竖向加速度放大现象比路堤边坡中截面处更加明显。这与路堤边坡坡面处垂向约束作用更小等因素有关。

(3) 不同加筋形式路堤边坡出现了竖向加速度放大倍数小于1的现象。总体来说,加筋路堤边坡竖向加速度放大现象弱于未加筋路堤边坡,加筋 4 层路堤边坡弱于加筋 2 层路堤边坡。由此可见,在强震区采用加筋措施能有效减弱竖向加速度放大效应,改善路堤边坡抗震性能。另外,对比水平加速度情况(图 3-124 和图 3-125),筋带对竖向加速度放大效应的削弱作用更为明显。

(4) 随着台面加速度峰值的增大,筋带对竖向加速度放大效应的削弱作用越来越显著。例如,在路堤边坡中截面处,当台面竖向加速度峰值 $A_{zmax} \leqslant 0.40g$ 时,加筋路堤边坡竖向加速度放大效应与未加筋路堤边坡接近;当 $A_{zmax} \geqslant 0.53g$ 时,加筋路堤边坡竖向加速度放大效应明显小于未加筋路堤边坡。

(5) 不同加筋形式路堤边坡均出现了竖向加速度响应峰值大于 $1.0g$ 的现象。而从振动台试验现象来看,加筋路堤边坡没有出现宏观裂缝,更没有出现大的破坏现象,路堤边坡依旧满足现行规范中"可修"的要求。由此可见,在同时满足安全和经济的条件下，强震作用下路堤边坡可以允许其产生竖向加速度峰值大于 1.0g 的情况。

（6）随着台面加速度峰值增大，不同加筋形式路堤边坡竖向加速度放大倍数并没有表现出随之减小的现象，在靠近混凝土基岩测点（如 AV1、AV2 测点）甚至出现了逐渐增大的现象。一方面，这与混凝土基岩端部约束有关；另一方面，在试验加载过程中，路堤边坡自振频率逐渐减小，从而与地震动卓越频段逐渐接近，根据共振原理，竖向加速度放大倍数会出现增大的现象。实际上，影响竖向加速度的因素很多，如垂向约束、地震动强度和频谱特性、路堤边坡动力特性和土体非线性特性等。竖向加速度在路堤边坡中传播规律有待于进一步研究。

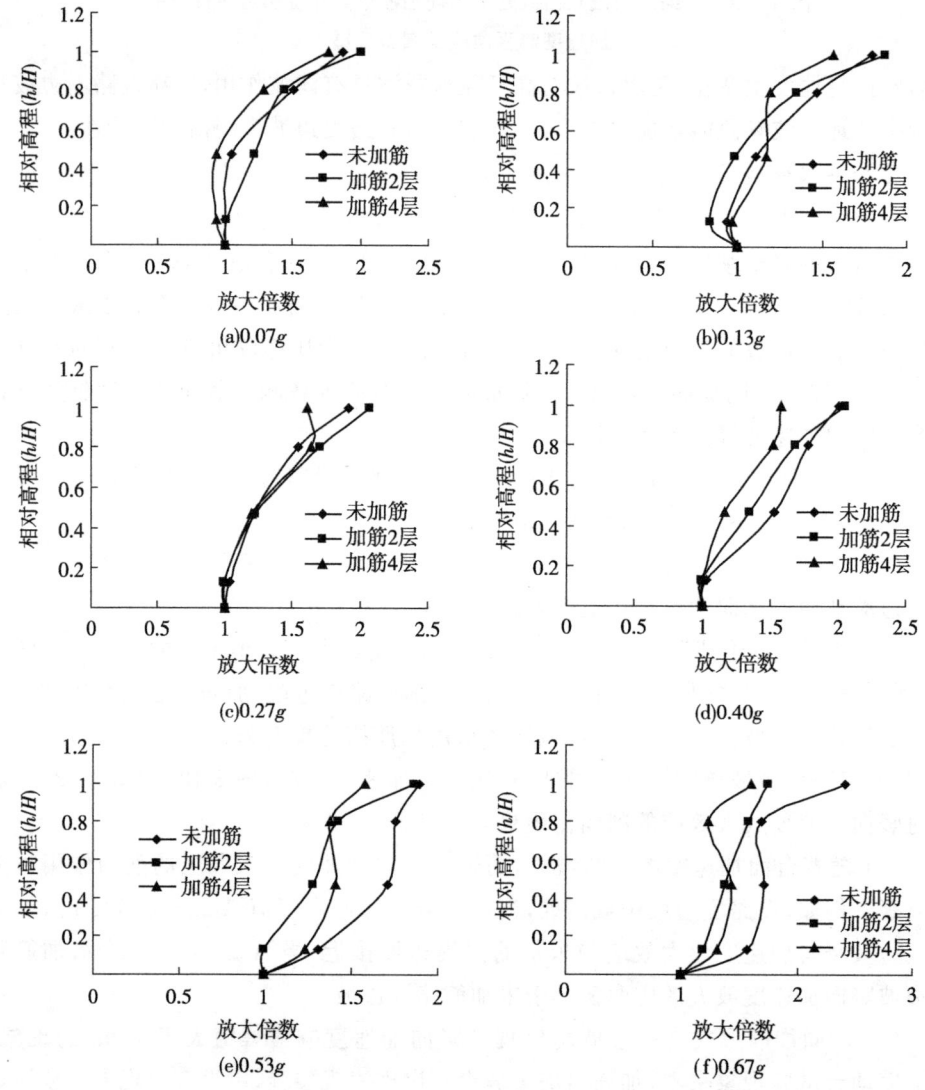

图 3-129　压缩汶川波双向激励下不同加筋形式路堤边坡坡面处竖向加速度放大倍数分布情况

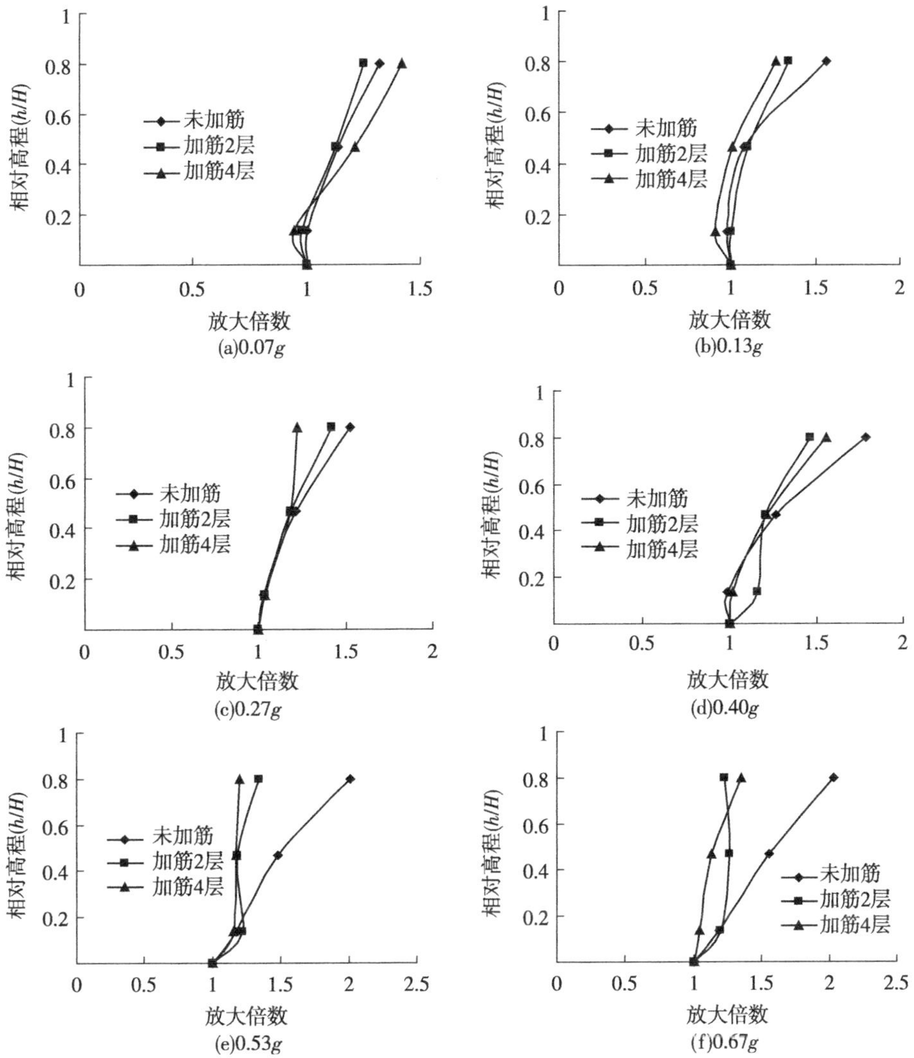

图 3-130 压缩汶川波双向激励下不同加筋形式路堤边坡中截面处竖向加速度放大倍数分布情况

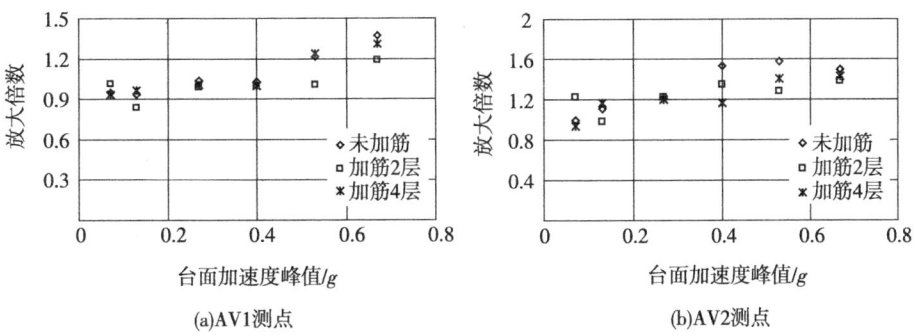

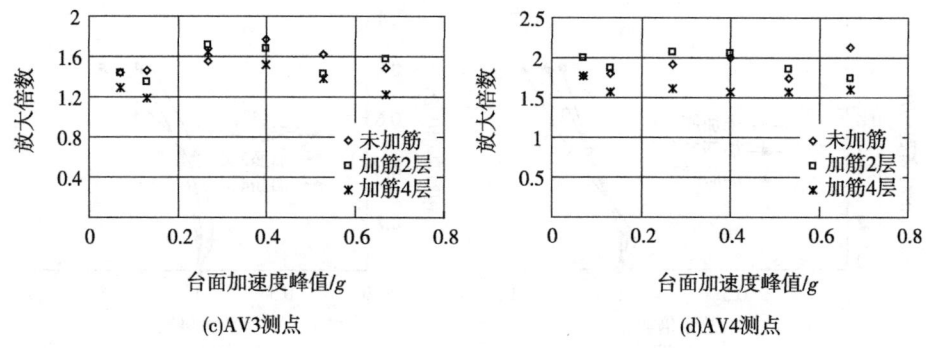

图 3-131 压缩汶川波双向激励下不同加筋形式路堤边坡坡面处各测点竖向加速度放大倍数与台面竖向加速度峰值关系

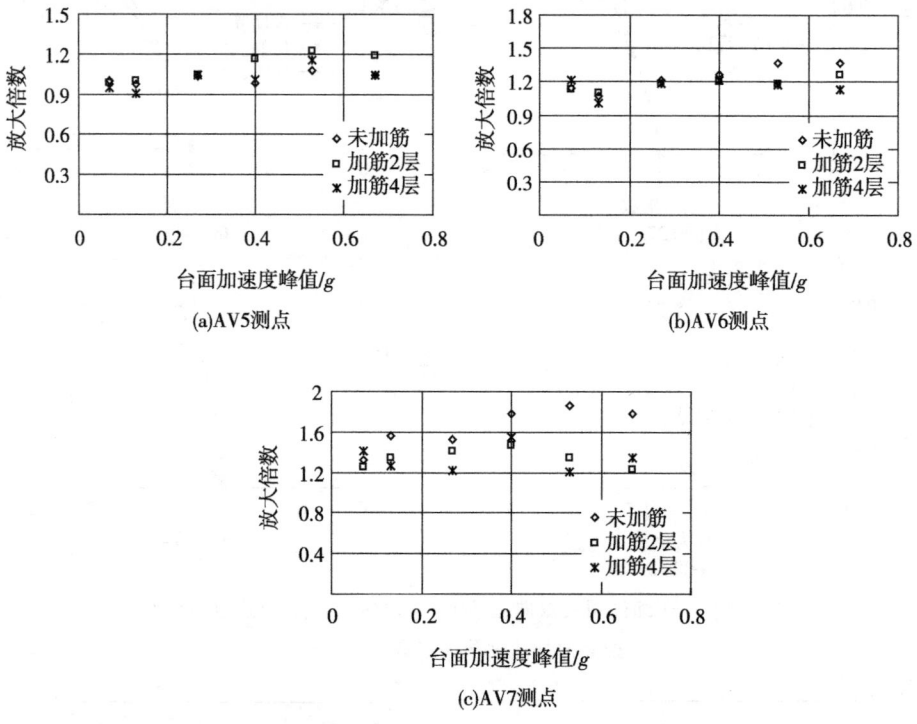

图 3-132 压缩汶川波双向激励下不同加筋形式路堤边坡中截面处各测点竖向加速度放大倍数与台面竖向加速度峰值关系

图 3-133 对比了压缩汶川波 x、z 双向激励下不同加筋形式路堤边坡 AV4 测点竖向加速度时程曲线及其傅氏谱。加筋路堤边坡对高频段地震波具有滤波作用,对靠近自振频率的地震波频段能量加以放大。不同加筋形式路堤边坡的频谱特性具有一定差异性,这种差异性与不同加筋形式路堤边坡的动力特性有关。

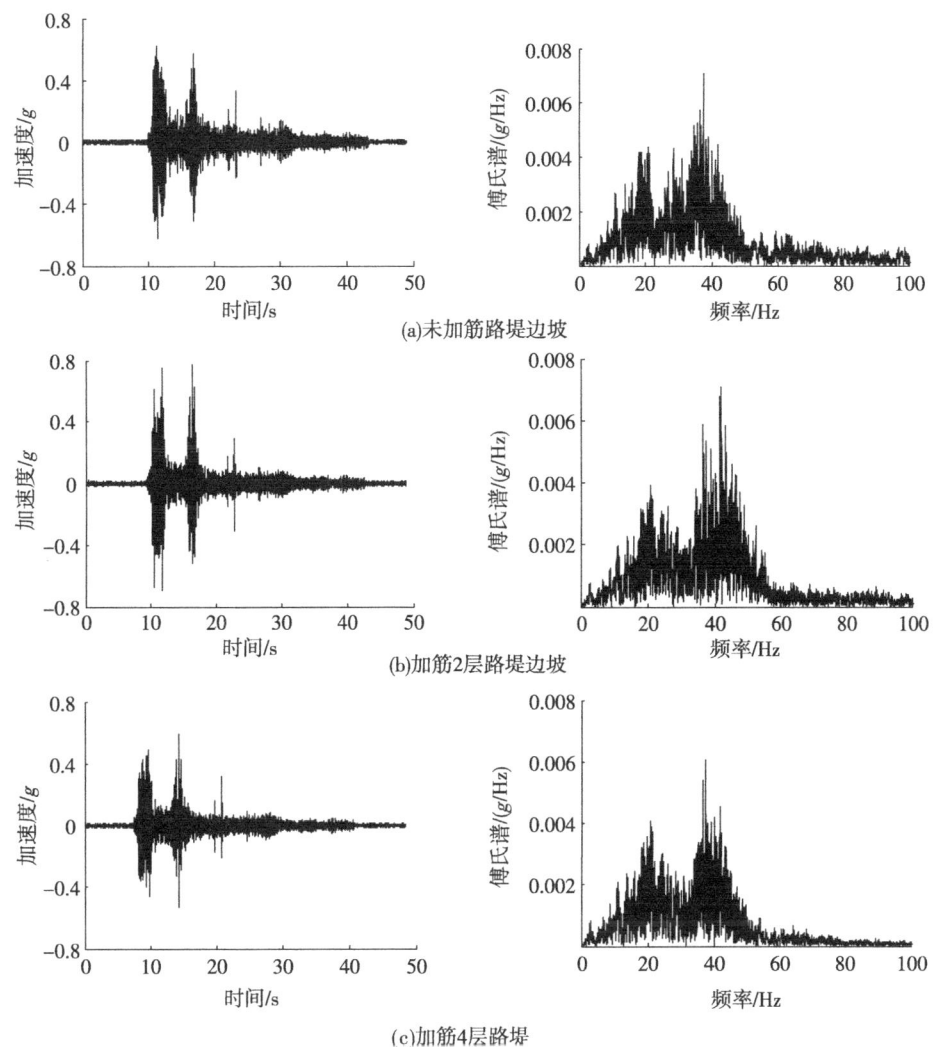

图 3-133　压缩汶川波双向激励下不同加筋形式路堤边坡 AV4 测点
竖向加速度时程曲线及其傅氏谱

3. 加筋路堤边坡动土压力响应

以压缩汶川波 x、z 双向激励($A_{xmax}=0.4g$)为例,并约定土压力符号以土体受压为正。图 3-134～图 3-136 给出了加筋 2 层和加筋 4 层路堤边坡 D1、D3 和 D5 测点的动土压力时程曲线。未加筋路堤边坡相应测点的动土压力时程曲线如图 3-94(c)～图 3-96(c)所示。在压缩汶川波激励下,动土压力响应出现了两次突变,由此产生了残余土压力,加筋路堤边坡产生的残余土压力小于未加筋路堤边坡。由此可见,一方面,筋带能耗散一部分地震能量;另一方面,筋带能有效缓解应力集中现象,从而有效减小地震产生的残余应力。

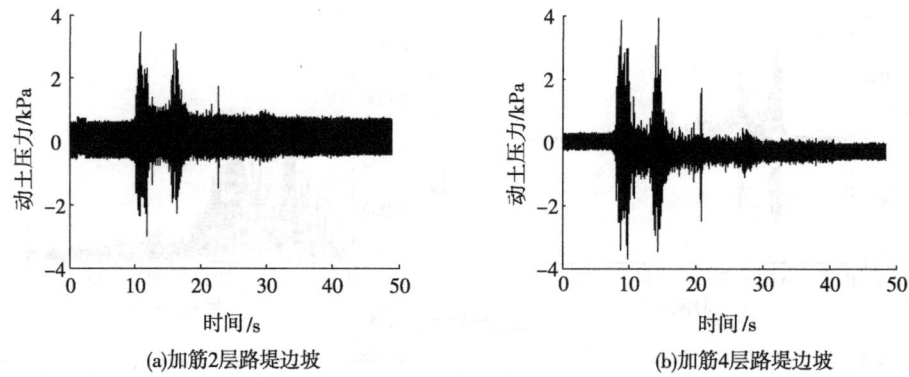

图 3-134　压缩汶川波双向激励下加筋路堤边坡 D1 测点的动土压力时程曲线

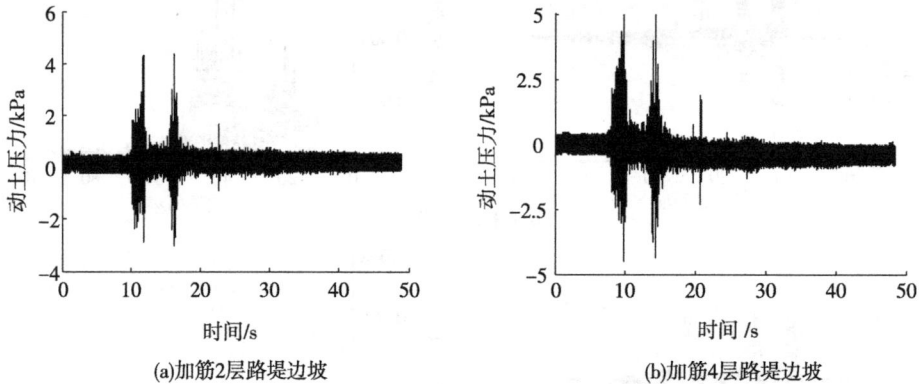

图 3-135　压缩汶川波双向激励下加筋路堤边坡 D3 测点的动土压力时程曲线

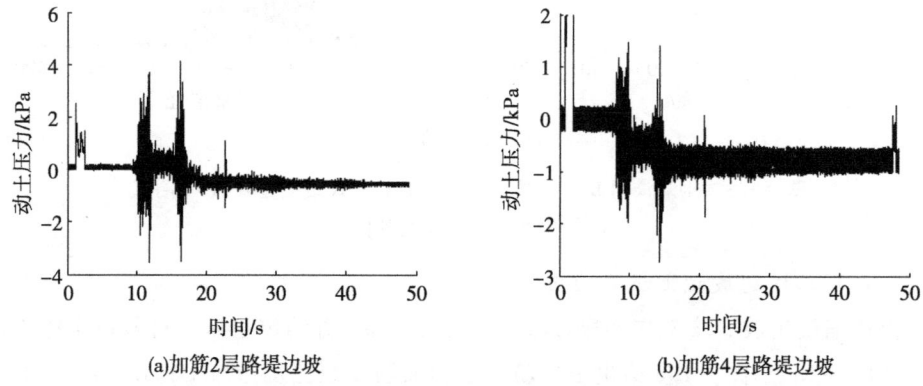

图 3-136　压缩汶川波双向激励下加筋路堤边坡 D5 测点的动土压力时程曲线

另外可以看到,残余土压力大小和方向与测点位置和路堤边坡加筋形式有关。加筋 2 层路堤边坡 D1 和 D3 测点经历了地震动激励后产生的残余土压力为正值,即土体所受的静土压力有细微增大,而 D5 测点产生的残余土压力为负值,即土体所受的静土压力有所释放。加筋 4 层路堤边坡 D1、D3 和 D5 测点残余土压力均为负值,即土体所受的静土压力有所释放。

图3-137和图3-138分别为加筋2层和加筋4层路堤边坡在不同强度的压缩汶川波x、z双向激励下动土压力峰值的分布情况。未加筋路堤边坡的动土压力峰值分布情况如图3-98所示。不同加筋形式路堤边坡动土压力峰值分布情况表现出以下两点共性：第一，在坡脚水平面（D1、D2和D3测点所在的平面），靠近路堤边坡坡面位置的动土压力峰值较小，沿靠近路堤边坡中轴线的方向逐渐增大；第二，动土压力峰值沿路堤边坡高度呈递减趋势，在靠近路堤边坡顶面达到最小值。另外可以看出，在相同地震动激励下，加筋路堤边坡动土压力响应峰值小于未加筋路堤边坡。由此可见，路堤边坡中的土工格栅能有效地减小路堤边坡地震动应力响应和残余应力，从而达到改善路堤边坡抗震性能的目的。

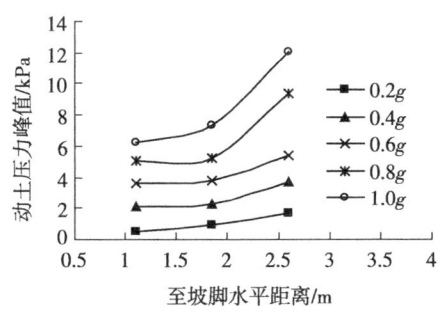
(a)动土压力峰值在坡脚水平面的分布情况

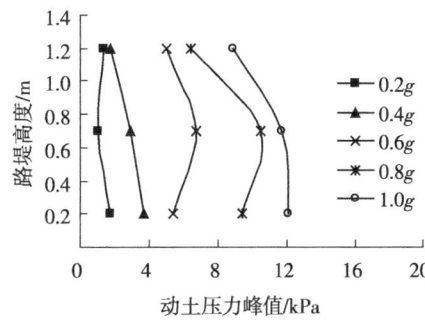
(b)动土压力峰值沿路堤边坡高度方向分布情况

图3-137 压缩汶川波双向激励下加筋2层路堤边坡动土压力峰值分布情况

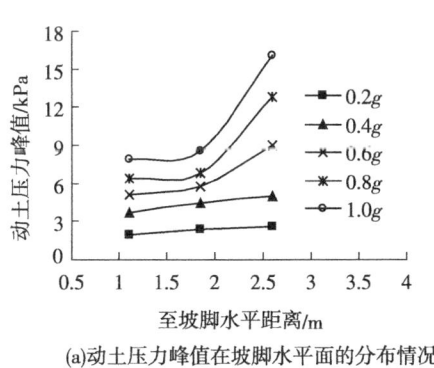
(a)动土压力峰值在坡脚水平面的分布情况

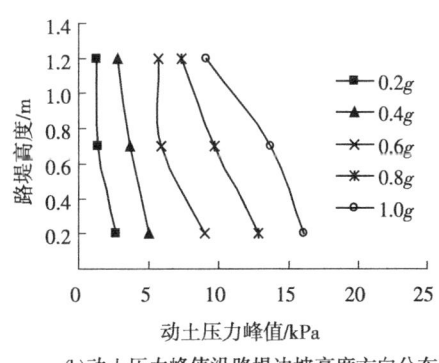
(b)动土压力峰值沿路堤边坡高度方向分布

图3-138 压缩汶川波双向激励下加筋4层路堤边坡动土压力峰值分布情况

4. 加筋路堤边坡水平动位移响应

当台面加速度峰值较小时（如$A_{x\max}<0.2g$），各测点的动位移响应没有发生突变或突变很小，地震产生的残余变形较小，以弹性变形为主。当台面加速度峰值逐渐增大时（如$A_{x\max}\geqslant 0.4g$），动位移响应曲线突变现象较为明显，产生了明显的地震残余

变形,且随着 A_{xmax} 增大,地震残余变形也随之增大。图 3-139 给出了压缩汶川波 x、z 双向激励下($A_{xmax}=1.0g$)不同加筋形式路堤边坡 DP3 测点的相对动位移响应曲线。可以看出,相对动位移曲线发生了两次明显的突变,且第一次突变产生的地震残余变形大于第二次突变。加筋路堤边坡产生的地震残余变形小于未加筋路堤边坡。由此可见,筋带能很好地限制路堤边坡的侧向变形,提高路堤边坡抗震稳定性。

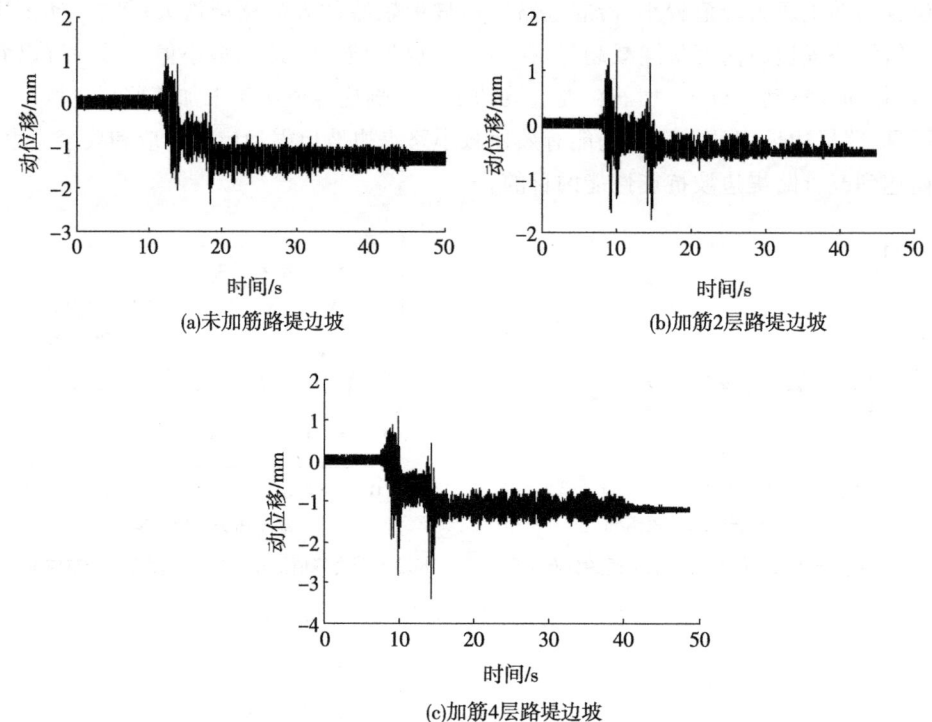

图 3-139　压缩汶川波双向激励下不同加筋形式路堤边坡 DP2 测点的相对动位移响应曲线

3.3.7　加筋路堤边坡地震残余变形

图 3-140 和图 3-102(c)给出了不同强度的压缩汶川波 x、z 双向激励下不同加筋形式路堤边坡震陷变形与台面水平加速度峰值的关系曲线。图 3-141 和图 3-103(c)给出了不同强度的压缩汶川波 x、z 双向激励下不同加筋形式路堤边坡震陷变形量沿路堤边坡高度的分布情况。震陷变形随着台面加速度峰值增大而增大,尤其是当水平加速度峰值大于 $0.6g$ 时,震陷变形量增幅显著增加。震陷变形量沿路堤边坡高度呈递增趋势,且震陷变形均为正值,路堤边坡没有发生隆起的现象。另外可以看出,路堤边坡震陷变形主要产生在 $0\sim0.8H$ 处,即路堤本体部分,$0.8H\sim1.0H$ 处(基床底层)产生的震陷变形较小,这主要由于基床底层压实度较高,达到了 95%,且厚度相对较小。

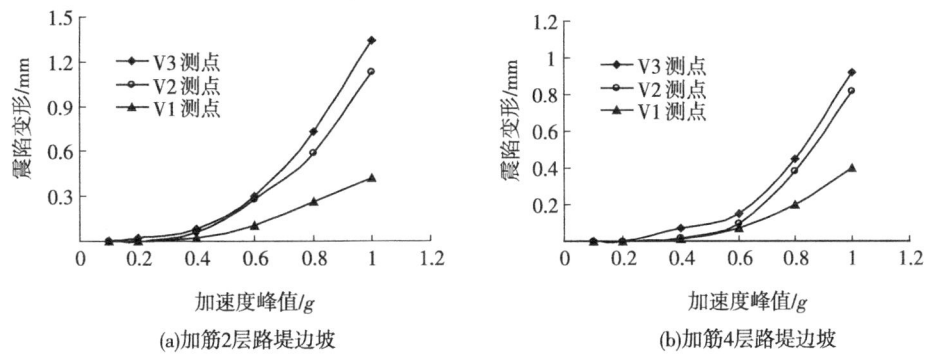

图 3-140　压缩汶川波双向激励下不同加筋形式路堤边坡震陷变形
与台面水平加速度峰值关系曲线

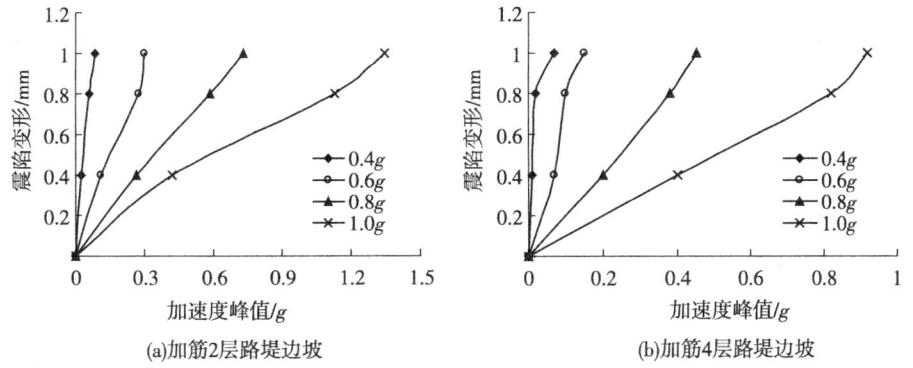

图 3-141　压缩汶川波双向激励下不同加筋形式路堤边坡震陷变形量沿路堤边坡高度的分布情况

图 3-142 给出不同强度压缩汶川波 x、z 双向激励下加筋路堤边坡顶部震陷变形（即 V3 测点）与加筋层数的关系曲线。加筋路堤边坡产生的震陷变形明显小于未加筋路堤边坡，且路堤边坡加筋层数越多，加筋越密，产生的震陷变形越小。如当台面水平加速度峰值为 0.4g 时，未加筋路堤边坡、加筋 2 层和加筋 4 层路堤边坡产生的震陷变形分别为 0.4mm、0.084mm 和 0.07mm，三者比值为 3.71∶1.20∶1。当台面加速度峰值逐渐增大时，加筋效果表现得更加明显。

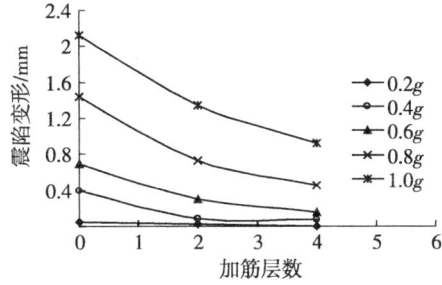

图 3-142　压缩汶川波双向激励下加筋路堤边坡顶部震陷变形与加筋层数关系曲线

图 3-143 和图 3-106(c)为压缩汶川波 x、z 双向激励下不同加筋形式路堤边坡侧向残余变形与台面水平加速度峰值的关系曲线。图 3-144 和图 3-107(c)为不同强度压缩汶川波双向激励下不同加筋形式路堤边坡侧向残余变形沿路堤边坡高度的分布情况。表 3-31 为不同加筋形式路堤边坡的最大侧向残余变形量及其发生位置的统计情况。加筋路堤边坡产生的侧向残余变形小于未加筋路堤边坡,且加筋层数越多、加筋间距越密,侧向残余变形越小。侧向残余变形随台面地震动加速度峰值增大而增大。不同于未加筋路堤边坡,加筋路堤边坡并没有出现侧向残余变形增幅随加速度峰值增大而显著增大的现象。这主要是由于随着台面地震动加速度峰值的增大,筋带对土体的约束作用发挥得更为明显,这也与强震激励下加筋路堤边坡震陷变形的测试结果相一致。当台面水平加速度峰值大于 $0.6g$ 时,未加筋路堤边坡最大侧向残余变形发生在 $0.8H$ 处,加筋路堤边坡最大侧向残余变形发生在 $0.4H$ 处。

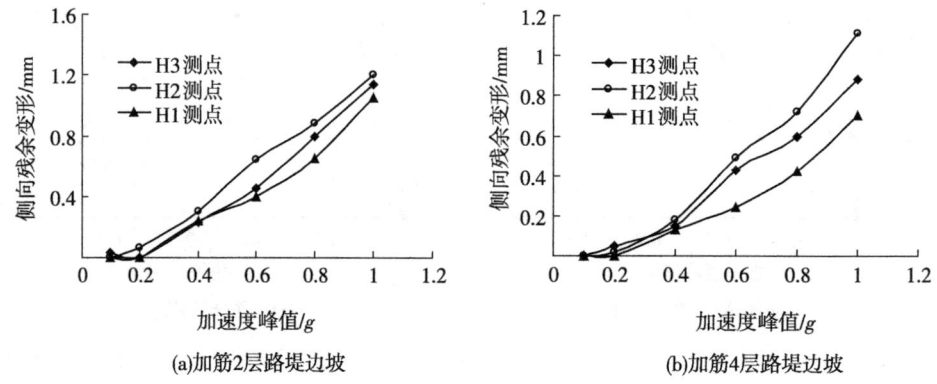

图 3-143 压缩汶川波双向激励下不同加筋形式路堤边坡侧向残余变形与台面水平加速度峰值关系曲线

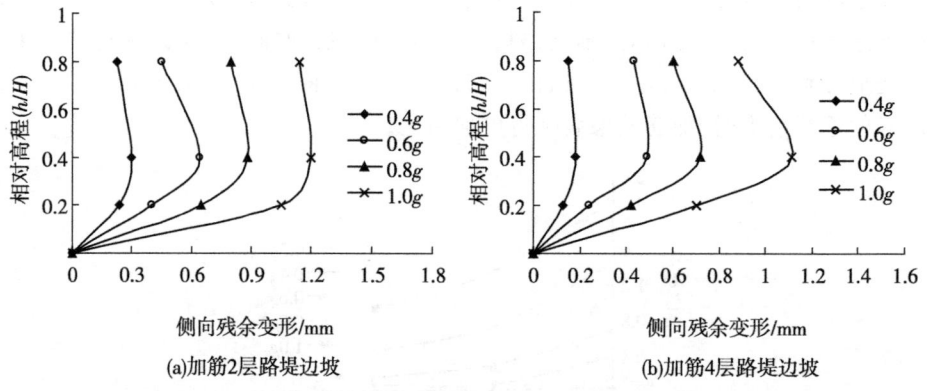

图 3-144 压缩汶川波双向激励下不同加筋形式路堤边坡侧向残余变形沿路堤边坡高度的分布情况

表 3-31 不同加筋形式路堤边坡在压缩汶川波双向激励下最大侧向残余变形及其发生位置

地震动峰值 /g	未加筋路堤边坡		加筋 2 层路堤边坡		加筋 4 层路堤边坡	
	最大侧向变形/mm	最大值位置	最大侧向变形/mm	最大值位置	最大侧向变形/mm	最大值位置
0.2	0.10	$0.4H$	0.06	$0.4H$	0.05	$0.8H$
0.4	0.45	$0.4H$	0.30	$0.4H$	0.18	$0.4H$
0.6	0.86	$0.8H$	0.65	$0.4H$	0.49	$0.4H$
0.8	1.37	$0.8H$	0.88	$0.4H$	0.72	$0.4H$
1.0	2.10	$0.8H$	1.20	$0.4H$	1.11	$0.4H$

3.3.8 加筋路堤边坡地震动力反应的数值模拟对比研究

1. 加筋路堤边坡的数值模型

加筋路堤边坡模型包括未加筋路堤边坡、加筋 2 层和加筋 4 层的路堤边坡模型,数值建模参照振动台试验模型。加筋路堤边坡在填筑时路堤本体部分按 87% 压实度填筑,因此路堤本体、混凝土基岩、基床底层及级配碎石层等的模拟情况和参数选取,以及路堤边坡模型边界条件的处理、地震动输入工况等均与 87% 压实度未加筋路堤边坡模型相同,这里不再赘述。

筋材采用 FLAC3D 中的 Geogrid 单元模拟,模拟参数如表 3-32 所示。图 3-145 分别为加筋 2 层和加筋 4 层路堤边坡的数值模型。

表 3-32 筋带材料的参数输入

单元类型	弹性模量/GPa	泊松比 ν	筋土黏聚力 c/MPa	筋土摩擦角 φ/(°)	刚度 k/MPa	密度 ρ/(kg/m³)
Geogird	26	0.33	11.2	24	2.3	2000

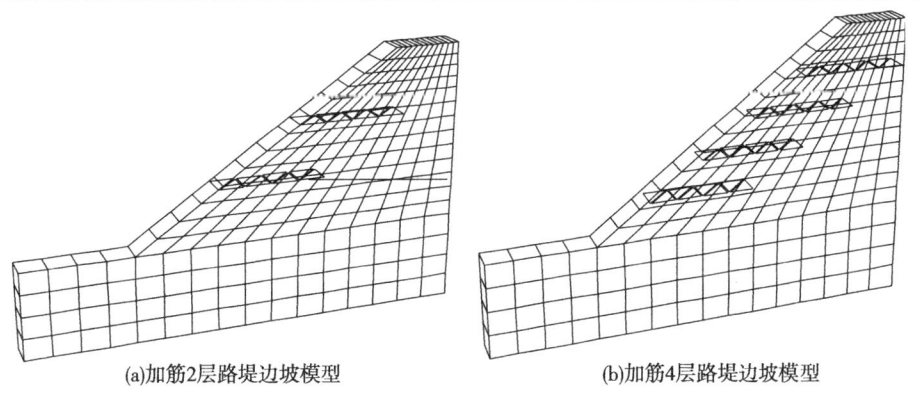

(a) 加筋2层路堤边坡模型   (b) 加筋4层路堤边坡模型

图 3-145 加筋路堤边坡数值模型

2. 加筋路堤边坡试验结果与数值模拟对比

1) 水平加速度响应

表 3-33 给出了压缩汶川波 x、z 双向激励下 ($A_{xmax}=0.4g$) 不同加筋形式路堤边

坡各测点水平加速度峰值的试验结果和数值模拟结果。从数值模拟结果可以看出，混凝土基岩对输入的水平加速度具有放大作用，放大倍数为 1.39～1.46。不同加筋形式路堤边坡的试验结果和数值模拟结果非常接近，试验结果和数值模拟结果互为印证。

表 3-33　不同加筋形式路堤边坡各测点水平加速度峰值试验结果与数值模拟结果的比较

测点 \ 加筋情况	未加筋		加筋 2 层		加筋 4 层	
	试验值	模拟值	试验值	模拟值	试验值	模拟值
AHO2	0.400	0.556	0.481	0.584	0.485	0.563
AH1	0.422	0.651	0.527	0.724	0.541	0.718
AH2	0.499	0.721	0.636	0.752	0.552	0.750
AH3	0.668	1.180	0.940	1.136	0.874	1.102
AH4	0.932	1.178	1.203	1.163	1.098	1.218
AH5	0.469	0.862	0.544	0.841	0.475	0.813
AH6	0.561	0.995	0.803	0.937	0.684	0.935
AH7	0.858	1.100	1.012	1.142	0.972	1.115

图 3-146 和图 3-147 给出了不同强度压缩汶川波 x、z 双向激励下不同加筋形式路堤边坡坡面和中截面处水平加速度放大倍数分布情况的数值模拟结果。图 3-148 和图 3-149 为加筋路堤边坡坡面和中截面处各测点水平加速度放大倍数与台面水平加速度峰值的关系。路堤边坡对水平加速度表现出了明显的放大效应，沿着路堤边坡高度方向加速度放大倍数呈非线性递增趋势，在路堤边坡顶部达到最大值。随着

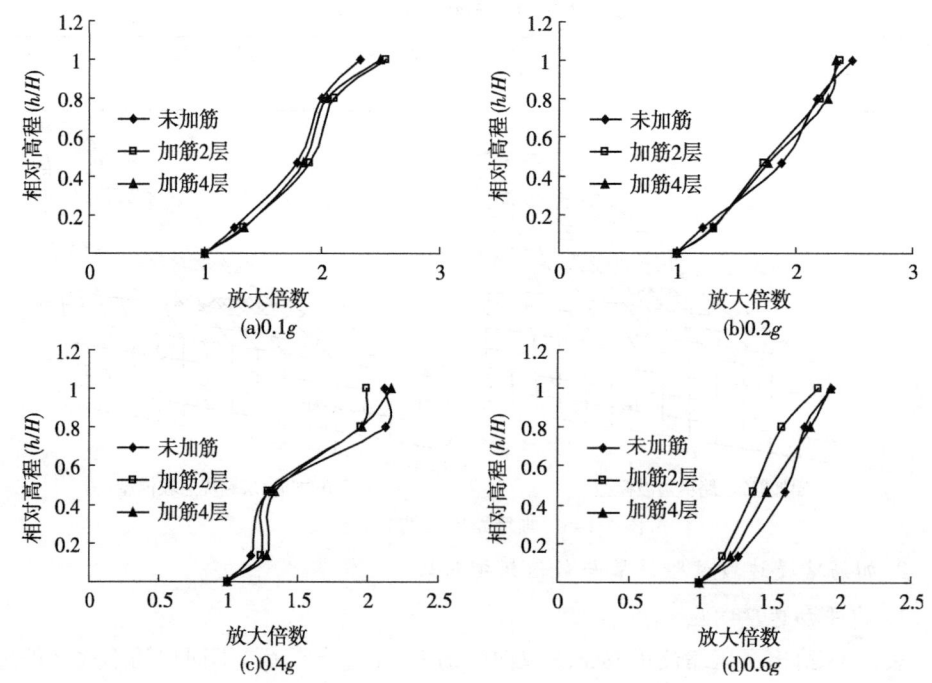

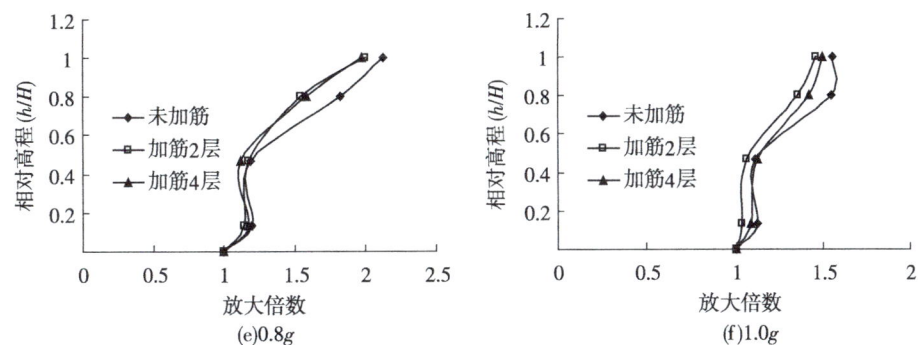

图 3-146 不同加筋形式路堤边坡坡面处水平加速度放大倍数分布情况的数值模拟结果

台面加速度峰值的增大,不同加筋形式路堤边坡各测点水平加速度放大倍数均表现为随之减小的趋势,土体表现出了显著的非线性特性。

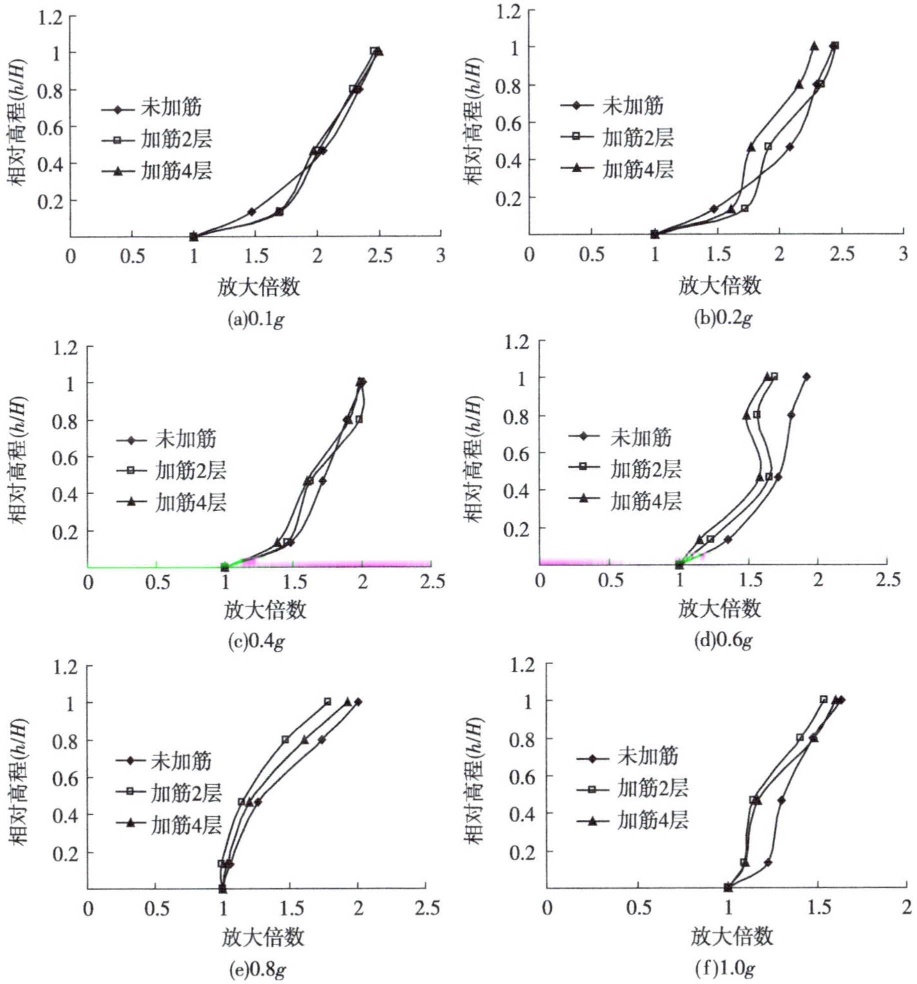

图 3-147 不同加筋形式路堤边坡中截面处水平加速度放大倍数分布情况的数值模拟结果

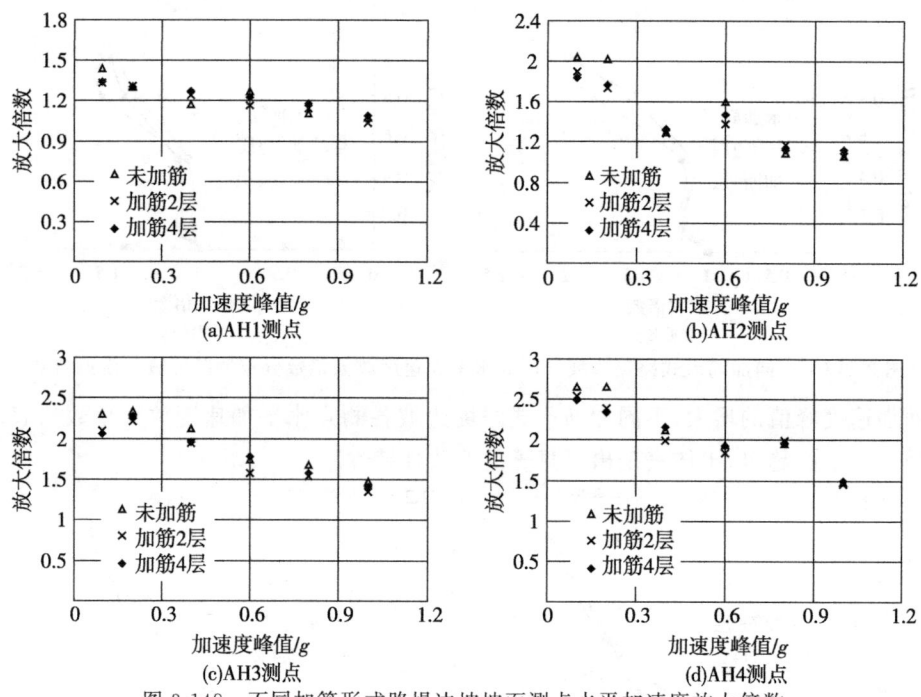

图 3-148 不同加筋形式路堤边坡坡面测点水平加速度放大倍数与台面水平加速度峰值关系的数值模拟结果

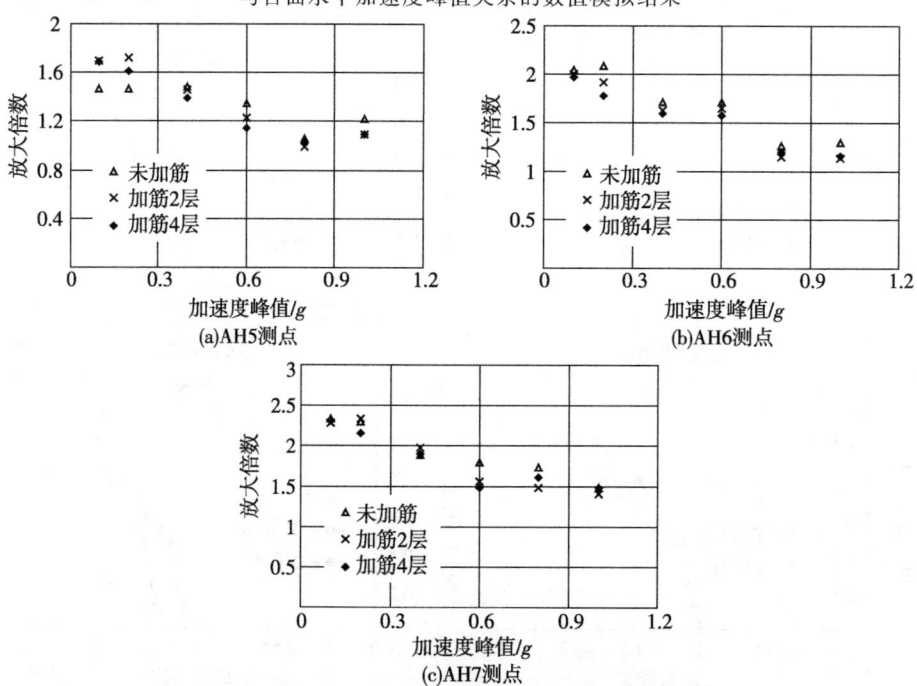

图 3-149 不同加筋形式路堤边坡中截面各测点水平加速度放大倍数与台面水平加速度峰值关系的数值模拟结果

对比不同加筋形式路堤边坡水平加速度反应,当台面水平加速度峰值较小时,不同加筋形式路堤边坡水平加速度放大倍数比较接近。随着台面地震动强度逐渐增大,加筋路堤边坡的水平加速度放大倍数逐渐小于未加筋路堤边坡,筋土界面摩擦作用得到了充分发挥。

以 AH1 测点为例,图 3-150 对比了压缩汶川波 x、z 双向激励下($A_{xmax}=0.4g$)不同加筋形式路堤边坡的水平加速度时程曲线及其傅氏谱特性曲线的试验结果和数值模拟结果。可以看出,不同加筋形式路堤边坡的水平加速度时程曲线及其傅氏谱特性曲线都吻合得比较理想。

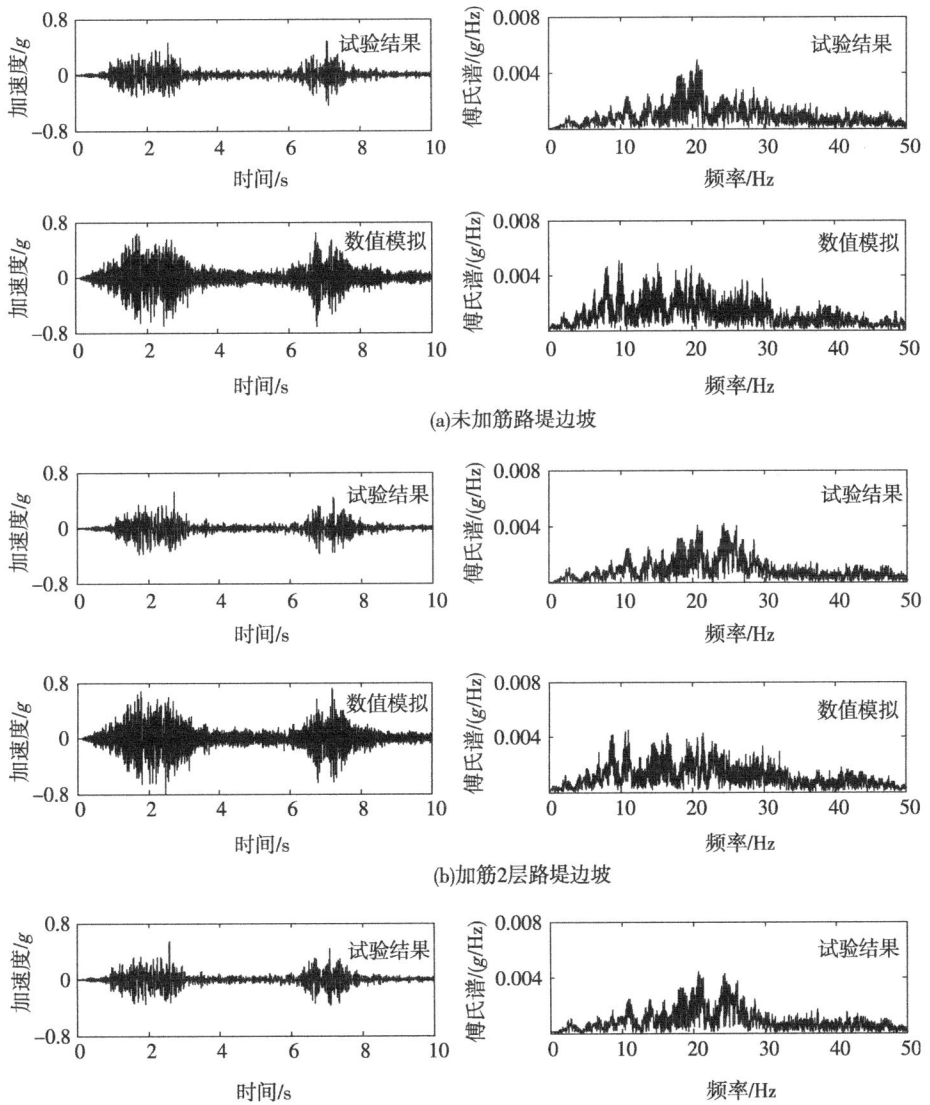

(a)未加筋路堤边坡

(b)加筋2层路堤边坡

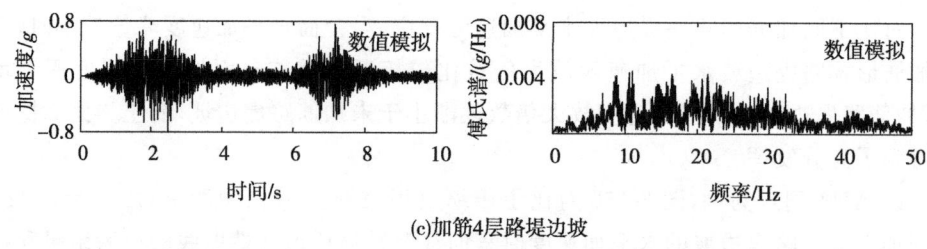

(c) 加筋4层路堤边坡

图 3-150　不同加筋形式路堤边坡 AH1 测点水平加速度时程曲线及其傅氏谱特性曲线的试验结果和数值模拟比较

2）竖向加速度响应

表 3-34 给出了的压缩汶川波 x、z 双向激励下（$A_{zmax}=0.28g$）不同加筋形式路堤边坡各测点竖向加速度峰值的试验结果与数值模拟结果。混凝土基岩对台面竖向加速度表现出放大效应，加速度放大倍数为 1.29～1.37。路堤边坡坡面各测点的竖向加速度峰值数值模拟结果与试验结果非常接近，路堤边坡中截面处各测点两者结果有所差异。

表 3-34　不同加筋形式路堤边坡各测点竖向加速度峰值试验结果与数值模拟结果的比较

测点 \ 加筋形式	未加筋		加筋 2 层		加筋 4 层	
	试验值	模拟值	试验值	模拟值	试验值	模拟值
AVO2	0.325	0.349	0.384	0.363	0.409	0.369
AV1	0.338	0.409	0.331	0.416	0.369	0.412
AV2	0.396	0.584	0.410	0.505	0.442	0.519
AV3	0.503	0.805	0.571	0.814	0.606	0.759
AV4	0.622	1.097	0.692	1.104	0.593	1.120
AV5	0.335	0.748	0.399	0.769	0.384	0.788
AV6	0.395	1.194	0.456	1.096	0.435	1.077
AV7	0.497	1.120	0.545	1.148	0.450	1.151

图 3-151 和图 3-152 给出了不同强度压缩汶川波 x、z 双向激励下不同加筋形式路堤边坡坡面和中截面处竖向加速度放大倍数分布情况的数值模拟结果。路堤边坡坡面处竖向加速度放大倍数沿路堤边坡高度方向均表现出明显的增大趋势，在路堤边坡顶部达到最大值。路堤边坡中截面处竖向加速度放大倍数分布情况有所不同，在某些工况激励下，最大峰值并没有出现在路堤边坡顶部（即 $1.0H$ 处），而发生在 $0.8H$ 处，由此可见，级配碎石板对竖向加速度表现出了显著的约束作用。另外可以看到，在相同地震动激励下，未加筋路堤边坡的竖向加速度放大倍数大于加筋路堤边坡，加筋 2 层路堤边坡大于加筋 4 层路堤边坡。由此可见，地震动激励下筋带能有效减弱土体竖向加速度的放大现象，这与振动台试验结论也是一致的。

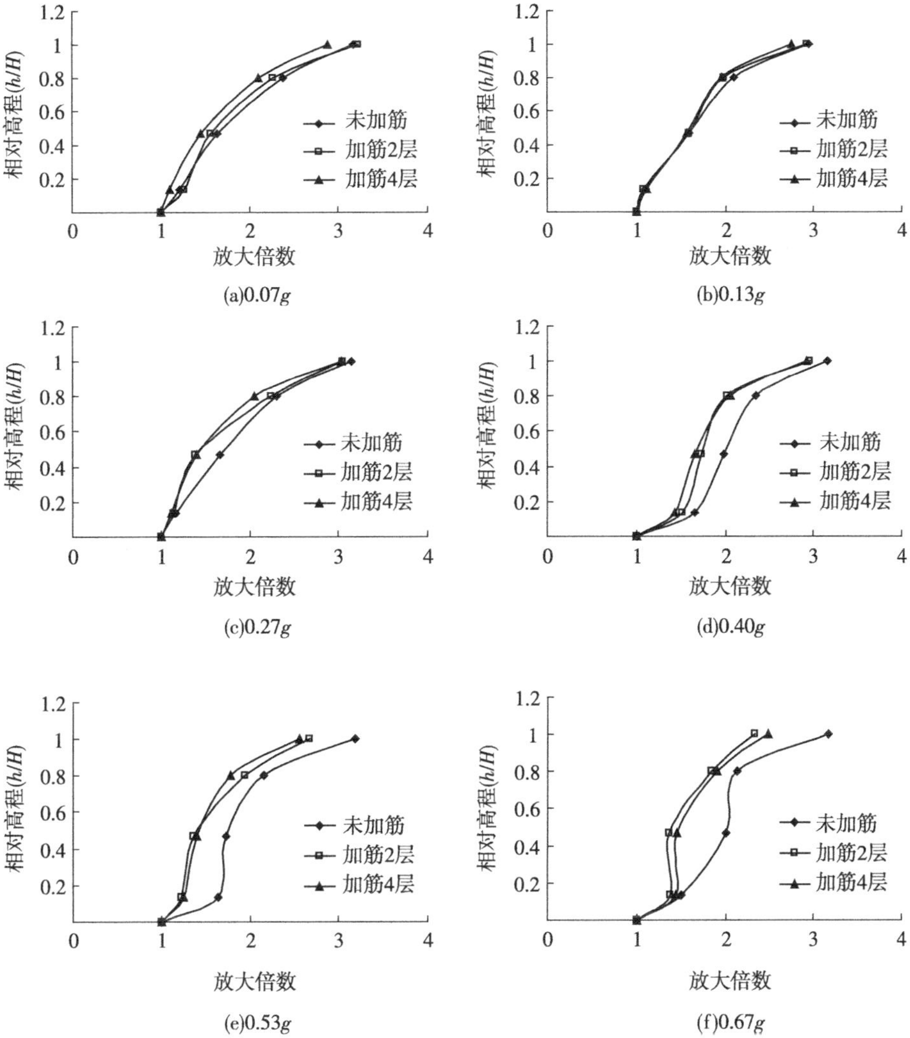

图 3-151 不同加筋形式路堤边坡坡面处竖向加速度放大倍数分布情况的数值模拟结果

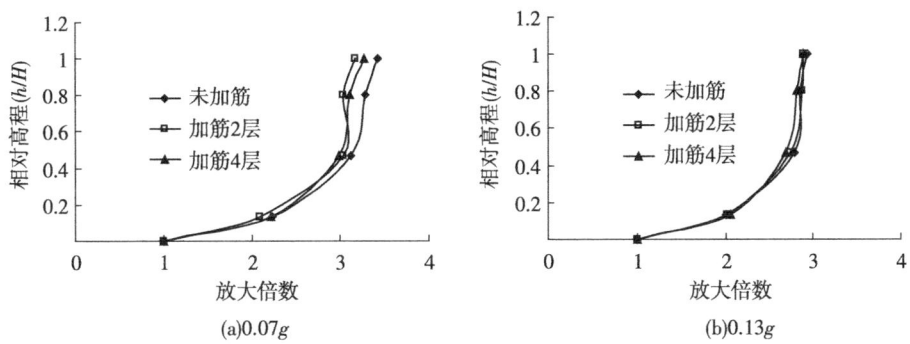

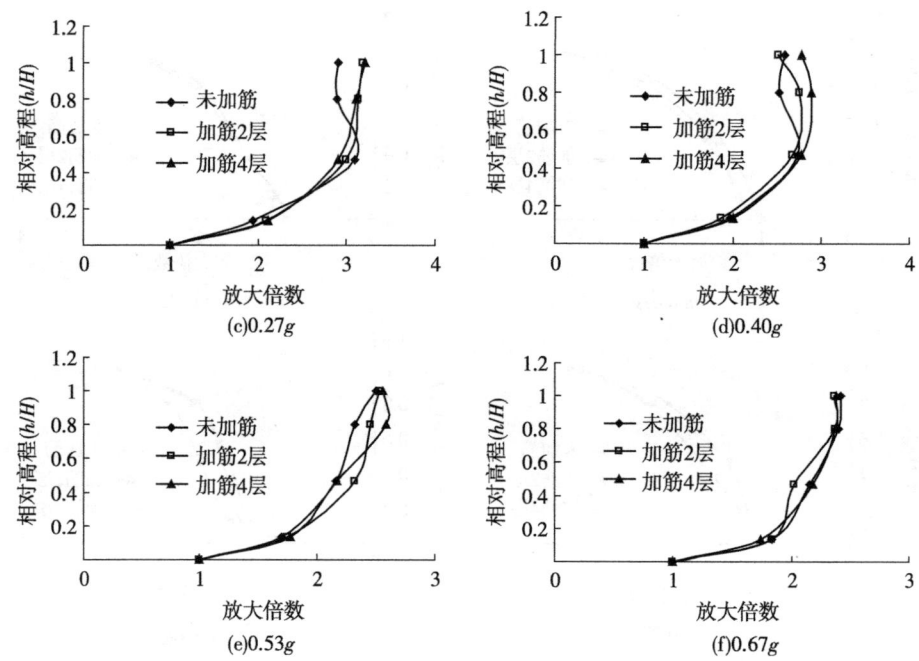

图 3-152 不同加筋形式路堤边坡中截面处竖向加速度放大倍数分布情况的数值模拟结果

图 3-153 和图 3-154 为不同强度压缩汶川波 x、z 双向激励下不同加筋形式路堤边坡坡面和中截面各测点竖向加速度放大倍数与台面竖向加速度峰值的关系。可以看出，AV1、AV2 测点竖向加速度放大倍数出现了随台面竖向加速度峰值增大而增大的现象，这可能与路堤边坡底部混凝土基岩的端部约束作用有关。其他各测点表现出了竖向加速度放大倍数随台面竖向加速度峰值增大而减小的现象。

以 AV1 测点为例，图 3-155 给出了压缩汶川波 x、z 双向激励下（$A_{zmax}=0.27g$）不同加筋形式路堤边坡的竖向加速度时程曲线及其傅氏谱特性曲线的试验结果和数值模拟结果。不同加筋形式路堤边坡的竖向加速度时程曲线及其傅氏谱特性曲线的数值模拟结果同试验结果吻合得比较理想。

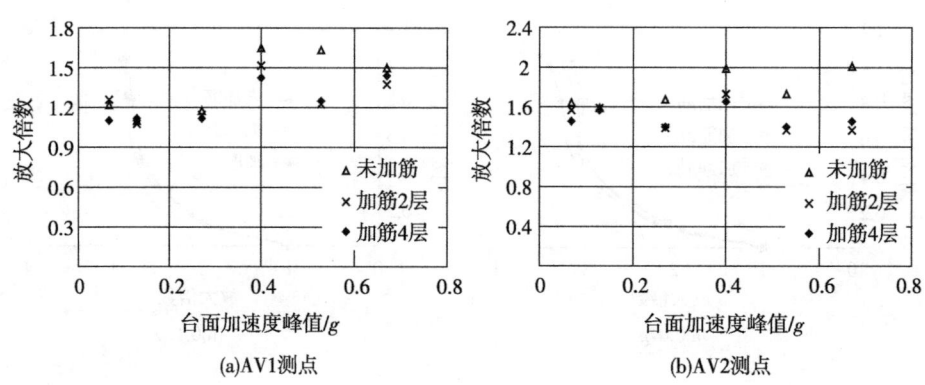

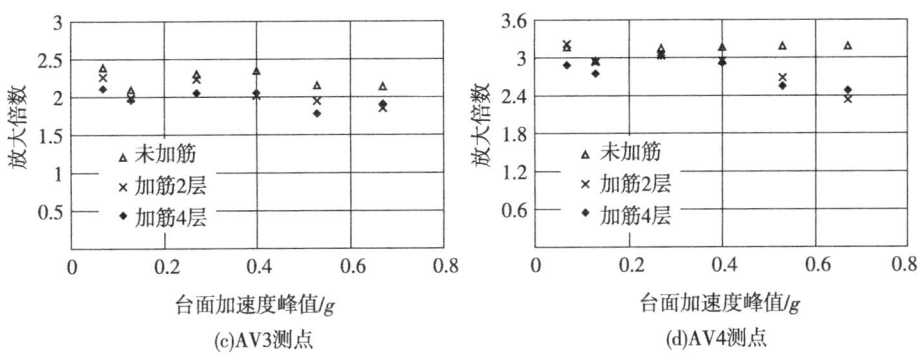

图 3-153　不同加筋形式路堤边坡面各测点竖向加速度放大倍数
与台面竖向加速度峰值关系的数值模拟结果

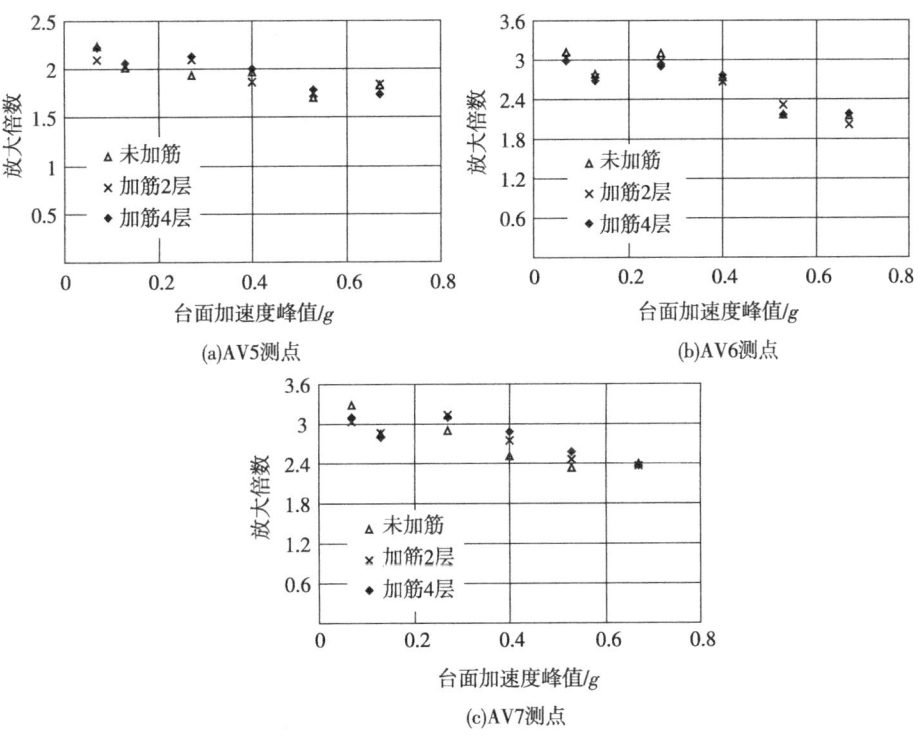

图 3-154　不同加筋形式路堤边坡中截面各测点竖向加速度放大倍数
与台面竖向加速度峰值关系的数值模拟结果

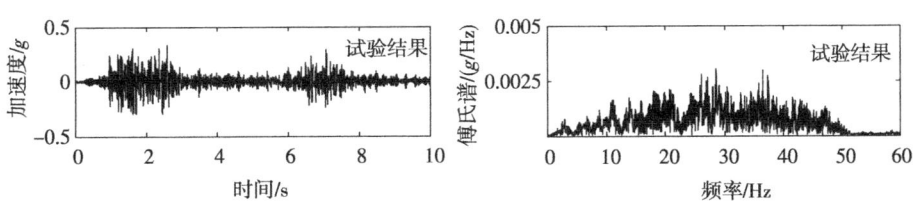

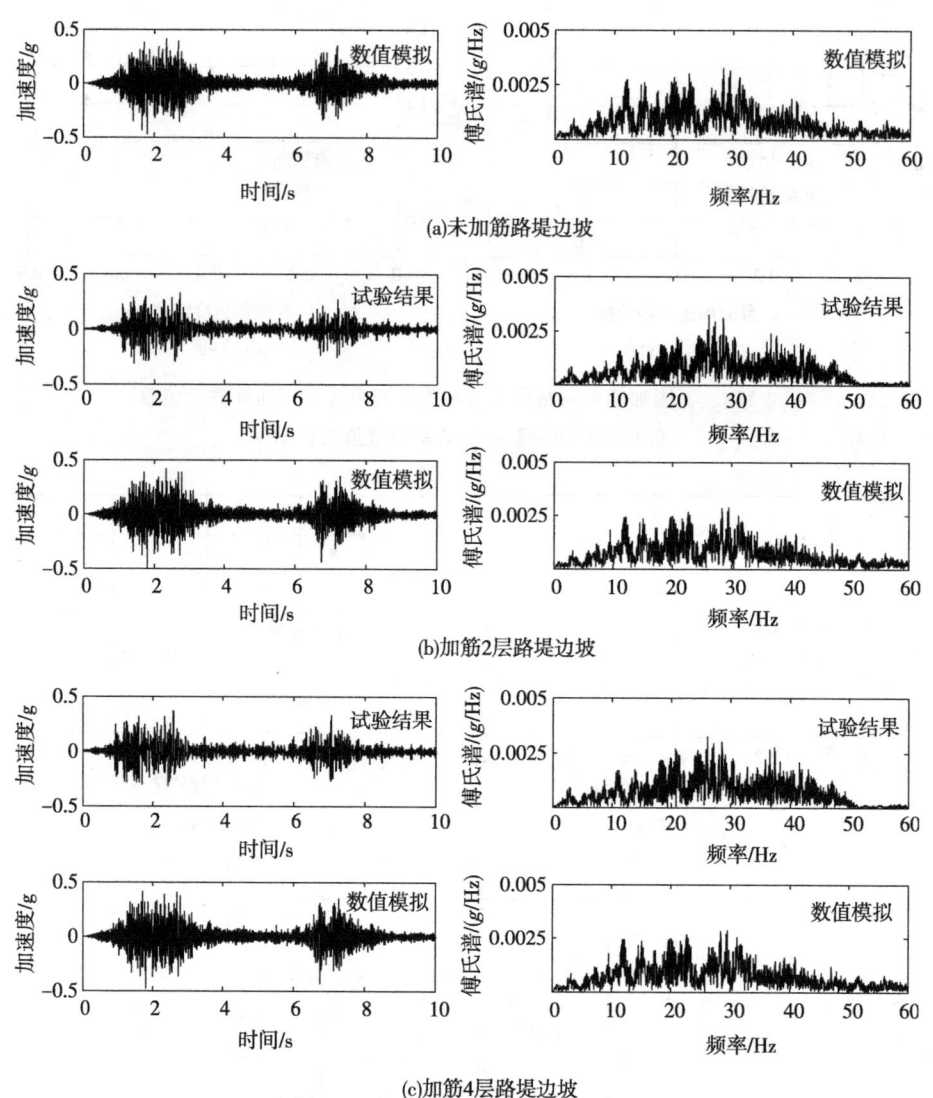

图 3-155 不同加筋形式路堤边坡的 AV1 测点竖向加速度时程
及其傅氏谱特性曲线的试验结果和数值模拟结果比较

3) 动土压力响应

图 3-156～图 3-158 以及图 3-119(c)～图 3-121(c) 给出了压缩汶川波 x、z 双向激励下 ($A_{x\max}=0.4g$) 加筋路堤边坡 D1、D3 和 D5 测点动土压力时程曲线的数值模拟结果。动土压力响应曲线出现了两次突变,由此产生了残余土压力。加筋路堤边坡产生的残余土压力小于未加筋路堤边坡。这与振动台试验得出的结论是一致的,数值模拟和试验结果互为印证。另外可以看出,各种加筋形式路堤边坡表现出了共性:D1 测点位置处产生的残余土压力为正值,即土体所受的静土压力有细微增大;

D3 和 D5 测点位置处产生的残余土压力为负值,即土体所受的静土压力有所释放,且 D5 测点位置产生的残余土压力大于 D3 测点。

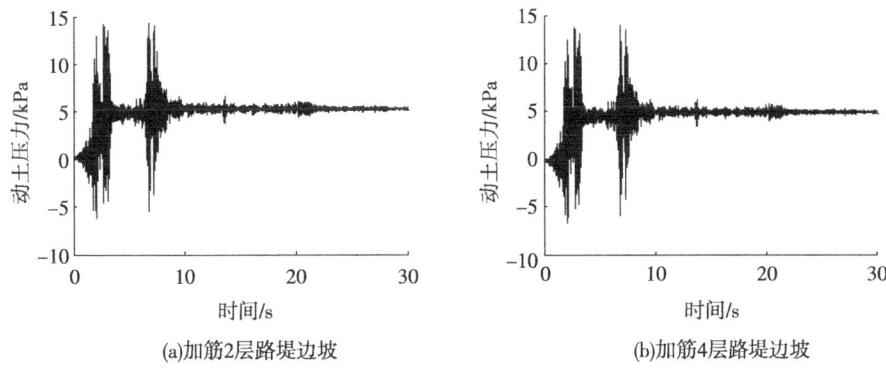

(a) 加筋2层路堤边坡　　　　　　　(b) 加筋4层路堤边坡

图 3-156　压缩汶川波双向激励下加筋路堤边坡 D1 测点
动土压力时程曲线的数值模拟结果

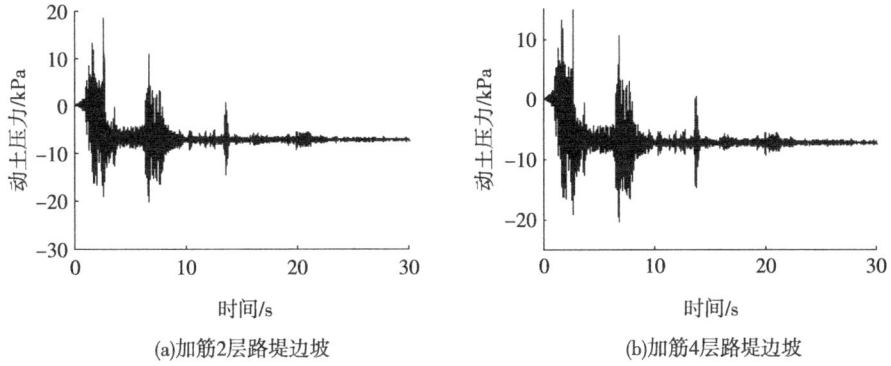

(a) 加筋2层路堤边坡　　　　　　　(b) 加筋4层路堤边坡

图 3-157　压缩汶川波双向激励下加筋路堤边坡 D3 测点
动土压力时程曲线的数值模拟结果

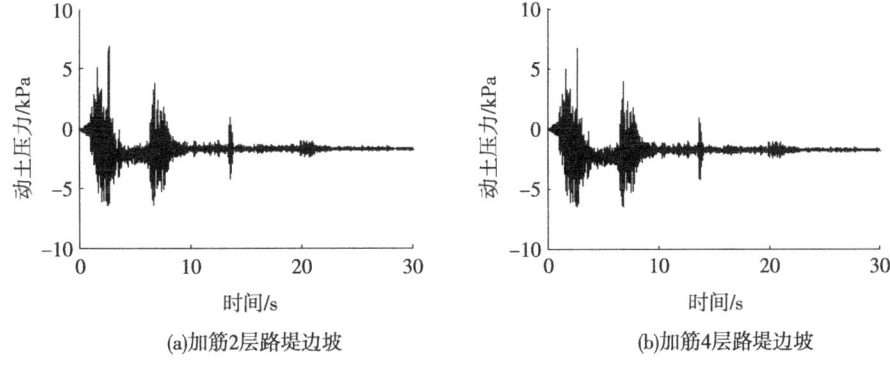

(a) 加筋2层路堤边坡　　　　　　　(b) 加筋4层路堤边坡

图 3-158　压缩汶川波双向激励下加筋路堤边坡 D5 测点
动土压力时程曲线的数值模拟结果

参 考 文 献

[1] 姚令侃,冯俊德,杨明.汶川地震路基震害分析及对抗震规范改进的启示.西南交通大学学报,2009,44(3):301-311.

[2] 徐挺.相似方法及其应用.北京:机械工业出版社,1995.

[3] 陈国兴.岩土地震工程学.北京:科学出版社,2007.

[4] 胡聿贤.地震工程学.2版.北京:地震出版社,2006.

[5] 刘小生,王钟宁,汪小刚,等.面板坝大型振动台模型试验与动力分析.北京:中国水利水电出版社,2005.

[6] 林宇亮,杨果林,李昀.岩土模型试验相似设计及土体相似材料//2009全国土木工程博士生学术论坛优秀论文集.长沙:中南大学出版社,2009.

[7] 中华人民共和国铁道部.铁路路基设计规范(TB10001-2005).北京:中国铁道出版社,2009.

[8] 刘萌成,高玉峰,刘汉龙,等.堆石料变形与强度特性的大型三轴试验研究.岩石力学与工程学报,2003,22(7):1104-1111.

[9] 姜燕玲,宋修广.粉砂土及其加筋土大三轴剪切试验及结果分析.山东大学学报:工学版,2004,34(2):76-79.

[10] 杨林德,季倩倩,郑永来,等.地铁车站结构振动台试验中模型箱设计的研究.岩土工程学报,2004,26(1):75-78.

[11] 中华人民共和国铁道部.高速铁路设计规范(试行)(TB10621-2009).北京:中国铁道出版社,2010.

[12] 李育枢,李天斌,王栋,等.黄草坪2#隧道洞口段减震措施的大型振动台模型试验研究.岩石力学与工程学报,2009,28(6):1128-1136.

[13] Kuhlemeyer R L,Lysmer J. Finite element method accuracy for wave propagation problems. Journal of Soil Mechanics & Foundation Division,ASCE,1973,99(SM5):421-427.

[14] 陈育民,徐鼎平.FLAC/FLAC3D基础与工程实例.北京:中国水利水电出版社,2009.

第4章 支挡结构-加筋挡墙试验研究

4.1 概 述

土体具有一定的抗压强度,而它的抗拉强度却很低。在土中掺入适当的筋材后,可以显著地改善土体的强度和变形特性。因此,加筋土技术在工程界得到了广泛的应用,新型的加筋土结构分析理论也不断地被提出[1-4]。Quang 等[5]提出了一种多相模型来模拟和设计加筋土挡墙,该模型能模拟土体与筋带界面之间的破坏情况。上限分析法、神经网络、数值计算等也已运用于加筋土的计算之中[6-9]。与此同时,很多学者开展了加筋土结构模型试验,尤其是近几年有关加筋土的动力特性和抗震性能得到了广泛的研究[10,11]。尽管如此,限于上述方法的局限性以及现有加筋土理论本身的不足,加筋土结构的设计依旧采用半理论半经验的方法。

本章研究的加筋土筋材包括格宾网丝、不同型号的格宾网、MAC 土工格栅等新型加筋土材料以及 70RE 土工格栅、80RE 土工格栅等。研究的新型加筋土结构包括加筋格宾挡墙、绿色加筋格宾挡墙和柔性网面土工格栅挡墙等。

加筋格宾挡墙由加筋格宾构件分层拼装连接而成。加筋格宾构件由型号为 80mm×100mm 的格宾网构成,由 PVC(聚氯乙烯)包裹,并镀锌覆塑防腐。格宾网网面钢丝直径为 2.7mm,边缘钢丝直径为 3.4mm。加筋格宾挡墙在格宾笼内充填物理力学性能稳定、坚硬的石头形成面墙,石头的粒径控制在 100～200mm,且格宾笼的填充率不小于 70%。沿着格宾笼的内侧,铺设土工布以防止填料进入格宾笼内。对于加筋格宾挡墙,格宾笼本身及格宾笼与网面之间,格宾笼与相邻层的网面之间等均具有牢固的连接。

绿色加筋格宾挡墙由绿色加筋格宾构件分层拼装连接而成。绿色加筋格宾构件由型号为 80mm×100mm 的格宾网、焊接钢筋网面、加劲钢筋条、三角支架、生物垫层等构成。其中,格宾网由 PVC 包裹,镀锌覆塑防腐。格宾网网面钢丝直径为 2.2mm,边缘钢丝直径 2.7mm。绿色加筋格宾挡墙面墙的坡度可根据实际工程需要进行调整(试验约为 73°)。生物垫层可供种植植被以达到绿化的效果。绿色加筋格宾每一层均有焊接钢筋网。焊接钢筋网、绿色加筋格宾网、加劲杆以及相邻层之间的格宾网面等均有牢固的连接。

柔性网面土工格栅加筋土挡墙将土工格栅、钢筋网骨架、生物垫等有机地构成一个加筋体系。挡墙以钢筋网面作为面墙骨架,并通过土工格栅反包生物垫形成面墙,面墙可种植被达到绿化的效果。钢筋网面与水平面夹角可根据工程实际需要进行调整(试验约为73°)。每层土工格栅均与焊接钢筋网面牢固连接,内铺设土工布防止填土漏出。相邻土层土工格栅有30~50cm的搭接,且用连接棒牢固相连。

这3种新型的加筋土结构已运用于汶川地震灾后重建及湖南省潭衡(湘潭至衡阳)高速公路中。其中,格宾结构以其良好的工程特性在公路工程、铁路工程、市政工程等工程项目中得到了很快的推广和应用。尽管如此,加筋土结构的力学作用机理及其设计和计算理论仍远落后于工程应用,而"加筋土结构具有较好的抗震性能"只是一个泛泛而谈的结论。本章以汶川地震灾后重建和潭衡高速公路的新型加筋土结构实体工程为背景,开展加筋土筋材拉伸力学特性试验研究、筋土界面摩擦特性拉拔试验研究,以及加筋格宾挡墙、绿色加筋格宾挡墙和柔性网面土工格栅挡墙等新型加筋土结构的承载力特性、动变形特性和抗震性能等一系列室内试验研究。

本章主要内容包括:①格宾网丝、不同型号和尺寸的格宾网、土工格栅、MAC土工格栅等加筋土筋材的拉伸力学特性试验研究。②以红砂岩为填料,开展不同型号格宾网、土工格栅的界面摩擦特性拉拔试验研究。③加筋格宾挡墙、绿色加筋格宾挡墙和柔性网面土工格栅挡墙的承载力特性试验研究。通过施加不同荷载水平的加卸载循环,得出这3种新型加筋土结构的竖向土压力和侧向土压力分布情况、筋带拉力分布情况、面墙变形特性以及潜在破裂面的发展情况。④新型加筋土结构的动变形特性试验。试验采用美国MTS公司生产的伺服激振器模拟列车荷载,测试这3种新型加筋土结构的面墙侧向变形和竖向变形特性,并分析其动力特性。⑤新型加筋土结构的地震响应试验。采用MTS伺服激振器施加不同类型和不同强度的水平地震动激励,测试挡墙在地震作用下的加速度响应、动位移响应、动应力响应等内容。

4.2 筋材拉伸力学特性

加筋土筋材的拉伸力学特性是加筋土结构设计最基本的技术指标。筋材的应力应变特性直接影响到加筋体的侧向位移、竖向沉降、安全使用寿命等。国内外已有一些单位和学者对加筋土筋材的拉伸力学特性开展了研究。杨果林等[12]研究了土工带、土工布、土工格栅和土工网等4种筋材在循环荷载作用下的应力应变特性;Masahiro等[13]研究了3种土工格栅(PET、PP和HDPE)在拉伸荷载作用下的竖向和侧向变形特性;Boisse等[14,15]开展了加筋土材料的双向拉伸试验。此外,很多学者研究了拉伸速率、试件尺寸等因素对拉伸试验结果的影响[13,16-18]。Perkins[19]建立了加筋土筋材的本构关系,并通过一系列拉伸试验进行了对比验证。尽管如此,不同筋材的力学特性差别很大,具体的拉伸力学特性还须采用拉伸试验来确定。另外,采用不同的力学模型来模拟筋材的力学特性,确定合适的力学模型,从而进一步揭示筋材的内部变形特性,是一个值得研究的课题[20]。然而这方面的研究成果却并不多见。鉴于此,本节选取MAC土工格栅、70RE和80RE土工格栅、格宾网丝(直径2.7mm)、

2.2mm 和 2.7mm 格宾网(80mm×100mm)、无 PVC 包裹层 2.7mm 格宾网(80mm×100mm)、2.2mm 格宾网(60mm×80mm)等筋材进行拉伸试验以获得这些筋材的拉伸力学特性,并采用标准线性三元件模型、非线性三元件模型和 Kawabata 改进模型对筋材拉伸曲线进行模拟。此外,由于筋材通常埋设在土体中,在受力过程中会受到土体的约束作用,所以推导约束条件下筋带变形方程也具有重要意义。

4.2.1 拉伸试验概况

MAC 土工格栅为片状结构,拉伸试验选取单片土工格栅,共进行 6 组平行试验。试验在 100 吨位的拉伸机上进行,如图 4-1(a)所示。为减少锲形夹具对筋材的损伤,在筋材夹持处外裹土工布。试验中,筋材一端固定,另一端匀速张拉,筋材受力均匀,且拉伸过程中筋材没有发生滑移。

格宾网丝(直径 2.7mm)拉伸试验也在拉伸试验机上进行,共进行 6 组平行试验。为避免夹具给格宾网丝带来应力集中现象,在夹持处外裹土工布。

70RE 和 80RE 土工格栅拉伸试验采用 4 片专门的夹具(图 4-2)固定,并采用 MTS 施加拉伸荷载。筋材的两端固定在夹具上,一端的夹具固定在横梁上,保证不会发生竖向和水平位移;另一端的夹具固定在 MTS 作动器上,如图 4-1(b)所示。70RE 和 80RE 土工格栅各进行 5 组平行试验。

格宾网为双绞合六边形形状。不同型号和尺寸格宾网的拉伸试验均采用夹具固定,并通过 MTS 施加拉伸荷载,如图 4-1(c)所示。夹具有两排不同尺寸的横向夹孔,能夹持网孔型号分别为 80mm×100mm 和 60mm×80mm 的格宾网。格宾网的网孔紧紧地有序地固定在两片夹具的夹孔上,夹具的两端有两个侧向夹孔(A 和 B,如图 4-2 所示),能有效地限制试件夹持处的横向变形。

(a)MAC土工格栅

(b).土工格栅

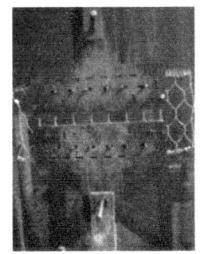
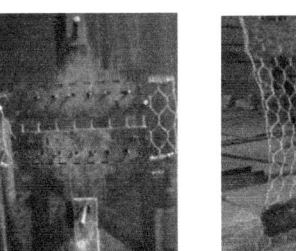
(c)不同试件尺寸的格宾网

图 4-1 筋材的拉伸试验

2.2mm 和 2.7mm 的格宾网(型号均为 80mm×100mm)分别进行两种几何尺寸的拉伸试验,各 5~6 组平行试验,共计试验次数 22 次。无 PVC 包裹层的 2.7mm 格宾网(80mm×100mm)进行 2 组平行试验。2.2mm 格宾网(60mm×80mm)进行 5 组平行试验。

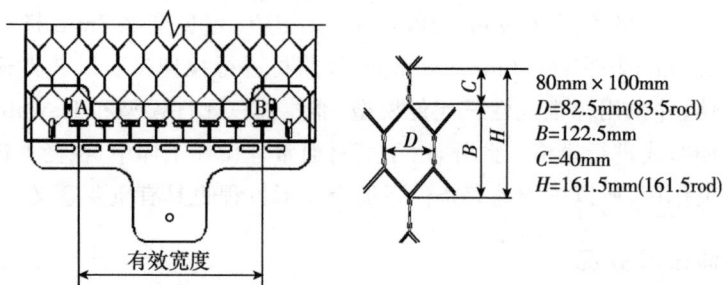

图 4-2 格宾网的夹持方式

试验均在常温下进行,拉伸速率取名义夹持长度的 20%/min。试验中各组平行试验结果离散性小,试验结果可靠。

4.2.2 筋材拉伸力学特性分析

1. 筋材拉伸试验结果

限于篇幅,本节仅给出了各种筋材平行试验结果的平均值,如表 4-1 所示。

表 4-1 筋材主要力学性能指标的拉伸试验结果

筋材类型	试件尺寸 长/mm	试件尺寸 宽/mm	2%伸长率拉伸力/(kN/m)	5%伸长率拉伸力/(kN/m)	10%伸长率拉伸力/(kN/m)	拉伸强度/(kN/m)	最大负荷伸长率/%
单片 MAC 土工格栅	186	116	10.1(kN)	18.2(kN)	30.4(kN)	58.1(kN)	14.8
MAC 土工格栅（推算得到）	—	—	87.2	156.5	261.7	501.2	14.8
70RE 土工格栅	1390	550	16.6	31.0	—	55.3	10.0
80RE 土工格栅	1270	440	25.4	46.0	—	72.2	10.5
格宾网丝(2.7mm)	376	—	—	—	—	463(MPa)	88.2
2.2mm 格宾网(80mm×100mm)	262	420	15.8	19.9	26.4	34.7	17.5
2.7mm 格宾网(80mm×100mm)	262	420	16.1	21.1	30.2	49.8	22.1
2.7mm 格宾网(80mm×100mm,无PVC层)	262	420	18.1	25.9	39.2	49.8	16.3
2.2mm 格宾网(60mm×80mm)	416	440	17.5	29.2	—	39.7	8.4

单片 MAC 土工格栅的典型拉伸曲线如图 4-3(a)所示,筋材的破坏情况如图 4-4(a)所示。由于单片 MAC 土工格栅所占的宽度为 116cm,所以可以推算出 MAC 土工格栅的拉伸力学参数,如表 4-1 所示。从 MAC 土工格栅的拉伸试验结果可以看出,单

片 MAC 土工格栅的拉伸曲线并没有出现明显的屈服台阶,当应变达到一定大小时直接发生破坏。单片 MAC 土工格栅可以承受 58.1kN 的拉伸力,经换算后 MAC 土工格栅抗拉强度高达 501.2kN/m,表现出了显著的高强度特性。

70RE 和 80RE 土工格栅(下文简称土工格栅)拉伸曲线较为一致,选取一组拉伸试验曲线作典型分析,如图 4-3(b)所示。土工格栅破坏情况如图 4-4(b)所示。在拉伸荷载作用下,土工格栅的破坏模式为多条筋肋同时崩断。

格宾网丝(直径 2.7mm)的典型拉伸曲线如图 4-3(c)所示。格宾网丝在较小应变时就出现了屈服现象,其应力应变曲线呈现出很长的屈服台阶。试验中格宾网丝均为中间位置发生断裂。

格宾网也选取一组拉伸试验曲线作典型分析,如图 4-3(d)所示。格宾网的破坏形式通常为六边形网孔的斜向网丝发生断裂,如图 4-4(c)所示。结合表 4-1 可以看出:①格宾网发生网丝断裂前,拉伸曲线没有出现明显的屈服阶段,格宾网断裂形式为网丝逐条断裂,拉伸曲线呈现出锯齿状,有别于土工格栅多条筋肋同时崩断的现象。②对比 2.7mm 格宾网(80mm×100mm)和 2.2mm 格宾网(80mm×100mm)的试验结果可以发现,试验几何尺寸对筋材最大负荷伸长率影响显著,试件尺寸长度越大,最大负荷伸长率越小;而对筋材的拉伸强度影响不显著。③PVC 包裹层对格宾网的抗拉强度影响不大。PVC 包裹层主要作用为防腐、增加筋材的使用寿命等。

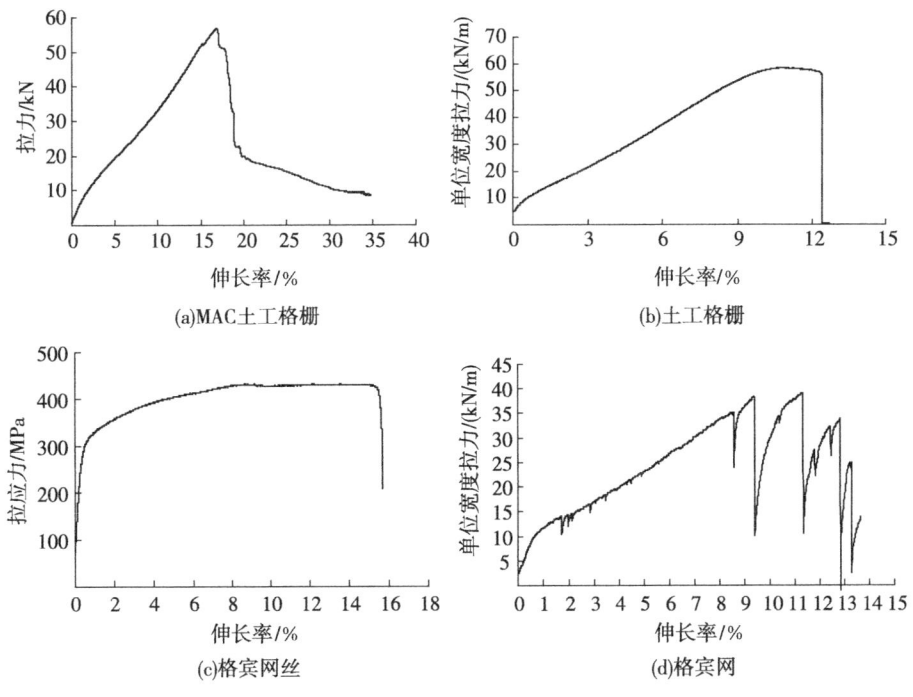

图 4-3 筋材拉伸试验典型曲线

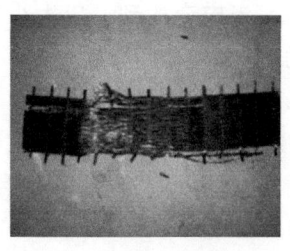 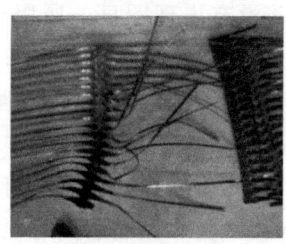 

(a) MAC土工格栅　　　　　(b) 土工格栅　　　　　(c) 格宾网

图 4-4　筋材的破坏形式

④不同网孔型号（60mm×80mm 和 80mm×100mm）的格宾网拉伸力学性能差别较大，小型号格宾网由于格宾网丝较为密集，拉伸强度大于大型号格宾网。

2. 发生网丝断裂后格宾网的力学性能

从格宾网的 $T/b\sim\varepsilon$ 关系曲线（图 4-3（d））可以看出，当格宾网丝发生断裂后，由于还有很多格宾网丝依旧处于张拉状态，格宾网还具备很强的抗拉能力，而且此时格宾网丝由于发生了应力重分布，受力将更为合理。因此，在研究格宾网的极限抗拉承载力时不应简单地把网丝第一次断裂时对应的拉伸强度作为依据，有必要对格宾网丝发生断裂后的力学特性进行分析和研究。总体来说，可以总结和分析以下两点：

（1）随格宾网丝不断发生断裂，格宾网的断裂拉伸强度（断裂拉伸强度指格宾网丝发生断裂时所对应的拉伸强度）总体呈现出递减的趋势。这是因为随着网丝的断裂，承受荷载的格宾网丝不断减少，所以断裂拉伸强度不断变小。

（2）格宾网部分地出现了网丝断裂后拉伸强度大于断裂前拉伸强度的现象。这主要是由于在起始阶段，拉伸荷载没有完全均匀地分布在每一根格宾网丝上。随着拉伸位移的不断增大，格宾网发生了应力重分布，受力更为均匀和合理，因此出现了网丝断裂后拉伸强度大于网丝断裂前拉伸强度的现象。

这里，可以假想一种理想状况：拉伸荷载完全均匀地分布在每一根格宾网丝上，当拉伸荷载达到材料拉伸强度时，格宾网丝同时被拉断。为建立这种理想状况下的 $T/b\sim\varepsilon$ 曲线，须对格宾网断裂拉伸强度进行修正。令筋材单位宽度拉伸力 $F=T/b$，可按下式修正：

$$F_i=\frac{N_0}{N_{i-1}}F \quad (i=1,2,\cdots) \tag{4-1}$$

式中，F_i 为发生第 i 次网丝断裂时修正后的格宾网单位宽度拉伸力（kN/m）；N_0 为发生网丝断裂前格宾网有效宽度内网丝的根数；N_{i-1} 为第 $i-1$ 次网丝断裂后有效宽度内格宾网剩余网丝的根数。

选取一组试验数据作修正后的典型 $T/b\sim\varepsilon$ 关系曲线，如图 4-5 所示。从图中大致可以看出，修正后的 $T/b\sim\varepsilon$ 关系曲线表现出了弹性阶段、屈服强化阶段以及软化阶段。

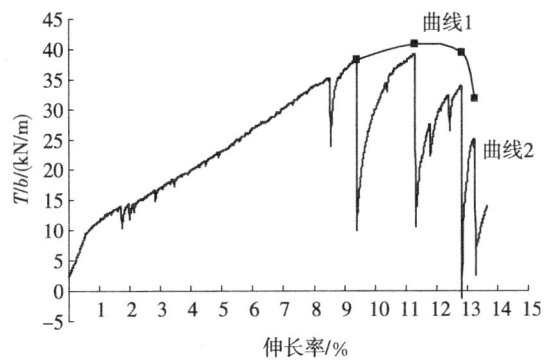

图 4-5　格宾网拉伸试验曲线(曲线 2)与修正曲线(曲线 1)

3. 筋材受力集中情况

单片 MAC 土工格栅在拉伸荷载作用下发生整片屈服破坏,70RE 和 80RE 土工格栅为多条筋肋同时崩断的拉伸破坏现象,因此,它们在拉伸荷载作用下可以认为受力分布均匀。

拉伸试验中格宾网破坏形式为格宾网丝逐条断裂。尽管如此,从格宾网丝(2.7mm)的拉伸曲线可以看出(图 4-3(c)),格宾网丝在小应变时就表现出较高的抗拉强度,且呈现出很长的屈服台阶。因此,格宾网在产生了一定拉伸变形之后,能很好地调整格宾网丝的受力状况,使每一根网丝都能发挥较高的抗拉强度。格宾网也因此彰显出良好的拉伸力学特性。

为定量描述格宾网受力集中情况,定义受力集中系数 K:

$$K = \frac{T_0}{T} \tag{4-2}$$

式中,T_0 为按单根格宾网丝抗拉强度换算得到的格宾网单位宽度拉伸强度(kN/m);T 为拉伸试验得到的格宾网单位宽度拉伸强度(kN/m)。受力集中系数 K 越大,格宾网受力集中现象越严重。

以网孔型号为 80mm×100mm 的 2.7mm 格宾网为例。格宾网丝(2.7mm)的抗拉强度为 $f=463$MPa,因此单根格宾网丝能承受的拉力 $t=f \cdot A=2.648$kN/根。网孔型号为 80mm×100mm 的格宾网的网丝密度为 $n=25$ 根/m,由此可得 $T_0=t \cdot n=66.2$kN/m。由拉伸试验得到的 $T=49.8$kN/m,将 T_0、T 代入式(4-2)可求得 $K=1.33$。在上述计算中,计算 T_0 时并没有考虑格宾网中斜向网丝给拉伸强度带来的折减,这样将使得 T_0 计算值偏大,K 值也偏大。由此可见,格宾网在拉伸荷载作用下能较好地调整每根格宾网丝的受力状况,不会产生很大的受力集中现象。

4. 格宾网伸长率计算方法探讨

格宾网在拉伸荷载作用下可能会产生一定的横向变形,即颈缩现象。在对格宾网伸长率计算时作如下假定:①拉伸荷载均匀地分布在每根格宾网丝上,拉伸过程格宾网始终保持为一平面;②不考虑格宾网的边界影响;③不考虑颈缩现象和格宾网丝屈服变形引起的双绞合六边形的畸变。

根据以上假定,选取其中一个六边形网孔单元,设网孔单元拉伸方向长度为 l_0,并对结点 B 作受力分析,如图 4-6 所示。格宾网拉伸变形量 Δl 由两部分构成:六边形网孔中双绞合网丝(图 4-6(a)中的 AB 段和 CG 段)引起的变形量 Δl_1 和斜向网丝(图 4-6(a)中的 BC 段和 AF 段)引起的变形量 Δl_2,即

$$\Delta l = \Delta l_1 + \Delta l_2 \tag{4-3}$$

而

$$\Delta l_1 = 2 \frac{F_1}{A \cdot E} \cdot l_1 \tag{4-4}$$

$$\Delta l_2 = 2 \frac{F_2}{A \cdot E} \cdot l_2 \cdot \sin\theta \tag{4-5}$$

式中,A 为格宾网丝的截面面积;E 为格宾网丝的割线变形模量。则格宾网的伸长率 ε 为

$$\varepsilon = \frac{\Delta l}{l_0} = \frac{\Delta l_1 + \Delta l_2}{l_0} = \frac{2F_1 \cdot l_1 + 2F_2 \cdot l_2 \cdot \sin\theta}{A \cdot E \cdot l_0} \tag{4-6}$$

对结点作受力平衡分析,有

$$F_1 = F_2 \cdot \sin\theta \tag{4-7}$$

由于 $\sin\theta \leqslant 1$,六边形网孔中斜向网丝将率先达到破坏强度,即 $F_2 = F_b$,这与拉伸试验中格宾网通常表现为六边形斜向网丝发生断裂破坏的试验现象一致。此时有 $F_1 = F_b \cdot \sin\theta$。将其代入式(4-6)可得

$$\varepsilon = \frac{2F_b \cdot \sin\theta \cdot l_1 + 2F_b \cdot l_2 \cdot \sin\theta}{A \cdot E \cdot l_0} = \frac{2F_b \sin\theta(l_1 + l_2)}{A \cdot E \cdot l_0} \tag{4-8}$$

式中,l_0,l_1,l_2 和 θ 均取决于格宾网六边形的形状特点。

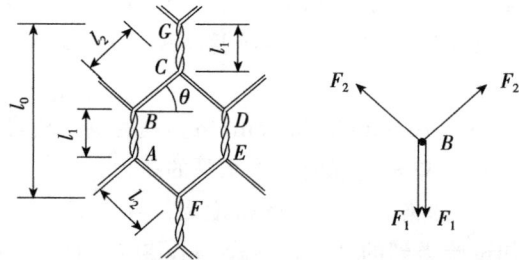

(a)格宾网几何尺寸参数　　(b)结点受力分析

图 4-6　格宾网伸长率计算示意图

由此可知,格宾网的伸长率取决于六边形网孔的形状特点、格宾网丝的截面面积、割线变形模量、破坏强度等参数。

4.2.3　拉伸曲线模拟

确定能描述筋材力学特性的合理力学模型,对研究筋材内部变形具有重要意义。

本节选取标准线性三元件模型、非线性三元件模型和 Kawabata 改进模型分别对筋材拉伸曲线进行模拟。

1. 模型简介

1) 线性与非线性三元件模型

标准线性三元件模型由 Maxwell 体和胡克型弹簧体并联而成；非线性三元件模型由 Maxwell 体和非线性弹簧体 $\sigma=b\varepsilon^2$ 并联而成[20]，如图 4-7 所示。由此可求解这两种模型的本构关系式。

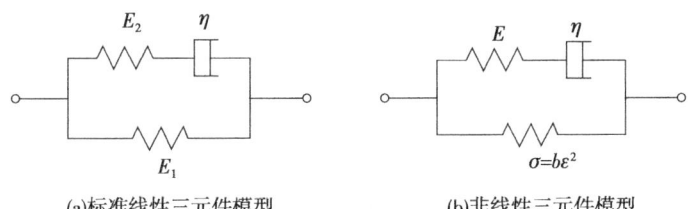

(a)标准线性三元件模型　　　　(b)非线性三元件模型

图 4-7　线性与非线性力学模型

线性模型为

$$\frac{d\sigma}{dt}+\frac{E_2}{\eta}\sigma=(E_1+E_2)\frac{d\varepsilon}{dt}+\frac{E_1 E_2}{\eta}\varepsilon \qquad (4-9)$$

非线性模型为

$$\frac{d\sigma}{dt}+\frac{E}{\eta}\sigma=(E+2b\varepsilon)\frac{d\varepsilon}{dt}+\frac{Eb}{\eta}\varepsilon^2 \qquad (4-10)$$

当等速拉伸时，应变 ε 与时间 t 成正比，即 $\varepsilon=kt$（k 为常数）。将 $\varepsilon=kt$ 分别代入式(4-9)和式(4-10)，并由初始条件：当时间 $t=0$ 时，初应力 $\sigma_0=0$ 求解微分方程，可得到两种模型的应力应变公式。

线性模型为

$$\sigma=k\eta\left(1-e^{-\frac{E_2\varepsilon}{k\eta}}\right)+E_1\varepsilon \qquad (4-11)$$

非线性模型为

$$\sigma=k\eta\left(1-e^{-\frac{E\varepsilon}{k\eta}}\right)+b\varepsilon^2 \qquad (4-12)$$

2) Kawabata 改进模型

Kawabata 改进模型的拉伸力为[21,22]

$$f(\varepsilon)=\frac{f_{max}^2 \times L_t^4 \times \varepsilon}{2W_t\left[(L_t-1)\frac{L_t \times f_{max}}{2W_t}\varepsilon+1\right]^3} \qquad (4-13)$$

式中，f_{max} 为最大应变(断裂伸长率)所对应的应力值；W_t 为单位面积的抗拉能，其值等于筋材拉伸曲线与横轴所围成的面积；L_t 为拉伸线性比，其值为 W_t 与三角形 OAB 面积的比值；当拉伸曲线向上凸时，$L_t>1$，反之 $L_t<1$，如图 4-8 所示。

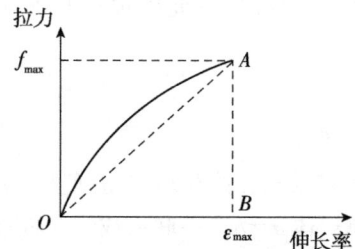

图 4-8 Kawabata 改进模型计算图示

2. 拉伸曲线模拟与分析

针对不同类型的筋材,分别选取单片 MAC 土工格栅、70RE 土工格栅、格宾网丝和 2.2mm 格宾网(80mm×100mm)作典型分析,并只对筋材发生破坏前的拉伸曲线进行模拟。采用线性模型和非线性模型进行拉伸曲线模拟时,对应式(4-11)和式(4-12)为非线性回归问题。3 种模型的模拟参数求解结果如表 4-2 所示。4 种筋材的拉伸曲线的模拟情况及残差分布如图 4-9~图 4-12 所示。

表 4-2 各模型模拟参数值

筋材	标准线性模型				非线性模型			Kawabata 改进模型		
	k /(mm/s)	η/(T·s) /mm)	E_1 /T	E_2 /T	η/(T·s /mm)	E /T	b /T	f_{max} /T	L_t	W_t /T
MAC 土工格栅	0.62	4.23	3.15	6.81	32.66	5.87	0.14	56.23	1.03	486.8
70RE 土工格栅	4.63	554.05	−22.39	28.96	327.55	6.55	−0.14	50.73	1.28	401.7
格宾网丝	1.25	285.19	6.58	840.82	308.31	701.41	0.32	430.28	1.83	5692.3
2.2mm 格宾网	3.93	1.41	3.13	19.17	3.77	11.26	0.25	35.83	1.12	187.7

注:由于各筋材拉伸曲线的拉伸力单位不尽相同,为描述方便,表中定义筋材拉伸力单位为 T。单片 MAC 土工格栅、土工格栅、格宾网丝、2.2mm 格宾网的拉伸力单位分别为 kN、kN/m、MPa 和 kN/m

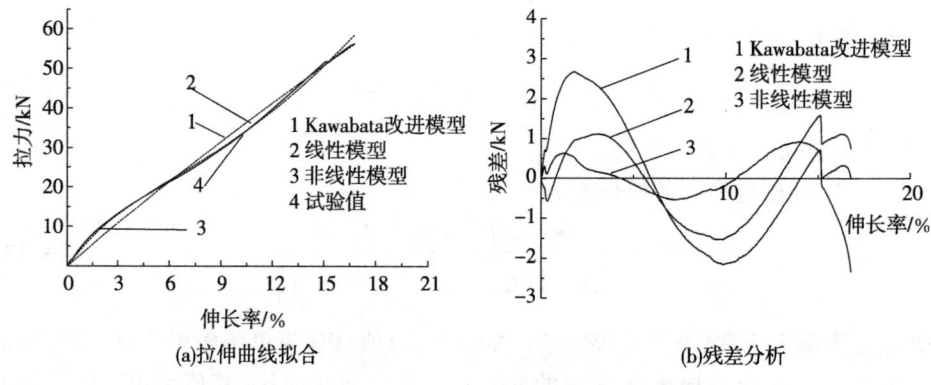

图 4-9 MAC 土工格栅拉伸曲线模拟与残差分析

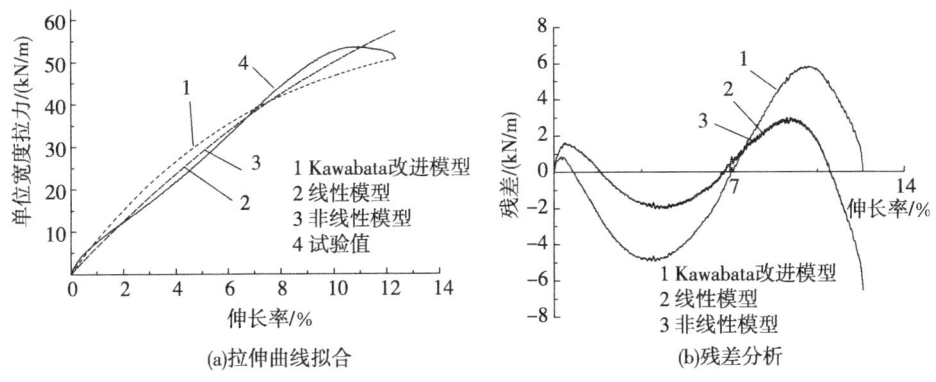

图 4-10 土工格栅拉伸曲线模拟与残差分析

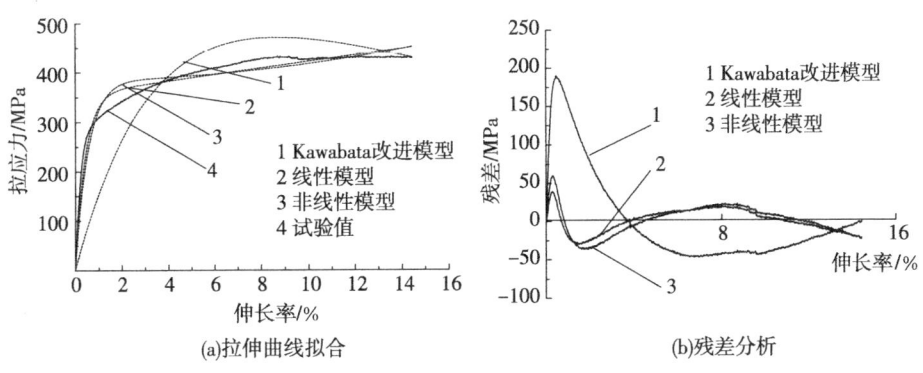

图 4-11 格宾网丝拉伸曲线模拟与残差分析

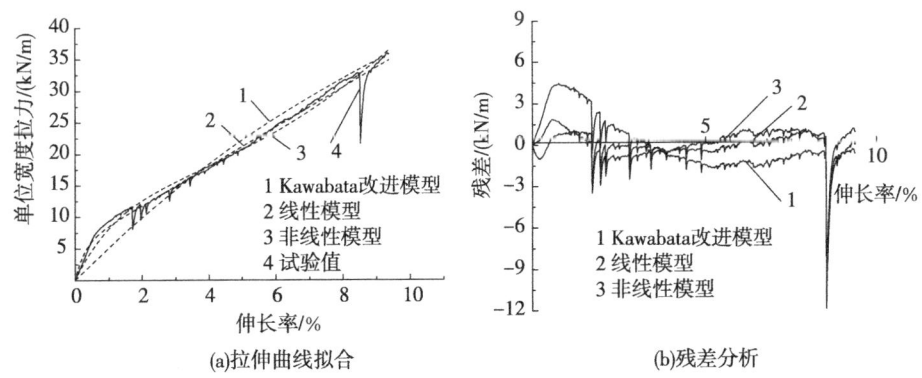

图 4-12 格宾网拉伸曲线模拟与残差分析

对于单片 MAC 土工格栅,3 种模型模拟结果与实测曲线均吻合得非常好。3 种模型模拟效果的优劣顺序为:非线性模型、标准线性模型和 Kawabata 改进模型。

对于 70RE 土工格栅,非线性模型和标准线性模型的模拟结果非常接近。3 种模型的模拟效果均不是很理想,模型难以模拟土工格栅拉伸曲线出现峰值前后变化的情况,无法反映土工格栅断裂前应变软化的特征。非线性模型和标准线性模型的模拟断裂点高于实测点,而 Kawabata 改进模型则低于实测点。

对于格宾网丝,非线性模型和标准线性模型的模拟效果比较好,其中,标准线性模型略优于非线性模型。Kawabata 改进模型的模拟效果比较差,Kawabata 改进模型无法体现格宾网丝小应变屈服、长屈服台阶的拉伸曲线特征。

对于 2.2mm 格宾网,非线性模型和标准线性模型的模拟效果较好,Kawabata 改进模型次之。三种模型均无法模拟格宾网拉伸曲线锯齿状的特点。

3. 讨论

对不同的力学模型模拟效果进行比较,选取合理的力学模型,并考虑力学模型各参数的变化情况,对进一步研究筋材的内部变形特点具有重要意义。例如,对于标准或非线性三元件模型的 Maxwell 单元体,如果 η 越大,则表示筋材弹性增加,如果 $\eta \to \infty$,则模型完全呈现胡克弹性体的变形特性。因此,η 反应了筋材中黏性流动单元的变形,η 越小,表示流动变形能力大。能否对加筋土筋材的力学特性研究上升到微观角度,揭示筋材内部分子变形机理,有待于进一步研究。

4.2.4 筋材在约束条件下的变形方程

上述筋材的拉伸关系曲线是根据筋材在空气介质中进行拉伸试验得到的,认为空气对筋材的变形没有约束作用,由此计算得到的变形称为自由变形。在实际工程中,筋材通常埋设在土体中,在受力过程中会受到土体的约束作用,因此,推导约束条件下筋带变形方程具有重要意义。

结合本次试验结果,筋材的拉伸曲线可采用理想弹塑性模型来描述。设筋材拉伸力为 F,伸长率为 ε,$F \sim \varepsilon$ 可表示为如下关系:

$$\begin{cases} \varepsilon = F/E & (0 \leqslant F < F_s) \\ \varepsilon = F/E + \lambda & (F = F_s) \end{cases} \quad (4-14)$$

式中,F_s 为筋材的屈服点(kN/m);E 定义为筋材的割线模量(kN/m);λ 为一非负参数。

在加筋土实体工程中,工程设计会有足够的安全系数,筋材通常处于弹性工作阶段,因此建立筋材变形方程考虑 $F \sim \varepsilon$ 关系曲线的线弹性阶段就可以了;另外,筋材埋于土中,变形特性会受到土体约束作用,建立筋材变形方程时还须考虑土体的约束作用。诸多实测资料表明[23,24],在加筋土结构中,作用于筋带的拉力并不是沿筋带均匀分布,而是呈抛物线分布,在与墙面板连接的一端,拉力通常为最大拉力的 75%。为简化计算,可将沿筋带的拉力简化为线性分布,并假定筋带在拉伸过程中横截面积保持不变。以筋带长度 x 为横坐标,拉伸力 F 为纵坐标,设筋带 OA 段位于加筋土体的主动区,AB 段位于稳定区,同时假定与加筋挡墙面板连接点处筋带拉力为 $0.75F_{max}$,如图 4-13 所示。可将筋带拉力沿筋带长度的分布规律表示为如下函数关系：

$$\begin{cases} OA:F_1=\dfrac{F_{\max}}{4L_1}\cdot x+\dfrac{3}{4}F_{\max} & (0\leqslant x\leqslant L_1) \\ AB:F_2=-\dfrac{F_{\max}}{L_2}\cdot x+\dfrac{L_1+L_2}{L_2}F_{\max} & (L_1<x\leqslant L_2+L_1) \end{cases} \quad (4-15)$$

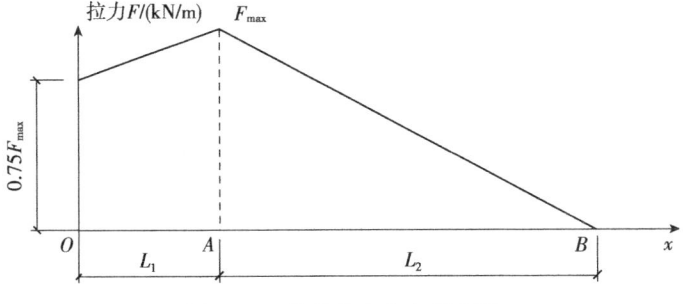

图 4-13　筋带拉力分布简化图

这里，只考虑筋带的弹性变形。将式(4-15)代入式(4-14)的第一式，再分别沿筋带长度 L_1 和 L_2 积分，可分别得到 OA 段和 AB 段的绝对变形量 ΔL_1 和 ΔL_2。

对于 OA 段：

$$\Delta L_1=\int_0^{L_1}\varepsilon_1\mathrm{d}x=\int_0^{L_1}\dfrac{F_1}{E}\mathrm{d}x=\int_0^{L_1}\left(\dfrac{F_{\max}}{4EL_1}x+\dfrac{3F_{\max}}{4E}\right)\mathrm{d}x=\dfrac{7F_{\max}L_1}{8E} \quad (4-16)$$

对于 AB 段：

$$\Delta L_2=\int_{L_1}^{L_2+L_1}\varepsilon_2\mathrm{d}x=\int_{L_1}^{L_2+L_1}\dfrac{F_2}{E}\mathrm{d}x=\int_{L_1}^{L_2+L_1}\left[-\dfrac{F_{\max}}{EL_2}x+\dfrac{(L_1+L_2)F_{\max}}{EL_2}\right]\mathrm{d}x=\dfrac{F_{\max}L_2}{2E}$$

(4-17)

筋带的绝对变形量 ΔL：

$$\Delta L=\Delta L_1+\Delta L_2=\dfrac{7F_{\max}L_1+4F_{\max}L_2}{8E} \quad (4-18)$$

式(4-18)考虑了筋带在实际加筋土工程中所承受拉力的分布状态，称为约束变形方程。式(4-18)表明，筋带的绝对变形量与筋带的割线模量、应力水平、加筋体中主动区和稳定区的长度等因素有关。

4.3　筋土界面摩擦特性

4.3.1　筋土界面摩擦特性试验方法

加筋土筋材种类繁多，在工程应用中所发挥的功能差异很大。其中，支挡结构是其主要的应用形式，它是将筋材埋在填土中，来平衡土压力。常见的挡土结构有条带式和包裹式两种。在这两种挡土结构中，筋材埋于土中，受到水平方向的拉力，在拉力作用下引起应力和变形。由于有法向应力作用,受拉时筋材表面将出现摩擦阻力。该阻力沿拉力方向并非均匀分布,随各点的应力状态不同而不同。筋材被拔出的瞬间,假设筋材表面的摩阻力均匀分布,并与拉力平衡,该摩阻力值即定义为筋土界面摩擦强度[23]。

加筋土筋材与土体界面摩擦特性研究一直是加筋土筋材应用中的一个重要环节。当筋土接触面构成土体中的薄弱面时,加筋土筋材与填土的界面作用特性直接决定加筋土工程的内部稳定性。研究和设计人员需要通过界面摩擦特性试验为加筋土工程的稳定性与变形分析提供依据。

筋材与土界面摩擦作用机理较为复杂,它与筋材的类型、形状、变形特性、几何尺寸、土的性质及上覆压力等因素有密切联系。在工程应用中,通常通过室内摩擦(剪切)试验和拉拔试验来测定筋材与土的摩擦特性。直剪摩擦试验是在室内土工直剪试验的基础上为适应大尺寸界面摩擦特性试验改进而成的,用以确定土与筋材之间的摩擦强度;拉拔试验用以模拟筋材在加筋结构中筋材被拔出的情形。

1)直剪摩擦试验

材料界面上的摩擦特性通常以黏聚力和摩擦角(或似摩擦系数)来表示。摩擦剪切强度特性符合摩尔-库仑定律(图 4-14),表示为

$$\tau = c_0 + \sigma \tan\delta \qquad (4\text{-}19)$$

式中,τ 为界面抗切强度(kPa);c_0 为黏聚力(kPa);σ 为法向压力(kPa);δ 为摩擦角。当 $c_0 = 0$ 时,剪切强度线通过原点(图 4-14 中的曲线 2),则似摩擦系数 $\mu = \tau/\sigma = \tan\delta$。

直剪摩擦试验一般在 4 种不同压力 σ 下进行,测出相应的强度值,然后将试验结果点绘成线,进而求得 c_0、δ 和 μ 值。

直剪试验施加水平荷载有应变控制式与应力控制式两种。应变控制时保持剪切速率相等;应力控制时的各级竖向荷载保持不变。国内多采用应变控制法,如图 4-15 所示。

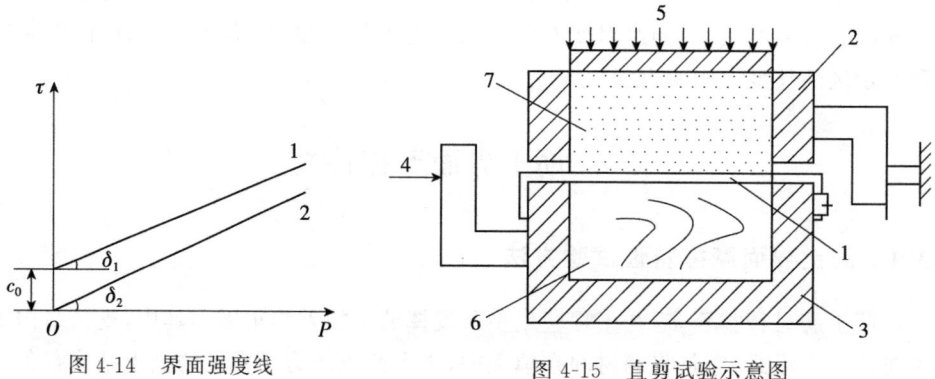

图 4-14 界面强度线

图 4-15 直剪试验示意图

1-试样;2-上盒;3-下盒;4-水平力;5-法向应力;6-硬木;7-土

2) 拉拔摩擦试验

拉拔试验作用机理与直剪试验不同。在直剪试验中,当剪切盒较大时,剪应变被假设沿筋土界面均匀分布,而在拉拔试验中,应变是筋土界面应变与筋材应变的组合。目前,拉拔试验主要有应变控制式和应力控制式两种,以前者为主。在应力控制或应变控制的拉拔试验中,试验类型、筋材特性、土的密度、压力大小、试样制备、试验设备、试验过程、环境条件、边界条件等都对拉拔试验结果有影响。主要表现在:①室内拉拔试验中,土与盒(箱)壁的相互作用将影响拔出试验结果。试验中施加的法向荷载会部分地被侧壁摩阻力所消耗,导致法向应力施加到筋材上的应力有所减少。为此,一些研究者在盒(箱)壁粘贴润滑面膜,以提供一个低阻边界;同时控制试样宽度与箱宽比值[25],作为降低侧壁摩阻的另一个措施。②在应变控制拉拔试验中,拉拔速率对试验结果有影响。拔出速率增大,试验结果偏高。这主要是因为拉拔速率较大时,筋材周围土体变形不能及时调整,土颗粒间不能及时重新排列,从而导致拔出阻力偏大。一般来说,拔出速率控制范围为 0.1~20mm/min。③筋材上、下土层的厚度对试验结果有影响。筋材上、下层土厚度不应小于30cm。④筋土复合体与刚性墙面板间的相互作用也会影响拉拔试验结果。当筋材从土中拔出时,侧向土压力在面板处逐渐增大,导致拔出阻力逐渐增大。⑤土体的粒径级配、颗粒大小、颗粒本身强度、圆滑度及压实度对拉拔试验结果有影响。⑥筋材夹持方法、筋材在土体中的布置位置、拔出孔口漏土情况、盒(箱)本身刚度以及试验时土体温度、湿度等因素都将影响拉拔试验结果。

由于剪切试验和拉拔试验的机理不同,结果常存在一定差异。两种试验的强度发挥和主要影响因素也不尽相同。如果实际工程填土和筋材可能出现的相对位移情况是单面的相对位移,直剪摩擦试验较能反映实际;如果筋材双面与土均发生相对位移,则拉拔试验可能更为合适;对于刚度较小的加筋土筋材,直剪试验较符合实际情况,对于刚度较大的材料,拉拔试验更宜。结合实际情况,本节以红砂岩为填料,采用拉拔试验研究 2.2mm 格宾网(网格型号 80mm×100mm)、2.7mm 格宾网(网格型号 80mm×100mm)以及 70RE 土工格栅的界面摩擦特性。

此外,扭剪试验、斜板试验或现场足尺试验等方法也常用来测定筋材与土体的界面摩擦特性。

4.3.2 筋材的拉拔试验概况

拉拔试验选取 3 种加筋土筋材:网格直径分别为 2.2mm 和 2.7mm 的双绞合六边形格宾网以及 70RE 土工格栅。填料为红砂岩,取自湖南潭衡高速公路施工现场,红砂岩有天然强度低、遇水易崩解破碎和强度软化等特性,是一种不良的路基填料。目前,对于土工格栅与填土间的界面摩擦特性,国内外已展开了一定研究,而对于双绞合六边形格宾网与填土间的界面摩擦特性,主要有一些国外学者的研究成果[26-30],而国内这方面的研究成果还很少见。

1) 试验仪器和方法

拉拔试验在模型箱内进行。模型箱尺寸为 3.0m(长)×0.85m(宽)×2.0m(高),有足够的刚度。在模型箱内,每隔 0.2m 铺设一层筋材,共 6 层,填料为红砂岩,保证压实度为90%左右,如图 4-16 所示。模型箱顶面架设了贝勒梁,与顶面填土均匀接触。竖向用 MTS 作动器施加法向荷载,每层布设了两个土压力盒以测量法向应力。水平方向采用 MTS 作动器进行应变控制加荷,如图 4-17 所示。筋材拉拔顺序为从上到下。拉拔速率为 3mm/min,满足规范的要求。

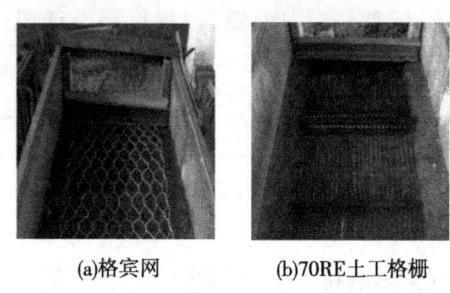

(a)格宾网　　　(b)70RE土工格栅

图 4-16　格宾网和土工格栅的拉拔试验

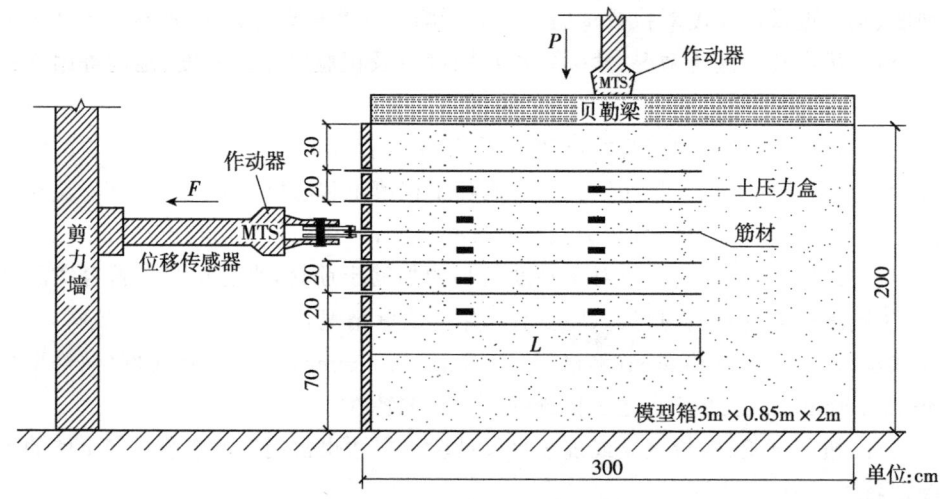

图 4-17　拉拔试验装置示意图

试验过程中,施加的法向荷载会部分地被模型箱侧壁摩阻力所消耗,导致实际作用在筋材上的法向应力减小,这种摩阻力的大小与试验箱的尺寸、试件体积及箱深比有关。为此,一些研究者一方面设法加大试验箱尺寸,在箱壁贴润滑面膜以减小土与壁间的摩擦;另一方面控制试样宽度与箱宽比值,降低壁周围摩阻。为此,本次试验在箱子内壁涂油,同时,在每一层埋设了两个土压力盒测量筋材表面的实际法向应力,避免法向应力失真。

2) 试验材料尺寸和填料力学特性

拉拔试验中,筋材的几何尺寸选择与筋材的力学特性和施加的法向应力有关,以能够拔出为原则。结合拉伸试验及厂家给定的指标,2.2mm 格宾网、2.7mm 格宾网及 70RE 土工格栅的拉拔试验尺寸及主要技术指标如表 4-3 所示。填料为泥质红砂岩,取自潭衡高速公路施工现场。红砂岩具有低强度、遇水软化、脱水开裂等特点,是一种不良的路基填料。结合室内土工试验,红砂岩的主要物理性能指标如表 4-4 所示。

表 4-3 格宾网主要技术指标

特性指标	筋材		
	2.2mm 格宾网	2.7mm 格宾网	70RE 土工格栅
网格型号	80mm×100mm	80mm×100mm	—
拉拔试验尺寸(长×宽)	600mm×680mm	800mm×680mm	1200mm×60mm
边缘钢丝直径	2.7mm	3.4mm	—
拉伸试验断裂强度	34.7kN/m	49.8kN/m	55.3kN/m

表 4-4 红砂岩的主要物理性能指标

比重 G_s	液限 $w_L/\%$	塑限 $w_p/\%$	塑性指数 I_p	黏聚力 c/kPa	内摩擦角 $\varphi/(°)$	最优含水率 /%	最大干密度 /(g/cm³)
2.74	41.78	25.14	16.64	25	21	18.13	1.73

3) 夹持系统

筋材的夹持方式对试验结果影响很大。当筋材落在模型箱外面的自由长度较大时,筋材的自由变形会使测得的拉拔位移偏大,且对于六边形状的格宾网,还会产生"颈缩现象"。为此,拉拔试验严格控制筋材落在模型箱外面的自由长度,并参照拉伸试验结果对自由变形进行估算,对拉拔位移进行修正。

格宾网的夹持方法采用了专门的夹具,其夹持方式同拉伸试验,如图 4-2 所示。夹具有足够的刚度,并固定在 MTS 作动器以施加张拉力。试验表明,采用这种夹持方式张拉力可以比较均匀地分布在格宾网上,且格宾网不会发生"颈缩现象"。

土工格栅的夹持方式也采用这种夹具。为保证土工格栅的筋肋受力均匀,采用足够刚度的光滑的圆钢筋横穿在土工格栅的每一肋上,且钢筋表面包裹一层土工布以避免应力集中现象。

4.3.3 拉拔试验结果与分析

拉拔摩擦系数 f 是描述筋土界面摩擦特性的一个重要定量指标。拉拔摩擦系数 f 可由下式计算:

$$f=\frac{\tau}{\sigma}=\frac{T_{max}}{2bl \cdot \sigma} \tag{4-20}$$

式中,T_{max} 为最大拉拔力(kN);τ 为剪应力(kPa);σ 为法向应力(kPa);b 和 l 分别为筋材的宽度和长度(m)。

拉拔摩擦系数 f 的大小与筋带种类、性状、长度以及填土压实度、上覆土压力等因素密切相关。图 4-18 给出了 2.2mm 格宾网、2.7mm 格宾网及 70RE 土工格栅的拉拔摩擦系数 f 与正应力 σ 的关系曲线。总体来看,拉拔摩擦系数 f 随法向应力 σ 的增大而非线性递减;当法向应力 σ 达到一定值时,拉拔摩擦系数 f 减小速率趋于缓和。这对于高陡加筋土挡墙内部稳定性是不利的,因此在进行设计和计算时应引起重视。

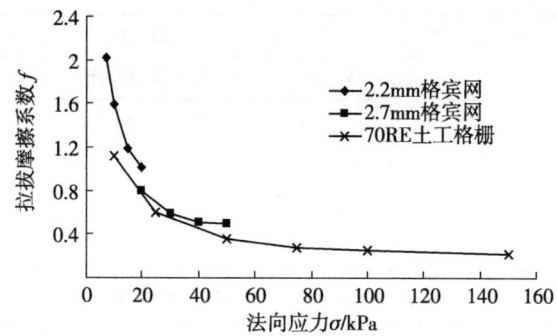

图 4-18 拉拔摩擦系数 f 与法向应力 σ 曲线

为表征筋材对填料本身强度的影响,引入拉拔系数 K 的概念,并定义

$$K = \tan\varphi_{sg}/\tan\varphi = f_{sg}/\mu \tag{4-21}$$

式中,φ_{sg} 为加筋土筋材与填料的界面摩擦角;φ 为填料本身的摩擦角;f_{sg} 为筋材与填料的界面摩擦系数,且 $f_{sg} = \tan\varphi_{sg}$;$\mu$ 为填料本身的摩擦系数,且 $\mu = \tan\varphi$。拉拔系数 K 反映了加筋土筋材与填料之间的相互作用关系。

将拉拔试验成果汇总于表 4-5。图 4-19~图 4-21 分别为 2.2mm 格宾网、2.7mm 格宾网以及 70RE 土工格栅的界面摩擦特性拉拔试验曲线。从中可以得出如下结论:

(1) 在不同的法向应力作用下,筋材的拉拔位移与剪应力曲线变化趋势大致相同。当拉拔位移达到一定值时,筋材的拉拔曲线变得平缓,且大部分出现了剪应力峰值。

(2) 采用红砂岩作为填料时,土工格栅的摩擦角仅为 8.6°,黏聚力也很小,但很稳定;格宾网的黏聚力也不大,也很稳定。在进行锚固长度计算时,3 种筋材都应考虑黏聚力的影响。

(3) 不同筋材的拉拔系数差别较大。拉拔系数从高到低排序依次为 2.2mm 格宾网、2.7mm 格宾网和 70RE 土工格栅,三者比值为 3.15∶1.97∶1。

(4) 拉拔试验得到的格宾网黏聚力、摩擦角均比土工格栅的要大。因此可以认为,双绞合六边形格宾网比条状的土工格栅表现出了更好的界面摩擦特性。

（5）在相同法向应力水平下，小网格直径的格宾网剪应力峰值和拉拔摩擦系数 f 均比大直径格宾网要大，如图 4-18 和图 4-22 所示。试验中，当法向应力为 20kPa 时，2.2mm 格宾网的剪应力峰值为 20.4kPa，2.7mm 格宾网的剪应力峰值为 15.5kPa，前者为后者的 1.36 倍。

（6）对于双绞合六边形格宾网，网格直径越小，黏聚力和摩擦角越大。

表 4-5　筋材的拉拔试验成果

加筋土筋材	黏聚力 c/kPa	摩擦角 φ_{sg}/(°)	摩擦系数 f_{sg}	拉拔系数 K
2.2mm 格宾网	10.9	25.3	0.47	1.23
2.7mm 格宾网	9.3	16.4	0.29	0.77
70RE 土工格栅	10.3	8.6	0.15	0.39

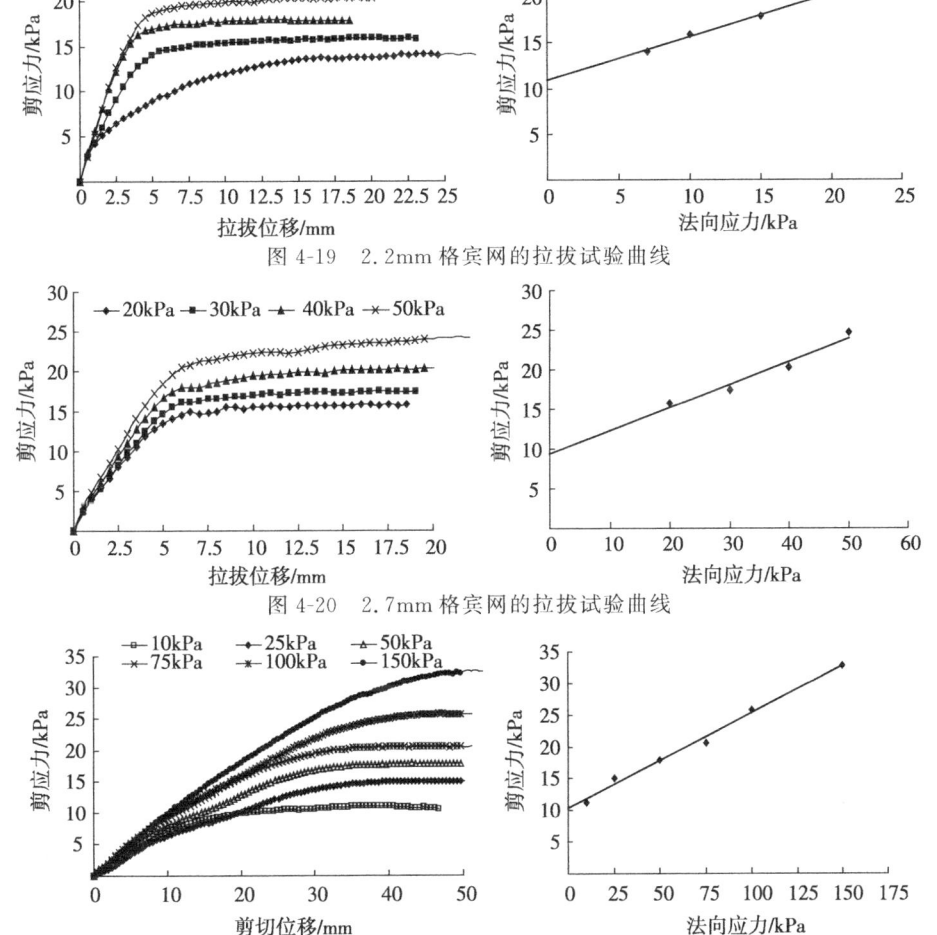

图 4-19　2.2mm 格宾网的拉拔试验曲线

图 4-20　2.7mm 格宾网的拉拔试验曲线

图 4-21　70RE 土工格栅拉拔试验曲线

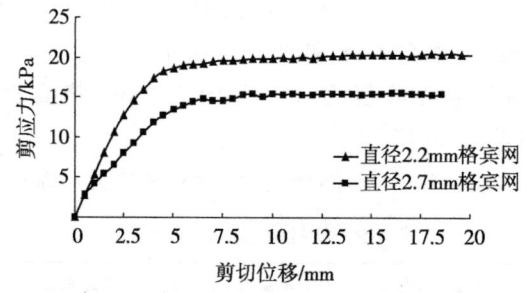

图 4-22 相同法向应力(20kPa)两种格宾网的拉拔位移剪应力曲线

对拉拔试验结果作进一步分析和讨论如下：

(1) 筋材抗拔力的发挥可根据筋材与土体间的相对位移大小大致分为三个阶段。①初始阶段。当筋材与土体间相对位移较小时，抗拔阻力(由咬合力、摩擦力和黏着力等三部分组成)尚未充分发挥，抗拔阻力随位移增大而增大。在靠近夹持端的相对位移较大，筋土界面摩擦作用发挥得更为充分，抗拔力也较大；远离夹持段相对位移更小甚至没有出现相对位移，筋带的抗拔力较小，甚至筋材有一部分长度未发挥出摩阻力作用而处于空闲状态。在此阶段，筋材拉拔特性主要体现在两方面，一方面，筋材作用长度范围内的摩阻力随相对位移的增大而增大，使拉拔力迅速上升；另一方面，筋材作用长度不断增大。②发展阶段。随着拔出位移的增大，筋材与土体的相对位移也随之增加，夹持端土体产生微裂缝并不断发展，抗拔阻力逐渐得到充分发挥，并达到峰值。③屈服阶段。随土体中微裂缝不断增多，整个筋材处于残余阻力状态，总抗拔力随位移增大而保持基本不变，即接近残余抗拔力。

(2) 拉拔试验中，筋材与填料的界面摩擦角主要由两部分组成：第一部分为筋材表面与填料的摩擦角；第二部分为填料嵌固在筋材内部，筋材横肋被动土压力产生的摩擦角。无论是土工格栅还是格宾网，这两部分都存在。通常，由于筋材表面与填料的接触面积较小，所以第二部分起控制作用。筋材网格的形状、大小和填料的颗粒级配等因素对第二部分产生的摩擦角影响显著。这对于双绞合六边形格宾网表现得尤为明显，而土工格栅由于相邻肋之间的空间太小，红砂岩与土工格栅横肋的嵌固作用表现得不明显，所以试验得到的摩擦角比较小。这很好地解释了双绞合六边形格宾网比条状土工格栅有更好的界面摩擦特性。

(3) 从试验结果可以看出，格宾网直径对筋土界面摩擦特性有一定的影响。试验得出了网格直径 2.2mm 的格宾网比直径 2.7mm 的格宾网有更好的界面摩擦特性的结论。这可能是因为当格宾网直径较小时，格宾网面上、下土层的黏结作用和嵌固作用更明显。格宾网直径对筋土界面摩擦作用影响有待于进一步研究。

4.4 新型加筋土结构及其抗震动力特性

4.4.1 新型加筋土结构的动变形特性与动力分析

1. 试验概况

加筋格宾挡墙、绿色加筋格宾挡墙和柔性网面土工格栅挡墙的动变形特性试验在模型箱内进行。3种挡墙的填筑方法同承载力特性试验。

目前对交通荷载下路基路面的动力响应特性已开展了一定的研究。研究时,确定合适的交通荷载对研究结果的可靠性十分关键。由于交通荷载是一种动荷载,有别于地震荷载和波浪荷载[31],影响交通荷载大小的因素十分复杂,要合理确定交通荷载十分困难。目前将交通荷载模型一般简化为考虑一定动荷系数的动力荷载、稳态谐和荷载(三角波荷载或正弦波荷载)或移动随机荷载[32,33]。

尽管试验依托工程为高速公路项目,作者认为,倘若采用模拟列车荷载的动载形式,不仅能很好地指导实体工程修筑,为安全施工提供保证,也能为挡墙能否运用于铁路系统提供重要依据。理论和实测都表明,列车引起的动荷载是一种单向脉冲模式而非双向正弦模式[31]。在模拟列车荷载时,中国铁道部科学研究院[34]采用单向脉冲荷载,西南交通大学曹新文等[35]采用正弦波形。当列车通过时,为了简化计算,可以将列车对挡墙的动荷载视为正弦波,如图4-23所示。可以看出采用正弦荷载来模拟列车通过时引起的动荷载是可以满足要求的。

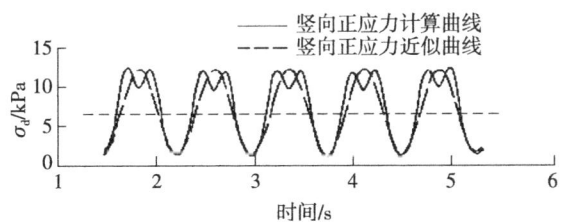

图4-23 竖向正荷载计算曲线和拟合曲线

试验采用MTS伺服激振器模拟列车荷载,列车荷载的大小和运行速度通过伺服激振器的荷载输出与频率来反映。施加到挡墙顶面的荷载频率分别为2Hz、4Hz、6Hz、8Hz、10Hz,用以模拟不同的列车车速,动荷载幅值分别为30~60kPa、40~80kPa、50~100kPa和60~120kPa。3种挡墙施加的动荷载幅值与大秦线、成昆线、宝成线实测动荷载以及杨果林等[36]的研究基本对应,如表4-6所示。3种挡墙在不同振幅、不同频率动荷载作用下的加载制度如表4-7所示。每种挡墙的累计振动次数达到200万次。挡墙的变形特性用百分表量测,在每一层墙面板的中心安装水平和竖向百分表分别量测挡墙面墙的侧向和竖向变形。

表 4-6　路基动荷载分布范围

试验工点	动荷载分布范围/kPa
大秦线	20～110
宝成线	30～120
成昆线	40～100
杨果林等[39]	40～100
加筋格宾挡墙	40～120
绿色加筋格宾挡墙	30～120
柔性网面土工格栅挡墙	30～120

表 4-7　新型加筋土挡墙加载制度　　　　（单位：万次）

振幅值/kPa	频率/Hz	挡墙1	挡墙2	挡墙3
30～60	4	—	10	10
	6	—	10	10
	8	—	10	10
	10	—	10	20
	振动次数小计	—	40	50
40～80	2	10	—	—
	4	10	10	10
	6	10	10	10
	8	10	10	10
	10	10	10	20
	振动次数小计	50	40	50
50～100	2	10	—	—
	4	10	10	10
	6	10	10	10
	8	10	10	10
	10	10	10	20
	振动次数小计	50	40	50
60～120	2	10	—	—
	4	10	10	10
	6	10	10	10
	8	10	10	10
	10	60	50	20
	振动次数小计	100	80	50
	振动次数总计	200	200	200

注：挡墙1指加筋格宾挡墙；挡墙2指绿色加筋格宾挡墙；挡墙3指柔性网面土工格栅加筋土挡墙

2. 结果与分析

1) 挡墙在循环荷载作用下的变形特性

三种挡墙累计侧向变形和竖向变形(沉降)随荷载重复次数变化曲线如图 4-24～图 4-26 所示,累计侧向变形随墙高的分布情况如图 4-27～图 4-29 所示。

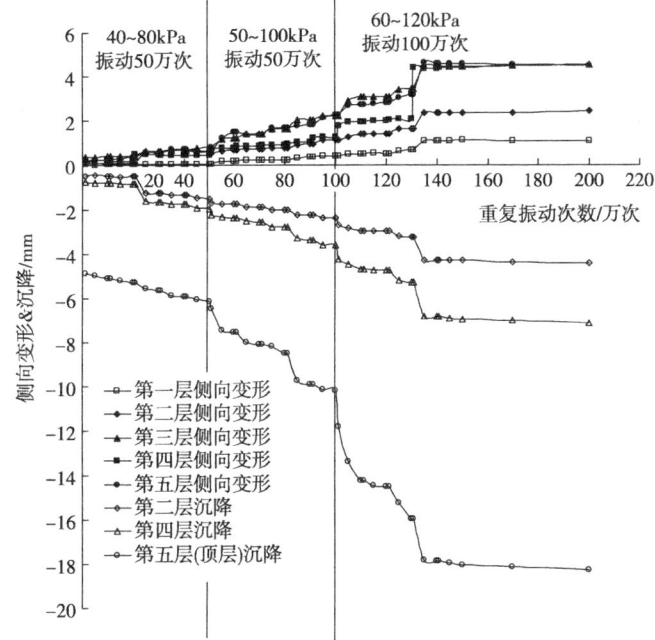

图 4-24 加筋格宾挡墙累计变形随荷载重复次数变化曲线

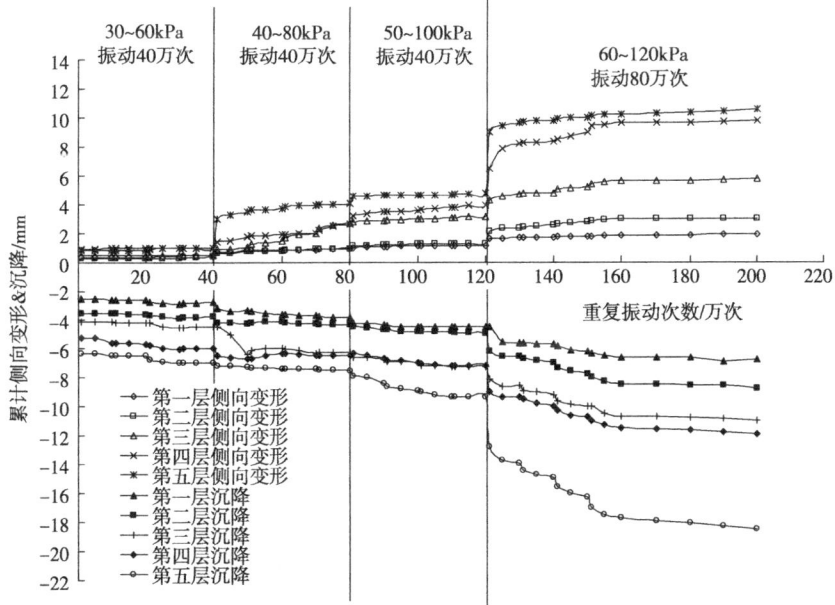

图 4-25 绿色加筋格宾挡墙累计变形随荷载重复次数变化曲线

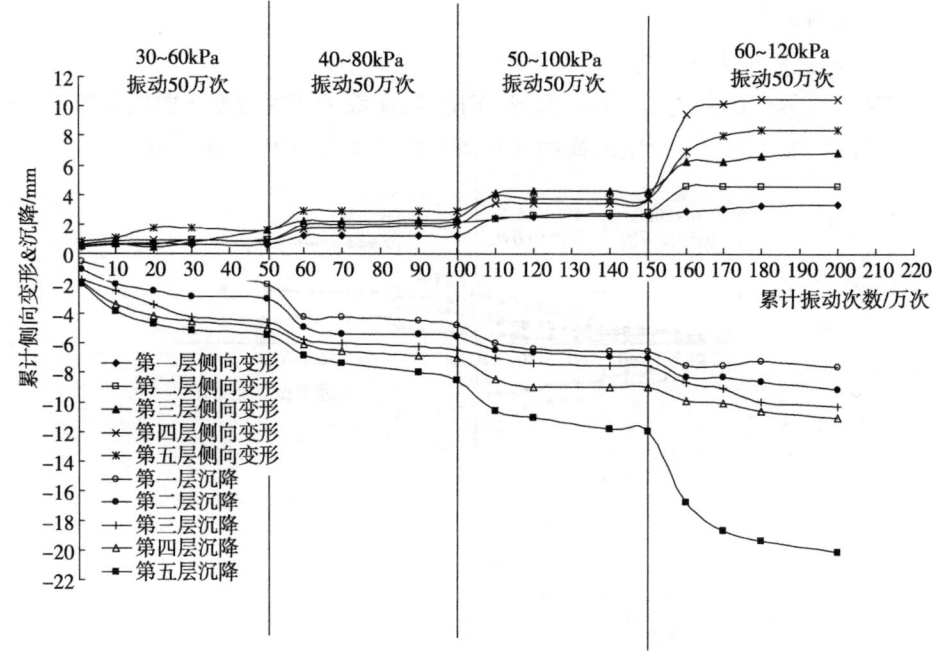

图 4-26 柔性网面土工格栅加筋土挡墙累计变形随荷载重复次数变化曲线

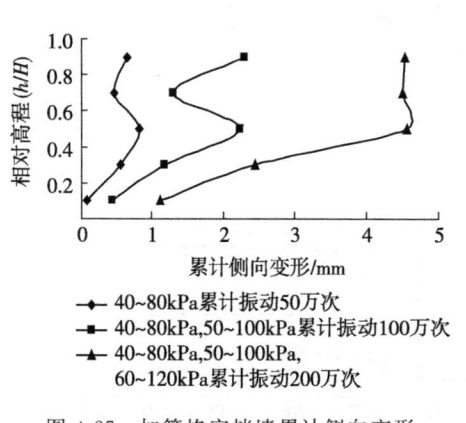
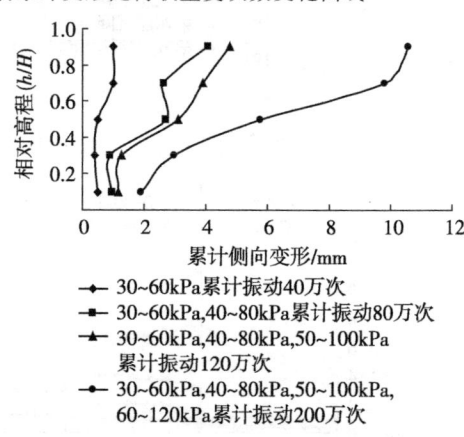

图 4-27 加筋格宾挡墙累计侧向变形沿墙高分布情况

图 4-28 绿色加筋格宾挡墙累计侧向变形沿墙高分布情况

定义累计变形率为累计变形值与模型挡墙墙高 $H(H=2m)$ 的比值。以加筋格宾挡墙为例:由于加筋格宾挡墙第 3 层的累计侧向变形较大,所以累计侧向变形率选取第 3 层作典型分析;累计竖向变形(沉降)率则选取第 5 层(顶面)进行分析。第 3 层累计侧向变形率及第 5 层(顶面)的累计竖向变形(沉降)率试验结果如图 4-30 所示。其中,S 为面墙第 5 层(顶面)的累计竖向变形值,D 表示面墙第 3 层中心位置处的累计侧向变形值。$S1/H$、$S2/H$、$S3/H$ 分别表示动应力幅值为 $A1=40\sim80kPa$、

第 4 章 支挡结构-加筋挡墙试验研究

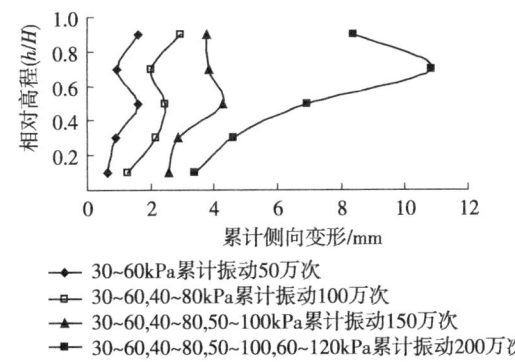

图 4-29 柔性网面土工格栅挡墙累计侧向变形沿墙高分布情况

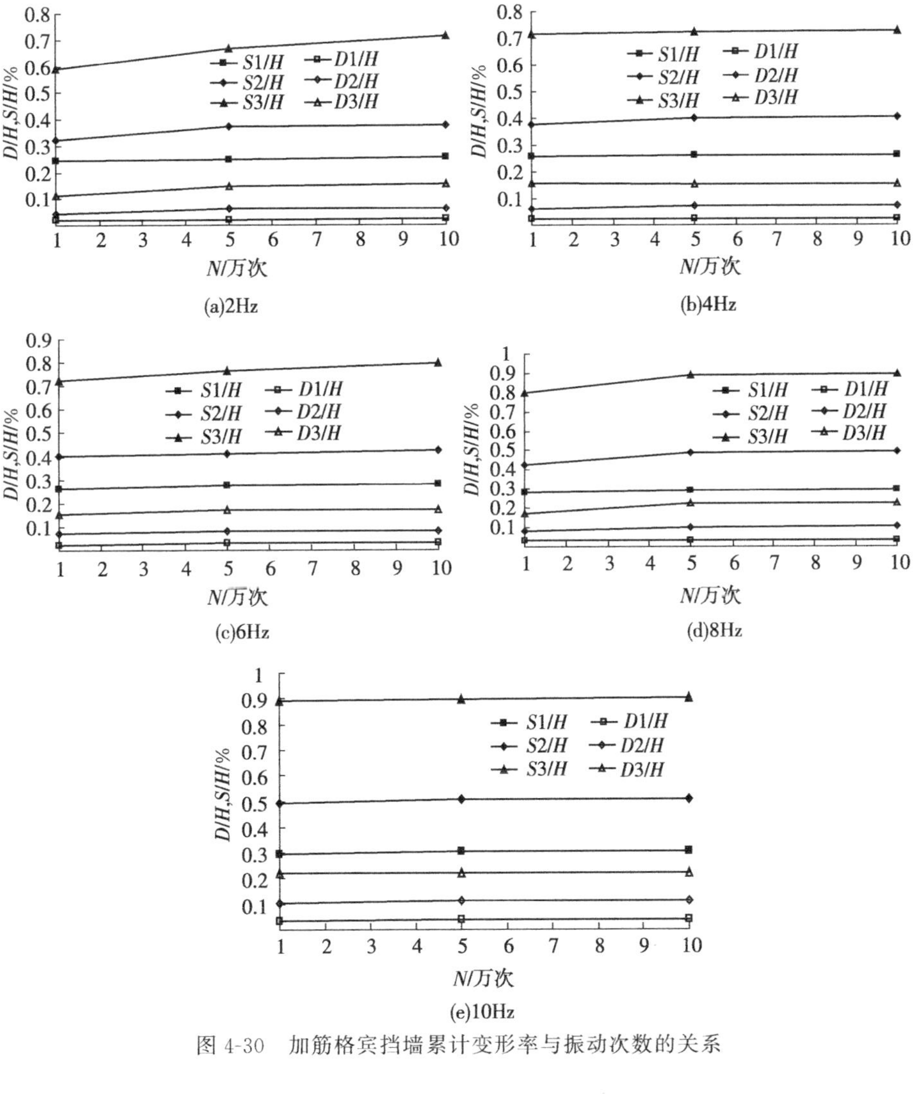

(a) 2Hz

(b) 4Hz

(c) 6Hz

(d) 8Hz

(e) 10Hz

图 4-30 加筋格宾挡墙累计变形率与振动次数的关系

$A2=50\sim100\text{kPa}$、$A3=60\sim120\text{kPa}$ 时面墙第 5 层的累计竖向变形率;$D1/H$、$D2/H$、$D3/H$ 分别表示动应力幅值为 $A1=40\sim60\text{kPa}$、$A2=50\sim100\text{kPa}$、$A3=60\sim120\text{kPa}$ 面墙第 3 层中心位置处的累计侧向变形率。表 4-8 为累计振动 200 万次 3 种挡墙的最大侧向和竖向累计变形率的统计值。

表 4-8 振动 200 万次 3 种挡墙的最大累计变形率

项目	挡墙 1		挡墙 2		挡墙 3	
	侧向	竖向	侧向	竖向	侧向	竖向
最大累计变形率/%	0.23	0.91	0.53	0.93	0.53	1.00
位置	第 3 层	第 5 层	第 5 层	第 5 层	第 4 层	第 5 层

注:挡墙 1 指加筋格宾挡墙;挡墙 2 指绿色加筋格宾挡墙;挡墙 3 指柔性网面土工格栅加筋土挡墙。

加筋格宾挡墙在格宾笼内填筑坚硬的石头形成面墙,当重复荷载加载到 130 万次时,累计侧向变形值和竖向变形(沉降)均产生了较大的突变,且第 3 层的累计侧向变形突变幅度最大,突变后与第 4 层和第 5 层的累计侧向变形接近。这可能是因为格宾笼内的石头发生了较为强烈的错动和重新排列。140 万次振动后,侧向变形和竖向变形(沉降)都趋于稳定,其中,第 3 层、第 4 层和第 5 层累计侧向变形比较大,且三者很接近。第 5 层(顶面)的竖向变形(沉降)远大于第 2 层和第 4 层。当达到 200 万次振动时,面墙第 3 层、第 4 层和第 5 层整体发生了较大的侧向变形,面墙第 2 层和第 3 层产生了一定的错位变形。

试验过程中,绿色加筋格宾挡墙在相同振幅和振次的条件下,累计侧向变形沿墙高呈增大趋势。挡墙面墙的变形模式表现为水平平移和绕基底向外倾覆变形。

柔性网面土工格栅挡墙在前 150 万次重复荷载作用下,第 1~5 层累计侧向变形比较接近,面墙主要表现为水平方向的平移。当振动荷载幅值达到 $60\sim120\text{kPa}$ 时,第 4 层的累计侧向变形突变最大,且达到最大值,面墙出现中间鼓胀的现象。

从试验中可以发现,3 种新型加筋土挡墙表现出了较大的共性:

(1) 当施加的动荷载幅值增大时,挡墙的累计侧向变形和竖向变形(沉降)均发生了一定程度的突变。影响加筋土挡墙动变形特性的主要因素为动荷载幅值、振动次数等;振动频率对挡墙的变形特性影响不显著。对于加筋格宾挡墙,格宾笼填充率对变形特性也有很大影响。

(2) 试验过程中,面墙第 5 层(顶层)的竖向变形(沉降)远大于其他层。这主要是因为越靠近加载位置,产生的绝对竖向变形(沉降)量越大。相同振幅和振次条件下,最大竖向变形(沉降)大于水平方向的最大侧向变形。

(3) 相同振幅和振次条件下,挡墙每一层的竖向变形(沉降)要大于侧向变形。加筋土挡墙面墙最大侧向变形发生在结构的上部,如第 3~5 层;最大竖向变形(沉降)发生在第 5 层,且远大于其他层。

(4) 随着动荷载幅值的增大,达到变形稳定所需的振动次数增加,变形值也增大。动变形的发展随振动历时的增长而增大,初期增长较快,随后逐渐变缓。

(5) 3种挡墙在不同幅值、不同频率动荷载累计振动200万次后产生的动变形相对较小,无论是累计侧向变形率还是累计竖向变形(沉降)率,均小于等于1%。

2) 挡墙在卸载过程中的变形特性

加筋格宾挡墙、绿色加筋格宾挡墙和柔性网面土工格栅挡墙在经过200万次重复荷载作用后进行分级卸载。分级荷载分别为120kPa、100kPa、80kPa、60kPa、30kPa和0。卸载过程中,3种挡墙的累计侧向变形和累计竖向变形(沉降)的变化曲线如图4-31~图4-33所示。从中可以看出,挡墙在卸载过程中的侧向变形几乎没有弹性恢复;3种挡墙第1~4层竖向变形(沉降)的弹性回弹量均相对较小,第5层的竖向变形(沉降)的弹性回弹相对较大,分别达到了28.3%、49.3%和13.2%。

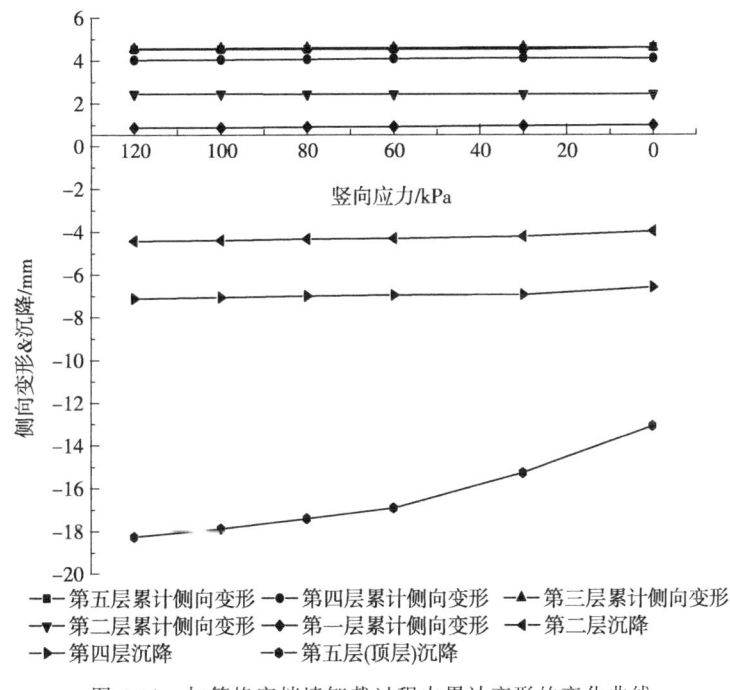

图4-31 加筋格宾挡墙卸载过程中累计变形的变化曲线

3) 加筋土结构动力分析

研究加筋土在动荷载作用下的变形和强度问题具有十分重要的意义。但由于加筋土动本构关系的复杂性,目前只能通过试验手段探讨其变化规律,并结合现有的土动力学来研究加筋土的动变形和强度问题。

A. 加筋土的动强度

加筋土的动强度是指在荷载往返作用一定次数下产生一定破坏变形量所需的动荷载,因此,如果破坏的应变量不同,相应的动荷载强度也不同。合理地确定破坏应

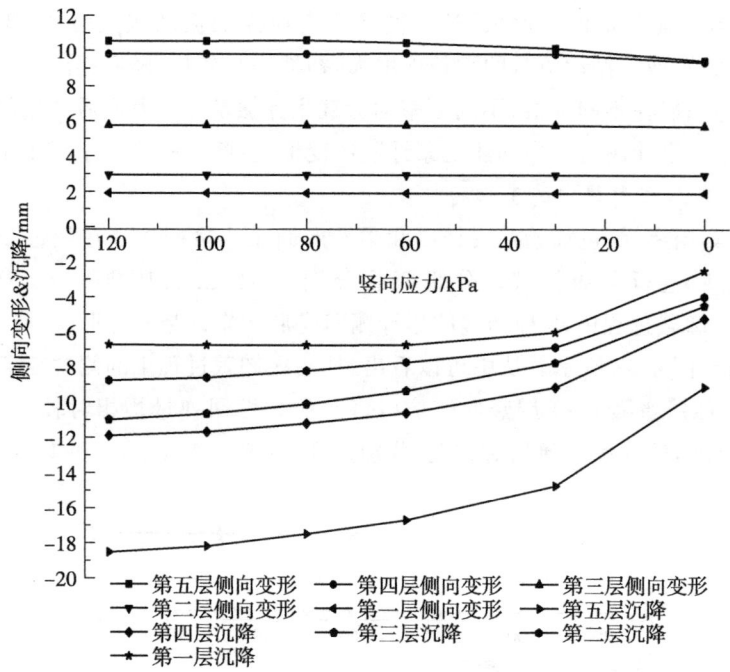

图 4-32 绿色加筋格宾挡墙卸载过程中累计变形的变化曲线

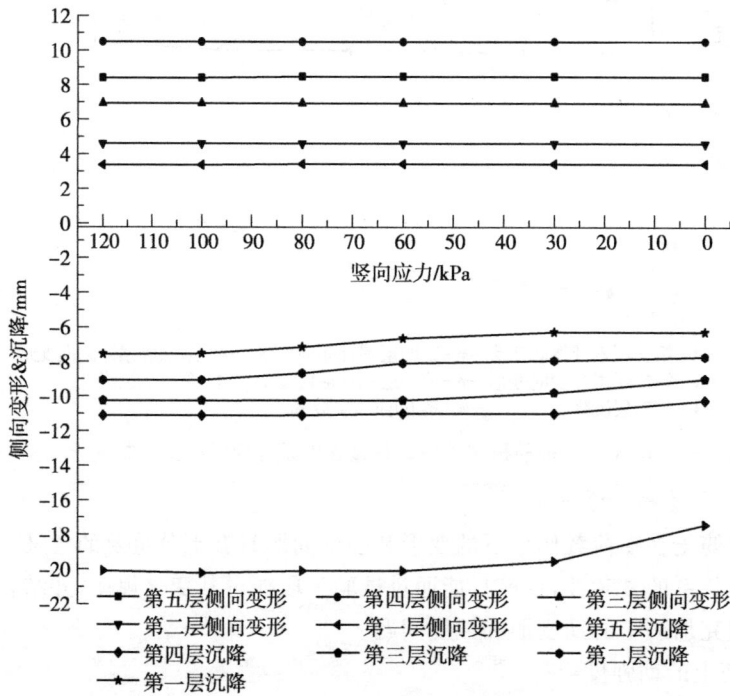

图 4-33 柔性网面土工格栅挡墙卸载过程中累计变形的变化曲线

变是讨论动强度问题的基础。如果以极限平衡条件作为破坏标准,称为极限破坏标准;以动荷载作用过程中变形开始急剧变化作为破坏标准,称为屈服破坏标准。加筋土实体工程可根据其安全和使用条件,按一定的变形量确定相应的破坏标准,从而进行加筋土动强度的分析和计算。加筋土的动强度根据相应的破坏标准表示为振动次数 N_f 与动应力 σ_d 的关系,即动强度曲线。

在重复荷载作用下,加筋土的应变随动荷载幅值的增大而增大,随动荷载重复作用次数的增大而增大。因此,欲使加筋土在动荷载作用下产生某一应变,可以是高强动荷载、低振动次数,也可以是低动荷载、高振动次数。对于一定密度和应力状态下的加筋土体,当作用的动荷载幅值逐渐增大时,变形在动荷载小于某一动荷载幅值时基本无变化或者变化很小。如果将其变形开始发生比较明显变化时所对应的动荷载强度称为临界动荷载强度,则在一定条件下加筋土体可以在某一临界动荷载强度范围内安全地承受动荷作用。

B. 加筋土的动变形

加筋土挡墙在动荷载作用下的变形包括弹性变形和塑性变形两部分。动荷载较小时,主要为弹性变形;动荷载较大时,塑性变形逐渐产生和发展。当加筋土在小应变幅情况下工作时,加筋土显示出近似弹性体的特性;但当动应变幅增大时,动荷载将会引起加筋土结构的改变,从而引起加筋土残余变形和强度的损失。加筋土在大应变幅时动力特性不同于小应变幅的情况。

通过试验可以看出,加筋土挡墙动变形特性受动荷载幅值、振动次数、填土压实度等因素的影响。此外,加筋土的起始密度、湿度、加筋程度、起始应力状态、填土的工程特性、振动持续时间等因素也会影响动变形特性。随着动荷载幅值的增大,达到变形稳定所需的振动次数增加,变形值也增大。动变形的发展随振动历时的增长而增大,初期增长较快,随后逐渐变缓。

C. 加筋土动应力应变关系特点

加筋土在周期荷载作用下的应力应变关系有两个特点,一个是非线形,另一个是滞后性。如果沿加筋土中初始剪应力为零的平面上施加周期往复的剪应力,则在一个周期内的应力应变关系曲线是一个滞回圈。如果将不同周期动应力作用下的最大周期剪应力和最大剪应变绘出,即得各应力应变滞回圈顶点的轨迹,称为加筋土的应力应变骨干曲线,骨干曲线反映了动应力应变的非线性,滞回曲线反映了应变对应力的滞后性。两者反映了应力应变的全过程。

D. 加筋土挡墙的失稳破坏特性

加筋土挡墙在承受逐级增大的动荷载作用下,它的变形、强度要经历从轻微变化到明显变化,再到急剧变化三个阶段。把这三个阶段的两个界限强度分别称为屈服强度与极限强度。当振动作用的强度较小(力幅小或持续时间短)时,加筋土结构没有或只有轻微的破坏,加筋土的变形主要表现为由土颗粒竖向位移所引起的振动压密变形；当动荷载的强度超过屈服动力强度后，变形明显增加，且加筋土变形中剪切变形的影响逐渐增大；当达到极限动力强度时，变形迅速增大，意味着筋材屈服或从土中拔出或拔断，直到完全失稳破坏。

4.4.2 新型加筋土结构的地震动力响应

1. 试验概况

本节开展了加筋格宾挡墙、绿色加筋格宾挡墙和柔性网面土工格栅挡墙3种新型加筋土挡墙的抗震性能试验研究。3种挡墙的填筑同承载力特性试验和动变性特性试验。图4-34给出了加筋格宾挡墙元器件布置情况，其他两种挡墙试验方法及元器件布置与之类同。3种新型加筋土挡墙均采用美国MTS公司生产的500kN伺服激振器模拟地震荷载，试验时在模型箱底板面施加水平地震波激振力。输入地震波采用ELCETRO波(ELCE,1940年,NS向,下文称ELCE_NS地震波)和HACHINOHE波(HACHI,1968年,EW向,下文称HACHI_EW地震波)。在面墙高度0.4m、1.2m以及2.0m处共安装6个941B加速度和位移拾振器，在墙高0.5m、1.0m和1.5m处安装了动土压力盒，如图4-42所示。地震时地面水平加速度一般要比竖向加速度大，而结构物通常抵抗竖向荷载的能力比抵抗侧向变形的能力要强，因此，很多情况下，主要考虑水平地震作用的影响。为探讨水平地震作用对加筋土挡墙动力响应的影响，本试验进行了不同峰值的水平地震激励(ELCE_NS地震波分别为0.17g、0.34g、0.51g、0.68g,HACHI_EW地震波分别为0.09g、0.18g、0.27g、0.36g)。

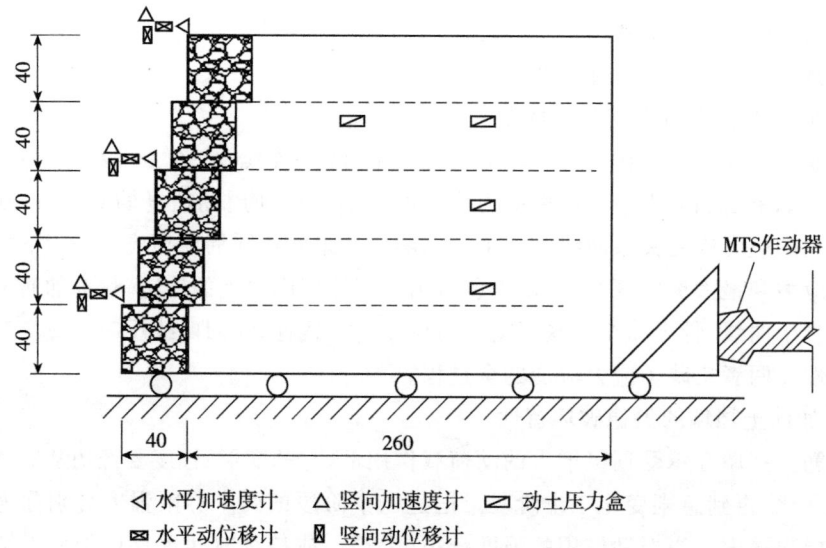

图 4-34 加筋格宾挡墙地震响应试验方法与元器件布置(单位:cm)

2. 结果与分析

3种挡墙的加速度和位移响应峰值如表 4-9～表 4-11 所示,水平加速度放大倍数沿墙高的分布情况如图 4-35～图 4-37 所示。动应力响应峰值及其沿着墙高的分布情况如表 4-12～表 4-14 及图 4-38～图 4-40 所示。从中可以看出:

(1) 新型加筋土结构具有较好的抗震性能。在大于 $0.6g$ 的地震激励下,挡墙并没有出现明显的滑动、鼓胀、倒塌等破坏现象。根据试验结果可以推断,挡墙可以用在9度以上的抗震烈度区。

(2) 加筋土结构对输入的水平加速度具有明显的放大效应。对于加筋格宾挡墙,在 ELCE_NS 地震波作用下的水平加速度放大倍数为 1.0～1.88,在 HACHI_EW 地震波作用下的水平加速度放大倍数为 1.0～2.78;对于绿色加筋格宾挡墙,在 ELCE_NS 地震波作用下的水平加速度放大倍数为 1.0～1.86,在 HACHI_EW 地震波作用下的水平加速度放大倍数为 1.0～2.12;对于柔性网面土工格栅挡墙,在 ELCE_NS 地震波作用下的水平加速度放大倍数为 1.0～161,在 HACHI_EW 地震波作用下的水平加速度放大倍数为 1.0～2.11。水平加速度放大倍数沿墙高呈递增趋势,在墙顶($1.0H$ 处)达最大值。挡墙在不同的地震波作用下的地震动力响应差异显著,这与加筋土挡墙的动力特性和地震波的频谱特性等因素有关。

(3) 挡墙面墙的水平加速度放大倍数随水平加速度激励峰值增大呈现明显的递减趋势,变化基本上为非线性的。一个理想的具有线弹性和线性阻尼的系统不管其输入的加速度是多少,其放大曲线都是一致的。这种现象可能与土的剪应变增大,土体阻尼比增大等因素有关。随着输入地震动强度的增加,土体表现出明显的非线性特性,土层滤波作用逐渐增强,这样使得加速度放大倍数表现为递减趋势。

(4) 在水平地震动激励下,挡墙产生了竖向加速度响应。对于加筋格宾挡墙,竖向加速度响应峰值为输入 ELCE_NS 地震波水平加速度峰值的 47%～53%,为输入 HACHI_EW 地震波水平加速度峰值的 44%～56%;对于绿色加筋格宾挡墙,竖向加速度响应峰值为输入 ELCE_NS 地震波水平加速度峰值的 47%～64%,为输入 HACHI_EW 地震波水平加速度峰值的 44%～69%;对于柔性网面土工格栅挡墙,竖向加速度响应峰值为输入 ELCE_NS 地震波水平加速度峰值的 59%～62%,为输入 HACHI_EW 地震波水平加速度峰值的 56%～67%。这主要与地震动在挡墙中传播发生波场分裂等因素有关。墙底入射的 SV 波在挡墙中传播会发生波场分裂现象,分解为同类型的 SV 波和新的反射 P 波,而 P 波经发射也可能产生新的 P 波和 SV 波,各种类型的波场相互叠加形成更复杂的波场,一方面使得挡墙水平加速度存在明显的放大效应,另一方面挡墙产生了明显的竖向加速度响应。

(5) 水平位移峰值随输入加速度峰值的增大而显著增加。竖向位移峰值随输入加速度峰值增大而增大,初期增长较快,之后变缓。竖向位移峰值在墙底达最大值,沿墙高逐渐变小。

(6) 动应力响应峰值随输入加速度峰值的增大而增大,且增幅显著。动应力峰值在墙顶($1.0H$ 处)达到最大值。

表 4-9 加筋格宾挡墙加速度和位移响应峰值

地震波	输入地震波峰值/g	测点位置/m	水平加速度响应/g	水平位移响应/mm	竖向加速度响应/g	竖向位移响应/mm
ELCE_NS	0.17	2.0	0.32	43.52	0.08	1.30
		1.2	0.27	44.32	0.07	2.43
		0.4	0.28	44.25	0.07	3.87
	0.34	2.0	0.62	82.67	0.16	3.90
		1.2	0.53	84.36	0.15	4.02
		0.4	0.55	88.57	0.16	6.65
	0.51	2.0	0.91	108.64	0.27	4.12
		1.2	0.78	106.85	0.26	4.04
		0.4	0.82	108.32	0.26	7.45
	0.68	2.0	1.14	106.45	0.36	4.15
		1.2	0.99	105.65	0.35	5.26
		0.4	1.06	118.69	0.35	7.86
HACHI_EW	0.09	2.0	0.25	45.58	0.04	1.39
		1.2	0.18	44.37	0.05	1.42
		0.4	0.17	47.25	0.04	4.08
	0.18	2.0	0.48	90.67	0.10	2.52
		1.2	0.36	84.36	0.10	2.45
		0.4	0.33	87.55	0.09	6.48
	0.27	2.0	0.69	101.64	0.15	2.86
		1.2	0.49	105.81	0.14	3.56
		0.4	0.47	106.22	0.14	6.54
	0.36	2.0	0.84	110.42	0.20	2.84
		1.2	0.63	108.66	0.18	2.73
		0.4	0.59	120.55	0.19	6.89

表 4-10 绿色加筋格宾挡墙加速度和位移响应峰值

地震波	输入地震波峰值/g	测点位置/m	水平加速度响应/g	水平位移响应/mm	竖向加速度响应/g	竖向位移响应/mm
ELCE_NS	0.17	2.0	0.32	45.42	0.08	0.98
		1.2	0.22	48.92	0.06	1.40
		0.4	0.23	49.38	0.07	2.45
	0.34	2.0	0.62	86.53	0.18	2.48
		1.2	0.46	73.10	0.14	1.79
		0.4	0.45	92.58	0.14	5.17
	0.51	2.0	0.90	102.84	0.32	2.85
		1.2	0.68	101.71	0.27	2.18
		0.4	0.66	109.07	0.30	6.06
	0.68	2.0	1.14	109.59	0.42	2.91
		1.2	0.88	108.44	0.32	3.91
		0.4	0.87	116.80	0.40	5.75
HACHI_EW	0.09	2.0	0.19	47.35	0.04	1.41
		1.2	0.12	49.50	0.03	1.40
		0.4	0.13	49.30	0.04	2.97
	0.18	2.0	0.37	91.13	0.10	2.40
		1.2	0.24	92.63	0.09	2.09
		0.4	0.25	95.80	0.08	5.24
	0.27	2.0	0.53	101.38	0.14	2.73
		1.2	0.36	86.94	0.12	3.13
		0.4	0.35	105.00	0.15	5.30
	0.36	2.0	0.65	111.76	0.25	2.66
		1.2	0.47	79.65	0.18	2.58
		0.4	0.45	117.64	0.22	5.48

表 4-11　柔性网面土工格栅挡墙加速度和位移响应峰值

地震波	输入地震波峰值/g	测点位置/m	水平加速度响应/g	水平位移响应/mm	竖向加速度响应/g	竖向位移响应/mm
ELCE_NS	0.17	2.0	0.27	50.72	0.10	15.19
		1.2	0.24	51.78	0.15	4.26
		0.4	0.21	6.11	0.13	1.92
	0.34	2.0	0.54	98.26	0.19	12.92
		1.2	0.45	98.13	0.28	4.81
		0.4	0.41	57.03	0.25	2.00
	0.51	2.0	0.77	133.04	0.32	18.17
		1.2	0.65	129.78	0.30	6.33
		0.4	0.61	107.44	0.31	2.18
	0.68	2.0	0.98	158.08	0.42	22.27
		1.2	0.85	154.25	0.41	8.40
		0.4	0.80	160.54	0.43	25.36
HACHI_EW	0.09	2.0	0.19	46.79	0.05	5.61
		1.2	0.14	46.05	0.06	3.13
		0.4	0.12	48.05	0.06	1.66
	0.18	2.0	0.38	93.96	0.12	11.43
		1.2	0.28	91.70	0.13	5.26
		0.4	0.23	94.92	0.13	2.28
	0.27	2.0	0.55	137.71	0.16	17.36
		1.2	0.40	134.96	0.17	7.30
		0.4	0.33	137.19	0.16	2.74
	0.36	2.0	0.68	158.34	0.24	37.98
		1.2	0.51	154.77	0.22	9.90
		0.4	0.44	159.11	0.21	5.13

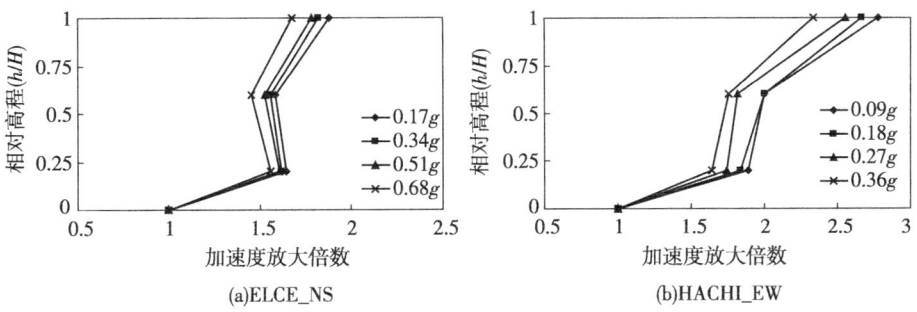

图 4-35 加筋格宾挡墙水平加速度放大倍数沿墙高的分布情况

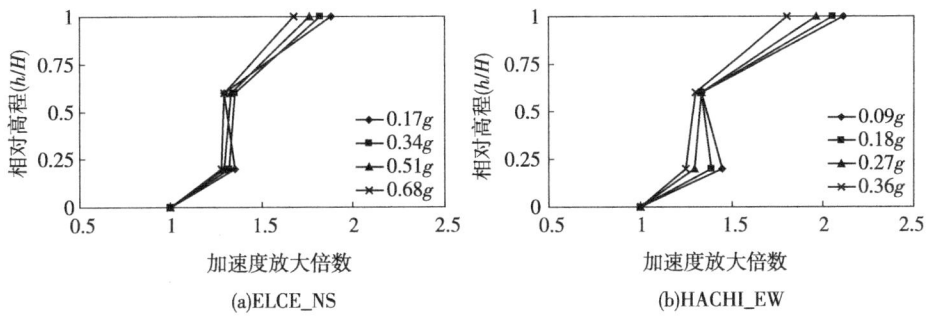

图 4-36 绿色加筋格宾挡墙水平加速度放大倍数沿墙高的分布情况

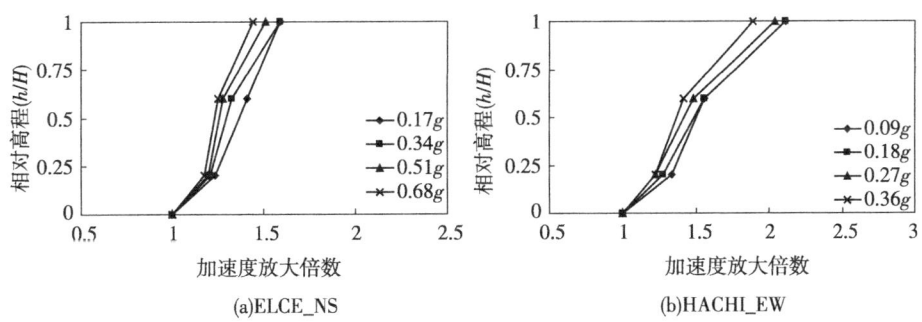

图 4-37 柔性网面土工格栅挡墙水平加速度放大倍数沿墙高的分布情况

表 4-12 加筋格宾挡墙动应力响应峰值

动土压力盒位置/m	ELCE_NS 地震波作用下/kPa				HACHI_EW 地震波作用下/kPa			
	0.17g	0.34g	0.51g	0.68g	0.09g	0.18g	0.27g	0.36g
1.5	78.6	120.1	189.3	374.5	66.5	99.2	286.3	370.5
1.0	32.4	63.2	145.6	146.8	67.7	90.4	172.5	212.8
0.5	36.8	82.7	218.8	192.5	66.8	98.7	288.6	240.6

表 4-13　绿色加筋格宾挡墙动应力响应峰值

动土压力盒位置/m	ELCE_NS 地震波作用下/kPa				HACHI_EW 地震波作用下/kPa			
	0.17g	0.34g	0.51g	0.68g	0.09g	0.18g	0.27g	0.36g
1.5	81.4	115.3	179.0	368.8	67.8	97.1	261.5	364.9
1.0	33.5	60.9	132.6	142.4	67.3	87.9	189.8	236.6
0.5	34.5	88.9	221.9	186.0	67.0	98.2	289.9	243.9

表 4-14　柔性网面土工格栅挡墙动应力响应峰值

动土压力盒位置/m	ELCE_NS 地震波作用下/kPa				HACHI_EW 地震波作用下/kPa			
	0.17g	0.34g	0.51g	0.68g	0.09g	0.18g	0.27g	0.36g
1.5	68.7	106.3	200.4	341.2	45.8	88.6	243.8	336.8
1.0	29.6	70.5	126.8	186.9	43.6	80.2	160.8	204.6
0.5	30.2	82.4	212.8	198.6	44.8	87.6	258.4	267.3

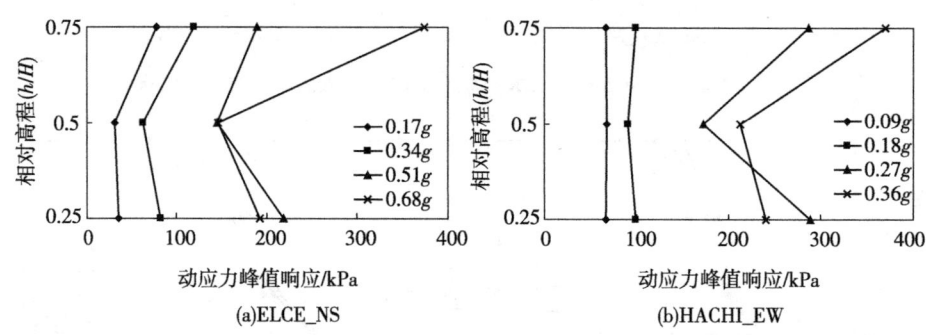

图 4-38　加筋格宾挡墙动应力响应峰值沿墙高的分布情况

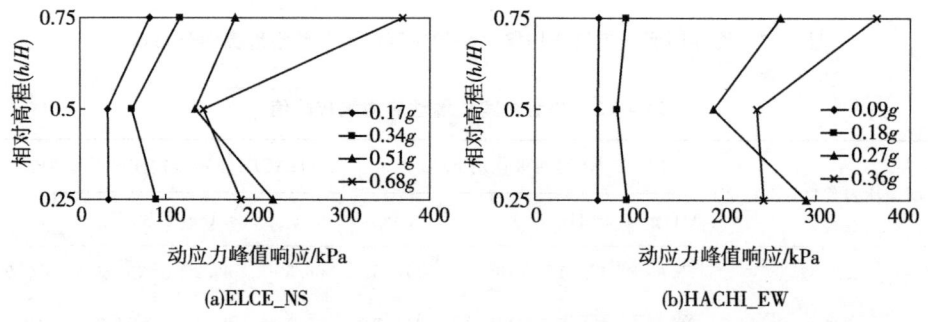

图 4-39　绿色加筋格宾挡墙动应力响应峰值沿墙高的分布情况

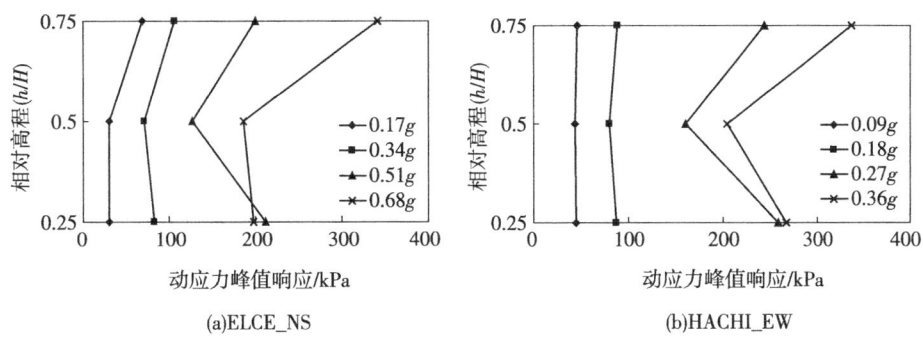

图 4-40 柔性网面土工格栅挡墙动应力响应峰值沿墙高的分布情况

综上所述，加筋格宾挡墙、绿色加筋格宾挡墙和柔性网面土工格栅挡墙，作为新型的加筋土柔性结构，均具备良好的抗震性能。当遭遇强烈地震时，结构能够发生弹塑性变形，具备良好的变形特性和消耗吸收地震动能量的能力，不容易发生倒塌等工程事故。即使施加地震烈度为 9 度以上的水平加速度激励，挡墙均没有发生倒塌、滑动、鼓肚等损坏现象。

另外，这 3 种新型加筋结构为结构隔震体系。隔震体系具备四个基本特征：①承载特性。隔震体系应具有较大的竖向承载能力，在结构物正常使用状态或地震时，能安全地支承着上部结构的所有重量和使用荷载，并具备较大的竖向承载力安全系数。②隔震特性。隔震体系应具有可变的水平刚度。在强风和微小地震时具备足够的水平刚度而不影响其使用要求。在中、强地震时其水平刚度较小，上部结构能水平滑动，使结构体系变为柔性的隔震体系。结构基本周期也因此大大延长，从而远离上部结构的自振周期和场地的特征周期，把地面震动有效地隔开，明显地降低上部结构的地震反应。③复位功能。隔震体系具有水平弹性恢复力，使隔震结构体系在地震中具有瞬时自动复位功能，地震后上部结构回复至初始状态，满足正常使用要求。④阻尼消能特性。隔震体系应具有足够的阻尼，即隔震体系的水平荷载与水平位移关系曲线的包络面积较大，具有较大的消能能力。这 3 种新型加筋土结构基本具备以上四个隔震基本特征，所以可将其视为结构隔震体系。

参 考 文 献

[1] Leshchinsky D, Hu Y, Han J. Limited reinforced space in segmental retaining walls. Geotextiles and Geomembranes, 2004, 22(6): 543-553.

[2] Zhang L, Zhao M H, He W. Working mechanism of two-direction reinforced composite foundation. Journal of Central South University of Technology, 2007, 14(4): 589-594.

[3] Zhang L, Zhao M H, Zou X W, et al. Deformation analysis of geocell reinforcement using Winkler model. Computers and Geotechnics, 2009, 36(6): 977-983.

[4] Bilgin O. Failure mechanisms governing reinforcement length of geogrid reinforced soil retaining walls. Engineering Structures,2009,31(9):1967-1975.

[5] Quang T S,Ghazi H,Patrick B. A multiphase approach to the stability analysis of reinforced earth structures accounting for a soil-strip failure condition. Computers and Geotechnics,2009, 36(3):454-462.

[6] Porbaha A,Zhao A,Kobayashi M,et al. Upper bound estimate of scaled reinforced soil retaining walls. Geotextiles and Geomembranes,2000,18(6):403-413.

[7] He S,Li J. Modeling nonlinear elastic behavior of reinforced soil using artificial neural networks. Applied Soft Computing,2009,9(3):954-961.

[8] Cai Z,Rrchard J B. Seismic response analysis of geosynthetic reinforced soil segmental retaining walls by finite element method. Computers and Geotechnics,1995,17(4):523-546.

[9] Hattamleh O A,Muhunthan B. Numerical procedures for deformation calculations in the reinforced soil walls. Geotextiles and Geomembranes,2006,24(1):52-57.

[10] Latha G M,Krishna A M. Seismic response of reinforced soil retaining wall models:Influence of backfill relative density. Geotextiles and Geomembranes,2008,26(4):335-349.

[11] Sabermahani M,Ghalandarzadeh A,Fakher A. Experimental study on seismic deformation modes of reinforced-soil walls. Geotextiles and Geomembranes,2009,27(3):121-136.

[12] 杨果林,王永和. 土工合成材料在加卸循环荷载作用下的应力应变特性研究. 铁道学报,2002, 24(3):74-77.

[13] Masahiro S,Rrchard J B. Lateral and axial deformation of PP,HDPE and PET geogrids under tensile load. Geotextiles and Geomembranes,2004,22:205-222.

[14] Boisse P,Gasser A,Hivet G. . Analyses of fabric tensile behaviour:Determination of the biaxial tension-strain surfaces and their use in forming simulations. Composites Part A,2001,32(10): 1395-1414.

[15] Buet-gautier K,Boisse P. Experimental analysis and modeling of biaxial mechanical behavior of woven composite reinforcements. Experimental Mechanics,2001,41(3):260-269.

[16] Wesseloo J,Visser A T,Rust E. A mathematical model for the strain-rate dependent stress-strain response of HDPE geomembranes. Geotextiles and Geomembranes,2004,22:273-295.

[17] Subaida E A,Chandrakaran S,Sankar N. Experimental investigations on tensile and pullout behaviour of woven coir geotextiles. Geotextiles and Geomembranes,2008,26:384-392.

[18] 李俊伟,黄宏伟. 土工格室 HDPE 片材拉伸应变率相关特性. 建筑材料学报,2008,11(2): 47-51.

[19] Perkins S W. Constitutive modeling of geosynthetics. Geotextiles and Geomembranes,2000, 18:273-292.

[20] 李作攀,储才元. 非织造布力学性能的模拟及其应用探讨. 中国纺织大学学报,1998,24(2): 1-4.

[21] 周蓉,刘逸新. 土工合成材料拉伸性能模拟及模型分析. 青岛大学学报:工程技术版,2004, 19(2):47-50.

[22] Taibi E H,夏涛.织物的拉伸应力应变模型.国外纺织技术,2002,205(4):36-38.
[23] 杨果林,彭立,黄向京.加筋土结构分析理论与工程应用新技术.北京:中国铁道出版社,2007.
[24] 欧阳仲春.现代土工加筋技术.北京:人民交通出版社,1990.
[25] 土工合成材料工程应用手册编写委员会.土工合成材料工程应用手册.北京:中国建筑工业出版社,1994.
[26] Teerawattanasuk C. Interaction and deformation behavior of hexagonal wire mesh reinforcement at the vicinity of shear surface on sand and volcanic ash (lahar) backfill. Bangkok,Thailand: Asian Institute of Technology,1997.
[27] Kabiling M B. Pullout capacity of different hexagonal link wire sizes and configurations on sandy and volcanic ash (lahar) backfills. Bangkok,Thailand: Asian Institute of Technology,1997.
[28] Mir E N. Pullout and direct shear test of hexagonal wire mesh reinforcement in various fill materials including lahar from Mt. Pinatubo,Philipines. Bangkok,Thailand: Asian Institute of Technology,1999.
[29] Bergado D T,Voottipruex P,Srikongsri A,et al. Interaction between hexagonal wire mesh reinforcement and silty sand backfill. Canadian Geotechnical Journal,2001,24:26-41.
[30] Bergado D T,Youwai S,Teerawattanasuk C,et al. The interaction mechanism and behavior of hexagonal wire mesh reinforced embankment with silty sand backfill on soft clay. Computers and Geotechnics,2003,30:517-534.
[31] 王常晶,陈云敏.交通荷载引起的静偏应力对饱和软黏土不排水循环性状影响的试验研究.岩石力学与工程学报,2007,29(11):1742-1747.
[32] 查文华,洪宝宁,徐毅.交通荷载下路面振动响应信号的时频特征分析.工程抗震与加固改造,2007,29(4):105-109.
[33] 王卫强,刘维正,赵燕.交通荷载作用下低路堤结构应力响应试验分析.公路交通科技:应用技术版,2007,2:30-41.
[34] 杨灿文,等.铁路路基土动力性质//第五届土力学及基础工程学术会议论文集.北京:中国建筑工业出版社,1990:304-307.
[35] 曹新文,蔡英.铁路路基动态特性的模型试验研究.西南交通大学学报,1996,31(1):36-41.
[36] 杨果林,肖宏彬,王永和.加筋土挡墙动变形特性试验与疲劳损伤分析.振动工程学报,2002,15(2):173-177.

第 5 章　支挡结构-边坡振动台模型试验

5.1　概　　述

目前,边坡动力模型试验方法主要有三种:爆炸模型试验、离心模型试验和振动台模型试验。应该说,不同的试验方法都有各自的特点和适用范围,也有其难以克服的缺陷。爆炸模型试验是将炸药爆炸释放的能量激振模型,其优点是激发能量大,能激振较大的模型,并且试验设备简单、成本较低,但由于需要控制的因素多而难以精确控制,且重复性较差,在一般的试验室中难以实现。离心模型试验能够在短时间内,通过增加模型的场加速度,直观而准确地模拟出与岩土工程原型结构物相等或相近的应力和变形的变化水平[1],并且已经从静态转向动态分析且已趋于成熟。但由于其建造和运行费用较高而难以普遍应用于土木工程的设计和科研之中。

在地震动力问题中,结构和地基就好像被置于很大的振动台上振动[2],振动台模型试验是在地震模拟振动台上输入模拟地震波的加速度,直接由台面推动并测取模型动力特性[3],以达到研究原型岩土边坡动力问题的目的。振动台模型试验由于具有能自由选择和精确再现各种自然和人工合成的地震波形、可灵活选择多个振动方向和振动方式、按照研究需要灵活布置各种传感器、自动和精确地采集试验数据等许多优点,同时,还具有可根据研究需要随时对试验方案进行调整,并无限次地进行地震模拟等优点,所以是研究边坡与支挡结构地震变形和破坏以及对理论分析和数值模拟结果等进行检验的重要手段之一[4]。但振动台模型试验在模型相似关系的设计和实现方面还存在着一定的不足,不能满足与原型应力水平的相似性要求。本章研究过程中,考虑到振动台模型试验在试验规模和成本等方面的优势,同时试验量测相对简单、可多向输入地震波且能够满足本试验研究的需要,故本试验决定采用大型振动台模型试验进行支挡结构-边坡体系的地震动力特性研究。

在进行支挡结构-边坡地震动力响应特性研究中,最大的困难是缺少地震作用下的原位数据;尽管国内外一些学者对支挡结构-边坡体系的地震反应进行过振动台模型试验研究[5-8]取得了一些有价值的研究成果,但针对多级、不同形式支挡结构的组合体系等复杂边坡模型地震反应的大型振动台模型试验,还鲜有报道。并且,由于各种条件限制,试验研究还远不及理论分析与计算以及数值模拟那样广泛和深入,使得这些研究结果得不到试验验证,难以直接指导工程抗震设计。因此,开展支挡结构-边坡体系的地震反应大型振动台模型试验研究,则成为亟待解决和非常重要的课题。尽管振动台模型试验难以完全满足模型与原型之间的重力相似关系以及岩土材料的应力应变特性等,但就目前的研究水平和手段来看,在作为认识边坡体系地震动力响应的重要手段和开展抗震设计的定性参考方面,则为众多科研、设计人员所采用。因此,本章以多级、多种形式支挡结构的组合体系等复杂边坡为研究对象,采用大型振动台模型试验,探索研究其地震作用的动力响应特性、反应规律和变形破坏特征等,为多级支护高边坡的工程抗震设计提供参考。

在开展模型试验和抗震设计方法研究之前,进行了汶川震区支挡结构震害调查,提炼三种以上边坡支护方式的典型组合支挡结构。以汶川震区和大瑞铁路沿线典型工点作为室内模型试验的原型工点,在深入分析模型试验相似关系基础上,设计并制作两种边坡及其组合支挡结构模型:一是厚覆盖层和基岩(简称基覆边坡)及其组合支挡结构模型;二是厚覆盖层和顺层岩质边坡(简称顺层岩质边坡)及其组合支挡结构模型。对基覆边坡和顺层岩质边坡,分别设计了3个共6个模型,分别开展大型振动台模型试验。模型试验研究这两种边坡模型在地震作用下的动力响应及特性、组合支挡结构的工作机理和力学机制、失稳模式及抗震效果等。

首先根据相似关系理论制定了本模型试验相似比设计的基本原则,对边坡模型体系进行了相似关系设计,并确定了大型振动台模型试验的相似常数;根据相似关系对基覆边坡和顺层岩质边坡模型进行了设计,制定了模型试验方案;根据试验方案选定相似材料,对模型土和模型材料开展了室内试验研究,并对边坡模型的制备方法、测点及传感器的布置方案进行了设计;根据模型试验要求选取台面输入地震波形及模型试验加载方案等。试验包括以下几个方面的内容:

(1)边坡模型加速度动力响应的测试。测试模型边坡水平和竖向的加速度动力响应特性,试验时的控制点为台面加速度计。

(2)支挡结构动位移响应的测试。测试重力式挡土墙和桩板式挡土墙水平向、格构式框架结构水平和竖向的动位移响应特性。

(3)墙后动土压力的测试。测试挡土墙后填土体动土压力响应特性。

(4)支挡结构动应变响应的测试。测试重力式挡土墙墙身、格构式框架和锚杆的动应变响应特性。主要测试并分析锚杆的动应变响应特性。

(5)边坡反应与破坏过程的观察。主要通过试验过程中录像和试验结束后人工检查相结合进行,观察支挡结构和边坡反应与破坏情况。

大型振动台模型试验的主要目的可归纳为如下三个方面:

(1)研究模型在地震作用下的动力响应及特性、组合支挡结构的工作机理和力学机制、失稳模式和抗震效果等,为验证和改进组合支挡结构体系的地震动力反应计算模式、分析方法和相应的计算程序提供基础资料。

(2)通过试验研究成果,并结合汶川震区支挡结构震害调查,以及今后的数值模拟等研究成果,进一步优化典型支挡结构组合体系,最终提炼出几种可供大瑞铁路实际工程设计使用的支挡结构形式。

(3) 通过模型试验,探索支挡结构-边坡系统大型振动台模型试验技术,为今后开展此类试验提供技术支持,并且为边坡模型设计与制作方法、传感器布设、地震波选取及试验加载方案的确定等提供必要的技术经验。

5.2 支挡结构-边坡地震动力特性大型振动台模型试验设计

5.2.1 相似关系设计

1. 相似理论

工程实践中,研究模型与原型之间相似关系的方法是用缩小或放大的模型对研究对象即原型进行试验研究,并将研究结论推演到原型中去的方法。在模型试验中,模型与原型只有大小比例上的差别,所有同名物理量都是相似的,其物理过程没有本质上的差别。

模型试验相似一般需要满足几个相似条件,即几何相似、运动学和动力学相似以及材料或介质的物理学相似等[9]。相似关系的理论基础是相似三定理,即相似第一定理或称为相似正定理,相似第二定理或称为白金汉 π 定理,以及相似第三定理。

相似第一定理和第二定理是相似关系的必要条件,第三定理是相似关系的必要充分条件,强调单值量的相似,显示了科学上的严密性。这三个定理是开展模型试验所必须遵循的理论原则。

量纲分析是在模型试验前所进行的定性分析和选取无量纲参数的方法,通过量纲分析可以正确地制订试验方案和整理试验数据,其理论基础是关于量纲齐次方程的数学理论,这也是白金汉 π 定理得以通过量纲分析导出的理论基础。目前,模型试验相似关系设计的主要方法有定律分析法、方程式分析法和量纲分析法[9]。工程实践中,常采用量纲分析法导出相似关系准则,因而本试验采用基于白金汉 π 定理的量纲分析法,推导出模型试验中的各物理量的相似常数。

2. 模型试验相似关系设计原则

在进行相似关系设计时,首先需要根据振动台台面尺寸、最大负载的试件质量来确定模型试验的几何相似比,然后根据弹性模量相似关系确定模型材料,最后通过模型是否需要配重来满足人工质量相似率的要求,还是采用重力失真的相似关系设计。

在支挡结构-边坡体系的地震动力特性的大型振动台模型试验中,使边坡模型的设计参数和原型参数完全满足相似关系是十分困难的,因而需要根据边坡及其地震动力问题的特点,确定模型对原型的相似程度。

本试验的主要目的在于考察不同类型支挡结构的组合体系,在地震作用下的动力响应及特性、工作机理及力学机制、失稳模式和抗震效果等。据此确定边坡模型相似关系设计的基本原则如下:

(1) 本试验的重点模拟对象为支挡结构,因此,不考虑边坡模型土体孔隙水压力的影响。

(2) 由于振动台试验设备及边坡模型尺寸的限制,很难采用人工质量的方法考虑重力效应,因此采用重力失真模型,并将几何相似比、质量密度相似比和加速度相似比作为模型相似关系设计的控制量。由于原型和模型均处于同一重力场,所以确定加速度相似比为 $C_a=1$。

(3) 为了在一定程度上模拟支挡结构-边坡体系的动力特性及其相互作用特性,边坡填土和支挡结构遵循相同的相似关系。

(4) 试验还应保持支挡结构模型材料抗力的相似性、模型材料的阻尼特性,同时要求模型材料的性能稳定并易于加工成型。

(5) 确定模型相似关系时,同时考虑振动台性能及其台面尺寸、模型制作安装工艺和维护条件、起吊设备的吊运能力等因素的影响。

3. 模型试验相似常数

根据相似理论,原型、模型边坡动力相似的充分必要条件是其动力学物理过程的单值性条件相似和相似准则相等。地震动力作用下的基本单值性条件包括几何条件、运动条件、物理条件、动力平衡条件和边界条件。由于试验模型的复杂性、模型土特性的非线性及其成分的难以替代性,振动台模型试验很难满足相似律设计的所有参数的相似性,这就需要根据模型试验特性和目的来选择主控参数,或称试验的控制量,并作为基本量纲进行量纲分析。本模型试验采用 Meymand[10] 的相似法则,其核心是保持模型土与原型土相同的密度及应力应变特征。因此以几何尺寸、密度和加速度作为主控参数,其相似常数分别取 $C_l=8$, $C_\rho=1$, $C_a=1$,模型与原型尺寸的相似比为 1:8,模型设计所需的其他相似关系则由这三个控制量的相似比导出。按照相似理论[9-11]和相似关系设计基本原则,确定其余物理量的相似常数,如表 5-1 所示。

表 5-1 振动台模型试验相似常数

分类	物理量	相似关系	相似常数
几何性状	长度 L	C_l	8
材料特性	密度 ρ	C_ρ	1
	弹性模量 E	$C_E=C_\rho \cdot C_l$	8
	泊松比 μ	$C_\mu=1$	1
	重度 γ	$C_\gamma=C_\rho$	1
	黏聚力 c	$C_c=C_\rho \cdot C_l$	8
	内摩擦角 φ	$C_\varphi=1$	1

续表

分类	物理量	相似关系	相似常数
荷载	加速度 a	$C_a=1$	1
地震反应	时间 t	$C_t=C_l^{0.5}$	2.83
地震反应	应力 σ	$C_\sigma=C_\rho \cdot C_l$	8
地震反应	应变 ε	$C_\varepsilon=1$	1
地震反应	速度 v	$C_v=C_l^{0.5}$	2.83
地震反应	位移 u	$C_u=C_l$	8
地震反应	加速度 a	$C_a=1$	1
结构特性	振动频率 ω	$C_\omega=1$	1

5.2.2 试验设备及其主要特性参数

试验在招商局重庆交通科研设计院有限公司桥梁工程结构动力学国家重点实验室进行。地震模拟振动台系统为宽频域三向六自由度台阵系统。关于振动台系统详见本书第 3 章内容，这里不再赘述。

模型试验采集的数据包括加速度、动位移、动土压力和动应变等，因而振动台模型试验所用的传感器有加速度计、动位移计、动土压力计和动应变片等。传感器型号及主要技术参数详细说明见表 5-2。

表 5-2 模型试验传感器型号说明

传感器名称	型号	主要技术参数说明	生产厂家
加速度计	CA-YD-189	量程 ±5g，频率范围 0.5～1000Hz，灵敏度 10mV/g	上海华测创时
动位移计	ILD1401-200(000)	激光自动控制，采样频率 1kHz，线性±0.2%	德国米依公司生产的激光传感器
动土压力计	BX-7	量程 100kPa，超载能力 20%，非线性 1.5%F.S，全桥桥接	上海华测创时
动应变片	BE120-1(AA)	温度自动补偿，电阻值 120Ω，丝栅 2mm×5mm	招商局重庆交通科研设计院有限公司提供，用于测量锚杆的动应变

数据采集仪为瑞士 Kistler 公司生产的 Dewetron2010 动态测试数据采集系统，并采用该系统自动采集、记录和存储各种传感器的响应数据。

5.2.3 试验方案设计

1. 基覆边坡模型试验方案设计

大瑞铁路沿线有大量基覆边坡（厚覆盖层和基岩），主要拟采用边坡下部为重力式挡土墙或桩板式挡土墙，边坡上部为格构式锚杆（索）框架结构的支护方式。为此，设计了三个边坡模型：①重力式挡土墙＋格构式锚杆框架支护边坡模型；②桩板式挡土墙＋格构式预应力锚索框架支护边坡模型；③格构式锚杆框架支护边坡模型。

1) 重力式挡土墙＋格构式锚杆框架支护边坡模型试验方案设计

根据振动台台面尺寸以及模型的几何相似关系，设计模型的长度×宽度×高度为 350cm×150cm×210cm。试验方案及测点传感器布设位置如图 5-1 所示，格构式框架如图 5-2 所示。

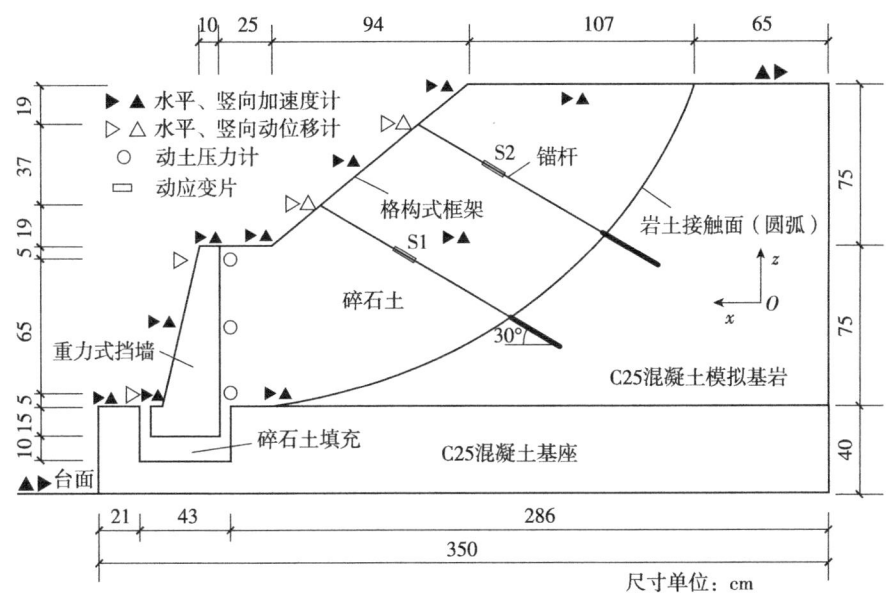

图 5-1 基覆边坡(重力式挡土墙)模型试验方案及测点传感器布设位置图

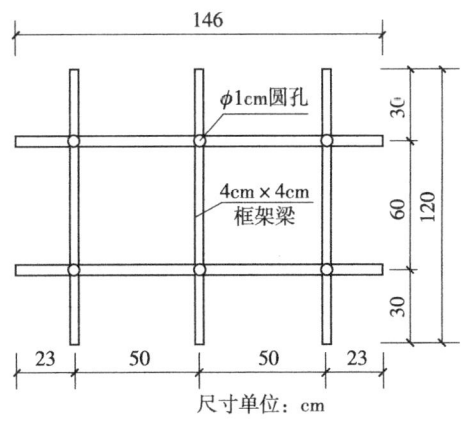

图 5-2 格构式框架设计图

模型底座采用 C25 混凝土现浇，高度 40cm，设计凹槽以方便安装挡土墙。基岩采用 C25 混凝土现浇，与模型土接触面设计成圆弧面。模型土为碎石土，土石质量为 2∶3,最大粒径为 2cm,其物理力学参数和填筑方法见 3.1.3 节和 3.1.4 节。

试验设置的传感器有加速度计、动位移计、动土压力计和动应变片,分别测定模型边坡加速度动力响应、支挡结构动位移响应、边坡土体动土压力响应和锚杆动应变响应特性。所有传感器沿模型边坡中轴线布设,各测点位置及传感器布设说明如下。

台面、基座和基岩顶面布置水平、竖向加速度计,编号分别为 AH-1～AH-3 和 AV-1～AV-3。

重力式挡土墙墙脚、墙中和墙顶分别布置水平、竖向加速度计,编号分别为 AH1～AH3 和 AV1～AV3。墙脚加速度计距基座顶面 5cm。格构式框架下端、中端和上端分别布置水平、竖向加速度计,编号分别为 AH4～AH6 和 AV4～AV6。加速度计距框架下端和上端的距离分别为 5cm。并在坡体内坡底、坡中和坡顶分别布设水平、竖向加速度计,编号分别为 AH7～AH9 和 AV7～AV9。

挡土墙设置水平向动位移计,墙脚至墙顶编号分别为 DH1～DH2;框架上设置水平和竖向动位移计,从下部至上部编号分别为 DH3～DH4 和 DV3～DV4。墙背设置动土压力计,从墙底至墙顶编号分别为 F1～F3。锚杆动应变片设置位置及编号如图 5-1 所示,编号分别为 S1～S2。

2) 桩板式挡土墙+格构式预应力锚索框架支护边坡模型试验方案设计

模型试验方案如图 5-3 所示。该边坡模型的试验方案及测点位置、传感器布设,与上一个边坡模型一致。桩板式挡土墙的设计如图 5-4 所示。格构式框架如图 5-2 所示。

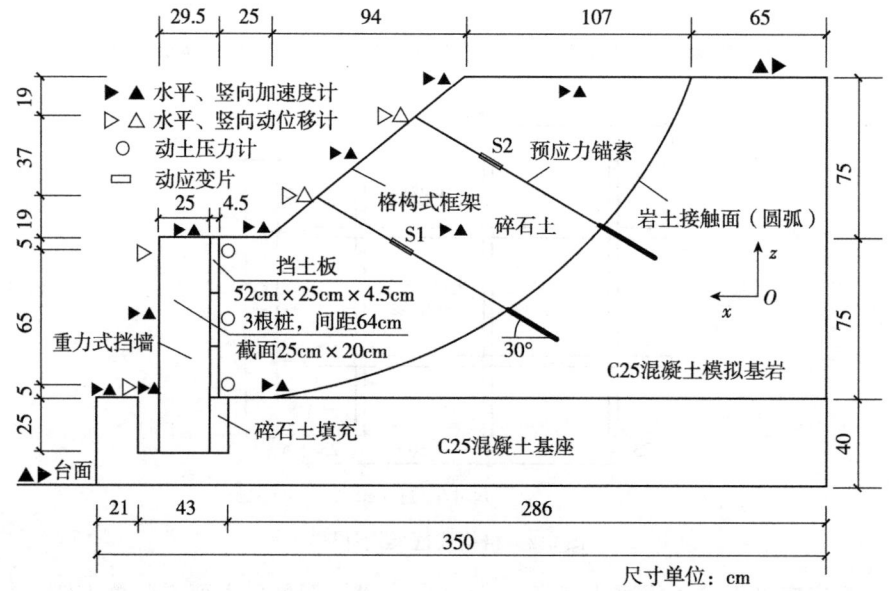

图 5-3 基覆边坡(桩板式挡土墙)模型试验方案及测点传感器布设位置图

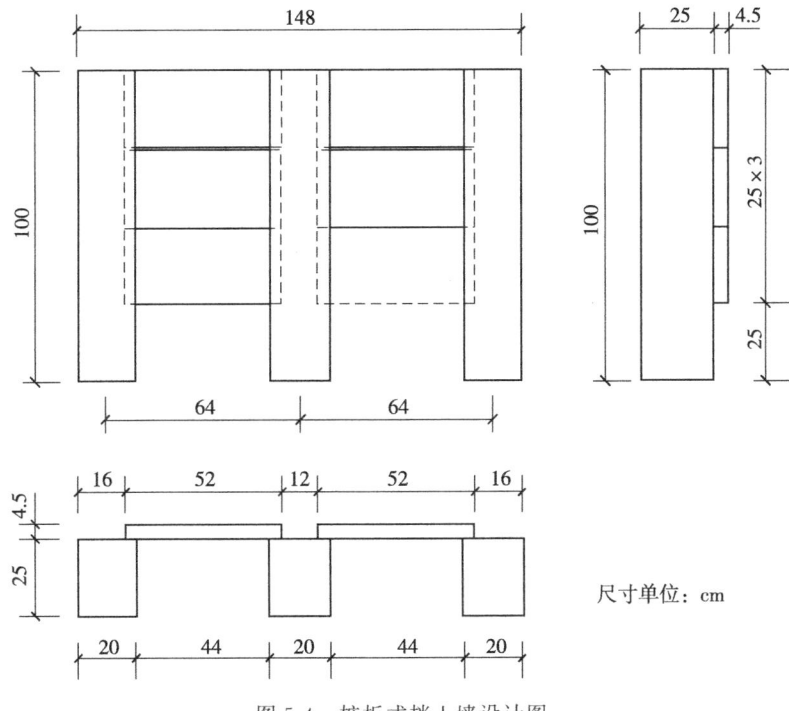

图 5-4 桩板式挡土墙设计图

3) 格构式锚杆框架支护边坡模型试验方案设计

格构式框架及其支护边坡模型如图 5-5 所示。

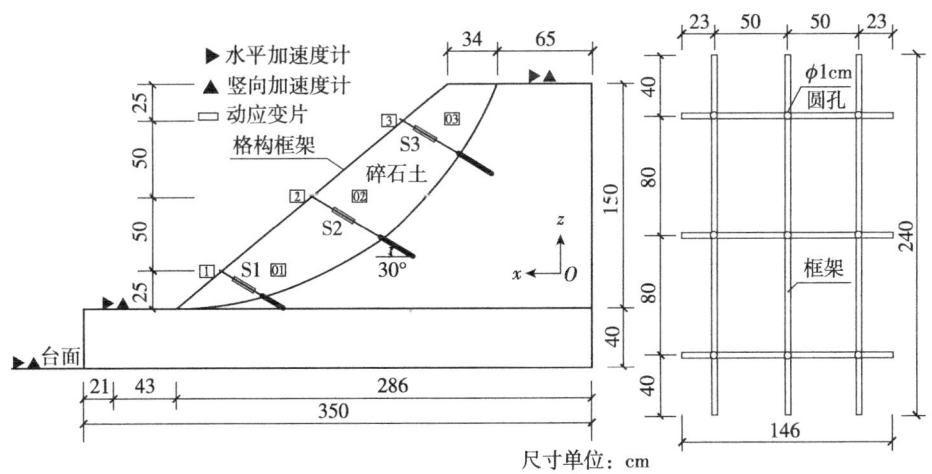

图 5-5 基覆边坡(格构式框架护坡)模型试验方案及测点位置图

测点位置及传感器布设说明如下:在框架上的 1、2 和 3 点布置加速度计和动位移计。水平和竖向加速度计从下往上编号分别为 AH1~AH3 和 AV1~AV3;水平和竖向动位移计从下往上编号分别为 DH1~DH3 和 DV1~DV3。

在坡体内的 01、02 和 03 点,设置加速度计和动土压力计。水平和竖向加速度计从下往上编号分别为 AH01～AH03 和 AV01～AV03;动土压力计从下往上编号依次为 F1～F3,并在 02 点处增设竖向动土压力传感器,编号为 FV2。锚杆应变片设置位置及编号如图 5-5 所示。

台面、基座及基岩顶面的加速度计,布设位置及编号与前两个模型相同。

2. 顺层岩质边坡模型试验方案设计

顺层岩质边坡模型试验共三个,支挡结构为重力式挡土墙+锚杆框架结构。三个边坡模型的岩层倾角分别为 $\alpha=20°、30°、40°$,如图 5-6 所示。基座、基岩与基覆边坡模型试验相同,为现浇 C25 号混凝土,顺层岩采用设计抗压强度 5MPa 的微粒混凝土预制块,预制块与基岩接触界面铺筑 1cm 厚的黏土层,顺层岩与上覆土界面采用 2cm 厚的花岗岩+1cm 厚的黏土层,试验方案如图 5-6 所示。填土材料、模型填筑方式与基覆边坡模型试验相同。各种传感器布设位置、型号及参数与基覆边坡第一组、第二组模型试验相同。

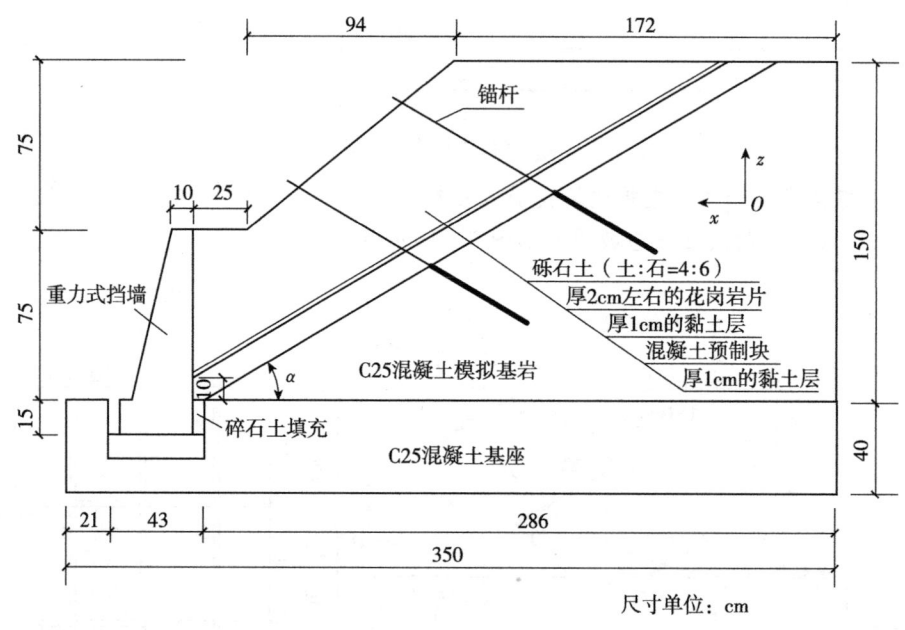

图 5-6 顺层岩质边坡模型试验方案图

5.2.4 试验材料

1. 边坡填料选择及其物理力学特性

边坡岩土体是一种散粒体结构,其力学特性十分复杂,在应变水平很低的情况下就表现出非线性、胀缩性以及动力变形滞后性[12]。这些性质还会随岩土体的物质成分和物理力学特性的不同而发生变化。由于土的非线性、成分的难以替代性,并且难以模拟与原型土相似的应力应变关系[13],所以在振动台模型试验中,土料的模拟一直是个难点,故一般直接采用原型土[14-28],只根据主要项目(如粒径)的相似比来配置模型土。

从大瑞铁路 DK10+400~DK11+535 段、DK23+620~DK23+700 段选取并确定本试验的顺层岩质原型边坡和基覆原型边坡,模型试验边坡填土则模拟该段边坡的原状土。DK10+400~DK11+535 段边坡地层为碎石土,碎石为花岗片麻岩,最大粒径 16~20cm,含量约 65%,土质为黏性土,属Ⅲ级硬土。碎石土的有关参数为:$\gamma=21kN/m^3$,$c=0$,$\varphi=35°$。DK23+620~DK23+700 段也是花岗片麻岩质碎石土,粒径 2~40mm,碎石含量 60%~65%,土质为粉质黏土。碎石土的有关参数为:$\gamma=20kN/m^3$,$c=0$,$\varphi=35°$。振动台模型试验采用边坡原型材料作为模拟材料,但考虑最大粒径的相似关系,控制试验用的土石混合料的最大粒径小于 2cm,此外还应满足模型试验相似关系所要求的低强度、低黏聚力等要求。试验用土为碎石土,土石质量比为 4:6,碎石最大粒径不超过 2cm,通过重型击实试验得到上述碎石土的击实曲线,如图 5-7 所示,其级配累积曲线如图 5-8 所示。确定最大干密度 $\rho_{dmax}=2.18g/cm^3$,最佳含水量 $w_{opt}=5.34\%$。

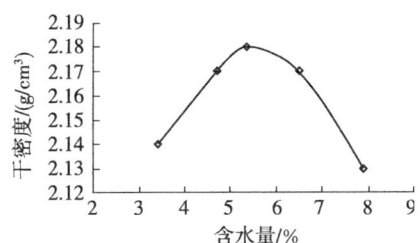

图 5-7 碎石土击实试验曲线

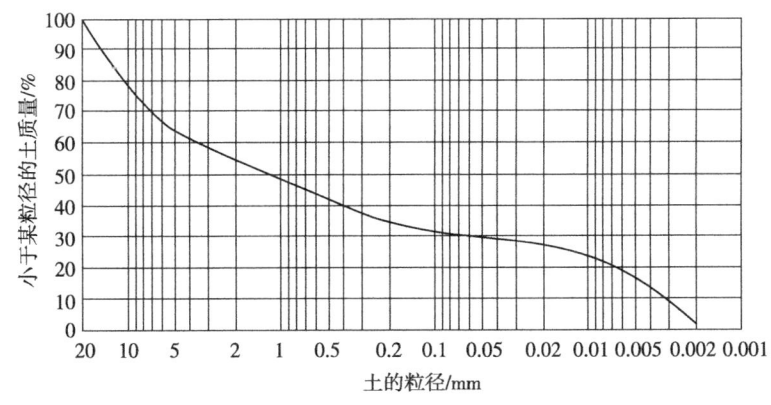

图 5-8 碎石土级配累积曲线

针对 87%、90% 和 93% 三种压实度,开展了粗粒土的三轴试验研究。试验设备为四川大学华西岩土仪器研究所研制的 SZ30-4 型大型三轴剪切试验机。试样直径为300mm、高度为600mm,试验围压为100kPa、200kPa、300kPa和400kPa,剪切速率控制在2mm/min左右,试验为不固结不排水剪切试验。

图5-9给出了不同压实度下土样的应力应变关系曲线图。曲线局部存在波动转折,这主要是因为土样在剪切过程中部分土颗粒压碎而引起的应力变化现象。当$\sigma_3=100$kPa时,土样在不同压实度下表现为应变软化型;当$\sigma_3=200$kPa时,低压实度土样表现为应变硬化型,而高压实度土样却表现为应变软化型;当$\sigma_3\geqslant 300$kPa时,土样在不同压实度状态下都表现为应变硬化型。

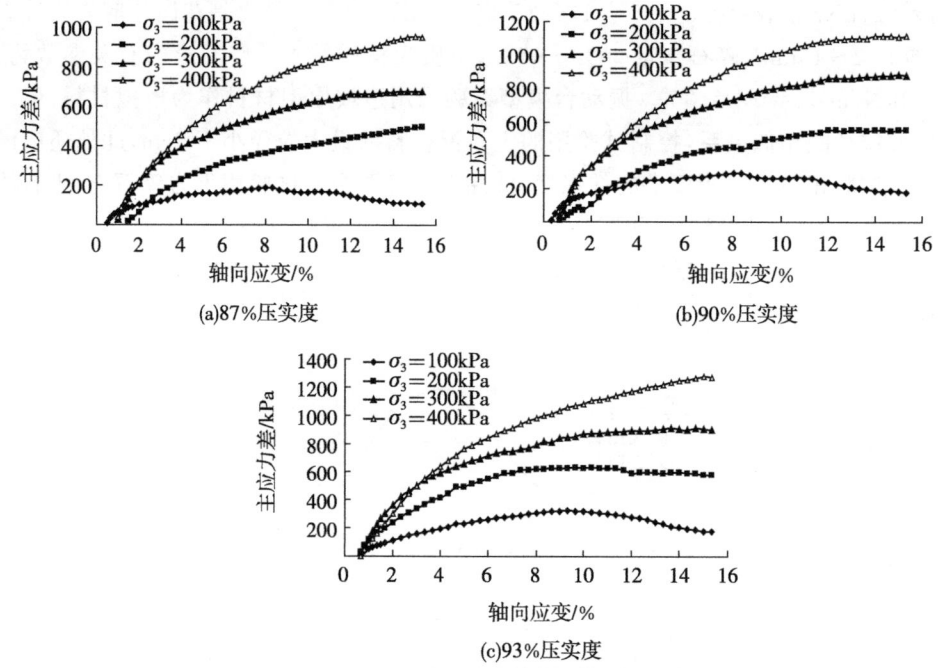

图5-9 土样在不同压实度下的应力应变关系

当土样处于密实状态时,不同粒径的砂土颗粒由于相互充填、咬合而排列比较紧密,剪切时颗粒之间产生相对滚动,位置重新排列,在此过程中产生剪胀效应,此时应力增长较快,土样越密实,剪胀效应越明显。随着剪胀变形继续发展,试样变得疏松,应力增长变缓甚至出现减小的趋势。当围压较大时,剪胀变形得到一定限制,土样内部颗粒所形成的刚性骨架未完全破坏,颗粒间重新排列使空隙有所减小,应力能继续缓慢增长,应力应变关系表现为应变硬化型。当围压较低时,随着剪胀的进一步发展,颗粒间的咬合作用得到克服,土样结构破坏变松,剪胀效应逐渐减小,同时摩擦力和咬合力减小,出现应力缓慢减小的现象,这就使得应力应变关系表现为应变软化型。

试验得到不同压实度下土样的抗剪强度参数,如表5-3所示。确定土石混合料的$c=5.2$kPa,$\varphi=34°$。

表 5-3　不同压实度下土样的抗剪强度参数试验结果

强度参数	压实度/%			平均值
	87	90	93	
c/kPa	4.2	5.9	8.2	5.2
φ/(°)	31	35	36	34

2. 基岩及支挡结构材料选择

在结构或土-结构的振动台模型试验中，一般采用微粒混凝土和镀锌铁丝分别模拟原型结构的混凝土和钢筋材料[29-37]。本模型试验采用 C25 原型混凝土模拟基岩，并制作边坡模型的底座。按照几何相似比和应力相似比，对钢筋或锚杆的强度和尺寸进行换算，采用直径 4mm 的镀锌铁丝；按应力相似比，对支挡结构中的混凝土材料和顺层岩质边坡的岩石强度进行换算，采用设计抗压强度 5MPa 的加气微粒混凝土。

5.2.5　模型制作与传感器安装

1. 模型箱制作与边界处理

模型箱是开展振动台模型试验的重要设备，模型箱边界上的波动反射以及模型体系振动形态的变化，将会给试验结果带来一定的误差，即所谓的"模型箱效应"[38]。

由于模型箱可能随着台面振动而振动，这会导致模型箱中的模型土，在地震作用下因无法完全具备原型自由地基条件，而难以与原型自由场同样的方式变形，这样将直接影响模型试验结果的可靠性。因此，需要选择合适的模型箱及模型尺寸，并对模型箱的制作材料及其边界进行一定的处理，将因"模型箱效应"而产生的相对误差控制在试验容许范围之内。由于地震波在土中传播的复杂性以及土本身材料特性的非线性，完全模拟土的边界条件是困难的。成功的模型箱设计要求边界条件对模型系统反应的影响最小，从而使模型土在模型箱中能再现自由场的地震反应。

因此，对模型箱进行设计特别是其边界设计和处理方法，是振动台模型试验的重要环节，关系到试验的成败。为此，各国学者在模型箱的设计上颇下了一番功夫，因此出现了多种形式的模型箱。目前用于模型试验中的模型箱主要三类：叠合式或层状剪切变形式模型箱[39-45]、圆筒形柔性模型箱[46,47]和刚性模型箱[48-54]等。

在模型箱的边界处理上，主要有三种方式：摩擦边界、柔性边界和滑动边界[52]。据此确定本试验模型箱边界处理原则：

（1）模型箱的底板处做成摩擦边界。由于模型试验中，地震波是由模型箱底部输入的，所以模型土与模型箱的底板之间不应有相对的滑动。

（2）模型箱垂直于输入地震动方向的两侧壁的边界，处理成柔性边界，并内衬一层聚苯乙烯泡沫塑料板。这样可减弱激振所产生的反射波，并减轻模型箱围护材料对模型土应变的约束作用。

(3) 模型箱平行于地震动方向侧壁内表面,处理成滑动边界。由于模型土与箱壁间存在摩擦力,使其刚度变大,所以需要在模型箱平行于地震动方向侧壁内表面贴聚氯乙烯薄膜,必要时涂抹润滑油。

由于层状剪切变形式模型箱和圆筒形柔性模型箱制作比较复杂,并且试验边坡填土相对挡土墙来说,采用的土域范围较大,刚性模型箱可以满足试验要求,所以本模型试验采用刚性模型箱,其内空尺寸为350cm×150cm×210cm(长×宽×高),如图5-10所示。

图 5-10 刚性模型箱

在制作刚性模型箱时,还考虑以下几个因素[53]:①结构牢固,避免激振过程中的失稳破坏;②模型箱自振频率尽量偏离模型土频率,防止发生共振现象;③模型箱尺寸与振动台尺寸相匹配。

因此,模型箱框架由槽钢和角钢焊接而成,底板焊接2cm厚的钢板并伸出模型箱边缘各15cm,根据振动台台面螺栓孔的位置及尺寸预留螺栓孔,以便模型箱用螺栓固定在振动台台面上。为方便模型土的填筑、传感器安装和试验过程中观察,模型箱一端开口,并在两侧安放有机玻璃板,每隔30cm采用竖向角钢支撑,同时在高度1.0m和1.5m处分别焊接槽钢斜向支撑。此外,在模型箱的开口端和顶端,分别预留了螺栓孔,试验时安装横梁以增大模型箱的刚度、减小激振中的变形,并方便安装动位移计,试验结束后拆下横梁以方便模型的安装和拆卸等。

在模型箱底部与基岩混凝土之间,铺设一层4cm厚的碎石与中(粗)砂层,将模型箱的底板处理成摩擦边界;在垂直于激振方向的模型箱内侧壁粘贴1cm厚的聚苯乙烯泡沫塑料板,以处理成柔性边界;在平行于激振方向的模型箱两侧壁,粘贴1cm厚的聚苯乙烯泡沫塑料板并粘贴光滑的聚氯乙烯薄膜,以处理成滑动边界[54]。边坡模型装配完毕后,总重量最大不超过300kN,小于振动台标准承重荷重。

2. 边坡模型制作

(1) 支挡结构、顺层岩石采用加气微粒混凝土预制,设计抗压强度为5MPa。混凝土内钢筋和锚杆以直径 4mm 的铁丝模拟。

(2) 基岩、模型底座,采用 C25 混凝土现浇,模拟上覆土下的基质岩层。为便于安放挡墙,基座预留 150cm×43cm×25cm(长×宽×高)凹槽,当安放好重力式挡墙(在凹槽中先铺设 10cm 的碎石土)后,空隙部分以碎石土填充并夯实;当安放桩板挡墙时,在桩的空隙部分以混凝土预制块填充固定,其余空隙以碎石土填充并夯实,以模拟锚固于稳定完整岩层的锚固桩。

(3) 在模型箱底部先铺设一层 4cm 厚的碎石与中(粗)砂层,其上浇注厚度为 40cm 的 C25 混凝土底座(图 5-11),再浇筑 C25 混凝土(基覆边坡模型试验中该层混凝土表面为圆弧面(图 5-12);顺层岩质边坡模型试验中该层混凝土表面为斜坡,按倾角 20°、30° 和 40° 分三次浇筑(图 5-13)),以模拟基岩,并将锚杆按设计位置预埋其中。

图 5-11　模型箱底部浇注混凝土

图 5-12　圆弧面混凝土

图 5-13　斜坡混凝土

(4) 试验用模型土为碎石土,土石质量比为 2:3,碎石最大粒径不超过 2cm,填筑压实度为 90%,分层填筑压实,每层松铺厚度小于 30cm。

(5) 基覆边坡模型制作顺序为:安装挡土墙、填筑模型土和预埋传感器等。

将挡土墙安放于基座预留凹槽内,空隙部分以碎石土填充并夯实,在墙背和模型箱侧壁标注预埋传感器的位置,再按上述方法填筑模型土。

(6) 顺层岩质边坡模型制作顺序为：安装挡土墙、铺装混凝土预制块和花岗岩片、填筑模型土和预埋传感器等。

将挡土墙安放于基座预留凹槽内，空隙部分以碎石土填充并夯实，在墙背和模型箱侧壁标注预埋传感器的位置，然后在斜坡混凝土基座上，铺装混凝土预制块（图 5-14），其上铺装花岗岩片（图 5-15），再填筑模型土。模型土的填筑方法与基覆边坡模型相同。

图 5-14　铺装混凝土预制块　　　　　图 5-15　铺装花岗岩片

(7) 在模型土填筑过程中，需标定好填土中各类传感器的位置，待填土压实后，在相应标高位置处安装传感器，安装方法见 5.1.2 节。

基覆边坡模型全貌如图 5-16～图 5-18 所示。顺层岩质边坡模型全貌如图 5-19 所示。

图 5-16　基覆边坡模型（重力式挡墙）全貌　　　图 5-17　基覆边坡模型（桩板式挡墙）全貌

第 5 章 支挡结构-边坡振动台模型试验

图 5-18 基覆边坡模型(格构式锚杆)全貌

图 5-19 顺层岩质边坡模型全貌

3. 传感器安装

各类传感器的型号及有关参数见表 5-2。

1) 加速度计安装

在台面、混凝土基座、支挡结构以及基座顶面等处布置的水平和竖向加速度计,直接采用 502 胶黏接固定,如图 5-20 所示。

图 5-20 挡墙顶加速度计

边坡填土中的加速度计,在埋设之前,将其置于绝缘的塑料方盒之中,用螺栓与塑料盒连接成整体。同时在方盒内注入匀质细沙,保证加速度计和盒子的重量与它们所占的同体积土的重量相当,如图 5-21 所示。为保护埋于土中的加速度计,在四周撒一定的细沙,并将加速度计导线穿入塑料软管之中,如图 5-22 所示。

图 5-21 加速度计置于塑料盒中　　图 5-22 加速度计预埋土中

2) 动位移计安装

在重力式挡墙、桩板墙布设水平向动位移计,框架梁布设水平和竖向动位移计。为保证动位移计正常工作,需要将动位移计固定在模型箱上。位移计支架采用100mm的槽钢,按设计尺寸和位置布置,如图5-23和图5-24所示。

图 5-23 动位移计的架设　　图 5-24 动位移计安装全貌图

3) 动土压力计布设

在重力式挡墙墙背或桩板墙桩背与填土接触界面,沿墙高布设3个动土压力计。为保护埋于土中的动土压力计,在其与填土接触面撒一薄层细沙,并将传感器导线穿入塑料软管之中,然后将周围填土压实。

4) 动应变片

动应变片粘贴于锚杆表面,如图5-25所示。

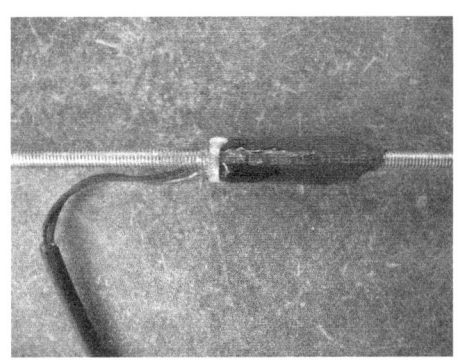

图 5-25 锚杆上的动应变片的粘贴

5.2.6 地震波的选取与试验加载方案

1. 地震波的选择与输入

振动台模型试验选用汶川波、大瑞波和 Kobe 波作为振动台的输入波。其中大瑞波是根据大瑞铁路沿线地区的土层特性构造的人工合成地震波。图 5-26～图 5-28 分别为这 3 种地震波的加速度时程曲线及其傅氏谱。汶川波傅氏谱频率范围最宽，Kobe 波的傅氏谱频率范围最窄，大瑞人工合成波的频率范围居中。

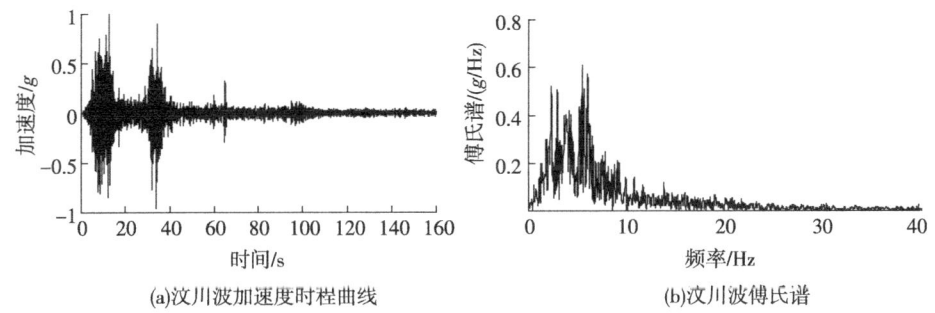

(a)汶川波加速度时程曲线　　　　　　　(b)汶川波傅氏谱

图 5-26　汶川波加速度时程曲线及其傅氏谱

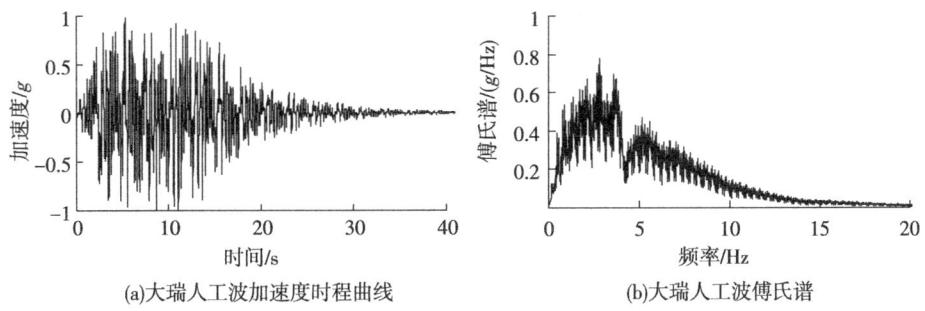

(a)大瑞人工波加速度时程曲线　　　　　(b)大瑞人工波傅氏谱

图 5-27　大瑞人工波加速度时程曲线及其傅氏谱

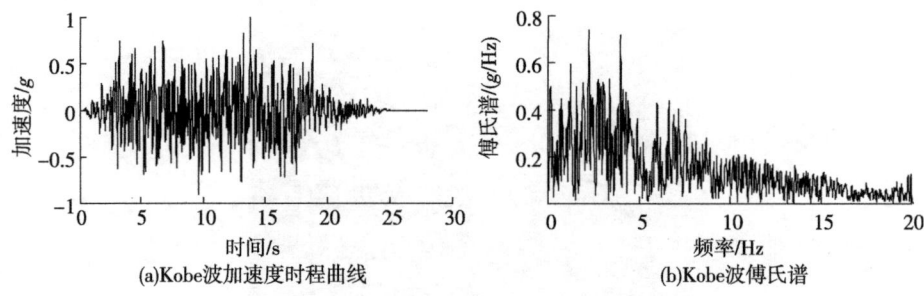

图 5-28　Kobe 波加速度时程曲线及其傅氏谱

(1) 汶川波(2008 年,代号为 WC),时间压缩比为 2.83,采用 x 向单向、z 向单向和 x、z 双向(由 x 和 z 向合成)三种方式加载,代号分别为 WC_X、WC_Z 和 WC_XZ。激振方向 x 和 z 向。

(2) 大瑞人工波(2009 年,代号为 DR),时间压缩比为 2.83,采用 x、z 双向一种方式加载,代号为 DR_XZ。

(3) Kobe 波(1995 年,代号为 KB),时间压缩比为 2.83,采用 x、z 双向输入一种方式加载,代号为 KB_XZ。

2.试验加载方案

试验研究的地震烈度为 7~10,根据抗震设计规范[55,56],将相应的加速度峰值调整为 $0.1g$、$0.2g$、$0.4g$,并将 $0.6g$ 与地震烈度 10 度相对应。由于研究区处于高烈度地区,所以试验在此基础上增加了 $0.8g$ 和 $1.0g$ 两种工况。

一般认为,水平地震作用显著降低边坡动力稳定性,是造成结构破坏的主要因素,竖向地震动的峰值一般为水平地震动峰值的 1/2~2/3。《建筑抗震设计规范》[55]规定,竖向地震影响系数最大值可取水平地震影响系数最大值的 65%,近似为水平向的 2/3。因此,试验过程中,当 x 向激振时,输入台面的加速度峰值按上述调整后的量级逐级递增加载;当 z 向激振时,其激振加速度峰值为 x 向相应峰值的 2/3;当 x、z 双向激振时,输入台面的 x 和 z 向加速度峰值分别按上述加载方式叠加后进行加载。

试验开始前和结束后以及试验过程中输入台面的 x 向加速度峰值改变时,对模型进行白噪声扫描,即进行时间长度不小于 48s 的高斯平稳白噪声(代号为 WN)激振的微震试验[3],对地震波进行基线校正并按照相似关系进行调整,以测定模型体系频率和阻尼比的变化情况。试验共 22 个工况(不计白噪声),具体加载方案见表 5-4。

表 5-4　振动台模型试验加载方案

序号	工况代号	加速度幅值/g		时间压缩比
		x	z	
1	WN-1			—
2	WC_X-1	0.1		2.83

续表

序号	工况代号	加速度幅值/g		时间压缩比
		x	z	
3	WC_Z-1		0.067	2.83
4	WC_XZ-1	0.1	0.067	2.83
5	DR_XZ-1	0.1	0.067	2.83
6	KB_XZ-1	0.1	0.067	2.83
7	WN-2			—
8	WC_X-2	0.2		2.83
9	WC_Z-2		0.133	2.83
10	WC_XZ-2	0.2	0.133	2.83
11	DR_XZ-2	0.2	0.133	2.83
12	KB_XZ-2	0.2	0.133	2.83
13	WN-3			—
14	WC_X-3	0.4		2.83
15	WC_Z-3		0.267	2.83
16	WC_XZ-3	0.4	0.267	2.83
17	DR_XZ-3	0.4	0.267	2.83
18	KB-XZ-3	0.4	0.267	2.83
19	WN-4			—
20	WC_X-4	0.6		2.83
21	WC_Z-4		0.4	2.83
22	WC_XZ-4	0.6	0.4	2.83
23	DR_XZ-4	0.6	0.4	2.83
24	KB-XZ-4	0.6	0.4	2.83
25	WN-5			—
26	WC_XZ-5	0.8	0.533	2.83
27	WN-6			—
28	WC_XZ-6	1.0	0.667	2.83
29	WN-7			—

5.3 支挡结构-基覆边坡地震动力特性

现行的抗震设计规范,关于支挡结构抗震设计普遍采用拟静力法,就是将地震加速度惯性力简化为拟静力作用于研究对象上。有关震害调查表明,支挡结构与边坡地震动力失稳,主要与地震加速度及其沿墙高分布有关。因此,在支挡结构抗震设计中,地震加速度反应及其分布规律,是评价支挡结构-边坡系统的地震动力特性的基本资料。

地震动土压力的评价是支挡结构抗震设计中的另一个重要项目，关系到这类结构的选型、经济和安全。现有研究成果表明，评价支挡结构的地震土压力与其位移模式及位移量有关，基于位移的支挡结构设计方法也主要依靠控制结构的位移进行抗震设计。因此，支挡结构在地震条件下的动土压力响应特性和动位移响应特性，关系到支挡结构地震动土压力的准确评价及其动位移模式的分析研究。

由于支挡结构与边坡系统的地震动力响应特性不可能通过震害调查而获得，数值模拟结果也需要通过震害调查或动力模型试验进行验证，且目前缺乏实震、强震条件下的原位观测资料，所以动力模型试验是边坡及其支挡结构系统动力特性研究的主要手段。

本章基于3个相似比为1:8的基覆边坡模型的大型振动台试验，研究支挡结构-基覆边坡系统的地震动力响应特性。主要研究内容包括：①研究在不同地震波、不同地震动强度激励下，支挡结构的水平向和竖向加速度响应特性、加速度放大倍数分布规律及其影响因素；②支挡结构动土压力响应，以及动位移响应特性；③根据采集到的动位移响应数据，初步分析支挡结构的地震动位移模式及其变化方式等；④锚杆动应变响应特性等。

三种地震波的时间压缩比为2.83，压缩后的加速度时程曲线及其傅氏谱分别如图5-29~图5-31所示。

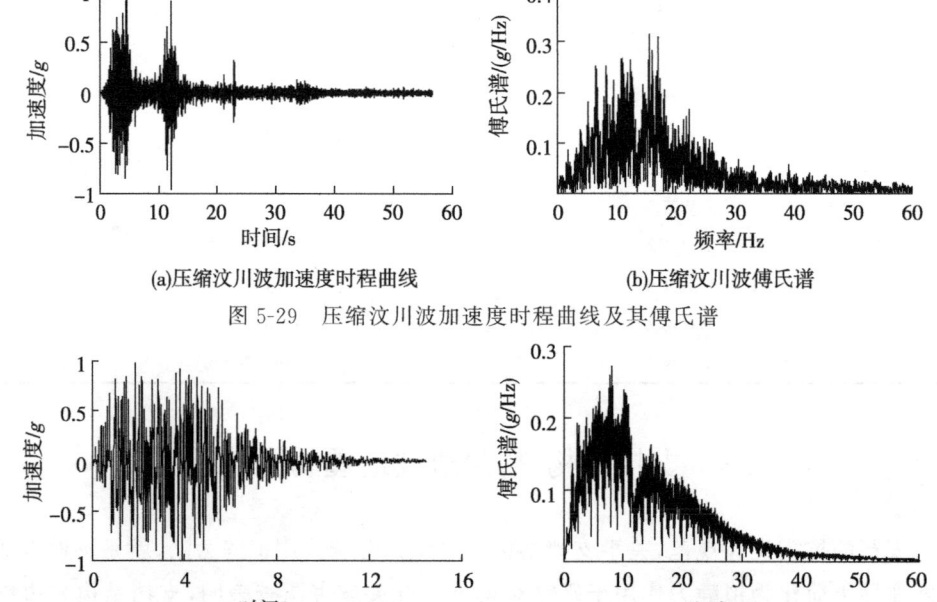

(a) 压缩汶川波加速度时程曲线　　(b) 压缩汶川波傅氏谱

图5-29　压缩汶川波加速度时程曲线及其傅氏谱

(a) 压缩大瑞波加速度时程曲线　　(b) 压缩大瑞波傅氏谱

图5-30　压缩大瑞波加速度时程曲线及其傅氏谱

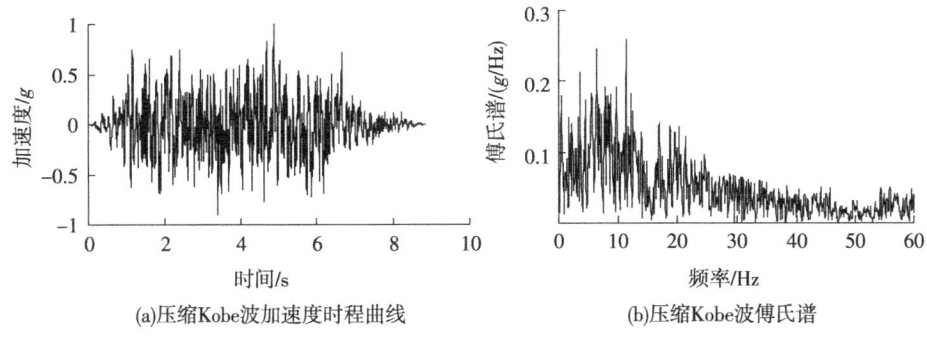

图 5-31 压缩 Kobe 波加速度时程曲线及其傅氏谱

从压缩地震波的傅氏谱曲线可以看出,压缩汶川波的卓越频段主要集中在 5～27Hz;压缩大瑞人工波的卓越频段为 4～12Hz 和 14～35Hz,主要集中在 4～12Hz;压缩 Kobe 波能量集中的频段较宽,其卓越频段主要集中在 1～25Hz。

基覆边坡 3 个模型试验中的加速度、动位移、动土压力和动应变等传感器布置位置及编号分别如图 5-1、图 5-3 和图 5-5 所示。

5.3.1 模型地震动力特性分析

1. 模型基座对加速度动力响应的影响

分析以第一个模型为例,说明基座对模型加速度动力响应的影响。

台面和模型基座实测加速度响应峰值比较结果如表 5-5、图 5-32 和图 5-33 所示。

表 5-5 台面和基座实测加速度响应峰值比较

工况代号	时间压缩比	激励波峰值/g		台面实测峰值/g		基岩实测峰值/g	
		x	z	x	z	x	z
WC_X-1	2.83	0.1	—	0.1021	0.0409	0.1108	0.1225
WC_Z-1	2.83	—	0.067	0.0135	0.0749	0.0172	0.1217
WC_XZ-1	2.83	0.1	0.067	0.1030	0.0748	0.1151	0.1537
DR_XZ-1	2.83	0.1	0.067	0.1109	0.0801	0.1227	0.1392
KB_XZ-1	2.83	0.1	0.067	0.0961	0.0685	0.1105	0.1799
WC_X-2	2.83	0.2	—	0.1945	0.0640	0.2090	0.2577
WC_Z-2	2.83	—	0.133	0.0142	0.1397	0.0232	0.2344
WC_XZ-2	2.83	0.2	0.133	0.1931	0.1374	0.2137	0.3187
DR_XZ-2	2.83	0.2	0.133	0.2095	0.1487	0.2296	0.2924

续表

工况代号	时间压缩比	激励波峰值/g		台面实测峰值/g		基岩实测峰值/g	
		x	z	x	z	x	z
KB_XZ-2	2.83	0.2	0.133	0.1811	0.1282	0.2005	0.3529
WC_X-3	2.83	0.4	—	0.3577	0.1844	0.3944	0.5380
WC_Z-3	2.83	—	0.267	0.0205	0.2659	0.0578	0.4558
WC_XZ-3	2.83	0.4	0.267	0.3602	0.2653	0.3947	0.7205
DR_XZ-3	2.83	0.4	0.267	0.4044	0.2897	0.4279	0.6175
KB_XZ-3	2.83	0.4	0.267	0.3332	0.2781	0.3665	0.7590
WC_X-4	2.83	0.6	—	0.5965	0.4220	0.7095	1.1535
WC_Z-4	2.83	—	0.4	0.0289	0.3930	0.0807	0.6765
WC_XZ-4	2.83	0.6	0.4	0.5305	0.4083	0.5895	1.0865
DR_XZ-4	2.83	0.6	0.4	0.6370	0.4311	0.5795	0.9605
KB_XZ-4	2.83	0.6	0.4	0.5195	0.4464	0.5265	1.0215
WC_XZ-5	2.83	0.8	0.533	0.7895	0.5535	0.8325	1.4665
WC_XZ-6	2.83	1.0	0.667	1.1175	0.7400	0.9960	1.7280

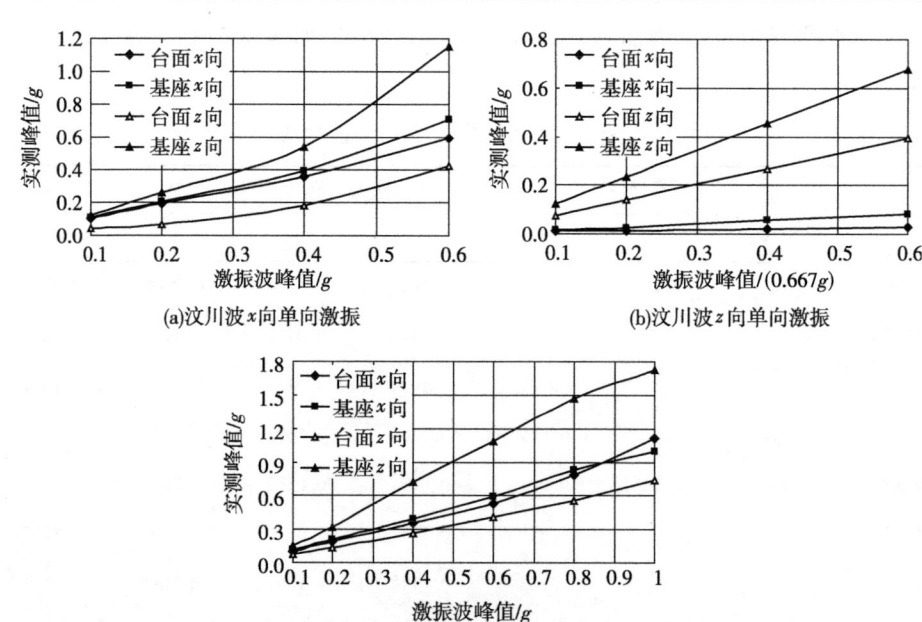

图 5-32 汶川波激振下台面和基座加速度响应情况

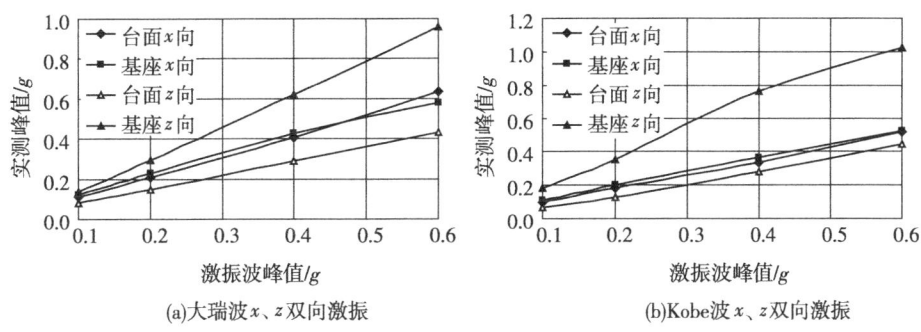

图 5-33 大瑞波和 Kobe 波 x、z 双向激振台面和基座加速度响应情况

1) 对水平加速度动力响应的影响

图 5-34 分别给出了汶川波 x、z 双向激振下(激振加速度峰值 $A_{x\max}=0.4g$、$A_{z\max}=0.267g$),模型台面和基座水平加速度响应时程曲线及其傅氏谱。

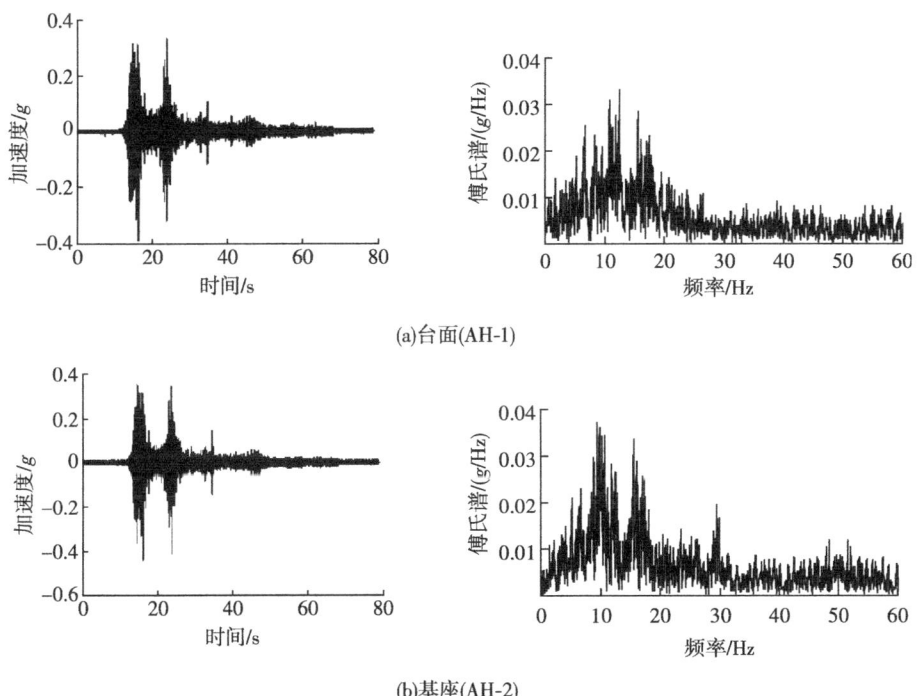

图 5-34 台面和基座水平加速度响应时程曲线及其傅氏谱

通过计算水平加速度放大倍数,得到:

当汶川波 x 向激振时,台面和基座实测水平加速度峰值放大倍数分别为 0.894～1.021 和 0.986～1.183;汶川波、大瑞波和 Kobe 波 x、z 双向激振时,台面和基座实测水平加速度峰值放大倍数分别为 0.833～1.118 和 0.878～1.227。

从实测加速度放大倍数来看,模型台面实测水平加速度峰值与激振波加速度峰值基本吻合,模型基座水平加速度放大倍数大于台面,存在一定的放大效应。另外2个模型同样如此,因此在下文模型水平加速度放大倍数分析时,均参照台面水平加速度的实测值。

2) 对竖向加速度动力响应的影响

图 5-35 分别给出了汶川波 x、z 双向激振下(激振加速度峰值 $A_{xmax}=0.4g$、$A_{zmax}=0.267g$),台面和基座竖向加速度响应时程曲线及其傅氏谱。

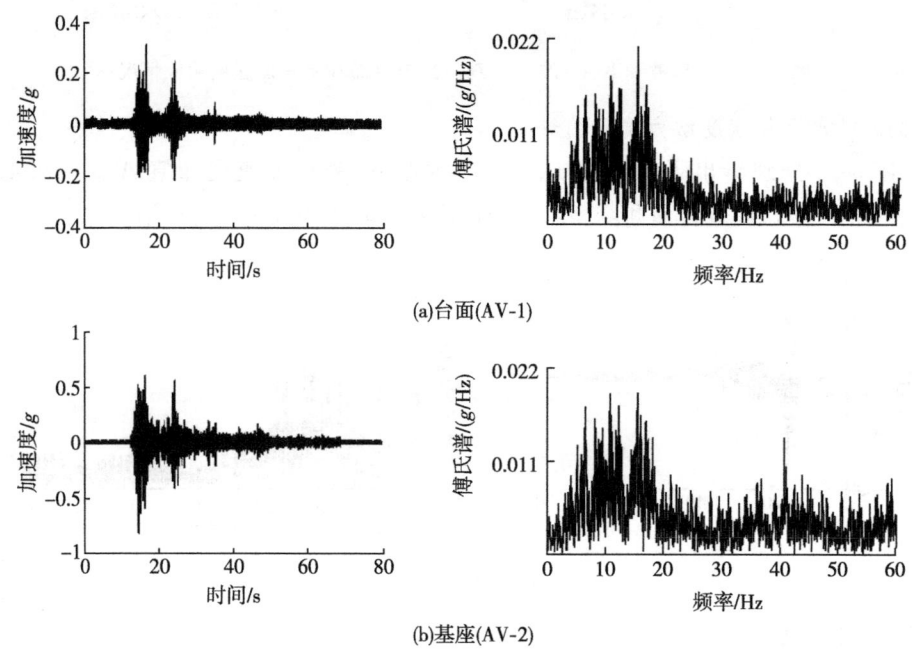

图 5-35 台面和基座竖向加速度响应时程曲线及傅氏谱

通过计算竖向加速度放大倍数,得到:

当汶川波 z 向激振时,台面和基座实测竖向加速度峰值放大倍数分别为 0.983~1.118 和 1.707~2.591;汶川波、大瑞波和 Kobe 波 x、z 双向激振时,台面和基座实测竖向加速度峰值放大倍数分别为 0.964~1.196 和 2.078~2.843。

从实测加速度放大倍数来看,模型台面实测竖向加速度峰值与激振波加速度峰值基本吻合,模型基座竖向加速度放大倍数大于台面,放大效应明显且大于水平加速度放大倍数。另外2个同样如此,因此在下文模型竖向加速度放大倍数分析时,参照台面竖向加速度的实测值。

通过基座与台面水平、竖向加速度响应分析来看,振动台输入性能良好、稳定。

2. 模型模态参数变化情况分析

试验采用白噪声进行激励以观测模型模态变化情况。当台面输入白噪声加速度后,通过量测测点加速度响应时程,可以得到其频率响应函数,通过模态识别技术可以得到模型自振频率、阻尼比等动力特性。

分析以第一个模型为例,说明边坡模型模态参数变化情况。

各工况白噪声激励后模型 x 向振动的第一阶模态参数见表 5-6,变化规律如图 5-36 所示。

表 5-6 坡体内各测点 x 向振动第一阶模态参数

工况	AH7		AH8		AH9		平均值	
	频率/Hz	阻尼比/%	频率/Hz	阻尼比/%	频率/Hz	阻尼比/%	频率/Hz	阻尼比/%
WN-1	25.19	10.21	25.74	11.78	27.17	11.26	25.70	11.08
WN-2	17.32	11.53	20.02	8.84	17.83	13.66	18.39	11.34
WN-3	18.66	11.02	18.82	9.60	18.82	12.55	18.77	11.06
WN-4	17.97	10.52	18.20	11.97	18.20	12.55	18.12	11.68
WN-5	18.04	13.04	17.74	12.92	17.59	13.75	17.79	13.24
WN-6	17.77	12.54	17.62	13.97	18.60	13.29	18.00	13.27
WN-7	15.89	13.95	17.34	14.35	15.50	14.49	15.58	14.26

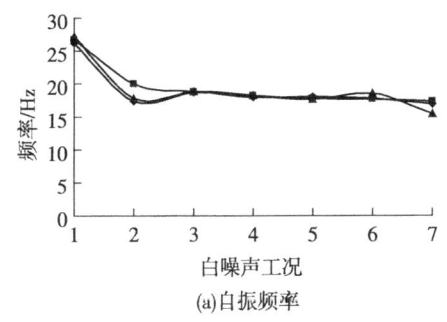 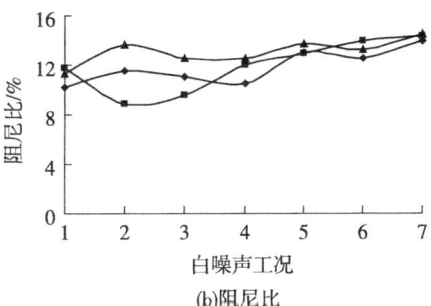

(a) 自振频率 (b) 阻尼比

图 5-36 模型模态参数变化情况

从图中看出,在同一次白噪声激励下,各测点 x 向振动的第一阶自振频率、阻尼比有所差异,试验结果存在一定的离散性,但可以认为是试验和计算误差,或其他随机因素所致。总的趋势是,模型自振频率逐渐降低,而阻尼比逐渐增大。因此,在研究支挡结构地震动力特性时,需研究支挡结构与边坡岩土体的相互作用,即将其作为一个系统进行研究。

5.3.2 加速度动力响应特性

以各测点加速度放大倍数来描述支挡结构的加速度动力响应特性。

支挡结构竖向加速度响应,使得结构在地震波的作用下产生上抛作用,这对于半弹性散粒体结构的岩土边坡和锚杆框架结构等柔性结构会产生较大的破坏作用,而对于重力式挡墙和桩板式挡墙这一类整体性强的结构,由于其竖向较大的强度储备,地震破坏作用则较小。因此,在研究支挡结构加速度动力响应特性时,对于重力式挡墙和桩板式挡墙,只分析讨论其水平方向的加速度动力响应特性;对于格构式框架结构则分析和讨论其水平、竖向加速度动力响应特性。

此外,将重力式挡墙和桩板式挡墙的加速度动力响应特性,以及3个模型试验中的格构式框架结构的加速度动力响应特性,分别进行对比分析。

1. 重力式挡墙加速度动力响应

图 5-37～图 5-41 分别为汶川波 x 向,z 向和 x、z 双向,以及大瑞波 x、z 双向和 Kobe 波 x、z 双向激振下,激振加速度峰值 $A_{x\max}=0.4g$、$A_{z\max}=0.267g$ 时,挡墙各测点加速度响应时程曲线。

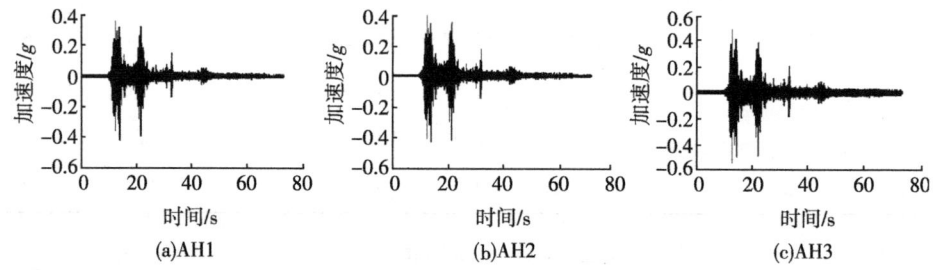

图 5-37 汶川波 x 向激振,$A_{x\max}=0.4g$ 加速度响应时程曲线

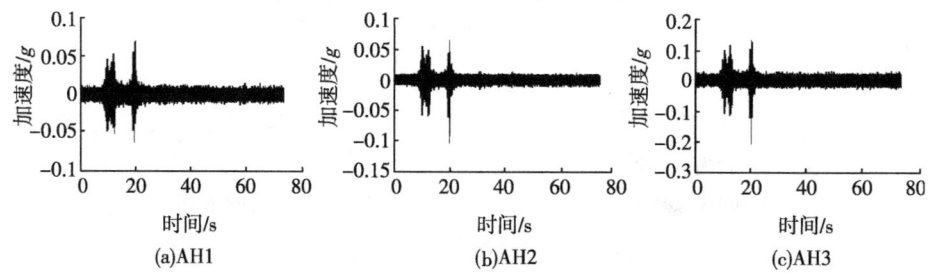

图 5-38 汶川波 z 向激振,$A_{z\max}=0.267g$ 加速度响应时程曲线

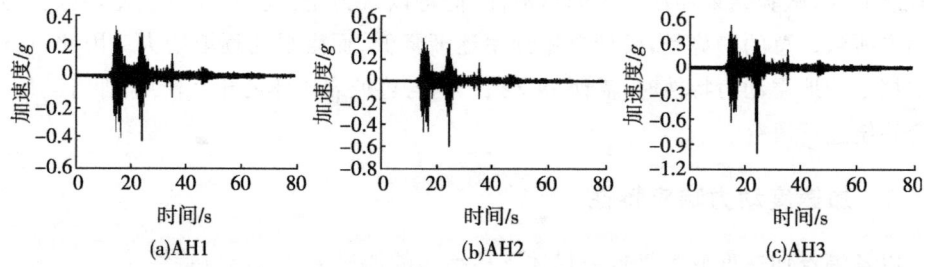

图 5-39 汶川波 x、z 双向激振,$A_{x\max}=0.4g$、$A_{z\max}=0.267g$ 加速度响应时程曲线

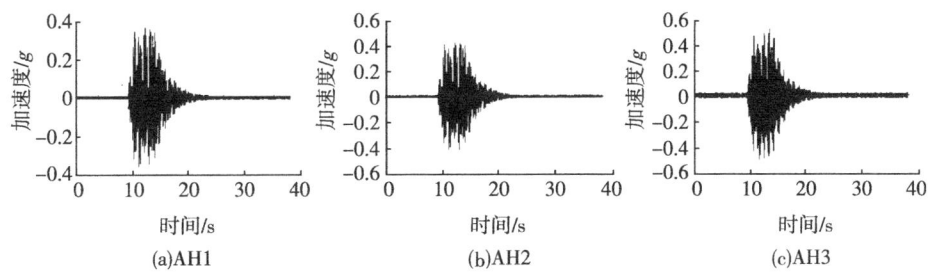

图 5-40 大瑞波 x、z 双向激振,$A_{x\max}=0.4g$,$A_{z\max}=0.267g$ 加速度响应时程曲线

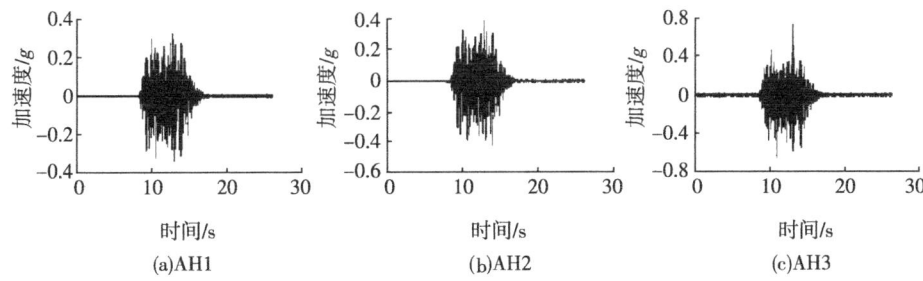

图 5-41 Kobe 波 x、z 双向激振,$A_{x\max}=0.4g$,$A_{z\max}=0.267g$ 加速度响应时程曲线

各加载工况下,加速度放大倍数沿墙高分布情况如图 5-42 所示,加速度放大倍数沿墙高呈现出非线性增大的特征。

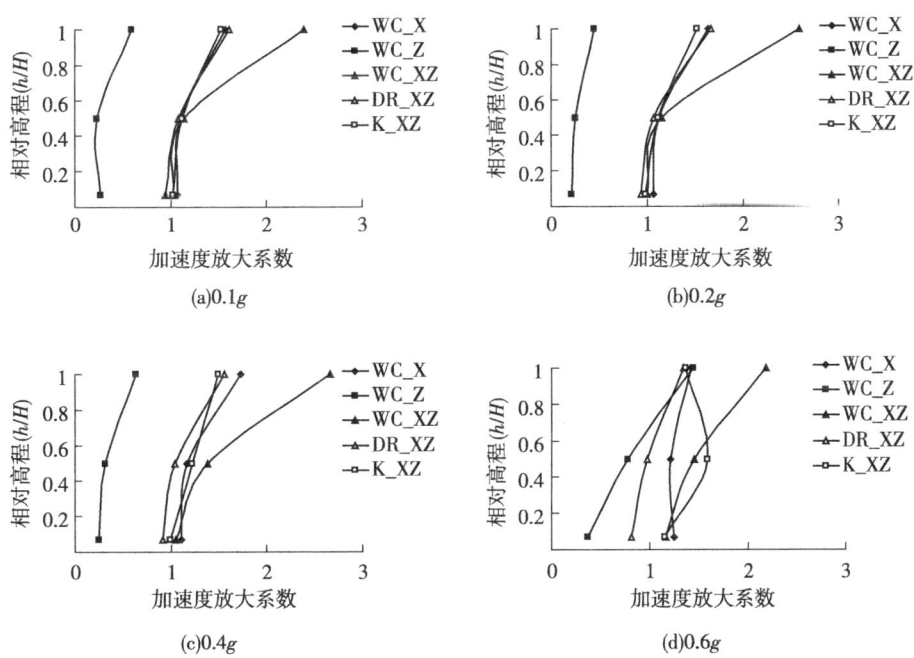

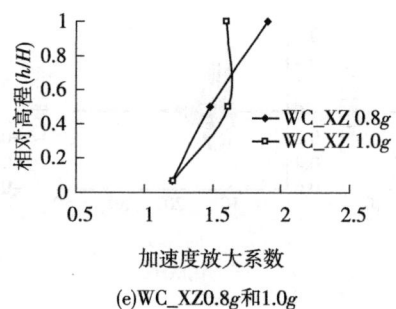

(e)WC_XZ0.8g和1.0g

图 5-42　加速度放大倍数沿墙高分布情况

(1) 汶川波 x 向激振时,各测点加速度放大倍数为 1.062～1.737;z 向激振时为 0.205～1.435;x、z 双向激振时为 1.003～2.667;大瑞波 x、z 双向激振时为 0.812～1.659;Kobe 波 x、z 双向激振时为 0.981～1.578。

(2) 汶川波各加载工况下,x、z 双向激振时,墙脚加速度放大倍数与 x 向激振时接近,是 z 向激振时的 3.17～4.89 倍;而墙中、墙顶的加速度放大倍数是 x 向激振时的 1.03～1.59 倍,是 z 向激振时的 1.52～5.94 倍。

上述试验结果说明:x、z 双向激振时,挡土墙加速度动力响应峰值最大,x 向激振时次之,z 向激振时最小。挡墙一般以水平向地震响应影响为主,但竖向地震波对水平方向的动力影响也不容忽视。

(3) 大瑞波 x、z 双向激振时,各测点加速度放大倍数为 0.812～1.659,墙脚没有放大。$A_{x\max} \leqslant 0.6g$ 时各测点的加速度放大倍数是汶川波 x、z 双向激振时的 0.59～0.93 倍,是汶川波 x 向激振时的 0.65～1.00 倍,说明大瑞波 x、z 双向激振时,挡墙动力响应峰值小于汶川波 x、z 双向激振,但大于汶川波 x 向激振。

(4) Kobe 波 x、z 双向激振时,各测点加速度放大倍数为 0.981～1.578。$A_{x\max} \leqslant 0.6g$ 时各测点的加速度放大倍数是汶川波 x、z 双向激振时的 0.56～1.09,是汶川波 x 向激振时的 0.86～1.31 倍,是大瑞波 x、z 双向激振时的 0.91～1.62 倍。说明 Kobe 波 x、z 双向激振时,挡墙加速度动力响应峰值总体上小于汶川波 x、z 双向激振,但总体上大于汶川波 x 向激振,大于大瑞波 x、z 双向激振。

从上述分析可以得出:重力式挡墙的加速度放大效应与地震波类型、激振方向以及测点位置有关。

2. 桩板式挡墙加速度动力响应

图 5-43～图 5-47 分别为汶川波 x 向,z 向和 x、z 双向以及大瑞波 x、z 双向和 Kobe 波 x、z 双向激振下,激振加速度峰值 $A_{x\max}=0.4g$、$A_{z\max}=0.267g$ 时,挡墙各测点加速度响应时程曲线。

各加载工况下,加速度放大倍数沿墙高分布情况如图 5-48 所示,加速度放大倍数沿墙高同样呈现出非线性增大的特征。

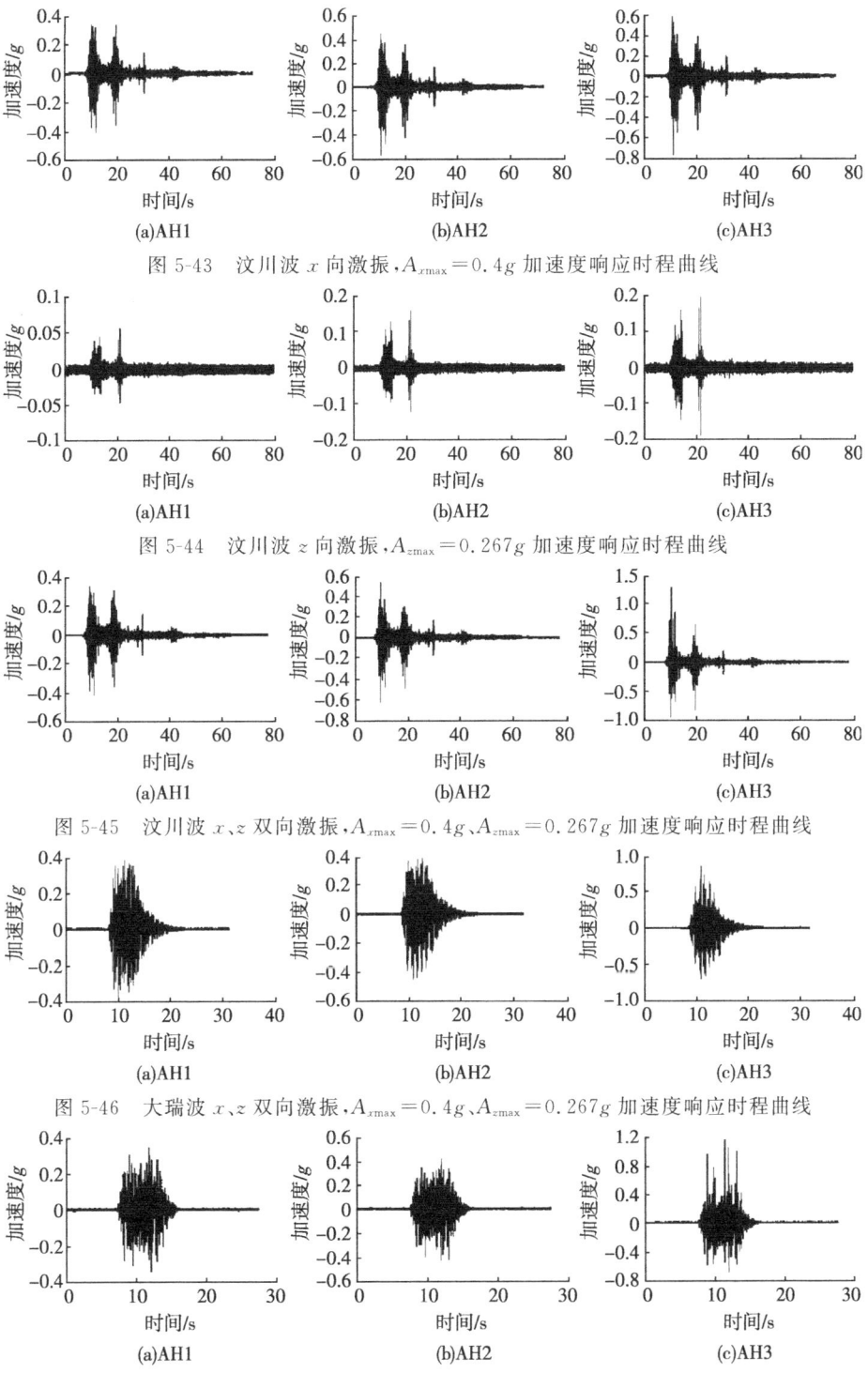

图 5-43 汶川波 x 向激振，$A_{x\max}=0.4g$ 加速度响应时程曲线

图 5-44 汶川波 z 向激振，$A_{z\max}=0.267g$ 加速度响应时程曲线

图 5-45 汶川波 x、z 双向激振，$A_{x\max}=0.4g$、$A_{z\max}=0.267g$ 加速度响应时程曲线

图 5-46 大瑞波 x、z 双向激振，$A_{x\max}=0.4g$、$A_{z\max}=0.267g$ 加速度响应时程曲线

图 5-47 Kobe 波 x、z 双向激振，$A_{x\max}=0.4g$、$A_{z\max}=0.267g$ 加速度响应时程曲线

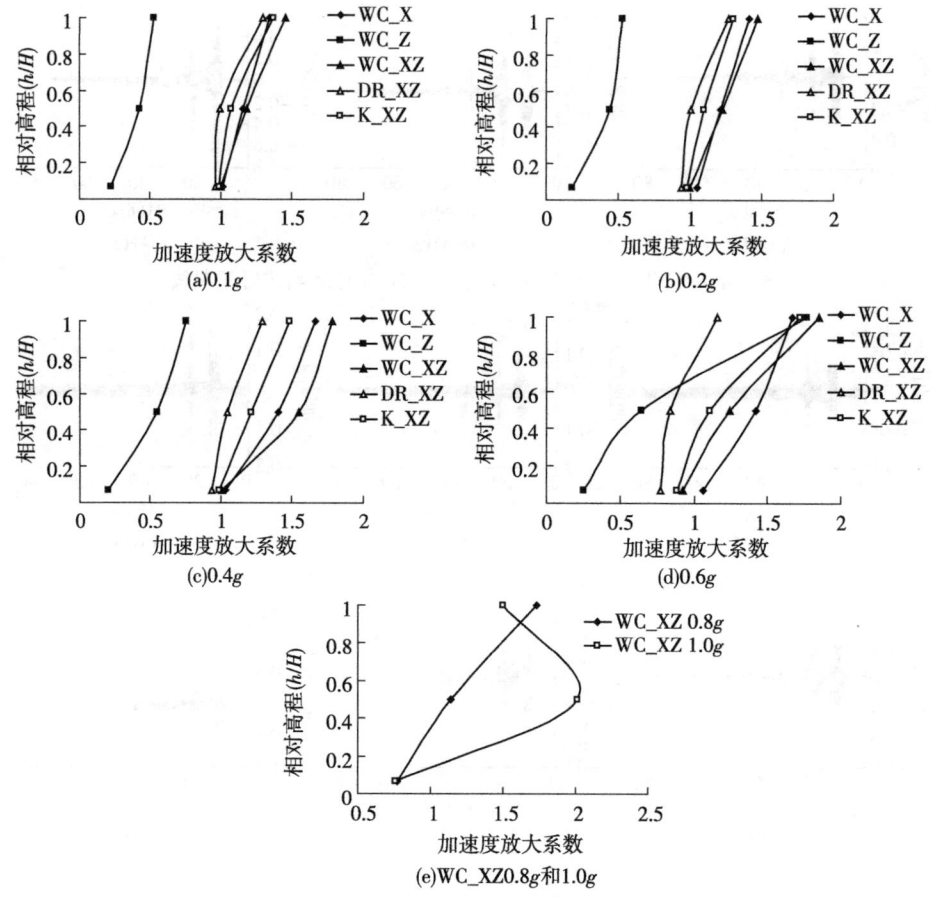

图 5-48 加速度放大倍数沿墙高分布情况

(1) 汶川波 x 向激振时,各测点加速度放大倍数为 1.016~1.671;z 向激振时为 0.180~1.768,仅在激振加速度峰值 $A_{zmax}=0.4g$ 时桩顶放大,放大系数为 1.768;x、z 双向激振时为 0.756~2.015;大瑞波 x、z 双向激振时为 0.778~1.298;Kobe 波 x、z 双向激振时为 0.887~1.718。

(2) 汶川波各加载工况下,x、z 双向激振时,桩上各测点加速度放大倍数是 x 向激振时的 0.88~1.11 倍,较为接近,是 z 向激振时的 1.05~5.53 倍。

上述试验结果说明:汶川波 x、z 双向激振时,桩板墙加速度动力响应峰值稍大于 x 向激振,x 向激振时次之,z 向激振时最小。同时,挡墙一般以水平向地震响应影响为主,竖向地震波对水平方向的动力影响不容忽视,但影响程度小于重力式挡墙。

(3) 大瑞波 x、z 双向激振时,各测点加速度放大倍数为 0.778~1.298,墙脚没有放大。$A_{xmax}\leqslant 0.6g$ 时各测点的加速度放大倍数是汶川波 x、z 双向激振时的 0.63~0.96,是汶川波 x 向激振时的 0.59~0.96 倍,说明大瑞波 x、z 双向激振时,挡墙加速度动力响应峰值小于汶川波 x、z 双向和 x 向激振。

（4）Kobe 波 x、z 双向激振时，各测点加速度放大倍数为 0.887~1.718。$A_{xmax} \leqslant$ 0.6g 时各测点的加速度放大倍数是汶川波 x、z 双向激振时的 0.79~0.98 倍，是汶川波 x 向激振时的 0.78~1.03 倍，是大瑞波 x、z 双向激振时的 1.03~1.48 倍。说明 Kobe 波 x、z 双向激振时，挡墙加速度动力响应峰值小于汶川波 x、z 双向激振，且总体上小于汶川波 x 向激振，大于大瑞波 x、z 双向激振。

从上述分析可以得出：桩板式挡墙的加速度放大效应，同样与地震波类型、激振方向以及测点位置有关。这一点与重力式挡墙相同，但桩板墙的加速度动力响应峰值小于重力式挡墙（特别是墙顶）。

3. 重力式挡墙与桩板式挡墙加速度动力响应对比分析

以汶川波 x、z 双向激振为例，两种挡墙加速度放大倍数沿墙高分布对比分析如图 5-49 所示。

通过比较重力式挡墙和桩板式挡墙水平加速度动力响应特性，得到以下结论：

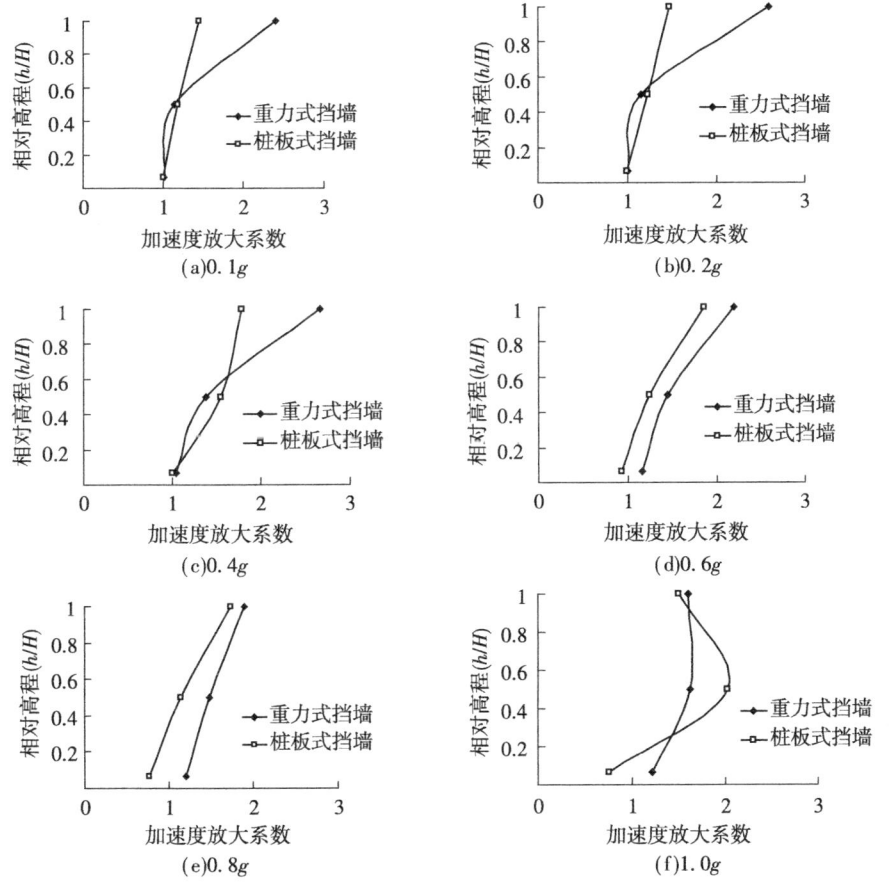

图 5-49 加速度放大倍数沿墙高分布情况

(1) 重力式挡墙和桩板式挡墙，一般以水平向地震响应影响为主，竖向地震波对水平方向的加速度动力影响不容忽视，但对桩板式挡墙的影响程度小于重力式挡墙。加速度放大效应与地震波类型、地震动方向（激振方向）以及测点位置有关。汶川波 x、z 双向激振时的加速度动力响应峰值最大，x 向激振时次之，z 向激振时最小。

(2) 汶川波 x、z 双向，大瑞波 x、z 双向和 Kobe 波 x、z 双向激振时，重力式挡墙的加速度动力响应峰值总体上大于桩板墙，特别是墙顶尤为显著。

4. 格构式框架结构加速度动力响应对比分析

基覆边坡模型试验中，第一组试验的边坡模型为下重力式挡墙＋上格构式锚杆框架结构；第二组试验的边坡模型为下桩板墙＋上预应力锚索格构式框架结构；第三组试验的边坡模型为单级格构式锚杆框架结构支护边坡。

首先对前两个模型试验中的格构式框架结构，即支挡结构组合体系中的格构式框架结构的加速度动力响应特性进行对比分析，然后分析第三个模型试验中的格构式框架结构，即单级格构式框架结构的加速度动力响应特性，最后对三种格构式框架结构的加速度动力响应特性进行对比分析。

1) 组合体系中的格构式框架结构加速度动力响应特性

图 5-50～图 5-54 为模型一在汶川波 x 向，z 向和 x、z 双向，以及大瑞波 x、z 双向和 Kobe 波 x、z 双向激振下，激振加速度峰值 $A_{x\max}=0.4g$、$A_{z\max}=0.267g$ 时各测点水平、竖向加速度响应时程曲线。图 5-55～图 5-59 为模型二在汶川波 x 向，z 向和 x、z 双向，以及大瑞波 x、z 双向和 Kobe 波 x、z 双向激振下，激振加速度峰值 $A_{x\max}=0.4g$、$A_{z\max}=0.267g$ 时各测点水平、竖向加速度响应时程曲线。

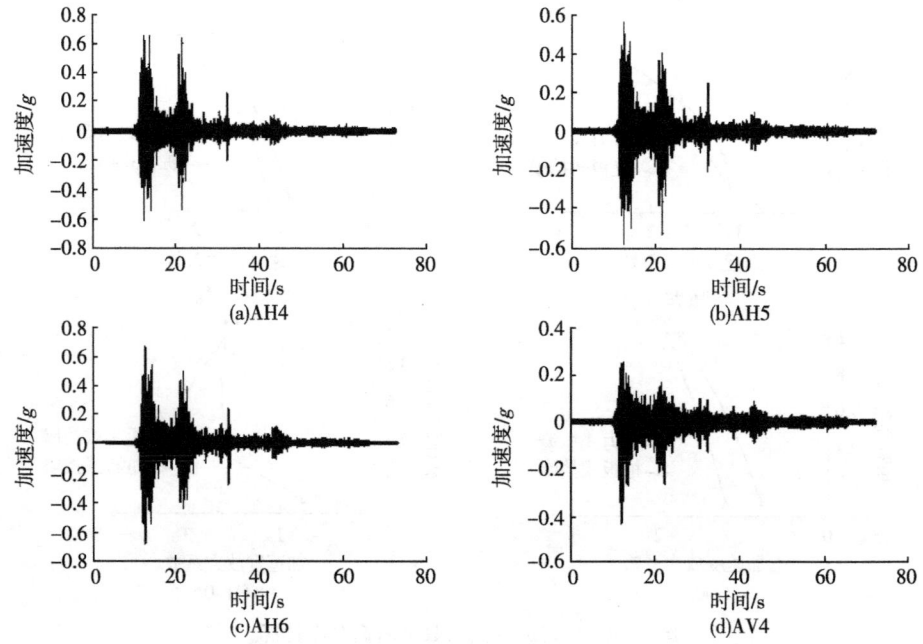

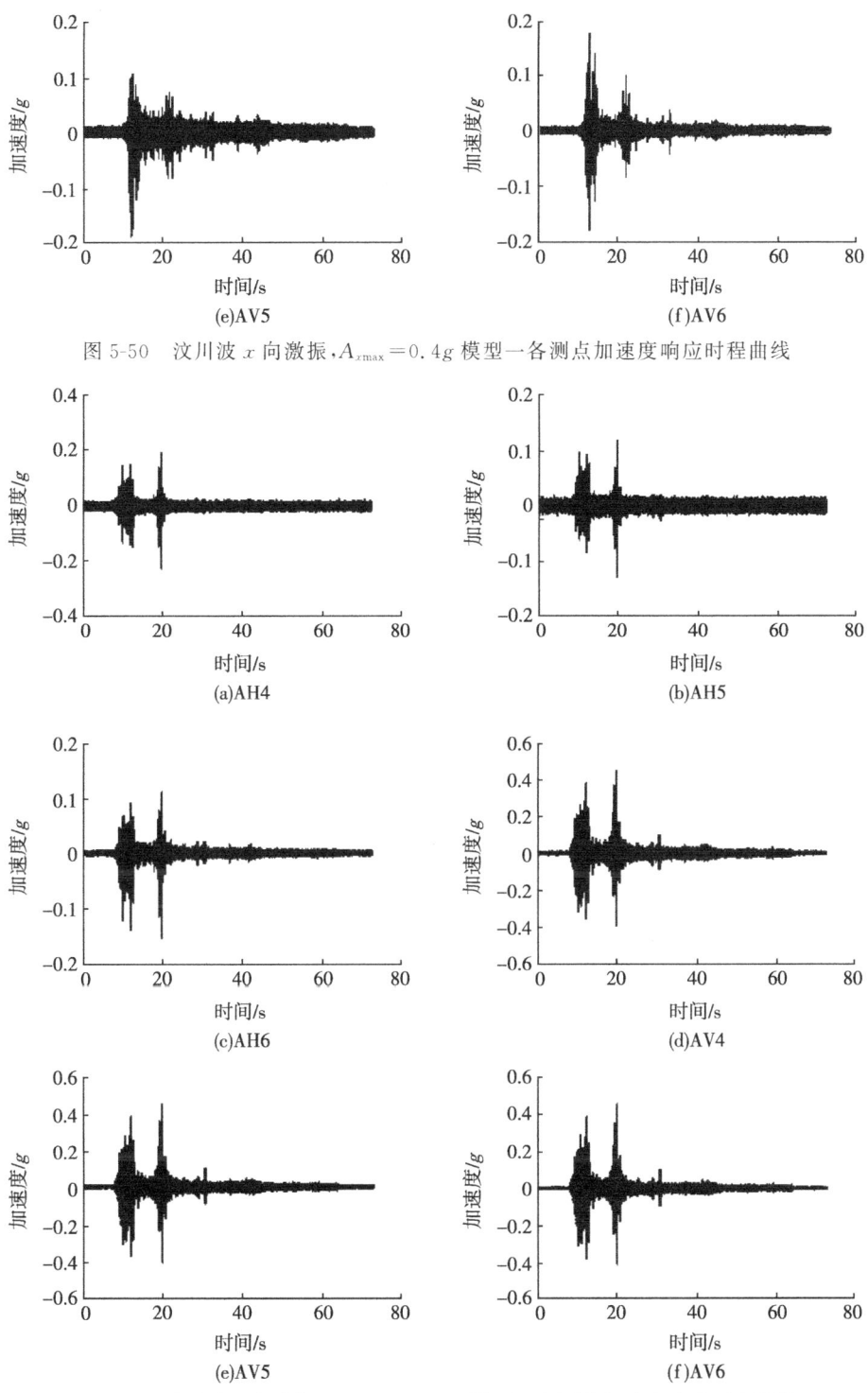

(e)AV5 (f)AV6

图 5-50 汶川波 x 向激振，$A_{x\max}=0.4g$ 模型一各测点加速度响应时程曲线

(a)AH4 (b)AH5

(c)AH6 (d)AV4

(e)AV5 (f)AV6

图 5-51 汶川波 z 向激振，$A_{z\max}=0.267g$ 模型一各测点加速度响应时程曲线

(a)AH4　(b)AH5　(c)AH6　(d)AV4　(e)AV5　(f)AV6

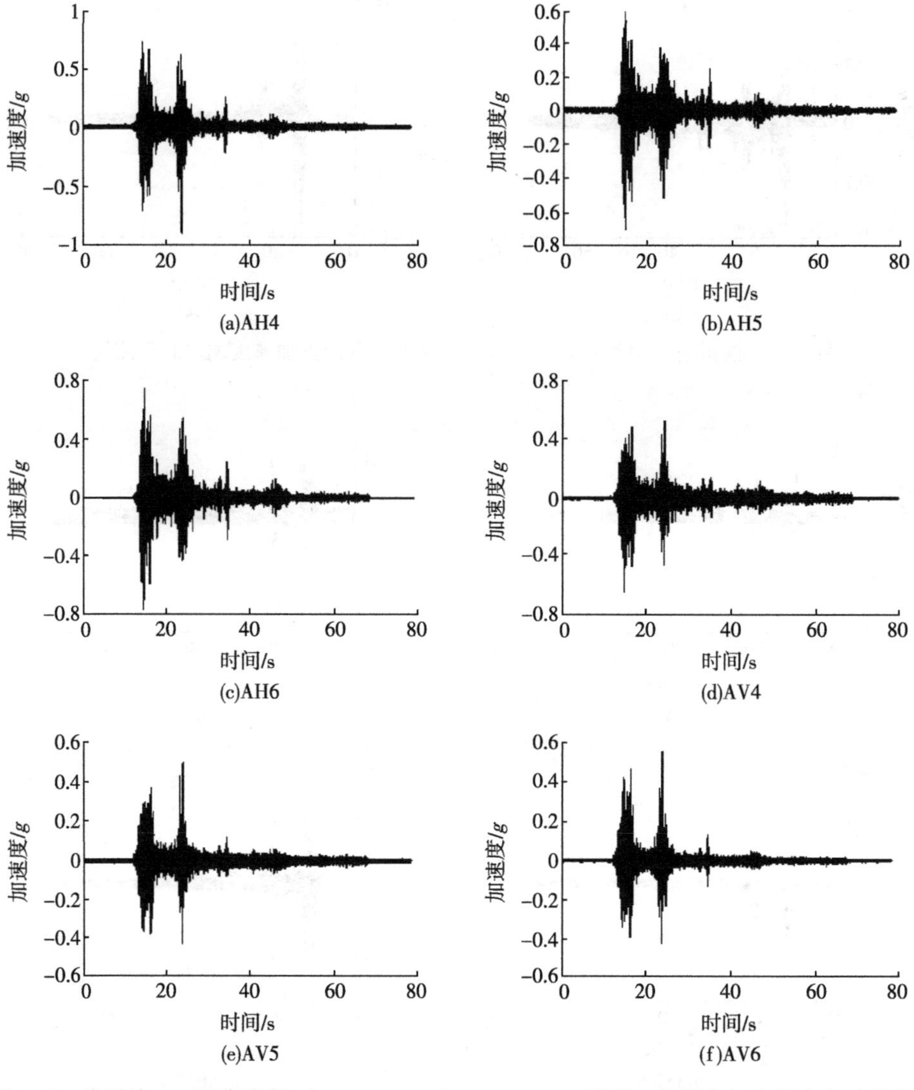

图 5-52　汶川波 x、z 双向激振，$A_{x\max}=0.4g$、$A_{z\max}=0.267g$ 模型一各测点加速度响应时程曲线

(a)AH4　(b)AH5

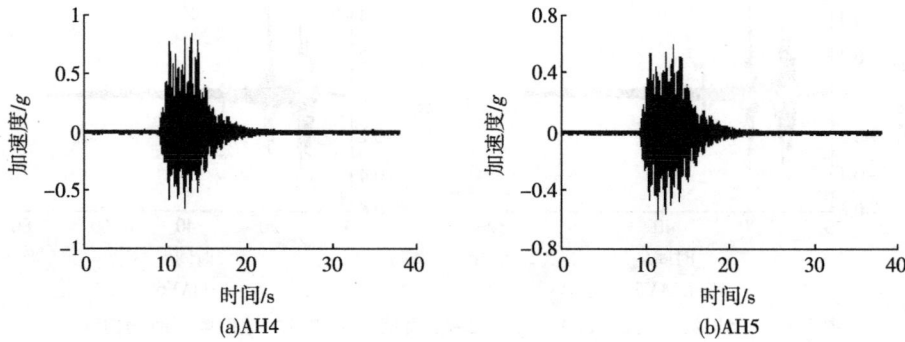

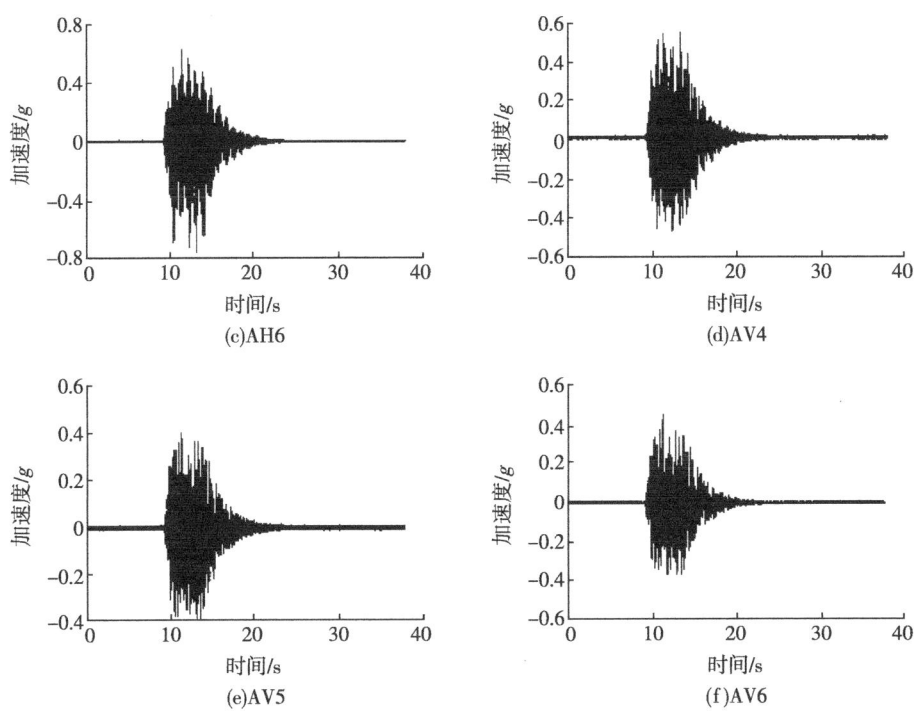

图 5-53 大瑞波 x、z 双向激振，$A_{x\max}=0.4g$、$A_{z\max}=0.267g$ 模型一各测点加速度响应时程曲线

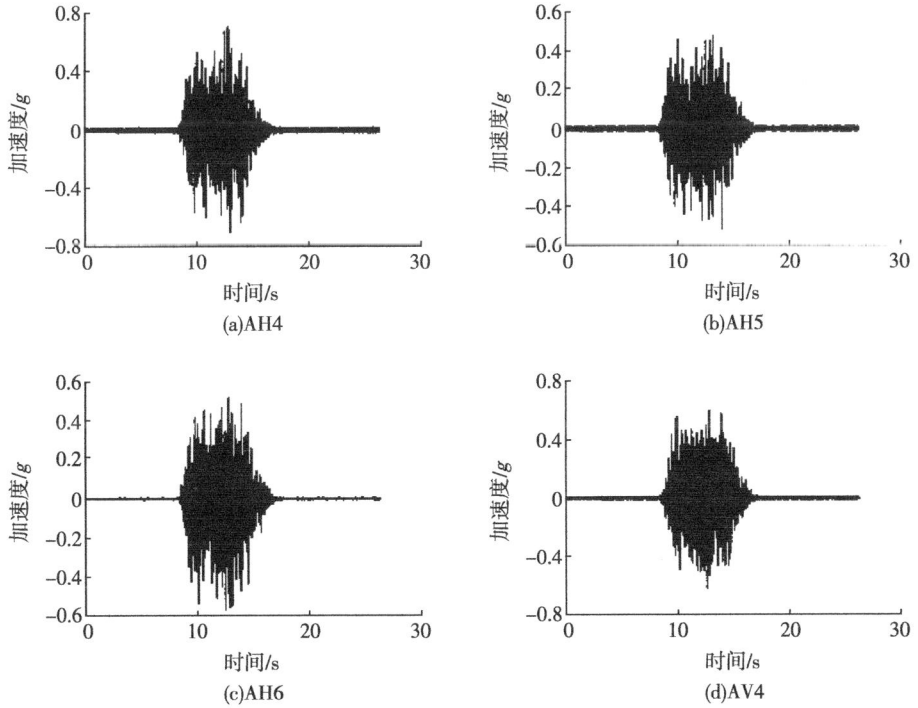

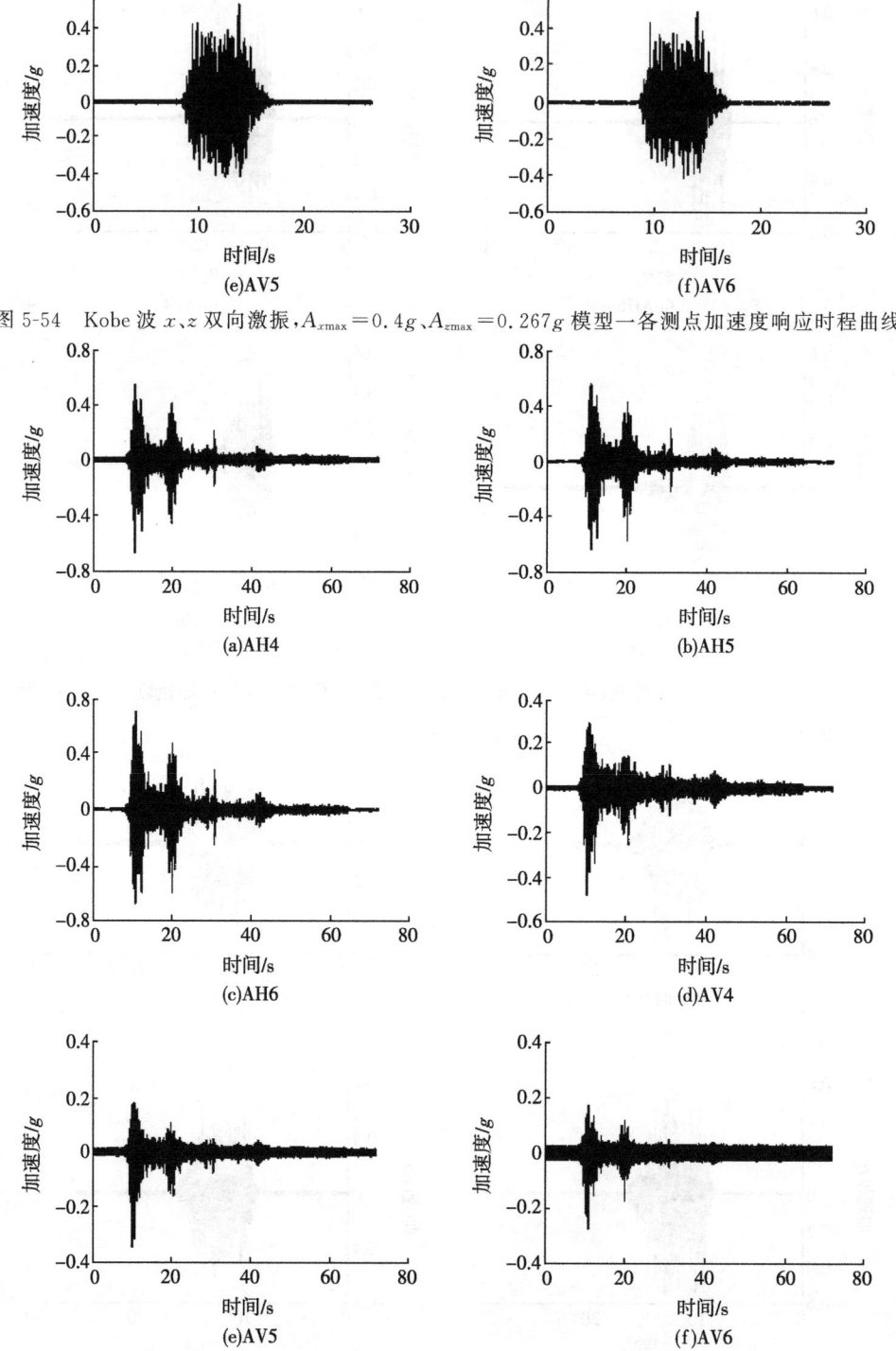

图 5-54 Kobe 波 x、z 双向激振,$A_{x\max}=0.4g$、$A_{z\max}=0.267g$ 模型一各测点加速度响应时程曲线

图 5-55 汶川波 x 向激振,$A_{x\max}=0.4g$ 模型二各测点加速度响应时程曲线

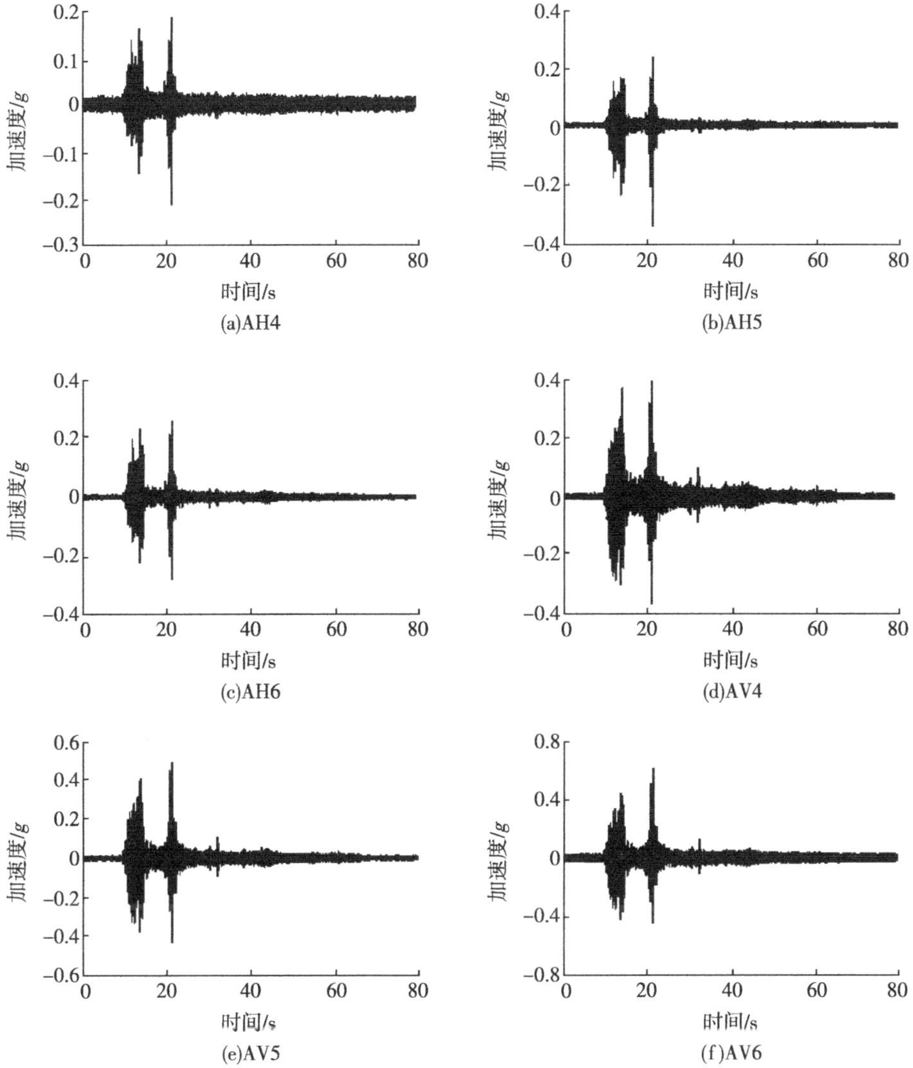

图 5-56 汶川波 z 向激振，$A_{zmax}=0.267g$ 模型二各测点加速度响应时程曲线

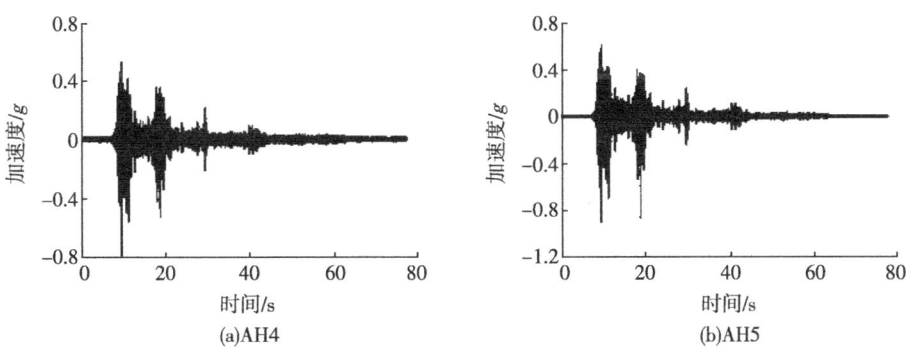

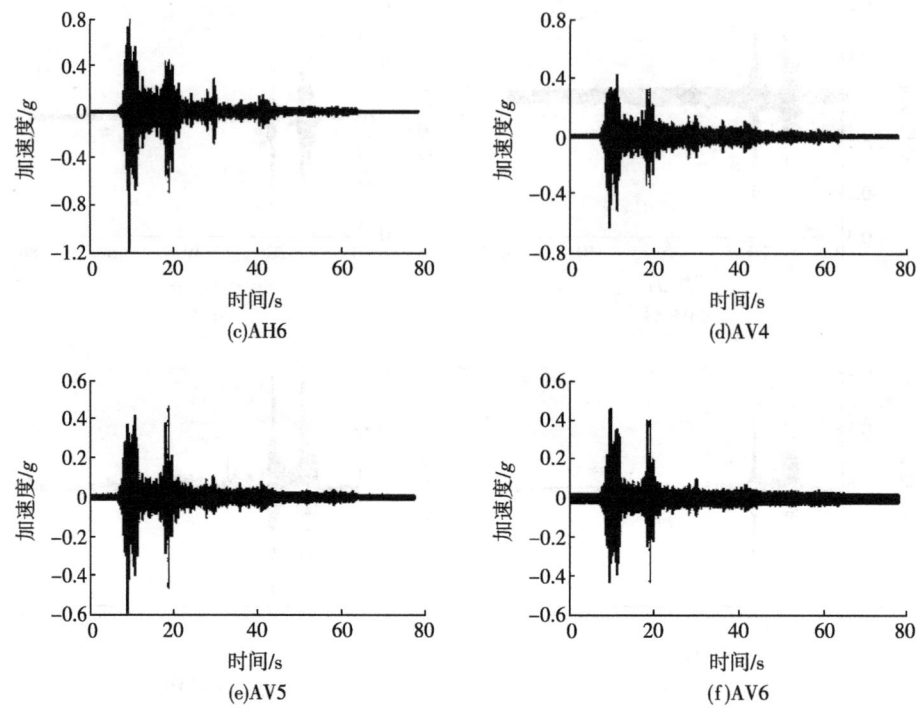

图 5-57　汶川波 x、z 双向激振,$A_{x\max}=0.4g$、$A_{z\max}=0.267g$ 模型二各测点加速度响应时程曲线

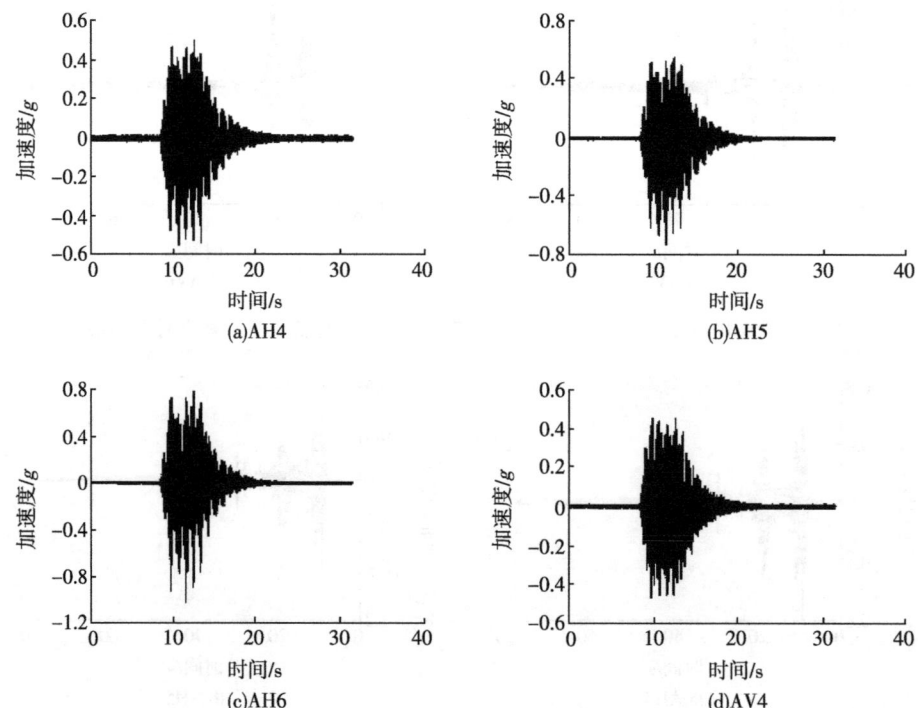

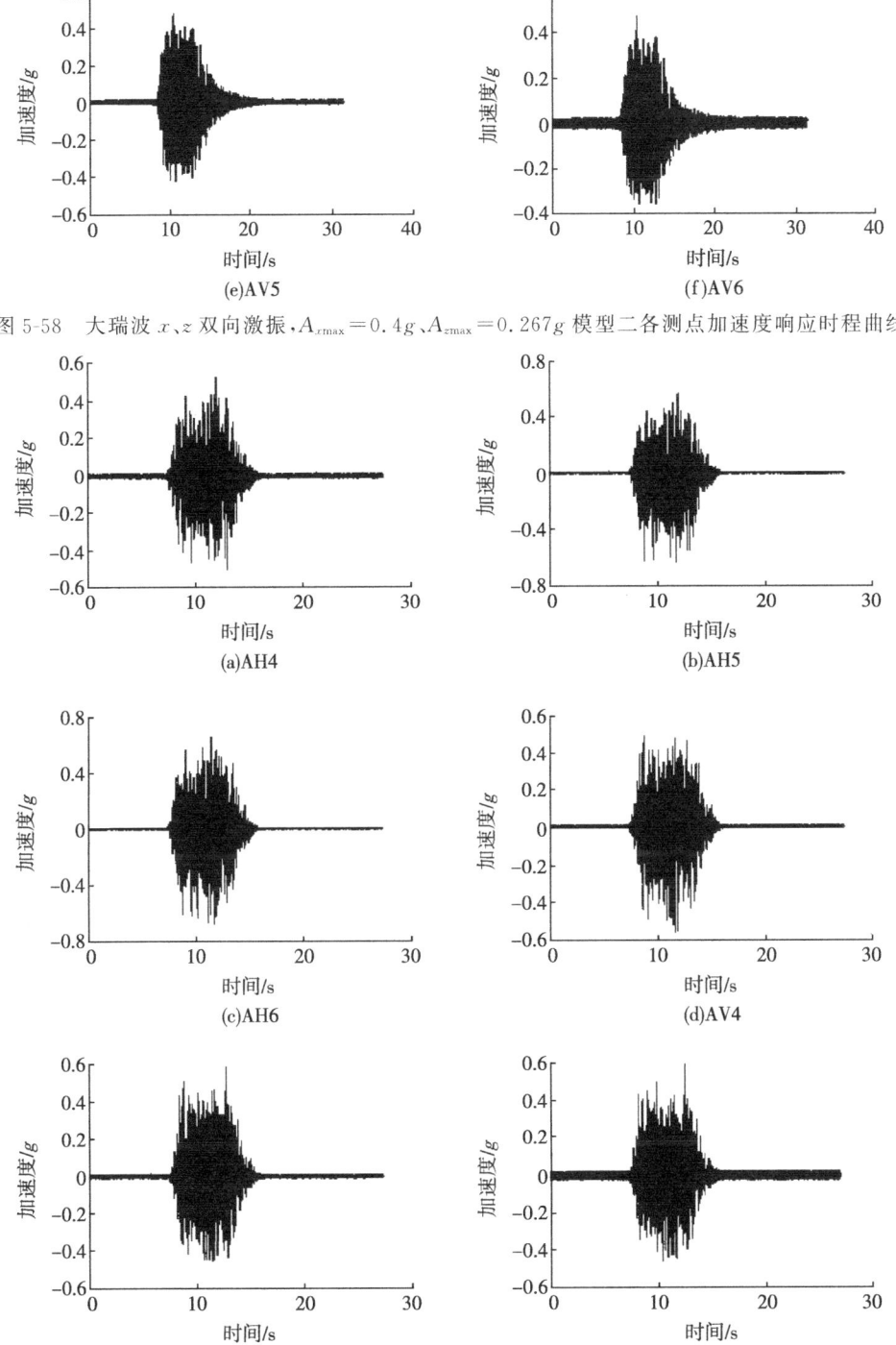

(e)AV5　　　　　　　　　　　　　　(f)AV6

图 5-58　大瑞波 x、z 双向激振，$A_{xmax}=0.4g$、$A_{zmax}=0.267g$ 模型二各测点加速度响应时程曲线

(a)AH4　　　　　　　　　　　　　　(b)AH5

(c)AH6　　　　　　　　　　　　　　(d)AV4

(e)AV5　　　　　　　　　　　　　　(f)AV6

图 5-59　Kobe 波 x、z 双向激振，$A_{xmax}=0.4g$、$A_{zmax}=0.267g$ 模型二各测点加速度响应时程曲线

A. 水平加速度动力响应对比分析

对于锚杆格构式框架结构：

(1) 汶川波 x、z 双向激振时,框架结构上各测点水平加速度放大倍数是 x 向激振时的 0.83~1.80 倍,框架结构底端较为接近,是 z 向激振时的 3.36~7.85 倍。说明 x、z 双向激振时,框架结构加速度动力响应峰值最大,x 向激振时次之,z 向激振时最小。

(2) 大瑞波 x、z 双向激振时,各测点水平加速度放大倍数是汶川波 x、z 双向激振时的 0.71~0.94 倍,是汶川波 x 向激振时的 0.70~1.62 倍,说明大瑞波 x、z 双向激振时,框架结构加速度响应峰值小于汶川波 x、z 双向激振,但坡中和坡顶在激振加速度峰值 0.6g 时大于汶川波 x 向激振。

(3) Kobe 波 x、z 双向激振时,各测点水平加速度放大倍数是汶川波 x、z 双向激振时的 0.64~1.20 倍(仅坡顶在 0.6g 时为 1.20 倍),是汶川波 x 向激振时的 0.70~2.17 倍(仅坡顶在 0.6g 时为 2.17 倍),是大瑞波 x、z 双向激振时的 0.77~1.34 倍。说明 Kobe 波 x、z 双向激振时,加速度响应峰值总体上小于汶川波 x、z 双向激振和 x 向激振,总体上接近大瑞波 x、z 双向激振。

对于预应力锚索格构式框架结构：

(1) 汶川波各加载工况下,x、z 双向激振时,框架结构上各测点水平加速度放大倍数是 x 向激振时的 1.07~2.09 倍,是 z 向激振时的 1.46~5.50 倍。说明 x、z 双向激振时,框架结构加速度动力响应峰值最大,x 向激振时次之,z 向激振时最小。

(2) 大瑞波 x、z 双向激振时,各测点水平加速度放大倍数是汶川波 x、z 双向激振时的 0.70~0.91 倍,是汶川波 x 向激振时的 0.81~1.64 倍,说明大瑞波 x、z 双向激振时,框架结构加速度响应峰值小于汶川波 x、z 双向,但坡顶在激振加速度峰值大于 0.4g 时大于 x 向激振。

(3) Kobe 波 x、z 双向激振时,各测点水平加速度放大倍数是汶川波 x、z 双向激振时的 0.69~0.92 倍,是汶川波 x 向激振时的 0.90~1.45 倍(坡中、坡顶在大于 0.4g 时为 1.02 倍以上),是大瑞波 x、z 双向激振时的 0.86~1.30 倍。说明 Kobe 波 x、z 双向激振时,加速度响应峰值小于汶川波 x、z 双向激振,总体上接近汶川波 x 向激振和大瑞波 x、z 双向激振。

通过比较两种框架结构水平加速度动力响应特性：汶川波 x 向激振时,预应力锚索框架结构底端的加速度放大倍数是锚杆框架结构的 0.78~0.81 倍,坡中及坡顶为 1.00~1.06 倍;汶川波 z 向激振时,预应力锚索框架上各测点的加速度放大倍数是锚杆框架结构的 0.84~2.53 倍;汶川波 x、z 双向激振时为 0.74~1.46 倍;大瑞波 x、z 双向激振时为 0.80~1.28 倍;Kobe 波 x、z 双向激振时为 0.70~1.19 倍。这表明：预应力锚索框架结构顶端加速度放大效应大于锚杆框架结构,其余测点加速度放大效应较为接近,反映出两种框架结构的抗震性能基本相同。

从上述分析可以得出：锚杆格构式框架结构的水平加速度放大效应，同样与地震波类型、地震动方向以及测点位置有关。水平向激振时主要产生水平方向加速度动力响应，同时，竖向地震波对水平方向的动力影响不容忽视。

B. 竖向加速度动力响应对比分析

对于锚杆格构式框架结构：

(1) 汶川波各加载工况下，x、z 双向激振时，框架结构上各测点竖向加速度放大倍数是 x 向激振时的 1.90～8.40 倍，是 z 向激振时的 0.90～1.88 倍(底端较为接近)。说明 x、z 双向激振时，框架结构竖向加速度响应峰值最大，z 向激振时次之，x 向激振时最小。

(2) 大瑞波 x、z 双向激振时，各测点竖向加速度放大倍数是汶川波 x、z 双向激振时的 0.69～0.88 倍，是汶川波 z 向激振时的 0.74～1.60 倍(仅 0.400g 时坡顶为 1.60 倍)，说明大瑞波 x、z 双向激振时，框架结构竖向加速度响应峰值小于汶川波 x、z 双向和 x 向激振。

(3) Kobe 波 x、z 双向激振时，各测点竖向加速度放大倍数是汶川波 x、z 双向激振时的 0.82～1.18 倍，是汶川波 z 向激振时的 0.88～1.54 倍(仅坡顶在 0.400g 时为 1.54 倍)，是大瑞波 x、z 双向激振时的 0.96～1.38 倍。说明 Kobe 波 x、z 双向激振时，加速度动力响应峰值总体上小于汶川波 x、z 双向激振和 x 向激振，总体上小于大瑞波 x、z 双向激振。

对于预应力锚索格构式框架结构：

(1) 汶川波各加载工况下，x、z 双向激振时，框架结构上各测点竖向加速度放大倍数是 x 向激振时的 1.97～7.05 倍，是 z 向激振时的 0.70～1.11 倍。说明 x、z 双向激振时，框架结构竖向加速度动力响应峰值最大，z 向激振时次之，x 向激振时最小。

(2) 大瑞波 x、z 双向激振时，各测点竖向加速度放大倍数是汶川波 x、z 双向激振时的 0.65～0.97 倍，是汶川波 z 向激振时的 0.62～0.76 倍，说明大瑞波 x、z 双向激振时，框架结构加速度动力响应峰值小于汶川波 x、z 双向和 z 向激振。

(3) Kobe 波 x、z 双向激振时，各测点竖向加速度放大倍数是汶川波 x、z 双向激振时的 0.84～1.43 倍，是汶川波 z 向激振时的 0.70～1.10 倍(仅坡底小于 0.76 倍)，是大瑞波 x、z 双向激振时的 1.01～1.57 倍。说明 Kobe 波 x、z 双向激振时，加速度动力响应峰值小于汶川波 x、z 双向激振，总体上接近汶川波 x 向激振和大于大瑞波 x、z 双向激振。

通过比较两种框架结构竖向加速度动力响应特性：汶川波 x 向激振时，预应力锚索框架结构上各测点加速度放大倍数是锚杆框架结构的 0.87～1.60 倍；汶川波 z 向激振时为 0.97～1.41 倍；汶川波 x、z 双向激振时为 0.73～1.03 倍；大瑞波 x、z 双向激振时为 0.64～1.05 倍；Kobe 波 x、z 双向激振时为 0.74～1.27 倍。这表明：预应力锚索框架结构顶端竖向加速度放大效应大于锚杆框架结构,其余测点加速度放大效应较小,反映出两种框架护坡结构的抗震性能基本相同。

从上述分析可以得出:锚杆格构式框架结构的竖向加速度放大效应,同样与地震波类型、地震动方向以及测点位置有关。竖向激振时主要产生竖向加速度动力响应。

2) 单级格构式框架结构加速度动力响应特性

图 5-60～图 5-64 为模型三(即单级格构式框架结构)在汶川波 x 向、z 向和 x、z 双向,以及大瑞波 x、z 双向和 Kobe 波 x、z 双向激振下,激振加速度峰值 $A_{xmax}=0.4g$、$A_{zmax}=0.267g$ 时各测点水平、竖向加速度响应时程曲线。

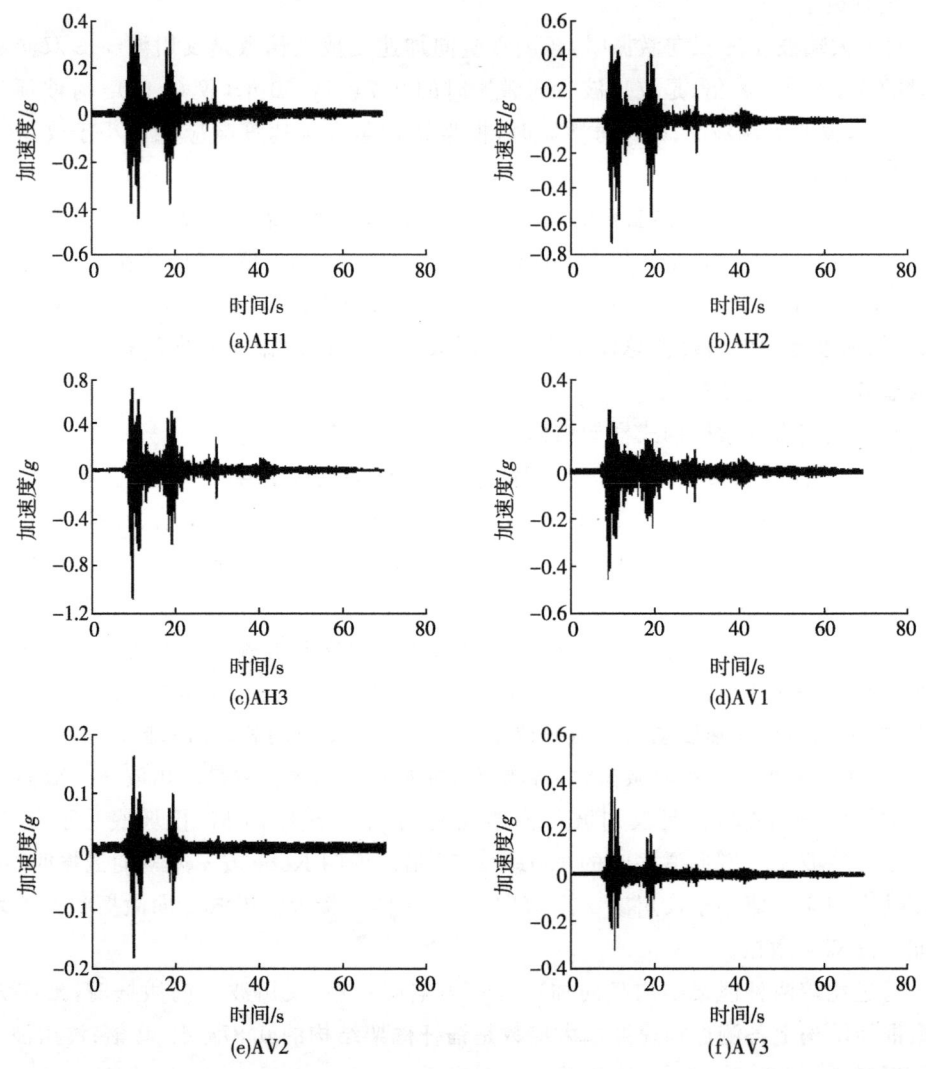

图 5-60　汶川波 x 向激振,$A_{xmax}=0.4g$ 模型三各测点加速度响应时程曲线

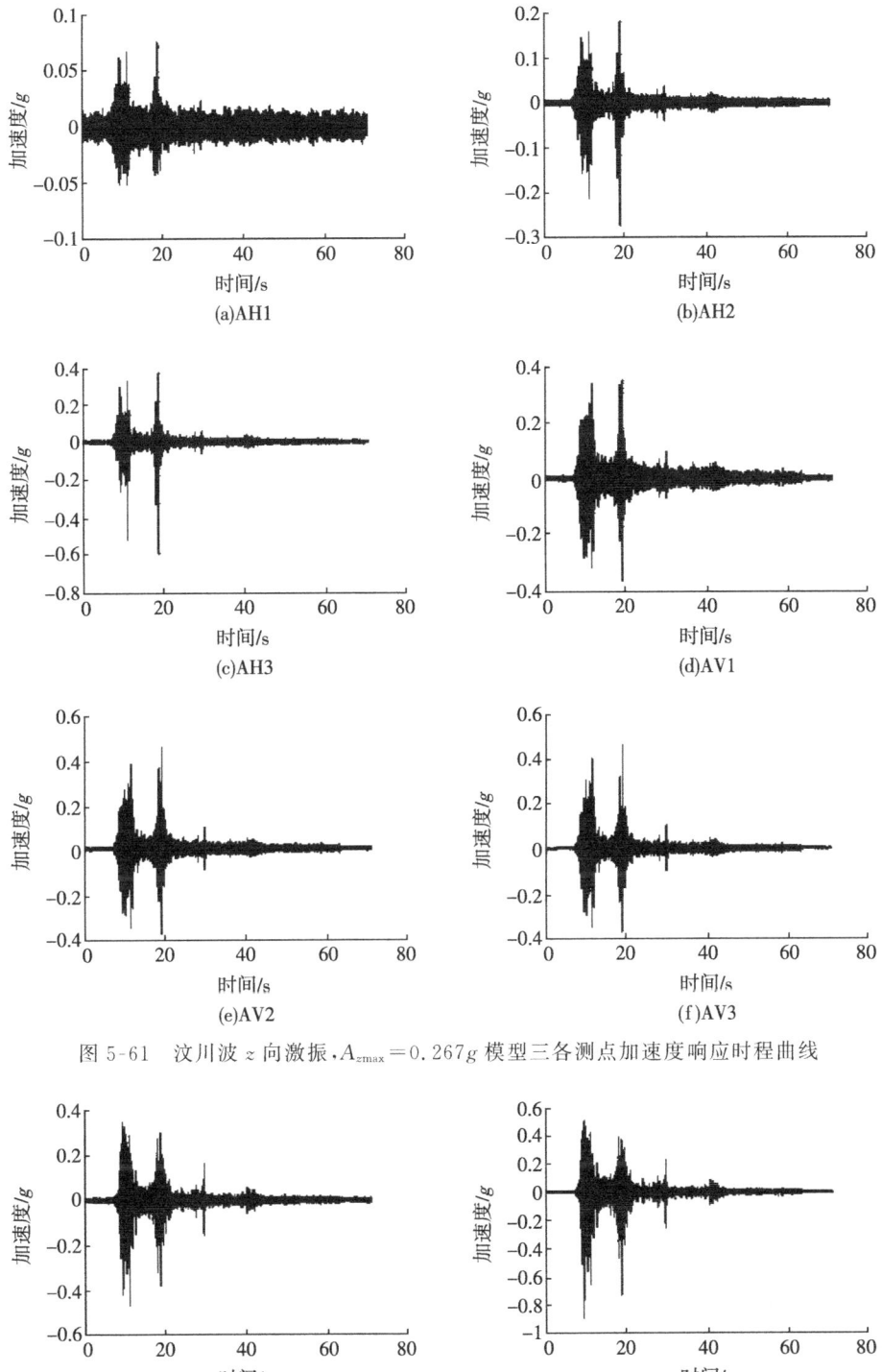

图 5-61 汶川波 z 向激振,$A_{zmax}=0.267g$ 模型三各测点加速度响应时程曲线

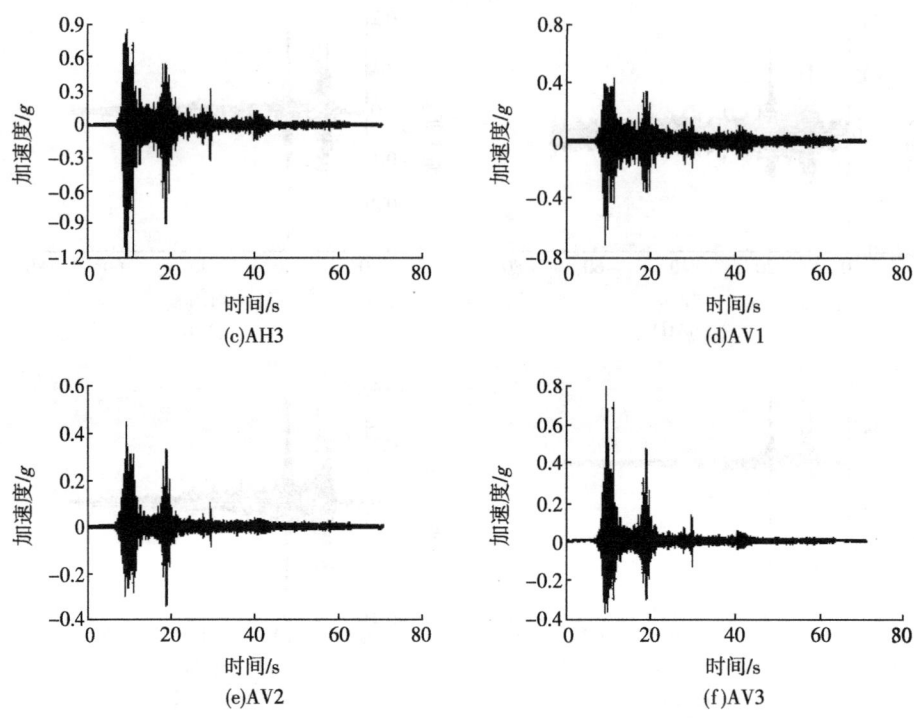

图 5-62 汶川波 x、z 双向激振，$A_{x\max}=0.4g$、$A_{z\max}=0.267g$ 模型三各测点加速度响应时程曲线

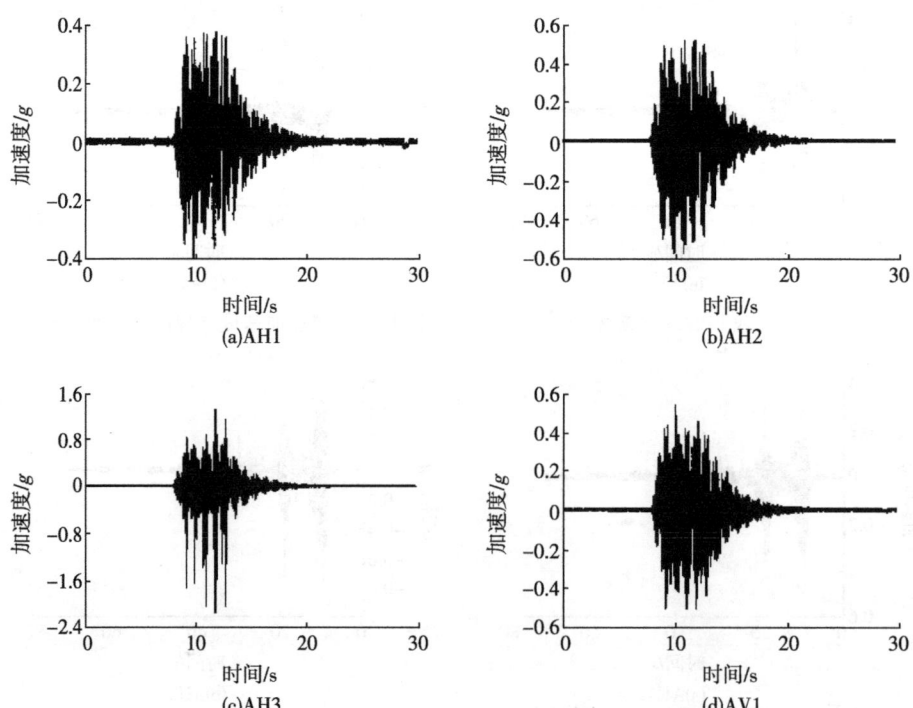

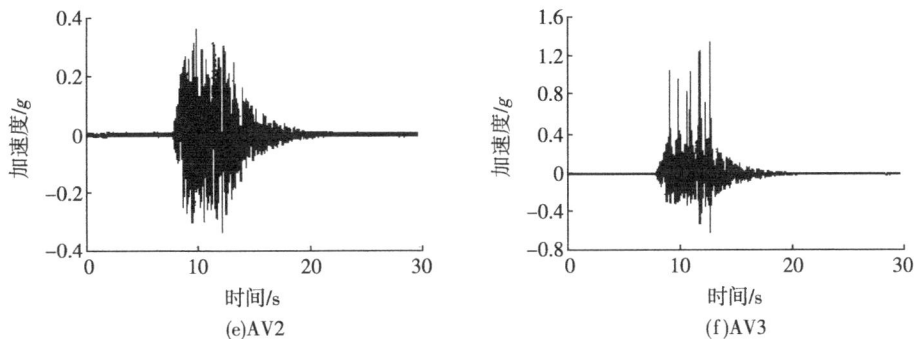

(e)AV2　　　　　　　　　　　　(f)AV3

图 5-63　大瑞波 x、z 双向激振，$A_{x\max}=0.4g$、$A_{z\max}=0.267g$ 模型三各测点加速度响应时程曲线

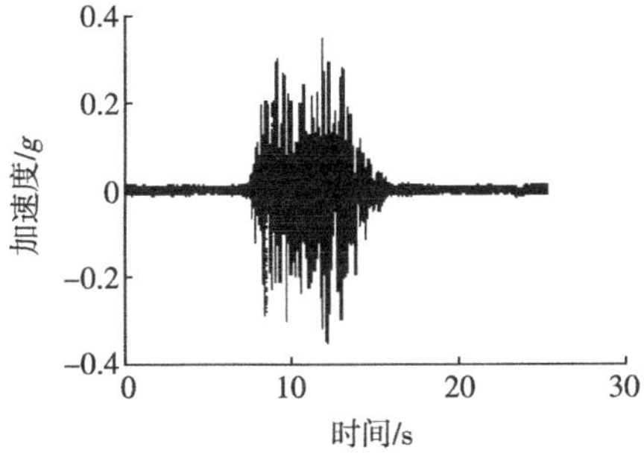

(a)AH1 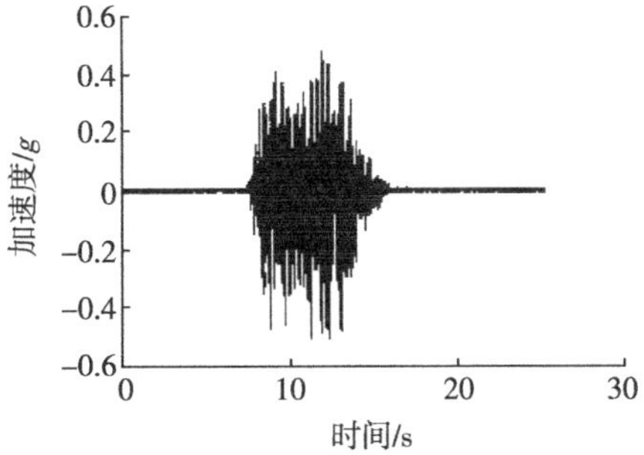　　　　　　　　　　　　(b)AH2

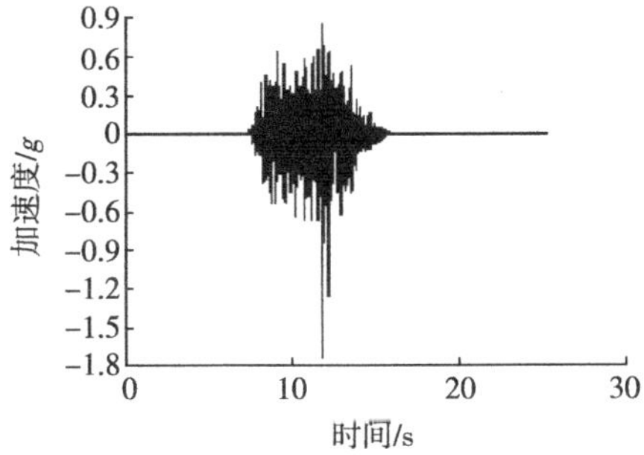

(c)AH3 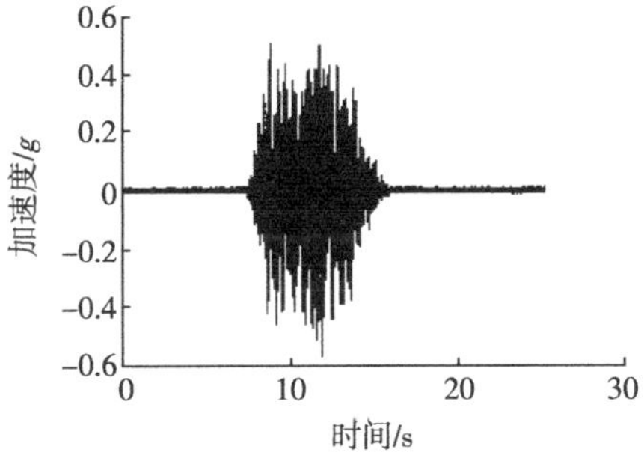　　　　　　　　　　　　(d)AV1

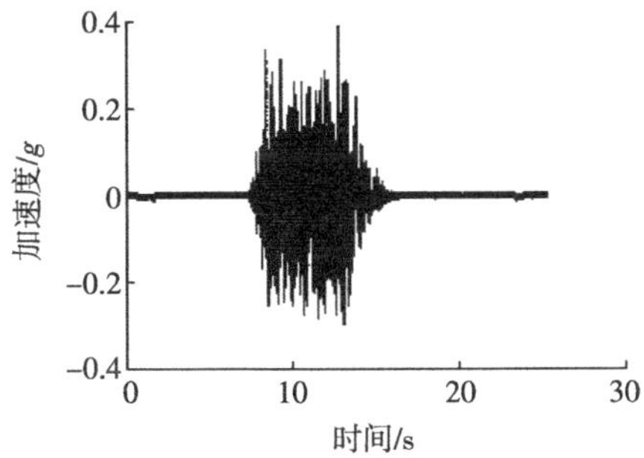

(e)AV2 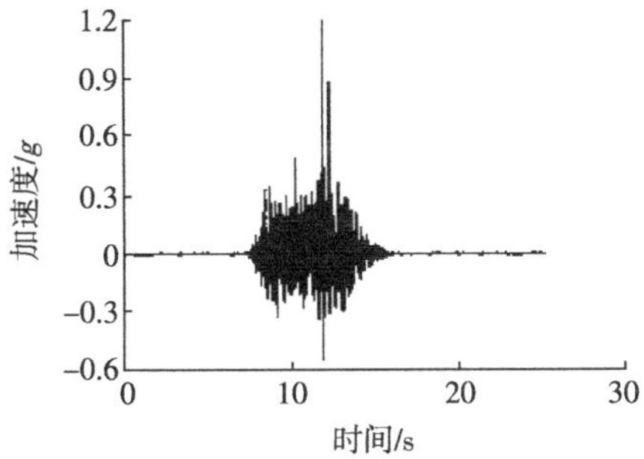　　　　　　　　　　　　(f)AV3

图 5-64　Kobe 波 x、z 双向激振，$A_{x\max}=0.4g$、$A_{z\max}=0.267g$ 模型三各测点加速度响应时程曲线

A. 水平加速度动力响应特性

汶川波 x、z 双向激振时的各加载工况下,框架结构上各测点水平加速度放大倍数是 x 向激振时的 0.94~1.74 倍(框架结构底端较为接近),是 z 向激振时的 1.63~4.34 倍。说明 x、z 双向激振时,框架结构水平加速度动力响应峰值最大,x 向激振时次之,z 向激振时最小。

大瑞波 x、z 双向激振时,各测点水平加速度放大倍数是汶川波 x、z 双向激振时的 0.69~0.92 倍,说明大瑞波 x、z 双向激振时,框架结构加速度动力响应峰值小于汶川波 x、z 双向。

Kobe 波 x、z 双向激振时,各测点水平加速度放大倍数是汶川波 x、z 双向激振时的 0.69~0.99 倍,是大瑞波的 0.88~1.13 倍,说明 Kobe 波 x、z 双向激振时,加速度动力响应峰值小于汶川波 x、z 双向激振,总体上稍大于大瑞波 x、z 双向激振。

B. 竖向加速度动力响应特性

汶川波 x、z 双向激振时的各加载工况下,框架结构上各测点竖向加速度放大倍数是 x 向激振时的 1.84~5.33 倍,是 z 向激振时的 0.80~3.22 倍。说明 x、z 双向激振时,框架结构竖向加速度动力响应峰值最大,z 向激振时次之,x 向激振时最小。

大瑞波 x、z 双向激振时,各测点竖向加速度放大倍数是汶川波 x、z 双向激振时的 0.75~0.89 倍,说明大瑞波 x、z 双向激振时,框架结构竖向加速度动力响应峰值小于汶川波 x、z 双向激振。

Kobe 波 x、z 双向激振时,各测点竖向加速度放大倍数是汶川波 x、z 双向激振时的 0.71~1.14 倍,是大瑞波的 0.84~1.32 倍,说明 Kobe 波 x、z 双向激振时,竖向加速度动力响应峰值总体上小于汶川波 x、z 双向激振,总体上稍大于大瑞波 x、z 双向激振。

C. 水平、竖向加速度动力响应对比分析

比较水平、竖向加速度放大倍数发现:

汶川波 x 向激振时,各测点竖向加速度放大倍数是水平向的 0.16~0.96 倍;汶川波 z 向激振时,各测点竖向加速度放大倍数是水平向的 0.86~5.61 倍;汶川波 x、z 双向激振时,各测点竖向加速度放大倍数是水平向的 0.45~2.16 倍;大瑞波 x、z 双向激振时,各测点竖向加速度放大倍数是水平向的 0.60~1.83 倍;Kobe 波 x、z 双向激振时,各测点竖向加速度放大倍数是水平向的 0.70~2.17 倍。

说明水平向、竖向地震波都在 x 向和 z 向产生较大的加速度动力响应,而这种放大效应在坡顶更为显著。

3) 与组合体系中的格构式框架结构加速度动力响应特性对比分析

图 5-65 和图 5-66 是汶川波 x、z 双向激振时,水平、竖向加速度放大倍数沿高度分布比较图。

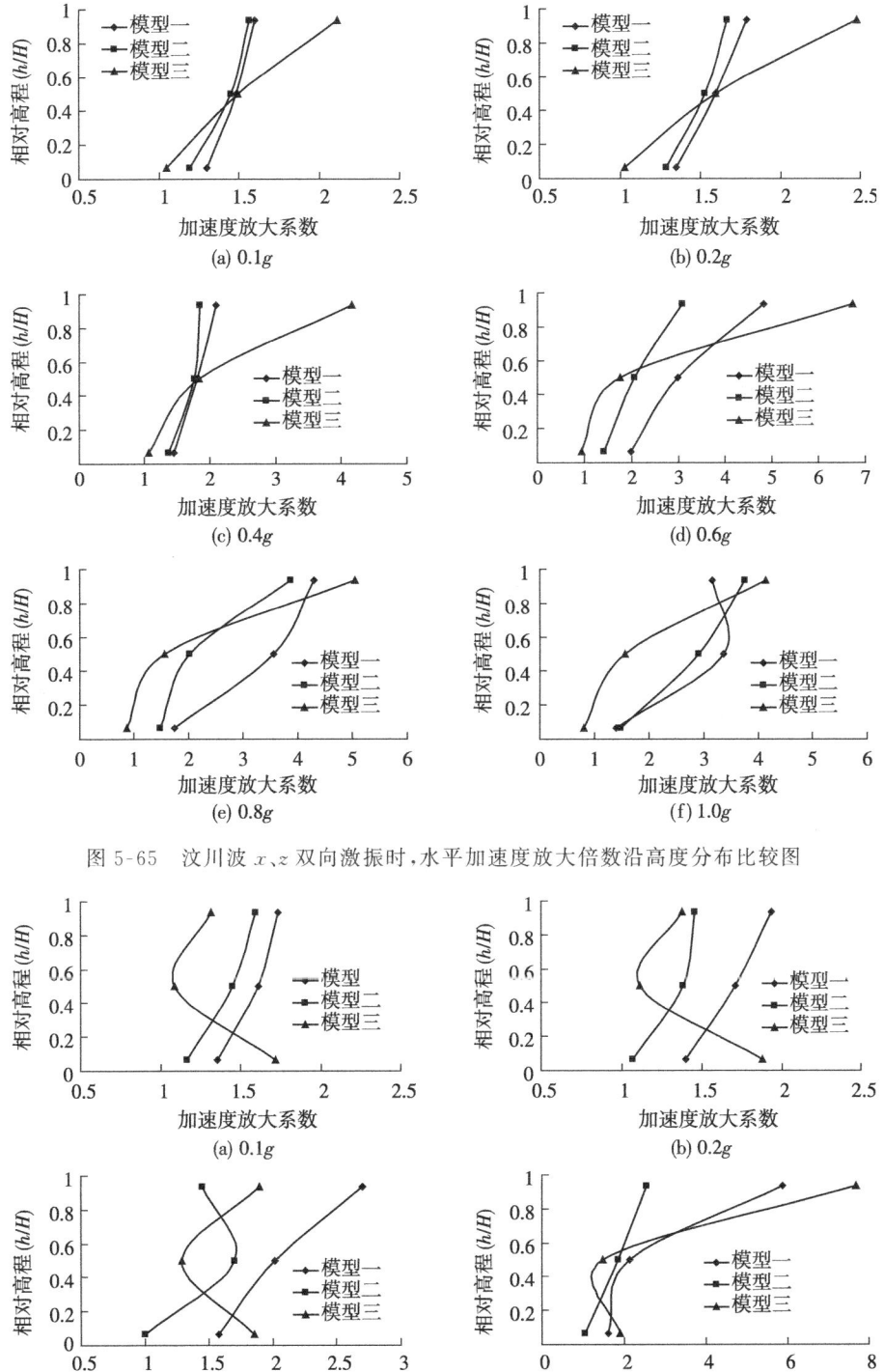

图 5-65 汶川波 x、z 双向激振时,水平加速度放大倍数沿高度分布比较图

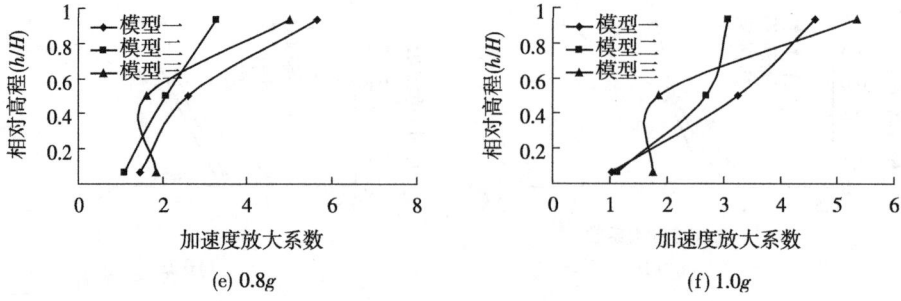

(e) 0.8g　　　　　　　　　　　　(f) 1.0g

图 5-66　汶川波 x、z 双向激振时,竖向加速度放大倍数沿高度分布比较图

比较组合支挡结构中的框架结构加速度动力响应特性后发现:坡面仅采用单级格构式框架结构进行支护时,坡顶水平加速度动力响应峰值更大。

5. 加速度动力响应与抗震性能分析

(1) 重力式挡墙和桩板式挡墙,一般以水平向地震响应影响为主,竖向地震波对水平方向的加速度动力影响不容忽视,但对桩板式挡墙的影响程度小于重力式挡墙。加速度放大效应与地震波类型、地震动方向以及测点位置有关。在汶川波激振下,x、z 双向激振时的加速度动力响应峰值最大,x 向激振时次之,z 向激振时最小。

(2) 汶川波 x、z 双向,大瑞波 x、z 双向和 Kobe 波 x、z 双向激振时,重力式挡墙的加速度动力响应峰值总体上大于桩板墙,特别是墙顶,反映出桩板式挡墙的抗震性能优于重力式挡墙,研究认为这也是桩板墙破坏率低于重力式挡墙的原因。

(3) 在组合支挡结构体系中,格构式框架结构加速度动力响应有以下特性:水平向激振时主要产生水平方向加速度动力响应,同时,竖向地震波对水平方向的动力影响不容忽视。竖向激振时主要产生竖向加速度动力响应。

预应力锚索框架结构顶端水平加速度放大效应大于锚杆框架结构,其余测点加速度放大效应较为接近;预应力锚索框架结构顶端竖向加速度放大效应大于锚杆框架结构,其余测点加速度放大效应较小。这反映出两种框架护坡结构的抗震性能基本相同。

(4) 单级格构式框架结构进行支护的边坡,其加速度动力响应有以下特性:水平向、竖向地震波都在 x 向和 z 向产生较大的加速度动力响应,而这种放大效应在坡顶更为明显。当激振加速度峰值在 0.6g 以下时,其坡顶的加速度放大效应大于多级组合支挡结构体系中的框架结构加速度动力响应。

这主要由于在多向地震波作用下,水平和竖向(主要是竖向)的加速度动力响应,使得边坡岩土体中的堆土石颗粒,在竖向上的有效接触应力降低,边坡整体稳定性降低,所以整个坡面采用单一的格构式框架结构的抗震性能较差。而在边坡下部有支挡结构进行约束的条件下,这种不利影响将减小。因此,在抗震设计时,宜采用组合支挡结构进行多级支护,即使只采用单一的格构式框架结构支护也应分级设置,并且对护坡道进行表层稳定性处理。

(5)在试验数据分析中发现,各测点加速度放大倍数随激振加速度峰值增大而增大,但当激振加速度峰值大于 0.6g 或 0.8g 时,增大幅度放缓。通过分析基覆边坡第三个模型的自振频率和阻尼比发现:当激振加速度峰值 0.6g 的双向加载过后,模型自振频率降低的幅度和阻尼比增加的幅度基本上同时减缓。这说明先期振动对模型填土体产生较大的影响,在较低的加速度峰值激振下,岩土体产生弹性或弹塑性变形,不同粒径的土颗粒相互充填、咬合,在剪切过程中产生接触变形,有效接触应力增加,使得模型的自振频率降低和阻尼比增加。随着振次增加,土的动剪切强度和动剪切模量下降,使得土体自振频率逐渐降低,阻尼比逐渐增大。随着激振加速度峰值的增大,土体产生塑性变形,土体软化,岩土体的动剪切强度和动剪切模量下降趋缓,有效接触应力增加变缓,自振频率和阻尼比变化幅度趋于稳定。

通过对边坡自振频率和阻尼比的分析发现模型土体表现出显著的非线性特征。

5.3.3 动位移响应特性

三个模型试验中的动位移计布设位置及编号如图 5-1、图 5-3 和图 5-5 所示。

根据试验模型中的动位移传感器与支挡结构的相对位置,确定位移方向为:向着土体方向移动的位移为"+",离开土体向外侧移动的位移为"-"。

以动位移峰值和累计位移值,研究重力式挡墙、桩板式挡墙水平向动位移响应特性,以及格构式框架的水平向、竖向动位移响应特性。

1. 重力式挡墙动位移响应

图 5-67～图 5-71 分别为汶川波 x 向、z 向和 x、z 双向,以及大瑞波 x、z 双向和 Kobe 波 x、z 双向激振下,激振加速度峰值 $A_{x\max}=0.4g$、$A_{z\max}=0.267g$ 时各测点动位移响应时程曲线。

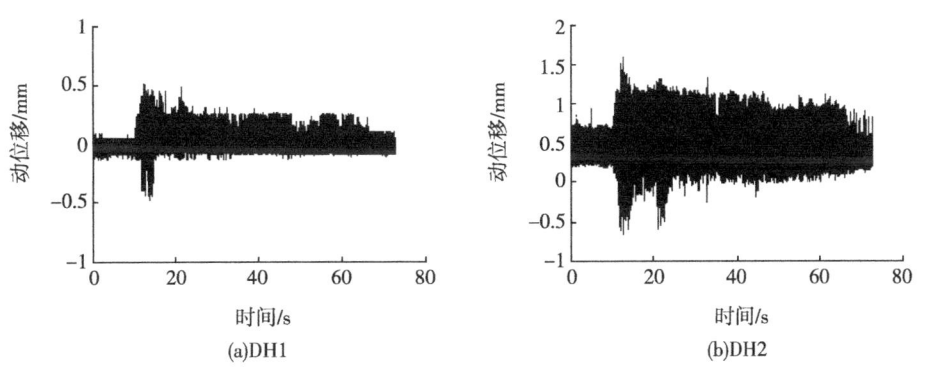

图 5-67 汶川波 x 向激振,$A_{x\max}=0.4g$ 动位移响应时程曲线

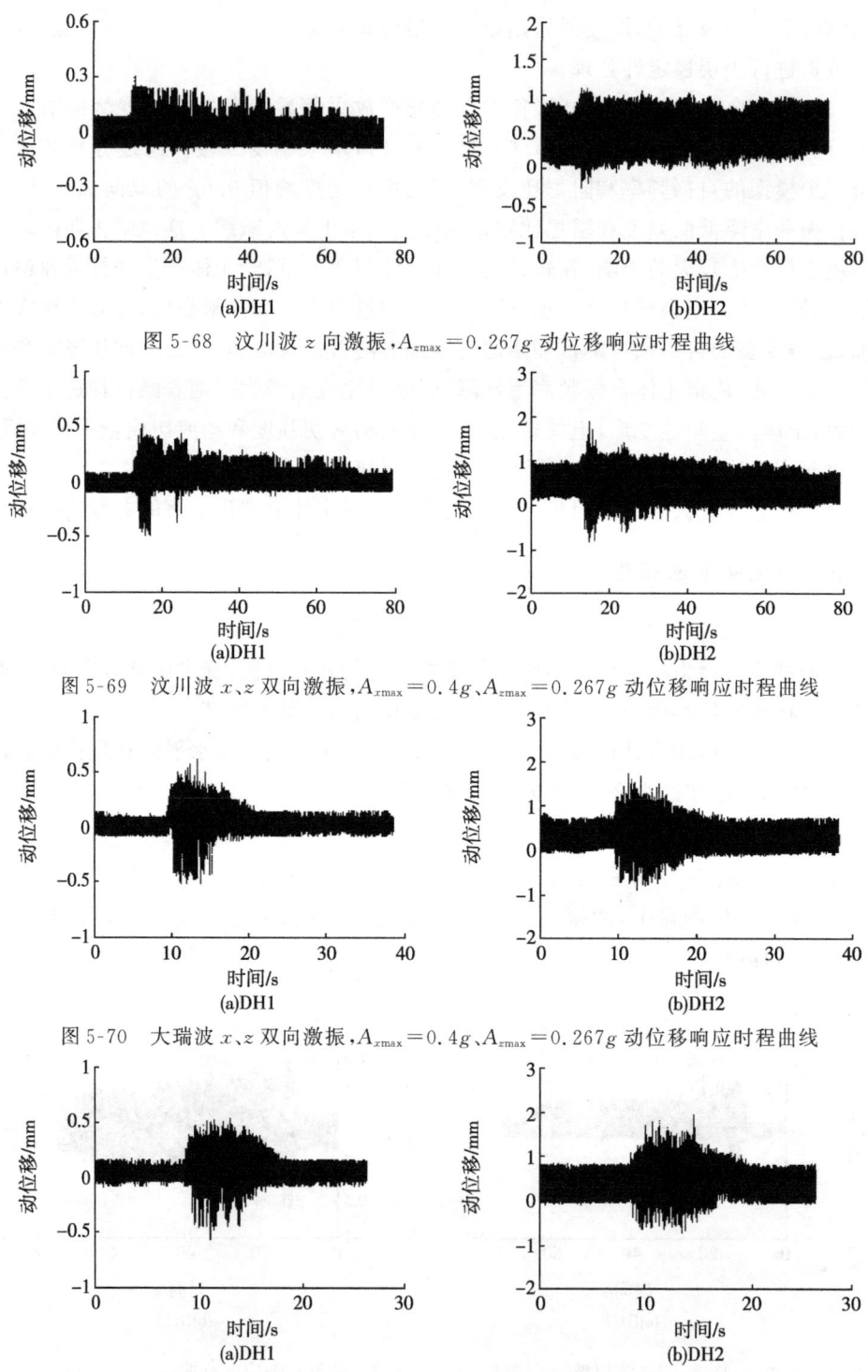

图 5-68　汶川波 z 向激振，$A_{z\max}=0.267g$ 动位移响应时程曲线

图 5-69　汶川波 x、z 双向激振，$A_{x\max}=0.4g$、$A_{z\max}=0.267g$ 动位移响应时程曲线

图 5-70　大瑞波 x、z 双向激振，$A_{x\max}=0.4g$、$A_{z\max}=0.267g$ 动位移响应时程曲线

图 5-71　Kobe 波 x、z 双向激振，$A_{x\max}=0.4g$、$A_{z\max}=0.267g$ 动位移响应时程曲线

各加载工况下,重力式挡墙的动位移峰值随激振加速度峰值的加大而增加。累计位移响应特性如下:

(1) 汶川波 x 向激振时,挡墙各测点的累积位移总体上为正值,墙顶累积位移大于墙底,表明墙体在水平方向向土体方向平移时发生绕墙踵向土体方向的转动。

(2) 汶川波 z 向激振时,动位移峰值接近于 x 向激振,墙顶累计位移大于 x 向激振,说明竖向地震波对挡墙的动位移产生较大的影响。挡墙各测点的累积位移总体上为正值,墙顶累积位移大于墙底,表明墙体在水平方向向土体方向平移时发生绕墙踵向土体方向的转动。

(3) 汶川波 x、z 双向激振时,挡墙各测点的累积位移在激振加速度峰值 $0.4g$ 以下时为正值,墙顶累积位移大于墙底,表明墙体在水平方向向土体方向平移时发生绕墙踵向土体方向的转动;激振加速度峰值大于 $0.6g$ 时,累计位移为负值,墙顶累积位移大于墙底,表明墙体离开土体向外侧平移同时绕墙趾向土体外侧转动。

(4) 大瑞波 x、z 双向激振时,挡墙各测点的累积位移为负值,墙顶累积位移大于墙底,表明墙体离开土体向外侧平移同时绕墙趾向土体外侧转动。

(5) Kobe 波 x、z 双向激振加速度峰值小于 $0.4g$ 时,挡墙各测点的累积位移为负值,墙顶累积位移大于墙底,表明墙体离开土体向外侧平移同时绕墙趾向土体外侧转动。

2. 桩板式挡墙动位移响应

图 5-72~图 5-76 分别为汶川波 x 向、z 向和 x、z 双向,以及大瑞波 x、z 双向和

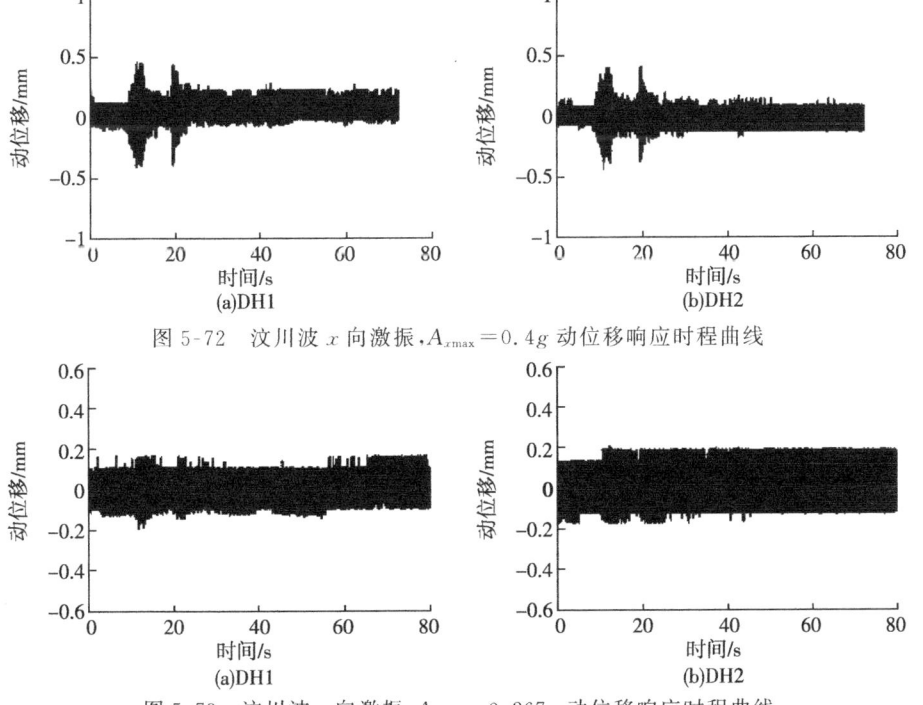

图 5-72 汶川波 x 向激振,$A_{x\max}=0.4g$ 动位移响应时程曲线

图 5-73 汶川波 z 向激振,$A_{z\max}=0.267g$ 动位移响应时程曲线

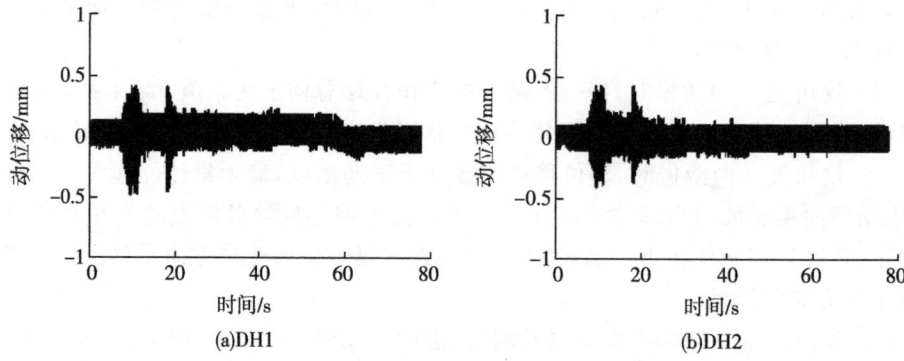

图 5-74 汶川波 x、z 双向激振,$A_{x\max}=0.4g$、$A_{z\max}=0.267g$ 动位移响应时程曲线

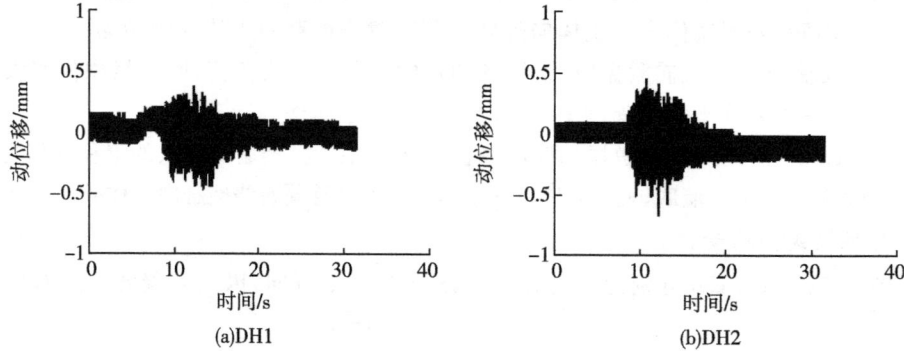

图 5-75 大瑞波 x、z 双向激振,$A_{x\max}=0.4g$、$A_{z\max}=0.267g$ 动位移响应时程曲线

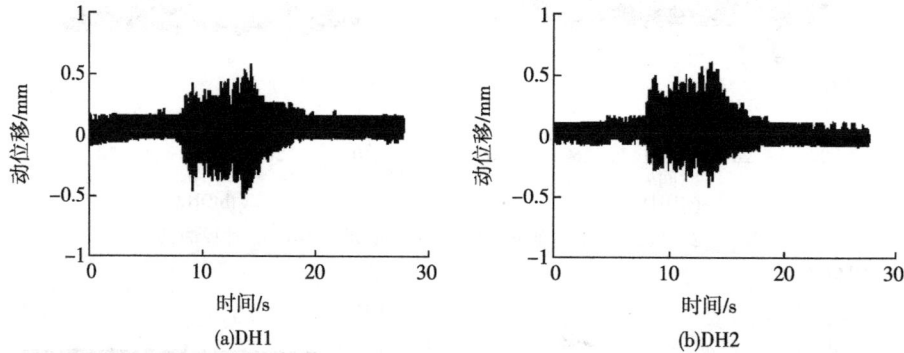

图 5-76 Kobe 波 x、z 双向激振,$A_{x\max}=0.4g$、$A_{z\max}=0.267g$ 动位移响应时程曲线

Kobe 波 x、z 双向激振下,激振加速度峰值 $A_{x\max}=0.4g$、$A_{z\max}=0.267g$ 时各测点动位移时程曲线。

各加载工况下,桩板式挡墙的动位移峰值随激振加速度峰值的加大而增加。累计位移的响应特性如下:

(1) 汶川波 x 向激振时,激振加速度峰值 $0.4g$ 以下时,挡墙各测点的累积位移为负值,墙顶累积位移与墙底接近,表明墙体在水平方向离开土体方向平移,转动量较小,而激振加速度峰值大于 0.6g 时,墙体在水平方向挤向土体方向平移。

(2) 汶川波 z 向激振时,各测点的累积位移小于 x 向激振,特别是桩顶几近忽略。说明桩板墙水平方向的动位移主要由 x 向地震波所产生。

(3) 汶川波 x、z 双向激振时,桩板墙主要产生负累积位移,桩顶的累计位移与桩底接近,说明支挡结构离开土体向外侧平移。

(4) 大瑞波 x、z 双向激振时,桩板墙主要产生负累积位移,桩顶的累计位移与桩底接近,说明支挡结构离开土体向外侧平移。这与汶川波 x、z 双向激振时相同。

(5) Kobe 波 x、z 双向激振时,挡墙动位移响应程度小于大瑞波和汶川波,并且桩顶的累计位移为 0。

3. 格构式框架结构动位移响应

1) 锚杆框架结构动位移响应特性

图 5-77~图 5-81 分别为汶川波 x 向、z 向和 x、z 双向,以及大瑞波 x、z 双向和 Kobe 波 x、z 双向激振下,激振加速度峰值 $A_{x\max}=0.4g$、$A_{z\max}=0.267g$ 时各测点水平向动位移响应时程曲线。

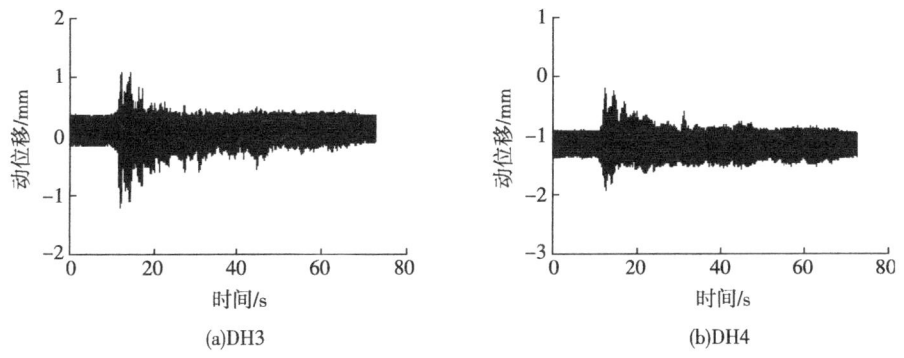

图 5-77 汶川波 x 向激振,$A_{x\max}=0.4g$ 水平向动位移响应时程曲线

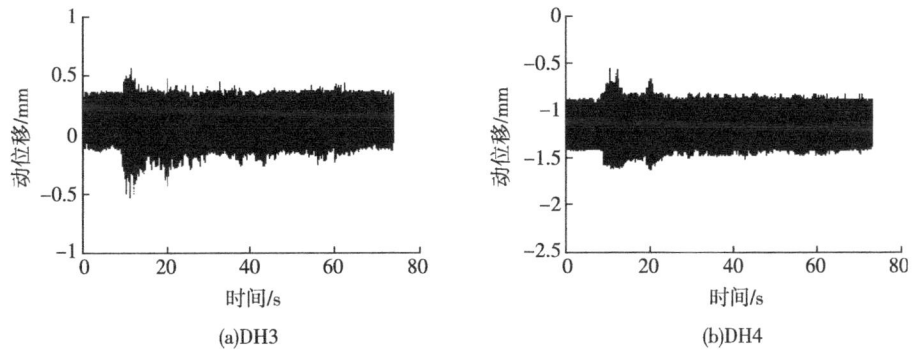

图 5-78 汶川波 z 向激振,$A_{z\max}=0.267g$ 水平向动位移响应时程曲线

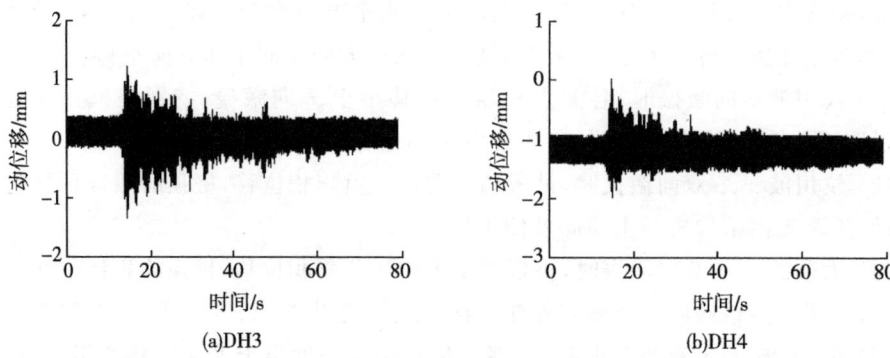

图 5-79 汶川波 x、z 双向激振，$A_{x\max}=0.4g$、$A_{z\max}=0.267g$ 水平向动位移响应时程曲线

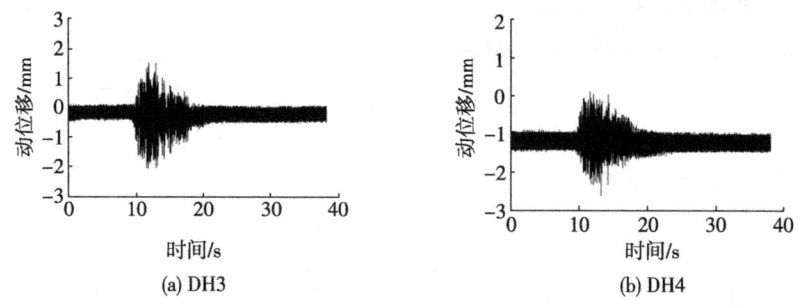

图 5-80 大瑞波 x、z 双向激振，$A_{x\max}=0.4g$、$A_{z\max}=0.267g$ 水平向动位移响应时程曲线

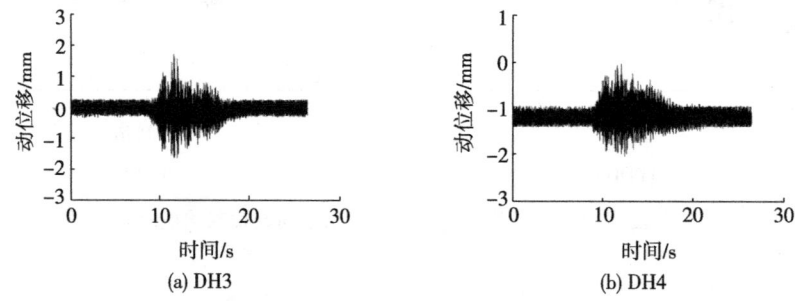

图 5-81 Kobe 波 x、z 双向激振，$A_{x\max}=0.4g$、$A_{z\max}=0.267g$ 水平向动位移响应时程曲线

(1) 在汶川波、大瑞波和 Kobe 波激振下，各测点动位移峰值随激振加速度峰值加大而增加。

(2) 汶川波 x 向激振的动位移峰值和累计位移与 x、z 双向激振比较接近，大于 z 向激振，说明框架结构水平的动位移主要由水平方向的地震波所产生，但竖向地震波的影响不容忽视。

(3) 大瑞波 x、z 双向激振下，框架结构下端动位移响应峰值与 Kobe 波 x、z 双向激振下基本一致，但框架结构上端稍小；大瑞波和 Kobe 波 x、z 双向激振下所产生的累计位移值都小于汶川波 x、z 双向激振。

(4) 结合竖向的累计位移的方向,汶川波单向激振时框架结构向边坡下方移动;汶川波、大瑞波和 Kobe 波 x、z 双向激振时向边坡上方移动。

2) 预应力锚索框架结构动位移响应特性

图 5-82～图 5-86 分别为汶川波 x 向、z 向和 x、z 双向,以及大瑞波 x、z 双向和 Kobe 波 x、z 双向激振下,激振加速度峰值 $A_{x\max}=0.4g$、$A_{z\max}=0.267g$ 时各测点水平向动位移响应时程曲线。

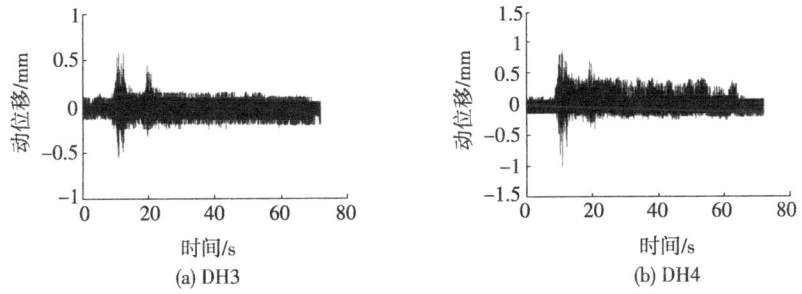

图 5-82 汶川波 x 向激振,$A_{x\max}=0.4g$ 水平向动位移响应时程曲线

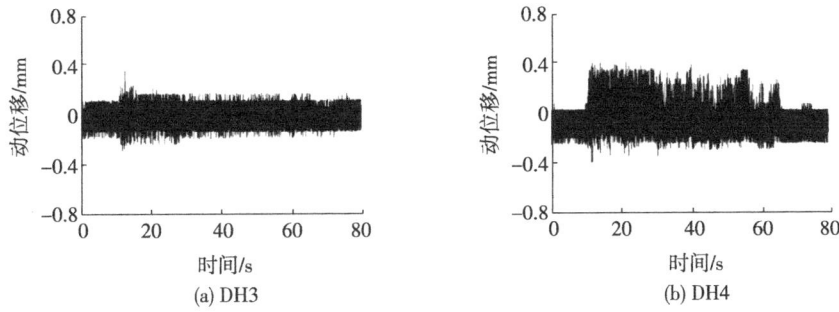

图 5-83 汶川波 z 向激振,$A_{z\max}=0.267g$ 水平向动位移响应时程曲线

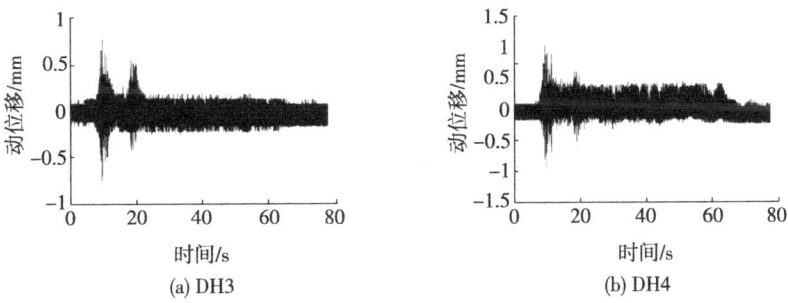

图 5-84 汶川波 x、z 双向激振,$A_{x\max}=0.4g$、$A_{z\max}=0.267g$ 水平向动位移响应时程曲线

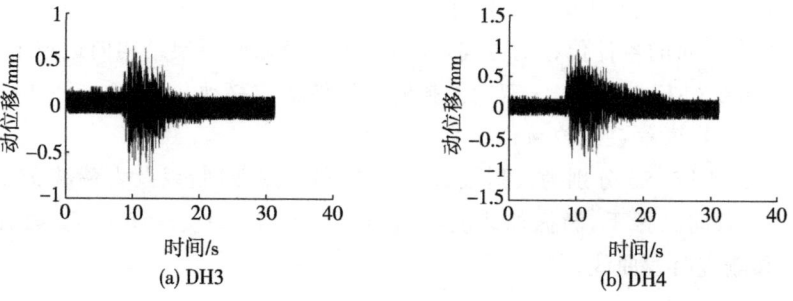

图 5-85 大瑞波 x、z 双向激振,$A_{x\max}=0.4g$、$A_{z\max}=0.267g$
水平向动位移响应时程曲线

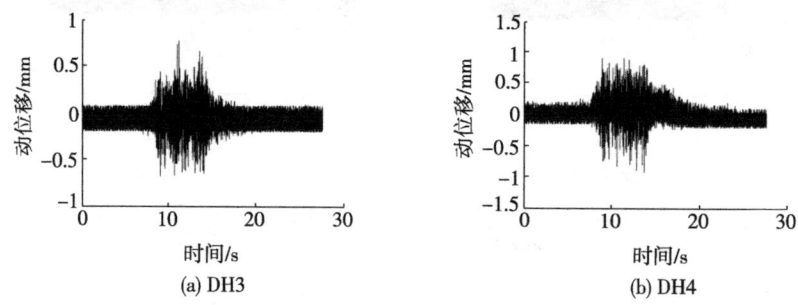

图 5-86 Kobe 波 x、z 双向激振,$A_{x\max}=0.4g$、$A_{z\max}=0.267g$
水平向动位移响应时程曲线

(1) 在汶川波、大瑞波和 Kobe 波激振下,各测点动位移峰值随激振加速度峰值加大而增加。

(2) 汶川波 x 向激振的动位移峰值和累计位移与 x、z 双向激振比较接近,大于 z 向激振,说明框架结构水平向的动位移主要由水平方向的地震波所产生,但竖直方向地震波的影响不容忽视。

(3) 大瑞波 x、z 双向激振下,框架结构动位移响应峰值大于汶川波 x、z 双向和 Kobe 波 x、z 双向激振;Kobe 波 x、z 双向激振下,框架结构动位移响应峰值小于汶川波 x、z 双向激振。

(4) 结合各加载工况下竖向累计位移的方向,框架结构向边坡下方移动。

(5) 由于锚杆施加了预应力,动位移峰值和累积位移都大为减小,汶川波 x、z 双向激振和 Kobe 波 x、z 双向激振时表现得尤为显著。

3) 单级格构式框架结构动位移响应特性

图 5-87~图 5-91 分别给出了汶川波 x 向、z 向和 x、z 双向,大瑞波 x、z 双向和 Kobe 波 x、z 双向激振下,激振加速度峰值 $A_{x\max}=0.4g$、$A_{z\max}=0.267g$ 时各测点水平向动位移响应时程曲线。

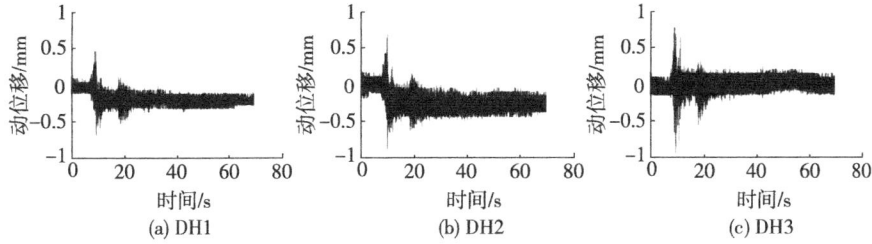

图 5-87 汶川波 x 向激振，$A_{x\max}=0.4g$ 水平向动位移响应时程曲线

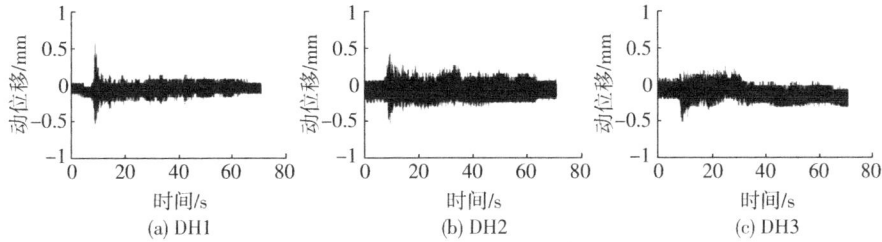

图 5-88 汶川波 z 向激振，$A_{z\max}=0.267g$ 水平向动位移响应时程曲线

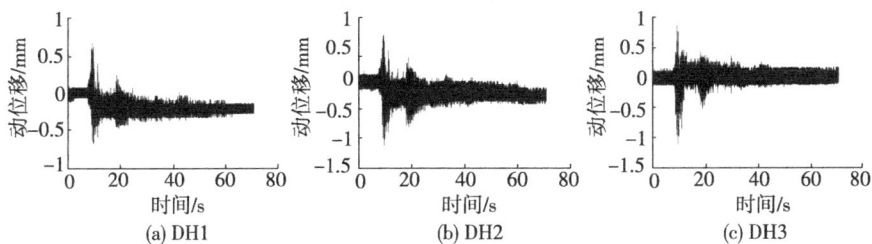

图 5-89 汶川波 x、z 双向激振，$A_{x\max}=0.4g$、$A_{z\max}=0.267g$ 水平向动位移响应时程曲线

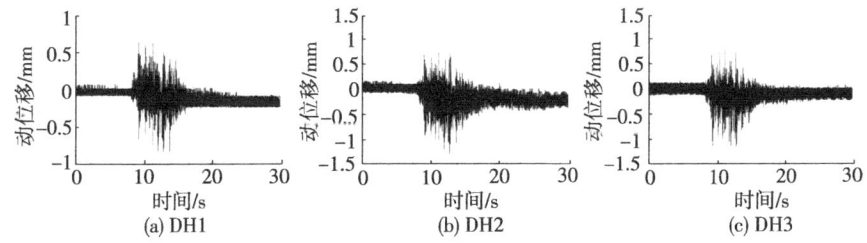

图 5-90 大瑞波 x、z 双向激振，$A_{x\max}=0.4g$、$A_{z\max}=0.267g$ 水平向动位移响应时程曲线

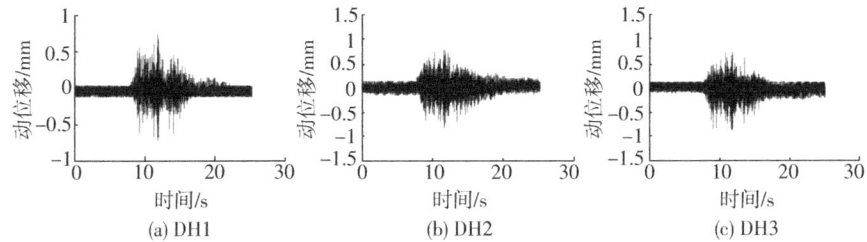

图 5-91 Kobe波 x、z 双向激振，$A_{x\max}=0.4g$、$A_{z\max}=0.267g$ 水平向动位移响应时程曲线

(1) 在汶川波、大瑞波和 Kobe 波激振下,各测点动位移峰值随激振加速度峰值增大而增加。

(2) 汶川波 x 向激振的动位移响应峰值与 x、z 双向激振时比较接近,大于 z 向激振,说明框架结构水平向的动位移主要由水平方向的地震波所产生,但竖直方向地震波的影响不容忽视。

(3) 大瑞波 x、z 双向激振下,框架结构动位移响应峰值大于汶川波 x、z 双向和 Kobe 波 x、z 双向激振;Kobe 波 x、z 双向激振下,框架结构动位移响应峰值总体上小于汶川波 x、z 双向激振。

(4) 结合各加载工况下竖向累计位移的方向,框架结构向边坡下方移动。

4. 动位移响应特性与抗震性能分析

(1) 桩板墙的动位移响应峰值比重力式挡墙小得多,特别是桩顶的动位移峰值和累计位移分别小于重力式挡墙的 0.55 倍和 0.84 倍(个别测点除外)。

图 5-92 和图 5-93 为两种挡墙在汶川波 x、z 双向激振下,动位移响应峰值和累计位移值的比较图。当激振加速度峰值在 0.6g 以下时,两种挡墙动位移响应峰值基本相当,而当激振加速度峰值大于 0.6g 时,桩板式挡墙的动位移响应峰值远小于重力式挡墙。由于位移、应变和变形能较好地反映结构性能、地震作用下的结构损伤,所以桩板式挡墙在极震条件下的抗震性能更好。在加速度动力响应分析中,也得到了同样的结论。

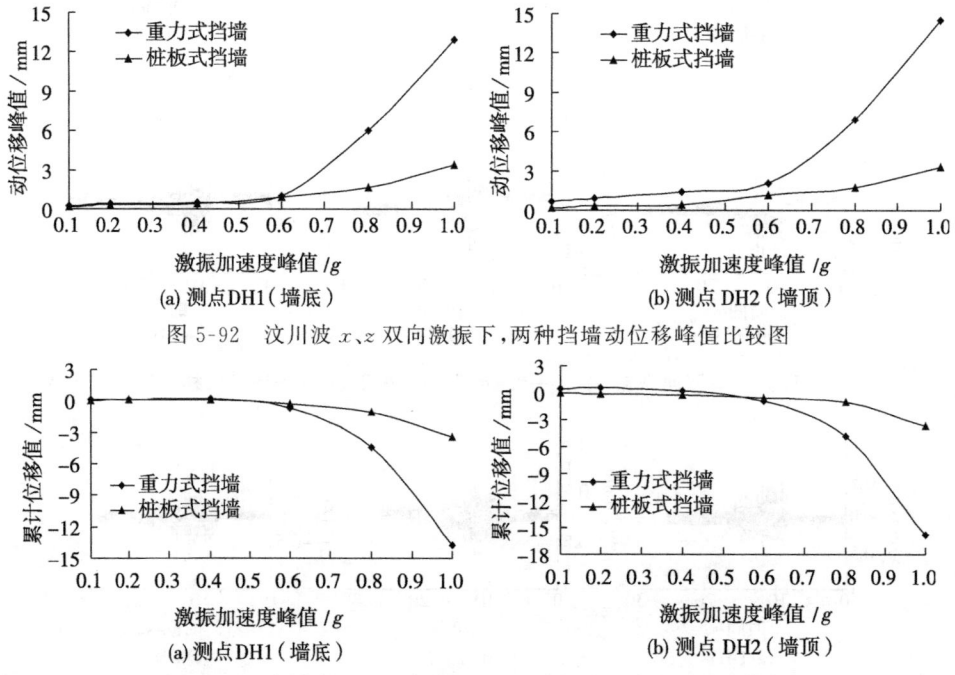

图 5-92 汶川波 x、z 双向激振下,两种挡墙动位移峰值比较图

图 5-93 汶川波 x、z 双向激振下,两种挡墙累计位移值比较图

(2) 预应力锚索框架结构动位移响应峰值比锚杆框架结构小。

图 5-94 和图 5-95 为锚杆框架结构和预应力锚索框架结构，在汶川波 x、z 双向激振下的动位移响应峰值和累计位移值的比较图。当激振加速度峰值在 0.6g 以下时，两种框架结构动位移响应峰值基本相当，而当激振加速度峰值大于 0.6g 时，预应力锚索框架结构的动位移响应峰值远小于锚杆框架结构。这表明预应力锚索框架结构在极震条件下的抗震性能更好。而加速度动力响应，两种框架结构护坡结构的抗震性能基本一致。

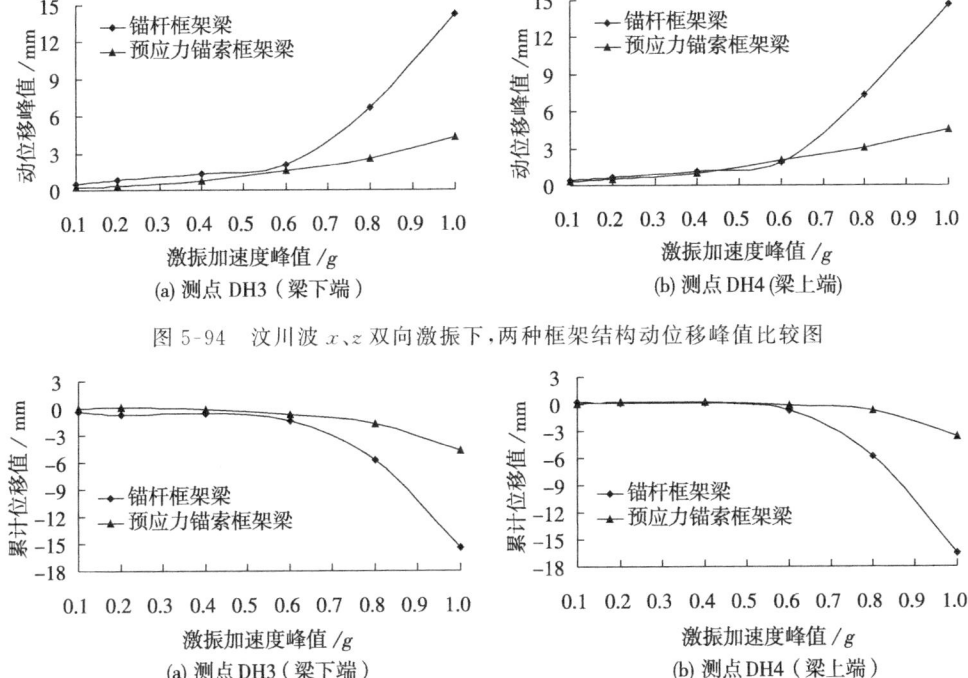

图 5-94 汶川波 x、z 双向激振下，两种框架结构动位移峰值比较图

图 5-95 汶川波 x、z 双向激振下，两种框架结构累计位移值比较图

(3) 若边坡坡面仅采用锚杆框架结构单一支护结构，其动位移响应峰值小于组合结构体系中的锚杆框架结构，但大于组合体系中的预应力锚索框架结构；累计位移值大于预应力锚索框架结构，总体上也小于组合结构体系中的锚杆框架结构。

5.3.4 动土压力响应特性

1. 重力式挡墙动土压力响应

动土压力计布设位置及编号如图 5-5 所示。

图 5-96～图 5-100 分别为汶川波 x 向、z 向和 x、z 双向，以及大瑞波 x、z 双向和 Kobe 波 x、z 双向激振下，激振加速度峰值 $A_{xmax}=0.4g$、$A_{zmax}=0.267g$ 时各测点动土压力响应时程曲线。动土压力响应峰值沿墙高分布如图 5-101 所示。

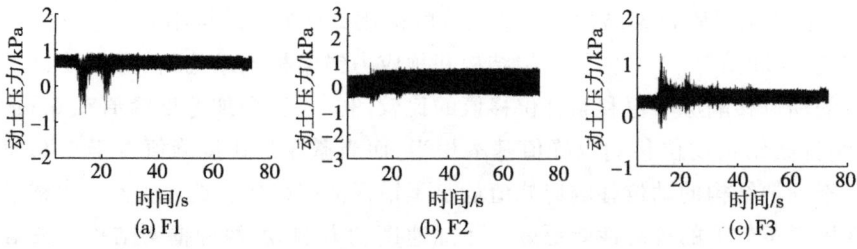

图 5-96　汶川波 x 向激振，$A_{xmax}=0.4g$ 动土压力响应时程曲线

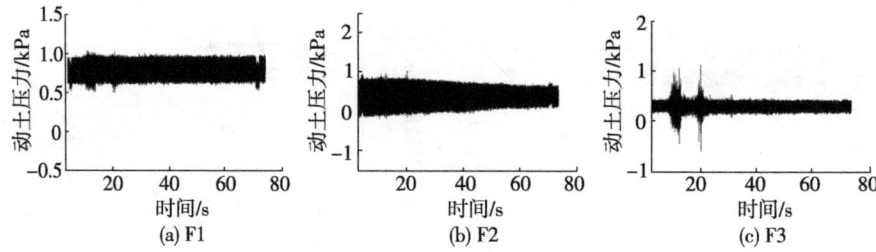

图 5-97　汶川波 z 向激振，$A_{zmax}=0.267g$ 动土压力响应时程曲线

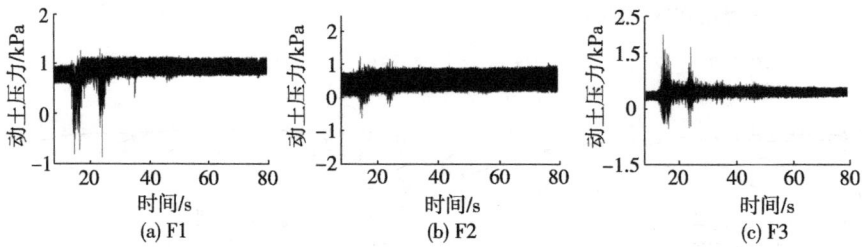

图 5-98　汶川波 x、z 双向激振，$A_{xmax}=0.4g$、$A_{zmax}=0.267g$ 动土压力时程曲线

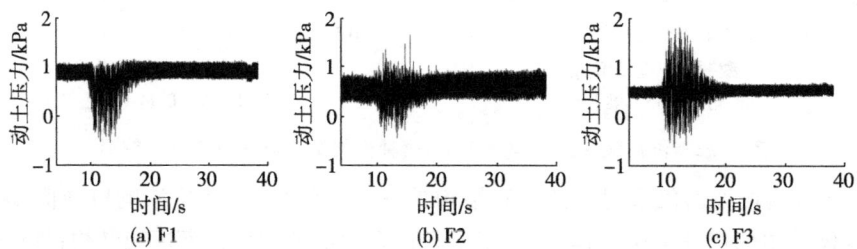

图 5-99　大瑞波 x、z 双向激振，$A_{xmax}=0.4g$、$A_{zmax}=0.267g$ 动土压力响应时程曲线

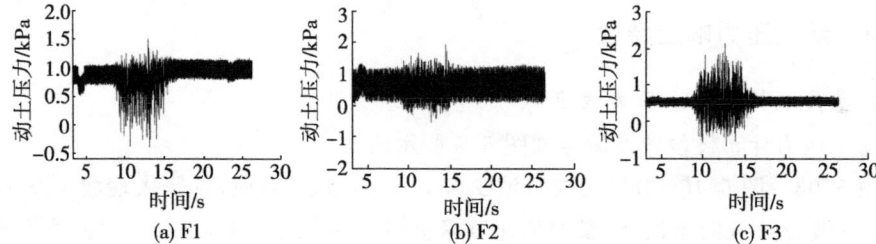

图 5-100　Kobe 波 x、z 双向激振，$A_{xmax}=0.4g$、$A_{zmax}=0.267g$ 动土压力响应时程曲线

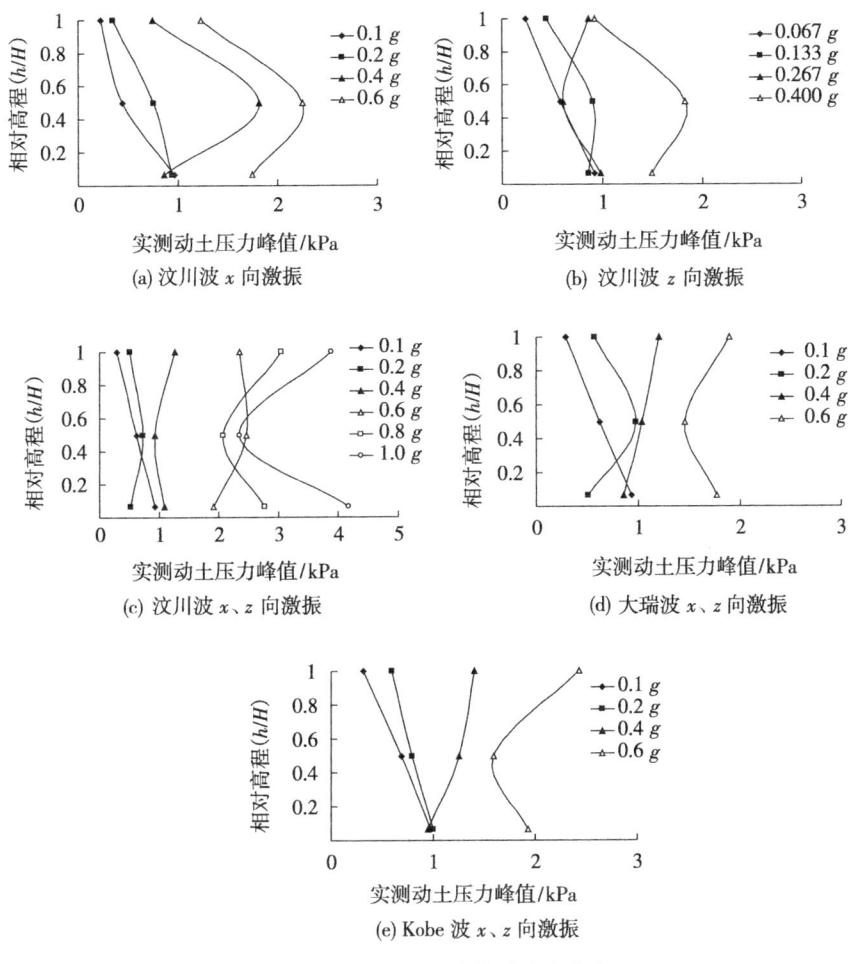

图 5-101 动土压力峰值沿墙高分布

（1）在汶川波 x 向、z 向和 x、z 双向，以及大瑞波和 Kobe 波 x、z 双向激振下，各测点动土压力峰值总体上都随激振加速度峰值的加大而增大。

（2）汶川波 z 向单向激振时，动土压力峰值稍大于 x 向单向激振，有些测点甚至超过 x 向单向激振时的动土压力峰值。在激振加速度峰值 $0.6g$ 以下时，汶川波 x、z 双向激振的动土压力峰值总体上大于 x 向激振，说明水平向、竖向地震波都对重力式挡墙产生动土压力，但是以水平向地震波计算动土压力还是能满足设计要求的。

（3）当激振加速度峰值不大于 $0.2g$ 时，动土压力峰值呈现出上小下大的三角形分布；当激振加速度峰值大于 $0.4g$，汶川波单向激振时，动土压力峰值的最大值出现在墙的中部，汶川波和大瑞波 x、z 双向激振时，动土压力峰值的最小值则出现在墙的中部，Kobe 波 x、z 双向激振时，动土压力峰值的最大值出现在墙的上部。

（4）各测点动土压力几乎同时达到峰值，并且基本上与台面加速度传感器加速度响应峰值同步。图 5-102 为汶川波 x、z 双向激振时,测点 F1 达到峰值时刻的动土压力沿墙高分布与所有测点都达到峰值的比较图。

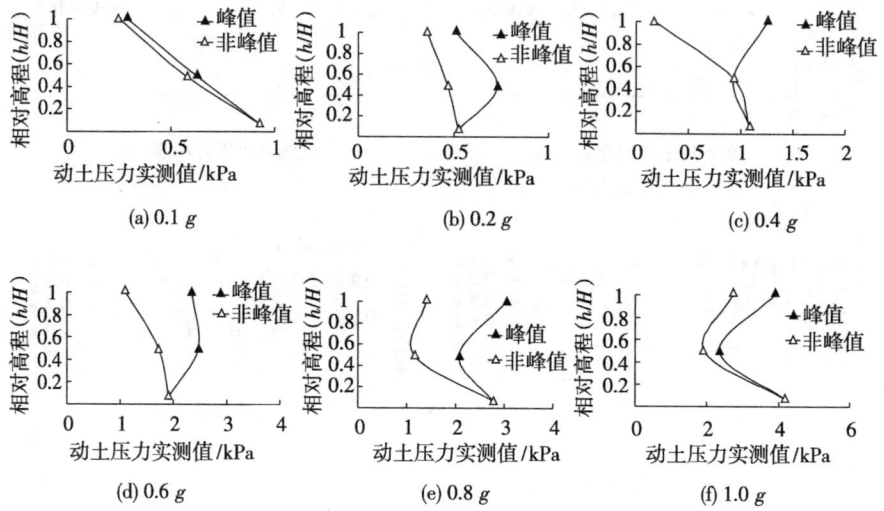

图 5-102　汶川波 x、z 双向激振时,测点 F1 达到峰值时动土压力沿墙高分布比较图

2. 桩板式挡墙动土压力响应

动土压力计布设位置及编号如图 5-3 所示。图 5-103～图 5-107 分别给出了汶川波 x 向、z 向和 x、z 双向,以及大瑞波 x、z 双向和 Kobe 波 x、z 双向激振下,激振加速度峰值 $A_{xmax}=0.4g$、$A_{zmax}=0.267g$ 时各测点动土压力响应时程曲线。各测点动土压力峰值沿墙高分布如图 5-108 所示。

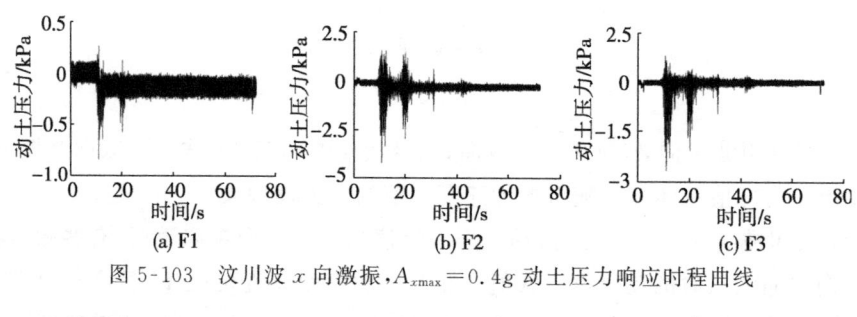

图 5-103　汶川波 x 向激振,$A_{xmax}=0.4g$ 动土压力响应时程曲线

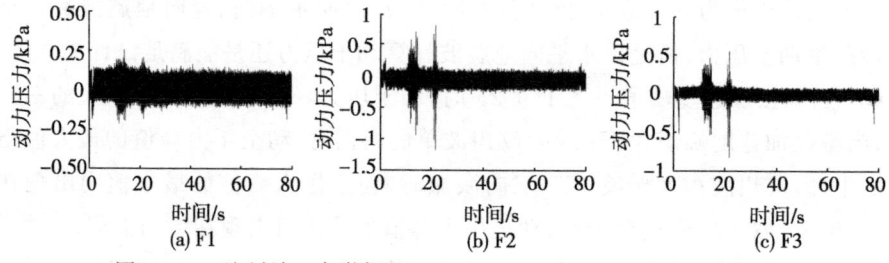

图 5-104　汶川波 z 向激振,$A_{zmax}=0.267g$ 动土压力响应时程曲线

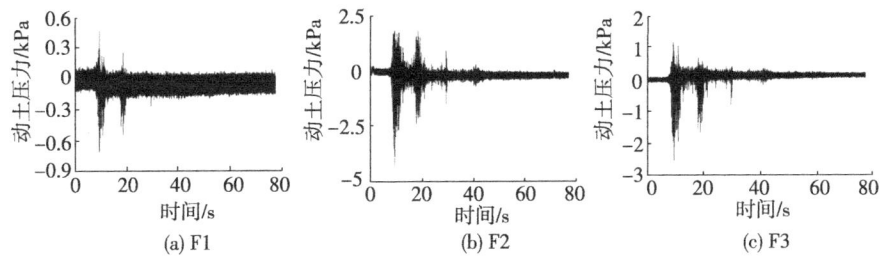

图 5-105 汶川波 x、z 双向激振，$A_{x\max}=0.4g$、$A_{z\max}=0.267g$ 动土压力响应时程曲线

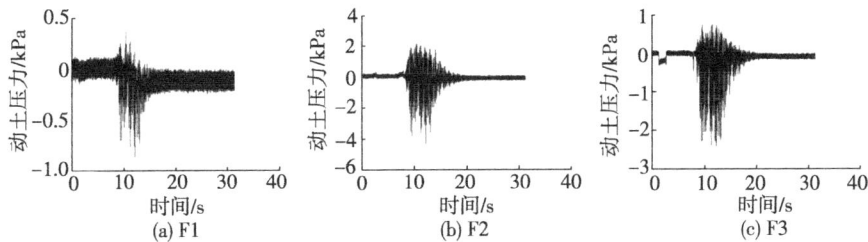

图 5-106 大瑞波 x、z 双向激振，$A_{x\max}=0.4g$、$A_{z\max}=0.267g$ 动土压力响应时程曲线

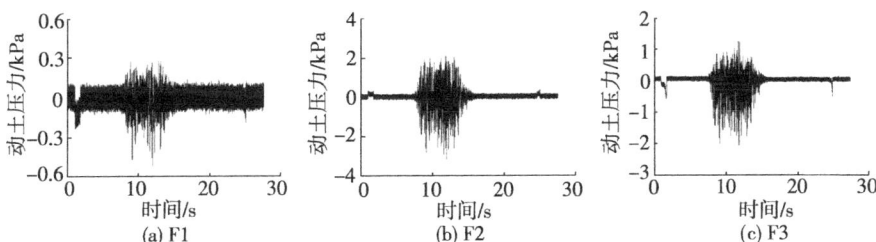

图 5-107 Kobe 波 x、z 双向激振，$A_{x\max}=0.4g$、$A_{z\max}=0.267g$ 动土压力响应时程曲线

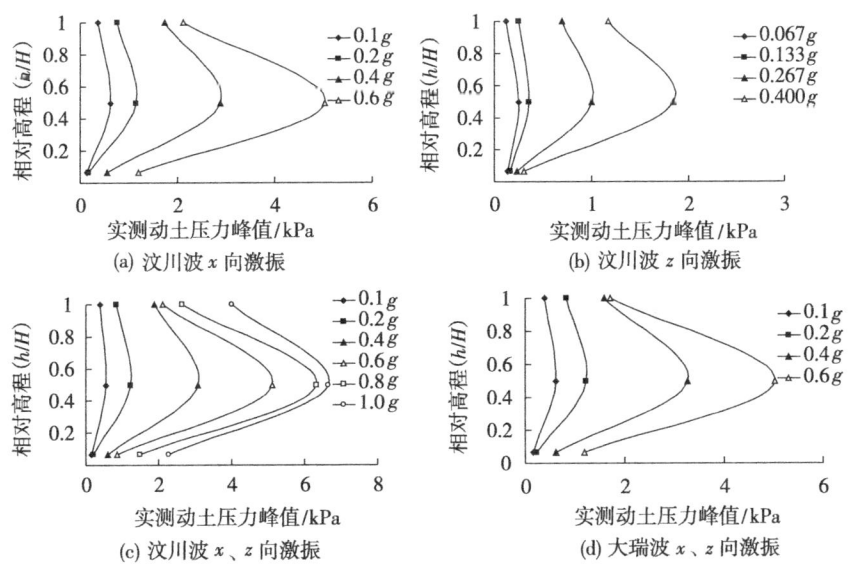

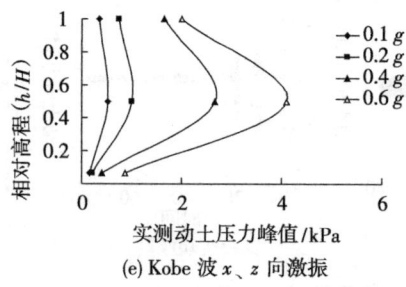

(e) Kobe 波 x、z 向激振

图 5-108　动土压力峰值沿墙高分布

(1) 在汶川波 x 向、z 向和 x、z 双向，以及大瑞波和 Kobe 波 x、z 双向激振下，各测点动土压力峰值都随激振加速度峰值的增大而增大。

(2) 汶川波 z 向单向激振时，动土压力峰值小于 x 向单向激振时的 0.55 倍（个别测点除外）。在激振加速度峰值 0.6g 以下时，汶川波 x、z 双向激振的动土压力峰值总体上大于 x 向激振，说明动土压力主要由水平向地震波所产生，以水平向地震波计算动土压力是能满足设计要求的。

(3) 在各地震波激振下，动土压力响应特性一致，动土压力峰值的最大值出现在墙的中部，墙下方的动土压力峰值最小。

(4) 各测点动土压力几乎同时达到峰值，并且基本上与台面加速度传感器加速度响应峰值同步。由于在激振加速度峰值 0.1g～0.6g 各测点动土压力同时达到峰值，所以图 5-109 只给出激振加速度峰值 0.8g～1.0g 工况下，测点 F1 达到峰值时刻的动土压力沿墙高分布与所有测点都达到峰值的比较图。

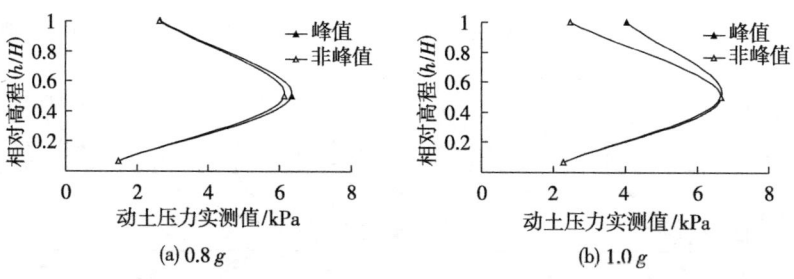

(a) 0.8g　　　　　　　　(b) 1.0g

图 5-109　汶川波 x、z 双向激振时，测点 F1 达到峰值动土压力沿墙高分布比较图

3. 地震动土压力计算方法分析

桩板式挡墙是一种柔性挡土结构，根据桩上部是否锚固分为非锚固桩板墙和锚固桩板墙 2 类。也可根据桩埋置于土中部分变形的特点，分为自由端式桩板墙和固定端式桩板墙 2 类。自由端式桩板墙的下端入土不深，在土压力作用下可以转动；固定端式桩板墙的下端入土较深，在土压力作用下则不能自由转动。

由于影响桩板式挡墙的土压力分布的因素很多，所以至今还没有一个实用的理论计算方法，主要采用半经验半理论的方法。本节在顾慰慈[57]研究的基础上，对非锚固自由端桩板墙的地震土压力计算方法进行探讨和验证。

1) 计算图式

将试验研究的模型换算为原型后,简化为如图 5-110 所示的计算图式。在填土一侧桩板墙作用地震主动土压力,其强度为 $[\gamma(H+h)+2q-2qd\cot\theta/(H+d)] \cdot K_\xi$;地基土产生地震被动土压力作用在桩板墙上,其强度为 $\gamma_s h K_{p\xi}$。图中的 1、2、3 点对应于模型试验中动土压力传感器布设位置,换算为原型后的计算高度分别为 0.48m、3.00m 和 5.52m。桩板墙离地面的高度为 H,入土深度为 h。

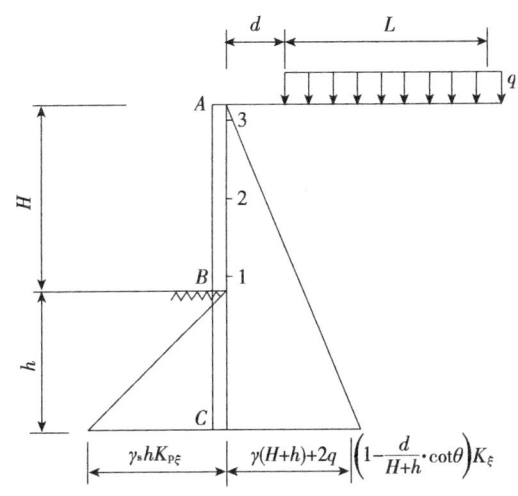

图 5-110　桩板式挡墙地震土压力计算图式

2) 地震主动、被动土压力

在目前的工程设计[58]中,桩板式挡墙所承受的土压力通常与重力式挡土墙一样,直接按经典土压力理论进行计算[59]。

地震主动土压力按式(5-1)计算,式中 H 以 $H+h$ 计算。地震被动土压力按式(5-3)计算。

$$E_{\xi\max} = \frac{1}{2}\gamma H^2 \cdot K_{\xi\max}$$
$$= \left[\frac{1}{2} \cdot \gamma H^2 + qH \cdot \left(1 - \frac{d}{H} \cdot \cot\theta\right)\right] \cdot K_\xi \tag{5-1}$$

式中,$K_\xi = \dfrac{\cos(\varphi+\theta-\xi)}{\cos\xi \cdot \cot\theta \cdot \sin(\varphi+\theta+\delta)}$,其中,$\theta$ 按式(5-2)计算。

$$\theta = \arctan\left(\sqrt{\tan^2 a + \frac{\tan a}{\tan b} + \frac{A \cdot \csc c}{\cos a \cdot \sin b}} - \tan a\right) \tag{5-2}$$

式中,$a = \varphi + \delta$;$b = \varphi - \xi$;$c = \delta + \xi$;$A = \dfrac{2q}{2q + \gamma H} \cdot \dfrac{d}{H}$。式(5-2)的推导见参考文献[60]。

$$E_{pe} = \frac{1}{2}\gamma_s h^2 K_{p\xi} \tag{5-3}$$

式中,$\gamma_s = \dfrac{\gamma}{\cos\xi}$,$\xi$ 为地震角;$K_{p\xi}$ 为地震被动土压力系数,

$$K_{p\xi} = \frac{\cos^2(\varphi-\xi)}{\cos(\delta+\xi)\cdot\left[1-\sqrt{\dfrac{\sin(\varphi+\delta)\cdot\sin(\varphi-\xi)}{\cos(\delta+\xi)}}\right]}$$

3) 桩的入土深度 h

根据水平方向静力平衡条件,可求取桩的入土深度 h。水平方向静力平衡条件为

$$\frac{1}{2}\gamma_s h^2 K_{p\xi} = \left[\frac{1}{2}\cdot\gamma(H+h)^2 + q(H+h)\cdot\left(1-\frac{d}{H+h}\cdot\cot\theta\right)\right]\cdot K_\xi$$

可得桩的入土深度 h 的计算公式为

$$h = \frac{2\left(H+\dfrac{q}{\gamma}\right) \pm \sqrt{\dfrac{4q^2}{\gamma^2} + 8\left(1-\dfrac{K_{p\xi}}{\cos\xi\cdot K_\xi}\right)\cdot qd\cot\theta + \dfrac{4K_{p\xi}}{\cos\xi\cdot K_\xi}\cdot\left(H^2+\dfrac{2q}{\gamma}\cdot H\right)}}{2\left(\dfrac{K_{p\xi}}{\cos\xi\cdot K_\xi}-1\right)}$$

$$\tag{5-4}$$

式中,K_ξ、θ 含义及计算公式同前。

实践中,墙后填土按主动土压力计算,墙前地基被动土压力按 $1/2 \sim 2/3$ 计算,此时,式(5-4)中的 $K_{p\xi}$ 变为 $a\cdot K_{p\xi}$,$a = 1/2 \sim 2/3$。桩的入土深度取 h 计算结果的正值。

4) 计算结果

计算参数为:$\varphi = 34°$,$\delta = 17°$,$\gamma = 21\text{kN/m}^3$。通过模型与原型的换算,$q = 107\text{kN/m}$,$d = 2\text{m}$。

根据式(5-1)计算地震作用下的总土压力值,减去静土压力值即为地震动土压力值,计算结果见表 5-7。计算结果与实测值的比较如图 5-111 所示。

表 5-7 地震动土压力及桩入土深度的计算结果

计算项目		k_h/g		
		0.1	0.2	0.4
地震动土压力 计算值/kN	1	10.956	22.596	48.134
	2	3.244	5.690	14.251
	3	0.085	0.176	0.375
地震动土压力 实测值(WC_X)/kN	1	7.671	13.275	34.635
	2	10.060	19.202	45.549
	3	0.716	1.465	3.327
h/m		2.40	2.53	2.82

注:取 $a = 1/2$ 计算 h

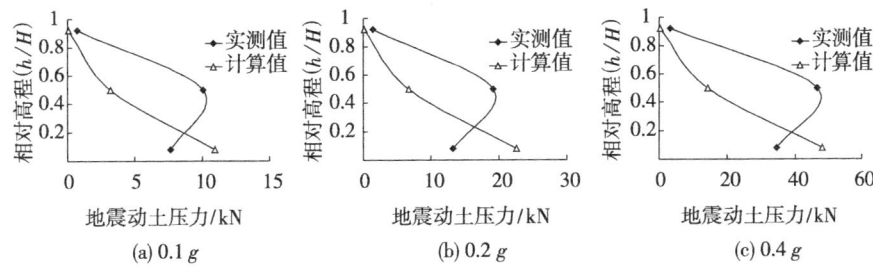

图 5-111 桩板墙地震动土压力计算结果与实测值比较

计算结果最大值在墙底,而实测值的最大值在墙中,且两者较为接近。这主要是由于桩板墙在受到土压力作用后极易产生变形,且沿墙高各处变形的差异使得墙后填土产生不同程度的拱效应,引起应力重分布。

从20世纪40年代开始,许多学者(如契波塔廖夫、罗维、汉森、太沙基等)对桩板墙的土压力所进行的研究表明,作用在桩板墙上的土压力总值与用库仑土压力公式计算的结果基本相等,但分布形式却有很大的不同。振动台模型试验验证了这一点。

根据式(5-4)计算桩入土深度 h,计算结果见表5-7。桩板式挡墙要抵抗烈度9度及以上的地震,桩的入土深度需大于2.82m,即约为桩挡土高度的1/2,本模型试验采用入土深度为挡土高度的1/3。

5.3.5 锚杆动应变响应特性

对组合支挡结构体系中的锚杆动应变响应特性进行对比分析。两个模型试验中的动应变计布设位置及编号如图5-1和图5-3所示。

图5-112~图5-114给出模型一中的锚杆分别在汶川波 x、z 双向,大瑞波 x、z 双向和Kobe波 x、z 双向激振下,加速度峰值 $A_{xmax}=0.6g$、$A_{zmax}=0.4g$ 时各测点的动应变响应时程曲线。

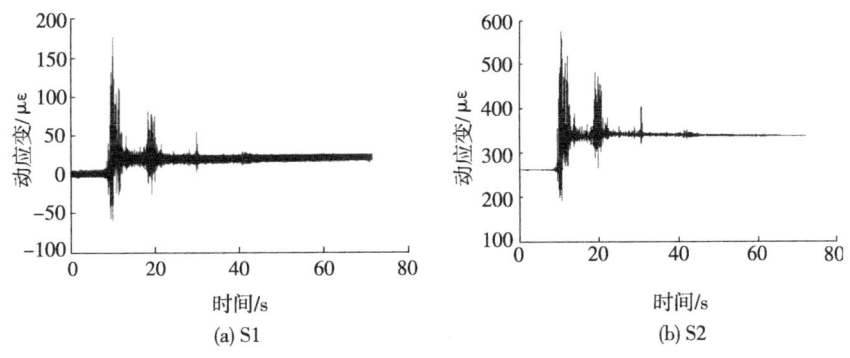

图 5-112 汶川波 x、z 双向激振,$A_{xmax}=0.6g$、$A_{zmax}=0.4g$
锚杆动应变响应时程曲线

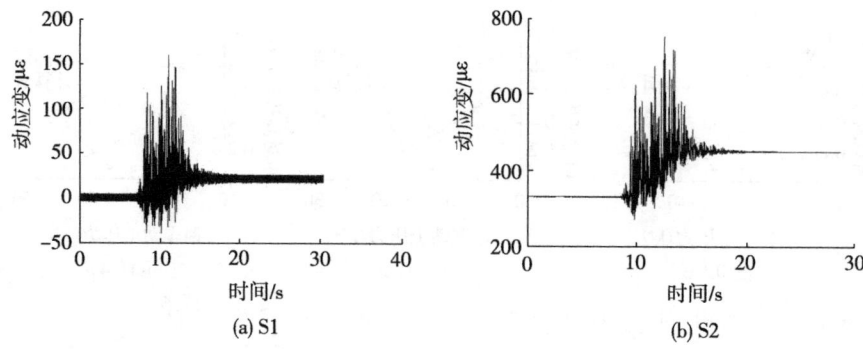

图 5-113　大瑞波 x、z 双向激振，$A_{x\max}=0.6g$、$A_{z\max}=0.4g$ 锚杆动应变响应时程曲线

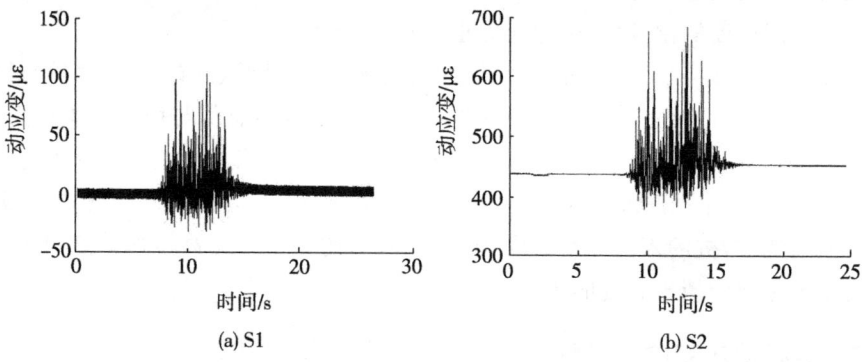

图 5-114　Kobe 波 x、z 双向激振，$A_{x\max}=0.6g$、$A_{z\max}=0.4g$ 锚杆动应变响应时程曲线

图 5-115～图 5-117 给出模型二中的锚索分别在汶川波 x、z 双向，大瑞波 x、z 双向和 Kobe 波 x、z 双向激振下，加速度峰值 $A_{x\max}=0.6g$、$A_{z\max}=0.4g$ 时各测点的动应变响应时程曲线。

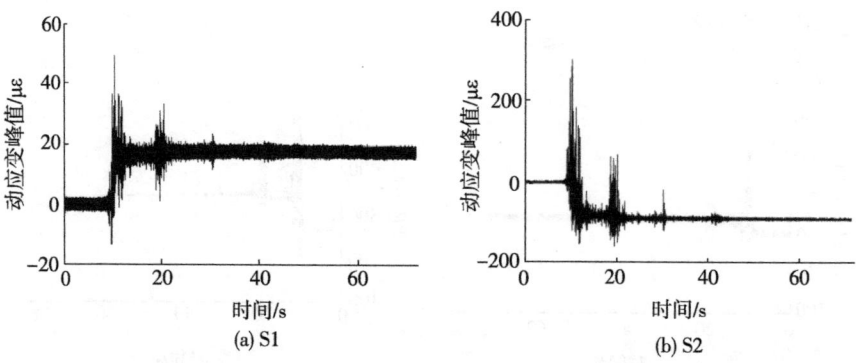

图 5-115　汶川波 x、z 双向激振，$A_{x\max}=0.6g$、$A_{z\max}=0.4g$ 锚索动应变响应时程曲线

汶川波有两个加速度幅值较大的时段，模型在经历汶川波激振时，动应变响应随之出现两次跳跃，且第一次跳跃比第二次显著，这反映在双向激振时的动应变响应时

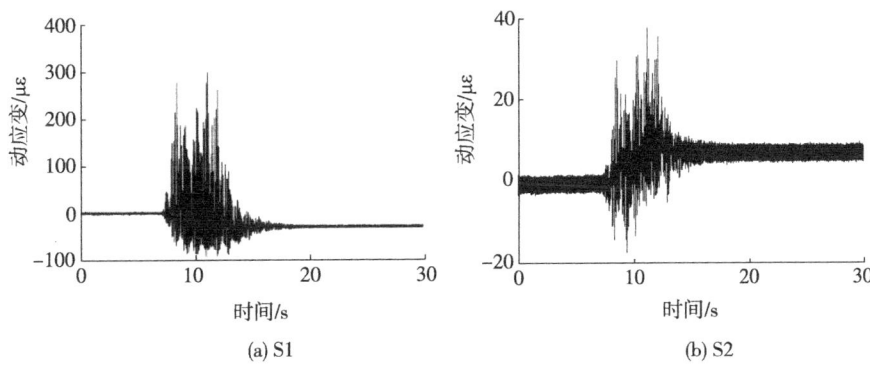

图 5-116　大瑞波 x、z 双向激振，$A_{x\max}=0.6g$、$A_{z\max}=0.4g$ 锚索动应变响应时程曲线

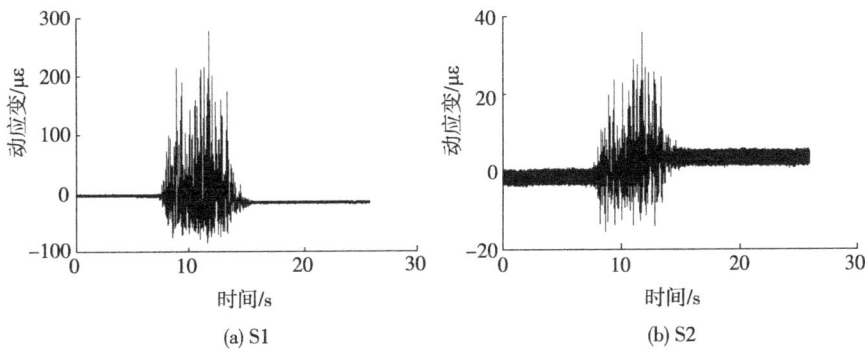

图 5-117　Kobe 波 x、z 双向激振，$A_{x\max}=0.6g$、$A_{z\max}=0.4g$ 锚索动应变响应时程曲线

程曲线上，分别如图 5-112 和图 5-113 所示。地震动使得锚杆产生了残余应变，由于第一次跳跃大于第二次，所以第二次跳跃后产生的残余应变基本上是第一次跳跃后所产生的残余应变。

大瑞波和 Kobe 波较大的加速度幅值集中在一个时段内，因而锚杆动应变响应只出现一个时段内的跳跃，对应该时段出现动应变峰值并产生残余应变，动应变响应时程曲线分别如图 5-113 和图 5-114 以及图 5-116 和图 5-117 所示。

锚杆、锚索实测动应变峰值随激振加速度峰值变化规律，分别如图 5-118 和图 5-119 所示。

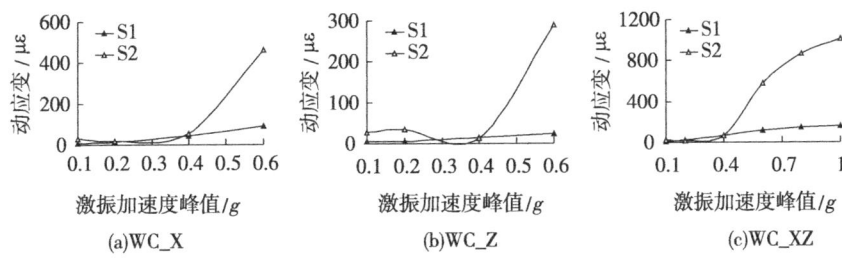

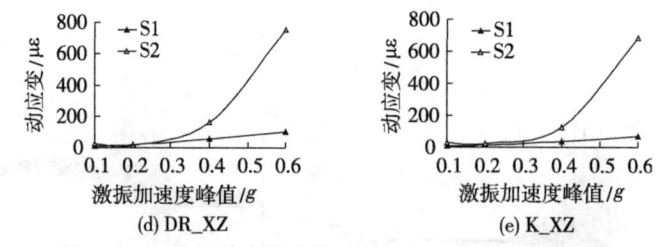

图 5-118 锚杆动应变峰值随激振加速度峰值变化情况

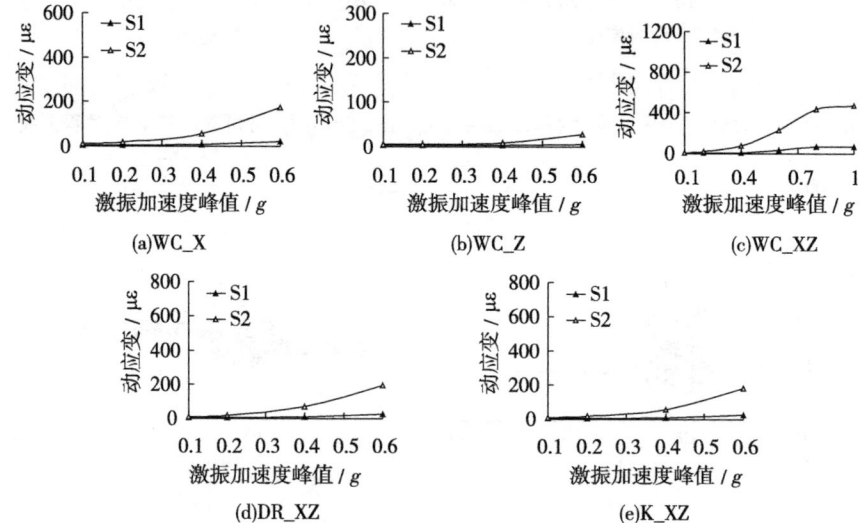

图 5-119 锚索动应变峰值随激振加速度峰值变化情况

(1) 锚杆、锚索动应变峰值都随激振加速度峰值的增大而增大。

汶川波 x 向激振时,锚杆、锚索动应变峰值都大于汶川波 z 向激振,汶川波 x、z 双向激振时的动应变峰值都大于汶川波 x 向激振。当激振加速度峰值大于 0.4g 时,汶川波 x、z 双向激振时的动应变峰值都大于汶川波 x 向、z 向激振时的动应变峰值之和。

在三种地震波 x、z 双向激振时,锚杆、锚索动应变峰值分别较为接近。

(2) 两个模型试验中,上层锚杆(索)的动应变峰值都大于下层锚杆(索)。

对于锚杆,上层锚杆动应变峰值是下层锚杆动应变峰值的 1.12～12.02 倍;对于锚索,上层锚杆动应变峰值是下层锚杆动应变峰值的 1.54～8.69 倍。

(3) 预应力锚索的动应变峰值小于锚杆的动应变峰值。

汶川波 x 向激振时,锚索动应变峰值是锚杆的 0.19～0.67 倍,其中仅有两个工况超过 0.94 倍;汶川波 z 向激振时,锚索动应变峰值是锚杆的 0.10～0.67 倍;汶川波 x、z 双向激振时,锚索动应变峰值是锚杆的 0.15～0.50 倍,仅有两个工况超过 1.08 倍;大瑞波 x、z 双向激振时,锚索动应变峰值是锚杆的 0.17～0.43 倍,有一个工况超过 1.20 倍;Kobe 波 x、z 双向激振时,锚索动应变峰值是锚杆的 0.22～0.74 倍。

5.4 支挡结构-顺层岩质边坡动力特性

拟建中的大瑞铁路沿线,除有大量厚覆盖层和基岩的基覆边坡外,上覆土层下的基岩也有大量顺层岩石,这种厚覆盖层和顺层岩质边坡对支挡结构的地震动力特性有何影响,是本节研究的主要内容。

根据岩层倾角,设计了3个相似比为1:8的厚覆盖层和顺层岩质边坡模型,开展大型振动台模型试验研究。模型的岩层倾角分别为20°、30°和40°,其支挡结构都为重力式挡墙与格构式锚杆框架结构二级支护边坡。主要研究内容包括:

(1) 支挡结构动力特性变化规律及其影响因素;

(2) 研究在不同地震波、不同地震动强度激励下,支挡结构的水平和竖向加速度响应特性、加速度放大倍数分布规律及其影响因素;

(3) 支挡结构动土压力响应特性;

(4) 支挡结构动位移响应特性。根据采集到的动位移响应数据,分析支挡结构的地震动位移模式;

(5) 锚杆动应变响应特性。

3个模型试验中的加速度、动位移、动土压力和动应变等传感器,布置位置及编号分别如图5-6及说明所示。

试验选用的地震波及加载方案见5.2.6节。三种地震波的时间压缩比为2.83,压缩后的加速度时程曲线及傅氏谱分别如图5-29~图5-31所示。

5.4.1 模型地震动力特性分析

1. 模型基座对加速度动力响应的影响

以 $\alpha=20°$ 的边坡模型为例进行分析,说明基座对模型加速度动力响应的影响。不同试验工况下台面与混凝土基座实测加速度峰值情况如表5-8、图5-120和图5-121所示。

表5-8 台面和混凝土基座实测加速度峰值比较

工况代号	时间压缩比	激励波峰值/g		台面实测峰值/g		基岩实测峰值/g	
		x	z	x	z	x	z
WC_X-1	2.83	0.1		0.1078	0.0345	0.1056	0.0871
WC_Z-1	2.83		0.067	0.0160	0.0749	0.0159	0.1155
WC_XZ-1	2.83	0.1	0.067	0.1090	0.0800	0.1068	0.1357
DR_XZ-1	2.83	0.1	0.067	0.1143	0.0933	0.1130	0.1489
KB_XZ-1	2.83	0.1	0.067	0.0999	0.0831	0.1034	0.1602

续表

工况代号	时间压缩比	激励波峰值/g		台面实测峰值/g		基岩实测峰值/g	
		x	z	x	z	x	z
WC_X-2	2.83	0.2		0.2067	0.0428	0.2093	0.1565
WC_Z-2	2.83		0.133	0.0136	0.1394	0.0212	0.2129
WC_XZ-2	2.83	0.2	0.133	0.2056	0.1499	0.2047	0.2622
DR_XZ-2	2.83	0.2	0.133	0.2252	0.1652	0.2106	0.3013
KB_XZ-2	2.83	0.2	0.133	0.1875	0.1451	0.1961	0.2962
WC_X-3	2.83	0.4		0.3964	0.1120	0.3961	0.2582
WC_Z-3	2.83		0.267	0.0211	0.2697	0.0441	0.4214
WC_XZ-3	2.83	0.4	0.267	0.3932	0.2918	0.3964	0.5070
DR_XZ-3	2.83	0.4	0.267	0.4321	0.3166	0.4009	0.4930
KB_XZ-3	2.83	0.4	0.267	0.3530	0.3019	0.3701	0.5465
WC_X-4	2.83	0.6		0.6255	0.1812	0.5110	0.4436
WC_Z-4	2.83		0.4	0.0281	0.3952	0.0856	0.6625
WC_XZ-4	2.83	0.6	0.4	0.6355	0.4346	0.4639	0.7930
DR_XZ-4	2.83	0.6	0.4	0.7070	0.4817	0.5220	0.7500
KB_XZ-4	2.83	0.6	0.4	0.5735	0.4444	0.4653	0.7475
WC_XZ-5	2.83	0.8	0.533	0.8630	0.5995	0.8250	1.1060
WC_XZ-6	2.83	1.0	0.667	1.0960	0.7620	0.8515	1.4235

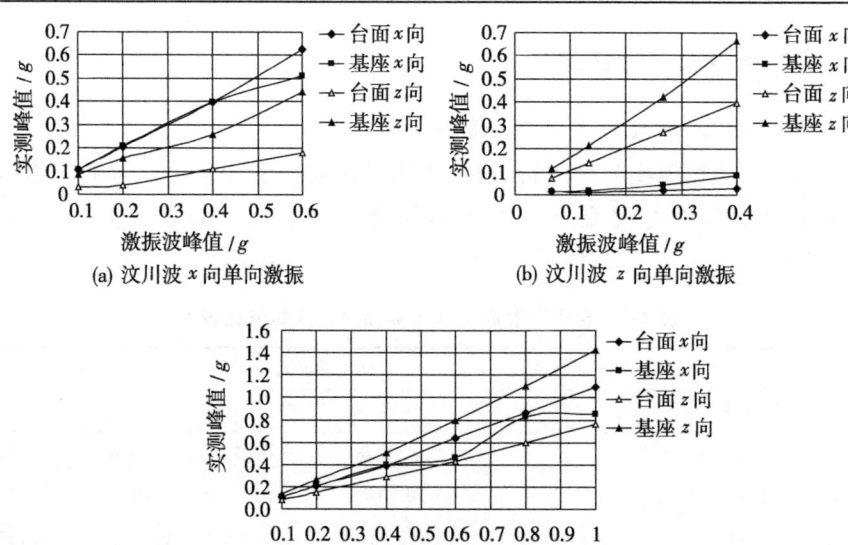

图 5-120 汶川波激振下台面和基座加速度响应情况

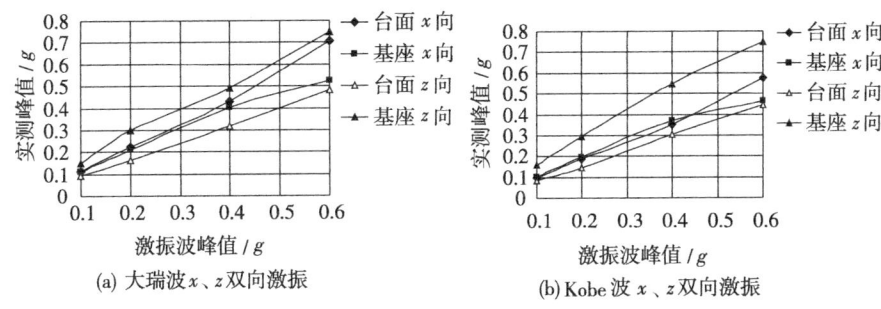

图 5-121 大瑞波、Kobe 波 x、z 双向激振台面和基座加速度响应情况

通过分析得到：一方面，台面实测水平和竖向加速度峰值与激励波加速度峰值基本吻合，说明试验可靠；另一方面，混凝土基座对台面竖向加速度放大效应明显。相对于台面实测加速度，不同工况下混凝土基座对竖向加速度放大倍数为 1.527~2.041，而水平方向的放大倍数为 0.730~1.046。因此，下文进行模型加速度放大倍数分析时，均参照台面加速度的实测值。

2. 模型模态参数变化情况分析

取 3 个模型坡体内各测点模态参数的均值，进行对比分析。各工况白噪声激励后模型 X 向振动的第一阶模态参数见表 5-9，变化规律如图 5-122 所示。从图中看出，

表 5-9 不同岩层倾角模型 x 向振动第一阶模态参数

工况	20°		30°		40°	
	频率/Hz	阻尼比/%	频率/Hz	阻尼比/%	频率/Hz	阻尼比/%
WN-1	27.35	12.81	25.09	13.02	21.32	13.65
WN-2	24.70	11.76	23.32	14.70	17.38	12.39
WN-3	24.27	13.86	23.11	13.02	17.17	13.86
WN-4	23.78	14.49	22.66	15.75	17.07	15.96
WN-5	23.60	17.43	22.56	15.59	17.33	18.60
WN-6	23.06	23.31	21.53	19.74	15.55	19.74
WN-7	22.53	22.89	19.05	23.94	15.63	25.25

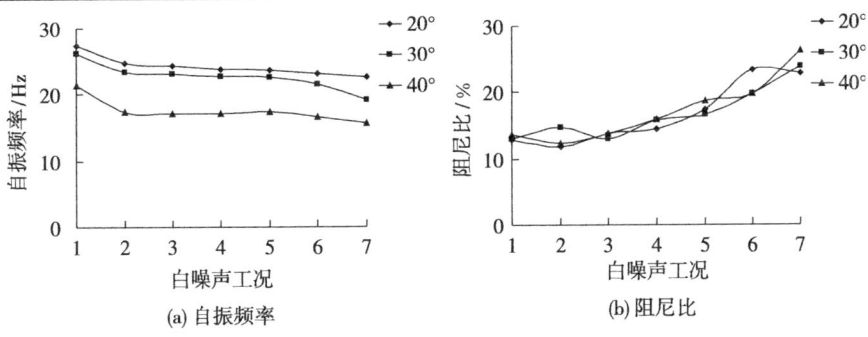

图 5-122 模型模态参数变化情况

模态参数总的变化趋势是模型自振频率逐渐降低,而阻尼比逐渐增大。这由边坡土体在地震作用下逐渐软化所致。模态参数的变化与岩层倾角相关性不大。

5.4.2 加速度动力响应特性

三个模型试验中的 α 分别为20°、30°和40°,加速度计布设位置保持不变,加速度计布设的具体位置及编号如图5-123所示。

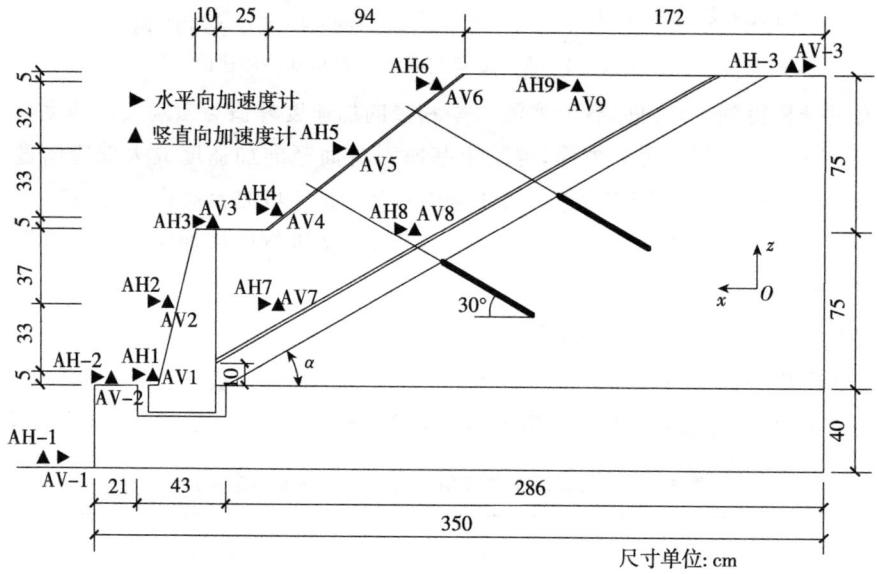

图 5-123　模型加速度计布设具体位置及编号图

在研究支挡结构加速度动力响应特性时,只分析讨论重力式挡墙水平方向的加速度动力响应特性;对于格构式框架梁则分析和讨论其水平、竖向的加速度动力响应特性。

以各测点加速度放大倍数来描述支挡结构的加速度动力响应特性。

1. 重力式挡墙加速度动力响应

1) 岩层倾角为 $\alpha=20°$ 时,重力式挡墙加速度动力响应特性

图5-124～图5-128分别为汶川波 x 向、z 向和 x、z 双向,以及大瑞波 x、z 双向

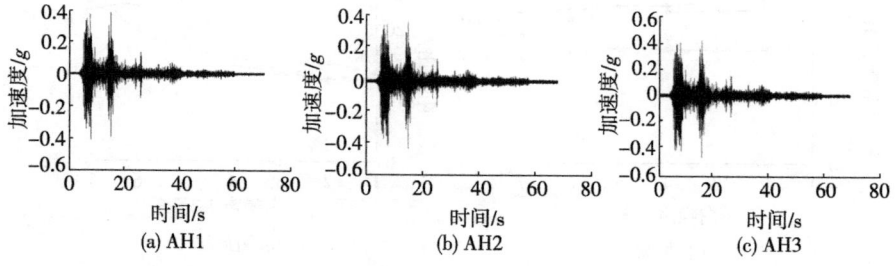

图 5-124　汶川波 x 向激振,$A_{x\max}=0.4g$ 加速度响应时程曲线

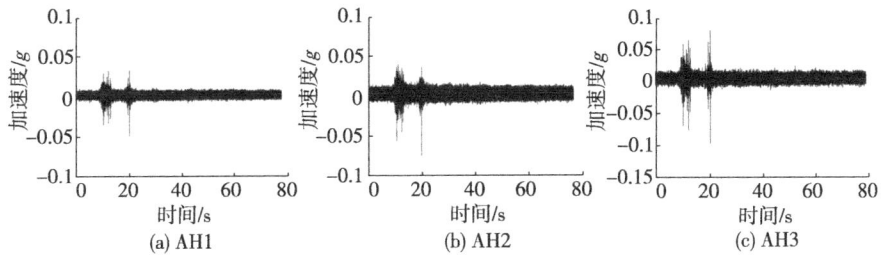

图 5-125 汶川波 z 向激振,$A_{zmax}=0.267g$ 加速度响应时程曲线

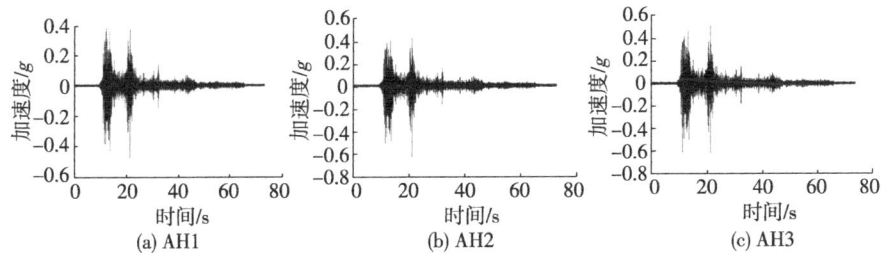

图 5-126 汶川波 x、z 双向激振,$A_{xmax}=0.4g$、$A_{zmax}=0.267g$ 加速度响应时程曲线

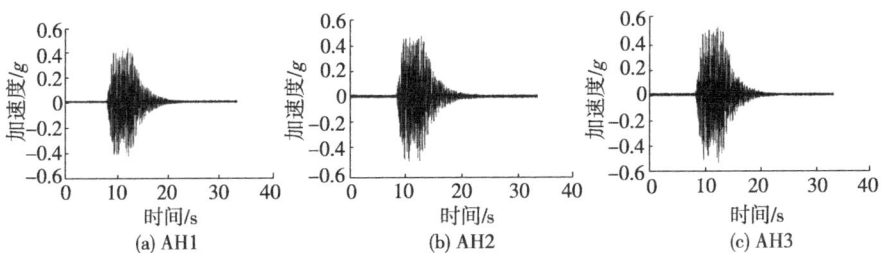

图 5-127 大瑞波 x、z 双向激振,$A_{xmax}=0.4g$、$A_{zmax}=0.267g$ 加速度响应时程曲线

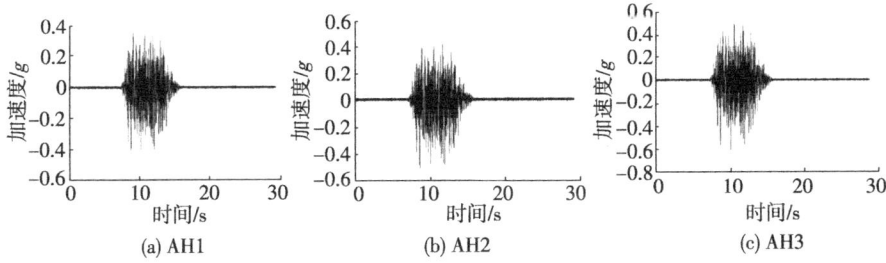

图 5-128 Kobe波 x、z 双向激振,$A_{xmax}=0.4g$、$A_{zmax}=0.267g$ 加速度响应时程曲线

和Kobe波 x、z 双向激振下,激振加速度峰值 $A_{xmax}=0.4g$、$A_{zmax}=0.267g$ 时,挡墙各测点加速度响应时程曲线。

各加载工况下,加速度放大倍数沿墙高呈现出近似线性增大的特征。加速度放大倍数沿墙高分布情况如图5-129所示。

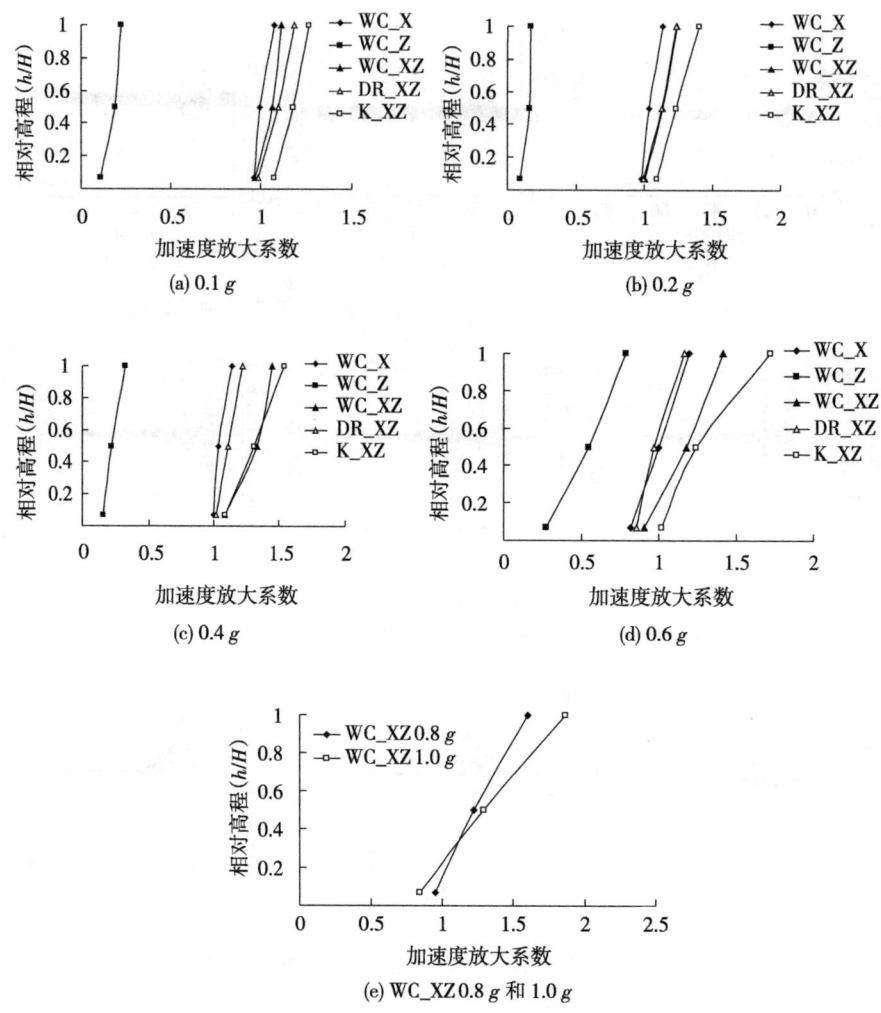

图 5-129 α=20°时加速度放大倍数沿墙高分布情况

在汶川波 x 向激振下,各测点加速度放大倍数为 0.822~1.201,仅墙顶加速度放大。在汶川波 z 向激振下,各测点加速度放大倍数为 0.092~0.790,挡墙加速度没有放大。在汶川波 x、z 双向激振下,各测点加速度放大倍数为 0.840~1.863,墙中和墙顶加速度放大。

试验结果说明:汶川波 x、z 双向激振时,挡土墙加速度动力响应最大,x 向激振时次之,z 向激振时最小。挡墙主要产生水平加速度动力反应,且主要由水平向地震波所产生。大瑞波 x、z 双向激励下,挡墙加速度放大倍数为 0.856~1.234,墙中和墙顶加速度放大,响应峰值小于汶川波 x、z 双向激振;Kobe 波 x、z 双向激励下,挡墙加速度放大倍数为 1.017~1.718,响应峰值大于汶川波 x、z 双向激振,且大于大瑞波 x、z 双向激振。

2) 岩层倾角为 α=30°时,重力式挡墙加速度动力响应特性

图 5-130～图 5-134 分别为汶川波 x 向、z 向和 x、z 双向,以及大瑞波 x、z 双向和 Kobe 波 x、z 双向激振下,激振加速度峰值 $A_{x\max}=0.4g$、$A_{z\max}=0.267g$ 时,挡墙各测点加速度响应时程曲线。

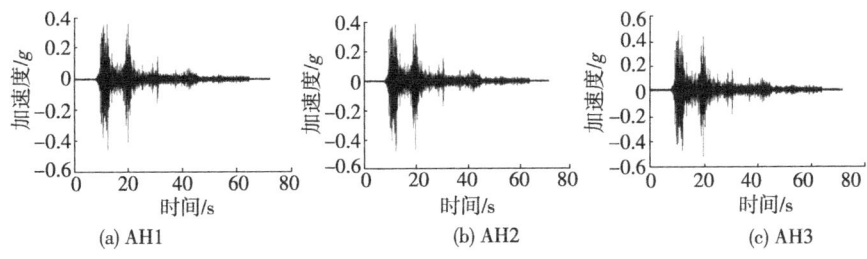

图 5-130 汶川波 x 向激振,$A_{x\max}=0.4g$ 加速度响应时程曲线

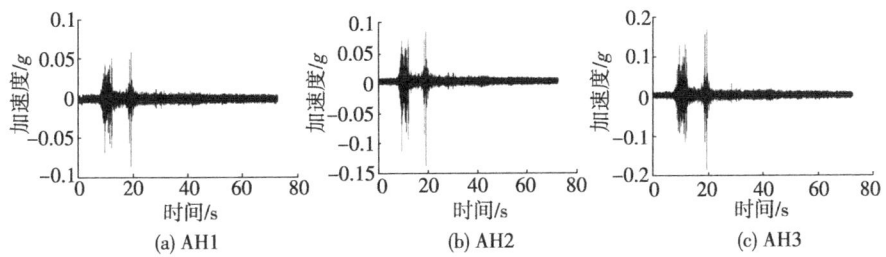

图 5-131 汶川波 z 向激振,$A_{z\max}=0.267g$ 加速度响应时程曲线

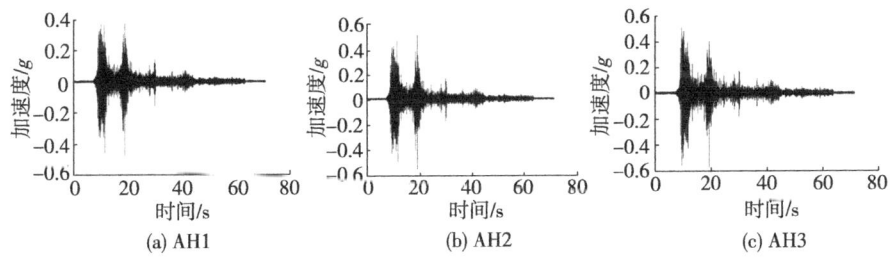

图 5-132 汶川波 x、z 双向激振,$A_{x\max}=0.4g$、$A_{z\max}=0.267g$ 加速度响应时程曲线

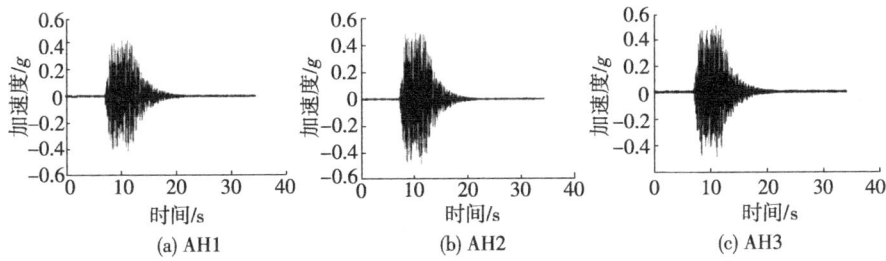

图 5-133 大瑞波 x、z 双向激振,$A_{x\max}=0.4g$、$A_{z\max}=0.267g$ 加速度响应时程曲线

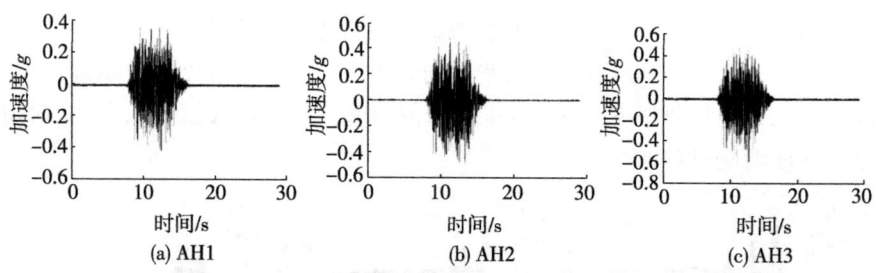

图 5-134 Kobe 波 x、z 双向激振，$A_{xmax}=0.4g$、$A_{zmax}=0.267g$ 加速度响应时程曲线

各加载工况下，加速度放大倍数沿墙高呈现出非线性分布特征。加速度放大倍数沿墙高分布情况如图 5-135 所示。

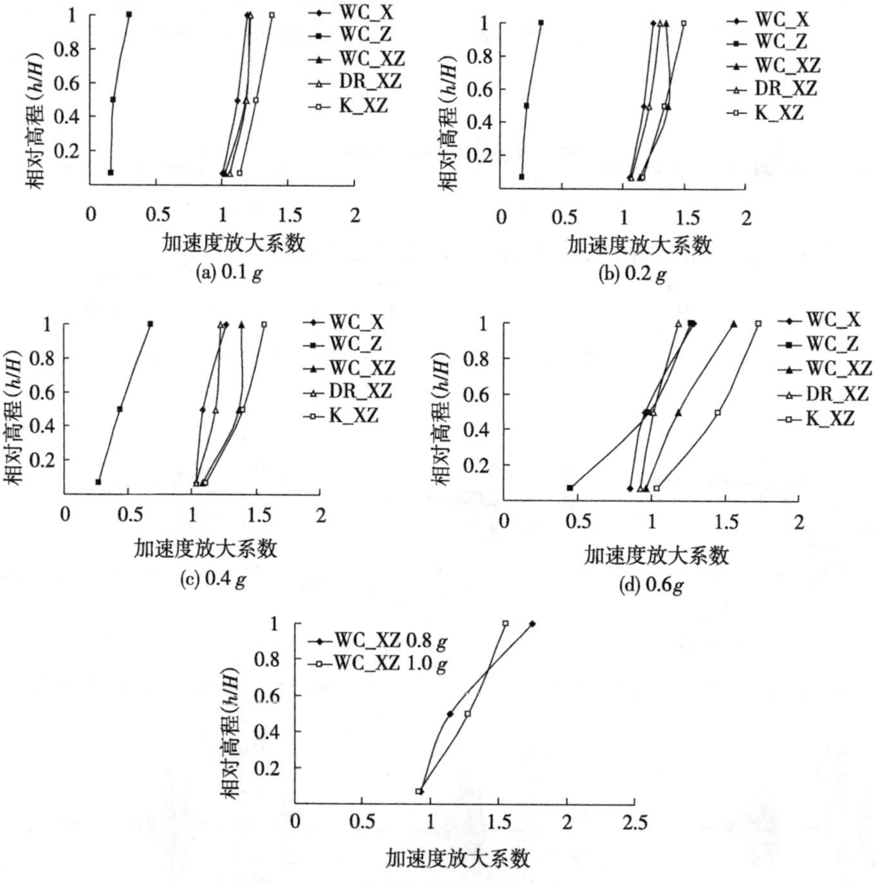

图 5-135 $\alpha=30°$ 时加速度放大倍数沿墙高分布情况

在汶川波 x 向激振下，各测点加速度放大倍数为 $0.860 \sim 1.288$，墙中和墙顶加速度放大。在汶川波 z 向激振下，各测点加速度放大倍数为 $0.163 \sim 1.269$。在汶川

波 x、z 双向激振下，各测点加速度放大倍数为 0.920～1.746。

试验结果说明：汶川波 x、z 双向激振时，挡土墙加速度动力响应最大，x 向激振时次之，z 向激振时最小。挡墙主要产生水平加速度动力反应，且主要由水平向地震波所产生。大瑞波 x、z 双向激励下，挡墙加速度放大倍数为 0.923～1.296，响应峰值小于汶川波 x、z 双向激振；Kobe 波 x、z 双向激励下，挡墙加速度放大倍数为 1.036～1.725，响应峰值大于汶川波 x、z 双向激振，且大于大瑞波 x、z 双向激振。

3) 岩层倾角为 $\alpha=40°$ 时，重力式挡墙加速度动力响应特性

图 5-136～图 5-140 分别为汶川波 x 向、z 向和 x、z 双向，以及大瑞波 x、z 双向和 Kobe 波 x、z 双向激振下，激振加速度峰值 $A_{x\max}=0.4g$、$A_{z\max}=0.267g$ 时，挡墙各测点加速度响应时程曲线。

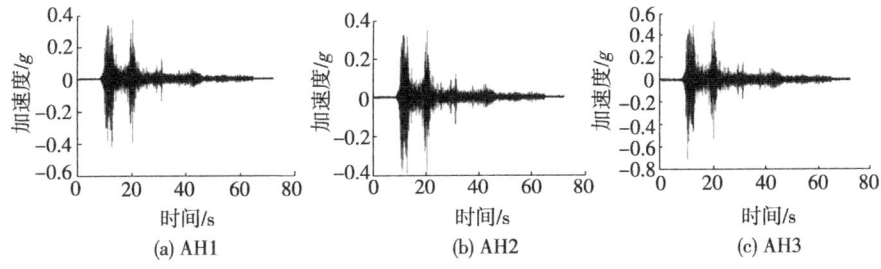

图 5-136　汶川波 x 向激振，$A_{x\max}=0.4g$ 加速度响应时程曲线

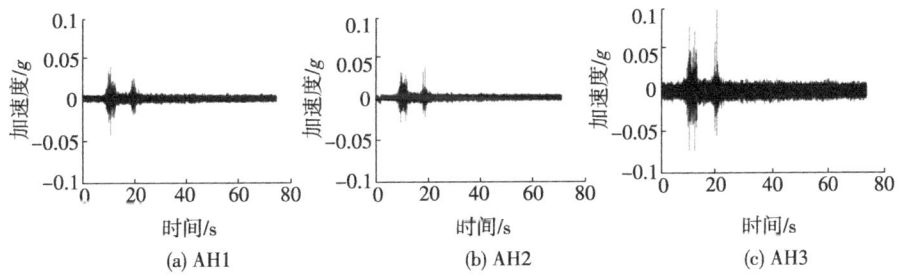

图 5-137　汶川波 z 向激振，$A_{z\max}=0.267g$ 加速度响应时程曲线

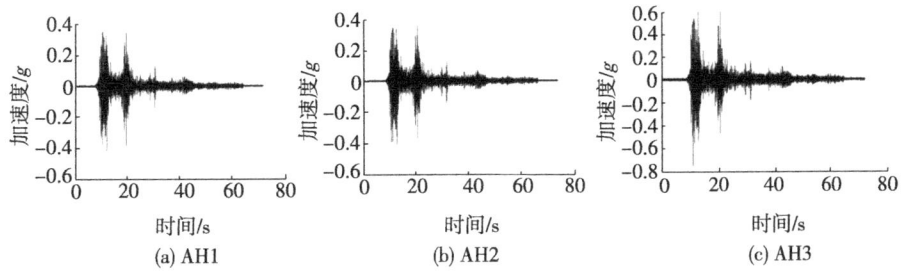

图 5-138　汶川波 x、z 双向激振，$A_{x\max}=0.4g$、$A_{z\max}=0.267g$ 加速度响应时程曲线

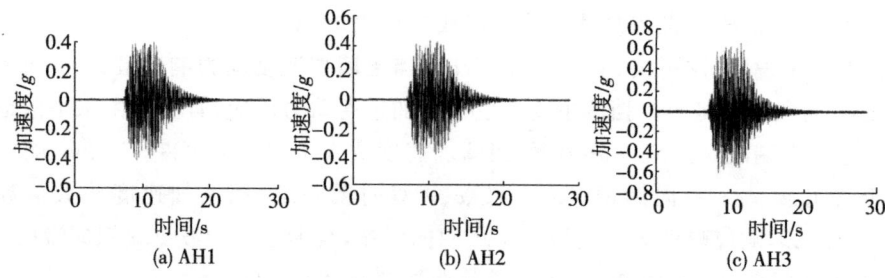

图 5-139 大瑞波 x、z 双向激振，$A_{x\max}=0.4g$、$A_{z\max}=0.267g$ 加速度响应时程曲线

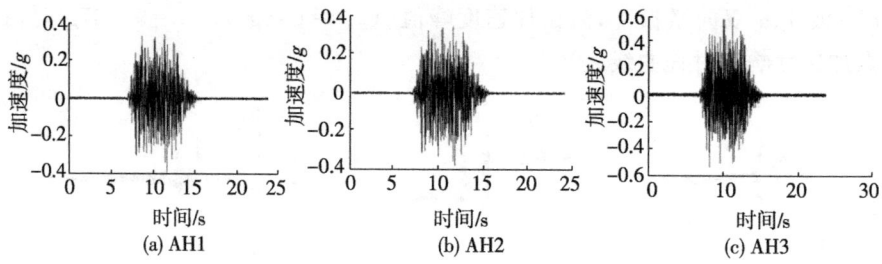

图 5-140 Kobe 波 x、z 双向激振，$A_{x\max}=0.4g$、$A_{z\max}=0.267g$ 加速度响应时程曲线

各加载工况下，加速度放大倍数沿墙高呈现出显著的非线性分布特征。加速度放大倍数沿墙高分布情况如图 5-141 所示。在汶川波 x 向激振下，各测点加速度放大倍数为 0.948～1.245，仅墙顶加速度放大。在汶川波 z 向激振下，各测点加速度放大倍数为 0.136～0.408。在汶川波 x、z 双向激振下，各测点加速度放大倍数为 0.945～1.604，仅墙顶加速度放大。即在汶川波 x 向和 x、z 双向激振下，仅墙顶加速度放大。在汶川波 z 向激振下，各测点加速度没有放大。此外，汶川波 x、z 双向激振时，挡土墙加速度动力响应最大，x 向激振时次之，z 向激振时最小。挡墙主要产生水平加速度动力反应，且主要由水平向地震波所产生。大瑞波 x、z 双向激励下，各测点加速度放大倍数为 0.813～1.242，基本上只有墙顶加速度放大，响应峰值稍小于汶川波 x、z 双向激振；Kobe 波 x、z 双向激励下，各测点加速度放大倍数为 0.910～1.982，加速度响应峰值大于汶川波 x、z 双向激振，且大于大瑞波 x、z 双向激振。

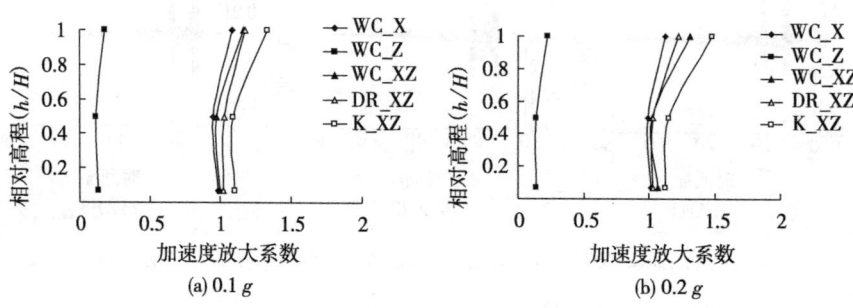

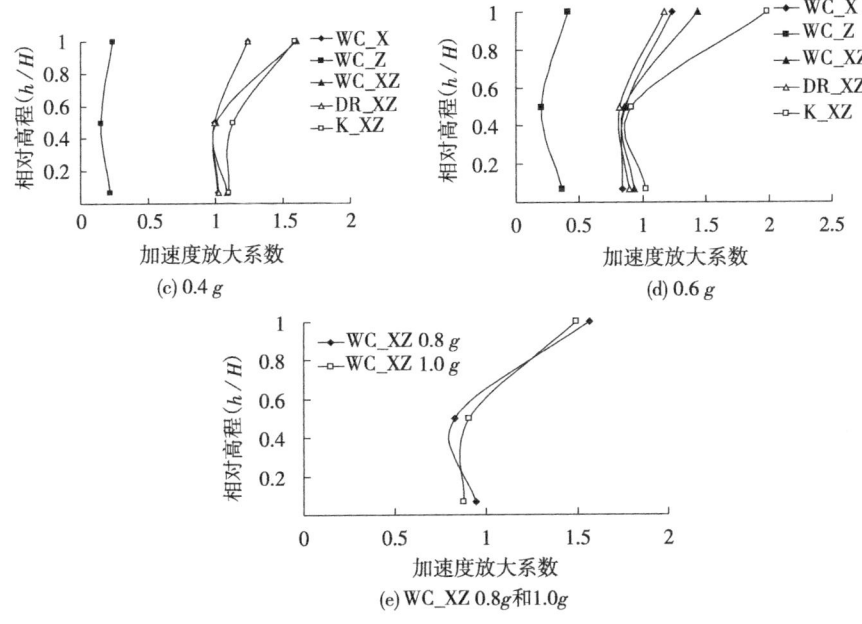

图 5-141 α=40°时加速度放大倍数沿墙高分布情况

4) 比较分析

以汶川波 x、z 双向激振为例,三组模型试验各测点(水平向)加速度放大倍数沿墙高分布比较情况如图 5-142 所示。

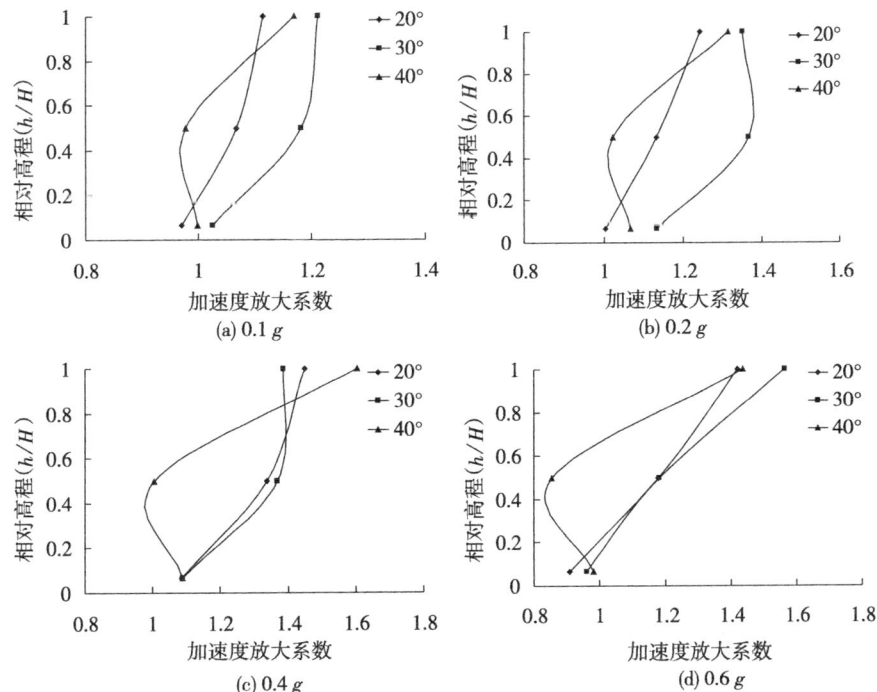

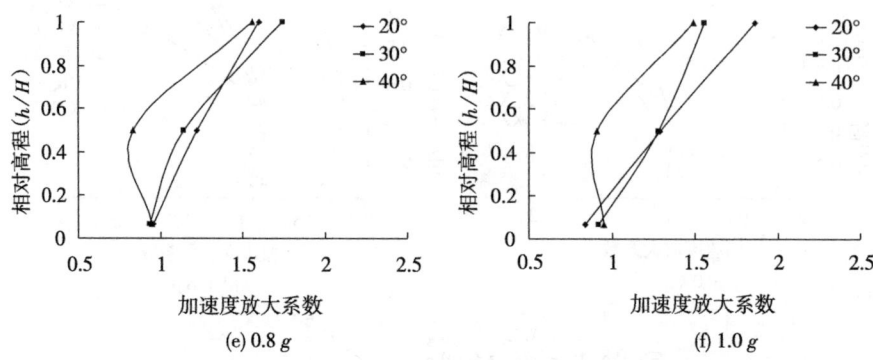

图 5-142　汶川波 x、z 双向激振时,加速度放大倍数沿墙高分布比较图

根据上述分析,得到以下几个结论:

(1) 挡墙的加速度响应特性相同:汶川波作用下,x、z 双向激振的动力响应峰值最大,x 向激振时次之,z 向激振时最小。挡墙主要产生水平向加速度动力反应,且主要由水平向地震波所产生;大瑞波 x、z 双向激振时的响应峰值小于汶川波 x、z 双向激振;Kobe 波 x、z 双向激振时的响应峰值大于汶川波 x、z 双向激振,且大于大瑞波 x、z 双向激振。

(2) 加速度放大倍数随激振加速度峰值和墙高增大而增大。$\alpha=20°$ 时,加速度放大倍数沿墙高近似线性分布;$\alpha=30°$、$40°$ 时,加速度放大倍数沿墙高分布表现出明显的非线性特征。

(3) 汶川波 x 向激振下,岩层倾角 $\alpha=30°$ 时的挡土墙加速度放大倍数基本上最大,岩层倾角 $\alpha=20°$ 时的挡土墙加速度放大倍数最小;汶川波 x、z 双向激振下,岩层倾角 $\alpha=30°$ 时的挡土墙加速度放大倍数基本上最大,$\alpha=20°$ 时墙中加速度放大倍数大于 $\alpha=40°$、墙顶加速度放大倍数却小于 $\alpha=40°$ 时的加速度放大倍数。

(4) 大瑞波和 Kobe 波 x、z 双向激振下,岩层倾角 $\alpha=30°$ 时的挡土墙加速度放大倍数最大,$\alpha=20°$ 时墙中加速度放大倍数大于 $\alpha=40°$、墙顶加速度放大倍数接近 $\alpha=40°$ 时的加速度放大倍数。

2. 格构式框架结构加速度动力响应

1) $\alpha=20°$ 时加速度动力响应特性

图 5-143~图 5-147 分别给出了汶川波 x 向,z 向和 x、z 双向,以及大瑞波 x、z 双向和 Kobe 波 x、z 双向激振时,激振加速度峰值 $A_{x\max}=0.4g$、$A_{z\max}=0.267g$ 时,各测点水平、竖向加速度响应时程曲线。

各加载工况下,加速度放大倍数随激振加速度峰值和高度增大而增大,且沿高度呈现出显著的非线性分布特征。水平、竖向加速度放大倍数沿高度分布情况分别如图 5-148 和图 5-149 所示。

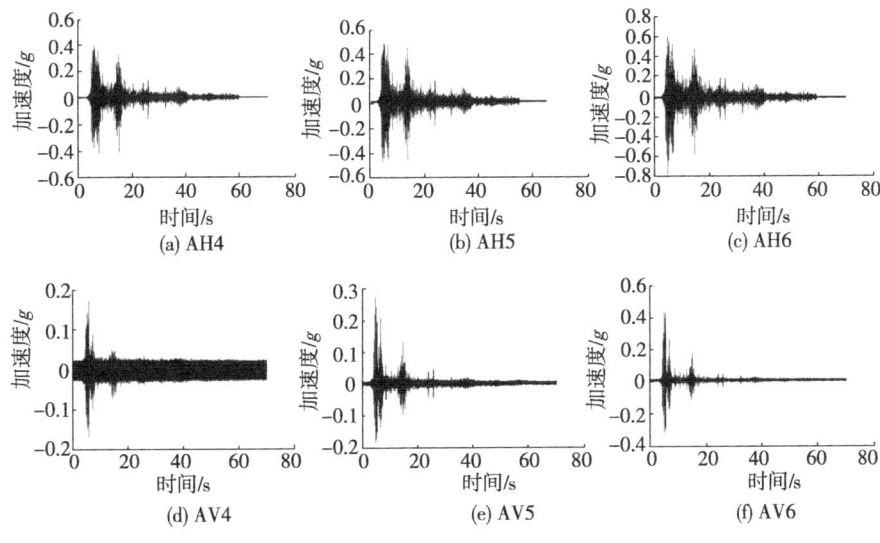

图 5-143 汶川波 x 向激振，$A_{x\max}=0.4g$ 各测点加速度响应时程曲线

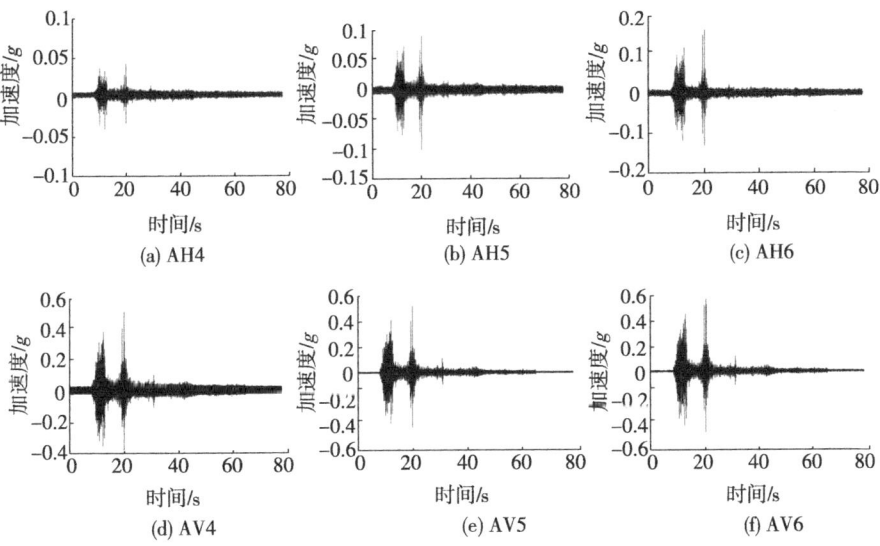

图 5-144 汶川波 z 向激振，$A_{z\max}=0.267g$ 各测点加速度响应时程曲线

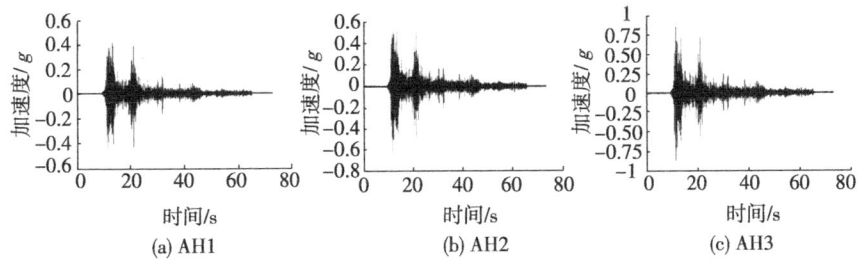

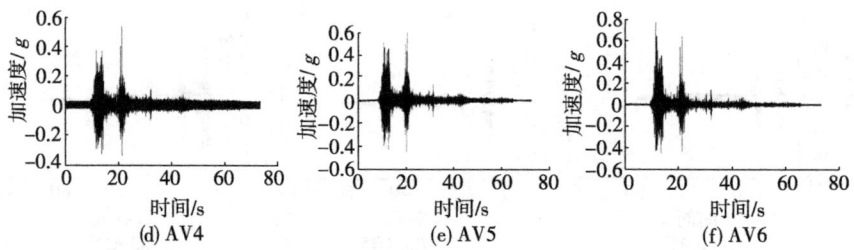

图 5-145 汶川波 x、z 双向激振，$A_{x\max}=0.4g$、$A_{z\max}=0.267g$ 各测点加速度响应时程曲线

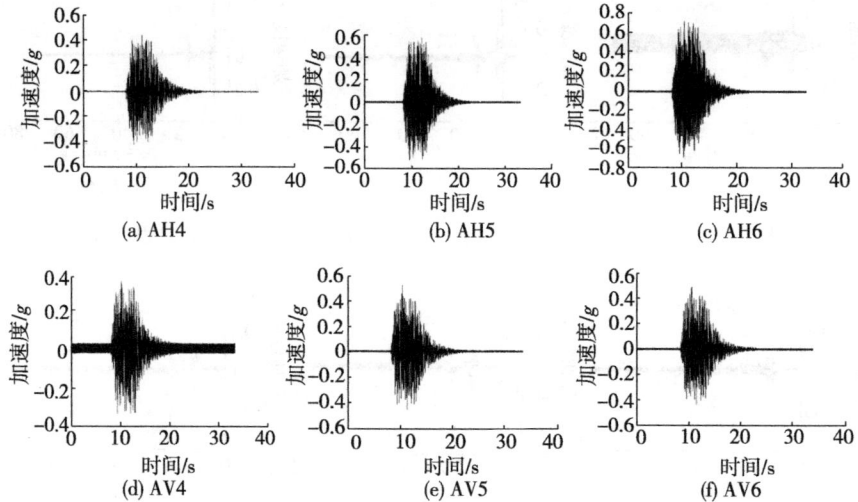

图 5-146 大瑞波 x、z 双向激振，$A_{x\max}=0.4g$、$A_{z\max}=0.267g$ 各测点加速度响应时程曲线

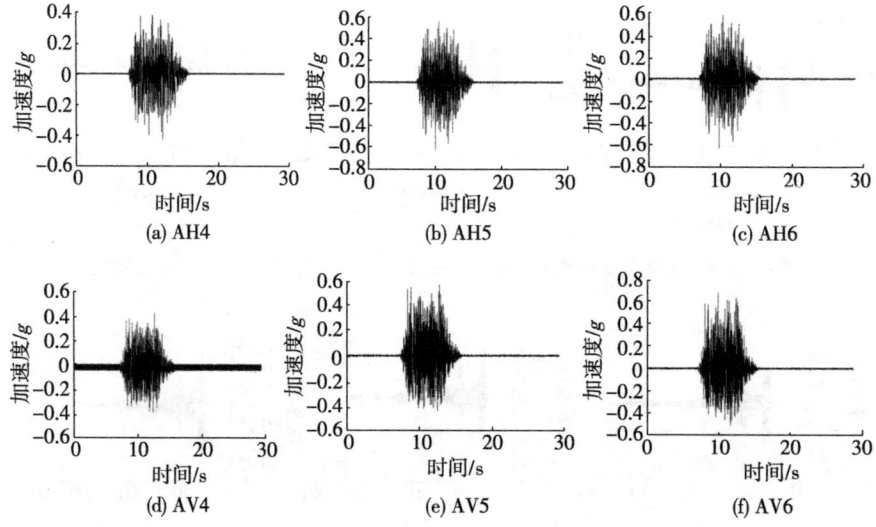

图 5-147 Kobe波 x、z 双向激振，$A_{x\max}=0.4g$、$A_{z\max}=0.267g$ 各测点加速度响应时程曲线

(a) 0.1 g

(b) 0.2 g

(c) 0.4 g

(d) 0.6 g

(e) WC_XZ 0.8 g和 1.0 g

图 5-148　$\alpha=20°$时框架梁水平加速度放大倍数沿高度分布情况

(a) 0.1 g

(b) 0.2 g

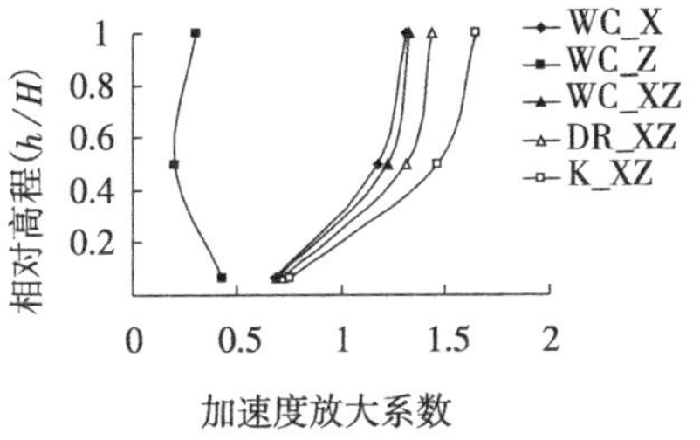

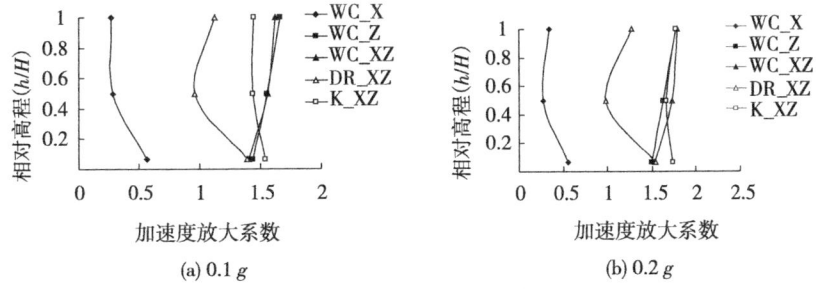

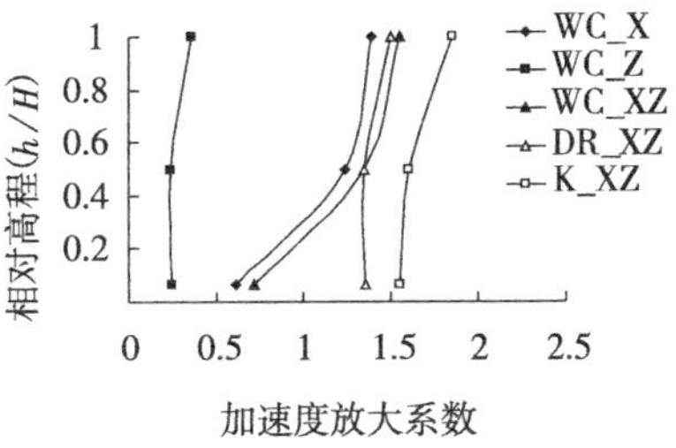

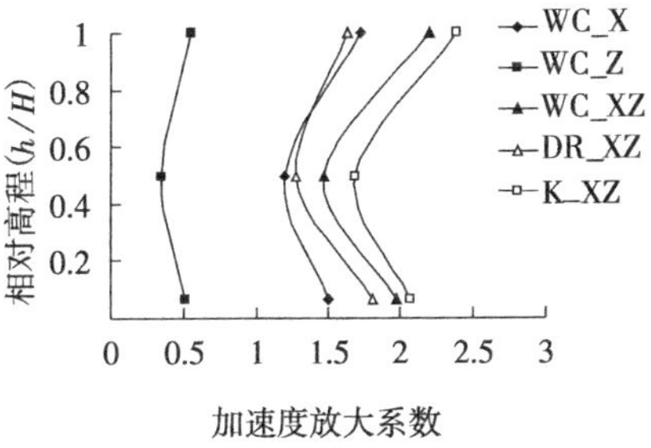

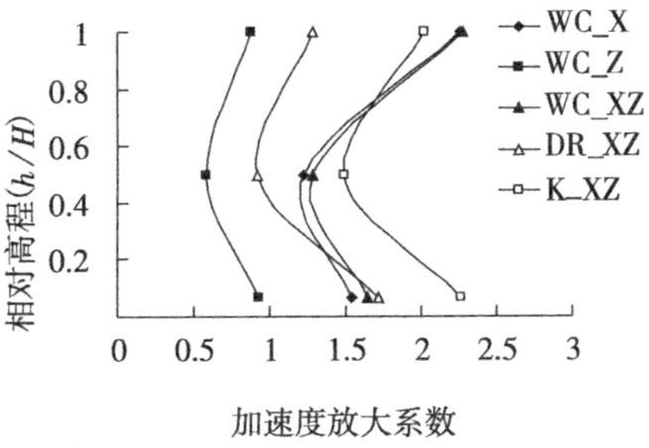

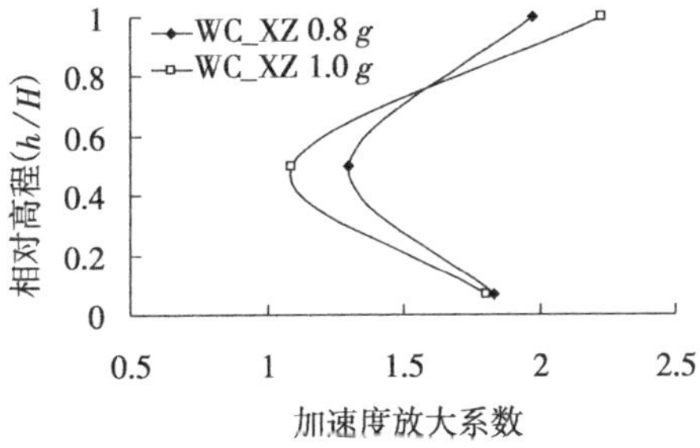

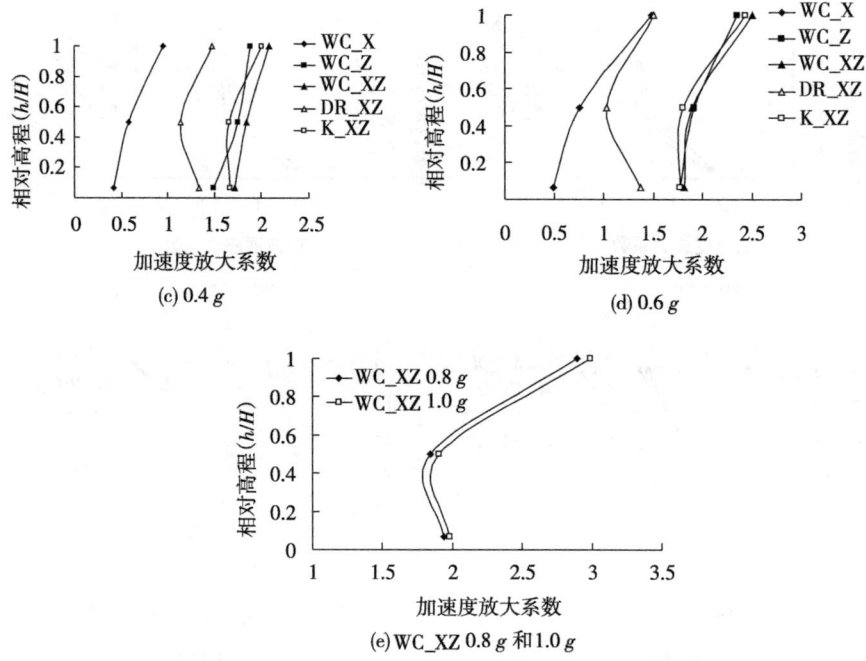

图 5-149 $\alpha=20°$ 时框架梁竖向加速度放大倍数沿高度分布情况

在汶川波 x 向激振下,水平加速度放大倍数为 0.616～2.251,竖向加速度放大倍数为 0.267～1.483(仅在 0.6g 时坡顶放大)。在汶川波 z 向激振下,水平加速度放大倍数为 0.203～0.933,竖向加速度放大倍数为 1.443～2.348。因此可以认为,水平地震波主要产生水平方向的加速度放大效应,而竖向地震波主要产生竖直方向的加速度放大效应。

在汶川波 x、z 双向激振下,水平加速度放大倍数为 0.687～2.268,竖向加速度放大倍数为 1.407～2.989。此外,汶川波 x、z 双向激振时,挡土墙加速度动力响应峰值最大,x 向激振时次之,z 向激振时最小。

大瑞波 x、z 双向激励下,水平加速度放大倍数为 0.719～1.816,竖向加速度放大倍数为 0.979～1.509,响应峰值小于汶川波 x、z 双向激振。

Kobe 波 x、z 双向激励下,水平加速度放大倍数为 0.751～2.390,竖向加速度放大倍数为 1.449～2.429,响应峰值总体上大于汶川波 x、z 双向激振和大瑞波 x、z 双向激振。

2) $\alpha=30°$ 时加速度动力响应特性

图 5-150～图 5-154 分别为汶川波 x 向、z 向和 x、z 双向,以及大瑞波 x、z 双向和 Kobe 波 x、z 双向激振下,激振激振加速度峰值 $A_{xmax}=0.4g$、$A_{zmax}=0.267g$ 时,各测点水平、竖向加速度响应时程曲线。

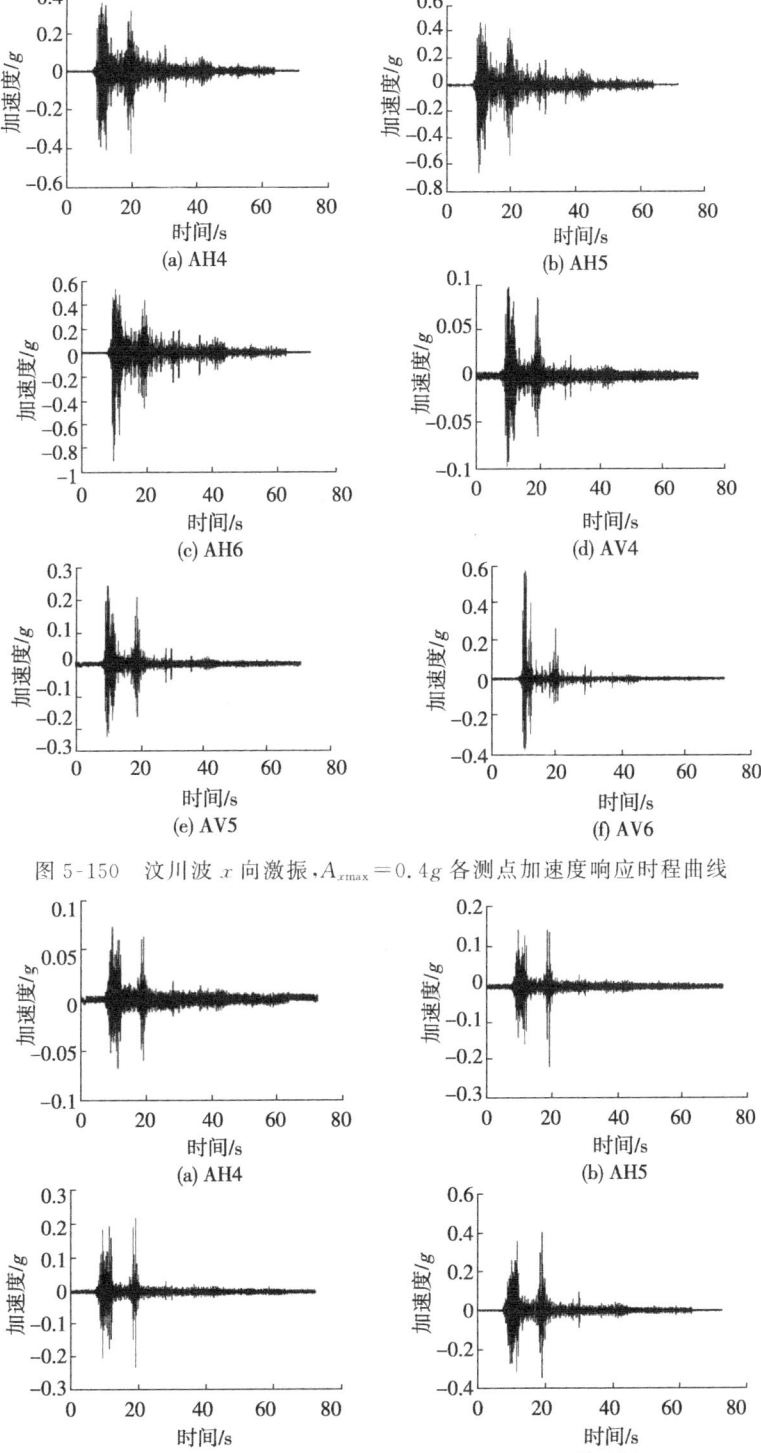

图 5-150　汶川波 x 向激振，$A_{x\max}=0.4g$ 各测点加速度响应时程曲线

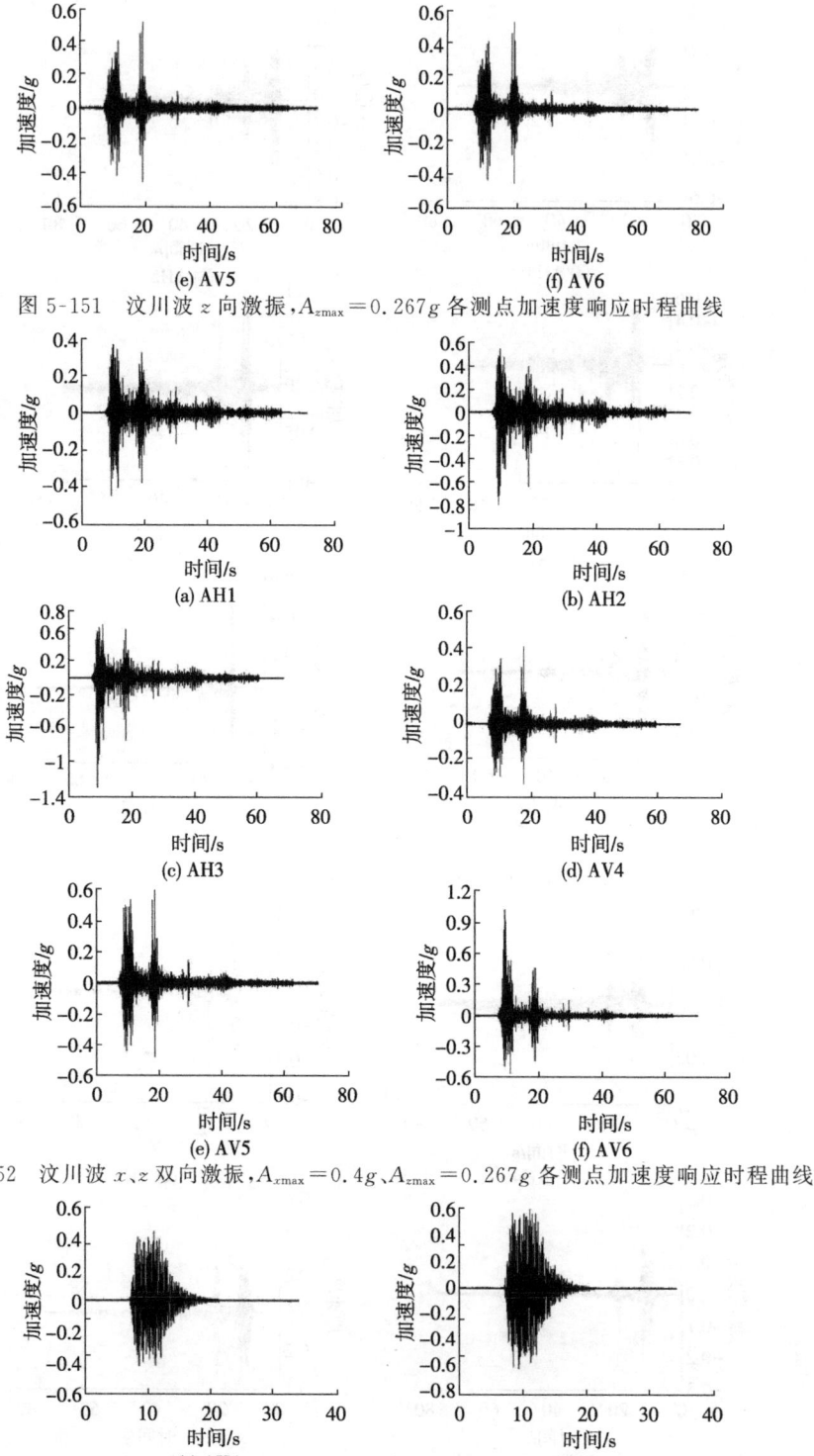

图 5-151 汶川波 z 向激振,$A_{zmax}=0.267g$ 各测点加速度响应时程曲线

图 5-152 汶川波 x、z 双向激振,$A_{xmax}=0.4g$、$A_{zmax}=0.267g$ 各测点加速度响应时程曲线

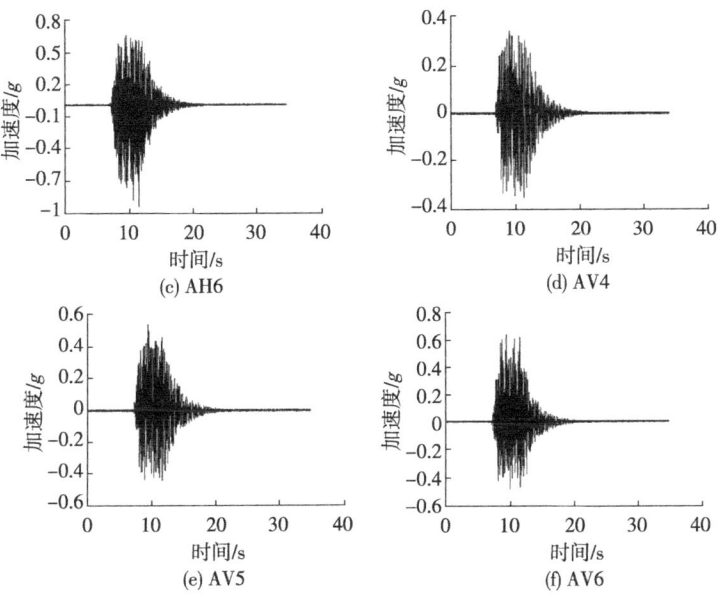

图 5-153 大瑞波 x、z 双向激振，$A_{x\max}=0.4g$、$A_{z\max}=0.267g$ 各测点加速度响应时程曲线

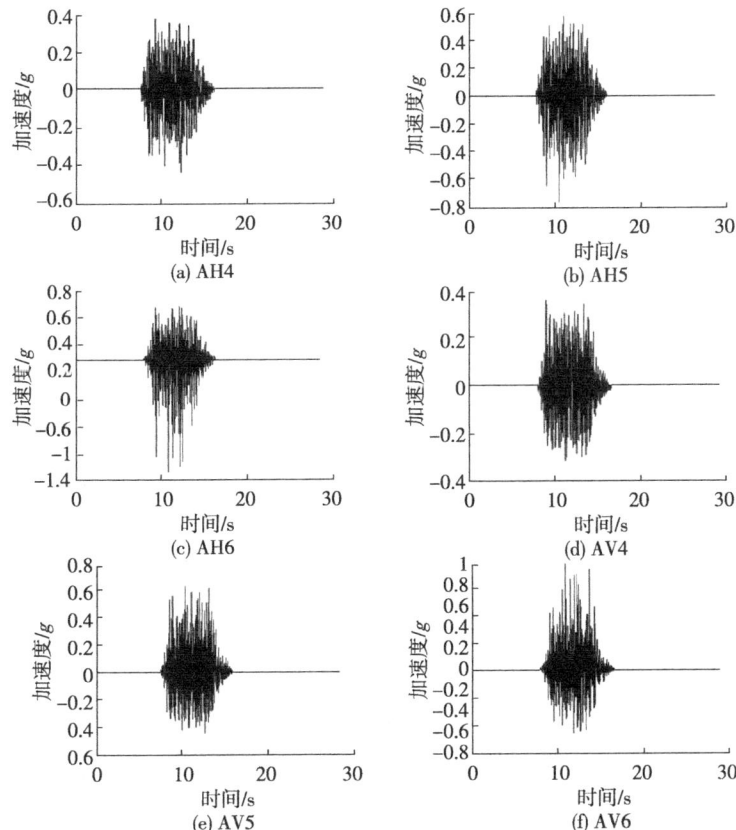

图 5-154 Kobe 波 x、z 双向激振，$A_{x\max}=0.4g$、$A_{z\max}=0.267g$ 各测点加速度响应时程曲线

各加载工况下,加速度放大倍数随激振加速度峰值和高度增大而增大,且沿高度呈现出显著的非线性分布特征。水平、竖向加速度放大倍数沿高度分布情况分别如图 5-155 和图 5-156 所示。

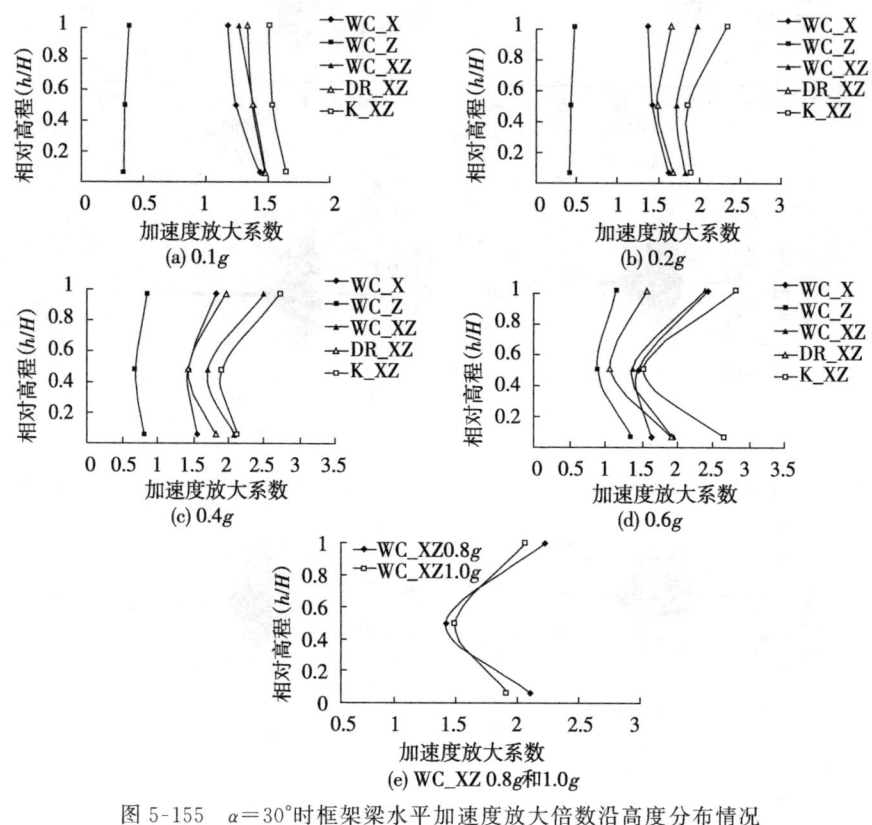

图 5-155 $\alpha=30°$时框架梁水平加速度放大倍数沿高度分布情况

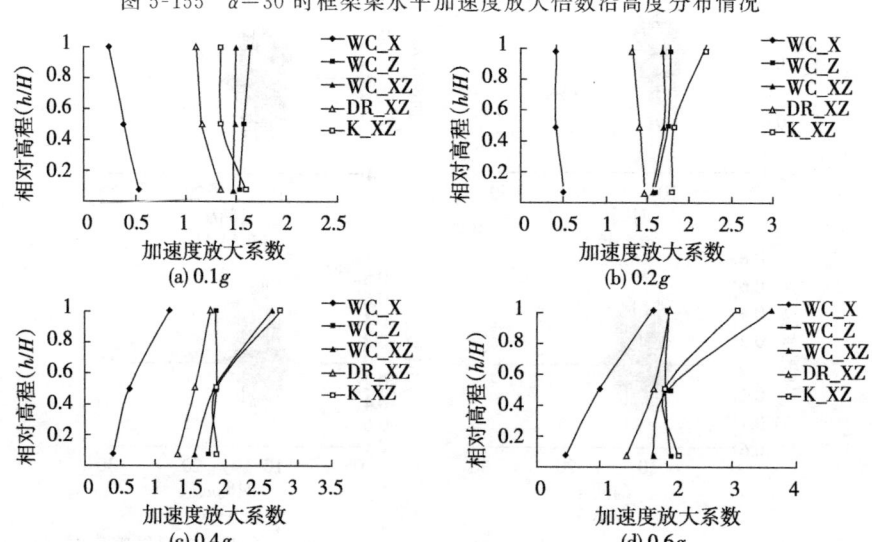

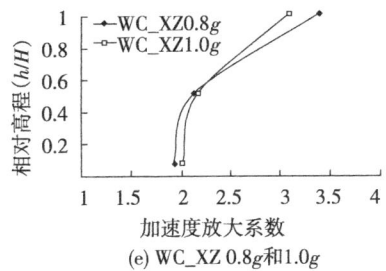

(e) WC_XZ 0.8g和1.0g

图 5-156　$\alpha=30°$ 时框架梁竖向加速度放大倍数沿高度分布情况

在汶川波 x 向激振下，水平加速度放大倍数为 1.278～2.392，竖向加速度放大倍数为 0.393～1.805（仅在大于 0.4g 时坡顶放大）。在汶川波 z 向激振下，水平加速度放大倍数为 0.354～1.336（仅在大于 0.4g 时坡底和坡顶放大），竖向加速度放大倍数为 1.536～2.067。因此可以认为，水平地震波主要产生水平方向的加速度放大效应，而竖向地震波主要产生竖直方向的加速度放大效应。

在汶川波 x、z 双向激振下，水平加速度放大倍数为 1.303～2.483，竖向加速度放大倍数为 1.478～3.613。此外，汶川波 x、z 双向激振时，挡土墙加速度动力响应最大，x 向激振时次之，z 向激振时最小。

大瑞波 x、z 双向激励下，水平加速度放大倍数为 1.416～1.959，竖向加速度放大倍数为 1.105～2.061，响应峰值小于汶川波 x、z 双向激振。

Kobe 波 x、z 双向激励下，水平加速度放大倍数为 1.556～2.788，竖向加速度放大倍数为 1.350～3.078，响应峰值总体上大于汶川波 x、z 双向激振和大瑞波 x、z 双向激振。

3）$\alpha=40°$ 时加速度动力响应特性

图 5-157～图 5-161 分别为汶川波 x 向、z 向和 x、z 双向，以及大瑞波 x、z 双向

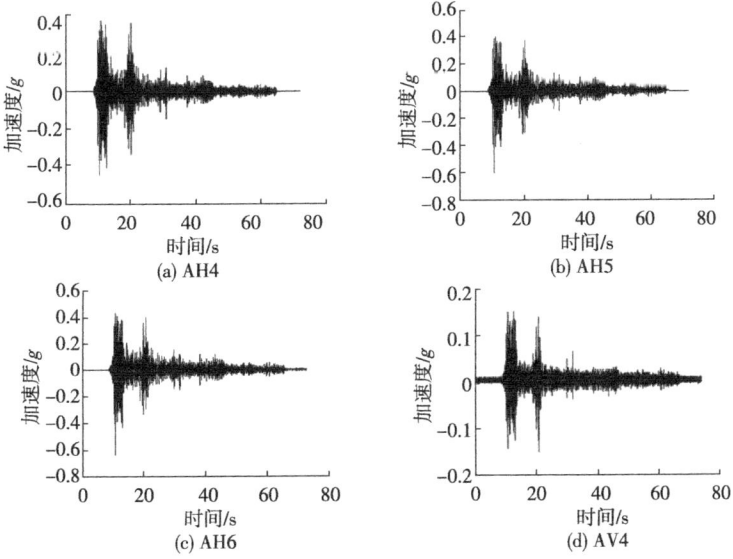

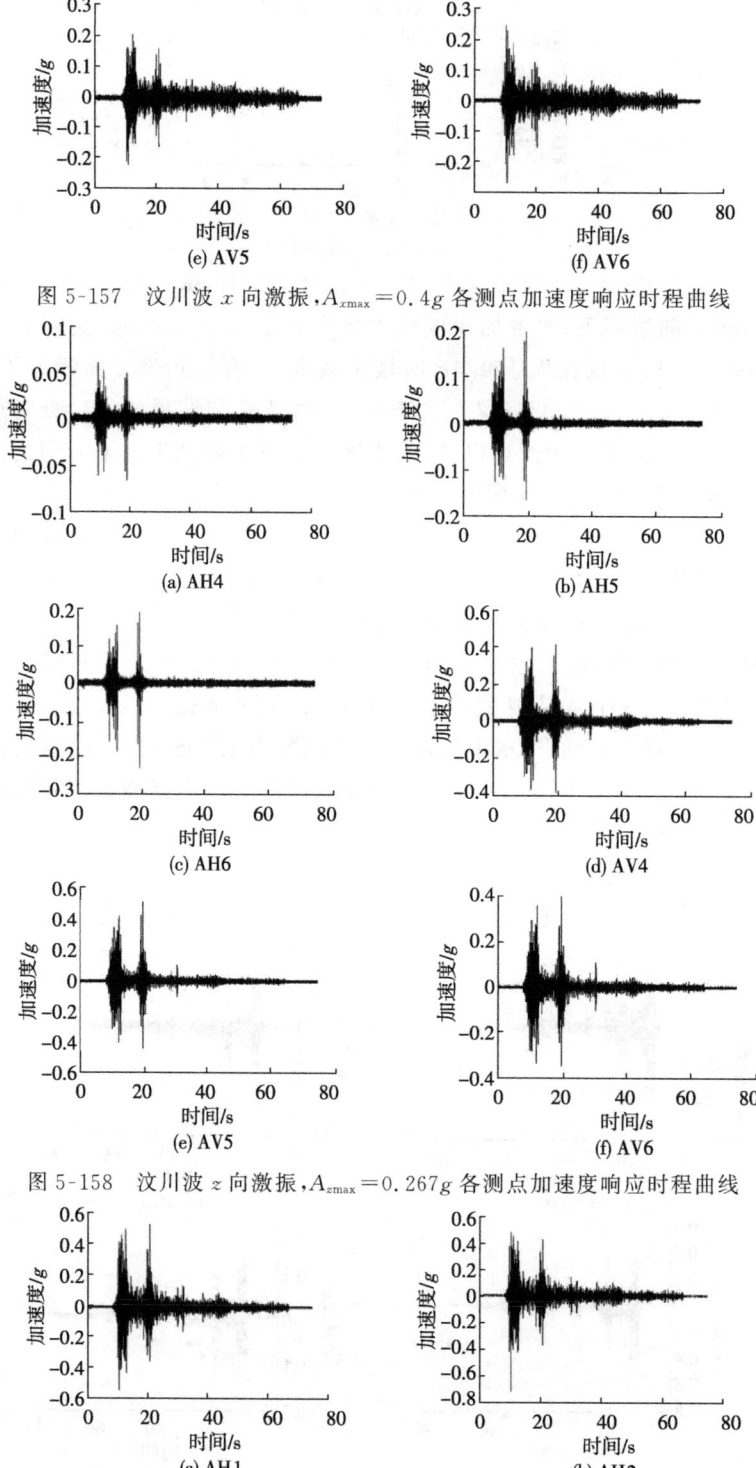

图 5-157 汶川波 x 向激振,$A_{x\max}=0.4g$ 各测点加速度响应时程曲线

图 5-158 汶川波 z 向激振,$A_{z\max}=0.267g$ 各测点加速度响应时程曲线

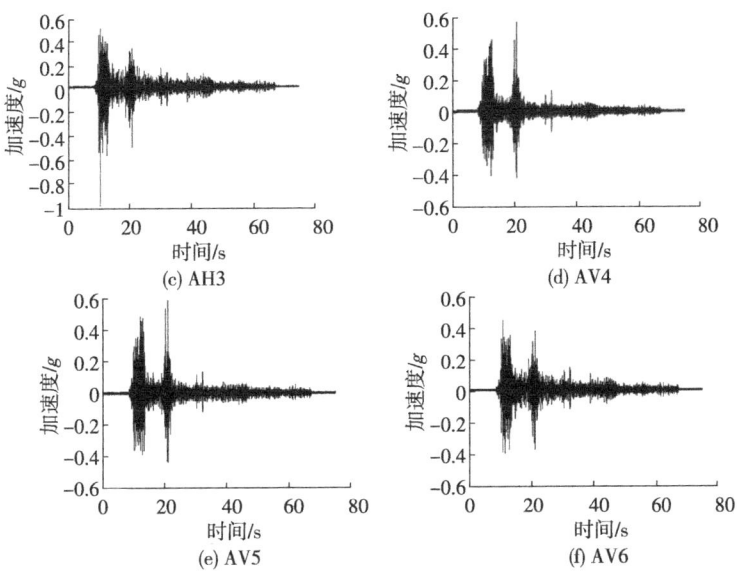

图 5-159 汶川波 x、z 双向激振,$A_{x\max}=0.4g$、$A_{z\max}=0.267g$ 各测点加速度响应时程曲线

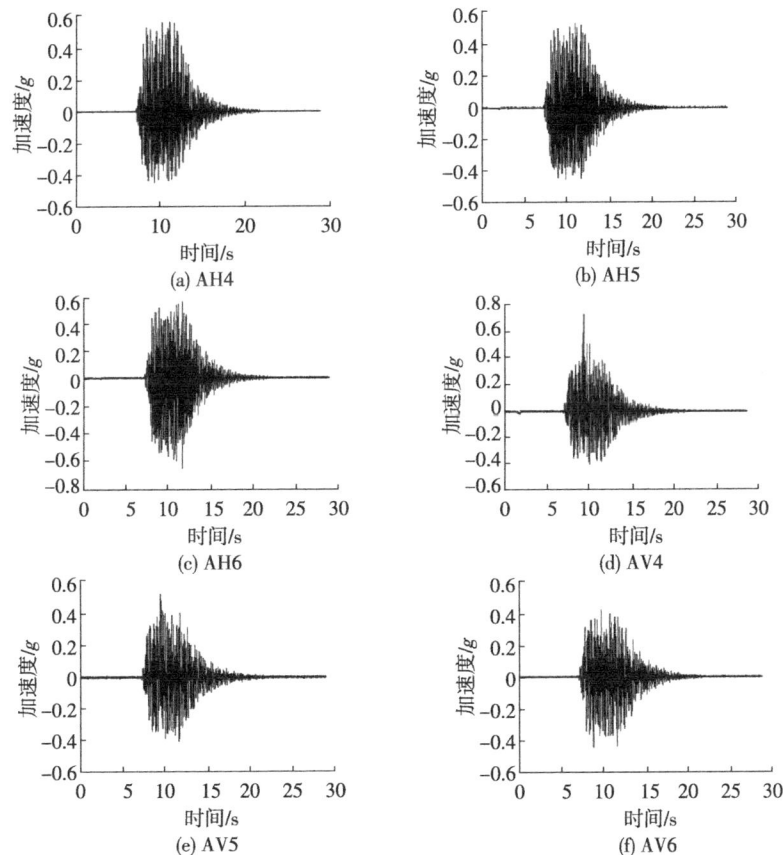

图 5-160 大瑞波 x、z 双向激振,$A_{x\max}=0.4g$、$A_{z\max}=0.267g$ 各测点加速度响应时程曲线

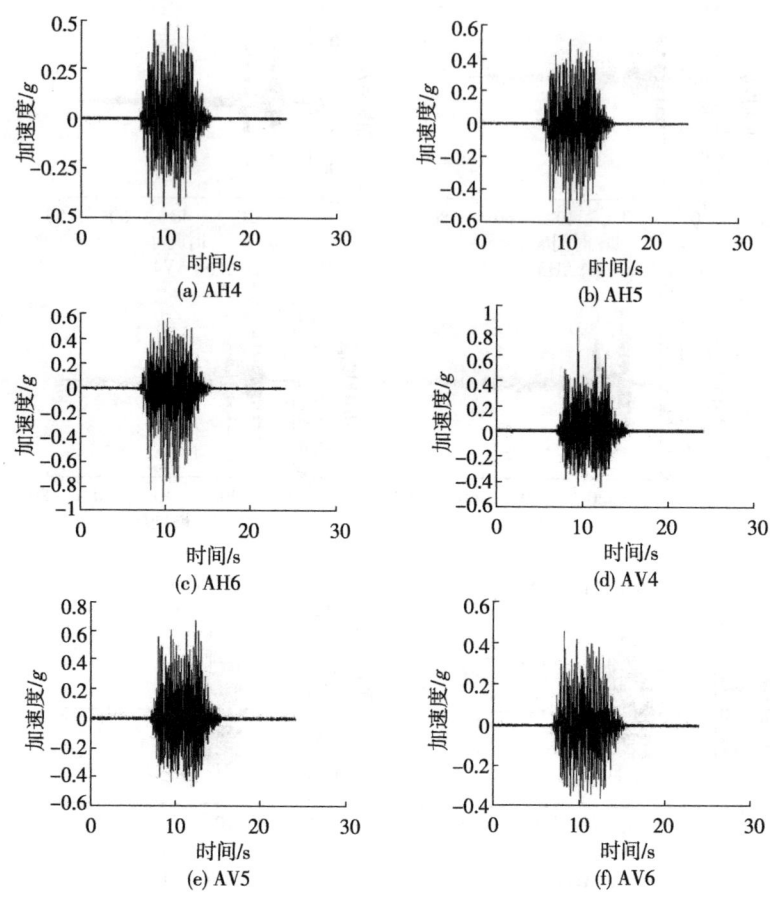

图 5-161 Kobe 波 x、z 双向激振，$A_{xmax}=0.4g$、$A_{zmax}=0.267g$ 各测点加速度响应时程曲线

和 Kobe 波 x、z 双向激振下，激振加速度峰值 $A_{xmax}=0.4g$、$A_{zmax}=0.267g$ 时，各测点水平、竖向加速度响应时程曲线。

各加载工况下，加速度放大倍数随激振加速度峰值和高度增大而增大，且沿高度呈现出显著的非线性分布特征。水平、竖向加速度放大倍数沿高度分布情况分别如图 5-162 和图 5-163 所示。

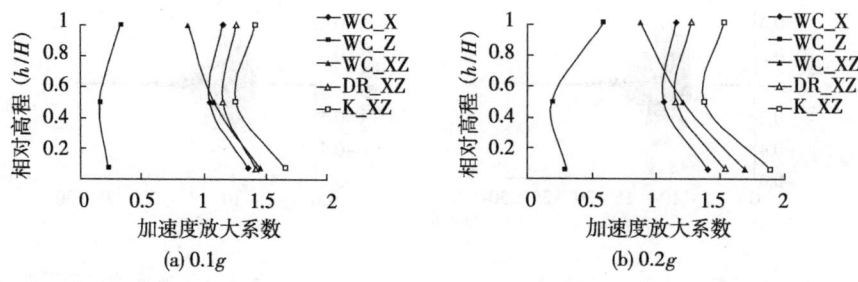

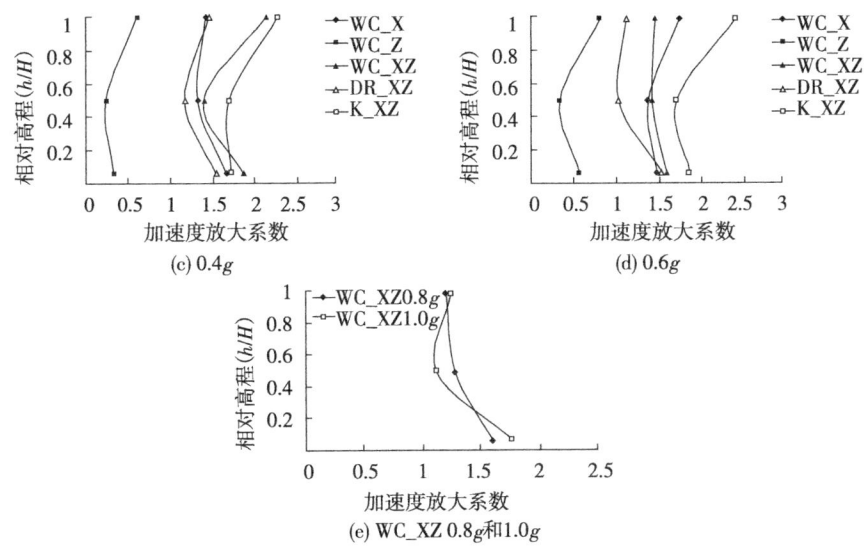

图 5-162 α=40°时框架梁水平加速度放大倍数沿高度分布情况

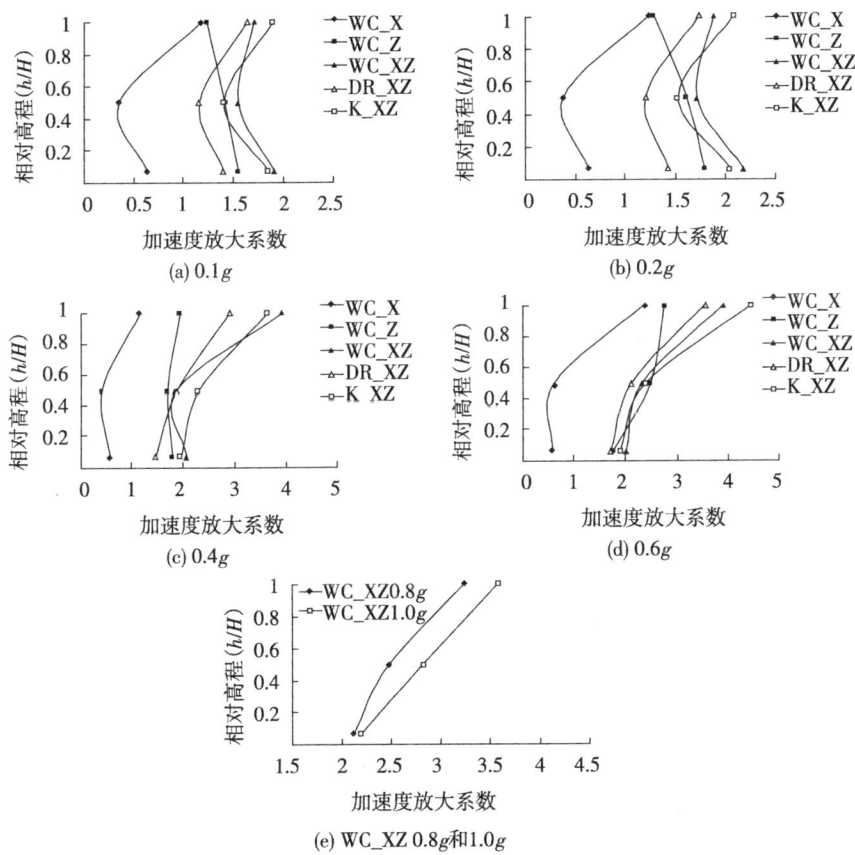

图 5-163 α=40°时框架梁竖向加速度放大倍数沿高度分布情况

在汶川波 x 向激振下,水平加速度放大倍数为 1.031～1.745,竖向加速度放大倍数为 0.404～2.363(仅坡顶放大)。在汶川波 z 向激振下,水平加速度放大倍数为 0.229～1.411(仅坡顶放大),竖向加速度放大倍数为 1.233～1.783。因此可以认为,水平地震波主要产生水平方向的加速度放大效应,而竖向地震波主要产生竖直方向的加速度放大效应。

在汶川波 x、z 双向激振下,水平加速度放大倍数为 0.857～2.141,竖向加速度放大倍数为 1.550～3.918。此外,汶川波 x、z 双向激振时,挡土墙加速度动力响应最大,x 向激振时次之,z 向激振时最小。

大瑞波 x、z 双向激励下,水平加速度放大倍数为 1.416～1.959,竖向加速度放大倍数为 1.105～2.061,加速度响应峰值总体上小于汶川波 x、z 双向激振。

Kobe 波 x、z 双向激励下,水平加速度放大倍数为 1.245～2.400,竖向加速度放大倍数为 1.410～4.432,响应峰值总体上大于汶川波 x、z 双向激振和大瑞波 x、z 双向激振。

4) 比较分析

以汶川波 x、z 双向激振为例,框架梁水平、竖向加速度放大倍数沿高度分布比较情况如图 5-164 和图 5-165 所示。

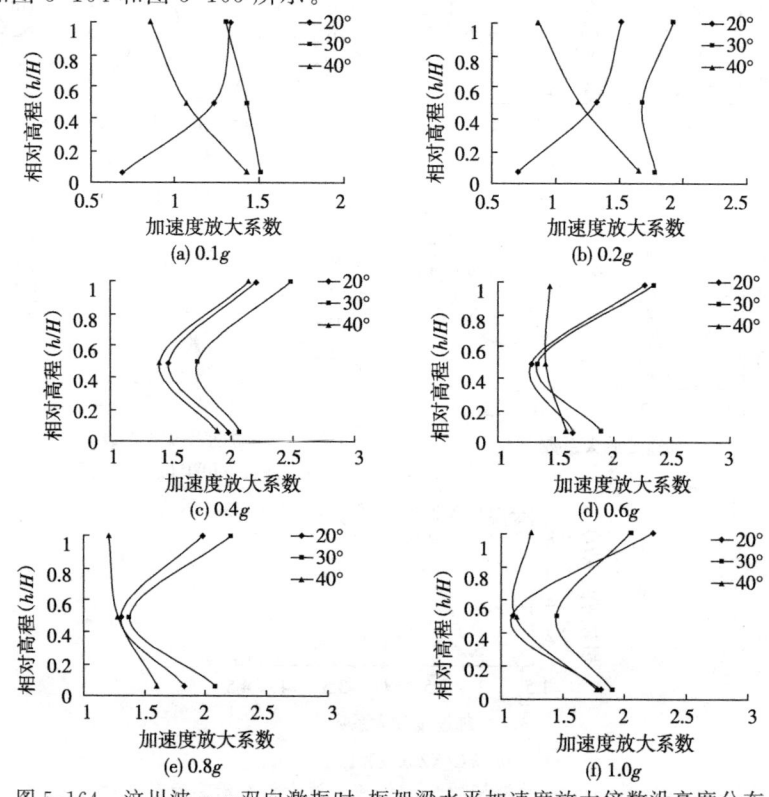

图 5-164　汶川波 x、z 双向激振时,框架梁水平加速度放大倍数沿高度分布

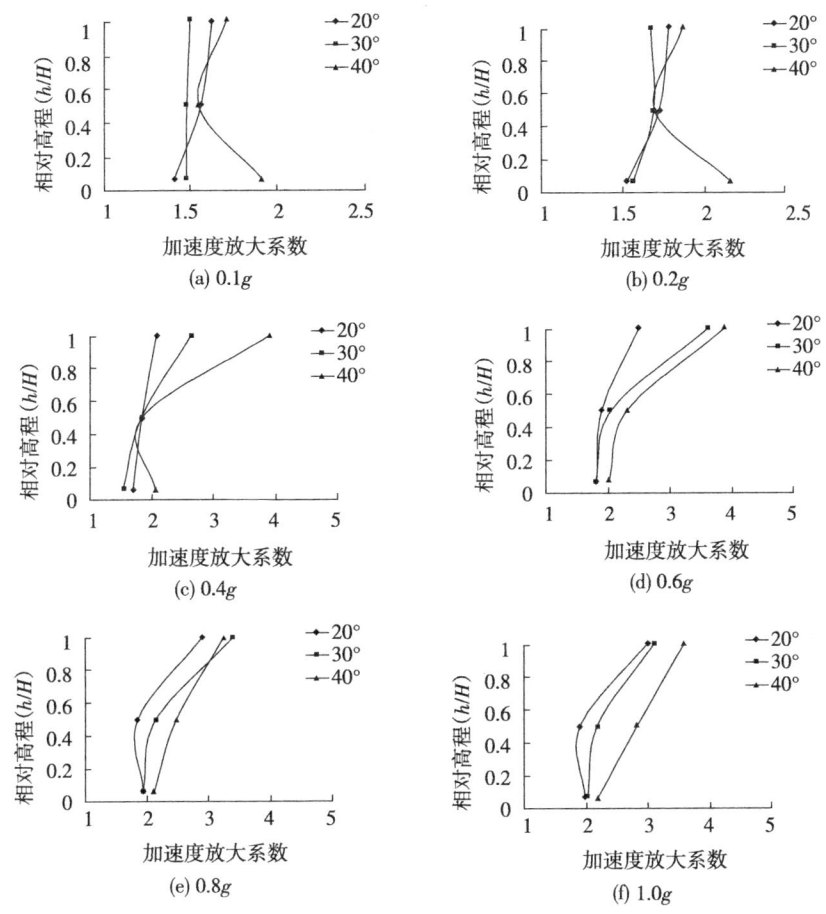

图 5-165 汶川波 x、z 双向激振时,框架梁竖向加速度放大倍数沿高度分布

(1) 通过对汶川波 x 向,z 向和 x、z 双向激振时的加速度放大倍数的分析,水平地震波主要产生水平方向的加速度放大效应,竖向地震波主要产生竖直方向的加速度放大效应。但是当 $\alpha=40°$ 时,框架梁的顶端在竖向地震波的作用下产生较大的水平加速度放大效应,且在水平地震波的作用下产生较大的竖向加速度放大效应。

(2) 除顶端外,其余各测点在汶川波 z 向激振下产生的竖向加速度放大倍数,都大于汶川波 x 向激振下所产生的水平加速度放大倍数。汶川波 x、z 双向激振下,竖向加速度放大倍数大于水平向;大瑞波 x、z 双向激振下,竖向加速度放大倍数接近或大于水平向;Kobe 波 x、z 双向激振下,竖向加速度放大倍数大于水平向。说明框架梁竖向加速度放大效应大于水平向。这主要由于在竖直向地震波作用下,竖直方向的加速度动力响应使得边坡岩土体中的堆土石颗粒在竖直方向上的有效接触应力降低,边坡整体稳定性降低。这对于半弹性散粒体结构的岩土边坡和锚杆框架梁等柔性结构,竖向加速度响应所产生的上抛作用会产生更大的破坏作用。

(3) 大瑞波 x、z 双向激振下所产生的水平加速度放大效应,小于汶川波 x、z 双向激振,也小于 Kobe 波 x、z 双向激振。Kobe 波 x、z 双向激振下所产生的水平加速度放大效应大于汶川波 x、z 双向激振。大瑞波 x、z 双向激振下所产生的竖向加速度放大效应,同样小于汶川波 x、z 双向激振,也小于 Kobe 波 x、z 双向激振。Kobe 波 x、z 双向激振下所产生的竖向加速度放大效应比较接近汶川波 x、z 双向激振。

(4) 汶川波 x 向激振下,水平方向的加速度放大效应最大的岩层倾角为 $\alpha=30°$,汶川波 z 向激振下,竖直方向的加速度放大效应最大的岩层倾角也是 $\alpha=30°$。汶川波 x、z 双向和大瑞波 x、z 双向激振下,水平方向和竖直方向的加速度放大效应总体上随岩层倾角的增大而增大;Kobe 波 x、z 双向激振下,水平方向的加速度放大效应最大的岩层倾角为 $\alpha=30°$,但竖直方向的加速度放大效应随岩层倾角的增大而增大。

(5) 框架梁的顶端或底端,其加速度放大效应最大。这表明,在地震波的作用下,框架梁上部或下部更易产生破坏作用。

5.4.3 动位移响应特性

三个模型试验中的动位移计布设位置保持不变,布设位置及编号如图 5-166 所示。根据动位移传感器与支挡结构的相对位置,确定位移方向为:向着土体方向移动的位移为"+",离开土体向外侧移动的位移为"−"。以动位移峰值和累计位移值,研究重力式挡墙水平向动位移响应特性,以及格构式框架的水平、竖向动位移响应特性。

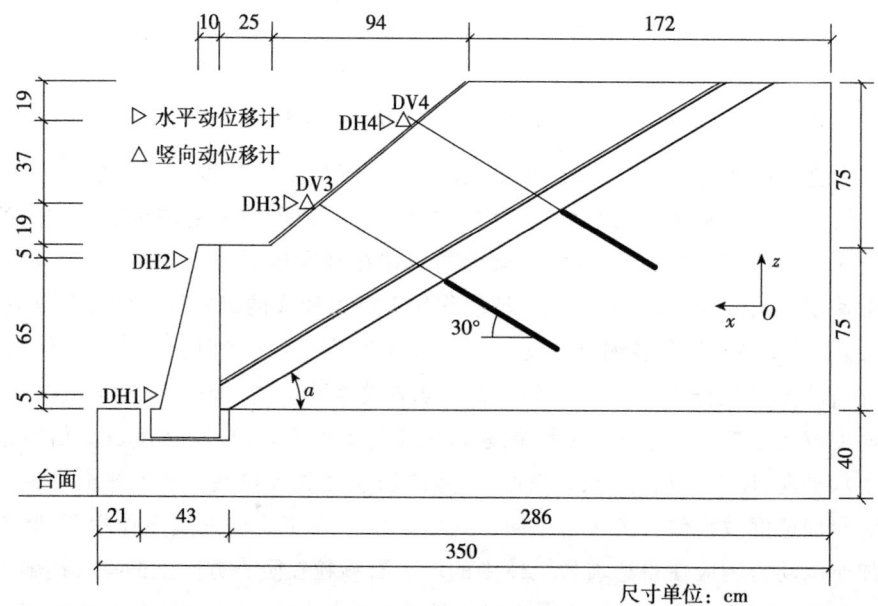

图 5-166　模型动位移计布设位置及编号图

1. 重力式挡墙动位移响应

图 5-167~图 5-171 分别为汶川波 x 向、z 向和 x、z 双向,以及大瑞波 x、z 双向和 Kobe 波 x、z 双向激振下,激振加速度峰值 $A_{xmax}=0.4g$、$A_{zmax}=0.267g$ 时各测点动位移响应时程曲线。动位移响应峰值、累计位移值随激振加速度峰值变化情况分别如图 5-172~图 5-181 所示。

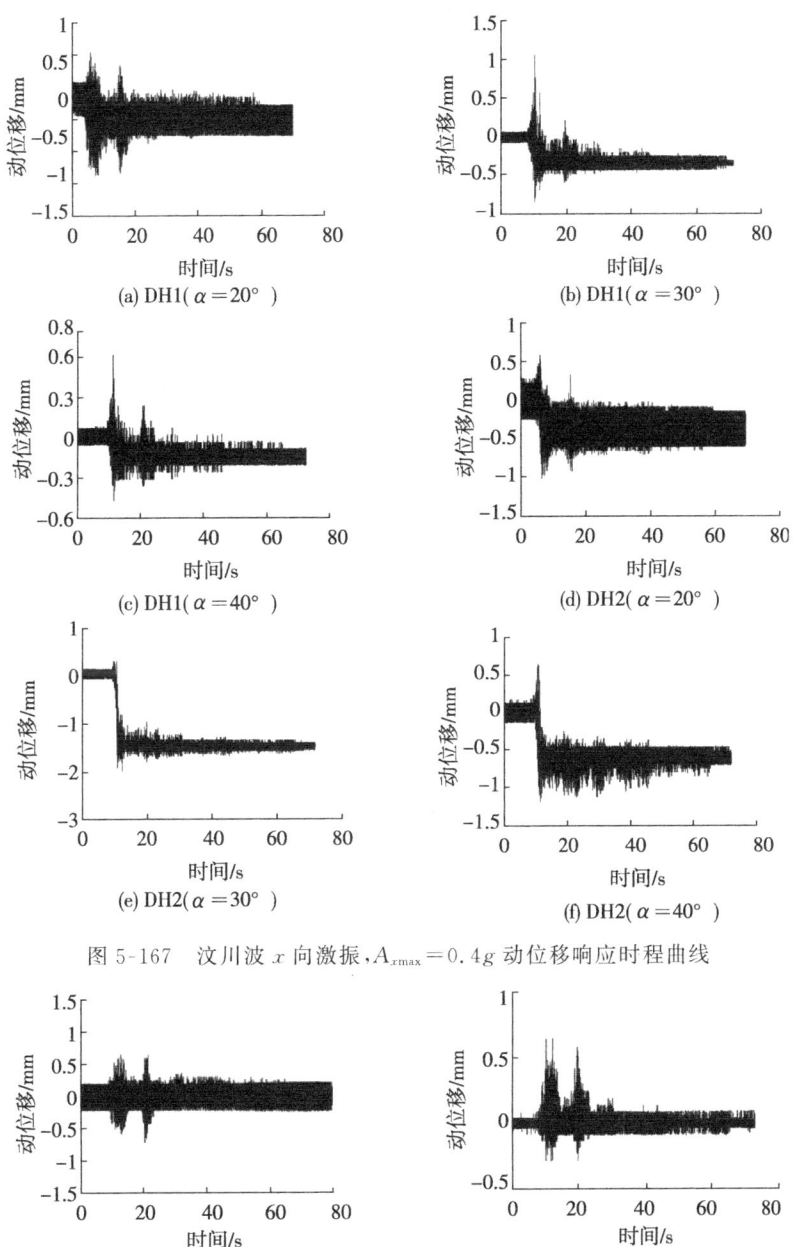

(a) DH1($\alpha=20°$)
(b) DH1($\alpha=30°$)
(c) DH1($\alpha=40°$)
(d) DH2($\alpha=20°$)
(e) DH2($\alpha=30°$)
(f) DH2($\alpha=40°$)

图 5-167 汶川波 x 向激振,$A_{xmax}=0.4g$ 动位移响应时程曲线

(a) DH1($\alpha=20°$)
(b) DH1($\alpha=30°$)

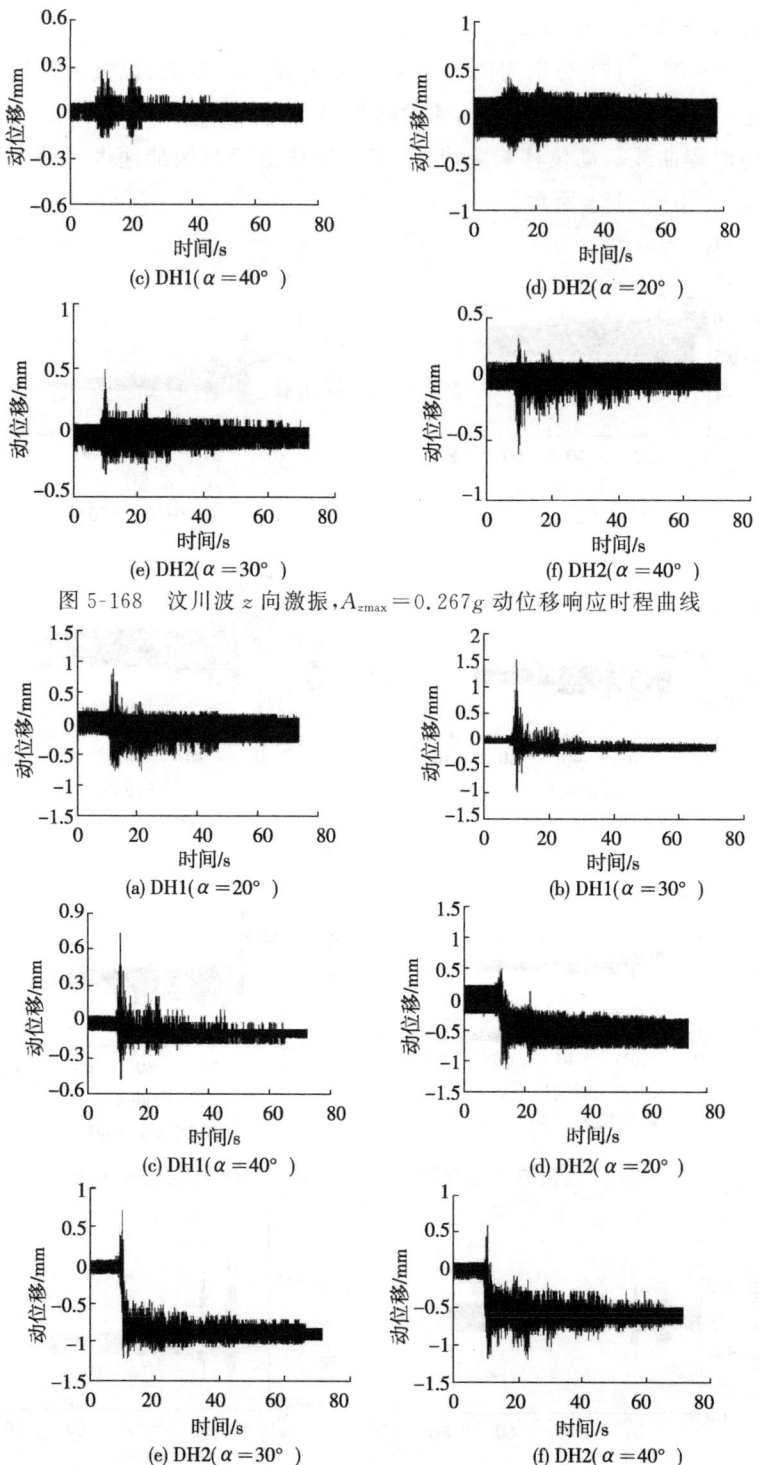

图 5-168 汶川波 z 向激振，$A_{zmax}=0.267g$ 动位移响应时程曲线

图 5-169 汶川波 x、z 双向激振，$A_{xmax}=0.4g$、$A_{zmax}=0.267g$ 动位移响应时程曲线

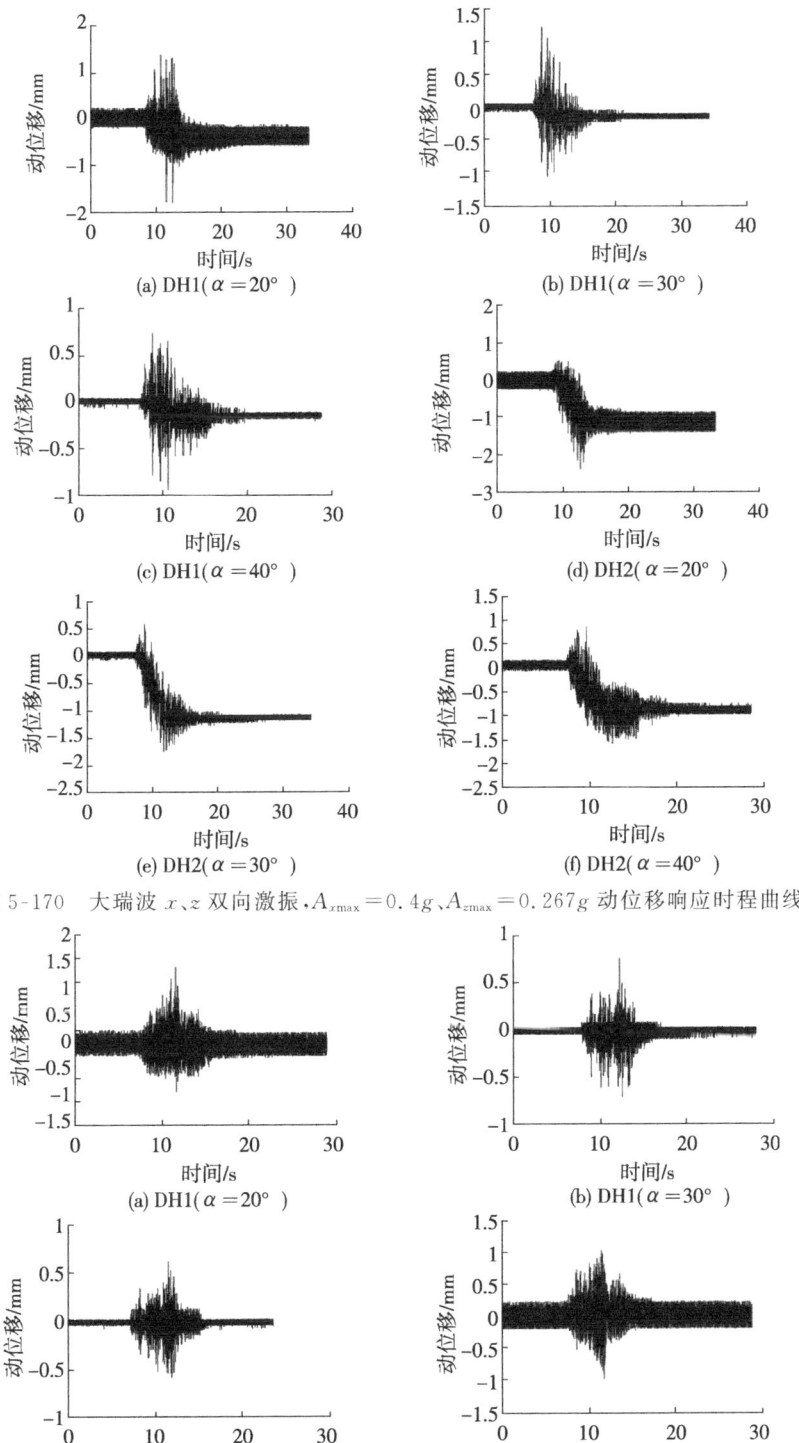

图 5-170 大瑞波 x、z 双向激振，$A_{x\max}=0.4g$、$A_{z\max}=0.267g$ 动位移响应时程曲线

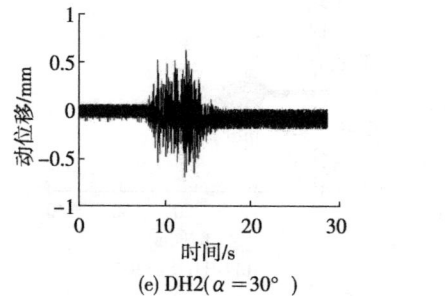
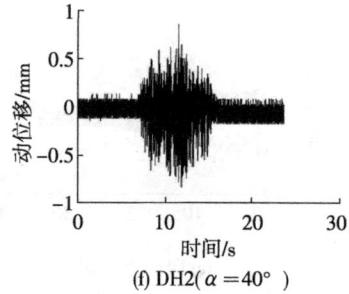

图 5-171 Kobe 波 x、z 双向激振，$A_{x\max}=0.4g$、$A_{z\max}=0.267g$ 动位移响应时程曲线

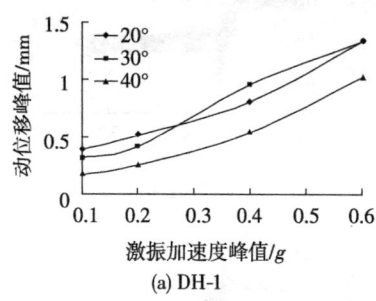
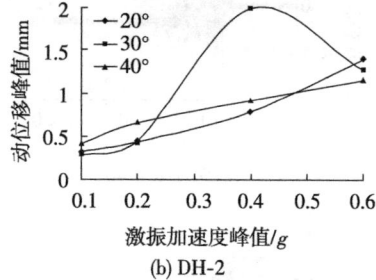

图 5-172 汶川波 x 向激振时动位移响应峰值随激振加速度峰值变化

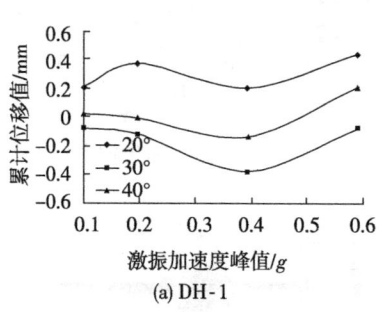
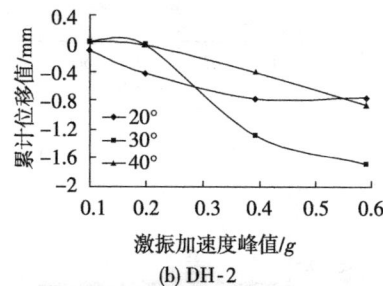

图 5-173 汶川波 x 向激振时累计位移随激振加速度峰值变化

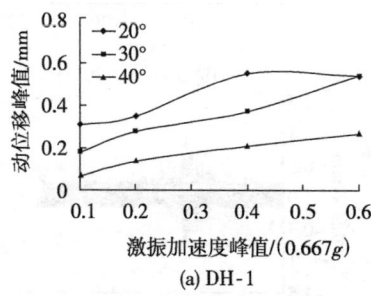
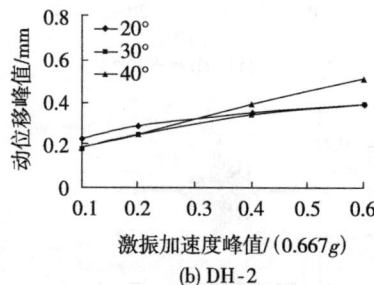

图 5-174 汶川波 z 双向激振时动位移响应峰值随激振加速度峰值变化

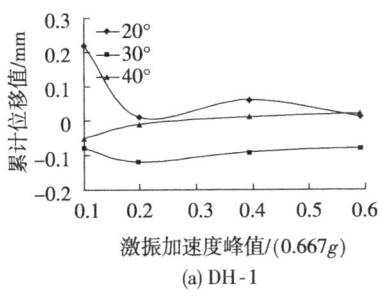
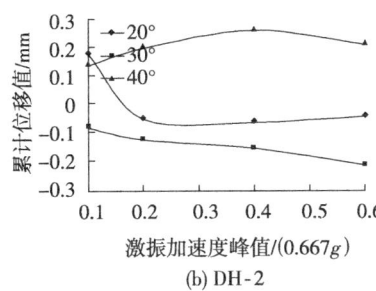

图 5-175 汶川波 z 双向激振时累计位移随激振加速度峰值变化

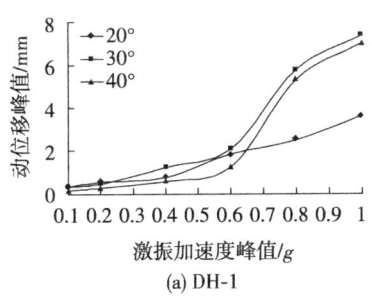
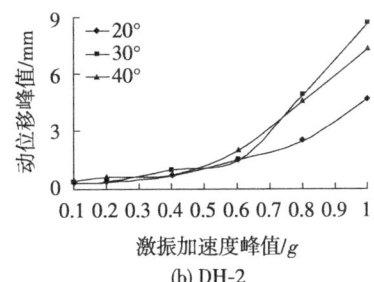

图 5-176 汶川波 x、z 双向激振时动位移响应峰值随激振加速度峰值变化

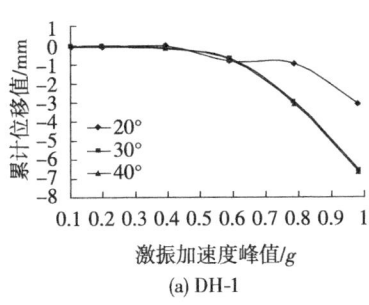
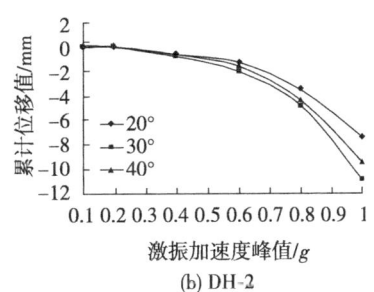

图 5-177 汶川波 x、z 双向激振时累计位移随激振加速度峰值变化

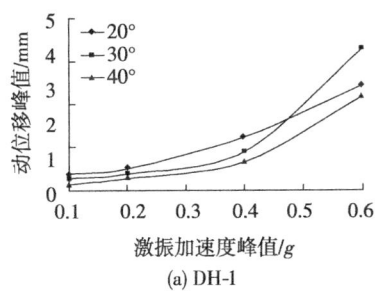
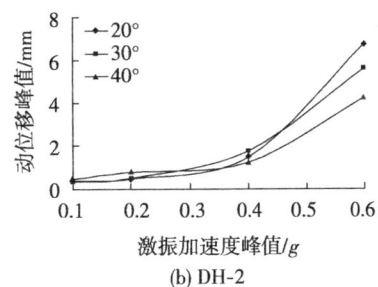

图 5-178 大瑞波 x、z 双向激振时动位移响应峰值随激振加速度峰值变化

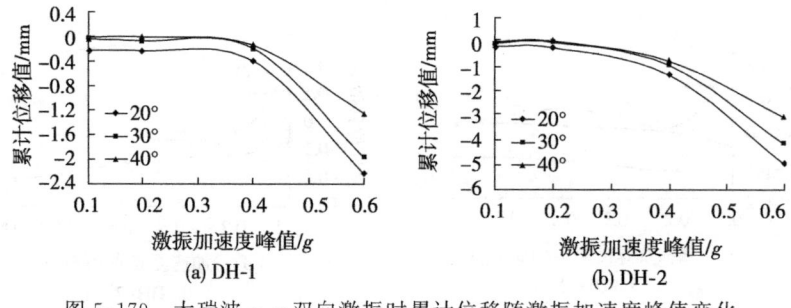

图 5-179　大瑞波 x、z 双向激振时累计位移随激振加速度峰值变化

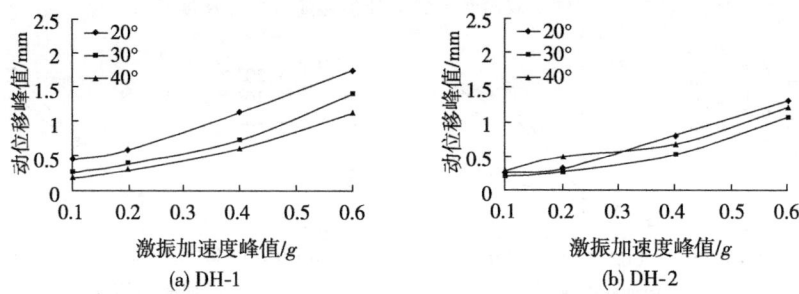

图 5-180　Kobe 波 x、z 双向激振时动位移响应峰值随激振加速度峰值变化

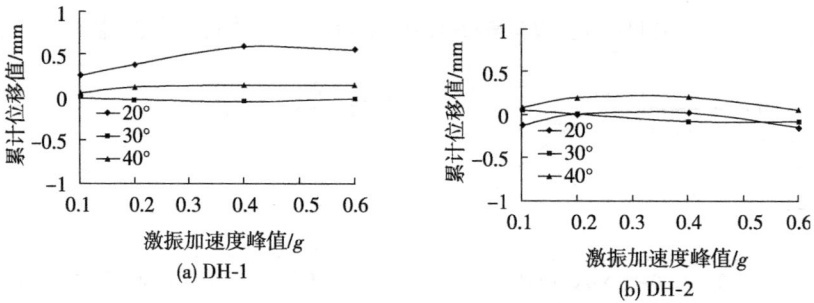

图 5-181　Kobe 波 x、z 双向激振时累计位移随激振加速度峰值变化

(1) 汶川波 z 向激振下,各测点的动位移响应峰值和累积位移很小,几乎不产生累积位移。因此可以认为,重力式挡墙水平方向的位移由水平向地震波所产生。

此外,Kobe 波 x、z 双向激振下,动位移响应峰值较小,近似忽略不计。

(2) 汶川波 x 向,x、z 双向激振和大瑞波 x、z 双向激振下,重力式挡墙的位移模式为离开土体方向向外侧平移与绕墙趾向土体外侧转动的耦合。

(3) 汶川波 x 向激振下,挡墙动位移响应与岩层倾角基本无关,只是总体上随激振加速度峰值的增大而增大。汶川波 x、z 双向激振下,激振加速度峰值小于 0.6g 时,挡墙动位移响应与岩层倾角无关,随激振加速度峰值的增大而增大。

(4) 大瑞波 x、z 双向激振下,动位移响应峰值与岩层倾角无关,随激振加速度峰值的增大而增大。但墙顶累计位移随岩层倾角的增大而减小,$\alpha=20°$ 时墙顶累计位移值最大。

2. 格构式框架结构动位移响应

图 5-182~图 5-186 分别为汶川波 x 向,z 向和 x、z 双向,以及大瑞波 x、z 双向和 Kobe 波 x、z 双向激振下,激振加速度峰值 $A_{xmax}=0.4g$、$A_{zmax}=0.267g$ 时各测点动位移响应时程曲线。格构式框架动位移响应峰值、累计位移值随激振加速度峰值变化情况分别如图 5-187~图 5-196 所示。

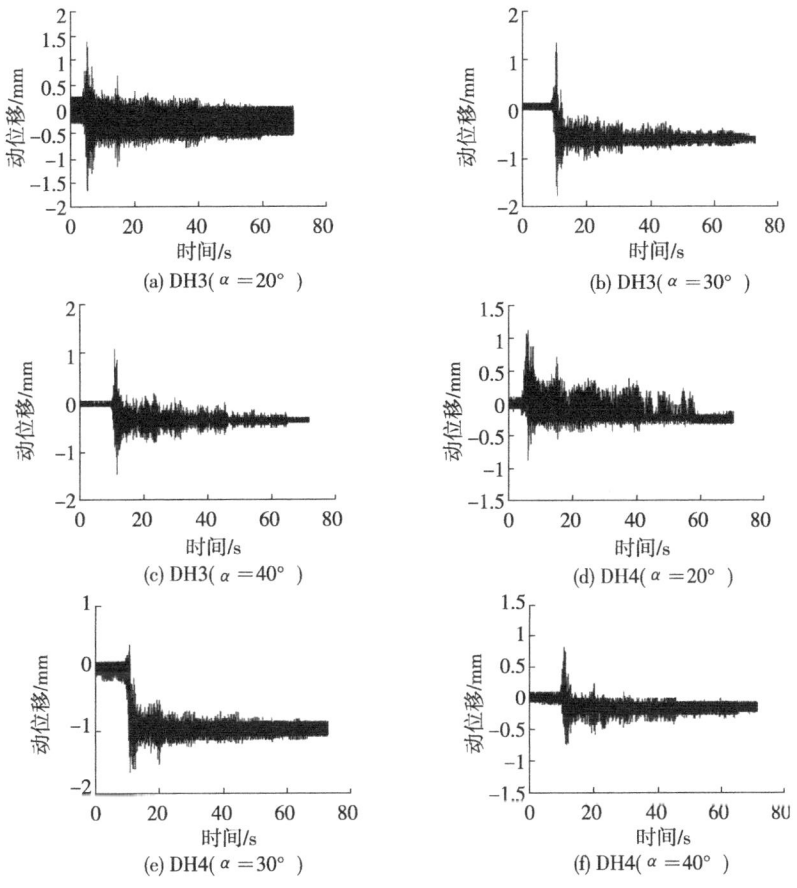

图 5-182 汶川波 x 向激振,$A_{xmax}=0.4g$ 各测点动位移响应时程曲线

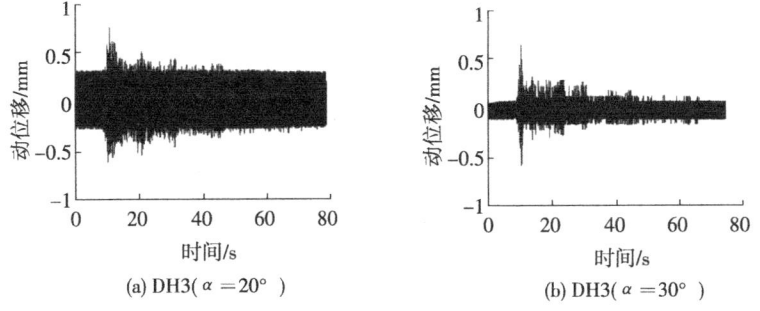

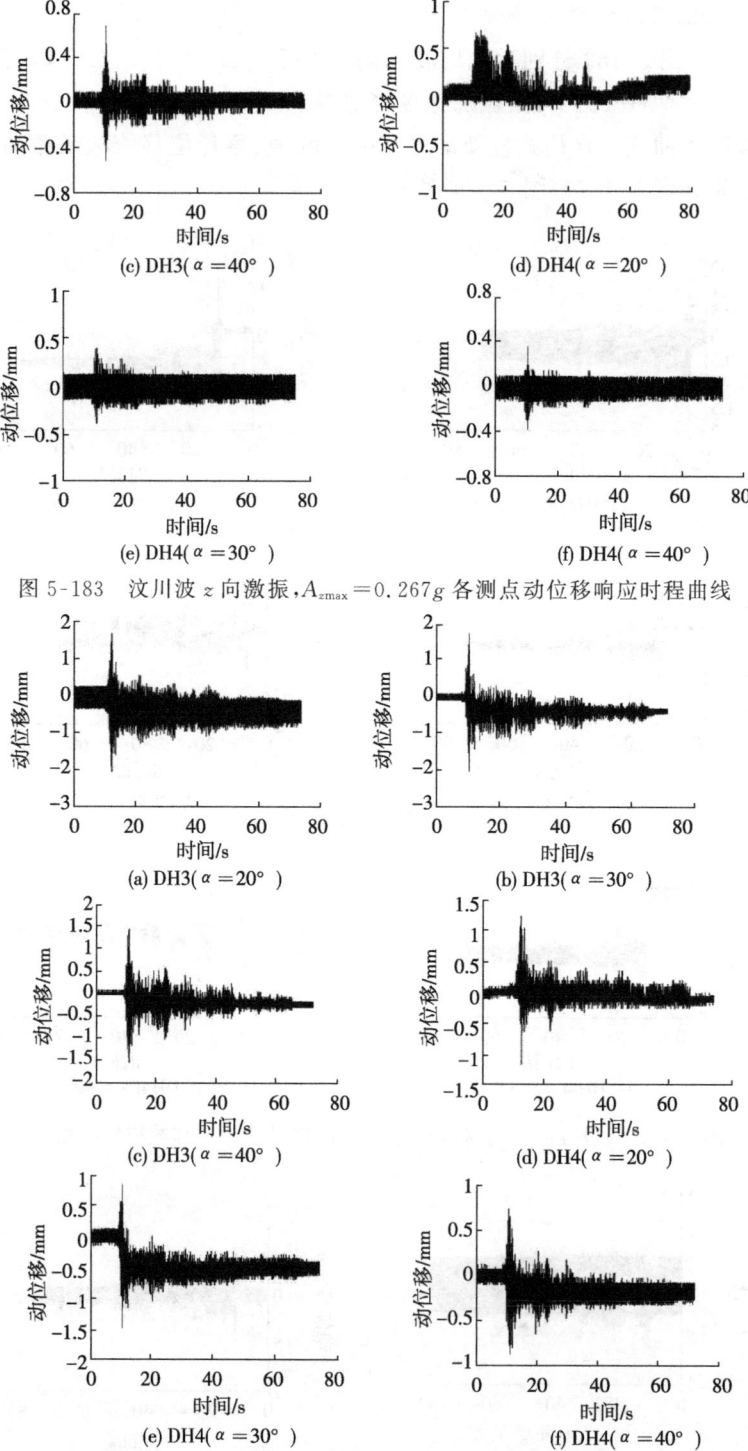

图 5-183　汶川波 z 向激振，$A_{z\max}=0.267g$ 各测点动位移响应时程曲线

图 5-184　汶川波 x、z 双向激振，$A_{x\max}=0.4g$、$A_{z\max}=0.267g$ 各测点动位移响应时程曲线

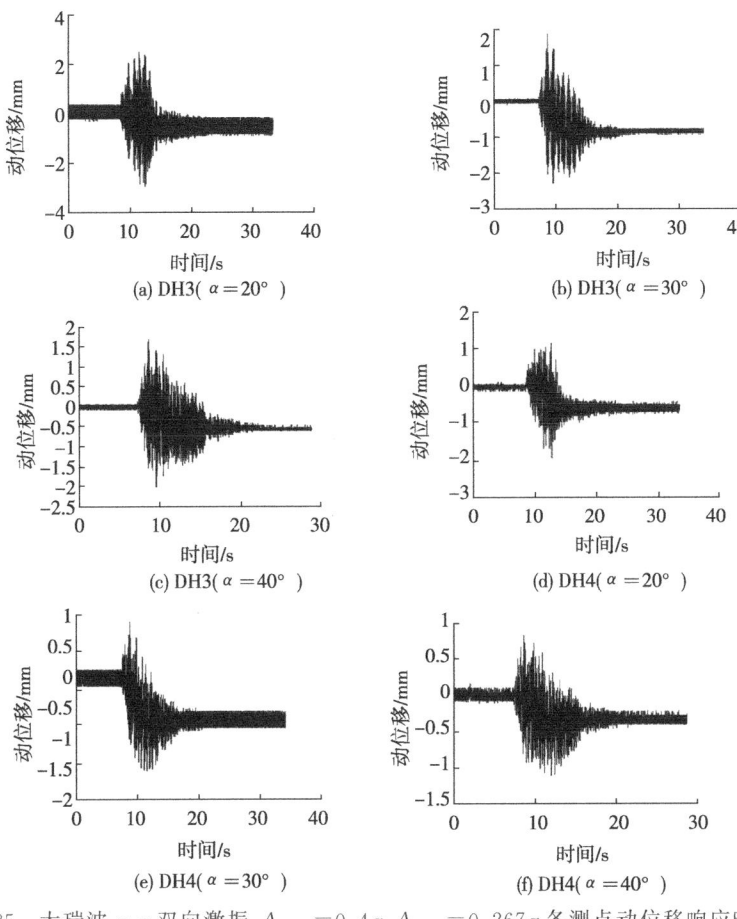

图 5-185 大瑞波 x、z 双向激振，$A_{x\max}=0.4g$、$A_{z\max}=0.267g$ 各测点动位移响应时程曲线

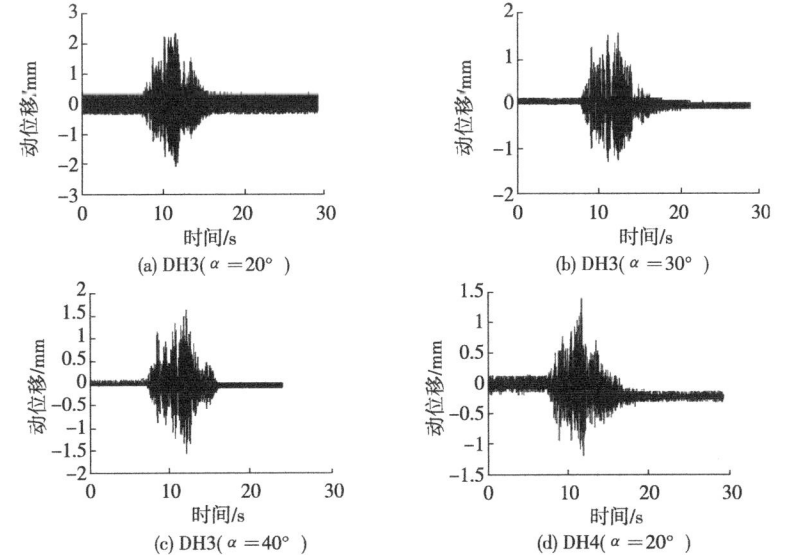

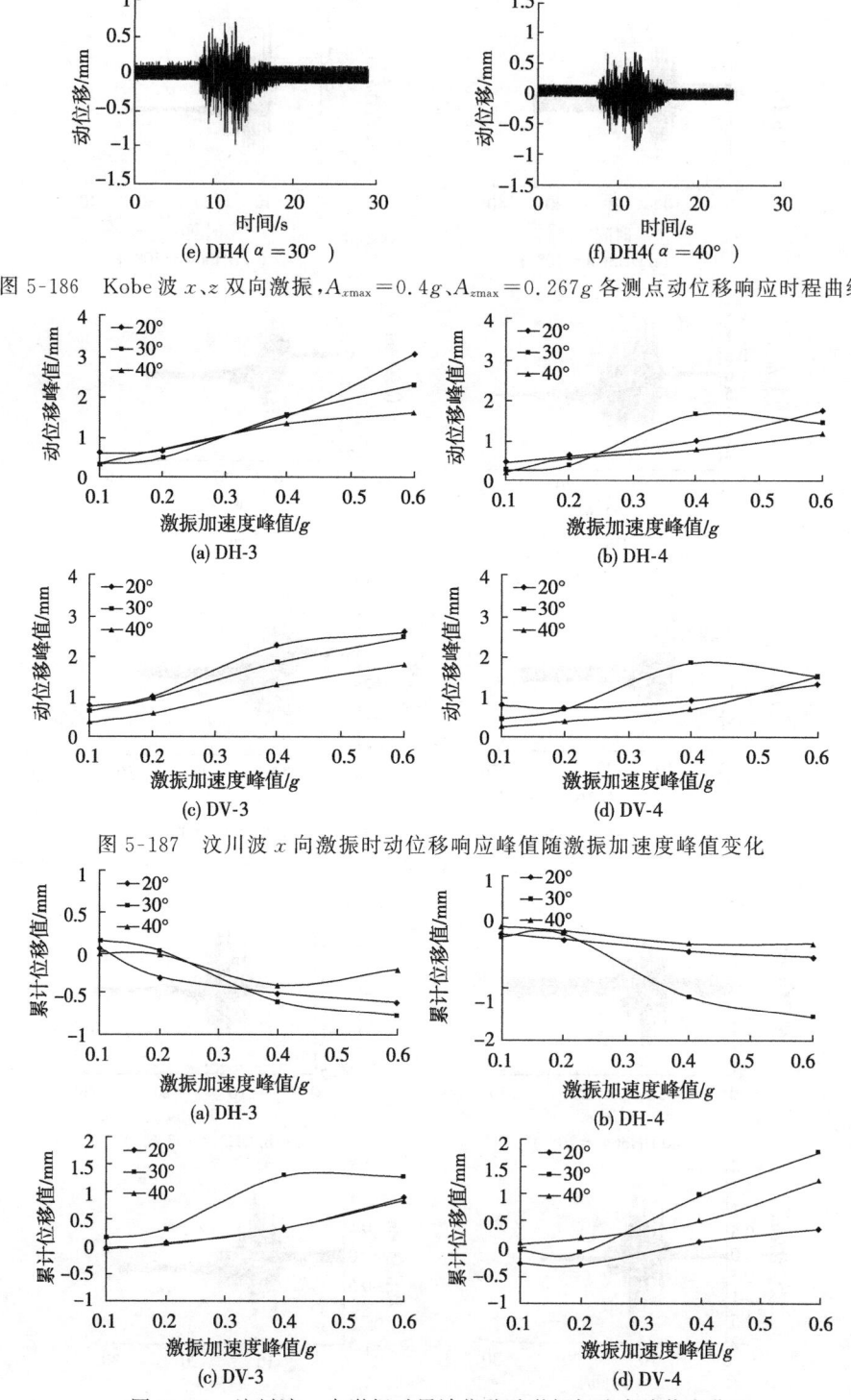

图 5-186　Kobe 波 x、z 双向激振，$A_{x\max}=0.4g$、$A_{z\max}=0.267g$ 各测点动位移响应时程曲线

图 5-187　汶川波 x 向激振时动位移响应峰值随激振加速度峰值变化

图 5-188　汶川波 x 向激振时累计位移随激振加速度峰值变化

第 5 章 支挡结构-边坡振动台模型试验

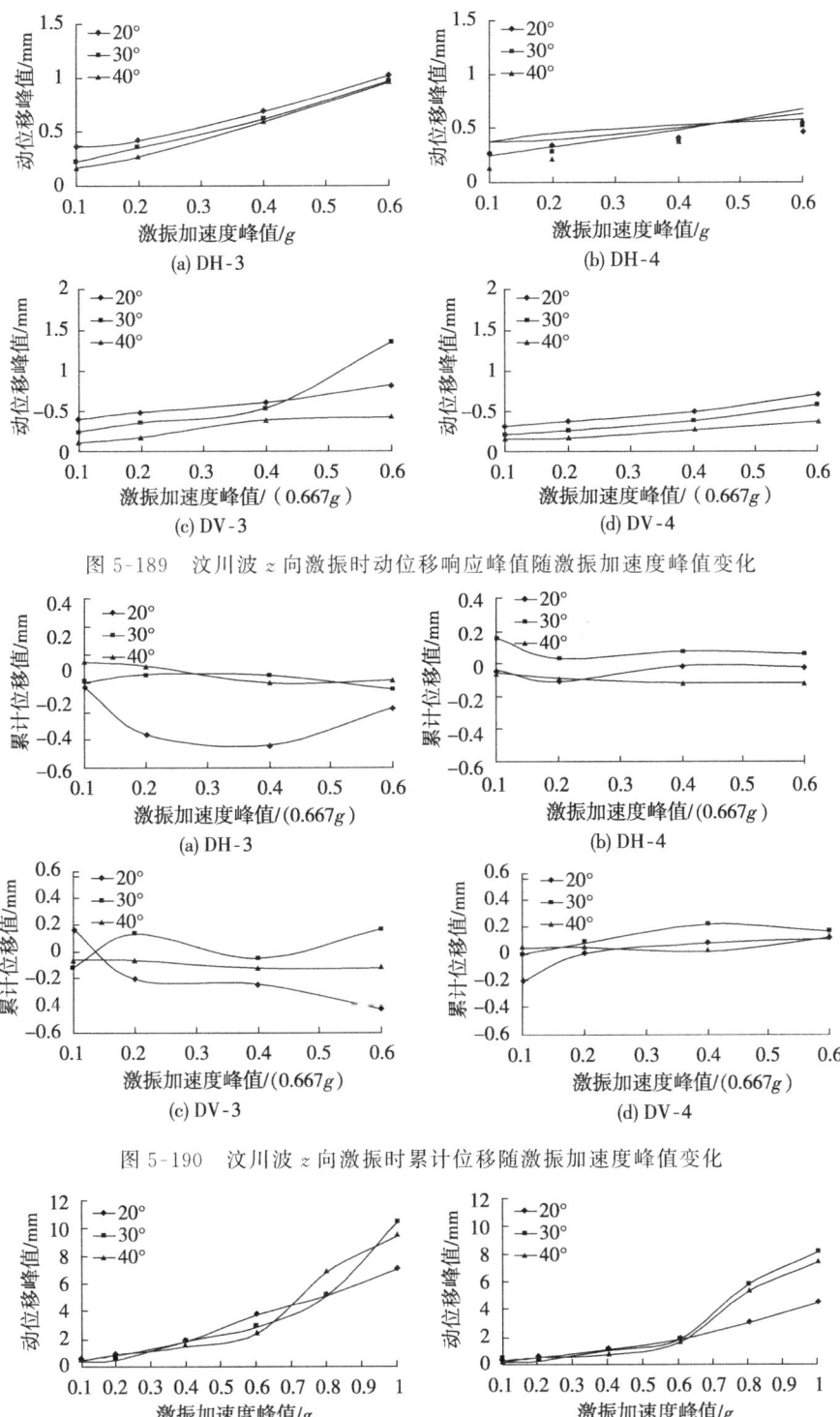

图 5-189 汶川波 z 向激振时动位移响应峰值随激振加速度峰值变化

图 5-190 汶川波 z 向激振时累计位移随激振加速度峰值变化

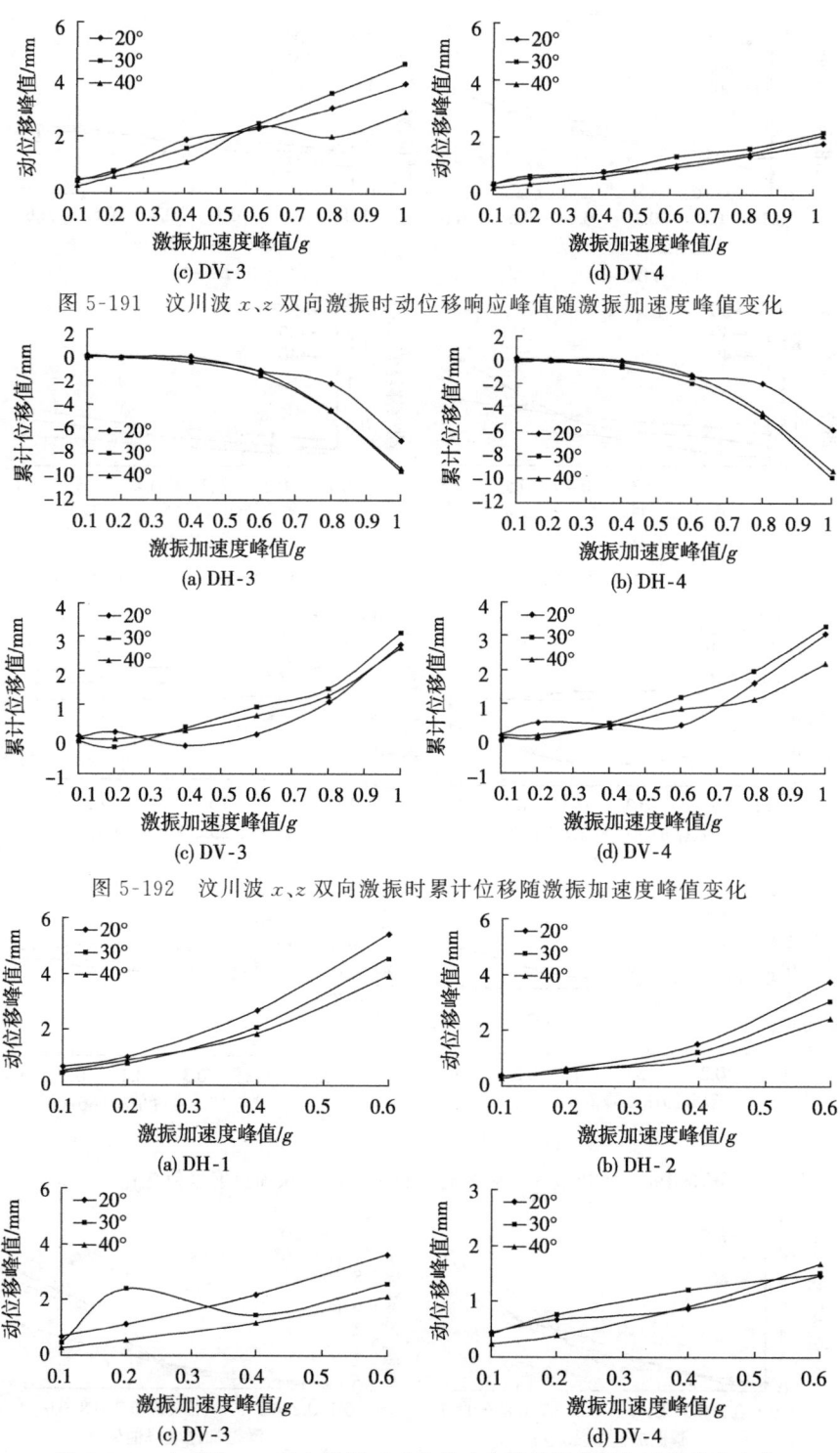

图 5-191 汶川波 x、z 双向激振时动位移响应峰值随激振加速度峰值变化

图 5-192 汶川波 x、z 双向激振时累计位移随激振加速度峰值变化

图 5-193 大瑞波 x、z 双向激振时动位移响应峰值随激振加速度峰值变化

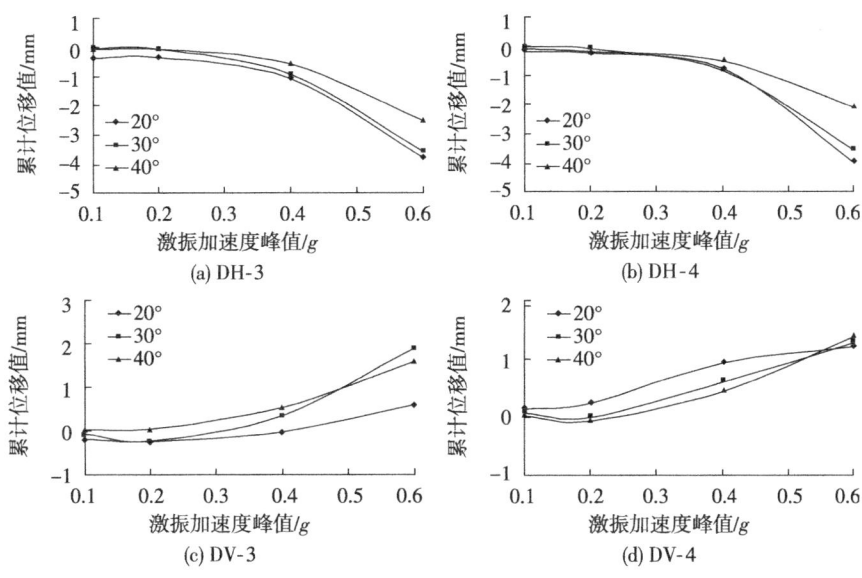

图 5-194 大瑞波 x、z 双向激振时累计位移随激振加速度峰值变化

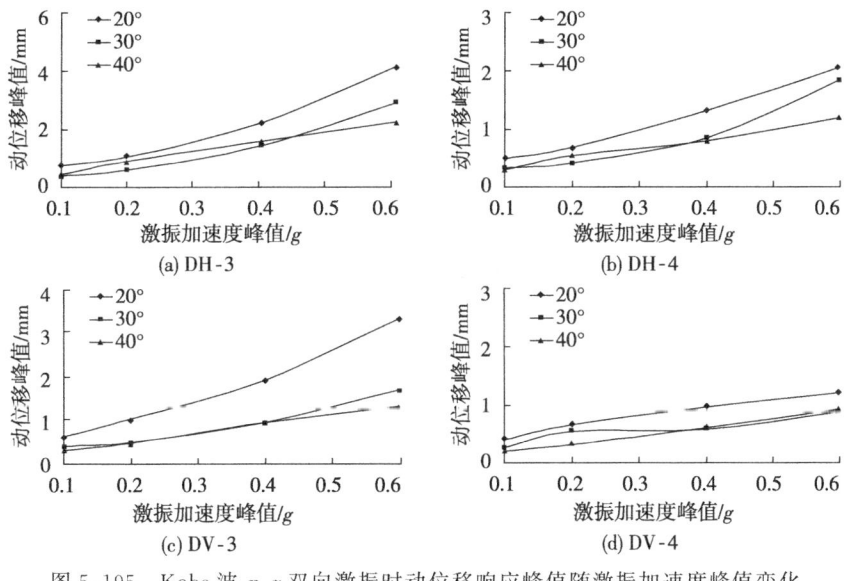

图 5-195 Kobe波 x、z 双向激振时动位移响应峰值随激振加速度峰值变化

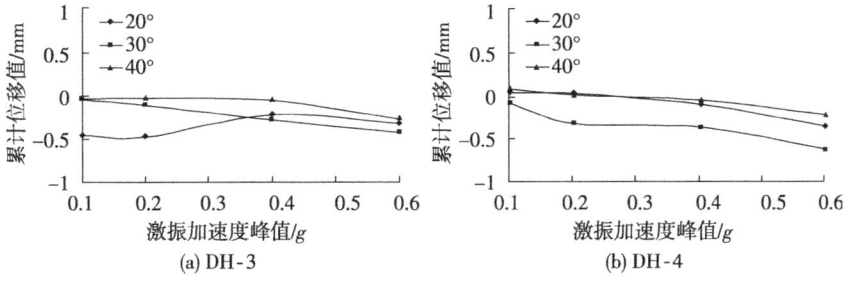

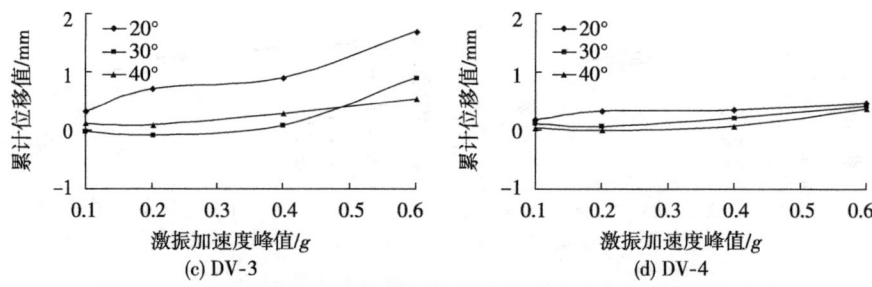

图 5-196 Kobe 波 x、z 双向激振时累计位移随激振加速度峰值变化

(1) 在汶川波 x 向激振下,框架梁竖直方向的动位移响应峰值较小;汶川波 z 向激振下,框架梁水平、竖直方向的动位移响应峰值都很小,说明框架梁主要产生水平方向的位移,且主要由水平向地震波所产生。

(2) 框架梁在各加载工况下的累计位移总体上为正值,结合竖向动位移,框架梁的位移模式为向边坡下方移动。

(3) 汶川波 x 向激振下,框架梁动位移响应与岩层倾角无关,动位移响应峰值随激振加速度峰值的增大而增大。汶川波 x、z 双向激振下,岩层倾角 $\alpha=30°$ 时框架梁的累计位移值最大,$\alpha=20°$ 时的累计位移值次之,$\alpha=40°$ 时的累计位移值最小。

(4) 大瑞波 x、z 双向激振下,框架梁动位移响应峰值随岩层倾角的增大而减小。Kobe 波 x、z 双向激振下,框架梁的动位移响应峰值较小。

5.4.4 动土压力响应特性

三个模型试验中的动土压力计布设位置保持不变,布设位置及编号如图 5-197 所示。

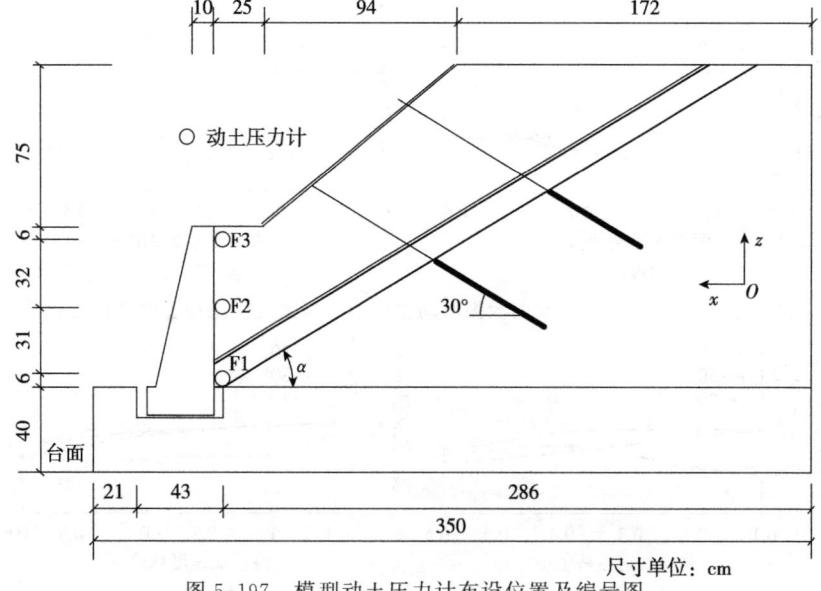

图 5-197 模型动土压力计布设位置及编号图

图 5-198～图 5-202 分别为汶川波 x 向、z 向和 x、z 双向,以及大瑞波 x、z 双向和 Kobe 波 x、z 双向激振下,激振加速度峰值 $A_{x\max}=0.4g$、$A_{z\max}=0.267g$ 时各测点

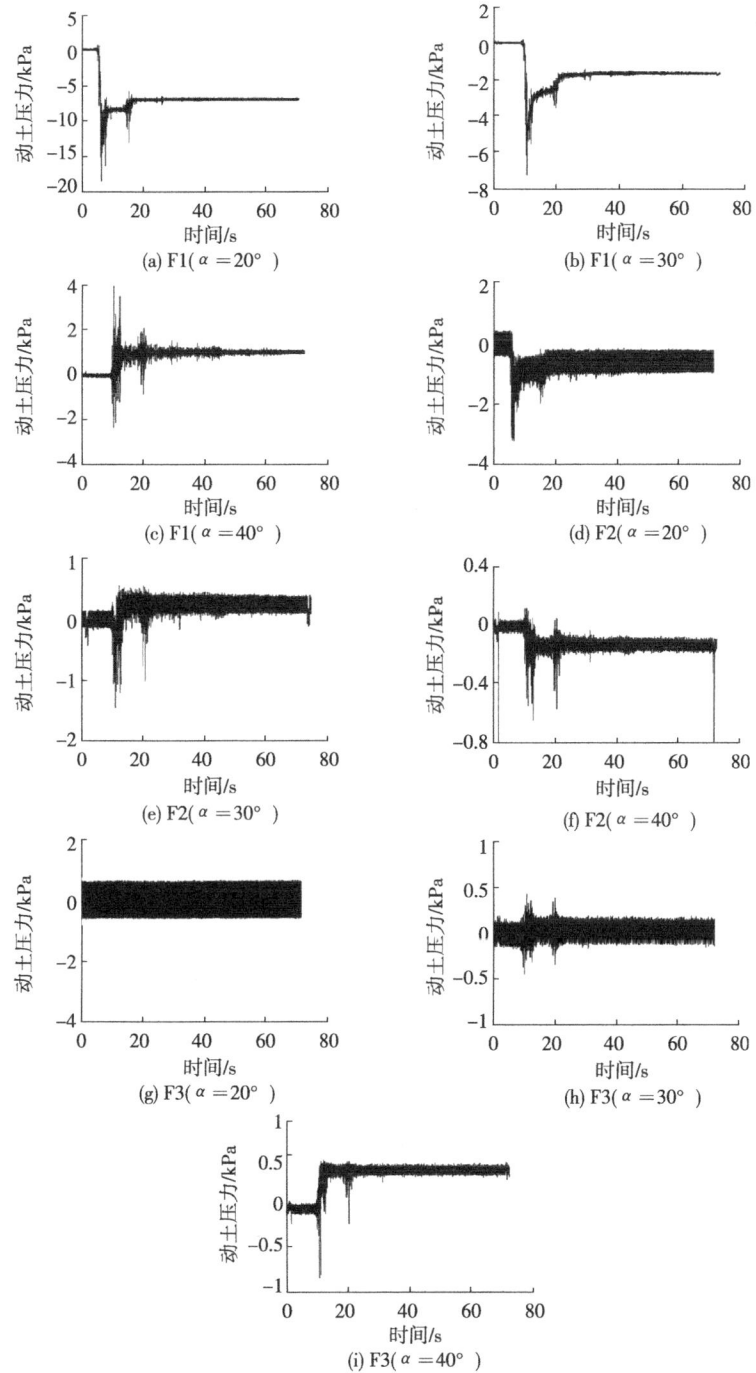

图 5-198　汶川波 x 向激振,$A_{x\max}=0.4g$ 动土压力响应时程曲线

动土压力响应时程曲线。动土压力响应峰值沿墙高分布规律如图 5-203～图 5-205 所示。

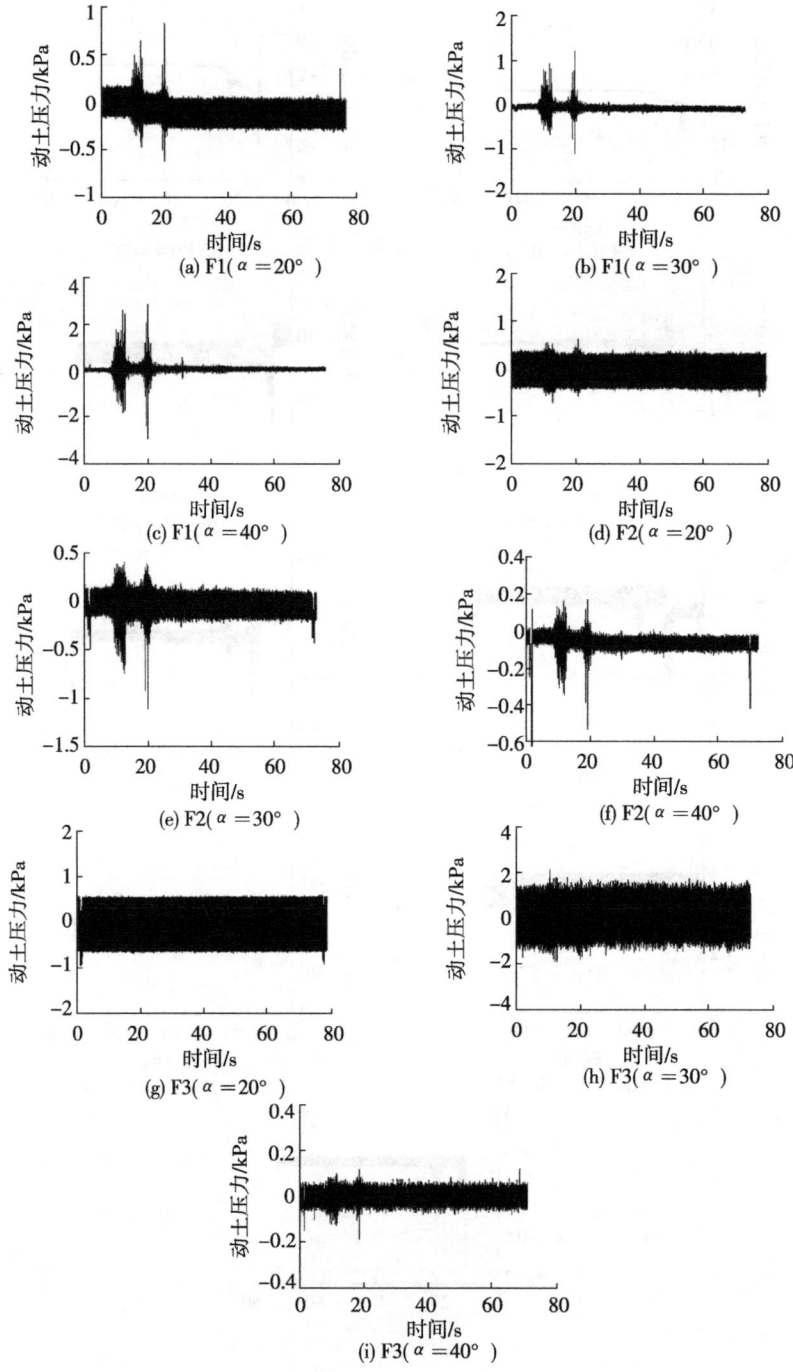

图 5-199　汶川波 z 向激振，$A_{z\max}=0.267g$ 动土压力响应时程曲线

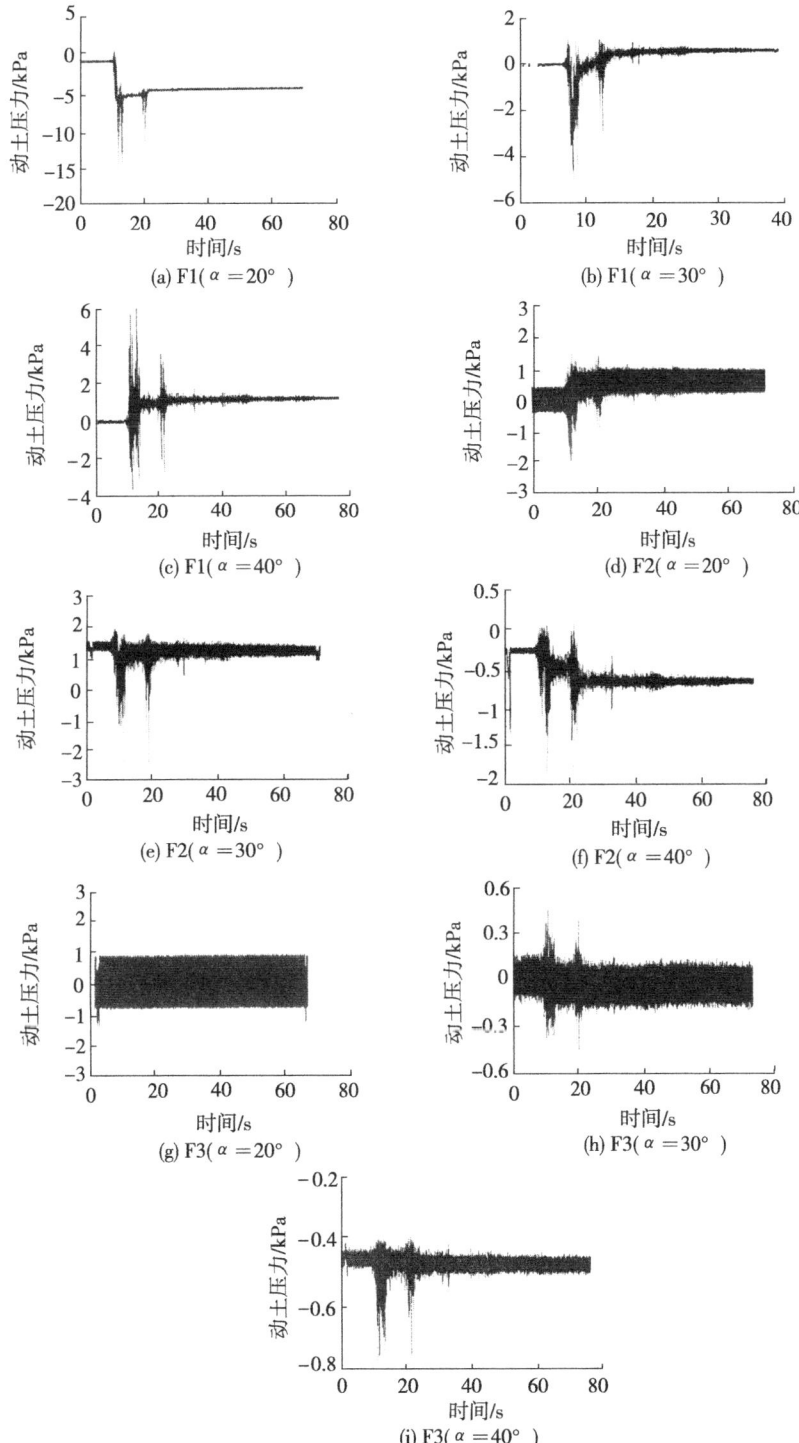

图 5-200 汶川波 x、z 双向激振，$A_{x\max}=0.4g$、$A_{z\max}=0.267g$ 动土压力响应时程曲线

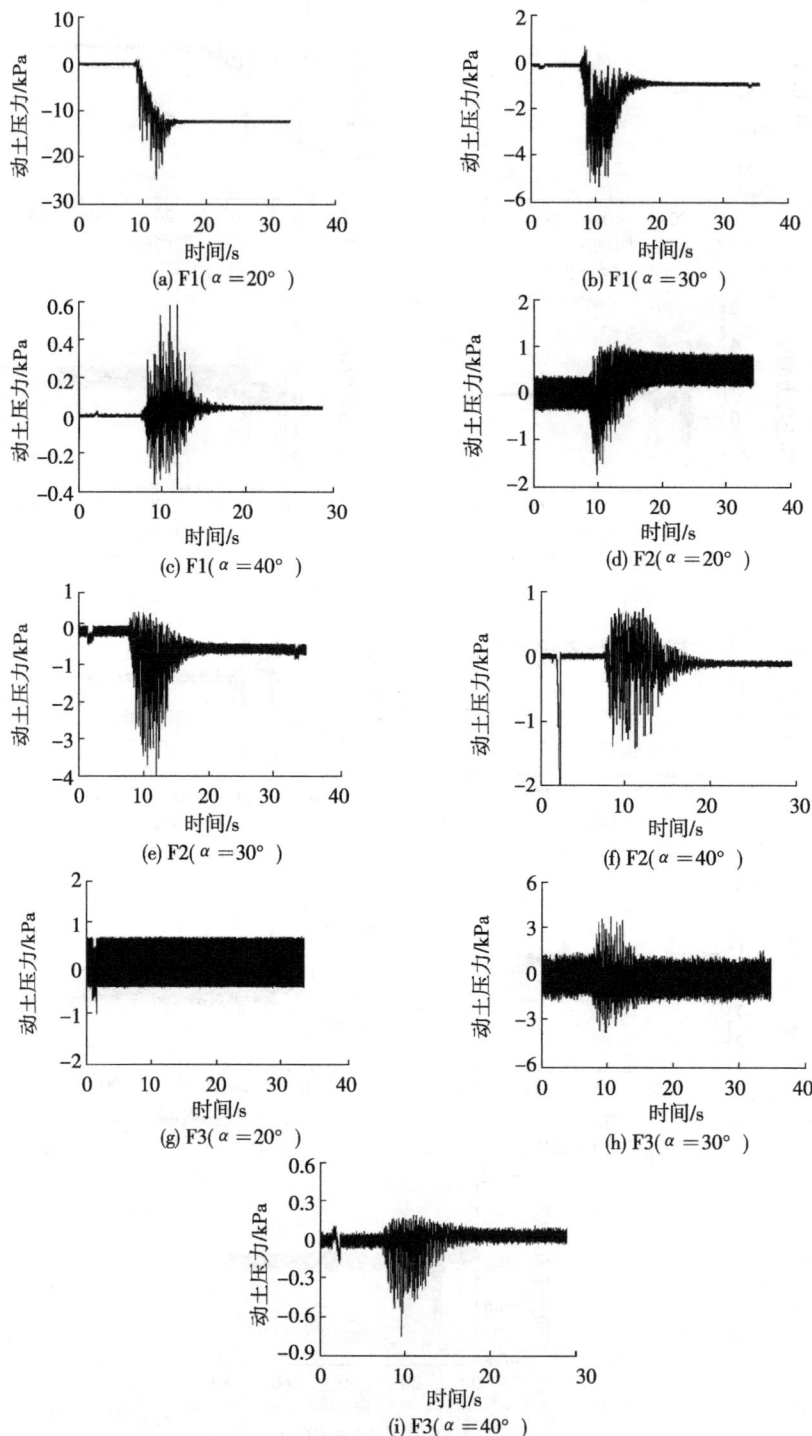

图 5-201 大瑞波 x、z 双向激振，$A_{x\max}=0.4g$，$A_{z\max}=0.267g$ 动土压力响应时程曲线

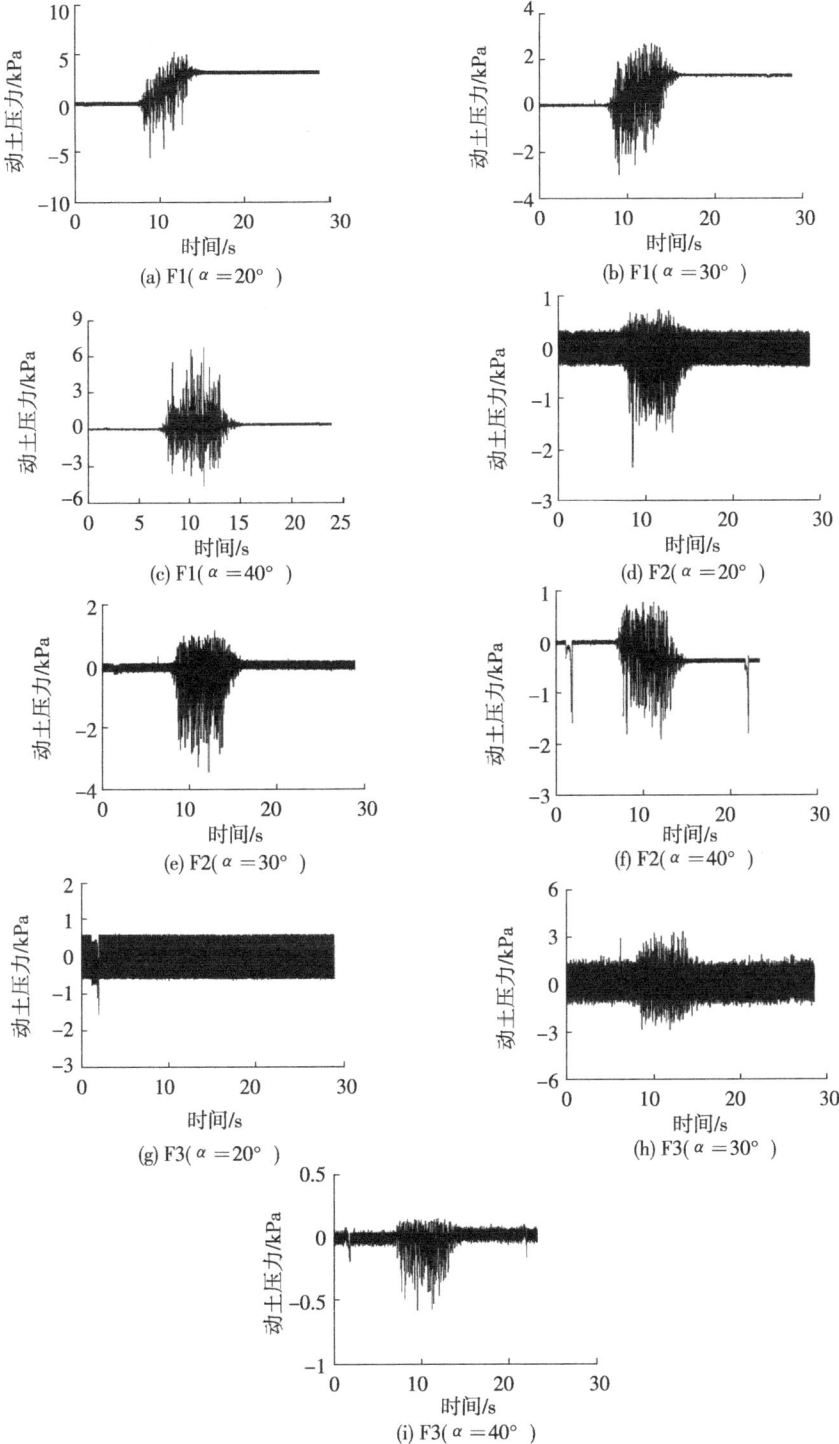

图 5-202 Kobe 波 x、z 双向激振，$A_{x\max}=0.4g$、$A_{z\max}=0.267g$ 动土压力响应时程曲线

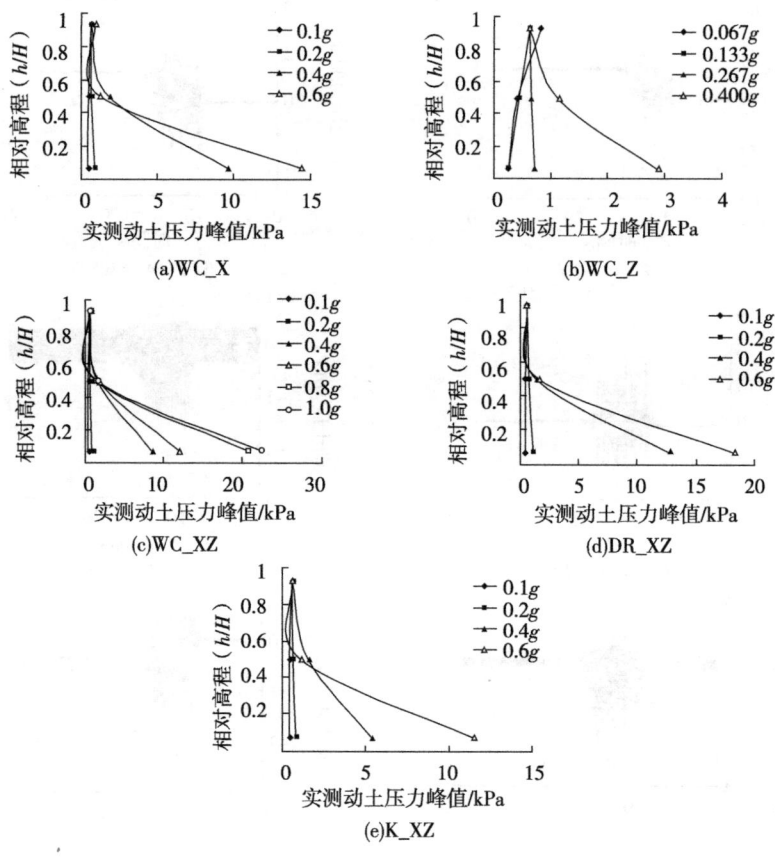

图 5-203　$\alpha=20°$时动土压力响应峰值沿墙高分布情况

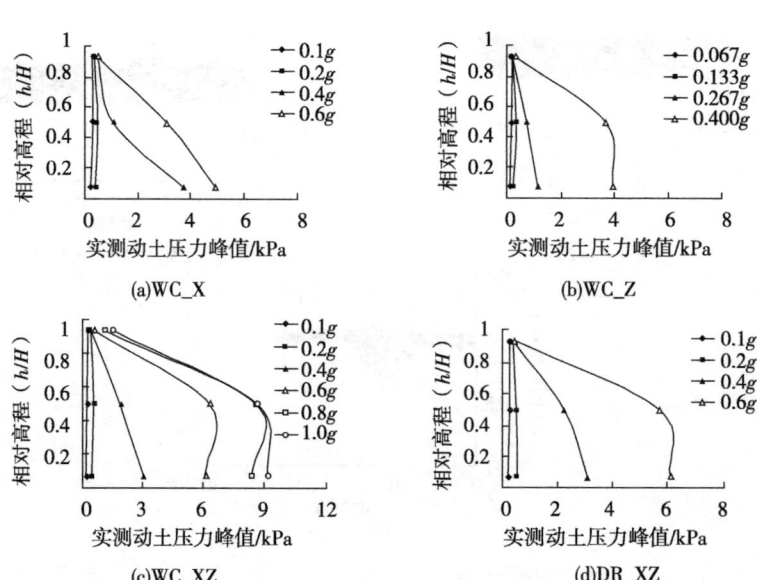

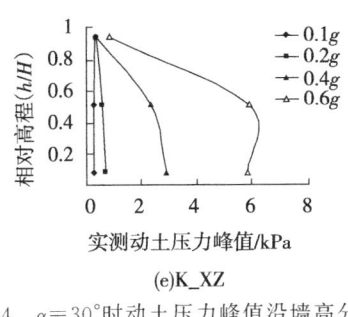

(e)K_XZ

图 5-204　$\alpha=30°$ 时动土压力峰值沿墙高分布情况

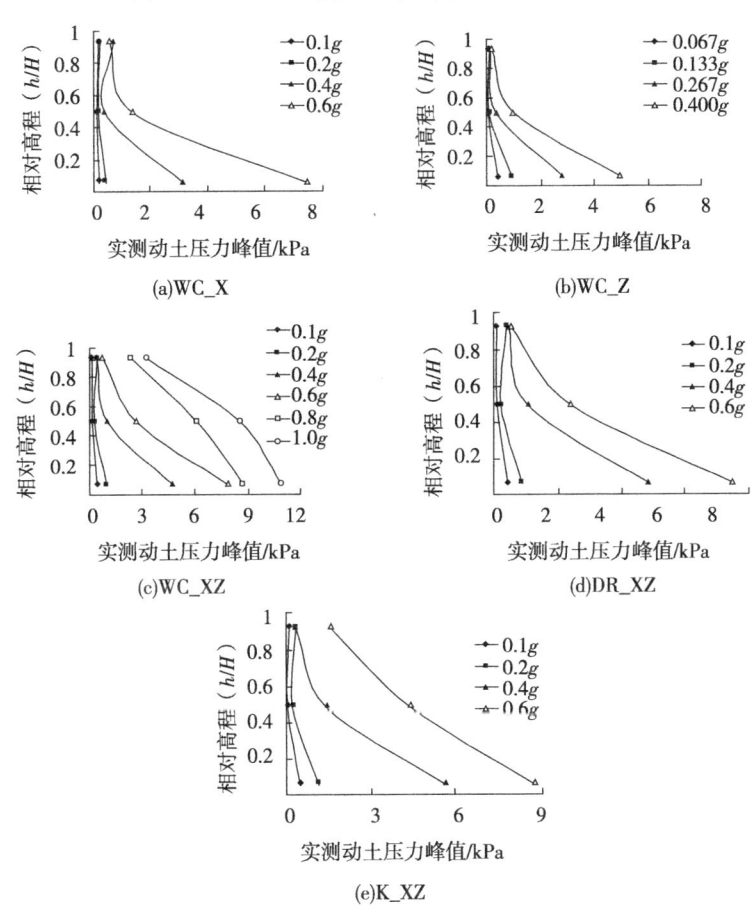

图 5-205　$\alpha=40°$ 时动土压力峰值沿墙高分布情况

（1）各测点动土压力峰值总体上随激振加速度峰值的增大而增大。汶川波 x 向或 z 向地震波都会产生水平方向的动土压力，但汶川波 x 向激振所产生的动土压力峰值大于 z 向激振（个别测点除外）。

（2）汶川波 x、z 双向，大瑞波 x、z 双向与 Kobe 波 x、z 双向激振时，动土压力峰值较为接近。

(3) $\alpha=20°$时无论哪种加载方式,$A_{x\max}<0.2g$ 时动土压力响应峰值沿墙高呈现出上大下小的倒三角形分布,$A_{x\max}\geqslant0.2g$ 时动土压力响应峰值沿墙高基本上呈现出上小下大的非线性分布形式。$\alpha=30°$时,激振加速度峰值 $A_{x\max}\leqslant0.2g$($A_{z\max}\leqslant0.133g$)时,动土压力响应峰值沿墙高变化较小,当 $A_{x\max}\geqslant0.4g$($A_{z\max}\geqslant0.267g$)时,动土压力响应峰值沿墙高呈现出上小下大的非线性分布形式。$\alpha=40°$时,呈现出与 $\alpha=30°$时相似的特征。

(4) 汶川波 x 向或 z 向激振时,岩层倾角 $\alpha=20°$时所产生的动土压力响应峰值最大;汶川波 z 向激振时,$\alpha=40°$时所产生的动土压力响应峰值最大。汶川波 x、z 双向激振时,$\alpha=20°$墙底动土压力响应峰值最大,$\alpha=30°$墙底动土压力响应峰值最小;当激振加速度峰值 $A_{x\max}\geqslant0.6g$ 时,$\alpha=20°$的墙中和墙顶的动土压力响应峰值最小。大瑞波 x、z 双向和 Kobe 波 x、z 双向激振时,$\alpha=20°$墙底动土压力响应峰值最大。

(5) 各测点动土压力几乎同时达到峰值,并且基本上与台面加速度传感器加速度响应峰值同步。图 5-206～图 5-211 分别为汶川波 x、z 双向,大瑞波 x、z 双向激振时,F1 测点达到峰值时刻的动土压力沿墙高分布与所有测点都达到峰值的比较图。

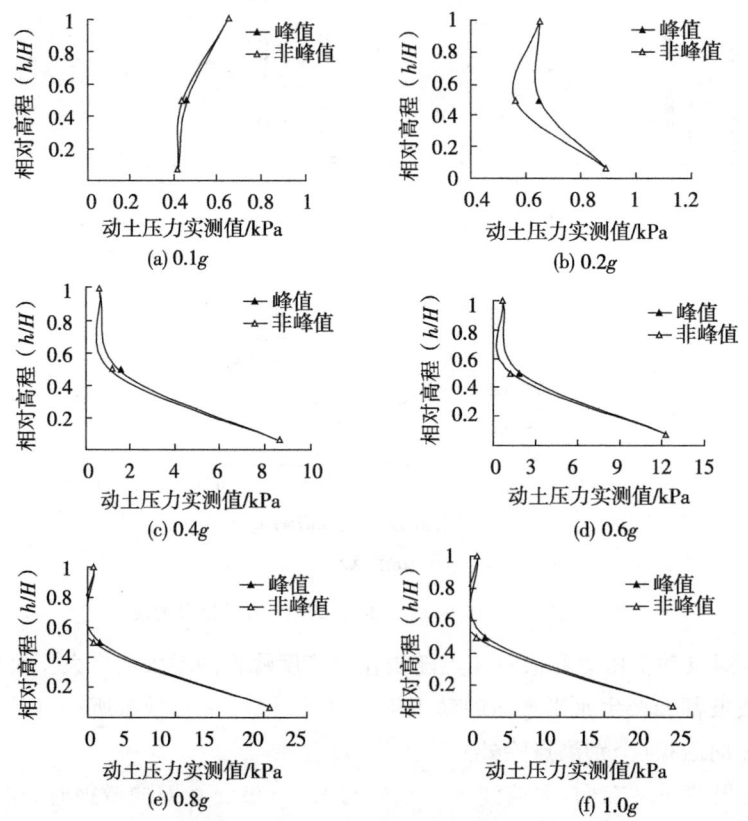

图 5-206 汶川波 x、z 双向激振时,测点 F1 达到峰值动土压力沿墙高分布比较图($\alpha=20°$)

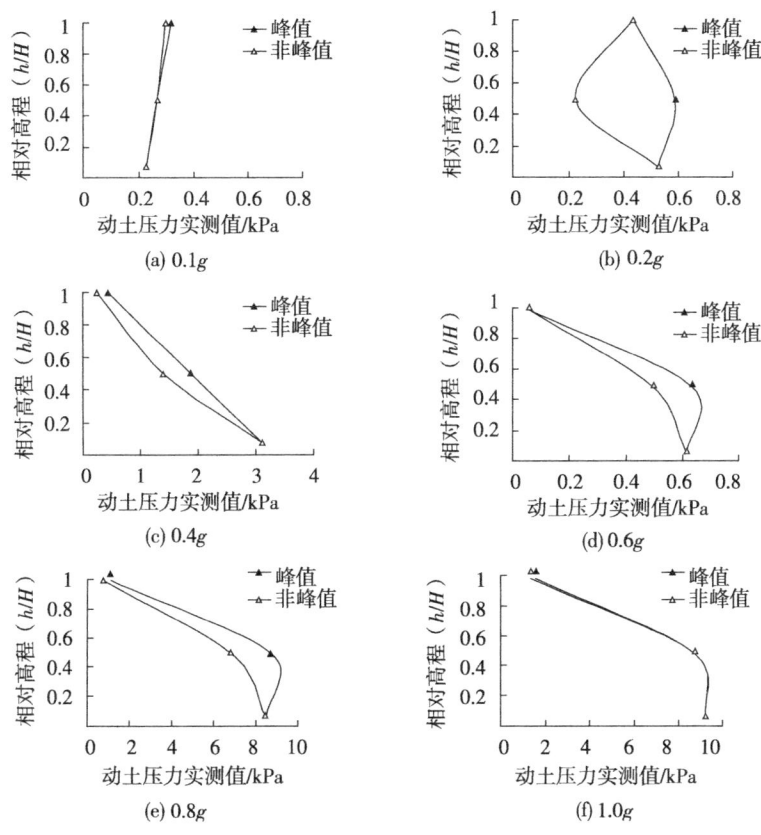

图 5-207 汶川波 x、z 双向激振时，测点 F1 达到峰值动土压力沿墙高分布比较图（$\alpha=30°$）

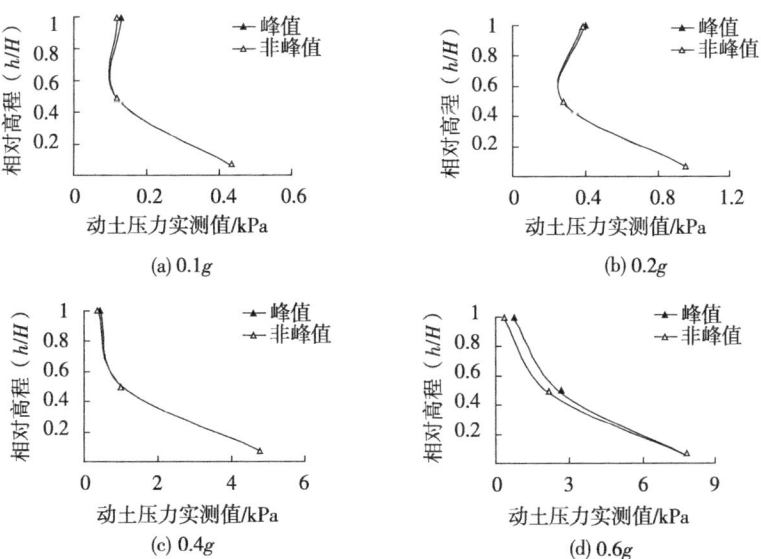

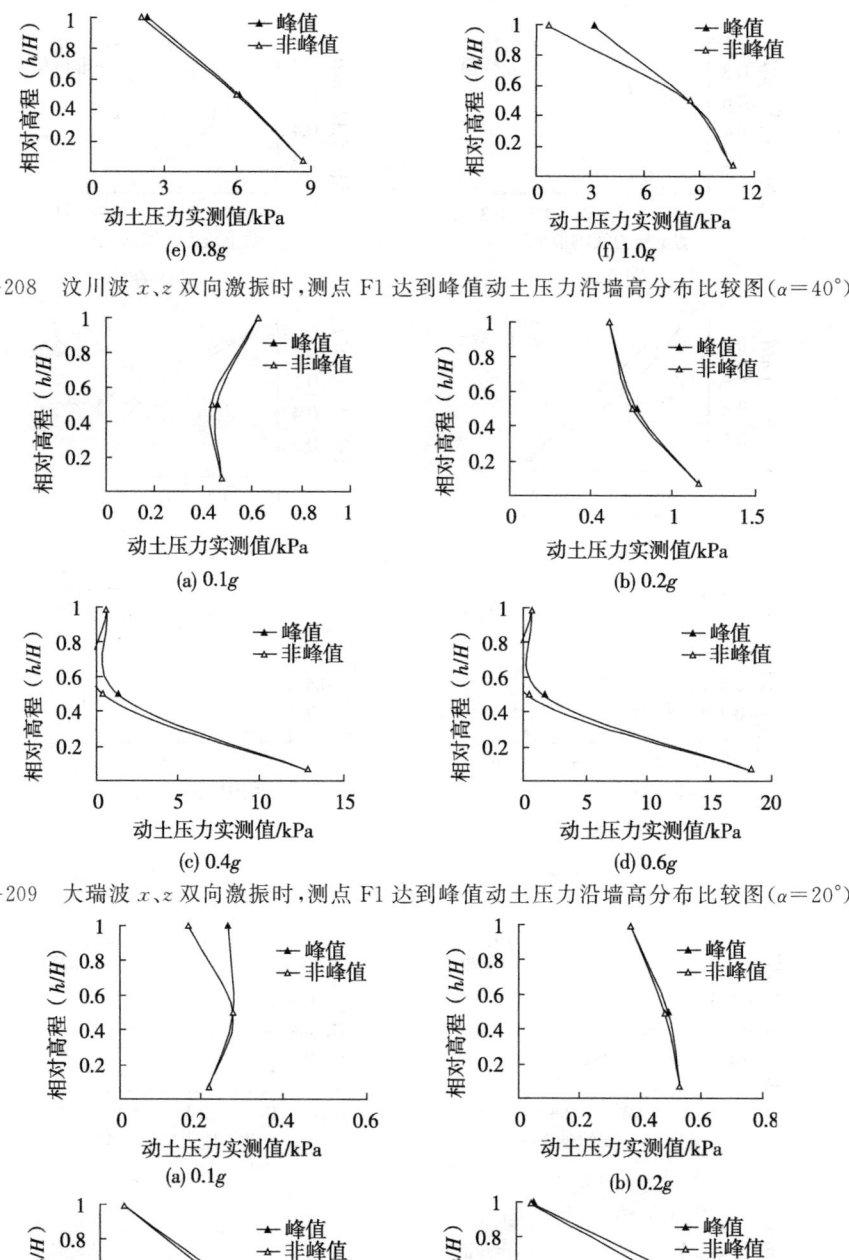

(e) 0.8g　　　　　　　　　　(f) 1.0g

图 5-208　汶川波 x、z 双向激振时，测点 F1 达到峰值动土压力沿墙高分布比较图（$\alpha=40°$）

(a) 0.1g　　　　　　　　　　(b) 0.2g

(c) 0.4g　　　　　　　　　　(d) 0.6g

图 5-209　大瑞波 x、z 双向激振时，测点 F1 达到峰值动土压力沿墙高分布比较图（$\alpha=20°$）

(a) 0.1g　　　　　　　　　　(b) 0.2g

(c) 0.4g　　　　　　　　　　(d) 0.6g

图 5-210　大瑞波 x、z 双向激振时，测点 F1 达到峰值动土压力沿墙高分布比较图（$\alpha=30°$）

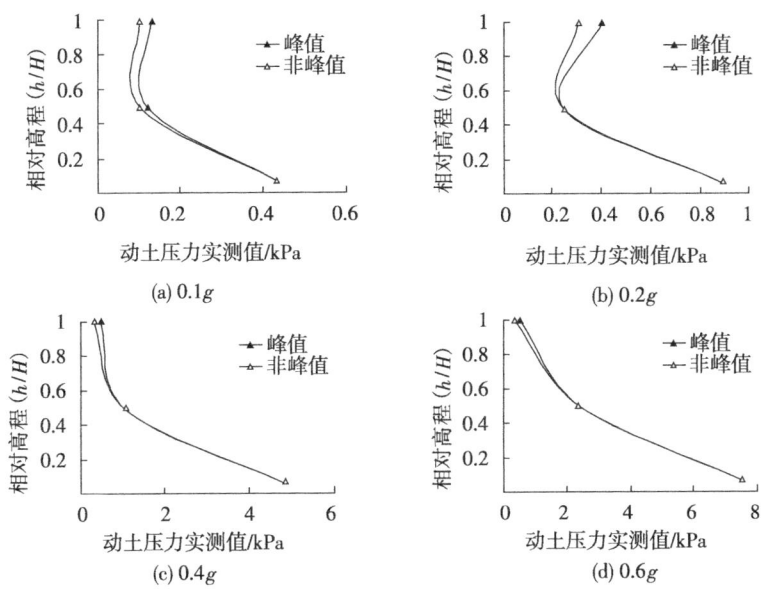

图 5-211 大瑞波 $x、z$ 双向激振时,测点 F1 达到峰值动土压力沿墙高分布比较图($\alpha=40°$)

5.4.5 锚杆动应变响应特性

图 5-212～图 5-216 分别给出了汶川波 x 向、z 向和 $x、z$ 双向,以及大瑞波 $x、z$ 双向和 Kobe 波 $x、z$ 双向激振下,激振加速度峰值 $A_{x\max}=0.4g$、$A_{z\max}=0.267g$ 时各测点动应变响应时程曲线。

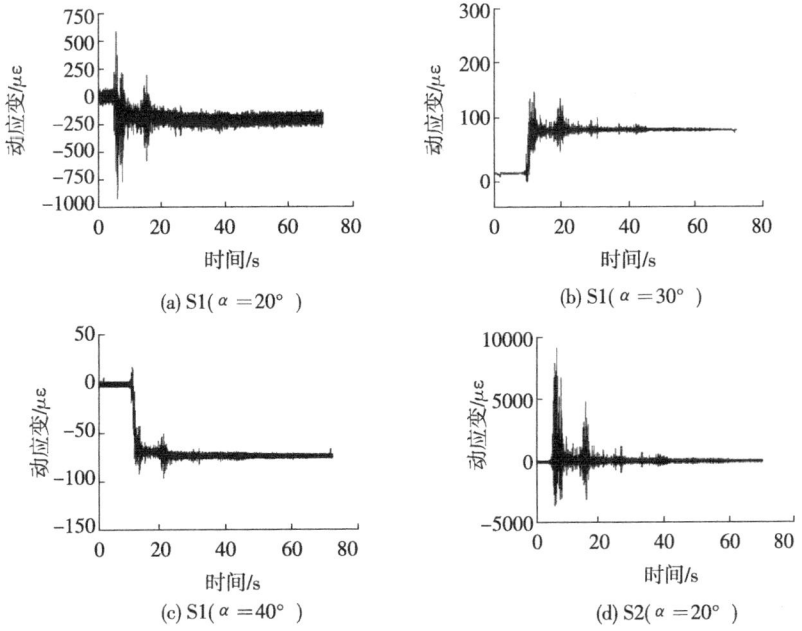

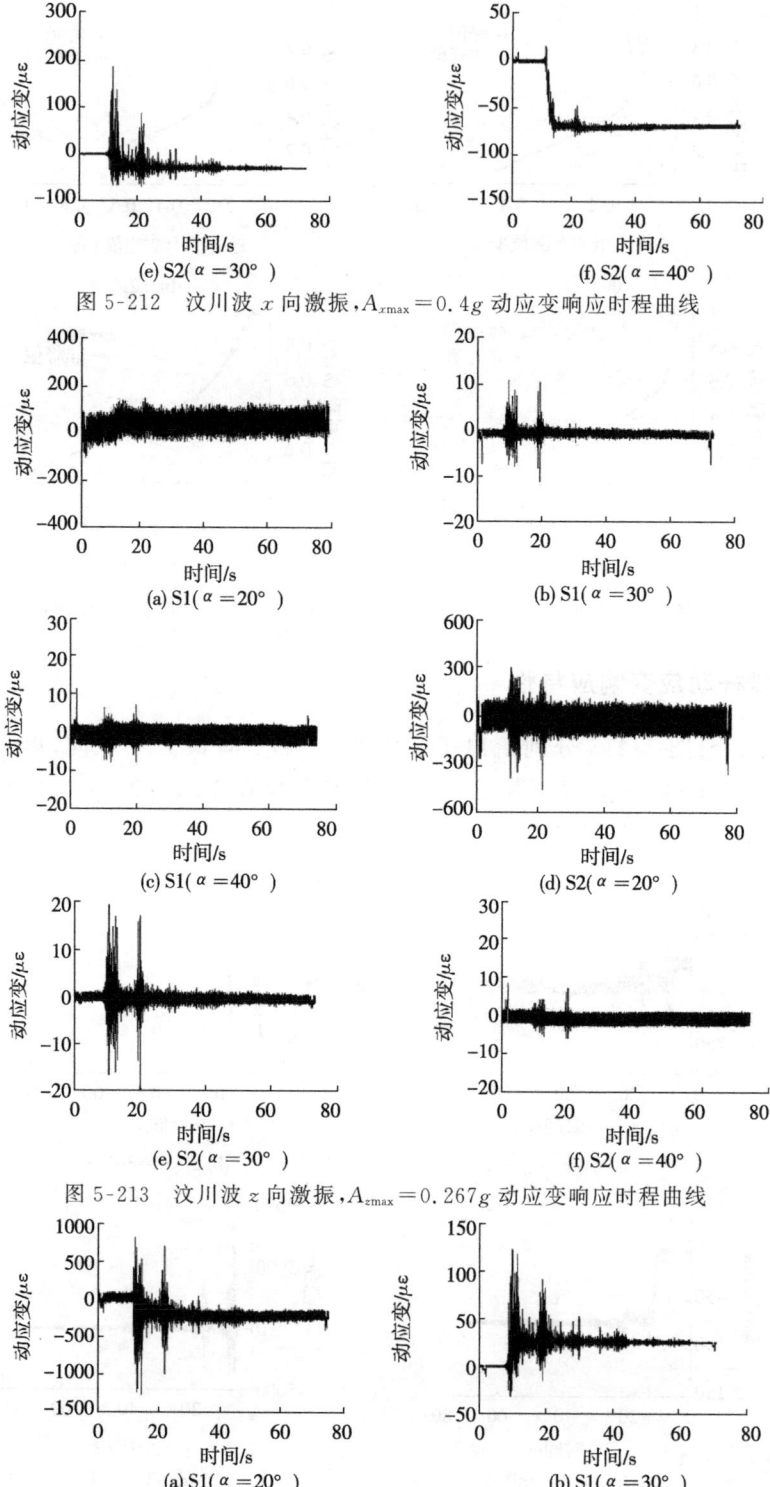

图 5-212 汶川波 x 向激振，$A_{x\max}=0.4g$ 动应变响应时程曲线

图 5-213 汶川波 z 向激振，$A_{z\max}=0.267g$ 动应变响应时程曲线

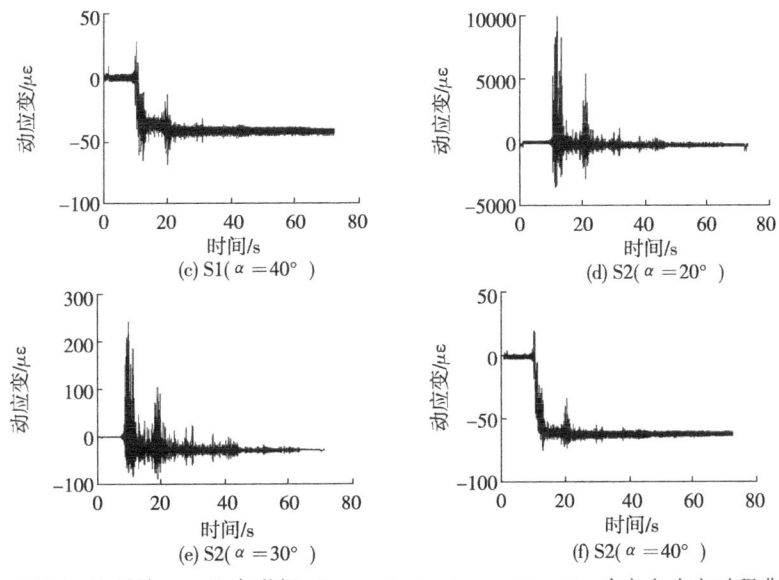

图 5-214 汶川波 x、z 双向激振，$A_{xmax}=0.4g$、$A_{zmax}=0.267g$ 动应变响应时程曲线

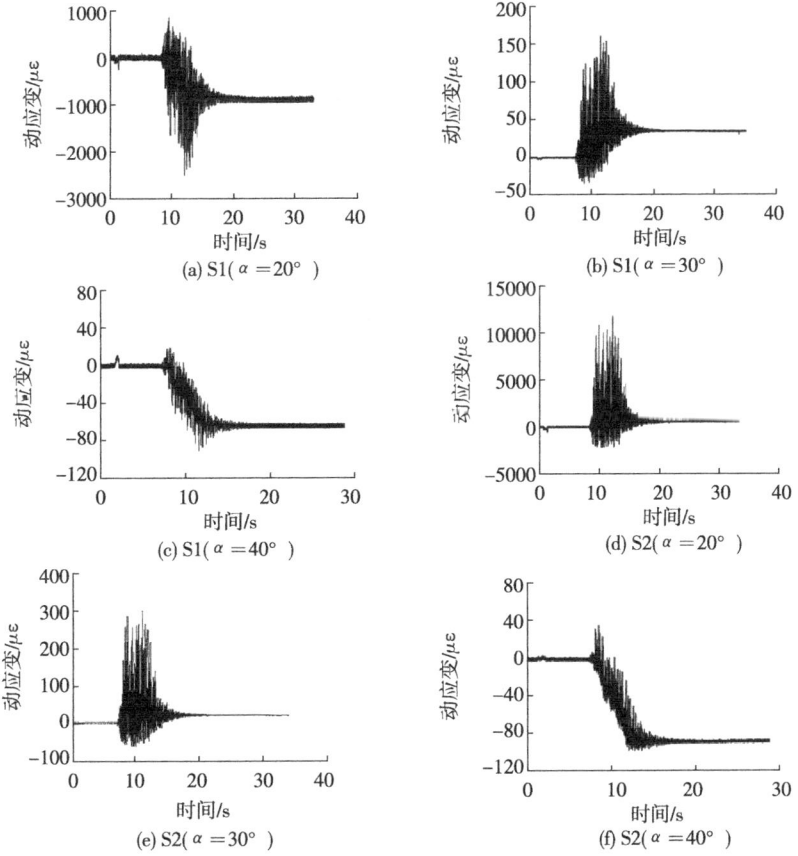

图 5-215 大瑞波 x、z 双向激振，$A_{xmax}=0.4g$、$A_{zmax}=0.267g$ 动应变响应时程曲线

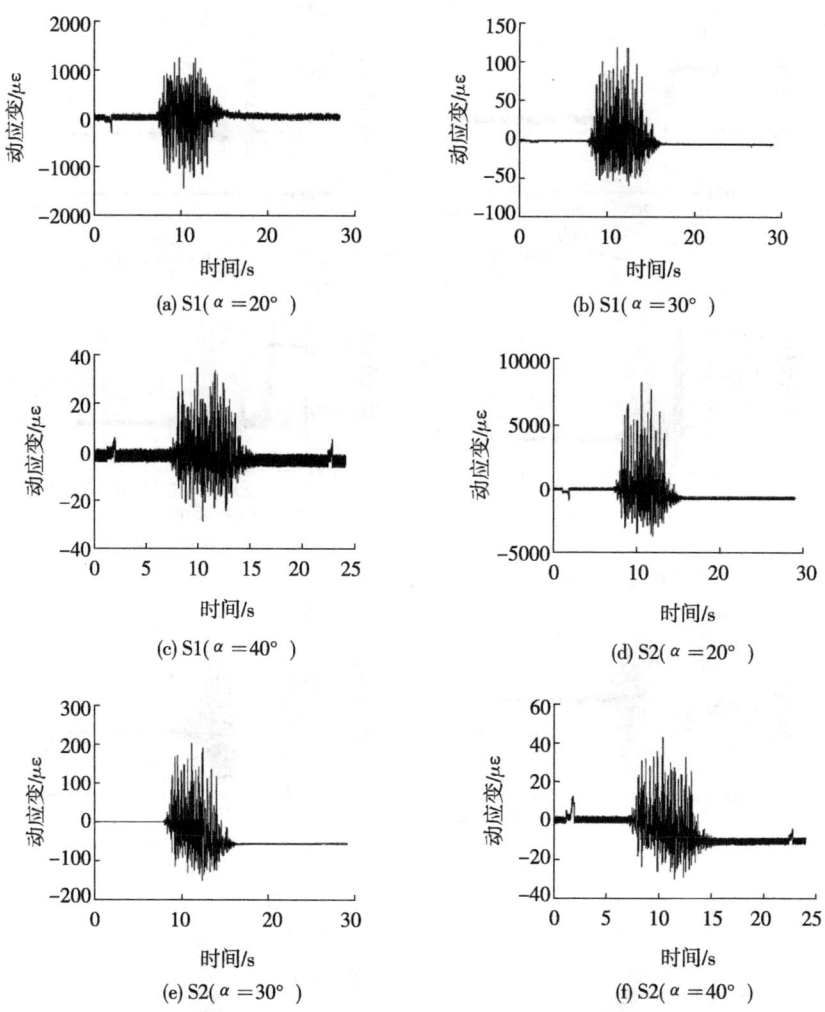

图 5-216　Kobe 波 x、z 双向激振，$A_{x\max}=0.4g$、$A_{z\max}=0.267g$ 动应变响应时程曲线

汶川波有两个加速度幅值较大的时段，模型在经历汶川波激振时，动应变响应随之出现两次跳跃，且第一次跳跃比第二次显著，这反映在单向和双向激振时的动应变时程曲线上，如图 5-212～图 5-214 所示。地震动使得锚杆产生了残余应变，由于第一次跳跃大于第二次，所以第二次跳跃后产生的残余应变基本上是第一次跳跃后所产生的残余应变。

大瑞波和 Kobe 波较大的加速度幅值集中在一个时段内，因而锚杆动应变响应只出现一个时段内的跳跃，对应该时段出现动应变峰值并产生残余应变，动应变响应时程曲线如图 5-215 和图 5-216 所示。

动应变响应峰值随激振加速度峰值变化规律如图 5-217～图 5-219 所示。

第5章 支挡结构-边坡振动台模型试验

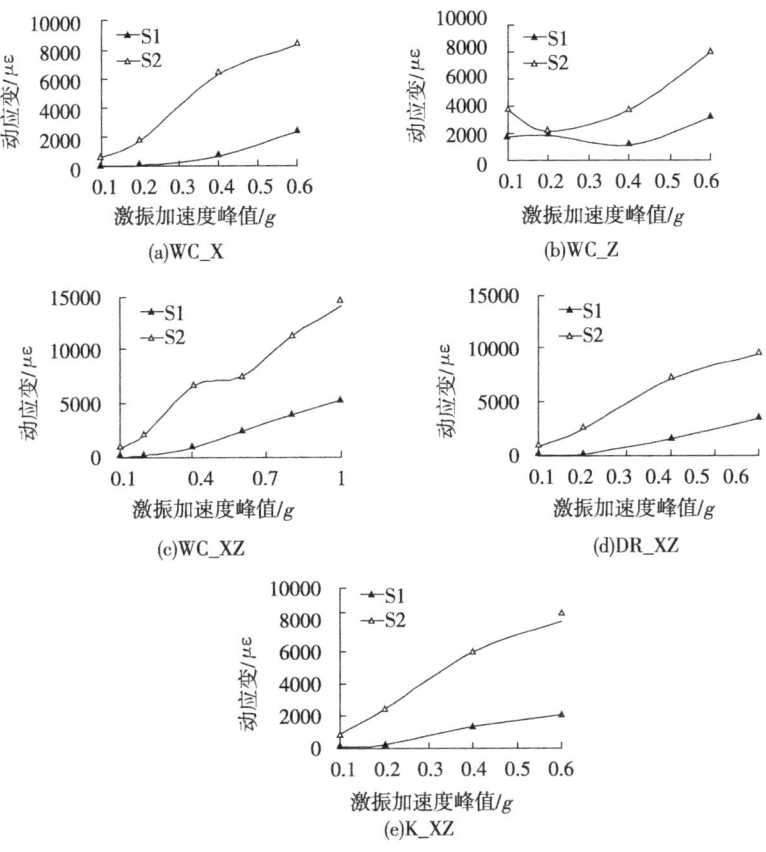

图 5-217 $\alpha = 20°$ 时动应变响应峰值随激振加速度峰值变化情况

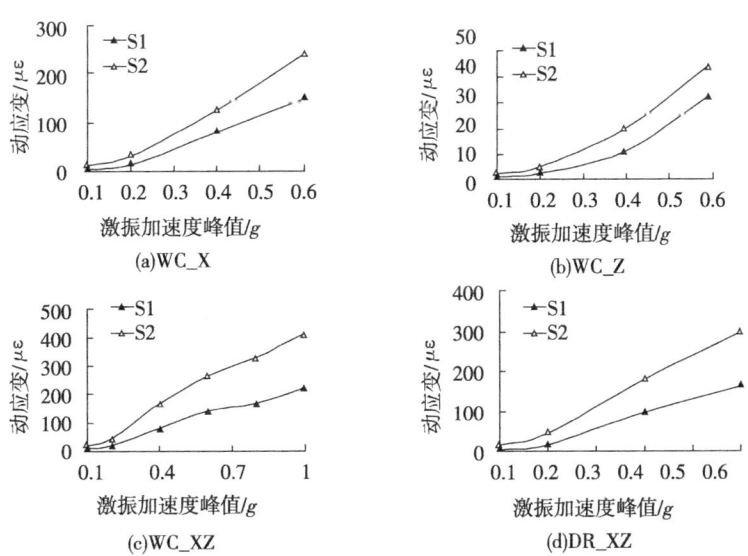

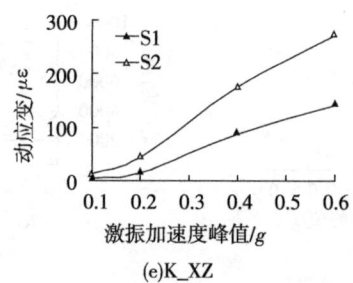

图 5-218 $\alpha=30°$时动应变响应峰值随激振加速度峰值变化情况

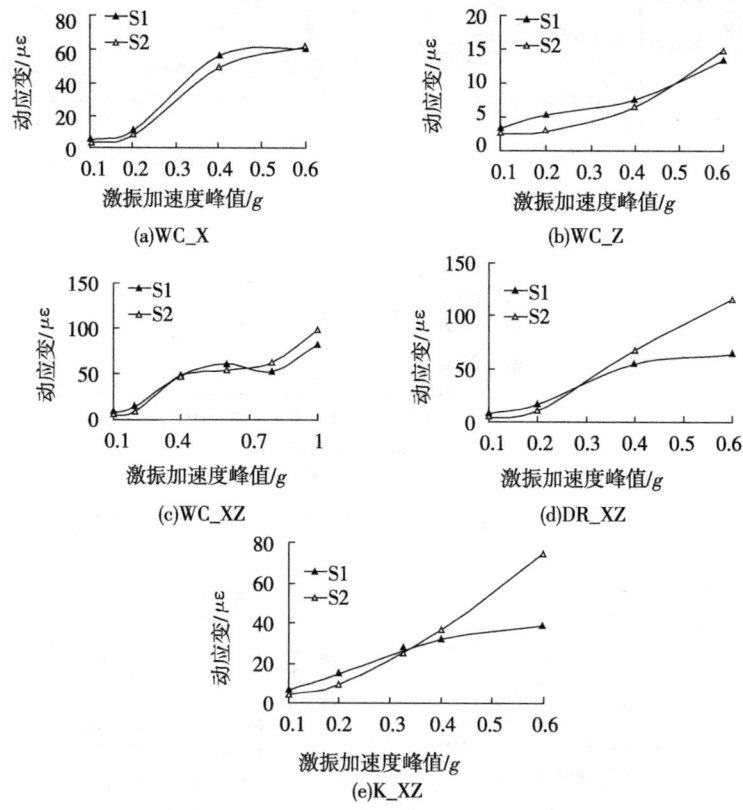

图 5-219 $\alpha=40°$时动应变响应峰值随激振加速度峰值变化情况

(1) 三个模型试验中的锚杆动应变响应峰值,随激振加速度峰值增大而增大。当 $\alpha=30°$时,锚杆动应变响应峰值仅为 $\alpha=20°$时的 0.014~0.108 倍; $\alpha=40°$时锚杆动应变响应峰值仅为 $\alpha=20°$时的 0.004~0.060 倍,是 $\alpha=30°$时的 0.256~2.074 倍(仅个别工况增大)。即锚杆动应变响应峰值随岩层倾角增大而减小, $\alpha=30°$时减小的幅度较大, $\alpha=40°$时比 $\alpha=30°$时减小的幅度却较小。

(2) 汶川波 x 向和 x、z 双向激振时,动应变响应峰值较为接近,且大于 z 向激振,这在 $\alpha=20°$ 时表现较为显著。Kobe 波 x、z 双向激振时,动应变响应峰值与汶川波 x、z 双向激振时的动应变响应峰值较为接近,而大瑞波 x、z 双向激振时的动应变响应峰值稍大于汶川波和 Kobe 波 x、z 双向激振。

(3) $\alpha=20°$ 和 $\alpha=30°$ 两个模型试验中,上锚杆的动应变响应峰值大于下锚杆动应变响应峰值的 1.5 倍,最大为 10.27 倍。而 $\alpha=40°$ 时的模型试验中,上、下锚杆动应变响应峰值较为接近。

参 考 文 献

[1] 陈福全,马时冬.土钉加固边坡的离心模型试验与分析.工业建筑,1999,29(9):12-15.

[2] 薛守义.高等土力学.北京:中国建材工业出版社,2007.

[3] 黄浩华.地震模拟振动台的设计与应用技术.北京:地震出版社,2008.

[4] Tinawi R, Leger P, Leclerc M, et al. Seismic safety of gravity dams: from shake table experiments to numerical analyses. Journal of Structural Engineering, 2000, 126(4): 518-529.

[5] Hazarika H, Okuzono S, Matsuo Y. Seismic stability enhancement of rigid nonyielding structures// Proceedings of the Thirteenth International Offshoreand Polar Engineering Conference, Honolulu. The International Society of Offshore and Polar Engineers, 2003: 697-702.

[6] 焦方辉,姚令侃,蒋良潍,等.岩石场地重力式挡土墙地震土压力振动台实验研究.防灾减灾工程学报,2011,31(3):316-322.

[7] 杨冬,姚令侃,蒋良潍.土质场地重力式挡土墙地震土压力振动台实验研究.防灾减灾学报,2011,27(1):8-16.

[8] 秦伟,姚令侃,蒋良潍,等.地震作用下岩质地基挡墙土压力变化特性数值分析.交通科学与工程,2011,27(1):23-29.

[9] 罗先启,葛修润.滑坡模型试验理论及其应用.北京:中国水利水电出版社,2008.

[10] Meymand P J. Shaking table scale model tests of nonlinear soil-pile-superstructure interaction in soft clay. Berkeley: University of California, 1998.

[11] Iai S. Similitude for shaking table tests on soil-structure-fluid model in 1g gravitational field. Soils and Foundations, 1989, 29(1): 105-118.

[12] 李金贝,张鸿儒,李志强.填方路基振动台动力破坏试验研究.岩土力学,2011,32(10):3075-3080.

[13] Prasad S K, Towhata I, Chandradhara G P, et al. Shaking table tests in earthquake geotechnical engineering. Current Science, 2004, 87(10): 1398-1404.

[14] 李金贝,张鸿儒,李志强.高烈度地震区公路填方路基大型振动台模型试验.公路交通科技,2011,28(11):1-6.

[15] 陈跃庆,吕西林,侯建国,等.有建筑物存在的软土地基液化模拟地震振动台试验研究.武汉大学学报(工学版),2003,36(1):59-63.

[16] 凌贤长,王臣,王志强,等.自由场地基液化大型振动台模型试验研究.地震工程与工程振动,

2003,23(6):138-143.

[17] 吕西林,张之颖,曹文清.土-结构相互作用体系合成模态阻尼比的振动台模型试验研究.力学季刊,2003,24(1):75-80.

[18] 张之颖,吕西林,陈跃庆,等.黏性土覆盖层下土中超孔隙水压力的动力试验研究.岩石力学与工程学报,2003,22(1):131-136.

[19] 张之颖,赵钟斗,吕西林,等.SSI体系阻尼特性振动台模型试验研究.土木工程学报,2010,43(2):100-104.

[20] 王建华,冯士伦.桩土相互作用的振动台试验研究.岩土工程学报,2004,26(5):616-618.

[21] 陈国兴,庄海洋,程绍革,等.土-地铁隧道动力相互作用的大型振动台试验:试验方案设计.地震工程与工程振动,2006,26(6):178-183.

[22] 蒋关鲁,刘先峰,张建文,等.高速铁路液化土地基加固的振动台试验研究.西南交通大学学报,2006,41(2):190-196.

[23] 李华明,蒋关鲁,刘先峰.CFG 桩加固饱和粉土地基的动力特性试验研究.岩土力学,2010,31(5):1550-1554.

[24] 黄春霞,张鸿儒,隋志龙,等.饱和砂土地基液化特性振动台试验研究.岩土工程学报,2006,28(12):2098-2103.

[25] 刘君,刘福海,孔宪京,等.PIV 技术在大型振动台模型试验中的应用.岩土工程学报,2010,32(3):368-374.

[26] 蒋良潍,姚令侃,吴伟,等.传递函数分析在边坡振动台模型试验的应用探讨.岩土力学,2010,31(5):1368-1374.

[27] 陈新民,沈建,魏平,等.下蜀土边坡地震稳定性的大型振动台试验研究(Ⅰ)——模型试验设计.防灾减灾工程学报,2010,30(5):497-502.

[28] 杨正权,刘小生,刘启旺,等.两河口高土石坝动力特性振动台模型试验研究.水利学报,2009,42(10):1226-1233.

[29] 肖从真,王翠坤,郝锐坤,等.珠海信息大厦模型振动台试验与分析.建筑科学,2003,19(6):1-3.

[30] 凌贤长,王丽霞,王东升,等.非自由液化场地地基动力性能大型振动台模型试验研究.中国公路学报,2005,18(2):34-39.

[31] 钱德玲,赵元一,王东坡.桩-土-结构体系动力相互作用的试验研究.上海交通大学学报,2005,39(11):1856-1861.

[32] 李检保,吕西林,卢文胜,等.北京 LG 大厦单塔结构整体模型模拟地震振动台试验研究.建筑结构学报,2006,27(2):10-14.

[33] 施卫星,丁美,成广伟,等.超限高层建筑整体模型模拟地震振动台试验研究.四川大学学报(工程科学版),2007,39(4):50-56.

[34] 习朝位,蒋义平,佟道林,等.大底盘双塔楼连体结构抗震试验研究.建筑结构,2009,39(5):102-107.

[35] 王曙光,刘伟庆,徐秀丽,等.大跨连续梁桥纵向消能减震振动台模型试验.中国公路学报,2009,22(5):54-59.

[36] 陆伟东,刘伟庆,吴晓飞,等.昆明新国际机场航站楼 A 区结构模型振动台试验研究.建筑结构学报,2011,32(6):27-33.

[37] 胥玉祥,朱玉华,卢文胜.云南省博物馆新馆隔震结构模拟地震振动台试验研究.建筑结构学报,2011,32(10):39-47.

[38] 吕西林,任红梅,李培振,等.液化场地自由场体系的数值分析及振动台试验验证.岩石力学与工程学报,2009,28(增2):4046-4053.

[39] Whitman R V, Lambe P C. Effect of boundary conditions upon centrifuge experiments using ground motion simulation. Geotechnical Testing Journal,1986,9(2):61-71.

[40] Matsuda T, Goto Y. Studies on experimental technique of shaking table test for geotechnical problems//Proceedings of 9th World Conference on Earthquake Engineering, Tokyo-Kyoto. Japan Association for Earthquake Disaster Prevention,1988:837-842.

[41] Hushmand B, Scott R F, Crouse C B. Centrifuge liquefaction tests in a laminar box. Geotechnique,1988,38(2):253-262.

[42] 伍小平,孙利民,胡世德,等.振动台试验用层状剪切变形土箱的研制.同济大学学报,2002,30(7):781-785.

[43] 黄春霞,张鸿儒,隋志龙.大型叠层剪切变形模型箱的研制.岩石力学与工程学报,2006,25(10):2128-2134.

[44] 陈国兴,王志华,左熹,等.振动台试验叠层剪切型土箱的研制.岩土工程学报,2010,32(1):89-97.

[45] 高博,张鸿儒.堆叠式剪切模型箱的改进.岩石力学与工程学报,2009,28(增2):4021-4026.

[46] 陈国兴,王志华,宰金珉.考虑土与结构相互作用效应的结构减震大型振动台模型试验研究.地震工程与工程振动,2001,21(4):117-127.

[47] 陈跃庆,吕西林,李培振,等.不同土性的地基-结构动力相互作用振动台模型试验对比研究.土木工程学报,2006,39(5):57-64.

[48] 杨林德,季倩倩,郑永来,等.地铁车站结构振动台试验中模型箱设计的研究.岩土工程学报,2004,26(1):75-78.

[49] 周亦唐,钟国强,俞进,等.塑料土工格栅加筋土结构的振动台试验研究.四川建筑科学研究,2004,30(2):45-47.

[50] 陶连金,王沛霖,边金.典型地铁车站结构振动台模型试验.北京工业大学学报,2006,32(9):798-801.

[51] 张宏洋,李同春,宫必宁,等.砂土的 P-Z 模型介绍及振动台试验验证.水力发电学报,2009,28(5):182-186.

[52] 徐炳伟,姜忻良.大型复杂结构-桩-土振动台模型试验土箱设计.天津大学学报,2010,43(10):912-918.

[53] 林皋,朱彤,林蓓.结构动力模型试验的相似技巧.大连理工大学学报,2000,40(1):1-8.

[54] Fang Y S, Chen T J, Holtz R D, et al. Reduction of boundary friction in model tests. Geotechnical Testing Journal,2004,27(1):3-12.

[55] 中华人民共和国住房与城乡建设部.建筑抗震设计规范(GB50011-2010).北京:中国建筑工

业出版社,2010.
[56] 中华人民共和国铁道部.铁路工程抗震设计规范(GB50111-2006).北京:中国计划出版社,2009.
[57] 顾慰慈.挡土墙土压力计算手册.北京:中国建材工业出版社,2005.
[58] 中华人民共和国建设部.建筑基坑支护技术规范(JGJ120-99).北京:中国建筑工业出版社,1999.
[59] 周世良,陆春华.柱板式挡土墙面板后土压力有限元分析.重庆大学学报,2004,27(8):100-104.
[60] 宣道光.受地震影响挡土墙主动土压力的计算.华东公路,1995,(2):73-77.

第6章 支挡结构地震动位移模式

6.1 概 述

地震作用下,支挡结构与填土体构成一个非线性动力系统,其地震动位移模式及其变化方式非常复杂,需要进行深入的研究。研究支挡结构地震动位移模式及其变化方式,才能提出其抗震性能指标并进而建立震后位移估算模型,也是在实践中应用基于位移的支挡结构抗震设计方法的前提,因此具有重要的理论意义和工程应用价值。但是直到目前,对这一课题的研究还很少。由于支挡结构地震动位移模式属于岩土边坡地震动力问题,所以仍可采用动力模型试验研究的方法。由于大型振动台模型试验能较好地模拟地震动力问题,所以同样是研究支挡结构地震动位移模式的主要手段。

支挡结构的位移模式是指结构离开或移向结构后方土体过程中的滑动(平动)或者绕结构某点转动的方式,亦或是滑动(平动)和转动耦合的方式;支挡结构位移模式的变化是指结构从一种位移模式向另一种位移模式的转变过程。

现有的研究表明,静土压力的性质、大小及分布形式,受支挡结构的位移模式及其变化方式的影响。在库仑和朗肯土压力理论中,土压力的性质根据墙体是否发生位移以及位移的方向而改变,并且基于墙体位移模式并使结构与墙后土体达到极限平衡状态时土压力的性质,来求解主动或被动土压力的大小和线性分布作用点,因而墙体位移条件是影响土压力的最主要的因素之一。Terzaghi 研究认为,墙体位移模式和相对位移量,与土压力的大小及分布密切相关。Bang[1]在研究墙体转动状态下的主动土压力后认为,墙后土体从静止状态到极限状态是一个渐变过程,需要经历中间非极限状态,这实际上提出了在计算主动土压力时需要考虑墙体的位移模式及其变化方式。Sherif 等[2-8]利用模型试验研究了挡墙不同类型位移模式下的土压力后认为,土压力大小及作用点主要受墙体位移模式及位移量的影响。Chang[9]研究后也认为,墙体位移模式对土压力影响较大,并提出一种体现挡土墙位移模式和位移量对土压力影响的库仑土压力理论的简化方法。周应英等[10-12]利用模型试验研究了挡墙平移、绕墙底和墙顶转动等位移模式下的土压力后认为,墙体位移模式影响土压力大小及其分布形式。刘超等[13]通过离心模型试验,研究了各向异性砂土土压力后认为,墙体位移模式及位移量影响主动土压力的大小及分布。

上述国内外众多学者的试验研究表明,墙体位移模式和位移量对土压力及其分布形式有很大的影响,揭示了支挡结构的位移模式及其变化方式与侧土压力的性质、大小及分布形式的相关关系，也为建立非极限状态下的土压力理论和方法打下了基础，扩展了库仑土压力理论。

由于需要确定地震荷载引起的动土压力，支挡结构的抗震分析和抗震设计则变得困难。此外，在计算地震动土压力时，由于需要考虑地震惯性力而变得复杂化，所以引起了国内外众多学者的关注及大量的研究，也因此成为岩土工程中的前沿课题和热点课题之一。在求解地震动土压力时同样需要考虑墙体的位移模式及其变化方式，这样才能得到主动或被动土压力大小、分布形式及其合力作用点。Nazarian 和 Hadjian[14]研究后指出，支挡结构在地震作用下，由于侧土压力增大而产生滑动、转动或者同时产生滑动和转动，从而产生三种位移模式：平移、转动和弯曲。Sherif 等[15]通过振动台试验研究后认为，动土压力的大小、作用点的位置与墙体位移模式相关。

实践中常用的拟静力法是将地震惯性力看成拟静力，并以表示土体重力一部分的地震系数来表示，然后根据静止楔体分析法与静荷载一起进行静力分析。基于拟静力极限平衡法的 M-O 地震土压力计算方法，实际上是库仑土压力理论的推广，因而在计算地震动土压力时同样需要考虑墙体的位移模式。

基于此，本章基于三个基覆边坡大型振动台模型试验所采集到的动位移响应数据，研究重力式挡土墙、桩板式挡土墙和格构式框架结构等支挡结构的地震动位移模式及其变化规律，以及地震动参数对支挡结构地震动位移响应的影响。基于试验采集到的动位移数据，提出以墙体滑动位移和墙顶转动位移两个参数来表征支挡结构地震位移模式，以滑动位移比和转动位移比两个参数来反映支挡结构地震位移模式的变化过程，以相对位移一个参数来反映支挡结构震后位移幅度、位移方向和抗震性能等。

6.2 模型试验动位移计布设

大型振动台模型试验所使用的地震模拟台阵系统的主要技术参数、模型试验的相似关系及相似材料、边坡模型的制作方法、动位移计型号、设计地震波及加载方案等，见第 5 章相关部分。

在振动台模型试验中，设计了三个基覆边坡模型，分别为：①重力式挡土墙＋格构式锚杆框架结构边坡模型；②桩板墙＋预应力锚索格构式框架支护边坡模型；③格构式锚杆框架支护边坡模型。

在三个模型试验中，动位移计都沿模型边坡中轴线布设，其中第一个和第二个模型的动位移计布设方式相同，水平向（x 向）布设 4 个，编号分别为 DH1～DH4，竖直向（z 向）2 个，布设在框架梁上，编号分别为 DV3 和 DV4。水平和竖向动位移计分别用于测定挡土墙和框架结构 x 向、z 向的动位移响应。第三个边坡模型布设 6 个动位移计,其中水平和竖向动位移计个 3 个,编号分别为 DH-1~DH-3 和 DV-1~DV-3。三个基覆边坡模型的动位移计布设位置如图 6-1~图 6-3 所示。

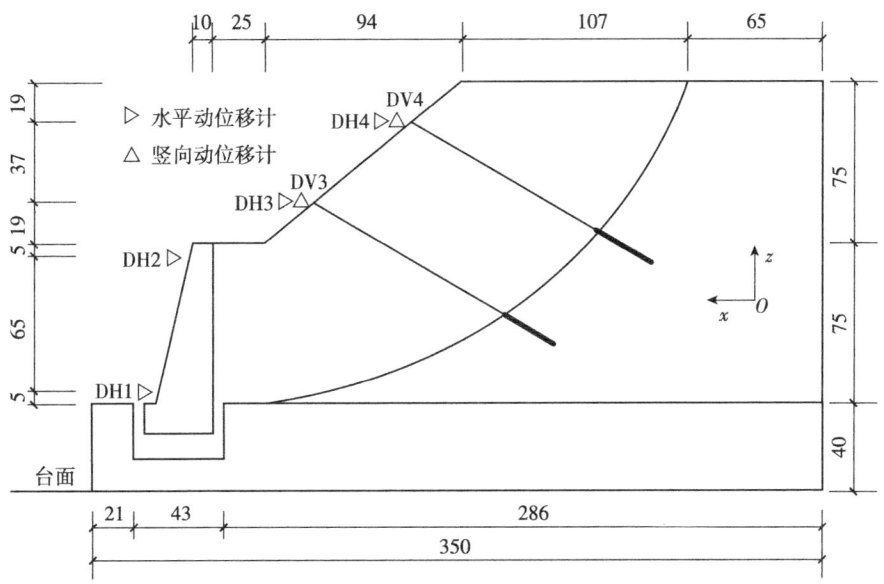

图 6-1 基覆边坡(重力式挡土墙)模型试验动位移计布设图

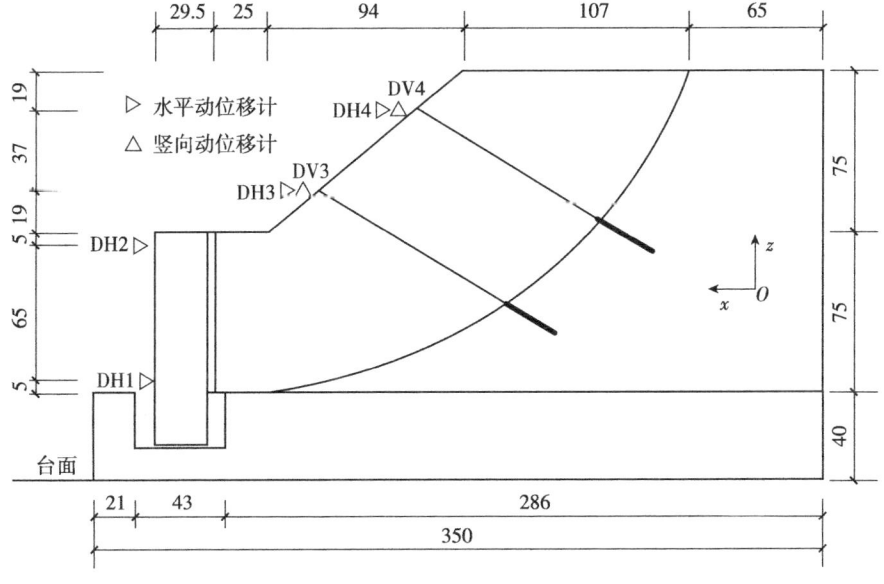

图 6-2 基覆边坡(桩板式挡土墙)模型试验动位移计布设图

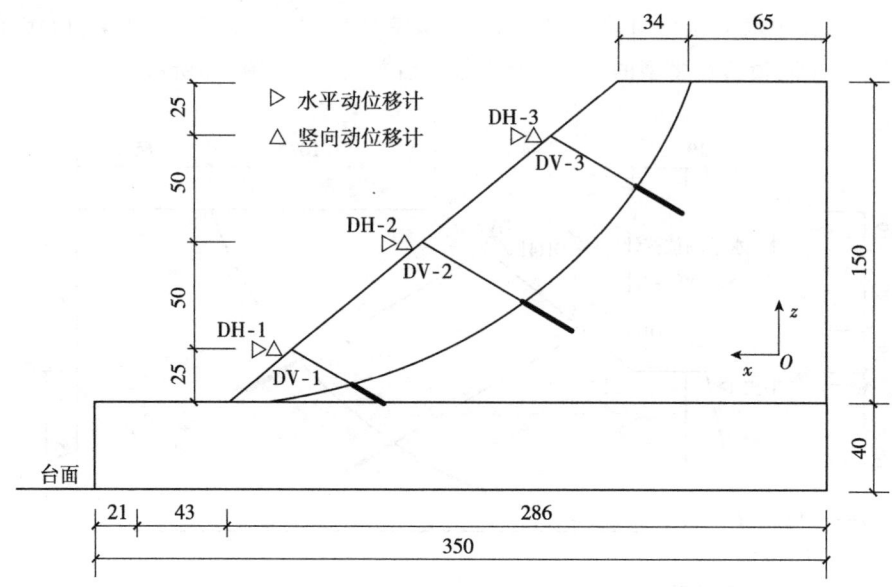

图 6-3 基覆边坡（格构式框架结构）模型试验动位移计布设图

6.3 重力式挡墙地震动位移模式

6.3.1 地震动位移响应特性

以汶川波激振加速度峰值 $0.6g$，DH2（墙顶）的动位移响应为例，分析重力式挡土墙地震动位移响应特性。

汶川波 x 向，z 向，x、z 双向激振时，台面加速度响应时程曲线分别如图 6-4(a)、图 6-5(a) 和图 6-6(a) 所示；DH2 的动位移响应时程曲线分别如图 6-4(b)、图 6-5(b) 和图 6-6(b) 所示。汶川波加速度时程曲线有 2 个加速度幅值较大的时段，模型经过 x 向，z 向和 x、z 双向激振后，台面加速度响应也出现 2 个加速度幅值较大的时段，并且响应峰值与激振加速度峰值相当。

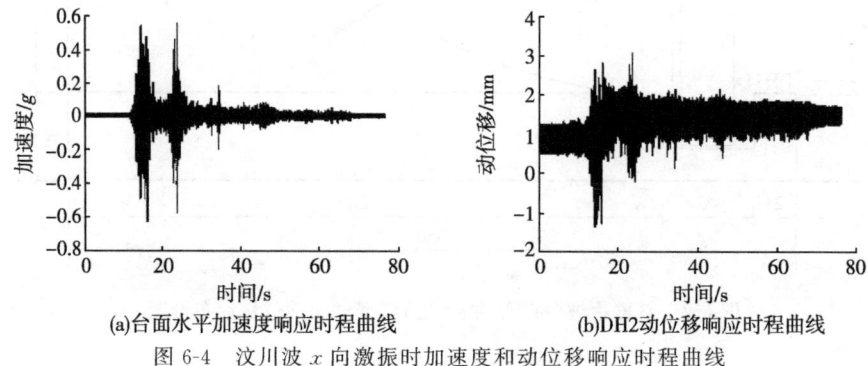

(a) 台面水平加速度响应时程曲线　　(b) DH2 动位移响应时程曲线

图 6-4　汶川波 x 向激振时加速度和动位移响应时程曲线

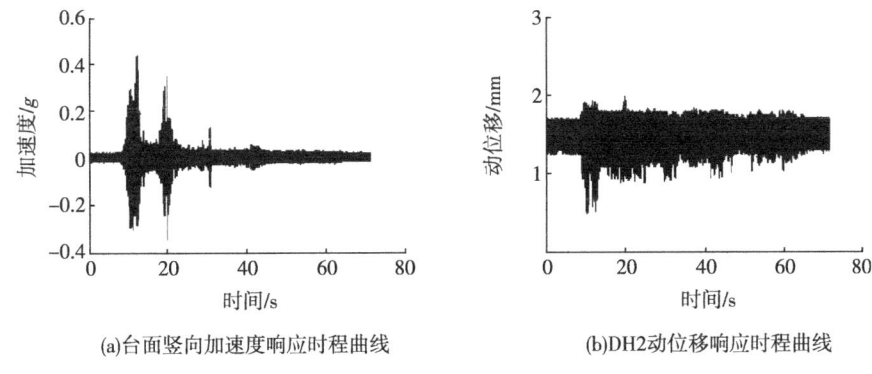

图 6-5 汶川波 z 向激振时加速度和动位移响应时程曲线

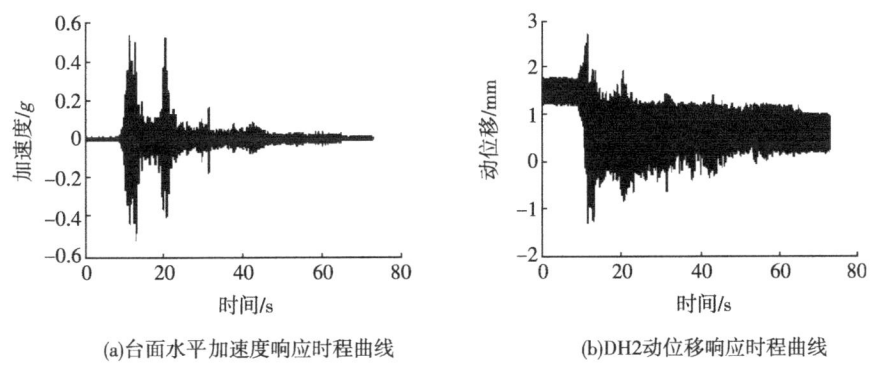

图 6-6 汶川波 x、z 双向激振时加速度和动位移响应时程曲线

模型在经历 x 向和 x、z 双向激振后，动位移响应也随之出现 2 个幅值较大的时段，且产生永久位移，由于第一次响应强度大于第二次，所以第一次较大的动位移响应产生的永久位移大于第二次。此外，x、z 双向激振时，动位移响应峰值稍大于 x 单向激振。

模型经历 z 向地震波激振后，动位移响应仅出现一个幅值较大的时段，且产生永久位移，但动位移响应幅值及永久位移都小于 x 向或 x、z 双向激振。

6.3.2 地震动永久位移与动位移模式分析

根据试验模型中的动位移传感器与支挡结构的相对位置，确定位移方向为：向着边坡土体方向移动的位移为"+"，离开土体向边坡外侧移动的位移为"-"。

根据各级工况下墙脚(DH1)和墙顶(DH2)地震动永久位移实测值，计算下述参数：滑动位移 D_H、墙顶位移 D_T、转动位移 D_R、相对位移($\sum D_T/H$，H 为墙高)、滑动位移比和转动位移比。据此分析重力式挡墙的地震动位移模式及其变化方式：D_H 和 D_R 反映挡墙地震动位移模式，相对位移反映挡墙震后位移幅度、位移方向和抗震性能，滑动位移比和转动位移比反映挡墙在地震作用下位移模式的变化过程。重力式挡土墙的地震动位移模式分析见表 6-1。

图 6-7 分别给出了汶川波、大瑞波和 Kobe 波激振下,相对位移随激振加速度峰值的变化情况。图 6-8 给出了汶川波激振下,动位移比随激振加速度峰值的变化情况。图 6-9 分别给出了大瑞波和 Kobe 波 x、z 双向激振下,动位移比随激振加速度峰值的变化情况。

表 6-1 重力式挡墙地震动位移模式分析表

	激振加速度峰值/g	0.1	0.2	0.4	0.6
汶川波 x 向单向激振	DH1 实测值/mm	0.126	−0.048	−0.126	0.623
	DH2 实测值/mm	0.305	0.025	−0.107	0.807
	D_H/mm	0.126	−0.048	−0.126	0.623
	D_T/mm	0.305	0.025	−0.107	0.807
	D_R/mm	0.179	0.073	0.019	0.180
	相对位移/%	0.0469	0.0508	0.0343	0.1585
	滑动位移比/%	41.31	39.67	86.90	77.58
	转动位移比/%	58.69	60.33	13.10	22.42
汶川波 z 向单向激振	DH1 实测值/mm	0.061	0.106	0.104	0.160
	DH2 实测值/mm	0.028	0.161	0.201	0.329
	D_H/mm	0.061	0.106	0.104	0.160
	D_T/mm	0.028	0.161	0.201	0.329
	D_R/mm	−0.033	0.055	0.097	0.169
	相对位移/%	0.0043	0.0291	0.0600	0.1106
	滑动位移比/%	64.89	65.84	51.74	48.63
	转动位移比/%	35.11	34.16	48.26	51.37
汶川波 x、z 双向激振	DH1 实测值/mm	0.136	−0.05	−0.135	0.863
	DH2 实测值/mm	0.390	0.088	−0.082	−1.449
	D_H/mm	0.136	−0.050	−0.135	0.863
	D_T/mm	0.390	0.088	−0.082	−1.449
	D_R/mm	0.254	0.138	0.053	−2.312
	相对位移/%	0.0600	0.0735	0.0609	−0.1620
	滑动位移比/%	34.87	26.60	71.81	27.18
	转动位移比/%	65.13	73.40	28.19	72.82

续表

	激振加速度峰值/g	0.1	0.2	0.4	0.6
大瑞波 x、z 双向激振	DH1 实测值/mm	-0.006	-0.078	-0.039	-1.681
	DH2 实测值/mm	-0.366	-0.231	0.227	-2.085
	D_H/mm	-0.006	-0.078	-0.039	-1.681
	D_T/mm	-0.366	-0.231	0.227	-2.085
	D_R/mm	-0.360	-0.153	0.266	-0.404
	相对位移/%	0.0563	0.0918	0.0569	0.3777
	滑动位移比/%	1.64	33.77	12.79	80.62
	转动位移比/%	98.36	66.23	87.21	19.38
Kobe 波 x、z 双向激振	DH1 实测值/mm	-0.109	-0.111	-0.115	-1.549
	DH2 实测值/mm	-0.597	0.019	0.057	0.083
	D_H/mm	-0.109	-0.111	-0.115	-1.549
	D_T/mm	-0.597	0.019	0.057	0.083
	D_R/mm	-0.488	0.130	0.172	1.632
	相对位移/%	0.0918	0.0889	0.0802	0.0674
	滑动位移比/%	18.26	46.06	40.07	48.70
	转动位移比/%	81.74	53.94	59.93	51.30

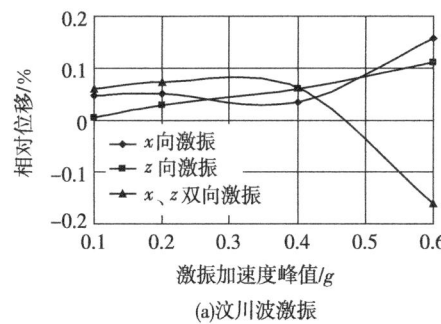
(a)汶川波激振

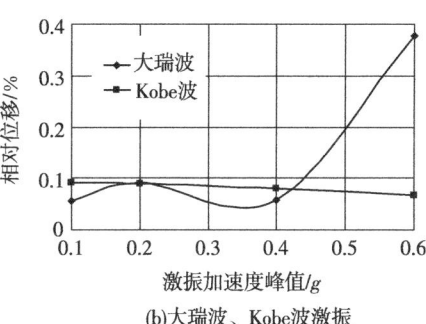
(b)大瑞波、Kobe波激振

图 6-7 相对位移随激振加速度峰值变化

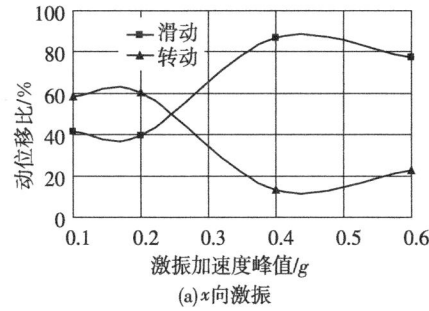
(a)x向激振

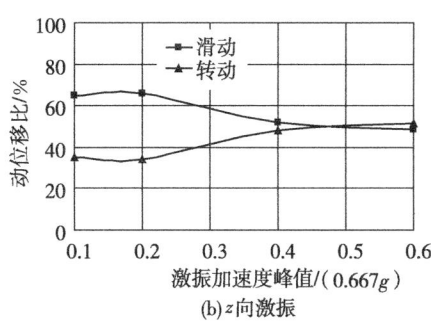
(b)z向激振

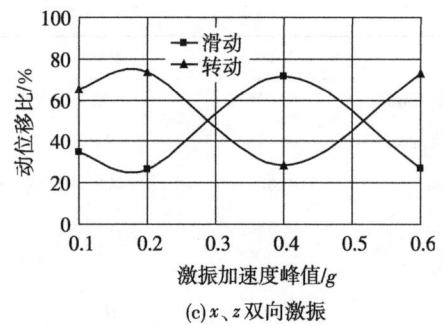

(c) x、z 双向激振

图 6-8 汶川波激振下动位移比随激振加速度峰值变化

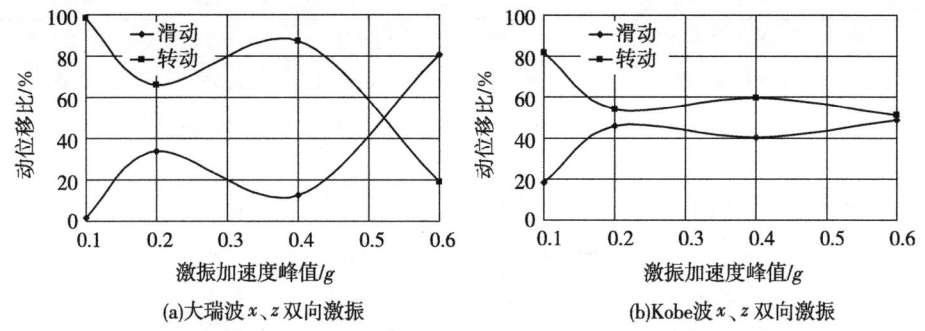

(a) 大瑞波 x、z 双向激振　　　(b) Kobe 波 x、z 双向激振

图 6-9 大瑞波和 Kobe 双向激振下动位移比随激振加速度峰值变化

(1) 汶川波 x 向，x、z 双向，以及大瑞波 x、z 双向激振下，当激振加速度峰值 $A_{x\max}\leqslant 0.4g$ 时，相对位移小于 0.074%，$A_{x\max}=0.6g$ 时，相对位移大于 0.15%，这一现象表明，当地震烈度在 9 度及以下时，重力式挡墙滑动和转动位移量微小，近似忽略不计；而当地震烈度达到 10 度时才产生滑动和转动位移。

大瑞波 x、z 双向激振下，当激振加速度峰值 $A_{x\max}\leqslant 0.4g$ 时，挡墙相对位移小于 0.057%，小于汶川波 x、z 双向激振；当 $A_{x\max}=0.6g$ 时，挡墙相对位移大于 0.38%，大于汶川波 x、z 双向激振。

Kobe 波 x、z 双向激振下的相对位移小于 0.092%，挡墙滑动和转动位移量微小，近似忽略不计。

汶川波 z 向激振下，当激振加速度峰值 $A_{z\max}\leqslant 0.267g$ 时，相对位移小于 0.06%，$A_{z\max}=0.4g$ 时，相对位移大于 0.11%，达到 x 向激振时相对位移的 0.70 倍。这一现象表明，当地震烈度在 9 度及以下时，竖向地震波作用下，重力式挡墙滑动和转动位移量可忽略不计；而当地震烈度达到 10 度时，竖向地震波也会对重力式挡墙水平位移产生较大的影响。

(2) 汶川波 x 向单向激振加速度峰值 $A_{x\max}=0.6g$ 时，D_H 和 D_R 都为正值，动位移比中滑动位移比和转动位移比分别为 77.58% 和 22.42%，滑动位移比是转动位移比的 3.46 倍,因而此时挡墙位移模式为向土体方向滑动和绕墙踵向土体方向转动的耦合,且以滑动为主。

汶川波 z 向单向激振加速度峰值 $A_{zmax}=0.4g$ 时,D_H 和 D_R 都为正值,动位移比中滑动位移比和转动位移比分别为 48.63% 和 51.37%,两者近似相等,因而此时挡墙位移模式为向土体方向滑动和绕墙踵向土体方向转动的耦合。

汶川波 x、z 双向激振下,激振加速度峰值 $A_{xmax}=0.6g$、$A_{zmax}=0.4g$,$D_H>0$,$D_R<0$,动位移比中滑动位移比和转动位移比分别为 27.18% 和 72.82%,滑动位移比仅为转动位移比的 0.37 倍,此时挡墙位移模式为向土体方向滑动与绕墙趾向土体外侧转动的耦合,且以转动为主。

大瑞波 x、z 双向激振下,激振加速度峰值 $A_{xmax}=0.6g$、$A_{zmax}=0.4g$,$D_H<0$,$D_R<0$,动位移比中滑动位移比和转动位移比分别为 80.62% 和 19.38%,滑动位移比是转动位移比的 4.16 倍,此时挡墙位移模式为离开土体方向滑动。

(3) 从相对位移分析来看,汶川波 x 向单向和 z 向单向激振都对挡墙产生动位移;由于汶川波 x、z 双向激振时的相对位移仅为 x 向单向激振时的 1.02 倍,因此可以认为,汶川波 x、z 双向激振时挡墙的位移主要由 x 向地震波所产生,此时 z 向地震波对动位移的影响不大。因此,挡墙地震位移量受激振方向、激振方式和激振加速度峰值的影响。

从挡墙位移模式及其变化过程分析来看,同样受激振方向、激振方式和激振加速度峰值的影响,并且受激振波类型的影响。

6.4 桩板式挡墙地震动位移模式

6.4.1 地震动位移响应特性

同样,以汶川波激振加速度峰值 0.6g,DH2(墙顶)的动位移响应为例,分析桩板式挡土墙地震动位移响应特性。

汶川波 x 向、z 向、x、z 双向激振时,台面加速度响应时程曲线分别如图 6-10(a)、图 6-11(a) 和图 6-12(a) 所示;DH2 的动位移响应时程曲线分别如图 6-10(b)、图 6-11(b) 和图 6-12(b) 所示。

模型经过 x 向、z 向和 x、z 双向激振后,台面加速度响应也出现 2 个加速度幅值较大的时段,并且响应峰值与激振加速度峰值相当。这与第一个模型试验相同。

模型在经历 x 向和 x、z 双向激振后,动位移响应也随之出现 2 个幅值较大的时段,且产生永久位移,由于第一次响应强度大于第二次,所以第一次较大的动位移响应产生的永久位移大于第二次。此外,x、z 双向激振时,动位移响应峰值稍大于 x 单向激振。

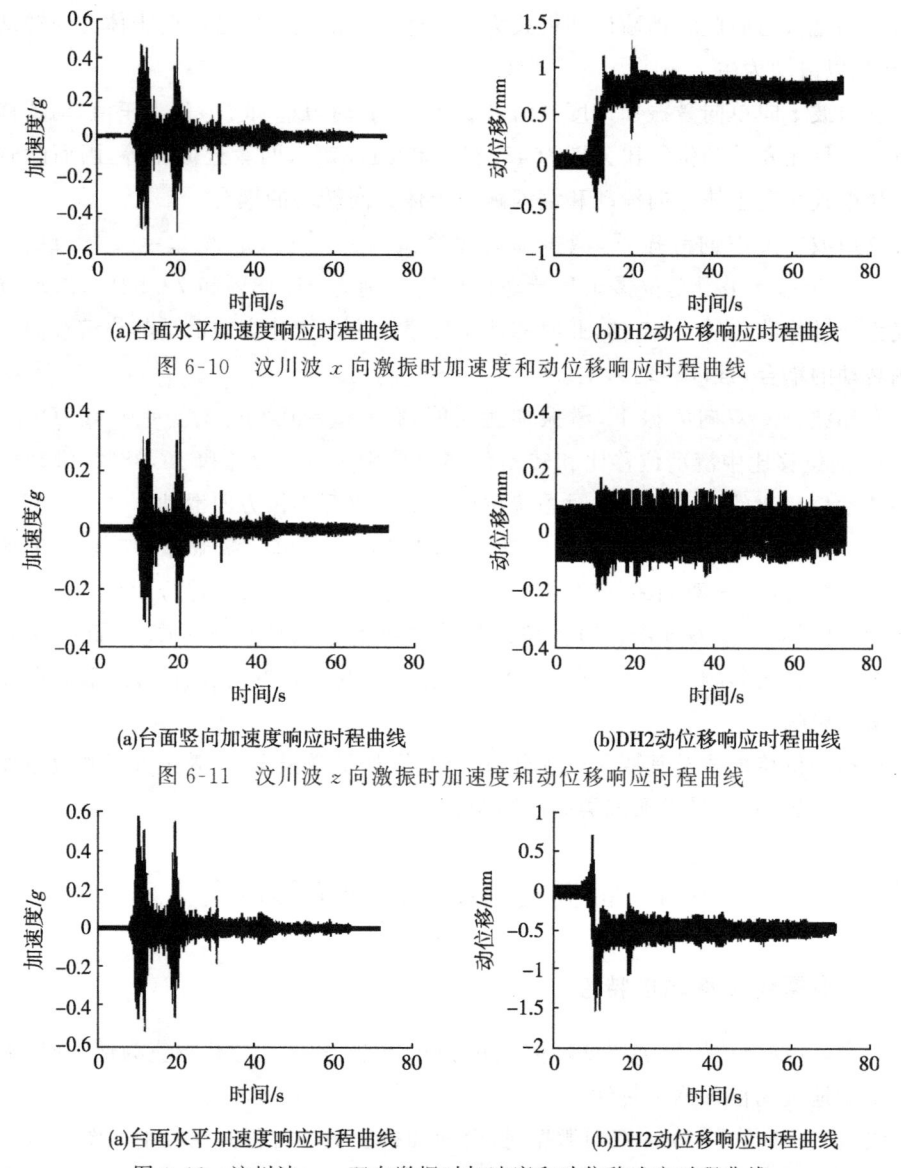

(a)台面水平加速度响应时程曲线　　(b)DH2动位移响应时程曲线

图 6-10　汶川波 x 向激振时加速度和动位移响应时程曲线

(a)台面竖向加速度响应时程曲线　　(b)DH2动位移响应时程曲线

图 6-11　汶川波 z 向激振时加速度和动位移响应时程曲线

(a)台面水平加速度响应时程曲线　　(b)DH2动位移响应时程曲线

图 6-12　汶川波 x、z 双向激振时加速度和动位移响应时程曲线

模型经历 z 向地震波激振后,动位移响应仅出现 1 个幅值较大的时段,且产生永久位移,但动位移响应幅值及永久位移都小于 x 向或 x、z 双向激振。

桩板式挡土墙的动位移响应特性与重力式挡土墙基本相同。但是,x 向,z 向或 x、z 双向激振时,桩板式挡墙动位移响应峰值小于重力式挡墙。

6.4.2　地震动永久位移与动位移模式分析

按照 6.2.2 节的分析方法,对桩板式挡土墙的地震动位移模式及其变化方式进行分析研究,其地震动位移模式分析见表6-2。

表6-2 桩板式挡墙地震动位移模式分析表

	激振加速度峰值/g	0.1	0.2	0.4	0.6
汶川波 x 向单向激振	DH1 实测值/mm	−0.136	−0.043	0.108	0.788
	DH2 实测值/mm	−0.102	0.041	0.125	0.817
	D_H/mm	−0.136	−0.043	0.108	0.788
	D_T/mm	−0.102	0.041	0.125	0.817
	D_R/mm	0.034	0.084	0.017	0.029
	相对位移/%	−0.0157	−0.0094	0.0098	0.1355
	滑动位移比/%	80.00	33.86	86.40	96.45
	转动位移比/%	20.00	66.14	13.60	3.55
汶川波 z 向单向激振	DH1 实测值/mm	0.054	0.066	0.120	0.137
	DH2 实测值/mm	0.033	0.005	−0.044	−0.092
	D_H/mm	0.054	0.066	0.120	0.137
	D_T/mm	0.033	0.005	−0.044	−0.092
	D_R/mm	−0.021	−0.061	−0.164	−0.229
	相对位移/%	0.0051	0.0058	−0.0009	−0.0151
	滑动位移比/%	72.00	51.97	42.25	37.43
	转动位移比/%	28.00	48.03	57.75	62.57
汶川波 x、z 双向激振	DH1 实测值/mm	0.077	0.071	−0.108	−0.741
	DH2 实测值/mm	−0.125	−0.110	−0.145	−0.931
	D_H/mm	0.077	0.071	−0.108	−0.741
	D_T/mm	−0.125	−0.110	−0.145	−0.931
	D_R/mm	−0.202	−0.181	−0.037	−0.190
	相对位移/%	−0.0192	−0.0362	−0.0585	−0.2017
	滑动位移比/%	27.60	28.17	74.48	79.59
	转动位移比/%	72.40	71.83	25.52	20.41
大瑞波 x、z 双向激振	DH1 实测值/mm	−0.055	0.001	−0.124	−2.577
	DH2 实测值/mm	0.033	0.087	−0.062	−2.526
	D_H/mm	−0.055	0.001	−0.124	−2.577
	D_T/mm	0.033	0.087	−0.062	−2.526
	D_R/mm	0.088	0.086	0.062	0.051
	相对位移/%	0.0051	0.0185	0.0089	−0.3797
	滑动位移比/%	38.46	1.15	66.67	98.06
	转动位移比/%	61.54	98.85	33.33	1.94

续表

	激振加速度峰值/g	0.1	0.2	0.4	0.6
Kobe波 x、z 双向激振	DH1 实测值/mm	−0.024	−0.064	−0.013	0.102
	DH2 实测值/mm	0.006	−0.014	−0.019	0.021
	D_H/mm	−0.024	−0.064	−0.013	0.102
	D_T/mm	0.006	−0.014	−0.019	0.021
	D_R/mm	0.030	0.050	−0.006	−0.081
	相对位移/%	0.0009	−0.0012	−0.0042	−0.0009
	滑动位移比/%	44.44	56.14	68.42	55.74
	转动位移比/%	55.56	43.86	31.58	44.26

图 6-13 分别给出了汶川波、大瑞波和 Kobe 波激振下,相对位移随激振加速度峰值的变化情况。图 6-14 给出了汶川波激振下,动位移比随激振加速度峰值的变化

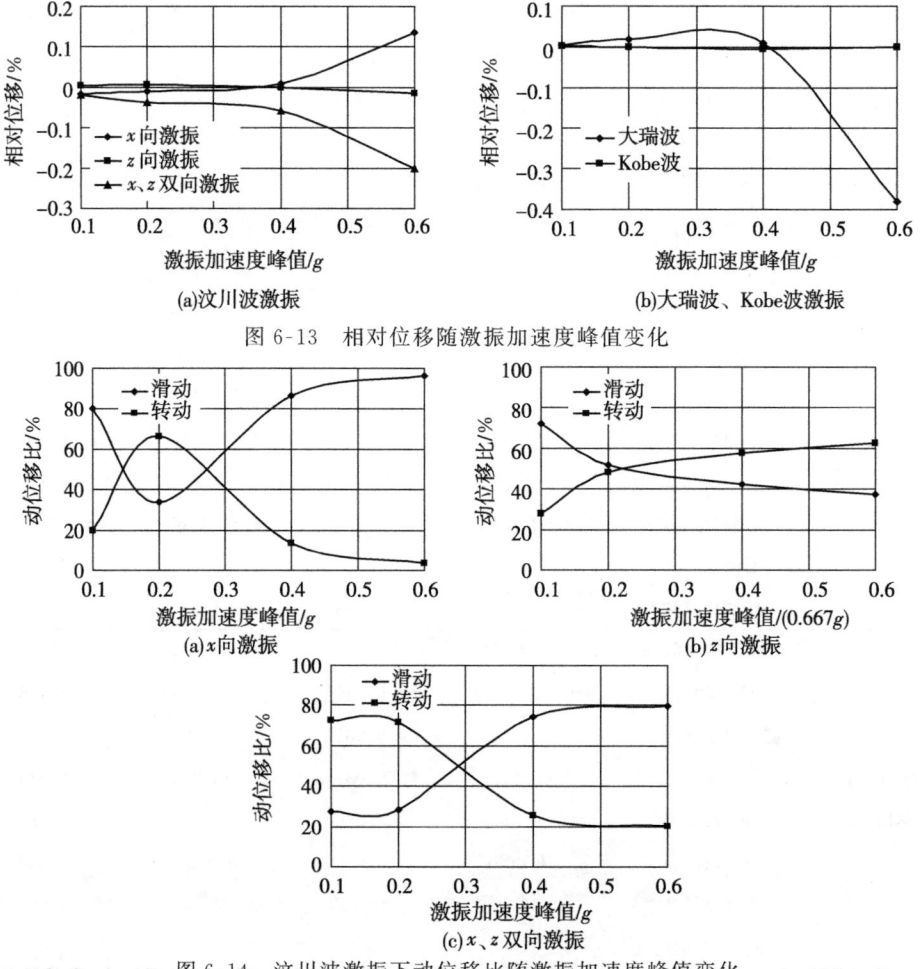

图 6-13 相对位移随激振加速度峰值变化

图 6-14 汶川波激振下动位移比随激振加速度峰值变化

情况。图 6-15 分别给出了大瑞波和 Kobe 波 x、z 双向激振下,动位移比随激振加速度峰值的变化情况。

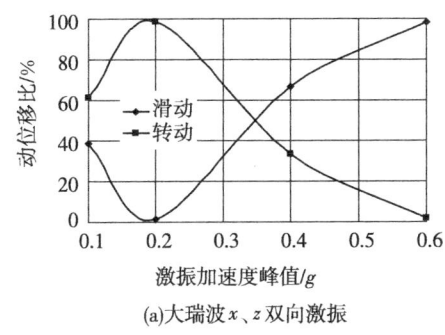
(a)大瑞波 x、z 双向激振

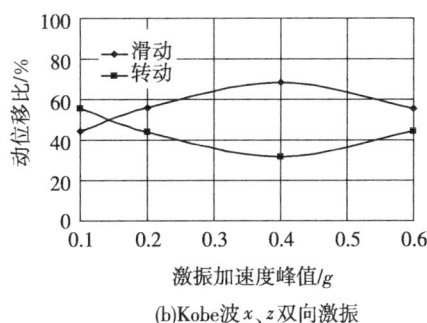
(b)Kobe 波 x、z 双向激振

图 6-15 大瑞波和 Kobe 双向激振下动位移比随激振加速度峰值变化

(1) 汶川波 x 向,x、z 双向,以及大瑞波 x、z 双向激振下,当激振加速度峰值 $A_{x\max} \leqslant 0.4g$ 时,相对位移小于 0.059%,$A_{x\max}=0.6g$ 时,相对位移大于 0.13%,这一现象表明,当地震烈度在 9 度及以下时,重力式挡墙滑动和转动位移量微小,近似忽略不计;而当地震烈度达到 10 度时才产生滑动和转动位移。

大瑞波 x、z 双向激振下,当激振加速度峰值 $A_{x\max} \leqslant 0.4g$ 时,挡墙相对位移小于 0.019%,小于汶川波 x、z 双向激振;当 $A_{x\max}=0.6g$ 时,挡墙相对位移大于 0.37%,大于汶川波 x、z 双向激振。

Kobe 波 x、z 双向激振下的相对位移小于 0.0042%,挡墙滑动和转动位移量微小,近似忽略不计。

汶川波 z 向激振各加载工况的相对位移小于 0.015%,表明竖直方向地震波作用下,桩板式挡土墙没有产生水平方向的位移。

(2) 汶川波 x 向单向激振加速度峰值 $A_{x\max}=0.6g$ 时,D_H 和 D_R 都为正值,动位移比中滑动位移比和转动位移比分别为 96.45% 和 3.55%,滑动位移比是转动位移比的 27.17 倍,转动位移可忽略不计,此时挡墙位移模式为向土体方向滑动。

汶川波 x、z 双向激振下,激振加速度峰值 $A_{x\max}=0.6g$、$A_{z\max}=0.4g$,$D_H<0$,$D_R<0$,动位移比中滑动位移比和转动位移比分别为 79.59% 和 20.41%,滑动位移比为转动位移比的 3.90 倍,此时挡墙位移模式为离开土体向外侧滑动与绕基础向土体外侧转动的耦合,且以滑动为主。

大瑞波 x、z 双向激振下,激振加速度峰值 $A_{x\max}=0.6g$、$A_{z\max}=0.4g$,$D_H<0$,$D_R>0$,动位移比中滑动位移比和转动位移比分别为 98.06% 和 1.94%,滑动位移比是转动位移比的 50.55 倍,此时挡墙位移模式为离开土体方向滑动。

(3) 从相对位移分析来看,桩板式挡土墙在汶川波 z 向单向激振下不产生动位移,所以可以认为,汶川波 x、z 双向激振时挡墙的位移主要由 x 向地震波所产生。

因此，桩板式挡墙地震位移量同样受激振方向、激振方式和激振加速度峰值的影响。

从挡墙位移模式及其变化过程分析来看，同样受激振方向、激振方式和激振加速度峰值的影响，并且受激振波类型的影响。

6.5 格构式框架结构地震动位移模式

6.5.1 地震动位移响应特性

首先分析第三个模型试验中的框架结构的地震动位移模式，再对比分析组合体系中的框架结构的地震动位移模式。动位移计布设如图6-3所示。

同样以汶川波激振加速度峰值 $0.6g$ 为例，对DH-1和DV-1，即结构下部水平、竖向动位移响应特性进行分析。

汶川波 x 向、z 向、x、z 双向激振时，台面加速度响应时程曲线分别如图6-16(a)、图6-17(a)和图6-18(a)所示；DH-1的动位移响应时程曲线分别如图6-16(b)、图6-17(b)和图6-18(b)所示；DV-1的动位移响应时程曲线分别如图6-16(c)、图6-17(c)和图6-18(c)所示。

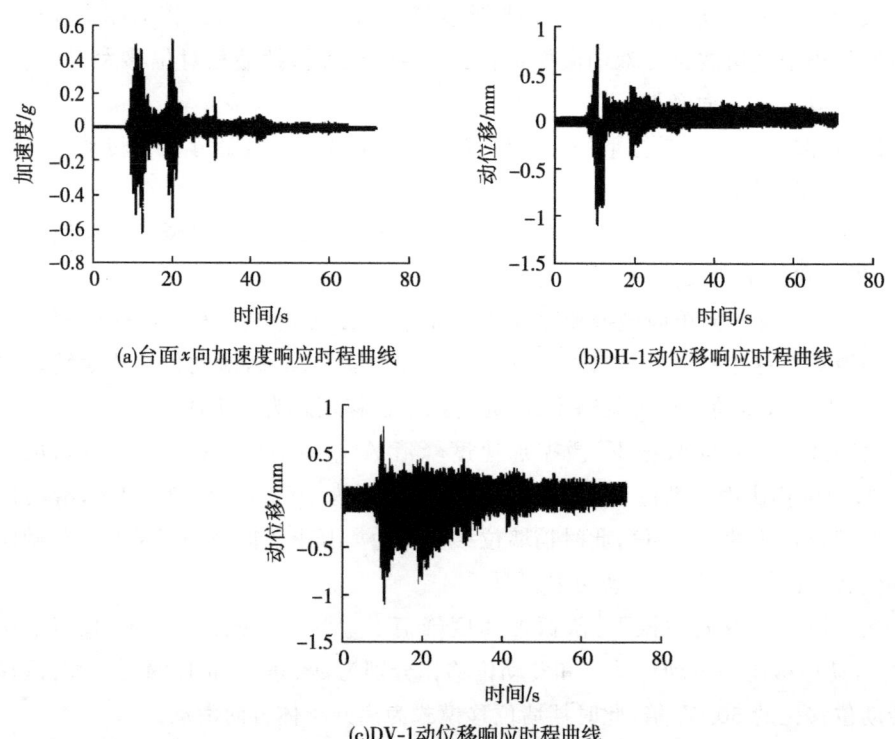

图6-16 汶川波 x 向激振时加速度和动位移响应时程曲线

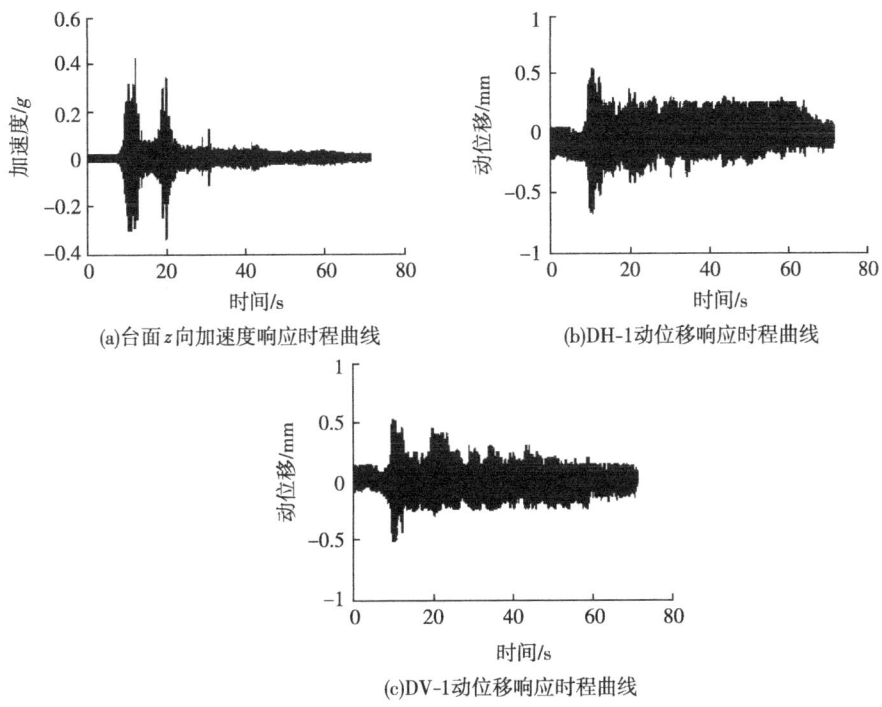

图 6-17 汶川波 z 向激振时加速度和动位移响应时程曲线

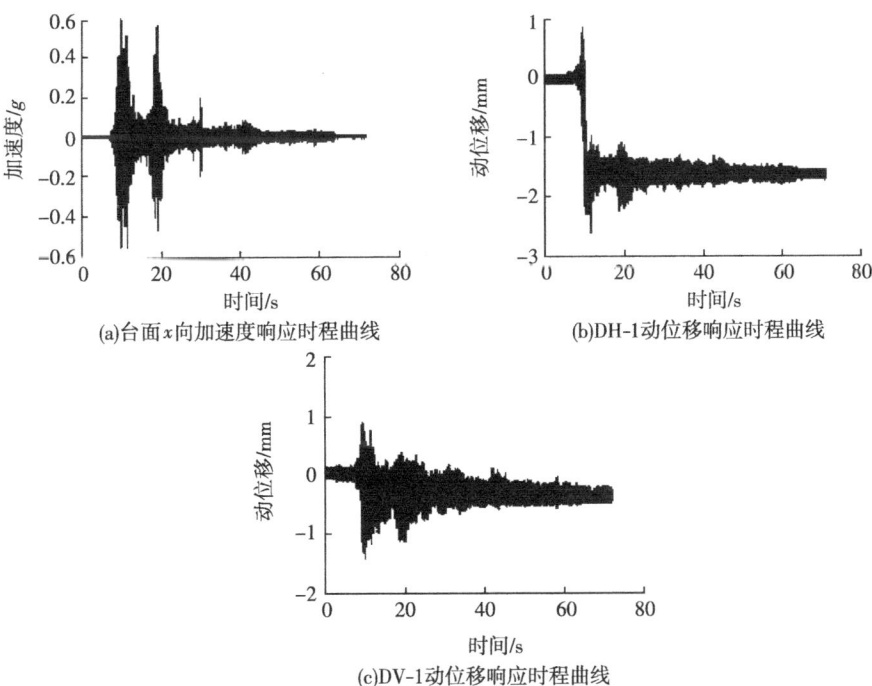

图 6-18 汶川波 x、z 双向激振时加速度和动位移响应时程曲线

从图 6-16(a)、图 6-17(a)和图 6-18(a)看出,模型在经历汶川波激振后,台面水平或竖向加速度时程曲线与汶川波相似。当 x 向单向和 x、z 双向激振时,台面水平加速度响应峰值与激振加速度峰值相当;当 z 向单向激振时,台面竖向加速度响应峰值与激振加速度峰值相当。

从 DH-1、DV-1 的动位移时程曲线来看,模型在经历汶川波激励后,动位移响应时程曲线随之发生两次突变,且产生永久位移。由于第一次突变强度大于第二次突变,所以第一次突变产生的永久位移大于第二次突变。在 x 向、z 向和 x、z 双向激振下,DH1 的响应峰值都大于 DV1 的响应峰值,使得水平永久位移值大于竖向永久位移值。

6.5.2 地震动永久位移与动位移模式分析

以汶川波加载工况为例,分析格构式框架结构的地震动位移模式。

为了进一步研究高烈度下锚杆框架结构的地震动位移模式,该模型试验增加了汶川波 $0.8g$ 和 $1.0g$ 两种加载工况,各测点地震动永久位移实测值见表 6-3。

表 6-3　测点永久位移及框架结构地震动位移模式分析表

		激振加速度峰值/g	0.1	0.2	0.4	0.6	0.8	1.0
x 向激振	水平动位移	DH1/mm	−0.736	−1.136	−2.024	0.304	12.640	28.592
		DH2/mm	−0.824	−0.968	−1.208	0.976	14.832	28.824
		DH3/mm	−0.528	−0.744	−1.368	1.384	17.168	31.248
		D_H/mm	−0.736	−1.136	−2.024	0.304	12.640	28.592
		D_T/mm	−0.528	−0.744	−1.368	1.384	17.168	31.248
		D_R/mm	0.208	0.392	0.656	1.080	4.528	2.656
		平动位移比/%	77.97	74.35	75.52	21.97	73.63	91.50
		转动位移比/%	22.03	25.65	24.48	78.03	26.37	8.50
	竖向动位移	DV1/mm	−0.048	−0.032	0.640	0.160	3.408	3.920
		DV2/mm	−0.176	−0.064	1.632	1.920	6.000	5.088
		DV3/mm	−0.208	−0.232	2.208	3.816	6.496	8.080
		D_H/mm	−0.048	−0.032	0.640	0.160	3.408	3.920
		D_T/mm	−0.208	−0.232	2.208	3.816	6.496	8.080
		D_R/mm	−0.160	−0.200	1.568	3.656	3.088	4.160
		平动位移比/%	23.08	13.79	28.99	4.19	52.46	48.51
		转动位移比/%	76.92	86.21	71.01	95.81	47.54	51.49

续表

		激振加速度峰值/g	0.1	0.2	0.4	0.6	0.8	1.0
z 向激振	水平动位移	DH1/mm	−0.592	−0.640	−0.680	0.520	0.868	2.496
		DH2/mm	−0.456	−0.904	−1.128	1.064	1.288	3.600
		DH3/mm	−0.688	−0.896	−1.048	1.080	1.624	4.424
		D_H/mm	−0.592	−0.640	−0.680	0.520	0.868	2.496
		D_T/mm	−0.688	−0.896	−1.048	1.080	1.624	4.424
		D_R/mm	−0.096	−0.256	−0.368	0.560	0.756	1.928
		平动位移比/%	86.05	71.43	64.89	48.15	53.45	56.42
		转动位移比/%	13.95	28.57	35.11	51.85	46.55	43.58
	竖向动位移	DV1/mm	0.160	0.292	0.312	0.008	−0.136	−0.920
		DV2/mm	0.852	0.378	0.504	0.720	0.809	0.456
		DV3/mm	0.344	0.504	0.576	1.232	1.688	1.632
		D_H/mm	0.160	0.292	0.312	0.008	−0.136	−0.920
		D_T/mm	0.344	0.504	0.576	1.232	1.688	1.632
		D_R/mm	0.184	0.212	0.264	1.224	1.824	2.552
		平动位移比/%	46.51	57.94	54.17	0.65	6.94	26.50
		转动位移比/%	53.49	42.06	45.83	99.35	93.06	73.50
x、z 双向激振	水平动位移	DH1/mm	−0.200	−0.952	−1.544	−13.624	−28.032	−62.664
		DH2/mm	−0.208	−1.096	−1.368	−13.408	−25.920	−60.016
		DH3/mm	−0.208	−0.704	−0.992	−11.384	−21.936	−50.640
		D_H/mm	−0.200	−0.952	−1.544	−13.624	−28.032	−62.664
		D_T/mm	−0.208	−0.704	−0.992	−11.384	−21.936	−50.640
		D_R/mm	−0.008	0.248	0.552	2.24	6.096	12.024
		平动位移比/%	96.15	79.33	73.66	85.88	82.14	83.90
		转动位移比/%	3.85	20.67	26.34	14.12	17.86	16.10
	竖向动位移	DV1/mm	−0.450	−0.656	−0.240	−0.528	−3.368	−3.768
		DV2/mm	−0.370	−0.067	1.360	2.068	1.987	6.697
		DV3/mm	0.475	0.544	3.280	4.464	5.912	15.144
		D_H/mm	−0.450	−0.656	−0.240	−0.528	−3.368	−3.768
		D_T/mm	0.475	0.544	3.280	4.464	5.912	15.144
		D_R/mm	0.925	1.200	3.520	4.992	9.280	18.912
		平动位移比/%	32.73	35.34	6.38	9.57	26.63	16.61
		转动位移比/%	67.27	64.66	93.62	90.43	73.37	83.39

根据表 6-3 各测点的地震动永久位移实测值,在 x 向、z 向或 x、z 双向激振下,DH-2 与 DH-1 和 DH-3、DV-2 与 DV-1 和 DV-3 的方向基本一致,但不成线性比例关系,说明框架结构在地震动作用下发生弯曲变形。

根据 DH-1 和 DH-3、DV-1 和 DV-3,分别计算下述参数:结构下端平动位移 D_H、结构上端平动位移 D_T、相对结构下端的转动位移 D_R、动位移比(包括平动位移比和转动位移比)。据此,分别对支挡结构水平和竖向地震动位移模式及其变化方式进行分析:D_H 和 D_R 反映地震动位移模式,动位移比反映动位移模式的变化方式。分析结果见表 6-3。

(1) x 向单向激振下,根据水平向的 D_H、D_R 以及动位移比发现:当激振加速度峰值 $A_{x\max} \leqslant 0.4g$ 时,$D_H < 0$,$D_R > 0$,平动位移比是转动位移比的 2.90～3.54 倍,支挡结构的动位移模式为离开土体向外侧移动,绕下端向土体方向的转动可忽略不计。当 $A_{x\max} = 0.6g$ 时,$D_H > 0$,$D_R > 0$,转动位移比是平动位移比的 3.55 倍,支挡结构的动位移模式为绕下端向土体方向转动,挤向边坡土体方向的移动可忽略不计。当 $A_{x\max} \geqslant 0.8g$ 时,$D_H > 0$,$D_R > 0$,平动位移比是转动位移比的 2.79～10.76 倍,支挡结构的动位移模式为挤向边坡土体方向移动,绕下端向土体方向的转动可忽略不计。

根据竖向的 D_H、D_R 以及动位移比发现:当 $A_{x\max} \leqslant 0.2g$ 时,D_H 和 D_R 都较小,可近似忽略不计。当 $A_{x\max} = 0.4g \sim 0.6g$ 时,$D_H > 0$,$D_R > 0$,转动位移比是平动位移比的 2.45～22.87 倍,支挡结构的位移模式为绕下端向土体方向或边坡下方转动,向边坡下方移动可忽略不计。当 $A_{x\max} \geqslant 0.8g$ 时,$D_H > 0$,$D_R > 0$,平动位移比是转动位移比的 0.94～1.10 倍,支挡结构的动位移模式为向边坡下方移动与绕支挡结构下端向边坡下方转动的耦合。

综合上述分析,当 x 向单向激振时,支挡结构的动位移模式为:当 $A_{x\max} \leqslant 0.4g$ 时,离开土体向外侧平移;当 $A_{x\max} = 0.6g$ 时,绕支挡结构的下端向土体方向或边坡下方转动;当 $A_{x\max} \geqslant 0.8g$ 时,挤向边坡土体方向移动,同时向边坡下方移动与绕支挡结构下端向土体方向转动的耦合。

(2) z 向单向激振下,根据水平向的 D_H、D_R 以及动位移比发现:当激振加速度峰值 $A_{z\max} \leqslant 0.267g$ 时,$D_H < 0$,$D_R < 0$,平动位移比是转动位移比的 1.85～6.17 倍,支挡结构的动位移模式为离开土体向外侧移动,绕下端向土体外侧方向的转动可忽略不计。当 $A_{z\max} \geqslant 0.4g$ 时,$D_H > 0$,$D_R > 0$,平动位移比是转动位移比的 0.93～1.29 倍,支挡结构的动位移模式为挤向边坡土体方向移动与绕结构下端向土体方向转动的耦合。

根据竖向的 D_H、D_R 以及动位移比发现:当 $A_{z\max} \leqslant 0.267g$ 时,$D_H > 0$,$D_R > 0$,平动位移比是转动位移比的 0.87～1.38 倍,支挡结构的动位移模式为向边坡下方移动与绕结构下端向边坡下方转动的耦合。当 $A_{z\max} \geqslant 0.4g$ 时,$D_H > 0$,$D_R > 0$,平动位移比远小于转动位移比,支挡结构的动位移模式为绕结构下端向边坡下方转动,而向边坡下方移动可忽略不计。

综合上述分析,当 z 向单向激振时,支挡结构的动位移模式为:当 $A_{zmax} \leqslant 0.267g$ 时,离开土体向外侧移动,同时发生向边坡下方移动与绕结构下端向土体方向转动的耦合;当 $A_{zmax} \geqslant 0.4g$ 时,挤向边坡土体方向平移与绕结构下端向土体方向转动的耦合。

(3) x、z 双向激振下,根据水平向的 D_H、D_R 以及动位移比发现:在各级加载工况下,$D_H < 0$,D_R 总体上大于 0,平动位移比是转动位移比的 2.80~24.97 倍,支挡结构的动位移模式为离开土体向外侧移动,绕结构下端向土体方向的转动可忽略不计。

根据竖向的 D_H、D_R 以及动位移比发现:在各级加载工况下,$D_H < 0$,$D_R > 0$,转动位移比是平动位移比的 1.83~14.67 倍,支挡结构的动位移模式为绕结构下端向土体方向或边坡下方转动,向边坡下方移动可忽略不计。

综合上述分析,当 x、z 双向激振时,支挡结构的动位移模式为离开土体向外侧平移与绕结构下端向土体方向或边坡下方转动的耦合。

6.5.3 组合体系中框架结构地震动位移模式分析

在基覆边坡三个模型试验中,有两个模型的支护结构为挡土墙与格构式锚杆(索)框架组合体系。以汶川波的三种激振方式为例,将这两个模型试验中的框架结构的动位移模式进行对比分析。两个模型试验中框架上各测点的永久位移实测值见表 6-4,图 6-19~图 6-21 给出了永久位移值随激振加速度峰值的变化曲线。

表 6-4 两个模型试验中框架结构上各测点的永久位移实测值

	激振加速度峰值/g		0.1	0.2	0.4	0.6
第一个模型试验	x 向激振 /mm	DH3	−0.103	−0.184	−0.435	−1.909
		DV3	0.039	0.225	0.292	0.364
		DH4	−0.105	−0.167	−0.275	−1.603
		DV4	0.063	0.235	0.288	0.278
	z 向激振 /mm	DH3	−0.010	−0.125	−0.278	0.388
		DV3	−0.194	−0.214	−0.317	−0.417
		DH4	−0.030	−0.063	−0.178	0.262
		DV4	0.015	0.055	−0.101	−0.145
	x、z 双向激振 /mm	DH3	−0.171	−0.334	−0.562	−2.183
		DV3	−0.074	−0.126	−0.177	−0.312
		DH4	−0.101	−0.187	−0.327	−2.097
		DV4	−0.103	0.355	0.489	0.521

续表

	激振加速度峰值/g		0.1	0.2	0.4	0.6
第二个模型试验	x 向激振 /mm	DH3	−0.010	−0.097	−0.214	−0.645
		DV3	0.037	0.089	0.127	−0.242
		DH4	−0.020	−0.103	−0.197	−0.597
		DV4	0.030	0.095	0.099	−0.132
	z 向激振 /mm	DH3	0.009	0.037	0.085	0.170
		DV3	−0.005	−0.034	0.172	0.171
		DH4	0.087	0.034	0.035	0.083
		DV4	0.018	0.016	−0.039	−0.052
	x、z 双向激振 /mm	DH3	−0.071	−0.304	−0.502	−1.102
		DV3	−0.070	−0.126	0.377	0.402
		DH4	−0.091	−0.204	−0.146	−0.803
		DV4	−0.083	0.295	0.389	0.421

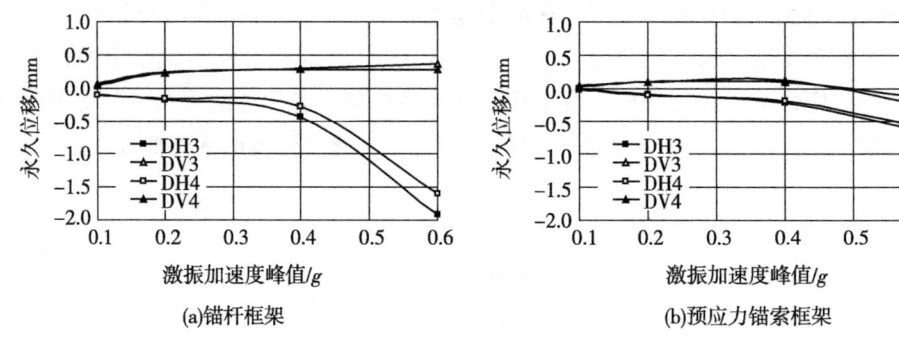

(a)锚杆框架　　　　　　　　　　(b)预应力锚索框架

图 6-19　x 向激振下永久位移随激振加速度峰值变化曲线

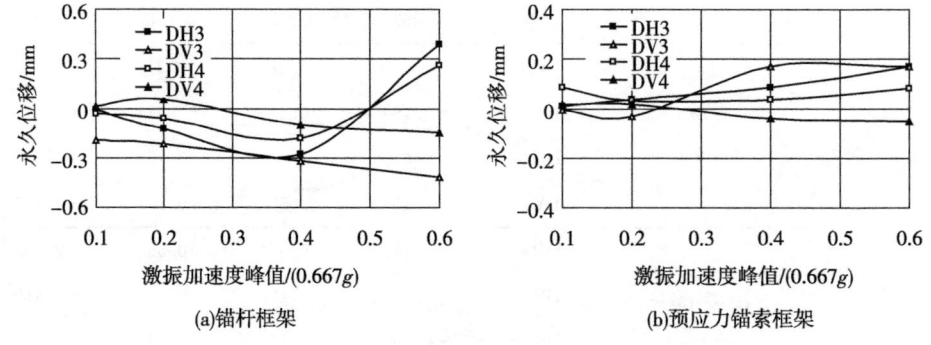

(a)锚杆框架　　　　　　　　　　(b)预应力锚索框架

图 6-20　z 向激振下永久位移随激振加速度峰值变化曲线

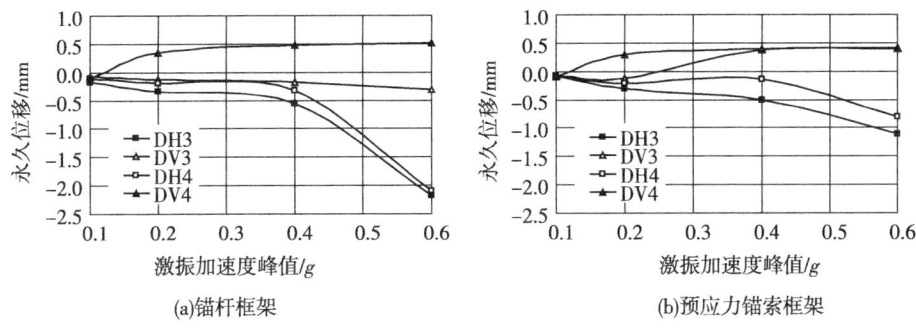

图 6-21 z 向激振下永久位移随激振加速度峰值变化曲线

(1) x 向激振下,两种框架结构都主要产生水平方向位移,且预应力锚索框架永久位移小于锚杆框架。由于框架上端(DH4)永久位移值小于下端(DH3),且都为负值,锚杆框架 z 向永久位移为正值,预应力锚索框架 z 向永久位移在各加载工况下小于 0.242mm,近似为 0,表明框架结构的位移模式为沿坡体向土体外侧及边坡下端移动。这也反映了边坡主要产生了滑动永久位移。

(2) z 向激振下,两种框架结构在水平和竖直方向上的永久位移都较小,且分别都小于 x 向激振时所产生的永久位移。对于锚杆框架,当激振加速度峰值 $A_{zmax} \leqslant 0.133g$ 时的永久位移值小于 0.214mm,近似为 0;当 $A_{zmax} \geqslant 0.267g$ 时的位移模式为向土体外侧和边坡上端移动,逐渐转变为向土体方向和边坡上端移动。对于预应力锚索框架,各加载工况下永久位移小于 0.172mm,近似为 0。

(3) x、z 双向激振下,两种框架结构也主要产生水平方向位移,且预应力锚索框架永久位移小于锚杆框架,这与 x 向单向激振时相同。

对于锚杆框架,上端(DH4)永久位移值小于下端(DH3),且都为负值,DV3 小于 0.312mm,近似为 0,而 DV4 总体上为正值,表明框架结构的位移模式为沿坡体向土体外侧及边坡下端移动。这同样反映了边坡主要产生滑动永久位移。

对于预应力锚索框架,水平和竖向永久位移总体上都分别小于锚杆框架。由于上端(DH4)永久位移小于下端(DH3),且都为负值,竖向永久位移小于 0.421mm,总体上为正值,因而其位移模式与锚杆框架相同,边坡同样主要产生了滑动永久位移。

对两种框架结构地震动位移量分析表明,框架结构动位移量、地震动位移模式及其变化方式受地震波的激振方向、激振方式、激振加速度峰值及框架结构形式的影响。此外,预应力锚索格构式框架结构的抗震性能优于锚杆格构式框架结构。

参 考 文 献

[1] Bang S. Active earth pressure behind retaining walls. Journal of Geotechnical and Geoenvironmental Engineering,ASCE,1985,111(3):407-412.

[2] Sherif M A, Fang Y S, Sherif R I. K_a and K_0 behind rotating and nonyielding walls. Journal of Geotechnical Engineering, ASCE, 1984, 110(1): 41-56.

[3] Fang Y S, Ishibashi I. Static earth pressures with various wall movements. Journal of Geotechnical and Geoenvironmental Engineering, ASCE, 1986, 112(3): 317-333.

[4] Fang Y S, Cheng F P, Chen R T, et al. Earth pressures under general wall movements. Geotechnical Engineering, 1993, 24(2): 113-131.

[5] Fang Y S, Chen T J, Wu B F. Passive earth pressure with various wall movements. Journal of Geotechnical Engineering, ASCE, 1994, 120(8): 1307-1323.

[6] Fang Y S, Chen T J, Chen C Y. Earth pressures with sloping backfill. Journal of Geotechnical and geoenvironmental Engineering, ASCE, 1997, 123(3): 250-259.

[7] Fang Y S, Ho Y C, Chen T J. Passive earth pressure with critical state concept. Journal of Geotechnical and geoenvironmental Engineering, ASCE, 2002, 128(8): 651-659.

[8] Matsuzawa H, Hazarika H. Analyses of active earth pressure against rigid retaining wall subjected to different modes of movement. Soils and Foundations, 1996, 36(3): 51-65.

[9] Chang M F. Lateral earth pressures behind rotating walls. Canadian Geotechnical Journal, 1997, 34(4): 498-509.

[10] 周应英, 任美龙. 刚性挡土墙主动土压力的试验研究. 岩土工程学报, 1990, 12(2): 19-26.

[11] 徐日庆, 陈页开, 杨仲轩, 等. 刚性挡墙被动土压力模型试验研究. 岩土工程学报, 2002, 24(5): 569-575.

[12] 李兴高, 刘维宁. 挡墙上作用土压力和水土压力的测试研究. 岩石力学与工程学报, 2005, 24(8): 2149-2154.

[13] 刘超, 宋飞, 张嘎, 等. 各向异性砂土主动土压力的离心模型试验研究. 岩石力学与工程学报, 2009, 28(增1): 3201-3206.

[14] Nazarian H N, Hadjian A H. Earthquake-induced lateral soil pressures on structures. Journal of the Geotechnical Engineering Division, ASCE, 1979, 105(9): 1049-1066.

[15] Sherif M A, Fang Y S. Dynamic earth pressures on rigid walls rotating about the base. Proceedings of the 8th World Conference on Earthquake Engineering, San Francisco, 1984: 993-1000.

第 7 章 边坡支挡结构的数值模拟分析

自 1965 年首次将有限元引入土石坝稳定性分析以来,数值模拟技术在岩土工程领域获得了巨大的进步,并成功解决了许多重大的工程问题。特别是个人计算机的出现及其计算性能的不断提高,使得室内岩土工程数值模拟成为可能,也使数值模拟技术逐渐成为岩土工程研究的主流方法之一。数值模拟技术的优势在于有效延伸和扩展了研究人员的认知范围,为研究人员洞悉岩土体内部的破坏机理提供了强有力的可视化手段。

通过模型试验对数值计算模型和参数进行校正,确定数值分析的参数取值,用校正后的模型和参数对振动台试验不能进行的工况进行数值模拟,可以针对模型试验所不能涉及的情况进行更加丰富的分析。

7.1 FLAC3D 软件及数值模拟模型的建立

7.1.1 数值模拟模型的建立

1. FLAC3D 软件简介[1]

FLAC3D 是美国 Itasca 咨询公司开发的三维快速拉格朗日分析程序,是二维有限差分程序 FLAC2D 的扩展,能够进行土质、岩石和其他材料的三维结构受力特性模拟和塑性流动分析。该程序能较好地模拟岩土材料在达到强度极限或屈服极限时发生的破坏或塑性流动的力学行为,特别适用于分析渐进破坏和失稳以及模拟大变形。FLAC3D 调整三维网格中的多面体单元来拟合实际的结构。单元材料可采用线性或非线性本构模型,在外力作用下,当材料发生屈服流动后,网格能够相应发生变形和移动(大变形模式)。FLAC3D 采用的显式拉格朗日算法和混合-离散分区技术,能够非常准确地模拟材料的塑性破坏和流动。由于无需形成刚度矩阵,所以基于较小内存空间就能够求解大范围的三维问题。

FLAC3D 是采用 ANSIC++语言编写的。它包含 10 种弹塑性材料本构模型,有静力、动力、蠕变、渗流、温度五种计算模式,各种模式间可以互相耦合,可以模拟多种结构形式,如岩体、土体或其他材料实体,梁、锚杆、桩、壳以及人工结构(如支护、衬砌、锚索、土工织物、摩擦桩、板桩、界面单元等),可以模拟复杂的岩土工程或力学问题。

FLAC3D 数值分析软件有如下优点:

(1) 对模拟塑性破坏和塑性流动采用的是"混合离散法"。这种方法比有限元法中通常采用的"离散集成法"更为准确、合理。

(2) 即使模拟的系统是静态的,仍采用了动态运动方程,这使得 FLAC3D 在模拟物理上的不稳定过程不存在数值上的障碍。

(3) 采用了一个"显式解"方案。因此,显式解方案对非线性的应力应变关系的求解所花费的时间几乎与线性本构关系相同,而隐式求解方案将会花费较长的时间求解非线性问题。而且,它没有必要存储刚度矩阵,这就意味着,采用中等容量的内存可以求解多单元结构;模拟大变形问题几乎并不比小变形问题消耗更多的计算时间,因为其没有任何刚度矩阵要被修改。

FLAC3D 数值模拟动力计算包括数值模拟模型网格划分、材料及接触面参数的选取、本构模型的确定、监测点布设、地震波的选取及输入、力学阻尼的选取、边界条件的设置。

2. 网格模型

模型中波的传播数值精度由输入波的频率与波速特性决定。Kuhlemeyer 和 Lysmer[2]的研究表明,网格尺寸 Δl 必须小于输入波形最高频率对应波长的 1/8~1/10 才能精确描述波在模型中的传播,即

$$\Delta l \leqslant (1/8 \sim 1/10)\lambda \tag{7-1}$$

式中,λ 是最高频率对应的波长。

因此,在动力计算中,输入波形的频率越高,所划分的单元网格的尺寸就越小,导致在动力计算过程中所需的时间就越长,并且影响波在模型中的传播精度。所以,在输入地震波前,可采用 OriginPro、SeismoSignal 等软件进行滤波处理,滤掉原有波形中的高频部分。另外,土体越软,即土体模量越小,所对应的网格尺寸也越小,单元网格的数量越多,动力时间也越长。

30°顺层边坡振动台模型试验的数值模拟模型,实体单元大体包含四个部分:基座,顺层岩体,挡墙和填土。在基座与顺层岩体、顺层岩体与填土、填土与挡墙、顺层岩体与挡墙、基座与挡墙之间分别设立接触面。30°顺层边坡共有 2654 个单元体,4557 个网格节点,48 个结构单元,59 个结构单元节点。顺层边坡与基覆边坡框架梁用 FLAC3D 中自带的梁单元模拟,锚杆用锚索单元模拟。20°与 40°顺层岩质边坡与 30°顺层边坡只有顺层岩体的倾角存在区别,在此不一一例举。30°顺层边坡网格、接触面及支护结构分布如图 7-1 所示。

基覆边坡重力式挡墙振动台模型试验的数值模拟模型,实体单元大体包含三个部分:基座、重力式挡墙和填土。在基座与重力式挡土墙、填土与重力式挡土墙之间分别建立接触面。基覆边坡重力式挡墙共有 1334 个单元体,1918 个网格节点,48 个结构单元,59 个结构单元节点。基覆边坡桩板墙振动台模型试验的数值模拟模型大体包含三个部分:基座、桩板墙和填土。在基座与桩板墙、填土与桩板墙之间分别建立接触面。基覆边坡桩板墙共有 2460 个单元体,3305 个网格节点,48 个结构单元,59 个结构单元节点。全坡面预应力锚索数值模拟模型包含基座及填土两部分。全

坡面预应力锚索模型共有1074个单元体,1470个网格节点,72个结构单元,87个结构单元节点。基覆边坡三组试验的网格、接触面及支护结构分布分别如图7-2～图7-4所示。

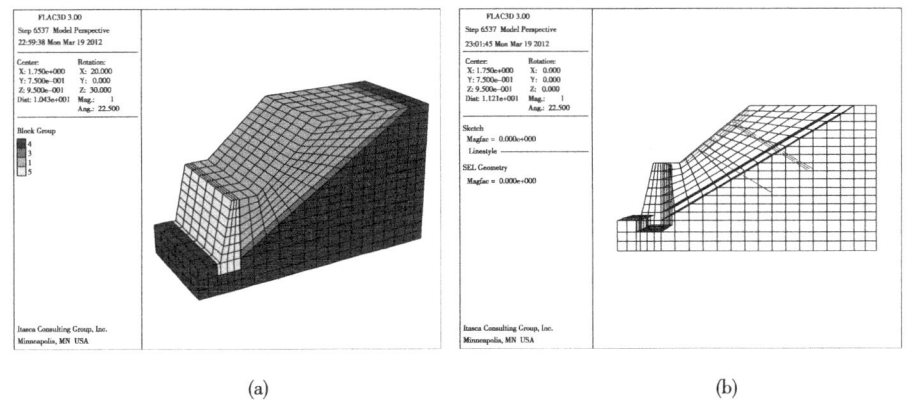

图7-1 30°顺层边坡网格、接触面及支护结构分布图

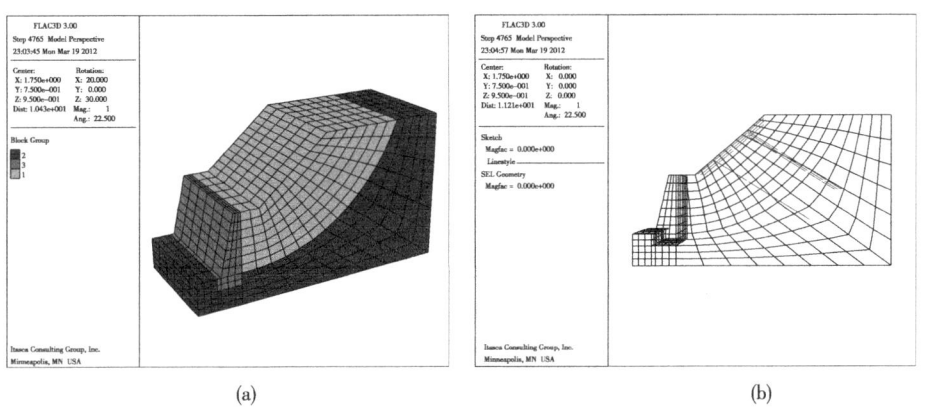

图7-2 基覆边坡第一组试验网格、接触面及支护结构分布图

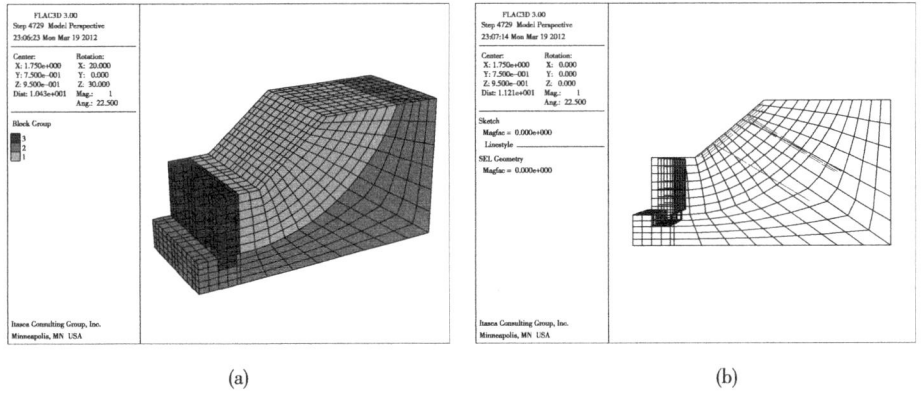

图7-3 基覆边坡第二组试验网格、接触面及支护结构分布图

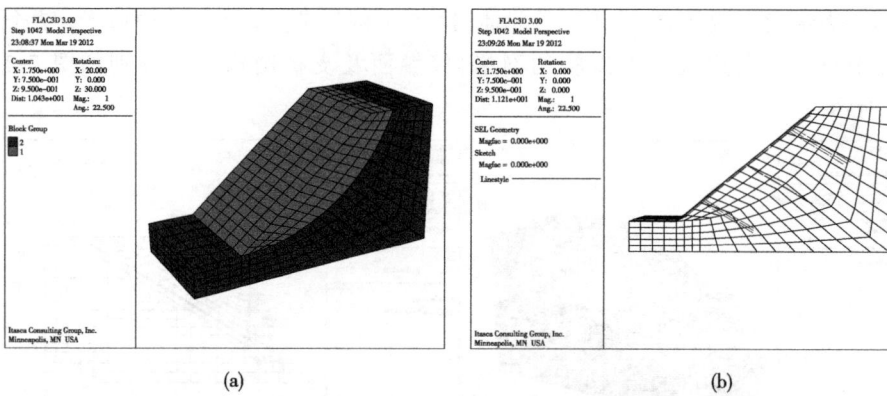

图 7-4 基覆边坡第三组试验网格、接触面及支护结构分布图

3. 材料参数及本构关系选定

数值模拟的材料参数选取参考振动台试验材料。数值模拟材料参数如表 7-1 所示。数值模拟模型接触面参数如表 7-2 所示。

表 7-1 数值模拟模型及参数选定

名称	本构模型	密度/(kg/m³)	K/Pa	G/Pa	c/Pa	φ/(°)	备注
基座	弹性	2500	2.67×10^{10}	1.67×10^{10}			C25 混凝土
顺层岩体	弹性	2000	2.67×10^{9}	1.67×10^{9}			5 号砂浆
挡墙(重力式、桩板式)	弹性	2400	1.67×10^{10}	1.2×10^{10}			C25 混凝土
填土	摩尔-库仑	1700	1.2×10^{7}	1.0×10^{7}	1×10^{3}	35	碎石土

表 7-2 数值模拟模型接触面参数

名称	c/Pa	φ/(°)	k_s/(N/m³)	k_n/(N/m³)	备注
接触面 1	10	15	1.5×10^{9}	1.5×10^{9}	基座-顺层岩体
接触面 2	10	40	1.5×10^{8}	1.5×10^{8}	顺层岩体-填土
接触面 3	5	20	1.5×10^{8}	1.5×10^{8}	填土-挡墙
接触面 4	5	20	1.5×10^{8}	1.5×10^{8}	顺层岩体-挡墙
接触面 5	5	10	1.5×10^{10}	1.5×10^{10}	基座-挡墙

FLAC3D 中接触面单元通过接触面节点和实体单元表面之间建立联系。接触面法向方向所受到的力由目标面方位决定。在每个时步计算中,首先得到接触面节点和目标面之间的绝对法向刺入量和相对剪切速度,再利用接触面本构模型来计算法向力和切向力大小。在接触面处于弹性阶段,$t+\Delta t$ 时刻接触面的法向力和切向力通过下式决定:

$$F_n^{(t+\Delta t)} = k_n u_n A + \sigma_n A \tag{7-2}$$

$$F_{si}^{(t+\Delta t)} = F_{si}^{(t)} + k_s \Delta u_{si}^{(t+0.5\Delta t)} A + \sigma_{si} A \tag{7-3}$$

式中，$F_n^{(t+\Delta t)}$ 为 $t+\Delta t$ 时刻法向力矢量；$F_{si}^{(t+\Delta t)}$ 为 $t+\Delta t$ 时刻切向力矢量；u_n 为接触面节点贯入到目标面的绝对位移；Δu_{si} 为相对剪切位移增量矢量；σ_n 为接触面应力初始化造成的附加法向应力；σ_{si} 为接触面应力初始化造成的附加切向应力；k_s 为接触面单元的切向刚度；k_n 为接触面单元的法向刚度；A 为接触面节点的代表面积。图 7-5 为接触面的本构模型示意图。

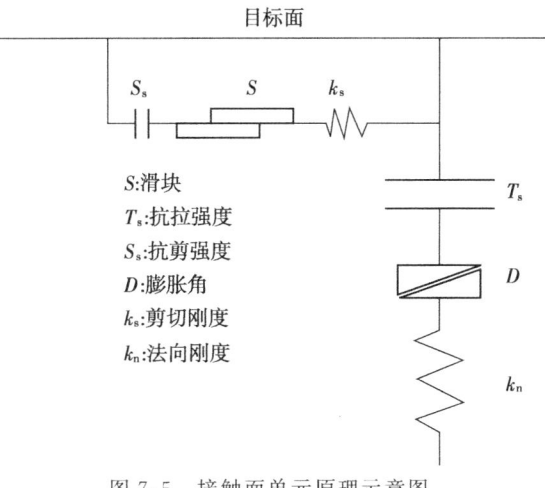

图 7-5　接触面单元原理示意图

对于库仑滑动的接触面单元，存在两种状态：相互接触和相对滑动。根据库仑抗剪强度准则可以得到接触面发生相对滑动所需要的切向力 F_{smax} 为

$$F_{smax} = c_{if}A + \tan\phi_{if}(F_n - uA) \tag{7-4}$$

式中，c_{if} 为接触面的凝聚力；ϕ_{if} 为接触面的摩擦角；u 为孔压。

当接触面上的切向力小于最大切向力（$|F_s| = F_{smax}$）时，接触面处于弹性阶段；当接触面上的切向力等于最大切向力（$|F_s| = F_{smax}$）时，接触面进入塑性阶段。在滑动过程中，剪切力保持不变（$|F_s| = F_{smax}$），但剪切位移会导致有限法向应力增加：

$$\overline{\sigma_n} = \sigma_n + \frac{|F_s|_0 - F_{smax}}{Ak_s}\tan\Psi k_n \tag{7-5}$$

式中，Ψ 为接触面膨胀角；$|F_s|_0$ 为修正前的剪力大小。

如果接触面上存在拉应力并且超过接触面的抗拉强度，接触面就会破坏，切向力和法向力就会为零。默认抗拉强度为零。

FLAC3D 的动力计算可以采用任意的本构模型，如弹性模型、摩尔-库仑模型。无论是静力分析还是动力分析，FLAC3D 的实质都是求解运动方程。静力分析因采用了特定的阻尼方式而达到快速收敛。所以，FLAC3D 静力分析方法可称为"拟动力方法"。而 FLAC3D 在进行动力分析时，求解动力方程当然能够得到合适的动力问题解答。对于本构模型的选择，主要是描述单元的应力应变关系，如果是弹塑性的，则考虑的是单元的屈服准则、流动法则。因此，本构模型的选取不影响 FLAC3D 的动力分析，静力本构模型的参数同样也适用于动力分析，关键是要设置合适的阻尼形式、阻尼参数、边界条件等。振动台模型试验的数值模拟墙后填土采用摩尔-库仑弹塑性模型，模型中的墙体、基岩和顺层岩体采用各向同性弹性模型。

4. 监测点布设

FLAC3D 数值模拟计算监测点布设参考振动台模型试验，如图 5-3～图 5-5 所示。数值模拟对振动台模型试验水平加速度、竖向加速度、动土压力及动位移等动态参量进行了监测。为更好地了解支挡结构动位移的变化情况,在数值模拟过程中,对各组合支挡结构在振动台试验动位移原有的监测点上增加了些许监测点。其中,基覆边坡重力式挡土墙和桩板墙在墙体中间位置都新增了一个测点(AH0、AV0),如图 7-6 和图 7-7 所示。顺层边坡重力式挡土墙动位移监测点布设与基覆边坡相同。顺层边坡及基覆边坡框架梁的动位移监测点布设如图 7-8 所示。基覆边坡第三组试验框架梁动位移监测点布设如图 7-9 所示。

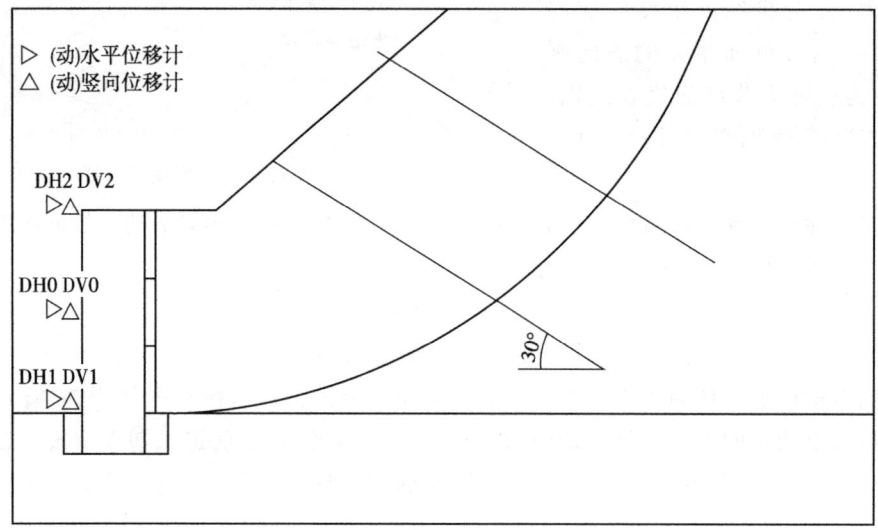

图 7-6 基覆边坡重力式挡土墙动位移布置图

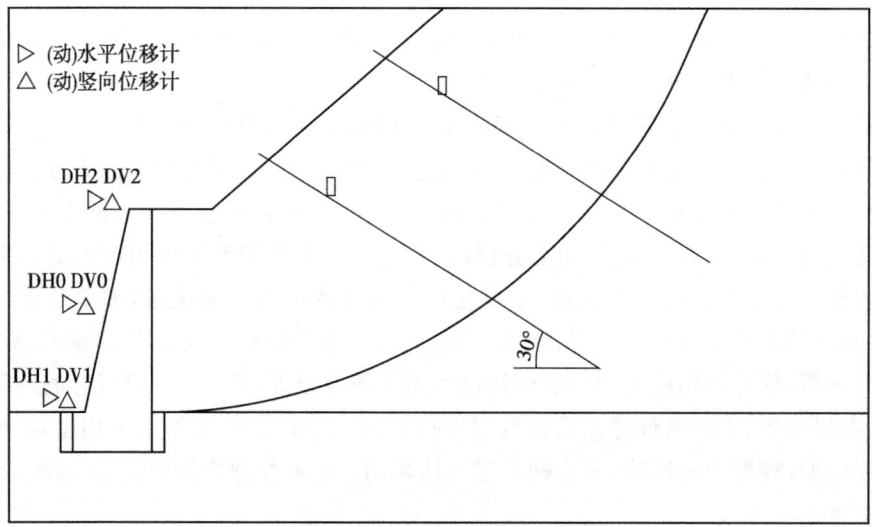

图 7-7 基覆边坡桩板墙动位移布置图

第 7 章　边坡支挡结构的数值模拟分析

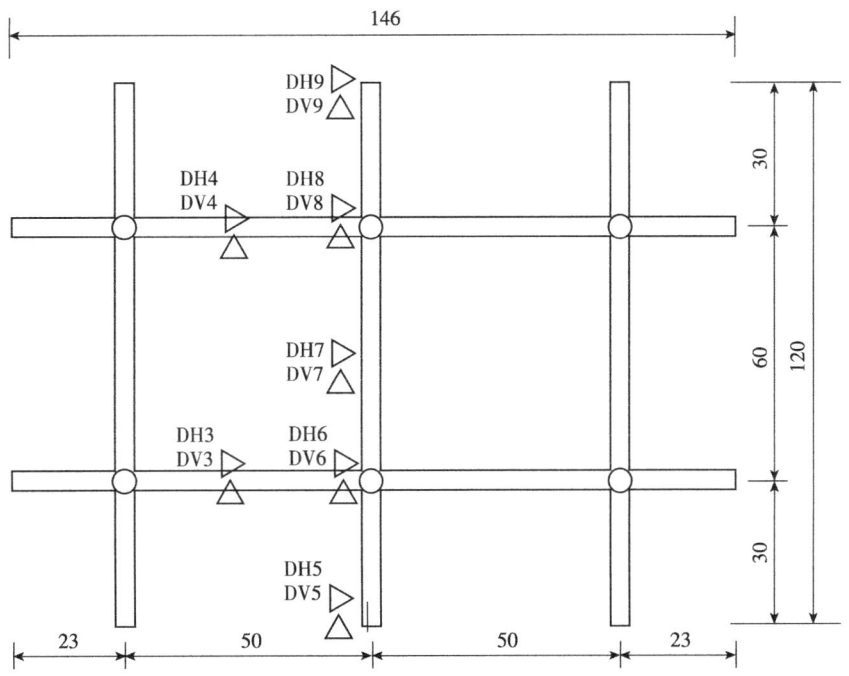

图 7-8　顺层边坡及基覆边坡框架梁动位移监测点布设

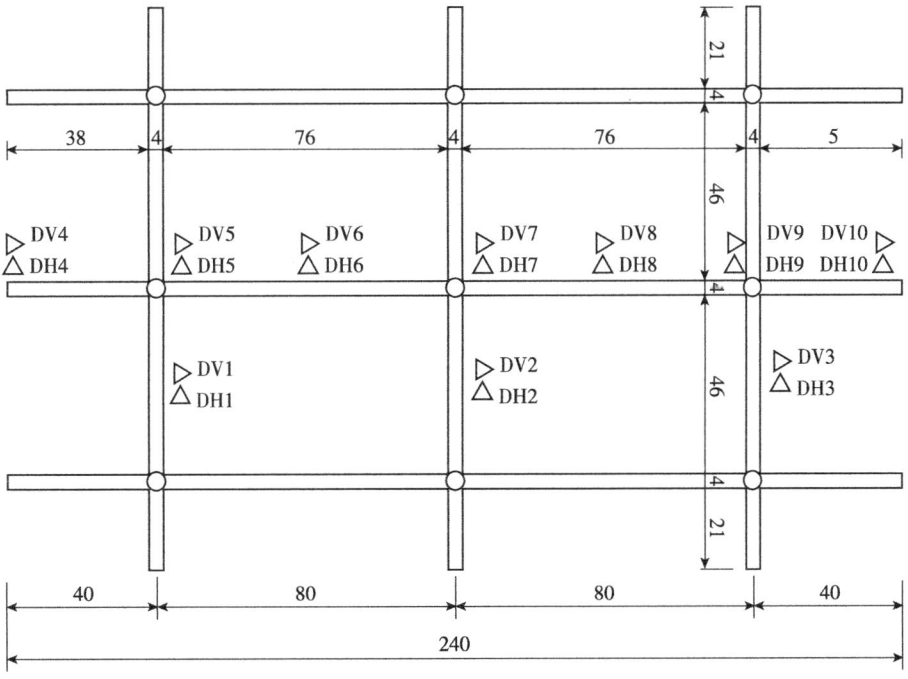

图 7-9　基覆边坡第三组试验框架梁动位移监测点布设

5. 力学阻尼及边界条件的选取

1) 力学阻尼的选取

FLAC3D 中阻尼的产生主要来源于材料的内部摩擦和接触面可能存在的滑动。目前 FLAC3D 动力计算提供了三种阻尼形式:瑞利阻尼、滞后阻尼和局部阻尼。

瑞利阻尼最初主要是应用于结构和弹性体的动力计算,以减弱系统的自然模式振动的振幅。计算中通常假定动力方程中的阻尼矩阵 C 与刚度矩阵 K 和质量矩阵 M 相关:

$$C = \alpha M + \beta K \tag{7-6}$$

式中,α 是与质量成比例的阻尼常数;β 是与刚度成比例的阻尼常数。

瑞利阻尼的理论与常规动力分析方法类似,采用其进行动力计算得到的加速度响应规律也比较接近实际。可是,瑞利阻尼的计算时步过小,导致动力计算时间过长,在计算过程中不得不用局部阻尼来代替。

滞后阻尼是与材料无关的阻尼格式。可以直接采用动力试验中的模量衰减系数,不影响动力计算的时间步,可以应用于任意材料,且可以与其他阻尼格式同时使用。但是由于滞后阻尼有过多的使用限制,且相关的参考资料极少,所以在实际使用过程中存在一定的困难。

局部阻尼是 FLAC3D 静力计算中采用的阻尼形式,但是它也可以用于动力计算。局部阻尼是在振动循环中通过在节点或结构单元节点上增加和减小质量的方法达到收敛,系统保持质量守恒。局部阻尼系数 α_L 可以通过临界阻尼比 D 来反映:

$$\alpha_L = \pi D \tag{7-7}$$

局部阻尼系数不用求解系统的自振频率,而且相对于瑞利阻尼不会减少时间步。局部阻尼不能有效衰减复杂波形的高频部分。经过低通滤波的地震波通常只包含其主要的低频成分,因此本次数值模拟通过设置局部阻尼进行动力分析计算,并考虑 5% 的临界阻尼比。

在进行动力计算前,支挡结构模型应先在重力场达到平衡,其节点速度、位移等也必须进行清零处理。

2) 边界条件

动力问题分析中,一般模型周围边界条件的选取对动力分析结果会产生很大的影响。为了尽可能地减小模型边界对动力计算结果的影响,模型边界必须设置得大一些,但是模型边界取得过大会给计算带来很大的负担。动力计算中,FLAC3D 提供了静止(黏性)边界和自由场两种边界。

黏滞边界易于在时域进行操作,其有效性在有限元和有限差分中的分析已经得到证明[2]。黏滞边界在边界的法线方向和水平方向上设置独立的黏壶,以便吸收来自模型内部的入射波。法向黏滞力 f_n 和剪切黏滞力 f_s 的计算式为

$$f_n = -\rho C_P v_n \tag{7-8}$$

$$f_s = -\rho C_S v_s \tag{7-9}$$

式中,C_P、C_S 分别为 P 波和 S 波波速;ρ 为密度;v_n、v_s 为边界上的法向与切向速度分量。

自由场边界是 FLAC3D 软件通过在模型四周建立一维与二维的网格来实现自由场边界。主体网格的侧边界通过阻尼器与自由场网格进行耦合,自由场网格的不平衡力施加于主体网格边界。自由场网格产生的是与无限场地相同的边界处理效果,输入地震波不会发生扭曲和反射。

3) 地震波的选取及输入

FLAC3D 软件中,有多种不同的地震波输入形式,包括加速度时程、速度时程、位移时程和应力(力)时程四种方式,根据地基条件的不同而采取不同的荷载形式输入。若为刚性地基,即模型底部为岩石等模量较大的材料,可以在底部直接施加加速度或速度荷载,并采用自由边界场,模型底部不施加静态边界;若为柔性地基,则需将加速度和速度转换为应力时程,再施加到模型底部。

本次数值模拟采用振动台模型试验中的压缩汶川波,因基座可视为刚性地基,所以地震波按加速度时程输入控制。因考虑压缩汶川波持时过长,在数值计算中截取压缩汶川波能量集中的前 15s 进行输入。

如果按加速度时程输入地震波,那么通常将加速度积分后得到的速度和位移的最终结果不为零。动力计算时,在模型的底部会出现继续的速度和残余位移。为消除上述情况,需要对加速度时程曲线进行基线校正,即在原始的加速度时程上增加一个低频率的波形(多项式或周期函数),使得最终的速度和位移均为 0。基线校正可采用 SeismoSignal 软件进行,图 7-10 为校正前后前 15s 压缩汶川波的加速度、速度及位移对比图。

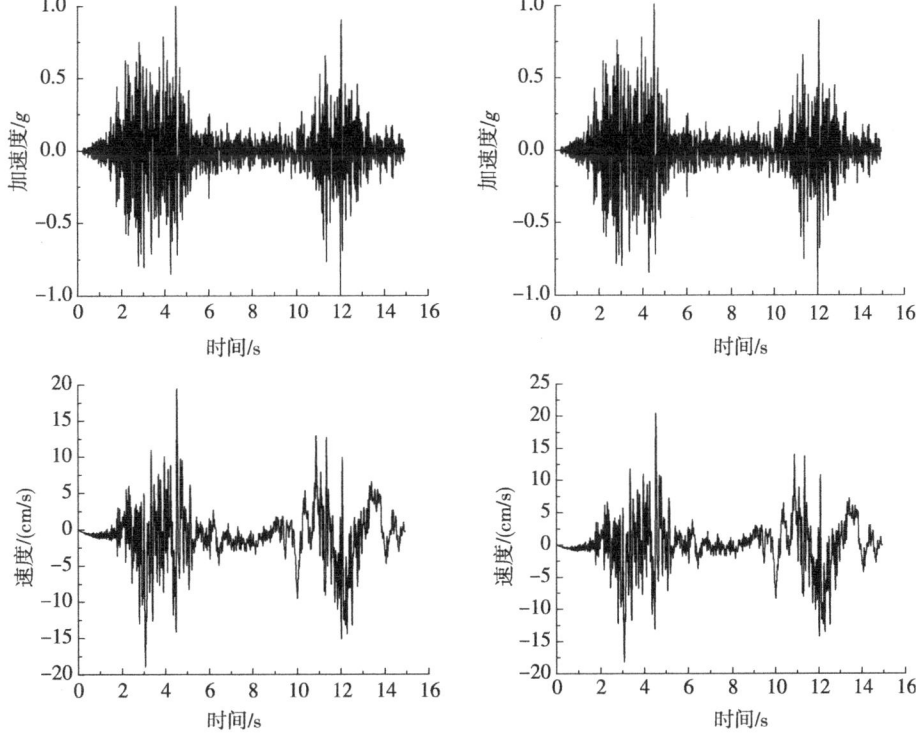

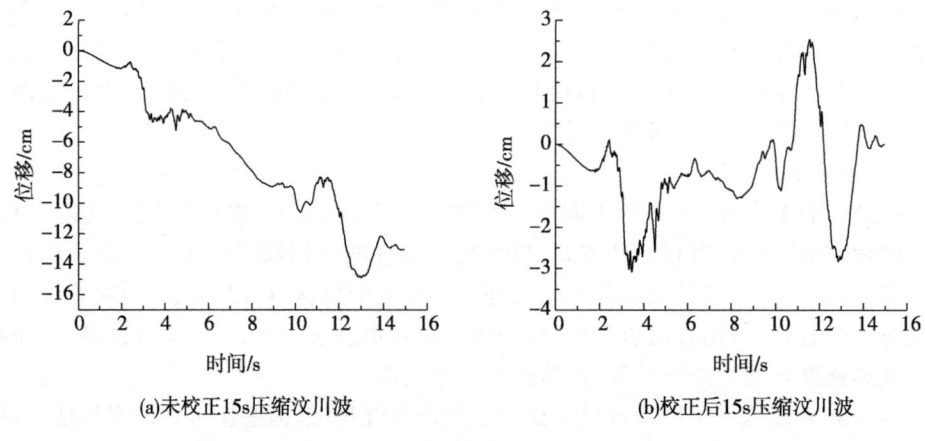

(a) 未校正15s压缩汶川波   (b) 校正后15s压缩汶川波

图 7-10   前 15s 压缩汶川波基线校正前后波形对比图

7.1.2   数值模拟内容

数值模拟的主要内容有：顺层边坡(下)重力式挡土墙＋(上)锚杆框架梁数值模拟，以 30°顺层边坡为例。①比较在汶川波双向 x、z 地震波激励下，随着输入地震波加速度增大，支挡结构的动力响应；②在输入地震波加速度峰值 0.6g 的工况下，比较汶川波 x、z 双向激励，x、z 单向分别激励时，支挡结构的动力响应；③在输入地震波加速度峰值为 0.6g 的双向汶川波激励下，比较顺层倾角的变化(20°、30°、40°)对支挡结构抗震稳定性的影响。基覆边坡数值模拟中主要讨论在 7 度、8 度、9 度、10 度地震烈度的双向汶川波作用下，基覆边坡采用不同支挡结构的动力响应和动力特性。顺层边坡数值模拟工况见表 7-3，基覆边坡模拟工况见表 7-4。

表 7-3   顺层岩质边坡数值模拟工况表

序号	工况代号	加速度幅值/g		时间压缩比
		x	z	
1	WC_XZ-1(30)	0.1	0.067	2.83
2	WC_XZ-2(30)	0.2	0.133	2.83
3	WC_XZ-3(30)	0.4	0.267	2.83
4	WC_X-4(30)	0.6		2.83
5	WC_Z-4(30)		0.4	2.83
6	WC_XZ-4(30)	0.6	0.4	2.83
7	WC_XZ-4(20)	0.6	0.4	2.83
8	WC_XZ-4(40)	0.6	0.4	2.83

表 7-4 基覆边坡数值模拟工况表

序号	工况代号	加速度幅值/g		时间压缩比
		x	z	
1	WC_XZ-1(第一组)	0.1	0.067	2.83
2	WC_XZ-2(第一组)	0.2	0.133	2.83
3	WC_XZ-3(第一组)	0.4	0.267	2.83
4	WC_XZ-4(第一组)	0.6	0.4	2.83
5	WC_XZ-1(第二组)	0.1	0.067	2.83
6	WC_XZ-2(第二组)	0.2	0.133	2.83
7	WC_XZ-3(第二组)	0.4	0.267	2.83
8	WC_XZ-4(第二组)	0.6	0.4	2.83
9	WC_XZ-1(第三组)	0.1	0.067	2.83
10	WC_XZ-2(第三组)	0.2	0.133	2.83
11	WC_XZ-3(第三组)	0.4	0.267	2.83
12	WC_XZ-4(第三组)	0.6	0.4	2.83

7.2 顺层边坡数值模拟结果分析

7.2.1 双向汶川波作用下支挡结构动力响应

1. 水平加速度响应

1) 混凝土基座对水平加速度的影响

表 7-5 比较了顺层边坡输入加速度与混凝土基座底部测点(编号:AH1)及基座顶部测点(编号:AH10)水平加速度响应。从表可以得出,混凝土基座的加速度响应与输入加速度基本吻合。

表 7-5 混凝土基座实测水平加速度与输入水平加速度峰值比较

模拟工况	时间压缩比	输入加速度		混凝土基座			
		x	z	最大值 Ad	最小值 Ad	最大值 Au	最小值 Au
WC_XZ-1(30)	2.83	0.1	0.067	1.282	−1.354	1.59	−1.426
WC_XZ-2(30)	2.83	0.2	0.133	2.686	−2.428	6.136	−2.828
WC_XZ-3(30)	2.83	0.4	0.267	5.463	−5.18	6.403	−5.697
WC_XZ-4(30)	2.83	0.6	0.4	7.524	−7.758	9.679	−8.545
WC_Z-4(30)	2.83		0.4	1.028	−1.104	1.617	−1.565
WC_X-4(30)	2.83	0.6		7.618	−7.835	9.911	−8.477
WC_XZ-4(20)	2.83	0.6	0.4	6.898	−6.653	7.281	−7.575
WC_XZ-4(40)	2.83	0.6	0.4	8.673	−7.384	8.109	−8.606

图7-11给出了汶川波0.4g双向输入时,30°顺层岩质边坡混凝土基座底部测点和顶部测点的水平加速度时程曲线。由图可知,混凝土基座对输入地震波加速度存在一定程度的放大效应。

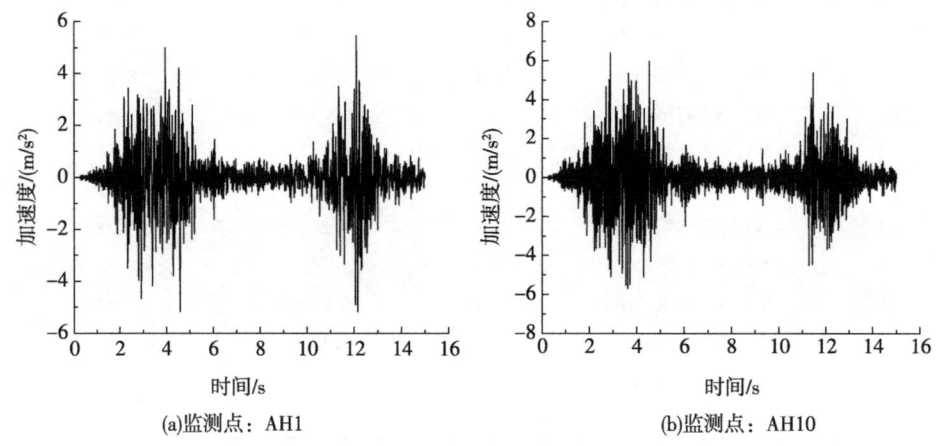

图7-11 混凝土基座水平加速度时程曲线

2) 双向汶川波作用下水平加速度

A. 加速度分布规律

从图7-12可以看出,30°顺层岩质边坡重力式挡土墙的水平加速度的放大倍数在1~3,放大倍数沿墙体高度的增加而非线性增大,随着输入汶川波加速度峰值增大,水平加速度的放大倍数却减小。从图7-13可知,框架梁的放大倍数在1.5~3,其沿坡体高度的增加也呈增大的趋势,输入汶川波加速度峰值越小,其放大倍数越大。

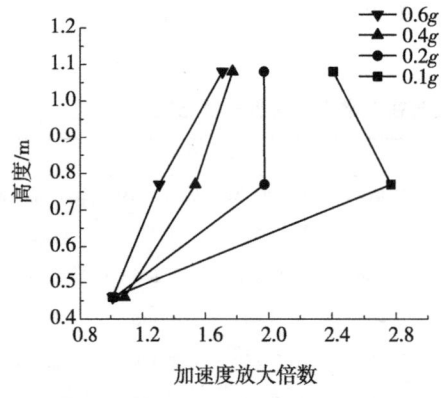

图7-12 重力式挡墙水平加速度放大倍数

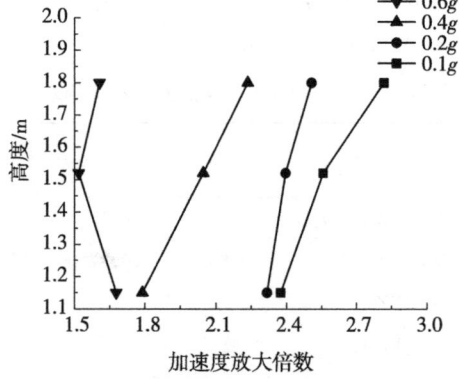

图7-13 框架纵梁水平加速度放大倍数

B. 特殊点加速度时程曲线

比较重力式挡土墙的墙底(AH2)与墙顶(AH4)监测点的水平加速度时程曲线

图 7-14 和图 7-15，输入地震波的加速度峰值越高，水平加速度峰值就越大。墙底监测点处加速度峰值与输入地震波比较，稍稍增大。墙顶处监测点的加速度峰值明显要大于输入汶川波加速度峰值。沿挡墙高度，水平加速度放大效应明显。

(a)0.1g　(b)0.2g　(c)0.4g　(d)0.6g

图 7-14　墙底监测点（AH2）水平加速度时程曲线

(a)0.1g　(b)0.2g

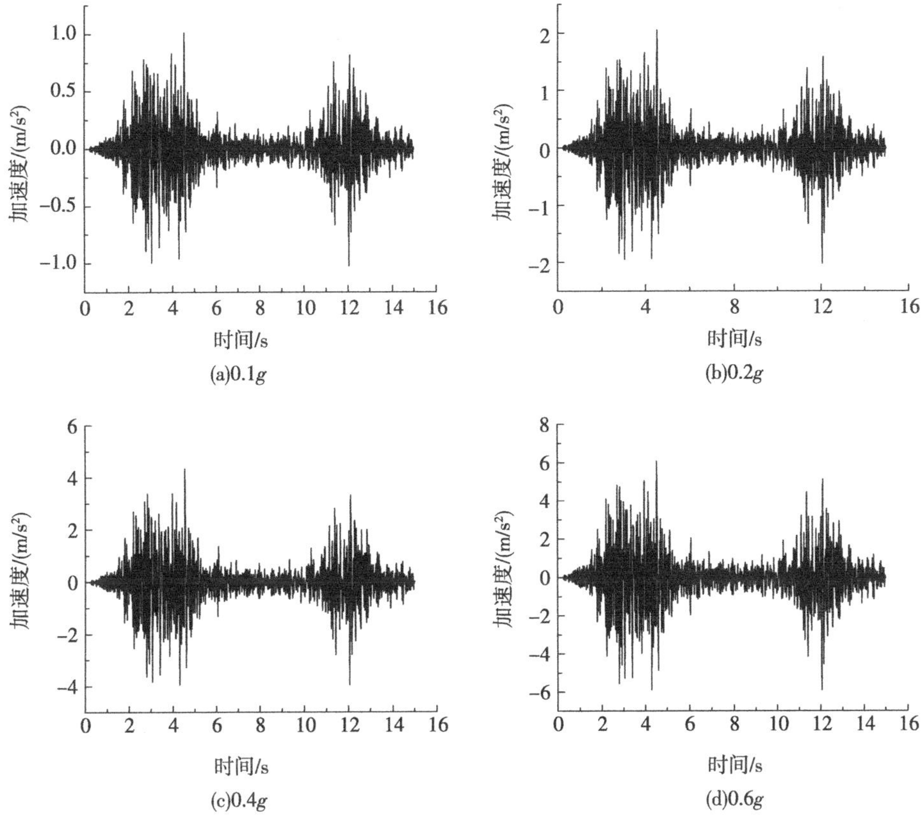

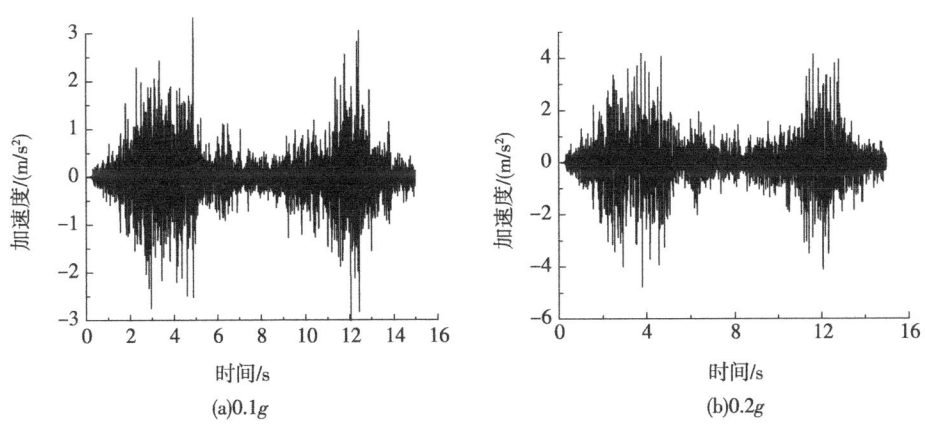

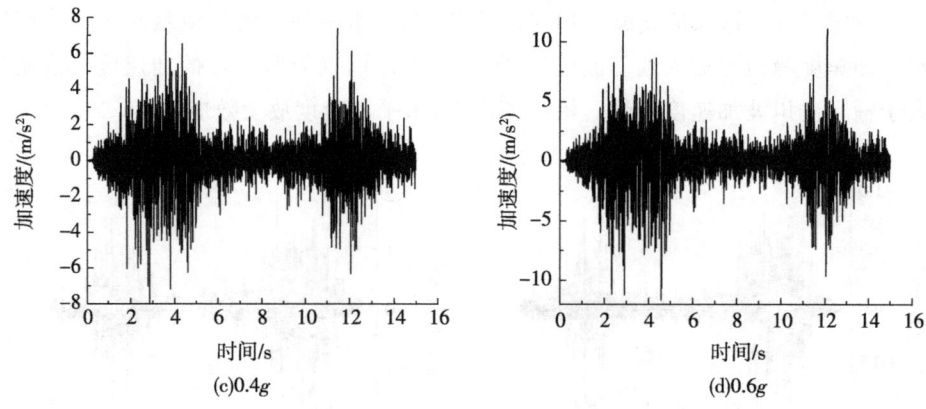

(c)0.4g (d)0.6g

图 7-15 墙顶监测点(AH4)水平加速度时程曲线

2. 竖向加速度响应

1) 混凝土基座对竖向加速度的影响

以 0.4g 汶川波双向输入为例。其中 z 向(竖向)加速度在基座底部与顶部的监测点时程曲线如图 7-16 所示。从竖向加速度时程曲线可以得出,竖向加速度峰值也随挡土墙高度增加而变大。

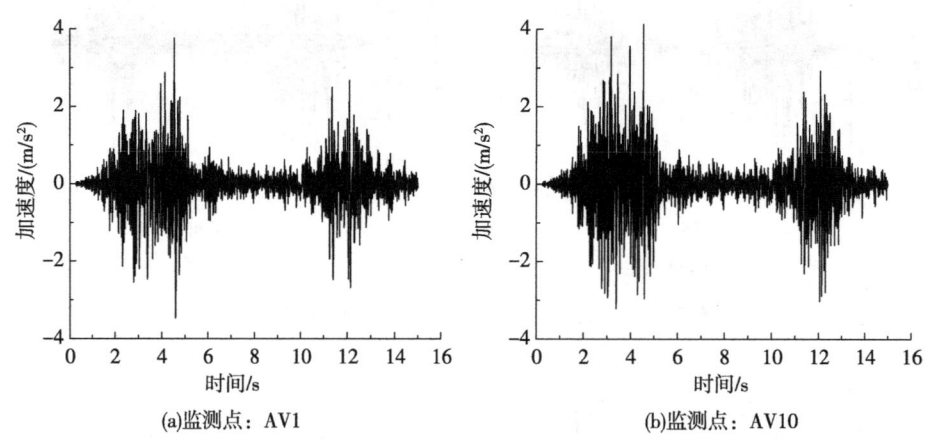

(a)监测点:AV1 (b)监测点:AV10

图 7-16 混凝土基座竖向加速度时程曲线

2) 支挡结构竖向加速度

A. 加速度分布规律

从图 7-17 和图 7-18 可以看出,顺层边坡重力式挡土墙的竖向加速度的放大倍数在 1~6.5,框架梁的放大倍数在 2~4。放大倍数沿墙体高度的增加而非线性增大,随着输入汶川波的幅值增大,竖向加速度的放大倍数减小。竖向加速的放大倍数要大于水平加速的放大倍数。竖向加速度放大倍数与土体及其支挡结构、地震波激励强度及频谱特性相关。

0.6g
0.4g
0.2g
0.1g
高度/m
加速度放大倍数

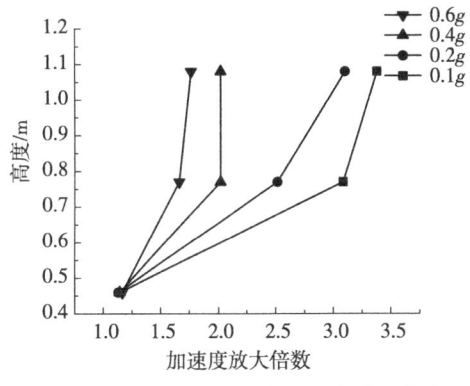

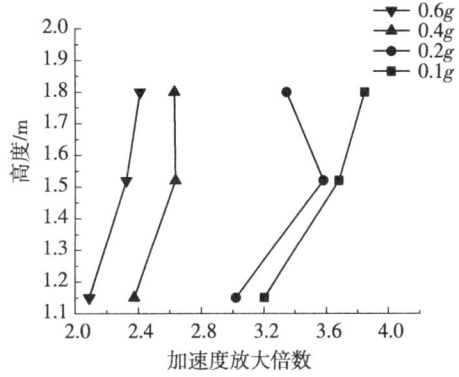

图 7-17　重力式挡墙竖向加速度放大倍数

0.6g
0.4g
0.2g
0.1g
高度/m
加速度放大倍数

图 7-18　框架纵梁竖向加速度放大倍数

B. 特殊点加速度时程曲线

从图 7-19 和图 7-20 可知，各测点基本上与混凝土基座加速度响应峰值同步。重力式挡土墙的墙底（AV2）与墙顶（AV4）监测点的竖向加速度时程曲线图的分布及变化规律与水平加速度一致，但是竖向加速度放大倍数更大。

加速度/(m/s²)
时间/s
(a)0.1g
(b)0.2g
(c)0.4g
(d)0.6g

图 7-19　墙底监测点（AV2）竖向加速度时程曲线

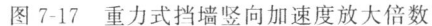

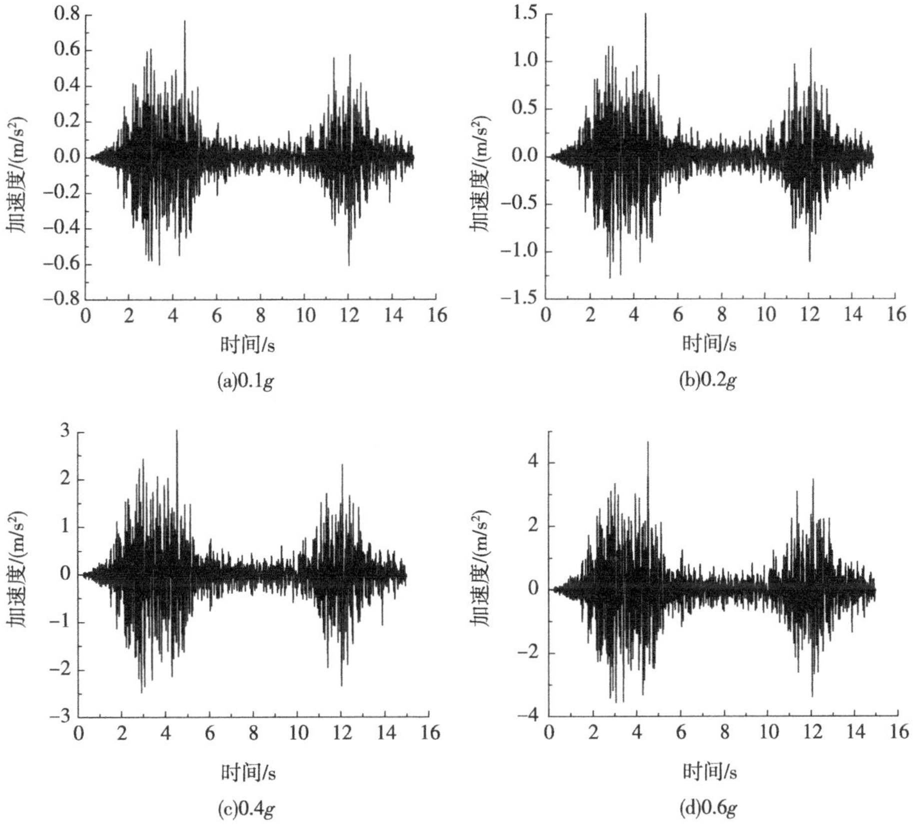

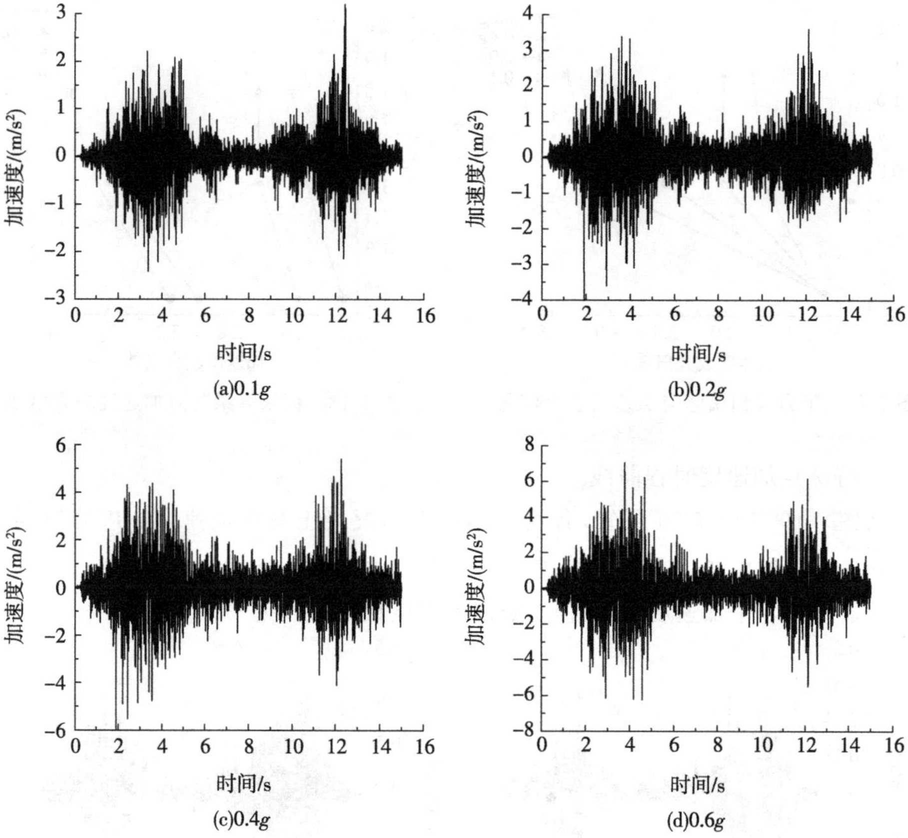

图 7-20 墙顶监测点（AV4）竖向加速度时程曲线

3. 动土压力响应峰值

1）动土压力分布规律

A. 土压力峰值分布规律

从图 7-21 可以得出，在 x、z 双向地震波作用下，支挡结构墙背土压力随着输入

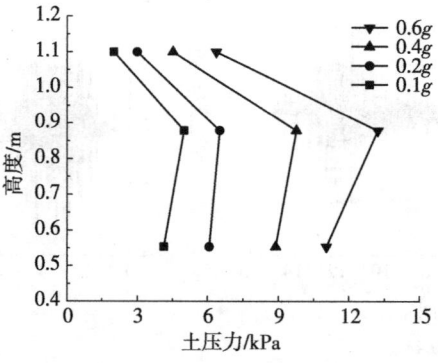

图 7-21 重力式挡墙土压力峰值分布

地震波加速度增大而增大。重力式挡墙土压力峰值分布呈现两端小、中间大的特点，最大值在靠近墙背中间位置，墙底土压力要大于墙顶土压力。

B. 特殊点土压力时程曲线

从图 7-22 可知，重力式挡土墙在地震波的作用之前，初始土压力值大致相同，在地震波作用过程中，土压力时程曲线发生渐变，重力式挡土墙出现残余土压力。输入地震波峰值越大，残余土压力也越大。

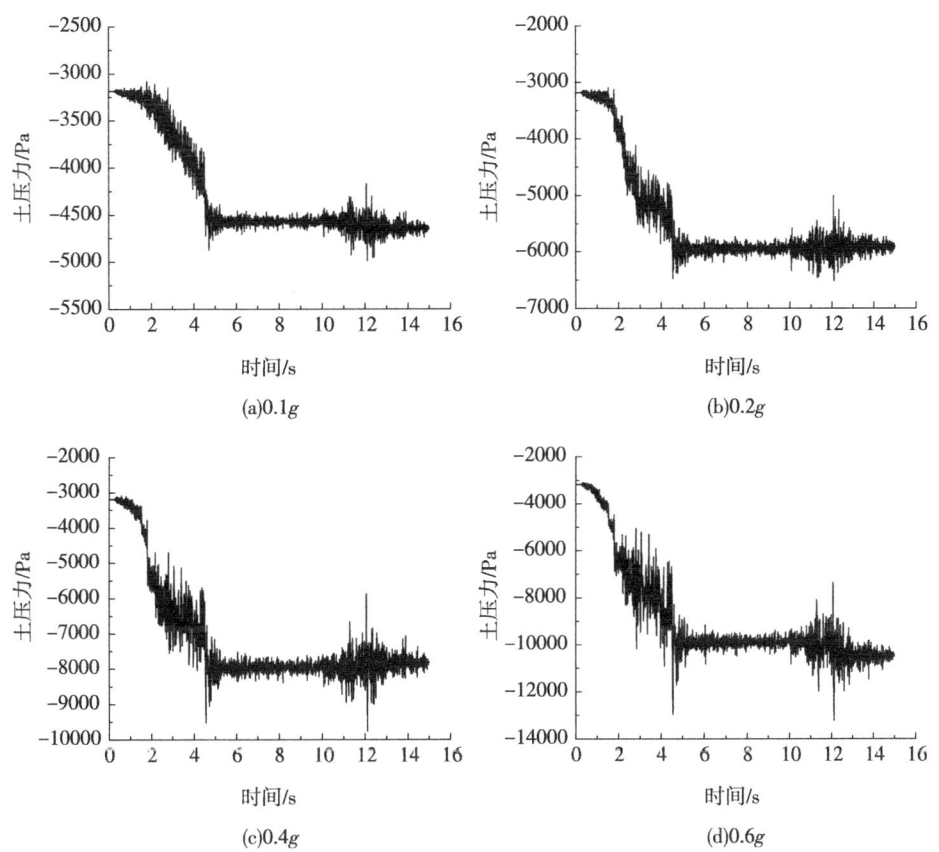

图 7-22 重力式挡土墙中部点(SH2)的土压力时程曲线图

4. 动位移响应峰值

表 7-6 表示在 WC-XZ 双向地震波作用下，重力式挡土墙水平方向偏离土体方向位移峰值。从表可知，在 x、z 双向地震波作用下，随着地震波峰值增大，墙体位移也随之增大。输入地震波加速度峰值为 $0.1g$ 时，墙体各处监测点位移峰值相等，随着输入地震波加速度峰值增大，墙顶位移＞墙中位移＞墙底位移。

表 7-6　WC-XZ 作用下重力式挡土墙水平位移峰值　　　（单位：mm）

地震波峰值 \ 监测点	墙底	墙中	墙顶
0.1g	6.023	6.026	6.025
0.2g	6.049	6.169	6.336
0.4g	12.140	12.500	16.000
0.6g	18.230	18.880	19.790

从表 7-7 可以看出，在输入加速度较小时（0.1g、0.2g），纵梁上各监测点 x 向位移大致相等，框架梁以平移为主，随着输入加速度增大，纵梁中间点的 x 向位移绝对值最小，越往两端位移越大，说明框架梁发生以绕中点的转动。

表 7-7　WC-XZ 作用下框架梁纵梁水平位移峰值　　　（单位：mm）

地震波峰值 \ 监测点	纵梁下自由点	纵梁下锚固点	纵梁中点	纵梁上锚固点	纵梁上自由点
0.1g	6.657	6.690	6.705	6.707	6.713
0.2g	6.881	6.875	6.873	6.884	6.931
0.4g	16.94	16.81	16.74	16.78	16.90
0.6g	28.30	27.67	27.10	28.64	28.25

从表 7-8 可以看出，在同一横梁上各监测点 x 向位移大致相等，上横梁位移大于下横梁位移。随着输入加速度增大，同一横梁上，自由点位移大于锚固点位移，说明横梁绕锚固点弯曲。

表 7-8　WC-XZ 作用下框架梁横梁水平位移峰值　　　（单位：mm）

地震波峰值 \ 监测点	上横梁自由点	上横梁锚固点	下横梁自由点	下横梁锚固点
0.1g	6.711	6.707	6.685	6.690
0.2g	6.892	6.884	6.874	6.875
0.4g	16.80	16.78	16.83	16.81
0.6g	27.26	26.64	28.34	27.67

从表 7-9 和表 7-10 可以看出，在输入地震波峰值较低时（0.1g、0.2g），各监测点 z 向位移峰值大致相等，框架梁向外侧平移。随着输入加速度增大，高度增加，各监测点的 z 向位移变小。

表 7-9 WC-XZ 作用下框架梁纵梁竖向位移峰值　　　　（单位：mm）

地震波峰值\监测点	纵梁下端自由点	纵梁下锚固点	纵梁中点	纵梁上锚固点	纵梁上自由点
0.1g	1.366	1.405	1.424	1.428	1.437
0.2g	6.335	6.300	6.280	6.295	6.361
0.4g	6.976	6.749	6.605	6.592	6.668
0.6g	10.88	10.26	9.679	9.176	8.725

表 7-10 WC-XZ 作用下框架梁横梁竖向位移峰值　　　　（单位：mm）

地震波峰值\监测点	上横梁自由点	上横梁锚固点	下横梁自由点	下横梁锚固点
0.1g	1.427	1.428	1.406	1.405
0.2g	6.288	6.295	6.296	6.300
0.4g	6.504	6.592	6.679	6.749
0.6g	8.653	9.176	9.796	10.26

注：框架梁纵梁监测点按从低到高排列，与锚杆相连的节点称为锚固点，两锚固点间的节点称为自由点，可参考第 3 章框架梁位移监测点布设

5.锚杆的动力响应

从图 7-23 可知，在输入加速度峰值较小时（0.1g、0.2g），锚杆力维持在较低值，随着输入加速度峰值增大（>0.4g），锚杆力几乎呈指数增长，锚杆轴力增加了几十倍。随着地震波加速度峰值的增大，锚杆所受到的轴力也增大。下锚杆轴力峰值大于上锚杆轴力峰值。从图 7-24 可知，锚杆轴力响应基本上与混凝土基座加速度响应峰值同步。

A.锚杆轴力峰值分布

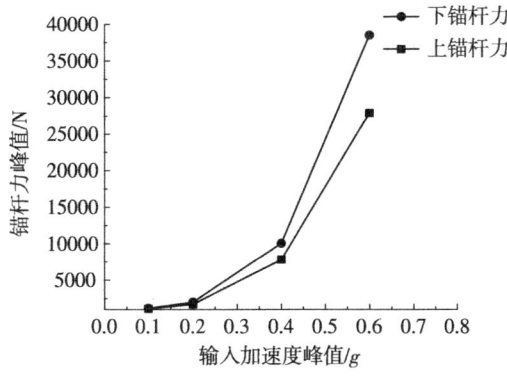

图 7-23 锚杆轴力峰值-加速度关系图

B. 锚杆轴力时程曲线

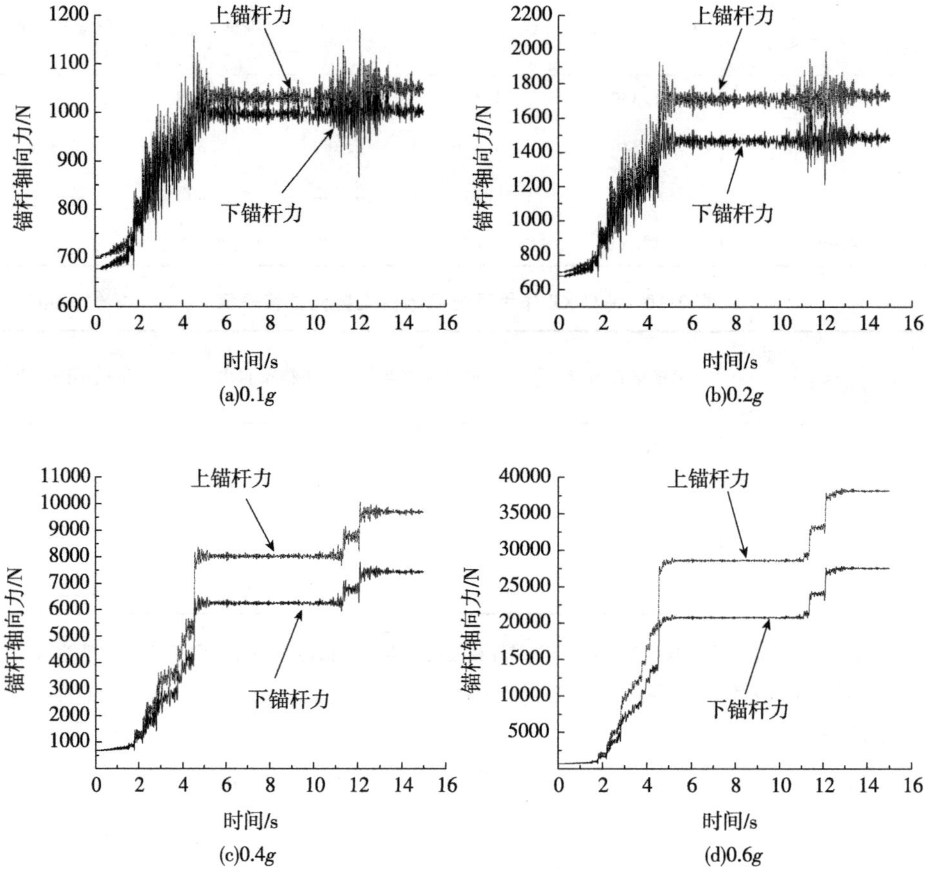

图 7-24　锚杆力时程曲线

7.2.2　不同方向汶川波作用下支挡结构动力响应

为比较输入不同方向汶川波作用下支挡结构的动力响应,此处以 30°顺层边坡在 x、z 双向汶川波(x:0.6g,z:0.4g),x 向汶川波(x:0.6g),z 向汶川波(z:0.4g)为例比较。

1. 加速度响应

从图 7-25～图 7-28 可知,加速度沿墙背分布可以得出在 x、z 单向汶川波的作用下会分别引起与之相应的 z、x 向的加速度。加速度值均沿墙体高度的增加而变大。双向汶川波作用下的加速度响应要大于各单向汶川波作用下的加速度响应。从图 7-29 和图 7-30 水平及竖向加速度时程曲线可知,监测点的加速度时程曲线与输入地震波加速度时程曲线一致。

A. 加速度分布规律

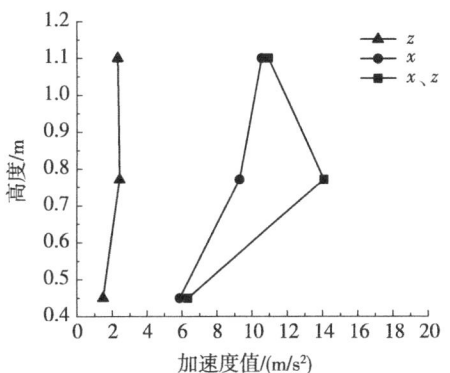

图 7-25 重力式挡墙 x 向加速度值

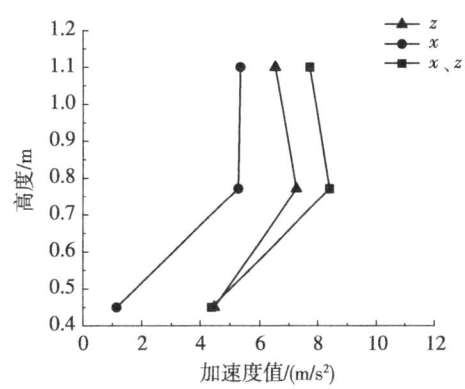

图 7-26 重力式挡墙 z 向加速度值

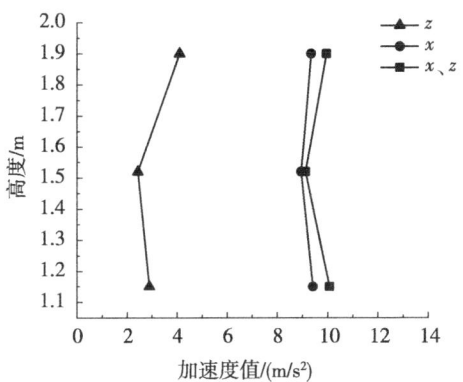

图 7-27 框架梁 x 向加速度值

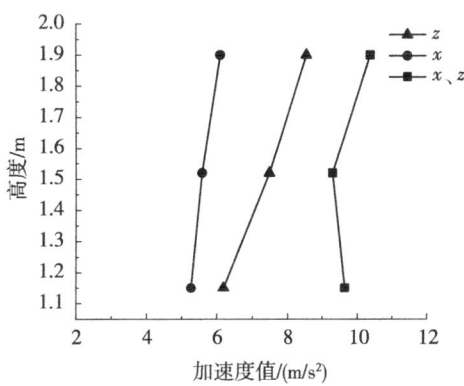

图 7-28 框架纵梁 z 向加速度值

B. 特殊点加速度时程曲线

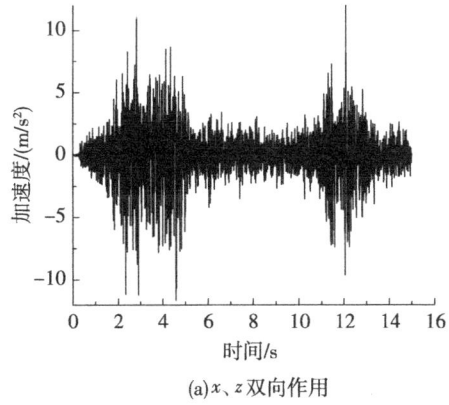

(a) x、z 双向作用

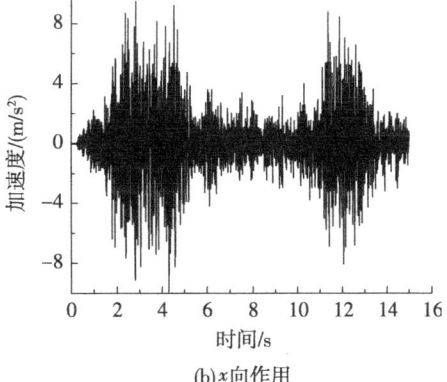

(b) x 向作用

图 7-29 墙顶 (AH4) 水平加速度时程曲线

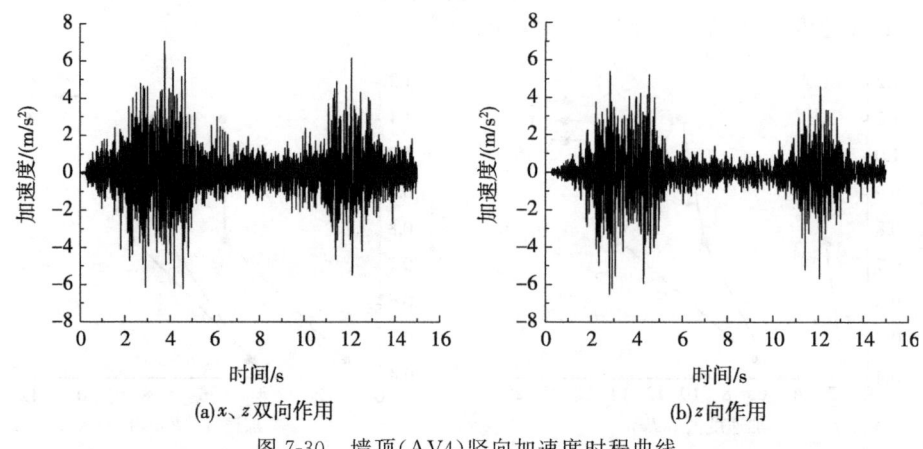

图 7-30 墙顶(AV4)竖向加速度时程曲线

2. 动土压力响应峰值

从图 7-31 可知,在双向地震波作用下,重力式挡土墙体的动土压力峰值略大于 x 单向地震波作用产生的动土压力峰值,远大于 z 向地震波作用下产生的动土压力峰值。最大动土压力都出现在墙体中间位置,与输入地震波的方向无关。从图 7-32 可知,土压力时程曲线与输入地震波加速度时程曲线几乎同步。在 z 向地震波作用下,挡墙没有出现残余土压力。x、z 双向地震波作用产生的残余土压力要大于 x 向地震波作用下产生的土压力,并且土压力时程曲线在平稳期后又出现突变。

A. 动土压力峰值分布规律

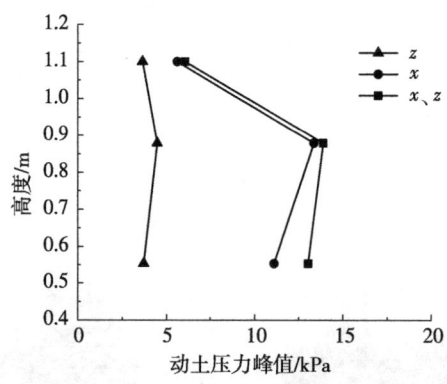

图 7-31 重力式挡墙土压力峰值分布

B. 特殊点土压力时程曲线

3. 动位移响应峰值

从表 7-11 可知,在 x 或 z 单向地震波作用下只引起相应方向的位移,另一方向的位移几乎没有变化;而在 x、z 双向地震波作用下则产生两个方向的位移。x、z 双向地震波作用产生的水平和竖向位移与 x 向地震波作用产生的水平位移、z 向地震波作用产生的竖向位移相同。

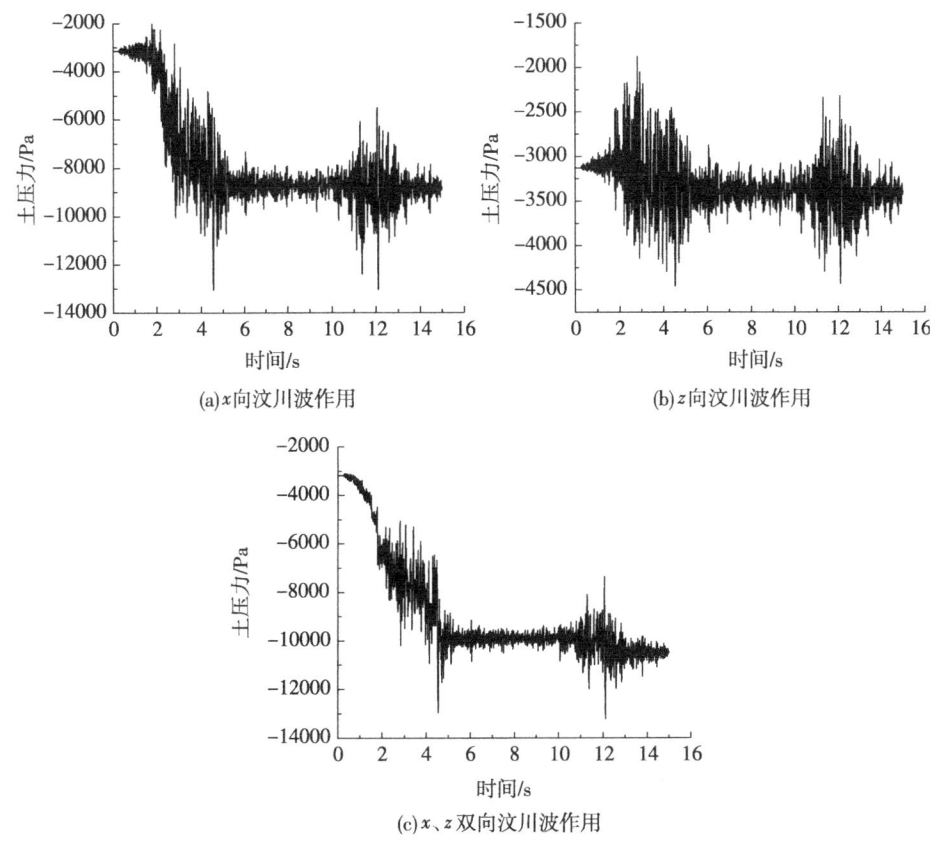

图 7-32 重力式挡土墙中部点(SH2)的土压力时程曲线图

表 7-11 重力式挡土墙移峰值 （单位:mm）

监测点 地震波峰值	x 向位移			z 向位移	
	墙底	墙中	墙顶	墙底	墙顶
$x、z$	18.23	18.88	19.79	12.30	12.89
x	18.22	18.84	19.70	0.544	0.564
z	0.05814	0.2228	0.449	12.26	12.33

4. 锚杆的动力响应

从表 7-12 可知,在 $x、z$ 双向地震波及 x 单向地震波作用下,上、下锚杆轴力峰值大致相等。与单向汶川波及双向汶川波产生的轴力相比,z 向地震波作用下产生的轴力可以忽略。

表 7-12 锚杆轴力峰值与输入加速度方向关系表 （单位:kW）

监测点	地震波峰值		
	$x、z$	x	z
上锚杆	30.52	27.88	6.19
下锚杆	38.51	38.43	4.67

通过分析在 0.6g 双向汶川波、单向汶川波（x、z）作用下支挡结构的土压力、加速度、位移等值，可以得出在 x、z 双向地震波作用下支挡结构将产生更大的破坏。所以，在考虑地震作用下应考虑水平 x 向，同时还应考虑 z 向地震波的作用。

7.2.3 不同倾角顺层边坡支挡结构的动力响应

为研究顺层边坡坡角变化（20°、30°和 40°）对重力式挡墙＋锚杆框架梁组合支挡结构地震动力响应的影响，下文将通过对 20°、30°和 40°顺层岩质边坡模型分别输入 0.6g 双向汶川波作用来进行比较。

1. 加速度响应

从图 7-33～图 7-36 可知，重力式挡土墙墙顶处加速度峰值放大倍数达到最大，水平加速度放大倍数在 1.5～6.0，竖向加速度放大倍数在 2～6.5。并且随着坡脚增大，加速度放大倍数也呈增大的趋势。框架梁水平加速度放大倍数在 1～2.5，竖向加速度放大倍数在 2～3，沿坡体高度增加而增大。图 7-37～图 7-39 为不同倾角顺层边坡墙顶监测点的加速度时程曲线。

A. 加速度分布规律

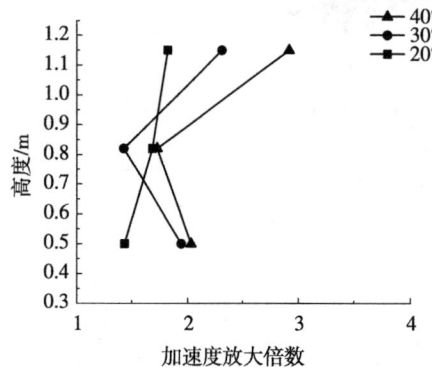

图 7-33 重力式挡墙 x 向加速度放大倍数

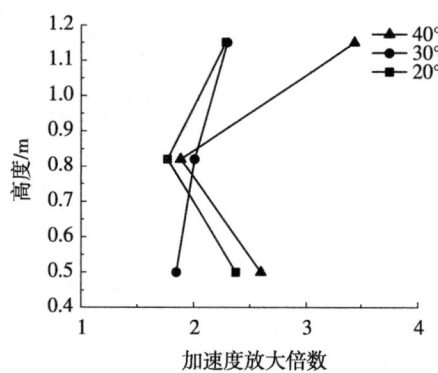

图 7-34 重力式挡墙 z 向加速度放大倍数

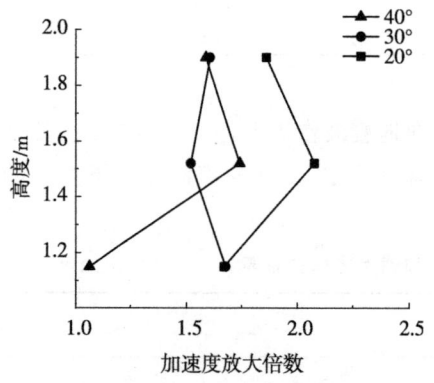

图 7-35 框架梁 x 向加速度放大倍数

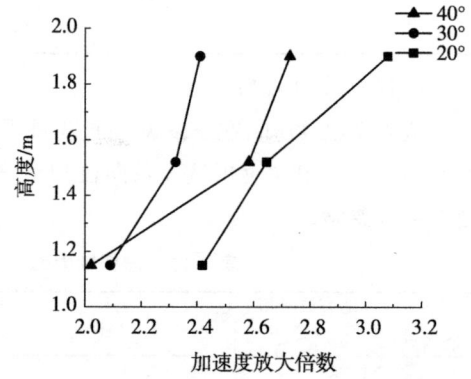

图 7-36 框架纵梁 z 向加速度放大倍数

B. 特殊点加速度时程曲线

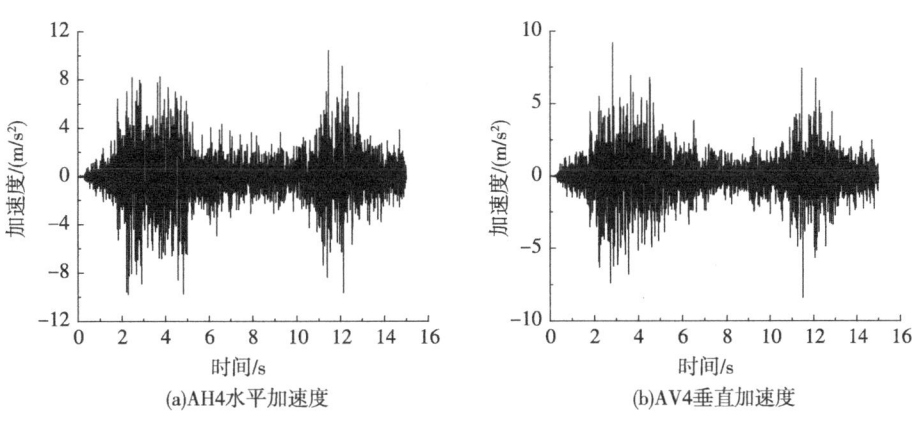

图 7-37　20°顺层边坡特殊点加速度时程曲线

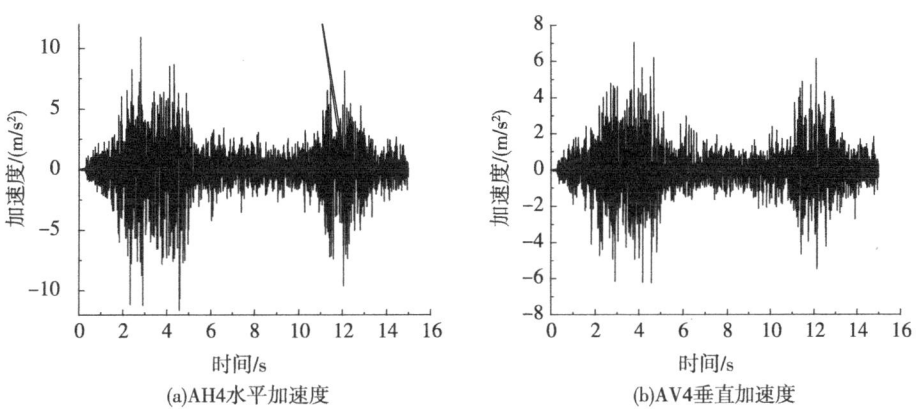

图 7-38　30°顺层边坡特殊点加速度时程曲线

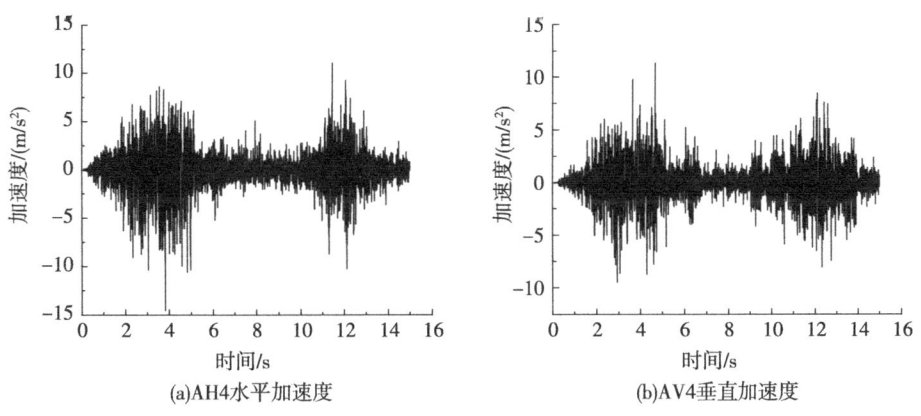

图 7-39　40°顺层边坡特殊点加速度时程曲线

2. 动土压力响应峰值

A. 动土压力峰值分布规律

从图 7-40 可知,不同倾角顺层边坡的重力式挡土墙土压力峰值随着倾角增大而减小,变化规律大致相同。

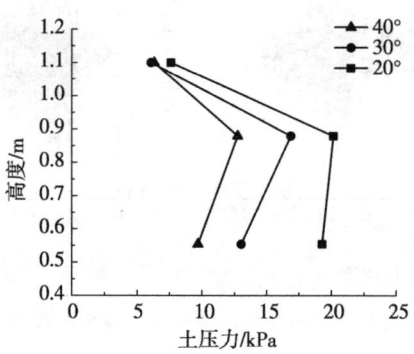

图 7-40 重力式挡墙土压力峰值分布

B. 特殊点土压力时程曲线

图 7-41 为特殊点土压力时程曲线图。

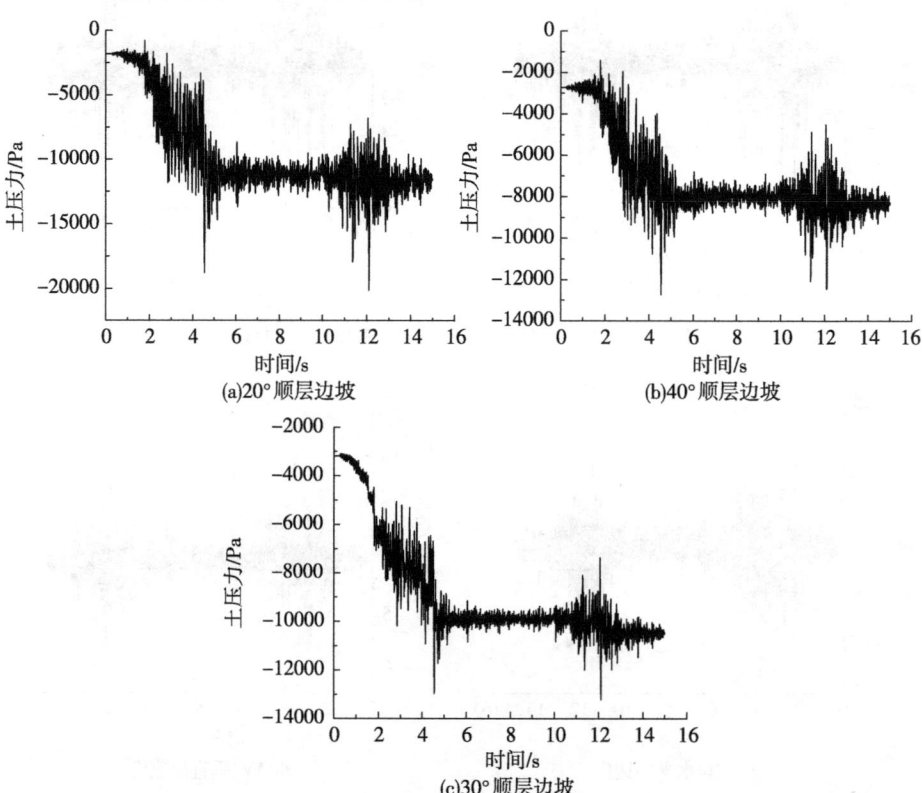

图 7-41 重力式挡土墙中部点(SH2)的土压力时程曲线图

3. 动位移响应峰值

由表 7-13 可知,在 0.6g 双向地震荷载作用下,挡土墙墙顶位移＞墙中位移＞墙底位移。随着顺层边坡倾角的增大,相应的位移峰值也增大。从位移角度考虑可以得出,顺层边坡倾角越大,挡墙越不稳定。

表 7-13 重力式挡土墙水平位移峰值　　　　　(单位:mm)

监测点 顺层倾角	x 向位移		
	墙底	墙中	墙顶
20°	18.18	18.69	19.42
30°	18.23	18.88	19.79
40°	18.26	18.95	19.91

7.3　基覆边坡数值模拟结果分析

7.3.1　基覆边坡第一组振动台试验数值模拟结果分析

1. 水平加速度响应

1) 混凝土基座水平加速度响应

图 7-42 为 0.4g 双向汶川波作用下混凝土基座底部(AH1)、顶部(AH10)监测点水平加速度时程曲线。混凝土基座底端的水平加速度时程曲线与输入地震波保持一致,水平加速度沿高度有明显的放大。

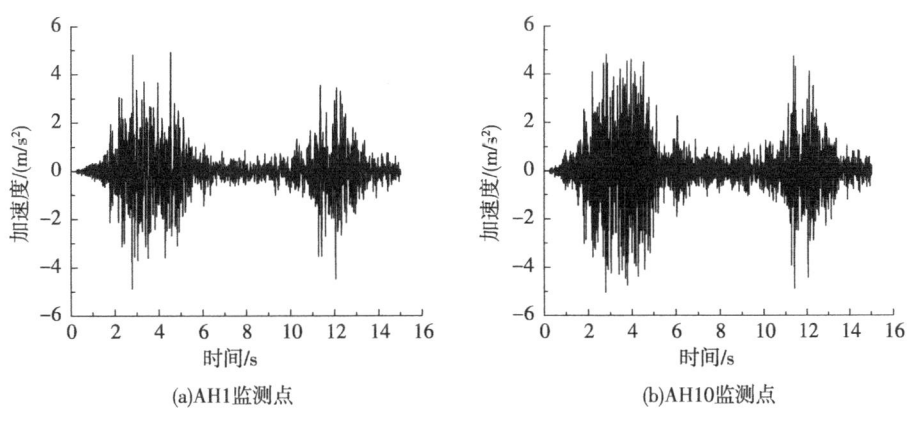

(a) AH1 监测点　　　　　　　　(b) AH10 监测点

图 7-42　混凝土基座水平加速度时程曲线

2) 支挡结构水平加速度

A. 加速度分布规律

从图 7-43 和图 7-44 可知,基覆边坡支挡结构的水平加速度放大倍数随着输入地震波峰值的增加而减小。重力式挡土水平加速度放大倍数沿墙高而明显增大,放大倍数在1.5~6.5。框架梁水平加速度放大倍数沿墙高呈增大趋势,但是并不明显,放大倍数在2.5~6.5。

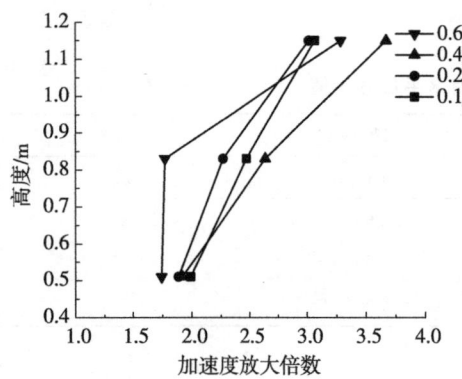

图7-43 重力式挡墙水平加速度放大倍数　　图7-44 框架纵梁水平加速度放大倍数

B. 特殊点加速度时程曲线

图7-45和图7-46为重力式挡墙底端(AH2)与顶端(AH4)的监测点水平加速度响应时程曲线。从图可知,加速度响应时程曲线与输入地震波波形保持一致,顶端监测点的响应要强于底端监测点。

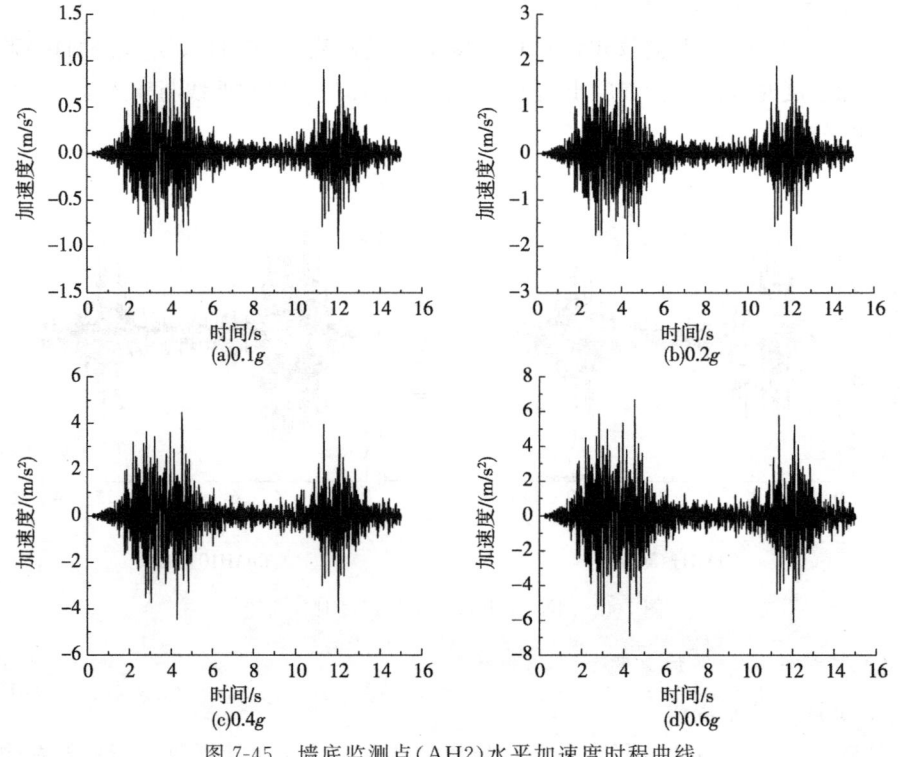

图7-45 墙底监测点(AH2)水平加速度时程曲线

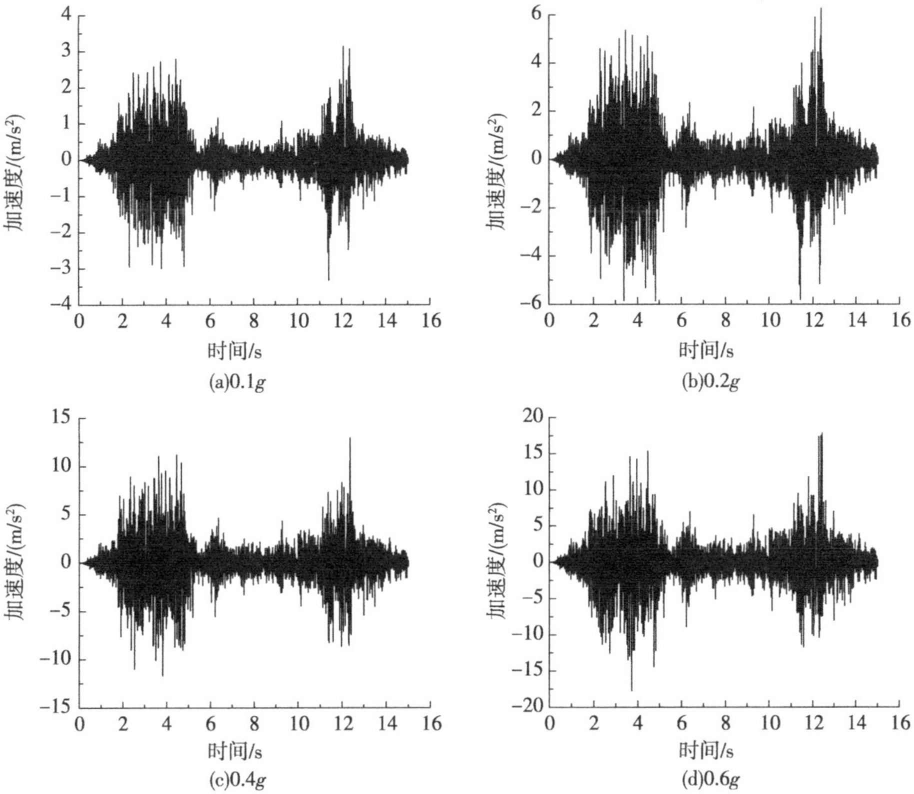

图 7-46 墙顶监测点(AH4)水平加速度时程曲线

2. 竖向加速度响应

1) 混凝土基座竖向加速度响应

图 7-47 为 0.4g 双向汶川波作用下混凝土基座竖向加速度的时程曲线。基座顶

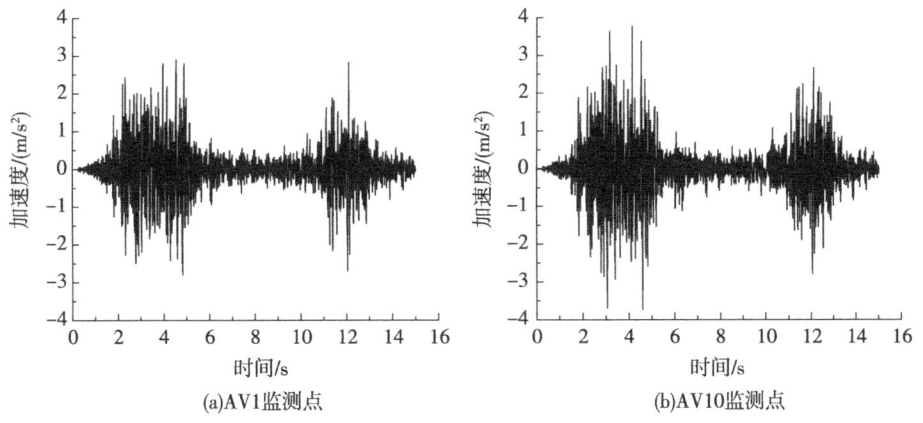

图 7-47 混凝土基座竖向加速度时程曲线

部监测点的竖向加速度峰值要明显大于底部监测点,竖向加速度响应沿墙高增加而明显增大。与图7-42比较,混凝土基座竖向加速度的放大倍数要大于水平加速度放大倍数。

2) 支挡结构竖向加速度

A. 加速度分布规律

从图7-48和图7-49可知,重力式挡墙与框架梁的竖向加速度放大倍数沿墙高的增加而增大。竖向加速度放大倍数随着输入地震波峰值的增加而减小。竖向加速度的放大倍数在2~5。与图7-43和图7-44比较,竖向加速度放大倍数大于水平加速度放大倍数。

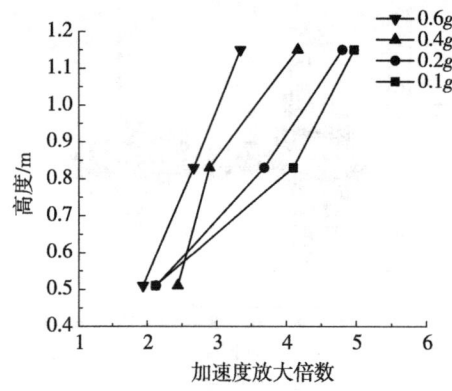

图7-48 重力式挡墙竖向加速度放大倍数　　图7-49 框架纵梁竖向加速度放大倍数

B. 特殊点加速度时程曲线

图7-50和图7-51为重力式挡土墙墙底(AV2)及墙顶(AV4)特殊点加速度响应时程曲线。从图7-50和图7-51可知,竖向加速度响应时程曲线与输入地震波加速度保持一致,沿墙高有着明显放大。

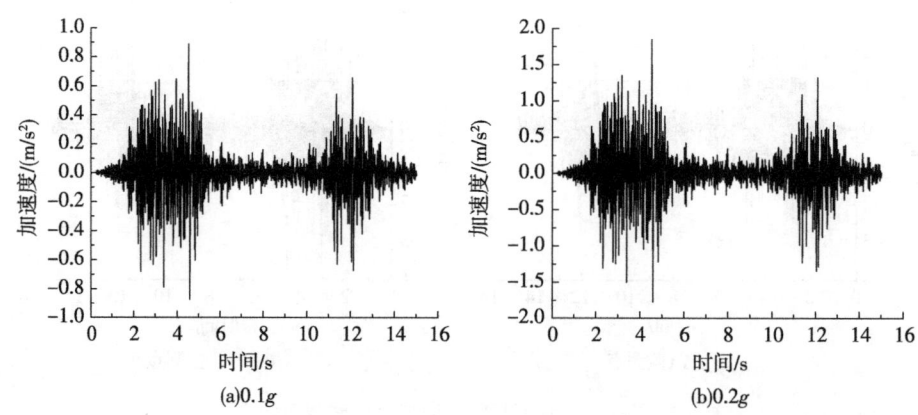

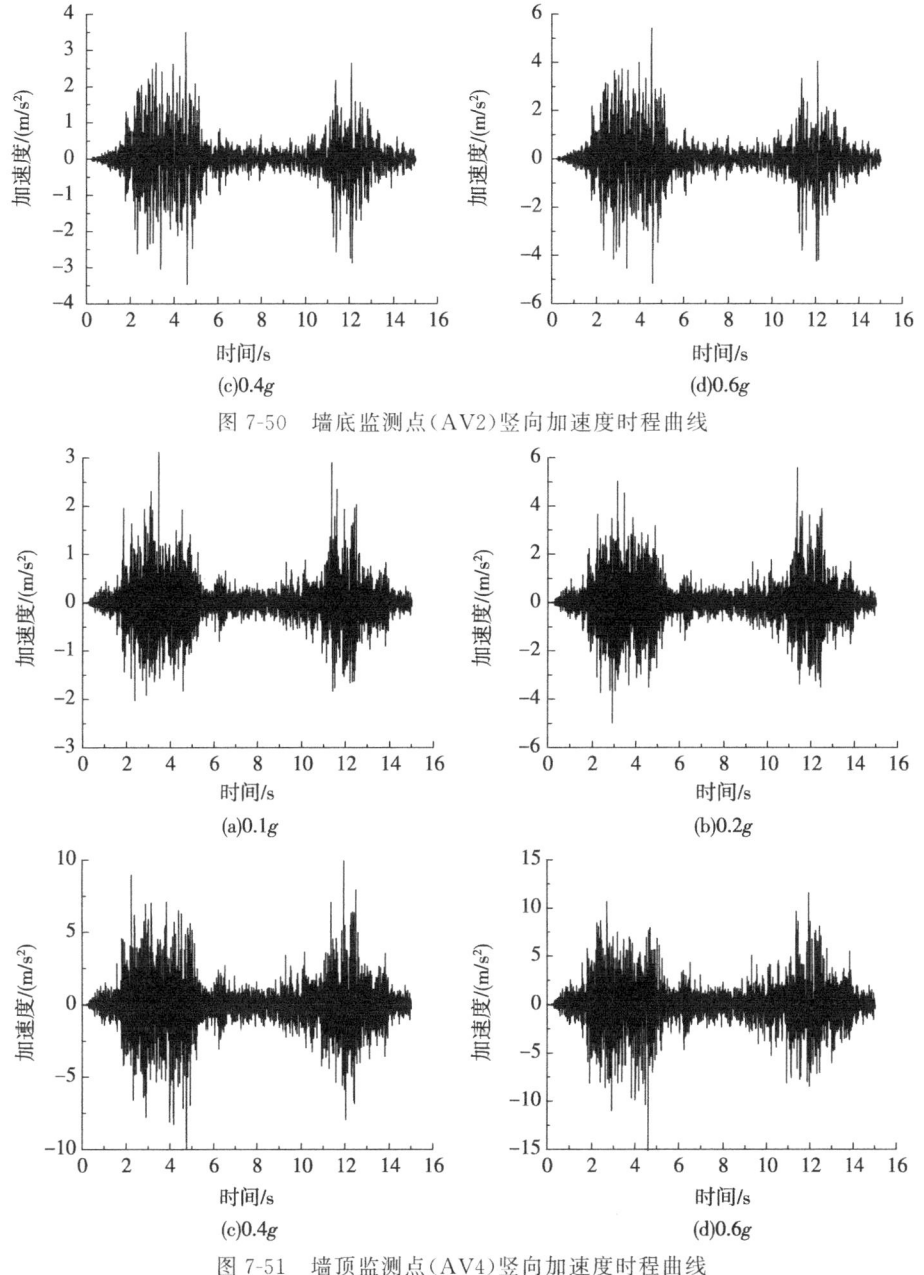

图 7-50 墙底监测点(AV2)竖向加速度时程曲线

图 7-51 墙顶监测点(AV4)竖向加速度时程曲线

3. 动土压力响应峰值

A. 土压力峰值分布规律

从图 7-52 和图 7-53 可知,随着基座输入加速度峰值的增大,地震土压力也增大。0.1g、0.2g 双向地震波作用下并没有明显的土压力峰值,沿墙背近似呈均匀分布;在 0.4g、0.6g 双向地震波作用下,挡墙土压力响应峰值的最大值出现在墙体中部位置。框架梁后坡体与重力式挡土墙墙顶间存在 25cm 的平台,框架梁土压力在墙底达到最大值,而框架梁土压力最小值出现在框架梁墙体 1/2 墙高的位置。

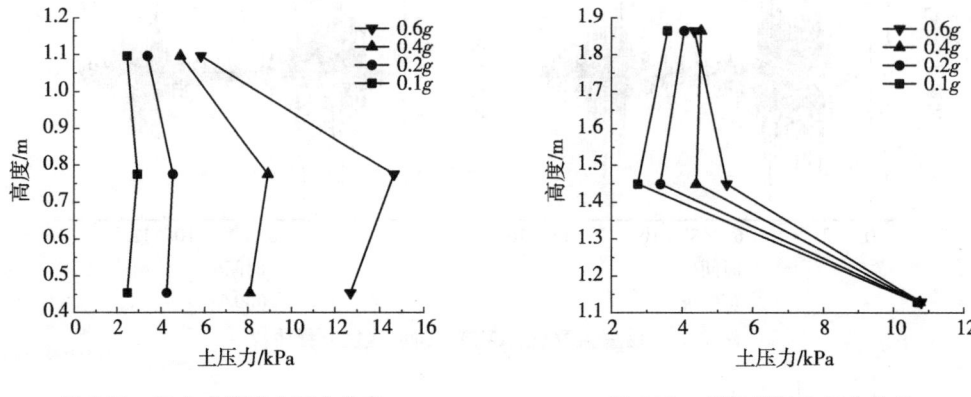

图 7-52　重力式挡墙土压力分布　　　图 7-53　框架纵梁土压力分布

B. 特殊点土压力时程曲线

图 7-54 为重力式挡土墙中部点在不同地震波激励下的土压力响应时程曲线,从图可知,在地震波作用下,重力式挡墙出现残余土压力,输入地震波峰值越大,残余土压力越大。

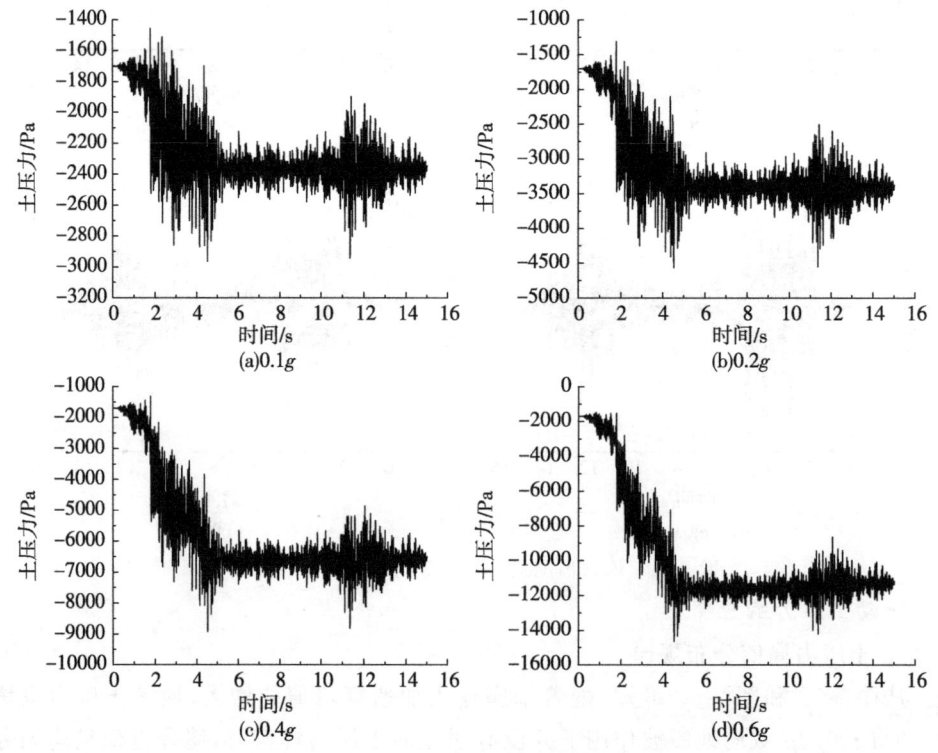

图 7-54　重力式挡土墙中部点(SH2)的土压力时程曲线图

4. 动位移响应峰值

从表 7-14 可知,在输入地震波加速度峰值小的情况下,重力式挡土墙各个监测点的位移峰值相同,以平移为主。随着输入地震波加速度峰值增大,墙顶位移＞墙中位移＞墙底位移,挡土墙可能绕墙脚倾覆。从表 7-15 和表 7-16 可知,对于框架梁水平方向位移,在同一峰值加速度下,框架梁纵梁中点的位移值最小,越往两端位移越大,而横梁各个监测点位移相等,发生整体平移。对于表 7-16 中,0.1g 双向汶川波作用下,位移峰值为负,可能是由于地震作用下,填土变得密实,发生向土体方向的位移。从表 7-17 和表 7-18 可知,对于框架梁竖向位移,在同一峰值加速度下,框架梁纵梁中点的位移值最小,越往两端位移越大,而框架梁横梁在输入加速度峰值小时,各个监测点位移相等,随着输入加速度增大,下横梁监测点的位移要大于上横梁监测点位移。

表 7-14 重力式挡墙水平位移峰值 （单位:mm）

地震波峰值 \ 监测点	墙底	墙中	墙顶
0.1g	6.009	6.035	6.072
0.2g	6.025	6.091	6.185
0.4g	12.07	12.29	12.59
0.6g	18.15	18.63	19.28

表 7-15 框架梁纵梁水平位移峰值 （单位:mm）

地震波峰值 \ 监测点	纵梁下自由点	纵梁下锚固点	纵梁中点	纵梁上锚固点	纵梁上自由点
0.1g	0.58	0.558	0.919	0.545	0.59
0.2g	6.53	2.54	2.22	2.54	6.24
0.4g	9.18	8.64	8.5	8.65	9.00
0.6g	14.92	14.68	14.64	14.73	14.94

表 7-16 框架梁横梁水平位移峰值 （单位:mm）

地震波峰值 \ 监测点	上横梁自由点	上横梁锚固点	下横梁自由点	下横梁锚固点
0.1g	−6.622	−6.647	−6.627	−6.657
0.2g	2.537	2.567	2.537	2.567
0.4g	8.656	8.657	8.657	8.656
0.6g	14.700	14.700	14.700	14.700

表 7-17　框架梁纵梁竖向位移峰值　　　　　　　　　（单位：mm）

地震波峰值＼监测点	纵梁下自由点	纵梁下锚固点	纵梁中点	纵梁上锚固点	纵梁上自由点
0.1g	6.481	2.293	1.913	2.296	6.129
0.2g	6.522	6.035	5.907	6.04	6.351
0.4g	1.802	0.378	0.078	0.394	1.436
0.6g	10.100	9.872	9.821	9.931	10.17

表 7-18　框架梁横梁竖向位移峰值　　　　　　　　　（单位：mm）

地震波峰值＼监测点	上横梁自由点	上横梁锚固点	下横梁自由点	下横梁锚固点
0.1g	2.309	2.296	2.291	2.293
0.2g	6.049	6.040	6.043	6.035
0.4g	0.398	0.394	0.363	0.378
0.6g	9.932	9.931	9.872	9.872

5. 锚杆的动力响应

A. 锚杆轴力峰值分布

由图 7-55 可知，施加预应力锚杆轴向力随着输入加速度峰值增大而增大，几乎呈线性增长。在同一加速度峰值作用下，下锚杆轴向力要大于上锚杆轴向力。

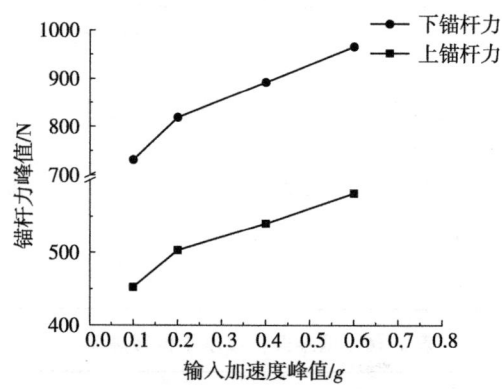

图 7-55　锚杆轴力峰值-加速度关系图

B. 锚杆轴力时程曲线

图 7-56 为锚杆轴向力时程曲线，由图可知，轴力时程曲线在 0.1g、0.2g 双向地震波作用下，起始阶段有个增大的过程，而 0.4g、0.6g 双向地震波作用下，起始阶段反而有个减小的过程，可能是由于输入地震波强度越大，锚杆预应力能有效地平衡地震力。

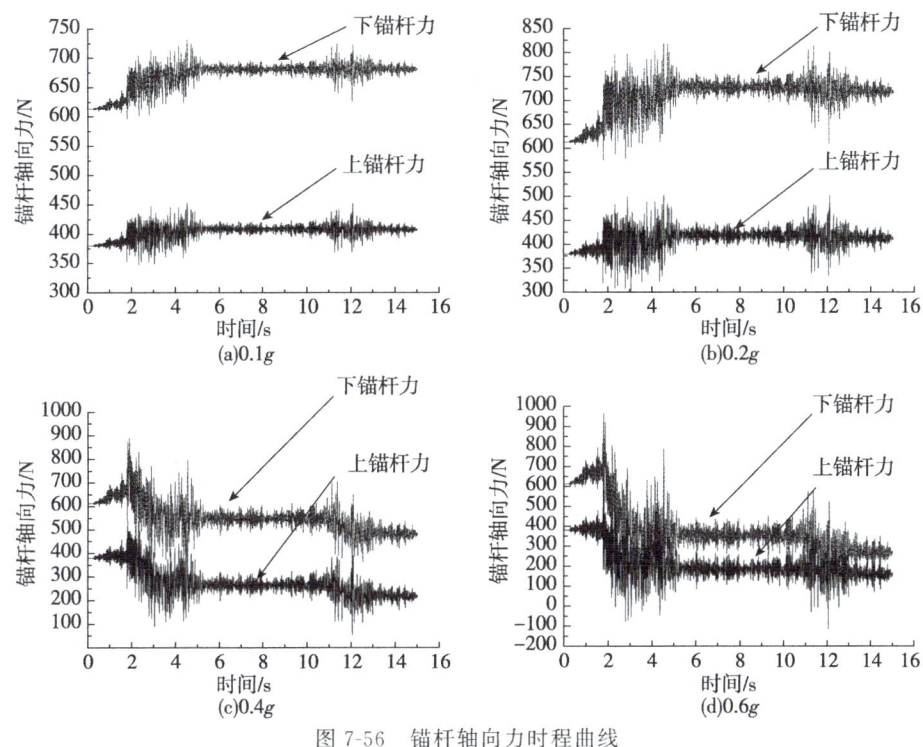

图 7-56 锚杆轴向力时程曲线

7.3.2 基覆边坡第二组振动台试验数值模拟结果分析

1. 加速度响应

1) 混凝土基座加速度响应

基覆边坡(下)桩板式挡土墙+(上)预应力锚索框架梁的混凝土基座加速度响应与第一组试验的响应基本相同,在此不再赘述。图 7-57 和图 7-58 为 0.4g 双向地震波作用下,基座底部(AH1)及顶部(AH10)监测点的加速度响应时程曲线。

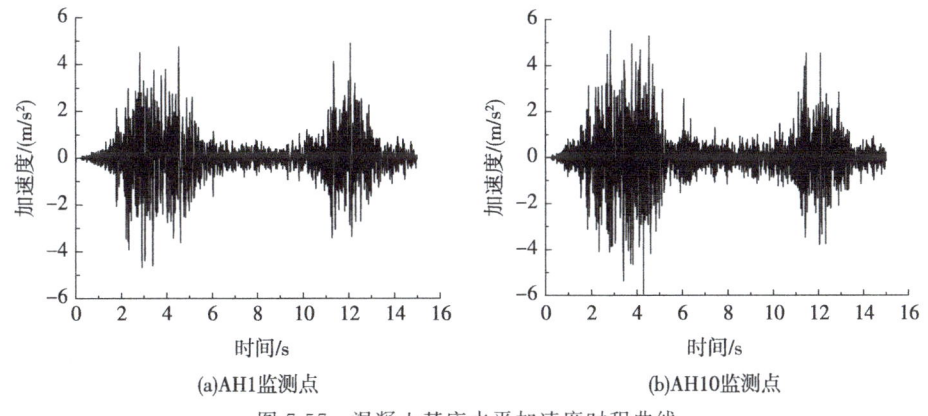

图 7-57 混凝土基座水平加速度时程曲线

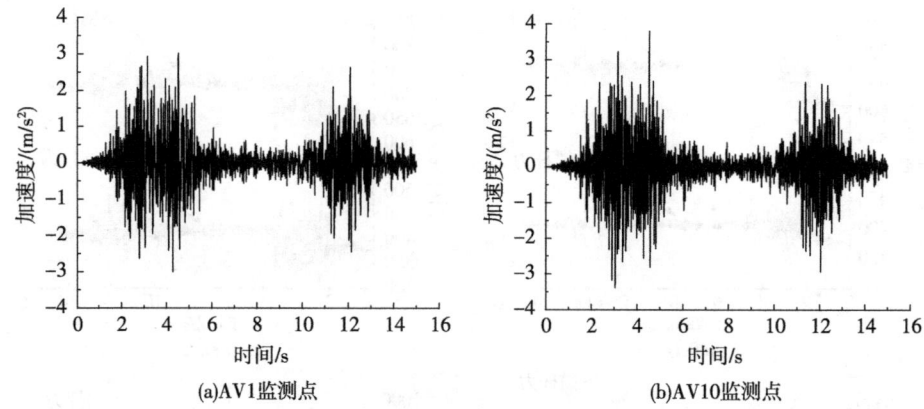

(a)AV1监测点　　　　　　　　　　(b)AV10监测点

图 7-58　混凝土基座竖向加速度时程曲线

2) 支挡结构加速度分布规律

A. 加速度分布规律

从图 7-59～图 7-62 可知,基覆边坡组合支挡结构的加速度放大倍数随着输入地震波加速度峰值的增加而减小。桩板墙水平加速度放大倍数随着墙高的增大而增大,放大倍数在 1.5～2.5(0.1g 桩顶监测点除外)。框架梁水平加速度放大倍数沿墙高呈增大趋势,放大倍数在 2～4。框架梁加速度放大倍数沿墙高的增加而增大,水平加速度放大倍数在 2.5～6,竖向加速度放大倍数在 3～5.5。

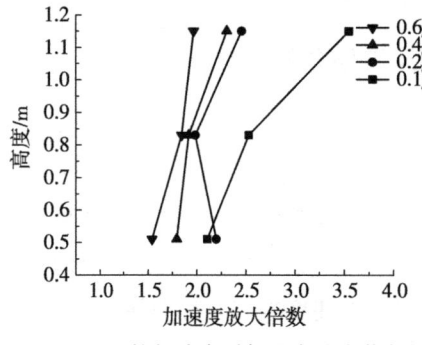

图 7-59　桩板墙水平加速度放大倍数

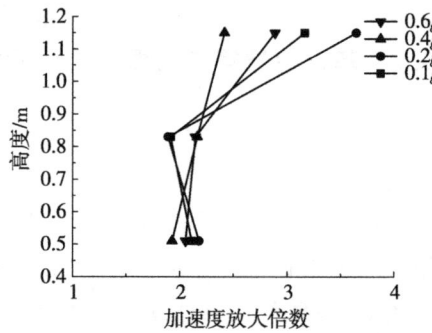

图 7-60　桩板墙竖向加速度放大倍数

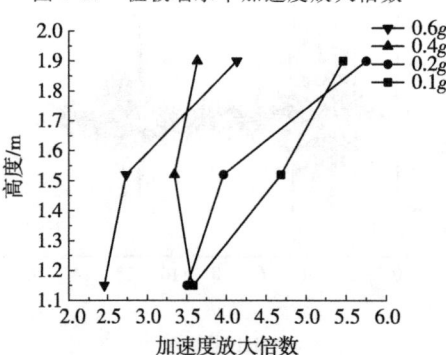

图 7-61　框架梁水平加速度放大倍数

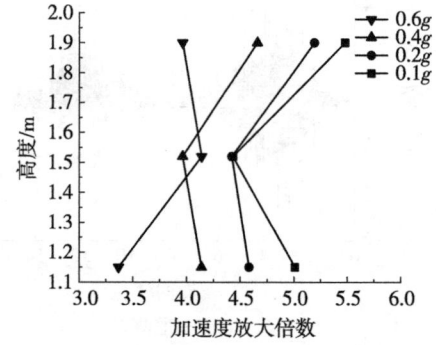

图 7-62　框架梁竖向加速度放大倍数

B. 特殊点加速度时程曲线

图 7-63 和图 7-64 为 0.4g 双向地震波作用下,桩板墙底端与顶端的监测点水平及竖向加速度响应时程曲线。从图可知,加速度响应时程曲线与输入地震波波形保持一致,顶端监测点的响应要强于底端监测点。

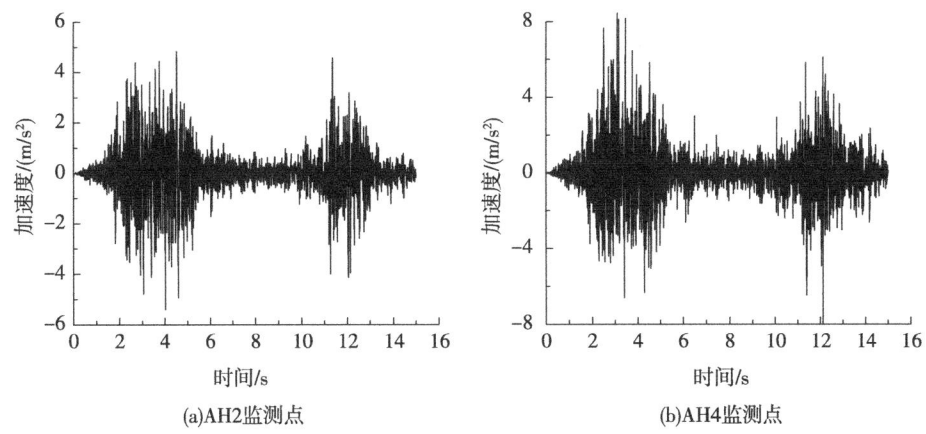

图 7-63 水平加速度时程曲线

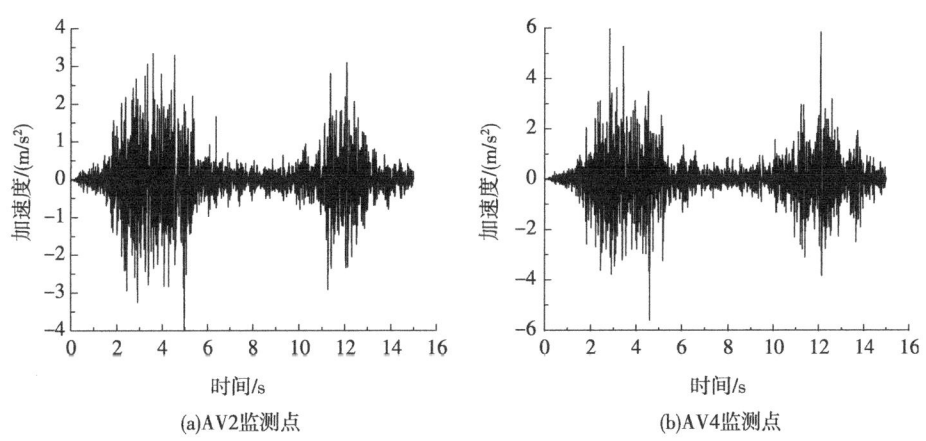

图 7-64 竖向加速度时程曲线

2. 动土压力响应峰值

由图 7-65 和图 7-66 可知,在 0.1g 双向地震波作用下,桩板墙的板结构各监测点处土压力峰值基本相同,土压力沿板高度均匀分布,随着地震波激励强度增加,土压力的分布上小下大,桩板墙板结构最大土压力出现在板底的位置。框架梁土压力在坡脚处也达到最大值,最小值出现在框架梁中部位置。图 7-66 为桩板墙中部监测点在不同强度地震波作用下土压力时程曲线。由图 7-67 可知,桩板墙结构出现残余土压力但是其值并不大。

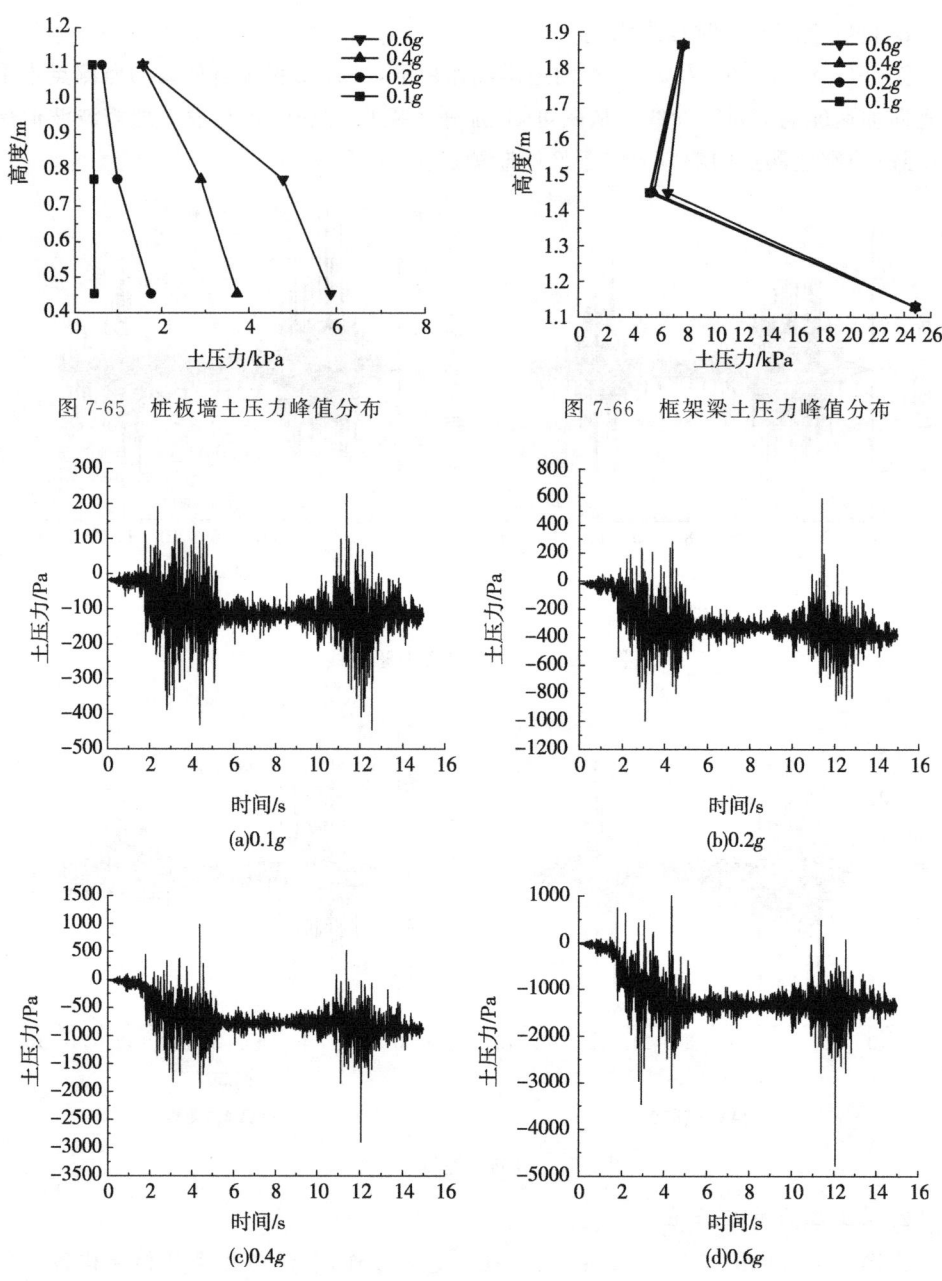

图 7-65 桩板墙土压力峰值分布　　图 7-66 框架梁土压力峰值分布

图 7-67 板中位置土压力时程曲线

3. 动位移响应峰值

从表 7-19 可知,桩身水平方向位移峰值随着输入地震波加速度峰值的增大而增大,随着桩身高度的增加,位移也变大。从表 7-20 可知,对于框架梁纵梁水平方向位移,在同一峰值加速度下,框架梁纵梁中点的位移值最小,越往两端位移越大。从

表 7-21 可知，在 0.1g 双向地震波作用下，下横梁位移峰值要小于上横梁，在 0.2g、0.4g 及 0.6g 双向地震波作用下，横梁各个监测点位移峰值相等，发生整体平移。从表 7-22 可知，双向地震波作用下，对于框架纵梁竖向位移，中点的位移峰值最小，越往两端监测点位移变化越大，0.1g 时监测点位移变化明显，而 0.2g、0.4g 及 0.6g 时位移变化并不明显。从表 7-23 可知，框架梁横梁在输入加速度峰值增大时，各个监测点位移峰值大致相等。

表 7-19 桩身水平位移峰值 （单位：mm）

加速度峰值\监测点	桩底	桩中	桩顶
0.1g	6.00	6.07	6.12
0.2g	6.00	6.20	6.33
0.4g	12.00	12.60	12.97
0.6g	16.01	17.36	18.21

表 7-20 框架梁纵梁水平位移峰值 （单位：mm）

加速度峰值\监测点	纵梁下自由点	纵梁下锚固点	纵梁中点	纵梁上锚固点	纵梁上自由点
0.1g	0.56	0.443	0.46	0.424	0.49
0.2g	6.44	2.60	2.34	2.61	6.22
0.4g	9.13	8.64	8.50	8.62	8.87
0.6g	14.91	14.67	14.63	14.70	14.86

表 7-21 框架梁横梁水平位移峰值 （单位：mm）

加速度峰值\监测点	上横梁自由点	上横梁锚固点	下横梁自由点	下横梁锚固点
0.1g	0.443	0.424	0.343	0.333
0.2g	2.60	2.61	2.67	2.68
0.4g	8.64	8.62	8.67	8.66
0.6g	14.67	14.70	14.71	14.73

表 7-22 框架梁纵梁竖向位移峰值 （单位：mm）

加速度峰值\监测点	纵梁下自由点	纵梁下锚固点	纵梁中点	纵梁上锚固点	纵梁上自由点
0.1g	1.602	0.359	0.0036	0.383	1.348
0.2g	6.467	6.021	5.893	5.993	6.176
0.4g	8.831	8.593	8.028	8.585	8.836
0.6g	9.833	9.593	9.524	9.619	9.788

表 7-23　框架梁横梁竖向位移峰值　　　　　（单位：mm）

加速度峰值 \ 监测点	上横梁自由点	上横梁锚固点	下横梁自由点	下横梁锚固点
0.1g	0.393	0.434	0.359	0.383
0.2g	6.07	6.051	6.021	5.993
0.4g	9.524	9.528	9.593	9.585
0.6g	9.631	9.634	9.593	9.619

4. 锚杆的动力响应

从图 7-68 可知，桩板墙锚杆力峰值随着地震烈度的增加，略有减小，几乎保持不变。上锚杆轴力峰值小于下锚杆轴力峰值。通过基覆边坡施加预应力锚杆与未施加预应力的顺层边坡框架梁锚杆峰值轴力比较，可得出施加预应力可以有效减小锚杆在大震作用下的轴力，大大提高了锚杆框架梁的稳定性。图 7-69 为锚杆力时程曲线。

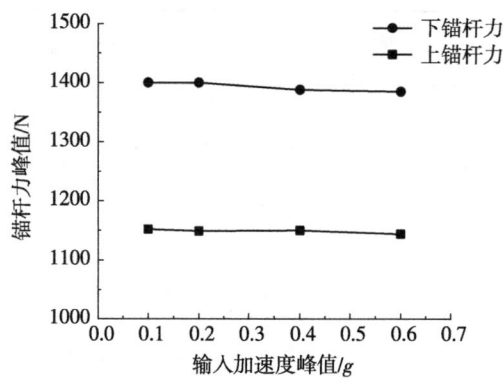

图 7-68　锚杆轴力峰值-加速度关系图

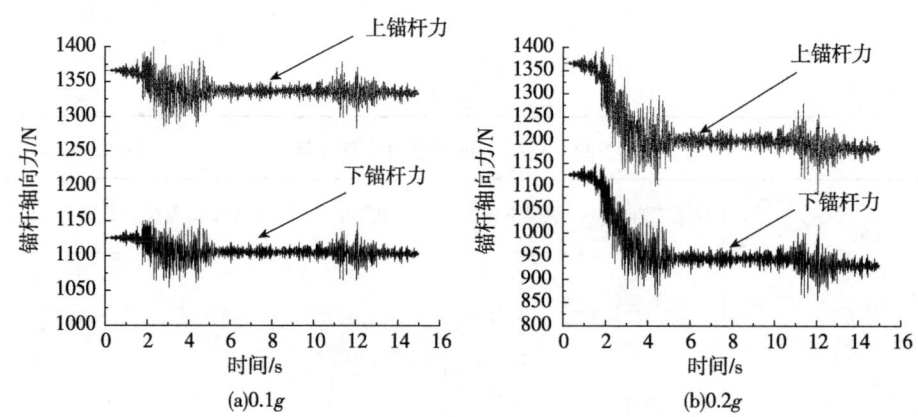

(a) 0.1g　　　　　(b) 0.2g

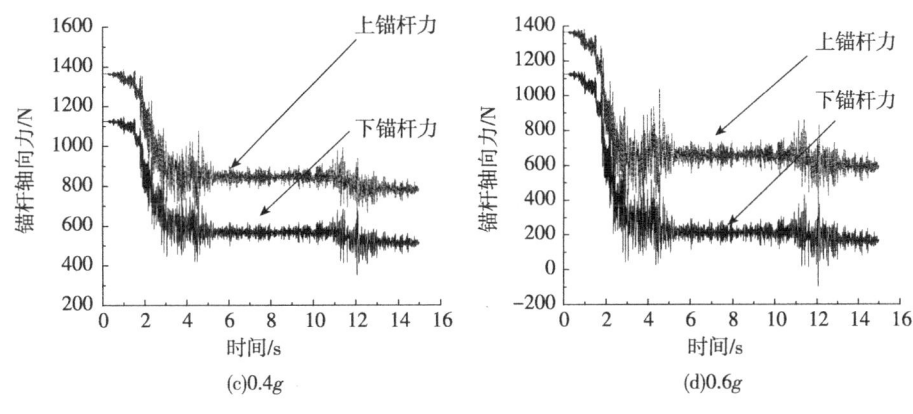

图 7-69 锚杆应力时程曲线图

7.3.3 基覆边坡第三组振动台试验数值模拟结果分析

1. 加速度响应

1) 混凝土基座加速度响应

基覆边坡全坡面预应力锚索框架梁的混凝土基座加速度响应与基覆边坡前两组试验的响应基本相同,在此不再赘述。图 7-70 和图 7-71 为 0.4g 双向地震波作用下,基座底部及顶部监测点的加速度时程曲线。

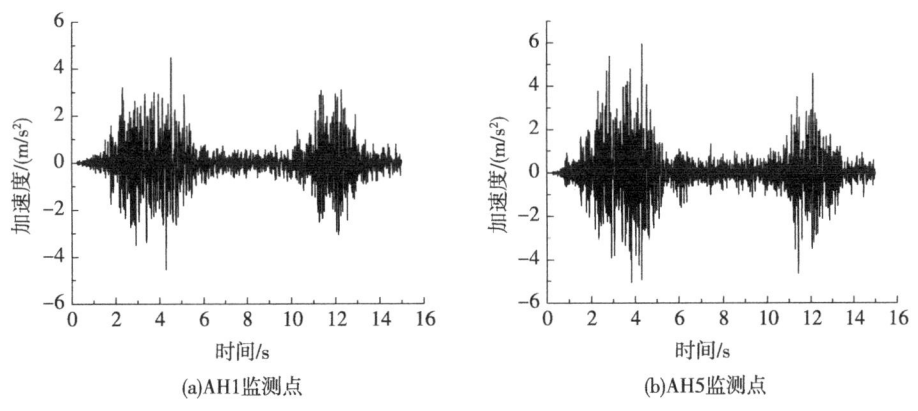

图 7-70 混凝土基座水平加速度时程曲线

2) 加速度分布规律

从图 7-72 和图 7-73 可知,框架梁水平加速度放大倍数在 1～2.5,竖向加速度放大倍数在 1～4,放大倍数随着坡体高度增加而增大。输入地震波加速度峰值越大,放大倍数反而越小。图 7-74 为 0.4g 双向汶川波作用下坡体中点加速度时程曲线,由图可知,竖向加速度的放大倍数要大于水平加速度放大倍数。

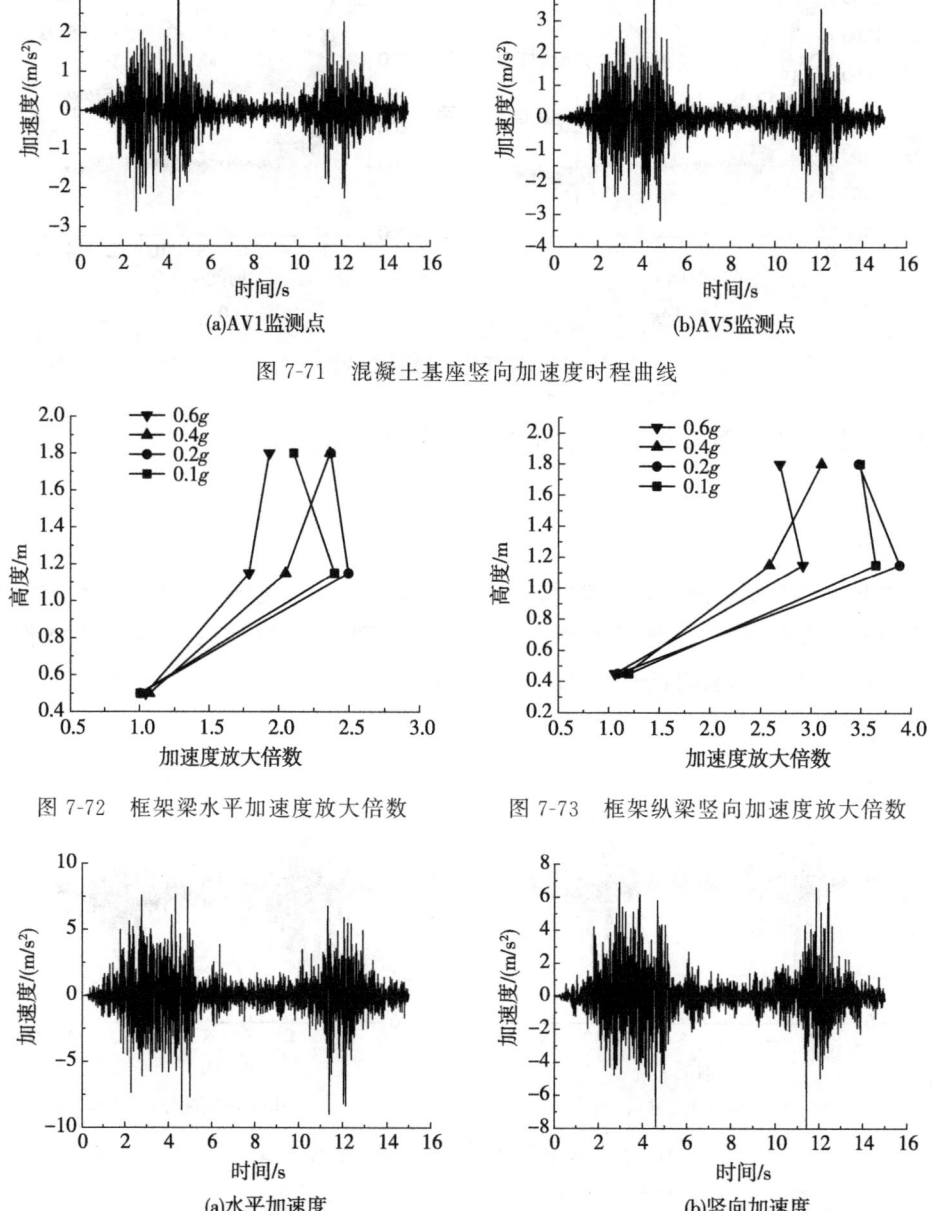

图 7-71　混凝土基座竖向加速度时程曲线

图 7-72　框架梁水平加速度放大倍数

图 7-73　框架纵梁竖向加速度放大倍数

图 7-74　坡体中点加速度时程曲线

2. 动土压力响应峰值

由图 7-75 可知,全坡面预应力锚索框架梁动土压力峰值沿墙背分布呈两端小、中间大的特点,土压力最大值出现在墙体中间位置。随着输入地震波加速度峰值增大,土压力也增大。与基覆边坡前两组试验框架梁动土压力分布比较,坡面预应力锚索框架梁产生的土压力小。图 7-76 为框架梁中点处动土压力时程曲线。

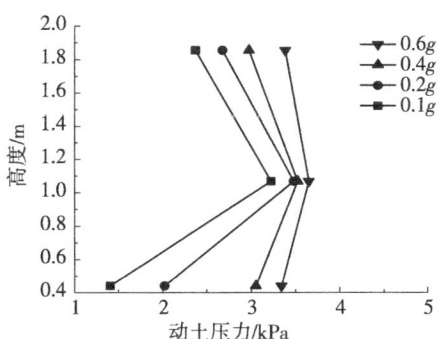

图 7-75 全坡面框架梁动土压力峰值分布

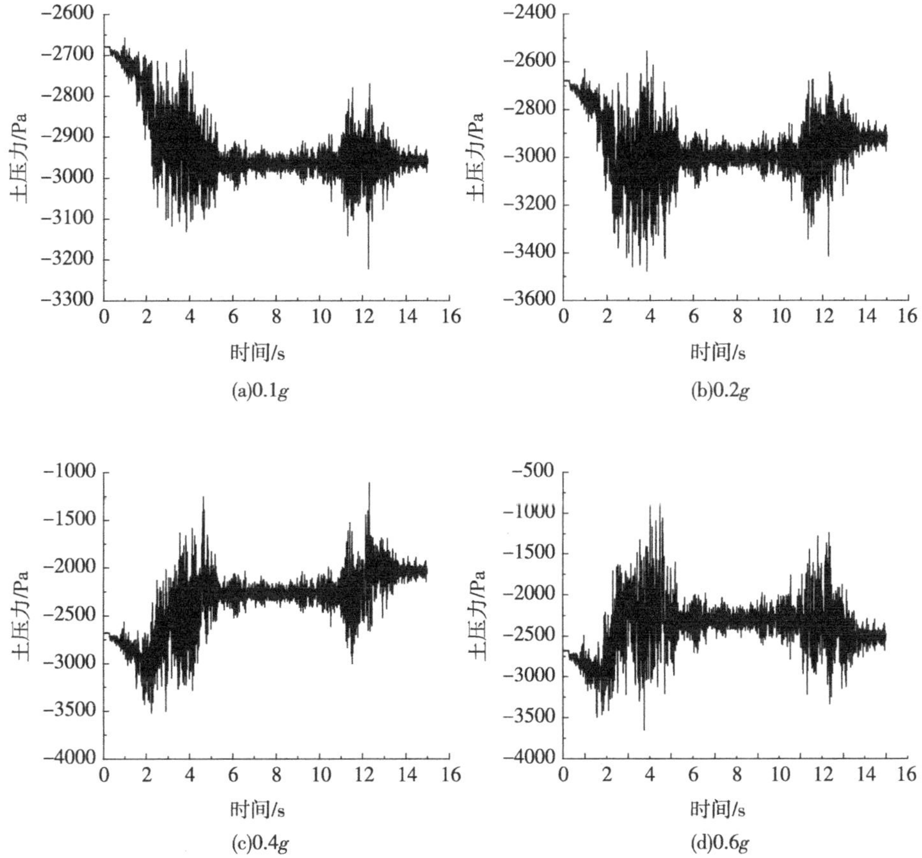

图 7-76 框架梁中点处动土压力时程曲线

3. 动位移响应峰值

从表 7-24 可知，框架梁纵梁下端水平位移要大于纵梁上端位移，锚固点的位移要小于两端自由点的位移。

表 7-24　框架梁纵梁水平位移峰值　　　　　　　　　（单位：mm）

监测点 加速度峰值	纵梁 下端点	纵梁下 锚固点	纵梁 自由点	纵梁中 锚固点	纵梁 中自由点	纵梁 上锚固点	纵梁 上端点
0.1g	6.00	2.90	2.94	2.86	2.90	2.84	2.96
0.2g	6.00	5.91	5.94	5.87	5.89	5.84	5.94
0.4g	11.99	11.93	11.94	11.87	11.84	11.80	11.92
0.6g	18.19	18.10	18.11	17.90	17.73	17.66	17.77

从表 7-25 可知，随着输入地震波加速度峰值增大，框架梁横梁水平方向位移峰值增大。在同一地震波作用下，框架梁下横梁、中横梁和上横梁水平方向的位移峰值依次减小，同一横梁自由点和锚固点的位移峰值相等。

表 7-25　框架梁横梁水平位移峰值　　　　　　　　　（单位：mm）

监测点 加速度峰值	下横梁 锚固点	下横梁 自由点	中横梁 锚固点	中横梁 自由点	上横梁 锚固点	上横梁 自由点
0.1g	2.9	2.91	2.86	2.87	2.84	2.85
0.2g	5.91	5.91	5.87	5.88	5.84	5.85
0.4g	11.93	11.95	11.87	11.89	11.80	11.81
0.6g	18.10	18.13	17.90	17.93	17.66	17.66

从表 7-26 可知，框架梁纵梁下端竖向位移要大于纵梁上端位移，锚固点的位移要小于两端自由点的位移。

表 7-26　框架梁纵梁竖向位移峰值　　　　　　　　　（单位：mm）

监测点 加速度峰值	纵梁 下端点	纵梁 下锚固点	纵梁 中自由点	纵梁 中锚固点	纵梁 中自由点	纵梁 上锚固点	纵梁 上端点
0.1g	2.054	1.93	1.966	1.865	1.906	1.83	1.973
0.2g	4.078	6.961	6.991	6.888	6.897	6.843	6.968
0.4g	8.387	8.27	8.268	8.033	7.857	7.77	7.902
0.6g	12.87	12.61	12.71	12.37	11.92	11.51	11.25

从表 7-27 可知，随着输入地震波加速度峰值增大，框架梁横梁竖向位移峰值增大。在同一地震波作用下，框架梁下横梁、中横梁和上横梁水平位移峰值依次减小，同一横梁自由点和锚固点的位移峰值相等。

表 7-27　框架梁横梁竖向位移峰值　　　　　　　（单位：mm）

加速度峰值 \ 监测点	下横梁锚固点	下横梁自由点	中横梁锚固点	中横梁自由点	上横梁锚固点	上横梁自由点
0.1g	1.93	1.933	1.865	1.861	1.83	1.826
0.2g	6.96	6.961	6.888	6.882	6.843	6.844
0.4g	8.27	8.289	8.033	8.043	7.77	7.772
0.6g	12.61	12.65	12.37	12.41	11.51	11.51

4. 锚杆的动力响应

从图 7-77 可以看出,随着输入加速度峰值增大,下锚杆轴力峰值几乎维持不变,而上、中锚杆轴力随着加速度峰值增大而增大,中锚杆轴力大于上锚杆轴力。图 7-78 为中间锚杆轴力时程曲线。

A. 锚杆轴力峰值分布

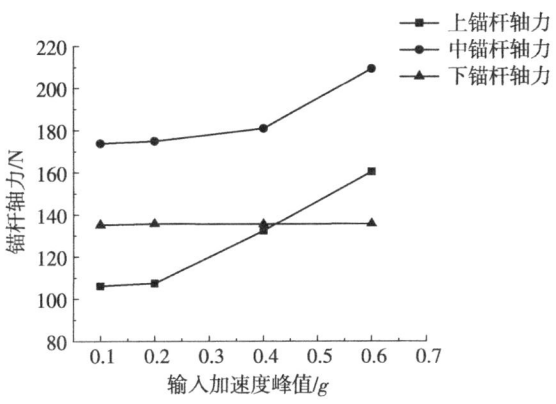

图 7-77　锚杆轴力峰值-加速度关系图

B. 锚杆轴力时程曲线

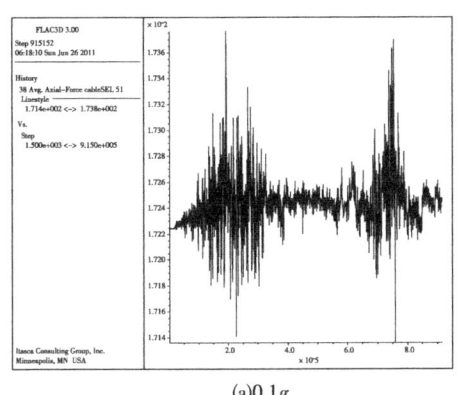
(a)0.1g

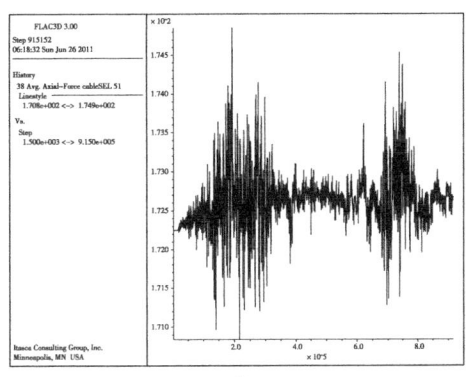
(b)0.2g

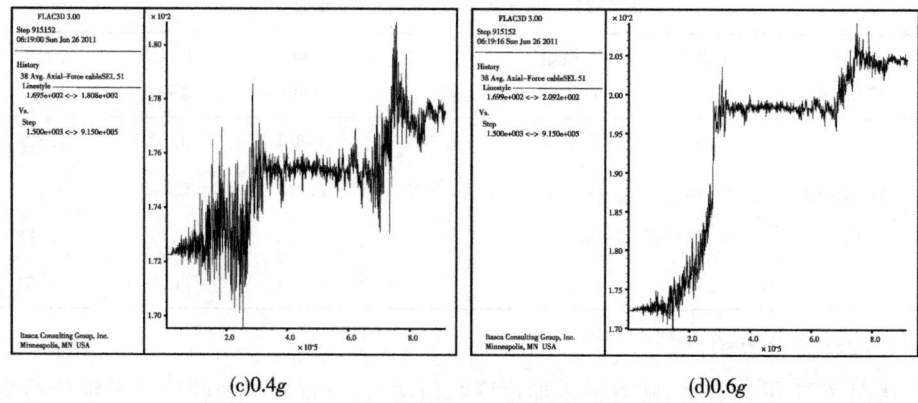

(c)0.4g (d)0.6g

图 7-78 中间锚杆轴力时程曲线

参 考 文 献

[1] 陈育民,徐鼎平. FLAC/FLAC3D 基础与工程实例. 北京:中国水利水电出版社,2009.
[2] Kuhlemeyer R L,Lysmer J. Finite element method accuracy for wave propagation problems. Journal of Soil Mechanics & Foundation Division,ASCE,1973,99(SM5):421-427.

第8章 多级支挡结构地震土压力的极限分析

8.1 概 述

在挡土墙的抗震设计中,由于需要考虑地震惯性力的影响,确定地震土压力仍是首先需要解决的重要问题,无疑比静力条件下更具挑战性,所以引起了国内外众多学者的关注,以及长期和大量的研究,它也因此成为岩土工程中的前沿课题和热点课题之一。

自从 M-O 理论提出后,拟静力法在确定地震土压力方面得到了广泛应用。拟静力法的基本思想是将地震动力效应简化为水平向和竖向惯性力系,作为拟静力作用在研究对象上,用静力方法近似解决地震动力问题。在此基础上,有学者提出了拟动力法[1-16],有学者又引入了水平层分析法[17-27]、特征线法[28-30]和极限分析法[31-34]等,这些研究成果为确定地震土压力及其分布提供了多种途径,但这些研究却较少涉及多级边坡支挡结构的地震土压力计算问题。

在边坡的多级支护中,如上级挡土墙为锚杆挡土墙,上级墙与土体的共同作用会减少土压力对下级墙的影响,这种影响的定量分析与计算,目前还没有完善的理论计算方法,实践中主要采用经典土压力理论进行近似计算。为此,本章基于拟静力法的思想,引入塑性极限分析上限定理,探讨多级支挡结构的地震土压力计算方法,为支挡结构抗震设计提供新的思路和途径。

8.2 塑性极限分析上限定理

在一个确定的荷载条件下,寻找一个应力场 σ_{ij}、相应的位移场 u_i 以及应变场 ε_{ij},使得同时满足静力平衡、变形协调和屈服准则等条件,这些条件以张量形式表达,分别见式(8-1)~式(8-3)[35]。

$$\sigma_{ij} = X_i, \quad \sigma_{ij} n_j = T_i \tag{8-1}$$

$$\varepsilon_{ij} = \frac{u_{i,j} + u_{j,i}}{2} \tag{8-2}$$

$$f(\sigma_{ij}) \leqslant 0 \tag{8-3}$$

式中,X_i 为体积力;T_i 为作用于表面 S 的边界力;n_j 为 S 面法线的方向导数。

相应任一协调的位移率场 $\dot{u}$,虚功原理表达的静力平衡条件如下:

$$\int_S T_i \dot{u}_i \mathrm{d}S + \int_V X_i \dot{u}_i \mathrm{d}V = \int_V \sigma_{ij} \dot{u}_{i,j} \mathrm{d}V \tag{8-4}$$

经典极限分析理论回避了工程实践中难以确定的岩土体本构关系,而直接采用线性摩尔-库仑准则,即

$$f(\sigma_{ij}) = \tau - (\sigma_n \tan\varphi + c) \leqslant 0 \tag{8-5}$$

式中,τ 和 σ_n 分别为破坏面上的剪应力和法向应力;c 和 φ 为岩土体抗剪强度参数。

上限定理通过构筑一个处于塑性区 Ω^* 和破坏面 Γ^* 上的协调塑性位移场 u_{ij}^*,认为:如满足式(8-4),以及式(8-5)的等式条件,通过能量平衡条件所确定的外荷载 T^*,一定比相应真实塑性区 Ω 的外荷载 T 大。此时,弹性变形比塑性变形小得多,u 则为塑性变形。塑性极限分析上限定理也就是在许多可能的破坏机构中寻找一个使 T^* 最小的临界破坏机构。

由于塑性极限分析上限定理将土体理想化为刚塑性体,所以式(8-4)右端的内能耗散功率仅为沿破坏面 Γ^* 上的内能耗散功率,通过构筑运动许可的速度场界定真实解的上限,从而限定真实解的严格范围[36],其突出优点是,当速度间断面与实际发生的破坏面越一致,所选用的相容速度场与实际破坏模式越接近时,越接近真实解的上限解。因此,其关键是构造机动许可的速度场或滑动机构,并计算该机动许可速度场所对应的外力功率和内能耗散功率。并且认为,对于一个处于极限状态的边坡,假定坡体内存在一个各点都达到屈服的塑性区,且服从摩尔-库仑破坏准则,若内能耗散功率与外力功率相等,在所有与机动容许塑性变形速度场相对应的荷载中,极限荷载最小,破坏速度场则为与最小荷载对应的机动容许速度场,通过虚功原理可以找到该最小极限荷载的上限。

当土体处于塑性流动或剪切滑动状态时,滑动面上任一点处的应变速度矢量与该点处的滑动线成 φ 角,为此建立如图 8-1 所示的机动许可速度场。

在求解地震土压力时,破坏面一般可采用平面、圆弧面、对数螺旋面和组合破坏面等。研究表明[37],对数螺旋线破坏面往往与实际发生的破坏面相一致,所选用的相容速度场与实际破坏模式相接近,从而越接近真实解的上限解,因而本章采用如图 8-1 所示的对数螺旋线破坏机构。$ABCDEA$ 区域作为刚塑体绕转动中心 O,相对潜在对数螺旋线 AB 面以下的刚体材料,以角速度 Ω 转动。AB 面是一个速度间断面,通过坡趾 B 点,滑动面上任一点处的应变速度矢量与该点处的滑动线成 φ 角。基线 OA 和 OB 的长度、倾角分别为 R_0、θ_0 和 R_h、θ_h,边坡总高度为 H(其中 α_1、α_2 为高度系数)。破坏机构可由 θ_0、θ_h 和 β_i 三个变量确定。$\overline{AE}$ 和 $\overline{CD}$ 的长度分别为 L 和 d。

对数螺旋线方程可用下式表示[36]:

$$R(\theta) = R_0 \cdot e^{(\theta - \theta_0) \cdot \tan\varphi} \tag{8-6}$$

式中,φ 为土的内摩擦角。基线 OB 的长度则为 $R_h = R_0 \cdot e^{(\theta_h - \theta_0) \cdot \tan\varphi}$。

根据图 8-1 中的几何关系,可得到

$$\frac{H}{R_0} = \frac{\sin(\theta_h + \alpha) \cdot e^{(\theta_h - \theta_0) \cdot \tan\varphi} - \sin(\theta_0 + \alpha)}{\cos\alpha - (\alpha_1 \cot\beta_1 + \alpha_2 \cot\beta_2) \cdot \sin\alpha} \tag{8-7}$$

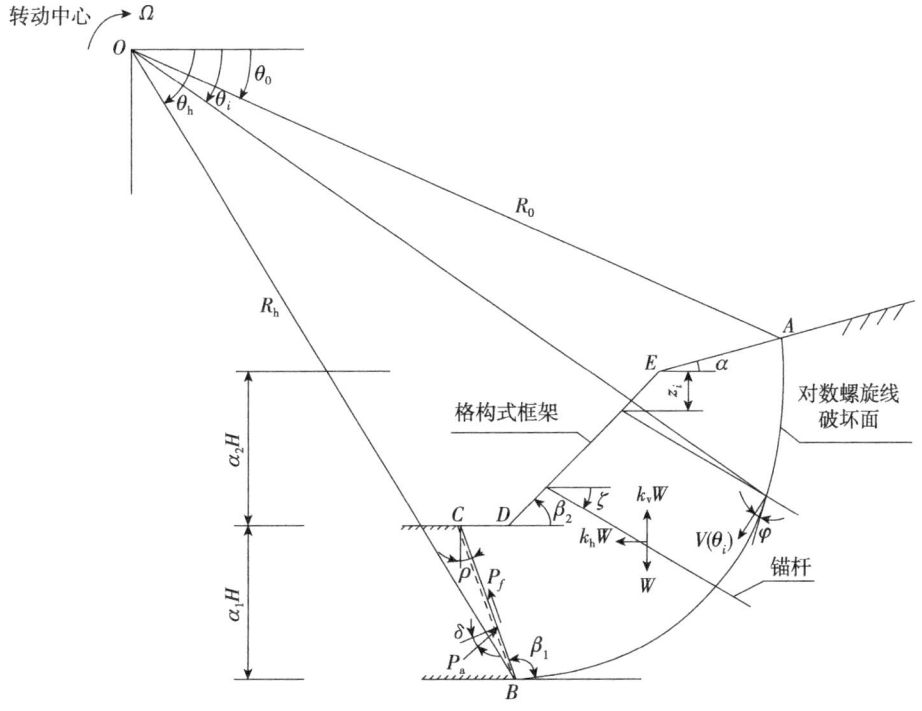

图 8-1 求解地震主动土压力的对数螺旋线破坏机构

$$\frac{L}{R_0} \cdot \cos\alpha = \cos\theta_0 - \cos\theta_h \cdot e^{(\theta_h - \theta_0) \cdot \tan\varphi} - (\alpha_1 \cot\beta_1 + \alpha_2 \cot\beta'_2) \cdot \frac{H}{R_0} \quad (8\text{-}8)$$

式中,β'_2 为 CE 和 CD 的夹角,由 $\cot\beta'_2 = \cot\beta_2 + \dfrac{d}{\alpha_2 H}$ 确定。

参考相关文献[33,38,39],并作以下假定:① 墙后土体为理想刚塑性体,满足相关联流动法则,服从线性摩尔-库仑准则,抗剪强度参数为 c 和 φ;② 支挡结构为刚性结构,墙背与土体的摩擦角为 δ,墙土黏附力为 $P_f = \dfrac{cl\tan\delta}{\tan\varphi}$,其中 l 为墙背的长度;③ 按平面应变问题对地震土压力进行分析,破裂面为对数螺旋线且通过墙趾;④ 岩土材料的抗剪强度参数 c 和 φ 不因地震作用而产生变化,且以拟静力法分析地震效应。

8.3 塑性极限分析能耗计算

图 8-1 为两级支挡结构支护的边坡计算模型,其中上边坡为锚杆挡土墙。外力包括土体重力和地震荷载;内力包括支挡结构平衡土压力所需的抗力,以及滑动面上的黏附力。因此,在使用塑性极限分析上限定理时,应变速度场上的外力功率有:土体重力 W 的功率 $\dot{W}_s$,水平和竖向地震惯性力的功率 $\dot{W}_{k_h}$ 和 $\dot{W}_{k_v}$(其中 k_h 和 k_v 分别为水平和竖向地震力系数)。因而外力的功率为 $\dot{W} = \dot{W}_s + \dot{W}_{k_h} + \dot{W}_{k_v}$。内能耗散功

率则包括：速度间断面上的能量耗散 $\dot{D}_c$,锚杆抗力 T 所做的功率 $\dot{D}_T$,主动土压力 P_a 所做的功率 $\dot{D}_a$ 和墙土黏附力 P_f 的功率 $\dot{D}_f$,因而内能耗散功率为 $\dot{D}=\dot{D}_c+\dot{D}_T+\dot{D}_a+\dot{D}_f$。

8.3.1 外力功率

1. 土体重力功率 $\dot{W}_s$

土体重力功率 $\dot{W}_s$ 是由图 8-1 中刚塑性区 $ABCDE$ 的土体重力所做的外功率,分别求出区域 OAB、OAE、OED、ODC 和 OCB 区域土体重力所做的功率,然后进行叠加,即 $\dot{W}_s=\dot{W}_{OAB}-\dot{W}_{OAE}-\dot{W}_{OED}-\dot{W}_{ODC}-\dot{W}_{OCB}$,由下式计算：

$$\dot{W}_s=\gamma R_0^3 \Omega \cdot (f_1-f_2-f_3-f_4-f_5) \tag{8-9}$$

式中,γ 为土的重度,kN/m^3；$f_1 \sim f_5$ 为关于 (θ_h,θ_0) 的函数,见式(8-10)～式(8-14),其他参数见前述。

$$f_1=\frac{1}{3(1+9\tan^2\varphi)}[(3\tan\varphi\cos\theta_h+\sin\theta_h) \cdot e^{3(\theta_h-\theta_0)\tan\varphi}-(3\tan\varphi\cos\theta_0+\sin\theta_0)] \tag{8-10}$$

$$f_2=\frac{1}{6} \cdot \frac{L}{R_0} \cdot \left(2\cos\theta_0-\frac{L}{R_0} \cdot \cos\alpha\right) \cdot \sin(\theta_0+\alpha) \tag{8-11}$$

$$f_3=\frac{\alpha_2}{3} \cdot \frac{H}{R_0} \cdot \left[\cos^2\theta_0+\left(\frac{L}{R_0}\right)^2 \cdot \left(\cos^2\alpha-\frac{1}{2} \cdot \sin2\alpha\cot\beta_2\right)\right.$$
$$-\frac{L}{R_0} \cdot (2\cos\theta_0\cos\alpha-\cos\theta_0\sin\alpha\cot\beta_2)+\sin\theta_0\cot\beta_2 \cdot \left(\cos\theta_0-\frac{L}{R_0} \cdot \cos\alpha\right)$$
$$\left.-\frac{\alpha_2}{2} \cdot \frac{H}{R_0} \cdot \cot\beta_2 \cdot \left(\cos\theta_0-\frac{L}{R_0} \cdot \cos\alpha+\sin\theta_0\cot\beta_2+\frac{L}{R_0} \cdot \sin\alpha\cot\beta_2\right)\right] \tag{8-12}$$

$$f_4=\frac{1}{3} \cdot \frac{d}{R_0} \cdot \left\{\alpha_2 \cdot \frac{H}{R_0} \cdot \left(\cos\theta_0-\frac{L}{R_0}\cos\alpha-\alpha_2 \cdot \frac{H}{R_0}\cot\beta_2-\sin\theta_0\cot\beta_2-\frac{1}{2} \cdot \frac{d}{R_0}\right)\right.$$
$$-\frac{L}{R_0} \cdot \left[\sin(\theta_0-\alpha)+\frac{1}{2} \cdot \frac{L}{R_0}\sin2\alpha+\frac{1}{2} \cdot \frac{d}{R_0} \cdot \sin\alpha+\frac{H}{R_0} \cdot \alpha_2\sin\alpha\cot\beta_2\right]$$
$$\left.+\frac{1}{2} \cdot \sin2\theta_0-\frac{1}{2} \cdot \frac{d}{R_0} \cdot \sin\theta_0\right\} \tag{8-13}$$

$$f_5=\frac{\alpha_1}{3} \cdot \frac{H}{R_0} \cdot \left[\left(\cos^2\theta_h+\frac{1}{2}\sin2\theta_h\cot\beta_1\right) \cdot e^{2(\theta_h-\theta_0)\tan\varphi}\right.$$
$$\left.+\frac{\alpha_1}{2} \cdot \frac{H}{R_0} \cdot \cot\beta_1 \cdot (\cos\theta_h+\sin\theta_h\cot\beta_1) \cdot e^{(\theta_h-\theta_0)\tan\varphi}\right] \tag{8-14}$$

2. 水平地震力功率 $\dot{W}_{k_h}$

水平地震力功率 $\dot{W}_{k_h}$ 是由图 8-1 中刚塑性土体 $ABCDEA$ 在水平地震力作用下所做的外功率,同样分别求出区域 OAB、OAE、OED、ODC 和 OCB 区域土体重力在水平地震惯性力作用下所做的功率，然后进行叠加，即 $\dot{W}_{k_h} = \dot{W}_{k_h-OAB} - \dot{W}_{k_h-OAE} - \dot{W}_{k_h-OED} - \dot{W}_{k_h-ODC} - \dot{W}_{k_h-OCB}$，由下式计算：

$$\dot{W}_{k_h} = \gamma R_0^3 \Omega \cdot (f_6 - f_7 - f_8 - f_9 - f_{10}) \tag{8-15}$$

式中，$f_6 \sim f_{10}$ 为关于 (θ_h, θ_0) 的函数，见式(8-16)～式(8-20)，其他参数见前述。

$$f_6 = \frac{1}{3(1+9\tan^2\varphi)} [(3\tan\varphi\sin\theta_h - \cos\theta_h) \cdot e^{3(\theta_h-\theta_0)\tan\varphi} - (3\tan\varphi\sin\theta_0 - \cos\theta_0)] \tag{8-16}$$

$$f_7 = \frac{1}{6} \cdot \frac{L}{R_0} \cdot \left(2\sin\theta_0 + \frac{L}{R_0} \cdot \sin\alpha\right) \cdot \sin(\theta_0 + \alpha) \tag{8-17}$$

$$f_8 = \frac{\alpha_2}{3} \cdot \frac{H}{R_0} \cdot \left\{ \cot\beta_2 \sin^2\theta_0 + \frac{1}{2} \cdot \sin2\theta_0 + \left(\frac{L}{R_0}\right)^2 \cdot \left(\cot\beta_2 \sin^2\alpha - \frac{1}{2} \cdot \sin2\alpha\right) \right.$$
$$+ \frac{L}{R_0} \cdot [2\cot\beta_2 \sin\alpha\sin\theta_0 - \sin(\theta_0 - \alpha)]$$
$$\left. + \frac{\alpha_2}{2} \cdot \frac{H}{R_0} \cdot \left(\frac{L}{R_0} \cdot \cot\beta_2 \sin\alpha + \cot\beta_2 \sin\theta_0 + \cos\theta_0 - \frac{L}{R_0} \cdot \cos\alpha\right) \right\} \tag{8-18}$$

$$f_9 = \frac{1}{3} \cdot \frac{d}{R_0} \cdot \left(\alpha_2 \cdot \frac{H}{R_0} + \frac{L}{R_0}\sin\alpha + \sin\theta_0\right)^2 \tag{8-19}$$

$$f_{10} = \frac{\alpha_1}{3} \cdot \frac{H}{R_0} \cdot \left[\sin\theta_h e^{(\theta_h-\theta_0)\cdot\tan\varphi} - \frac{\alpha_1}{2} \cdot \frac{H}{R_0}\right] \cdot (\cos\theta_h + \sin\theta_h \cot\beta_1) \cdot e^{(\theta_h-\theta_0)\cdot\tan\varphi} \tag{8-20}$$

3. 竖向地震力功率 $\dot{W}_{k_v}$

竖向地震力功率 $\dot{W}_{k_v}$ 是由图 8-1 中刚塑性土体 ABCDE 在竖向地震力作用下所做的外功率，由下式计算：

$$\dot{W}_{k_v} = k_v \cdot \gamma R_0^3 \Omega \cdot (f_1 - f_2 - f_3 - f_4 - f_5) \tag{8-21}$$

式中，有关参数同上。

设 $F_1 = f_1 - f_2 - f_3 - f_4 - f_5$，$F_2 = f_6 - f_7 - f_8 - f_9 - f_{10}$，于是得到外力总功率为

$$\dot{W} = \gamma R_0^3 \Omega \cdot [(1-k_v) \cdot F_1 + k_h \cdot F_2] \tag{8-22}$$

8.3.2 内能耗散功率

1. 速度间断面上的能量耗散 $\dot{D}_c$

边坡发生塑性破坏时，可认为刚塑性区 ABCDEA 内局部变形基本一致，其内部不产生功率耗散。假设岩土体服从线性摩尔-库仑屈服准则和相关联流动法则，对于二维平面应变问题，速度间断面 AB 上的能量耗散率 $\dot{D}_c$ 可通过对其能量损耗率的微分沿整个间断面进行积分而得到[36]，即

$$\dot{D}_c = \int_{\theta_0}^{\theta_h} c \cdot V\cos\varphi \cdot \frac{R \cdot d\theta}{\cos\varphi} = \frac{cR_0^2 \Omega}{2\tan\varphi} \cdot [e^{2(\theta_h-\theta_0)\cdot\tan\varphi} - 1] = cR_0^2 \Omega \cdot f_{11} \tag{8-23}$$

式中，c 为土的黏聚力

$$f_{11} = \frac{1}{2\tan\varphi} \cdot [e^{2(\theta_h - \theta_0)\tan\varphi}] \tag{8-24}$$

其他参数见前述。

2. 锚杆抗力功率 $\dot{D}_T$

当边坡在锚杆挡土墙支护下，挡墙承受的土压力通过框架传递给锚杆，由锚杆的抗拔力进行平衡，因此锚杆抗拔力所提供的总抗力 T 所做的功率 $\dot{D}_T$ 按下式计算：

$$\dot{D}_T = R_0 \Omega \cdot \sum_{i=1}^{n} T_i \sin(\theta_i - \zeta) \cdot e^{(\theta_i - \theta_0) \cdot \tan\varphi} \tag{8-25}$$

式中，T_i 为第 i 根锚杆所提供的抗力荷载，kN；θ_i 为第 i 根锚杆所在位置和 O 点的连线与过 O 点水平线的夹角，如图 8-1 所示；ζ 为锚杆的倾角，如图 8-1 所示；其他参数见前述。

θ_i 可通过式(8-28)所确定的 $\dfrac{z_i}{H}$ 进行计算。由图 8-1 可得到以下几何关系：

$$b_i \sin\zeta + z_i + L\sin\alpha + R_0 \sin\theta_0 = R_i \sin\theta_i \tag{8-26}$$

$$d + (\alpha_1 \cot\beta_1 + \alpha_2 \cot\beta_2) \cdot H - z_i \cot\beta_3 + b_i \cos\zeta = R_i \cos\theta_i - R_h \cos\theta_h \tag{8-27}$$

式中，z_i 为第 i 根锚杆在坡面的位置距离坡顶的垂直高度，m。于是得到

$$\begin{aligned}\frac{z_i}{H} \cdot \frac{H}{R_0} \cdot (1 + \cot\beta_2 \tan\zeta) = &\frac{H}{R_0} \cdot (\alpha_1 \cot\beta_1 + \alpha_2 \cot\beta_2) \cdot \tan\zeta \\&+ (\sin\theta_i - \cos\theta_i \tan\zeta) \cdot e^{(\theta_i - \theta_0) \cdot \tan\varphi} \\&+ \cos\theta_h \tan\zeta \cdot e^{(\theta_h - \theta_0) \cdot \tan\varphi} - \sin\theta_0 - \frac{L}{R_0} \cdot \sin\alpha + \frac{d}{R_0} \cdot \tan\zeta\end{aligned} \tag{8-28}$$

式中，b_i 为第 i 根锚杆自由段长度，由式(8-29)确定：

$$b_i = \frac{H}{\sin\zeta} \cdot \left[\left(\frac{H}{R_0}\right)^{-1} \cdot \sin\theta_i \cdot e^{(\theta_i - \theta_0) \cdot \tan\varphi} - \frac{z_i}{H} - \frac{L}{R_0} \cdot \left(\frac{H}{R_0}\right)^{-1} \cdot \sin\alpha - \left(\frac{H}{R_0}\right)^{-1} \cdot \sin\theta_0 \right] \tag{8-29}$$

3. 主动土压力功率 $\dot{D}_a$

假设主动土压力合力作用点在距 B 点 1/3 墙高处[33,37]，该作用点至过点 O 的垂线的水平距离为 $R_h \cos\theta_h + \dfrac{\alpha_1 H \cot\beta_1}{3}$，其重心速度的垂直分量则为 $\left(R_h \cos\theta_h + \dfrac{\alpha_1 H \cot\beta_1}{3}\right) \cdot \Omega$；该点至过点 O 的水平线的垂直距离为 $R_h \sin\theta_h - \dfrac{\alpha_1 H}{3}$，其重心速度的水平分量则为 $\left(R_h \sin\theta_h - \dfrac{\alpha_1 H}{3}\right) \cdot \Omega$。将土压力合力 P_a 分解为水平向分力 $P_{ax} = P_a \sin(\beta_1 + \delta)$ 和竖向分力 $P_{ay} = -P_a \cos(\beta_1 + \delta)$。于是得到 P_a 所做功率 $\dot{D}_a$ 为

$$\dot{D}_a = P_a \sin(\beta_1+\delta) \cdot \left(R_h \sin\theta_h - \frac{\alpha_1 H}{3}\right) \cdot \Omega - P_a \cos(\beta_1+\delta)$$
$$\cdot \left(R_h \cos\theta_h + \frac{\alpha_1 H \cot\beta_1}{3}\right) \cdot \Omega$$
$$= P_a R_0 \Omega \cdot f_{12} \tag{8-30}$$

式中

$$f_{12} = \sin(\beta_1+\delta) \cdot \left[e^{(\theta_h-\theta_0)\tan\varphi}\sin\theta_h - \frac{\alpha_1}{3} \cdot \frac{H}{R_0}\right]$$
$$- \cos(\beta_1+\delta) \cdot \left[e^{(\theta_h-\theta_0)\tan\varphi}\cos\theta_h + \frac{\alpha_1 \cot\beta_1}{3} \cdot \frac{H}{R_0}\right] \tag{8-31}$$

4. 墙土黏附力功率 $\dot{D}_f$

墙土黏附力 $P_f = \frac{cl\tan\delta}{\tan\varphi}$，其水平和竖向分量分别为 $P_{fx} = -\frac{cl\tan\delta}{\tan\varphi} \cdot \cos\beta_1$ 和 $P_{fy} = \frac{cl\tan\delta}{\tan\varphi} \cdot \sin\beta_1$。墙背 BC 重心至过点 O 的垂线的水平距离为 $R_h\cos\theta_h + \frac{\alpha_1 H\cot\beta_1}{2}$，其重心速度的垂直分量则为 $\left(R_h\cos\theta_h + \frac{\alpha_1 H\cot\beta_1}{2}\right) \cdot \Omega$；至过点 O 的水平线的垂直距离为 $R_h\sin\theta_h - \frac{\alpha_1 H}{2}$，其重心速度的水平分量则为 $\left(R_h\sin\theta_h - \frac{\alpha_1 H}{2}\right) \cdot \Omega$。于是得到 P_f 所做功率 $\dot{D}_f$ 为

$$\dot{D}_f = \frac{cl\tan\delta}{\tan\varphi} \cdot \sin\beta_1 \cdot \left(R_h\cos\theta_h + \frac{\alpha_1 H\cot\beta_1}{2}\right) \cdot \Omega$$
$$- \left(-\frac{cl\tan\delta}{\tan\varphi} \cdot \cos\beta_1\right) \cdot \left(R_h\sin\theta_h - \frac{\alpha_1 H}{2}\right) \cdot \Omega$$
$$= cR_0^2\Omega \cdot \frac{\alpha_1 H}{R_0} \cdot \frac{\tan\delta\sin(\theta_h+\beta_1)}{\tan\varphi\sin\beta_1} \cdot e^{(\theta_h-\theta_0)\tan\varphi}$$
$$= cR_0^2\Omega \cdot f_{13} \tag{8-32}$$

式中

$$f_{13} = \frac{H}{R_0} \cdot \frac{\alpha_1 \tan\delta\sin(\theta_h+\beta_1)}{\tan\varphi\sin\beta_1} \cdot e^{(\theta_h-\theta_0)\tan\varphi} \tag{8-33}$$

于是内能耗散总功率为
$$\dot{D} = \dot{D}_c + \dot{D}_T + \dot{D}_a + \dot{D}_f$$
$$= cR_0^2\Omega \cdot f_{11} + R_0\Omega \cdot \sum_{i=1}^{n} T_i \sin(\theta_i-\zeta) \cdot e^{(\theta_i-\theta_0)\cdot\tan\varphi} + P_a R_0\Omega \cdot f_{12} + cR_0^2\Omega \cdot f_{13}$$
$$\tag{8-34}$$

8.4 地震土压力上限解

8.4.1 地震主动土压力上限解

根据外力功率等于内能耗损功率,即 $\dot{W}=\dot{D}$,得到地震主动土压力 P_a 的上限解为

$$P_a = \frac{1}{f_{12}} \cdot \left\{ \gamma R_0^2 \cdot [(1-k_v) \cdot F_1 + k_h \cdot F_2] - cR_0 \cdot (f_{11}+f_{13}) \right.$$
$$\left. - \sum_{i=1}^{n} T_i \sin(\theta_i - \zeta) \cdot e^{(\theta_i-\theta_0) \cdot \tan\varphi} \right\} \tag{8-35}$$

式中,R_0 由式(8-7)确定;其他参数见前述。

式(8-35)为地震作用下主动土压力的目标函数,对其求最大值,则可得到地震主动土压力最大值的下界。

(1) 根据式(8-35),水平地震效应增大主动土压力,而竖向地震效应则减小地震主动土压力。当上挡墙的抗力确定后,对下墙的土压力产生减小效应。因此,多级支护可提高支挡结构的抗震性能。当 $c=0$ 时,式(8-35)则为无黏性土的地震主动土压力计算公式;当 $k_h=k_v=0$ 时,则为静力条件下的主动土压力计算公式;当 $T_i=0$ 时,则为不考虑上墙影响的土压力计算公式,或为墙后土体表面不规则时的主动土压力计算公式,而实践中对该情形的土压力一般采用图解法近似求解。此外,还可考虑边坡上的超载,如建筑物地基作用力、路基车辆荷载等引起的土压力问题。

(2) 当 $\alpha=0,\alpha_2=0$ 且 $\alpha_1=1$ 时,式(8-35)与文献[37]相同;当 $k_h=k_v=0$ 时,则与文献[37]等价。将式(8-35)括号中的第一项和第二项作如下变换:

$$\frac{1}{f_{12}} \cdot \left\{ \gamma R_0^2 \cdot [(1-k_v) \cdot F_1 + k_h \cdot F_2] - cR_0 \cdot (f_{11}+f_{13}) \right\}$$

$$= \frac{1}{2}\gamma(\alpha_1 H)^2 \cdot 2 \cdot \left(\frac{H}{R_0}\right)^{-2} \cdot \frac{[(1-k_v) \cdot F_1 + k_h \cdot F_2] - \frac{c}{\gamma H} \cdot \frac{H}{R_0} \cdot (f_{11}+f_{13})}{\alpha_1^2 f_{12}}$$

令

$$K_a = 2 \cdot \left(\frac{H}{R_0}\right)^{-2} \cdot \frac{[(1-k_v) \cdot F_1 + k_h \cdot F_2] - \frac{c}{\gamma H} \cdot \frac{H}{R_0} \cdot (f_{11}+f_{13})}{\alpha_1^2 f_{12}} \tag{8-36}$$

则 K_a 为黏性土地震主动土压力系数;当 $c=0$ 时则为无黏性土地震主动土压力系数;当 $k_h=k_v=0$ 时,式(8-36)则为静力条件下的主动土压力系数。此外,Yang[33]研究后认为,采用对数螺旋线破坏机构的地震主动土压力解,与改进的朗肯解比较接近,但岩土材料的破坏准则对求解结果影响较大。

(3) 对于岩土体抗剪强度指标 c 和 φ 的取值,则涉及强度破坏准则。在岩土工

程中,经典极限平衡理论和极限分析理论常采用线性摩尔-库仑强度准则[36]。近来,非线性破坏准则[33]、强度折减技术[40]等,也被许多学者广泛采用,并且有学者将两者结合[41]。在下文的地震主动土压力系数影响因素分析和实例分析中,将线性摩尔-库仑强度准则与强度折减技术结合,以分析多级支挡结构的地震土压力问题。

8.4.2 地震被动土压力上限解

1) 破坏机构

在求解地震被动土压力时,采用图 8-2 所示的对数螺旋线破坏机构。对数螺旋线方程见式(8-6),有关几何参数与图 8-1 相同。地震被动土压力 P_p 与墙土黏附力 P_f 的作用点及方向如图 8-2 所示。

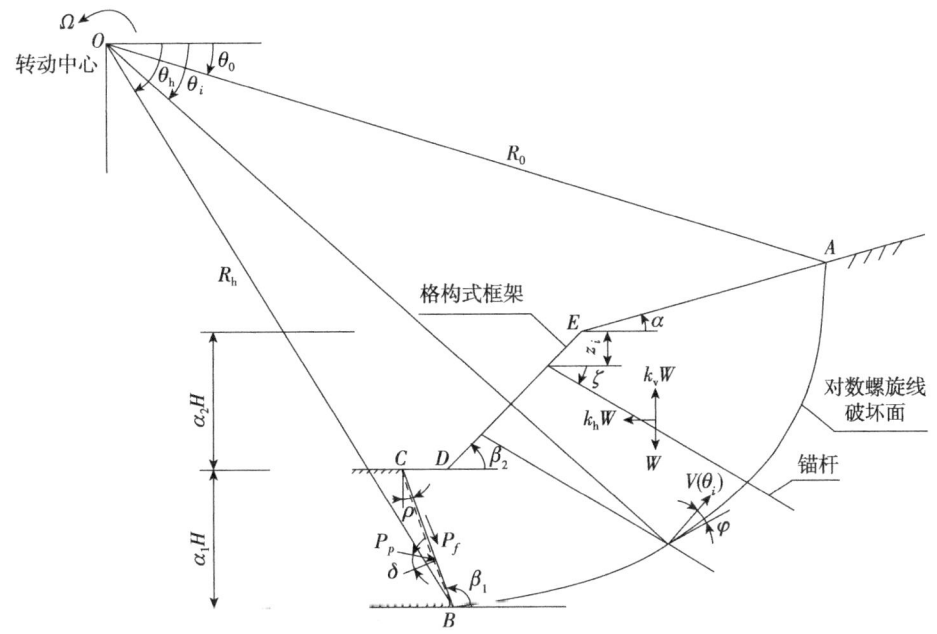

图 8-2 求解地震被动土压力的对数螺旋线破坏机构

2) 外力功率 $\dot{W}$

外力功率仍为土体重力 W 的功率 $\dot{W}_s$,以及水平和竖向地震惯性力的功率 $\dot{W}_{k_h}$ 和 $\dot{W}_{k_v}$。外力总功率为

$$\dot{W} = \gamma R_0^3 \Omega \cdot [(k_v - 1) \cdot F_1 - k_h \cdot F_2] \tag{8-37}$$

式中,有关参数同前述。

3) 内能耗损功率

内能耗散功率包括速度间断面上的能量耗散 $\dot{D}_c$,锚杆抗力 T 所做的功率 $\dot{D}_T$,主动土压力 P_p 所做的功率 $\dot{D}_p$ 和墙土黏附力 P_f 的功率 $\dot{D}_f$,因而内能耗散功率为

$$\dot{D}=\dot{D}_c+\dot{D}_T+\dot{D}_p+\dot{D}_f$$

其中,$\dot{D}_c=cR_0^2\Omega \cdot f_{11}$;$\dot{D}_T=-R_0\Omega \cdot \sum_{i=1}^{n}T_i\sin(\theta_i-\zeta) \cdot e^{(\theta_i-\theta_0) \cdot \tan\varphi}$;$\dot{D}_f=cR_0^2\Omega \cdot f_{13}$。

$\dot{D}_p$ 按下述方法计算。假设被动土压力合力作用点在距 B 点 1/3 墙高处[37,39],将被动土压力合力 P_p 分解为水平向分力 P_{px} 和竖向分力 P_{py},其值分别为 $P_{px}=P_p\sin(\beta_1-\delta)$ 和 $P_{py}=P_p\cos(\beta_1-\delta)$。于是得到 $\dot{D}_p$ 为

$$\begin{aligned}\dot{D}_p &= -P_p\sin(\beta_1-\delta) \cdot \left(R_h\sin\theta_h-\frac{\alpha_1 H}{3}\right) \cdot \Omega + P_p\cos(\beta_1-\delta) \\ &\quad \cdot \left(R_h\cos\theta_h+\frac{\alpha_1 H\cot\beta_1}{3}\right) \cdot \Omega \\ &= P_p R_0 \Omega \cdot f_{14}\end{aligned} \quad (8\text{-}38)$$

式中

$$\begin{aligned}f_{14} &= -\sin(\beta_1-\delta) \cdot \left[e^{(\theta_h-\theta_0)\tan\varphi}\sin\theta_h-\frac{\alpha_1}{3} \cdot \frac{H}{R_0}\right] \\ &\quad + \cos(\beta_1-\delta) \cdot \left[e^{(\theta_h-\theta_0)\tan\varphi}\cos\theta_h+\frac{\alpha_1\cot\beta_1}{3} \cdot \frac{H}{R_0}\right]\end{aligned} \quad (8\text{-}39)$$

4) 地震被动土压力的上限解

根据外力功率等于内能耗损功率,即 $\dot{W}=\dot{D}$,得到地震被动土压力 P_p 的上限解为

$$P_p = \frac{1}{f_{14}} \cdot \left\{\gamma R_0^2 \cdot [(k_v-1) \cdot F_1 - k_h \cdot F_2] - cR_0 \cdot (f_{11}+f_{13}) + \sum_{i=1}^{n}T_i\sin(\theta_i-\zeta) \cdot e^{(\theta_i-\theta_0) \cdot \tan\varphi}\right\} \quad (8\text{-}40)$$

式中,R_0 由式(8-7)确定。

式(8-40)为地震作用下被动土压力的目标函数,对其求最大值,则可得到地震被动土压力最大值的下界。

将式(8-40)括号中的第一项和第二项作如下变换:

$$\frac{1}{f_{14}} \cdot \{\gamma R_0^2 \cdot [(k_v-1) \cdot F_1 - k_h \cdot F_2] - cR_0 \cdot (f_{11}+f_{13})\}$$

$$= \frac{1}{2}\gamma(\alpha_1 H)^2 \cdot 2 \cdot \left(\frac{H}{R_0}\right)^{-2} \cdot \frac{[(1-k_v) \cdot F_1 + k_h \cdot F_2] - \frac{c}{\gamma H} \cdot \frac{H}{R_0} \cdot (f_{11}+f_{13})}{\alpha_1^2 \cdot (-f_{14})}$$

令

$$K_p = 2 \cdot \left(\frac{H}{R_0}\right)^{-2} \cdot \frac{[(1-k_v) \cdot F_1 + k_h \cdot F_2] + \frac{c}{\gamma H} \cdot \frac{H}{R_0} \cdot (f_{11}+f_{13})}{\alpha_1^2 \cdot (-f_{14})} \quad (8\text{-}41)$$

则 K_p 为黏性土地震被动土压力系数;当 $c=0$ 时则为无黏性土地震被动土压力系数;当 $k_h=k_v=0$ 时则为静力条件下的黏性土或无黏性土被动土压力系数。

8.4.3 基于强度折减技术的地震土压力上限解

1) 强度折减技术

在岩土边坡稳定性分析中,Bishop[42]对边坡稳定安全系数的定义,实际上最早提出了强度折减的概念。将岩土体沿滑动面的抗剪强度参数 c 和 φ 按某一比例降低后,边坡沿该滑动面达到极限平衡状态时,这个比例系数即为边坡处于极限平衡状态时的稳定安全系数。强度折减法原理是将整个边坡岩土体的抗剪强度参数 c 和 φ 进行折减,边坡达到临界失稳状态时,岩土材料沿潜在滑动面上各点的强度发挥程度相同,对应的折减系数即为边坡稳定安全系数[43]。此时,岩土材料可能发挥的、能与外荷载所产生的剪应力相平衡的抗剪强度,可由岩土体真实抗剪强度按照某个折减系数进行折减[44],这个折减系数也即工程实践中常用的边坡稳定安全系数 F_s[45-47],也常用于边坡地震稳定性分析中。

本节将边坡稳定安全系数定义为:当边坡沿某一潜在滑裂面上任意点的抗剪强度参数 c 和 φ,按同一比例系数 F_s 折减降低后,则土体沿此滑裂面处达到极限平衡状态[47],即有

$$\tau = c' + \sigma \tan\varphi' = \frac{c}{F_s} + \sigma \cdot \frac{\tan\varphi}{F_s} \tag{8-42}$$

式中

$$c' = \frac{c}{F_s}, \quad \tan\varphi' = \frac{\tan\varphi}{F_s} \tag{8-43}$$

其中,F_s 为边坡稳定安全系数;c、φ 分别为滑裂面土的黏聚力和内摩擦角。

2) 基于强度折减技术的地震主动土压力上限解

在支挡结构抗震设计中,其承受的地震土压力设计值应满足边坡支护后的稳定安全系数。按此原则,将强度折减原理应用于土压力计算中,也就是将滑面抗剪强度参数 c 和 φ,按稳定安全系数进行折减,然后根据极限分析上限定理,计算支挡结构承担的那部分土压力荷载。这样在确定地震土压力时,就将地震土压力计算中的安全系数和边坡稳定安全系数统一起来[47]。

根据式(8-43),式(8-6)的对数螺旋线方程可用下式表示:

$$R(\theta) = R_0 \cdot e^{(\theta - \theta_0) \cdot \frac{\tan\varphi}{F_s}} \tag{8-44}$$

其他公式中有关 c 和 φ 的计算参数,都按式(8-43)中的 c' 和 φ' 进行替代,这样可得到基于强度折减技术的地震主动土压力上限解:

$$P_a = \frac{1}{f_{12}} \cdot \left\{ \gamma R_0^2 \cdot \left[(1-k_v) \cdot F_1 + k_h \cdot F_2\right] \right.$$
$$\left. - c'R_0 \cdot (f_{11} + f_{13}) - \sum_{i=1}^{n} T_i \sin(\theta_i - \zeta) \cdot e^{(\theta_i - \theta_0) \cdot \frac{\tan\varphi}{F_s}} \right\} \tag{8-45}$$

式中,有关参数同前述,地震主动土压力系数计算公式见式(8-36)。

3) 基于强度折减技术的地震被动土压力上限解

同样,可得到基于强度折减技术的地震被动土压力上限解:

$$P_p = \frac{1}{f_{14}} \cdot \left\{ \gamma R_0^2 \cdot [(k_v - 1) \cdot F_1 - k_h \cdot F_2] \right.$$
$$\left. - c'R_0 \cdot (f_{11} + f_{13}) + \sum_{i=1}^{n} T_i \sin(\theta_i - \zeta) \cdot e^{(\theta_i - \theta_0) \cdot \frac{\tan\varphi}{F_s}} \right\} \quad (8\text{-}46)$$

式中,有关参数同前述,地震被动土压力系数计算公式见式(8-41)。

8.5 地震主动土压力系数的影响因素分析

根据式(8-36),研究以下几个因素对地震主动土压力系数的影响,这几个因素包括水平向和竖向地震系数(k_h 和 k_v)、挡墙倾角(ρ)、内摩擦角(φ)、黏聚力(c)和强度折减系数(F_s)等。计算时取 $\alpha = 0, \alpha_1 = 1, \alpha_2 = 0, H = 6\text{m}, \beta_1 = 90° + \rho$。

1) 与现行规范方法的对比分析

取 $c = 0$、$\delta = \frac{\varphi}{3}$ 和 $k_v = 0$,分别按本节方法(计算结果称为上限解)、公路和铁路抗震设计规范[48,49]推荐的库仑理论(计算结果称为库仑解)进行计算,计算结果如表 8-1 和图 8-3~图 8-5 所示。从计算结果来看:①静力条件下,两者计算结果基本一致;②地震条件下,$k_h \leqslant 0.2g$ 时误差较小,$k_h = 0.4g$ 时上限解大于库仑解。

表 8-1 地震主动土压力系数库仑解和上限解

$\rho/(°)$	$\varphi/(°)$	k_h/g							
		0		0.1		0.2		0.4	
		库仑解	上限解	库仑解	上限解	库仑解	上限解	库仑解	上限解
-15	20	0.370	0.380	0.390	0.459	0.411	0.572	0.458	0.971
	25	0.284	0.292	0.301	0.361	0.319	0.451	0.358	0.740
	30	0.216	0.225	0.230	0.280	0.245	0.356	0.278	0.579
	35	0.161	0.170	0.173	0.218	0.186	0.279	0.214	0.459
	40	0.118	0.124	0.128	0.164	0.139	0.217	0.162	0.364
-10	20	0.398	0.404	0.417	0.484	0.438	0.594	0.483	0.999
	25	0.314	0.319	0.330	0.387	0.348	0.476	0.386	0.772
	30	0.245	0.251	0.260	0.309	0.275	0.383	0.308	0.614
	35	0.189	0.193	0.202	0.244	0.215	0.309	0.243	0.495
	40	0.144	0.148	0.154	0.191	0.166	0.247	0.190	0.401

续表

$\rho/(°)$	$\varphi/(°)$	k_h/g							
		0		0.1		0.2		0.4	
		库仑解	上限解	库仑解	上限解	库仑解	上限解	库仑解	上限解
-5	20	0.427	0.430	0.446	0.509	0.466	0.619	0.511	1.033
	25	0.344	0.347	0.361	0.347	0.378	0.507	0.417	0.809
	30	0.276	0.279	0.290	0.279	0.306	0.416	0.339	0.651
	35	0.219	0.221	0.232	0.221	0.245	0.340	0.275	0.533
	40	0.171	0.173	0.183	0.173	0.195	0.276	0.221	0.440
0	20	0.458	0.459	0.477	0.539	0.497	0.651	0.541	1.075
	25	0.377	0.377	0.393	0.447	0.411	0.542	0.450	0.853
	30	0.308	0.309	0.323	0.372	0.339	0.452	0.373	0.696
	35	0.251	0.251	0.264	0.308	0.278	0.378	0.309	0.576
	40	0.202	0.202	0.214	0.251	0.227	0.312	0.254	0.490
5	20	0.492	0.490	0.511	0.572	0.531	0.682	0.574	1.125
	25	0.412	0.410	0.429	0.483	0.447	0.576	0.486	0.901
	30	0.344	0.343	0.359	0.407	0.376	0.489	0.411	0.743
	35	0.286	0.284	0.300	0.340	0.314	0.415	0.346	0.625
	40	0.236	0.235	0.248	0.283	0.262	0.352	0.290	0.532
10	20	0.530	0.529	0.549	0.608	0.568	0.721	0.613	1.187
	25	0.451	0.449	0.468	0.522	0.487	0.616	0.526	0.960
	30	0.384	0.382	0.399	0.448	0.416	0.531	0.452	0.800
	35	0.325	0.322	0.339	0.382	0.355	0.458	0.388	0.681
	40	0.273	0.270	0.287	0.326	0.301	0.395	0.331	0.586
15	20	0.573	0.572	0.591	0.651	0.611	0.766	0.656	1.262
	25	0.495	0.494	0.513	0.565	0.531	0.662	0.572	1.031
	30	0.428	0.427	0.444	0.490	0.461	0.577	0.499	0.869
	35	0.369	0.367	0.384	0.422	0.400	0.507	0.434	0.747
	40	0.316	0.315	0.330	0.360	0.345	0.442	0.378	0.651

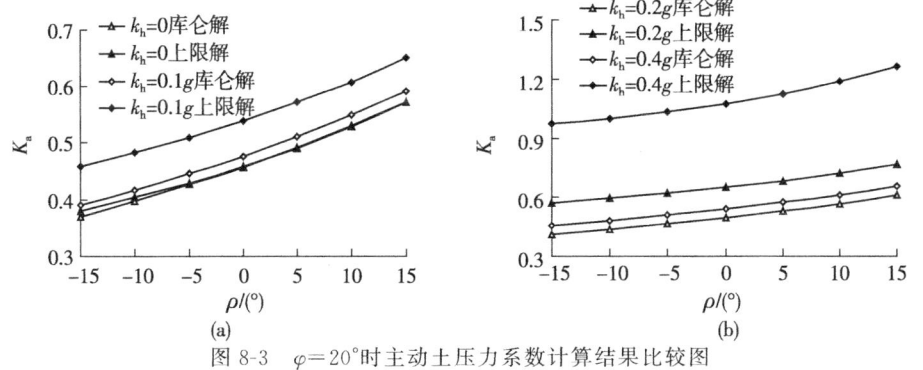

图 8-3 $\varphi=20°$ 时主动土压力系数计算结果比较图

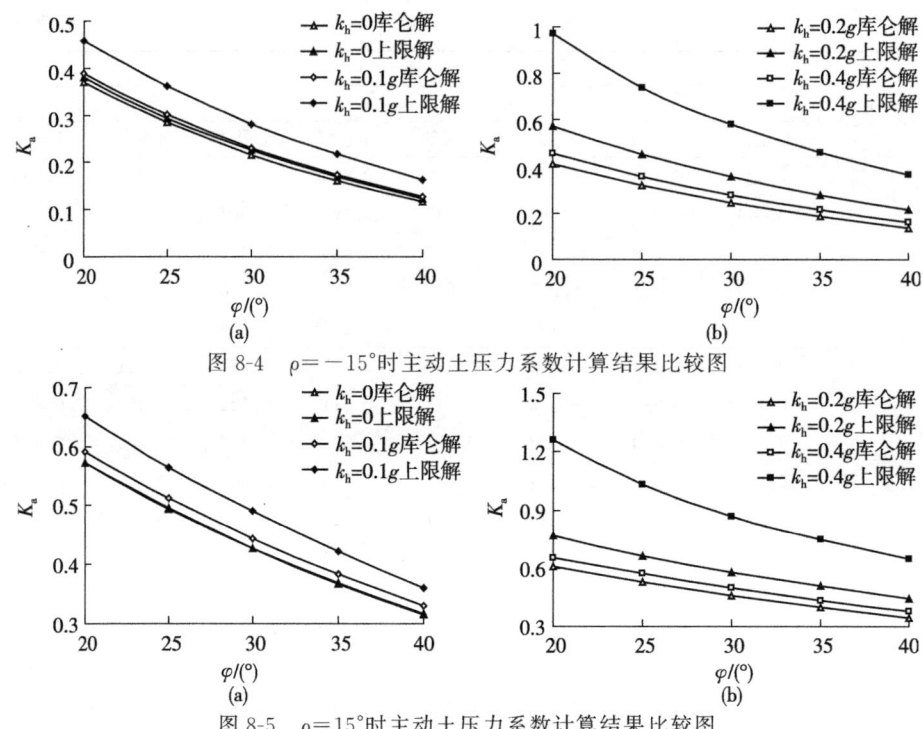

图 8-4 $\rho=-15°$ 时主动土压力系数计算结果比较图

图 8-5 $\rho=15°$ 时主动土压力系数计算结果比较图

2）地震系数对主动土压力系数的影响

根据表 8-1 计算结果，主动土压力系数随水平地震系数变化规律如图 8-6 所示。主动土压力系数随水平向地震系数增大而增大，且增大的幅度显著。

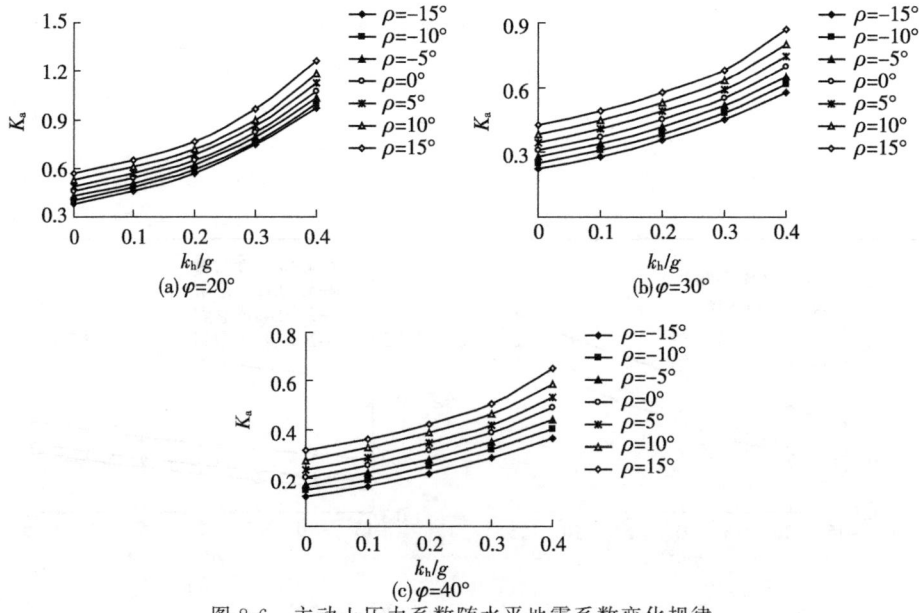

图 8-6 主动土压力系数随水平地震系数变化规律

取 $c=0$、$\delta=\dfrac{\varphi}{3}$,$k_h=0.4$,$k_v$ 分别取 0、$\dfrac{1}{3}k_h$、$\dfrac{2}{3}k_h$ 和 k_h,计算水平和竖向地震同时作用时的竖向地震系数对主动土压力系数的影响,计算结果见表 8-2,变化规律如图 8-7 所示。当水平、竖向地震同时作用时,主动土压力系数随竖向地震系数增大而减小,但减小幅度极小,这说明竖向地震对主动土压力系数影响可忽略不计。

表 8-2 竖向地震系数对地震主动土压力系数影响的计算结果

$\rho/(°)$	$\varphi/(°)$	k_v/g			
		0	0.133	0.267	0.4
-15	20	0.971	0.961	0.952	0.942
	25	0.740	0.733	0.725	0.718
	30	0.579	0.573	0.567	0.561
	35	0.459	0.454	0.449	0.444
	40	0.364	0.360	0.356	0.352
0	20	1.075	1.065	1.055	1.045
	25	0.853	0.843	0.836	0.828
	30	0.696	0.688	0.681	0.675
	35	0.576	0.571	0.566	0.561
	40	0.490	0.479	0.474	0.470
15	20	1.262	1.251	1.242	1.232
	25	1.031	1.023	1.015	1.006
	30	0.869	0.862	0.856	0.849
	35	0.747	0.742	0.736	0.731
	40	0.651	0.646	0.642	0.637

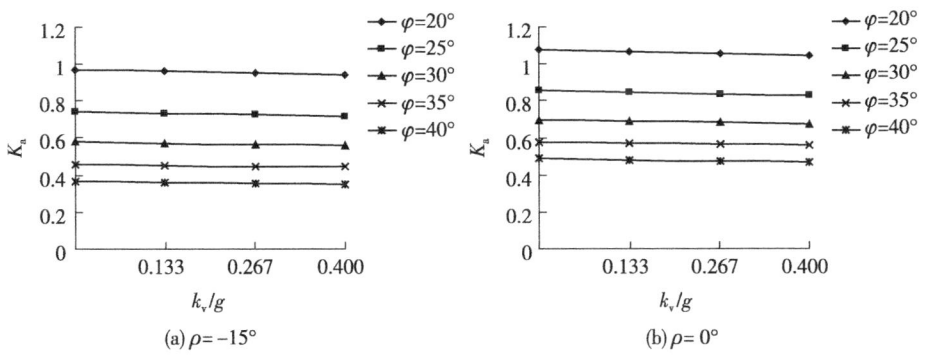

(a) $\rho=-15°$　　　(b) $\rho=0°$

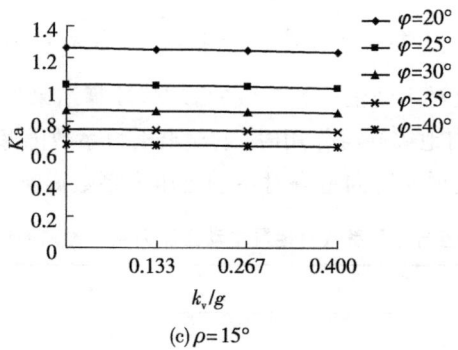

(c) $\rho=15°$

图 8-7 主动土压力系数随竖向地震系数的变化规律

3) 挡墙倾角(ρ)对地震主动土压力系数的影响

由图 8-3 和图 8-6 可知,当挡墙墙背为俯斜时,主动土压力系数随挡墙倾角增大而增大;当挡墙墙背为仰斜时,主动土压力系数随挡墙倾角增大而减小。

4) 内摩擦角(φ)对地震主动土压力系数的影响

根据表 8-2 的计算结果,内摩擦角(φ)对地震主动土压力系数的影响如图 8-8 所示,其他工况计算结果如图 8-9 所示。当土的内摩擦角增大时,地震主动土压力系数显著减小。图 8-4 和图 8-5 也表明了这一点。

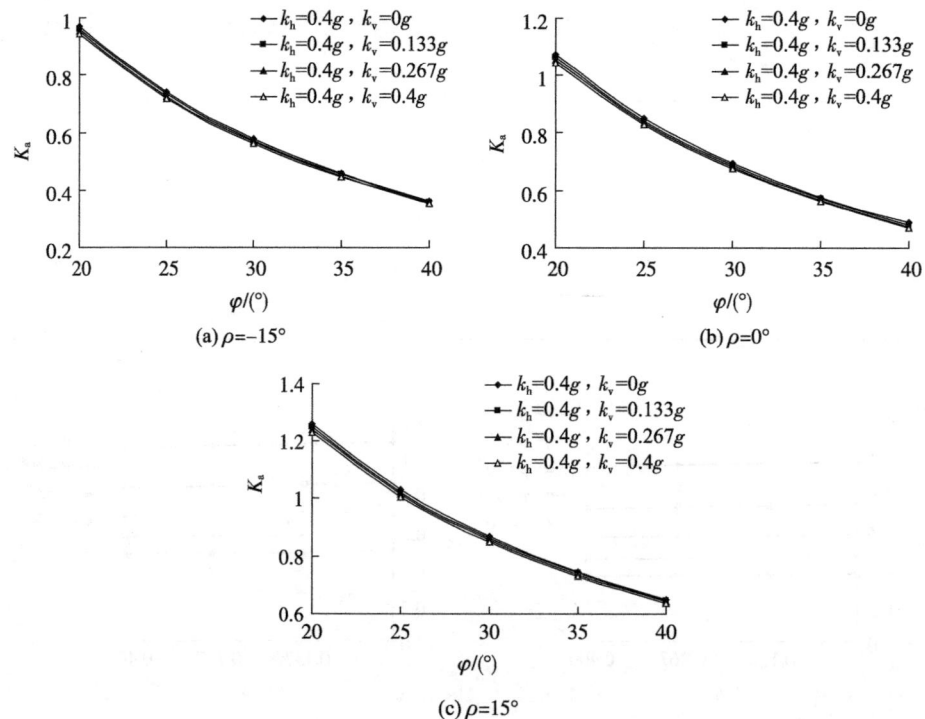

图 8-8 $k_h=0.4g$,不同 k_v 条件下主动土压力系数随内摩擦角 φ 的变化规律

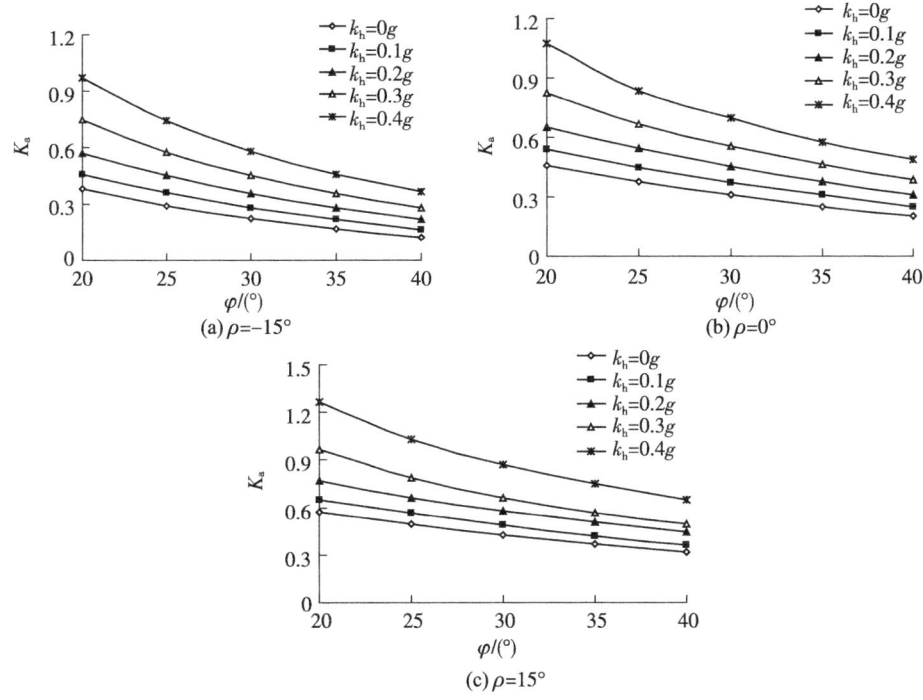

图 8-9 $k_v=0$ 时，不同 k_h 条件下主动土压力系数随内摩擦角 φ 的变化规律

5）黏聚力（c）对地震主动土压力系数的影响

以 $\varphi=20°$、$\delta=\dfrac{\varphi}{3}$、$k_v=0$ 为例，分别计算 $c=0$、5kPa、15kPa 和 20kPa 时的地震主动土压力系数，计算结果见表 8-3。在相同的挡墙倾角和内摩擦角的条件下，地震主动土压力系数随黏聚力的增大呈现出线性减小的变化规律，如图 8-10 所示。

表 8-3 黏聚力（c）对地震主动土压力系数影响的计算结果

$\rho/(°)$	c/kPa	k_h/g				
		0	0.1	0.2	0.3	0.4
-15	0	0.382	0.461	0.572	0.747	0.996
	5	0.251	0.325	0.422	0.559	0.768
	10	0.124	0.194	0.283	0.401	0.576
	15	—	0.065	0.150	0.257	0.401
	20	—	—	0.020	0.118	0.246
0	0	0.459	0.539	0.651	0.824	1.075
	5	0.344	0.420	0.521	0.658	0.879
	10	0.231	0.304	0.396	0.517	0.688
	15	0.119	0.190	0.277	0.386	0.530
	20	0.010	0.077	0.160	0.262	0.390

续表

$\rho/(°)$	c/kPa	k_h/g				
		0	0.1	0.2	0.3	0.4
15	0	0.572	0.653	0.768	0.967	1.281
	5	0.470	0.550	0.657	0.807	1.061
	10	0.368	0.447	0.546	0.675	0.875
	15	0.267	0.344	0.435	0.550	0.703
	20	0.166	0.241	0.324	0.441	0.580

注:"—"表示无解

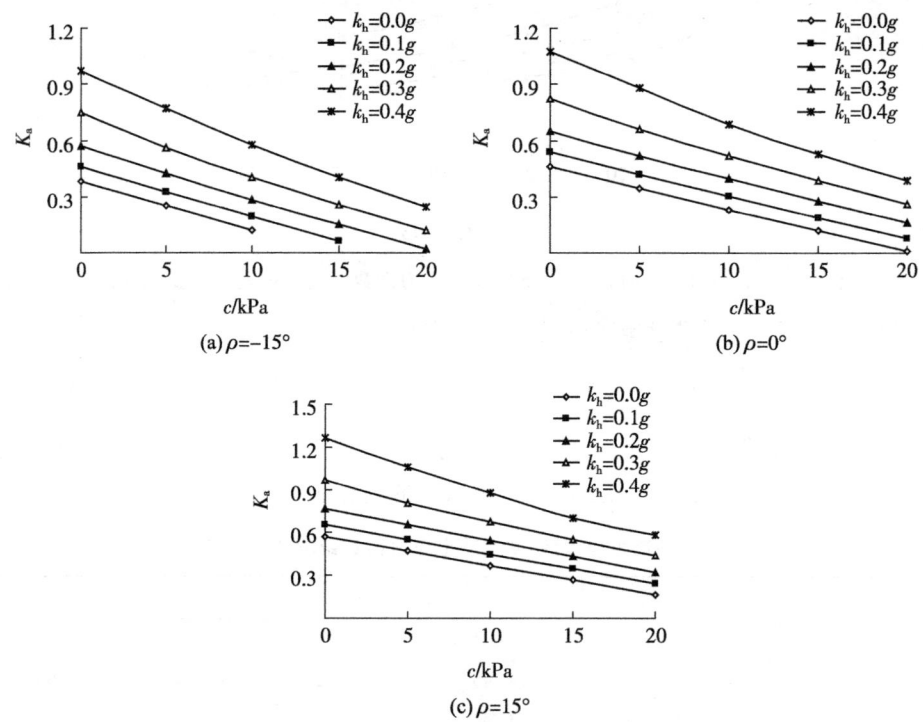

图 8-10 主动土压力系数随黏聚力 c 的变化规律

6) 折减系数(F_s)对地震主动土压力系数的影响

以 $\varphi=20°$、$\delta=\dfrac{\varphi}{3}$、$k_v=0$ 为例,分别计算 $F_s=1.0$、1.15、1.25、1.35 和 1.50 时的地震主动土压力系数,根据式(8-36)和式(8-43),计算结果见表 8-4。在相同的挡墙倾角和内摩擦角的条件下,地震主动土压力系数随折减系数的增大呈现出线性增大的变化规律,如图 8-11 所示。

表 8-4 折减系数(F_s)对地震主动土压力系数影响的计算结果

$\rho/(°)$	c/kPa	F_s	k_h/g				
			0	0.1	0.2	0.3	0.4
-15	0	1.00	0.382	0.461	0.572	0.747	0.996
		1.15	0.428	0.514	0.643	0.863	1.160
		1.25	0.456	0.546	0.685	0.949	1.268
		1.35	0.481	0.575	0.728	1.037	1.376
		1.50	0.524	0.614	0.791	1.159	1.538
	10	1.00	0.124	0.194	0.283	0.402	0.576
		1.15	0.188	0.266	0.366	0.506	0.718
		1.25	0.226	0.308	0.416	0.570	0.827
		1.35	0.262	0.347	0.462	0.637	0.936
		1.50	0.308	0.399	0.527	0.744	1.099
0	0	1.00	0.459	0.539	0.651	0.824	1.075
		1.15	0.501	0.587	0.711	0.952	1.263
		1.25	0.526	0.615	0.747	1.033	1.371
		1.35	0.547	0.641	0.785	1.114	1.479
		1.50	0.576	0.675	0.847	1.236	1.640
	10	1.00	0.231	0.304	0.396	0.517	0.688
		1.15	0.291	0.369	0.471	0.609	0.836
		1.25	0.326	0.408	0.515	0.665	0.931
		1.35	0.358	0.442	0.557	0.729	1.024
		1.50	0.399	0.488	0.614	0.835	1.157
15	0	1.00	0.572	0.653	0.768	0.967	1.281
		1.15	0.611	0.700	0.831	1.091	1.457
		1.25	0.634	0.726	0.871	1.172	1.574
		1.35	0.653	0.745	0.899	1.252	1.690
		1.50	0.679	0.780	0.954	1.402	1.863
	10	1.00	0.368	0.447	0.546	0.675	0.875
		1.15	0.424	0.508	0.614	0.762	0.942
		1.25	0.455	0.543	0.654	0.814	1.005
		1.35	0.485	0.575	0.695	0.867	1.063
		1.50	0.523	0.616	0.748	0.934	1.143

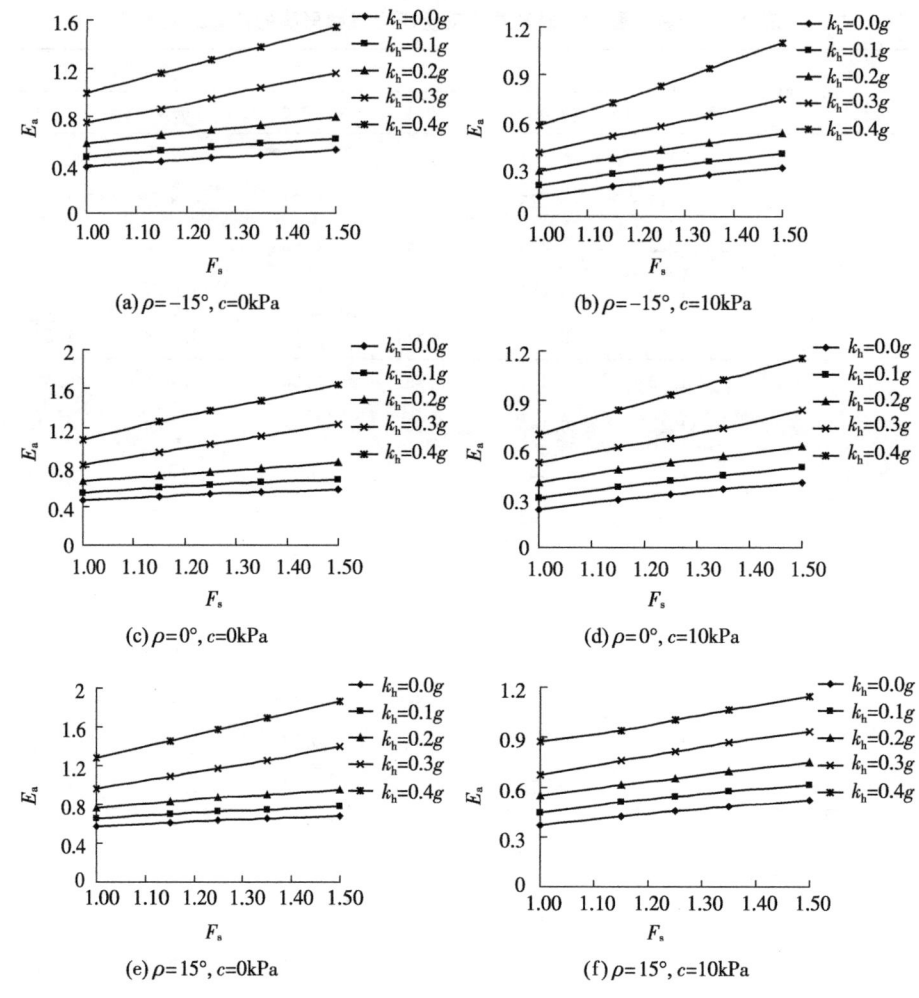

图 8-11 主动土压力系数随折减系数 F_s 的变化规律

8.6 实例计算与分析

实例一:在第3章基覆边坡重力式挡墙振动台模型试验中,上边坡采用锚杆框架结构,边坡坡率为1:1.25,布置两排锚杆,锚杆与水平向的下倾角 $\zeta=20°$;下边坡采用重力式挡墙,墙背垂直。每级高度为 6m,总高度 12m,平台宽 2m,边坡 $\alpha=0$。岩土参数为 $\varphi=34°, c=6.2 \text{kPa}, \gamma=21 \text{kN/m}^3$。

不考虑上边坡锚杆挡墙对下边坡重力式挡墙土压力的影响,则 $T_i=0$;此外,计算时可设 $\alpha_1=\alpha_2=\frac{1}{2}, \beta_1=90°, \tan\beta_2=\frac{1}{1.25}, H=12\text{m}, d=2\text{m}$。将有关参数代入式(8-36),通过求取 K_a 的最大值,以得到 θ_0, θ_h,再代入式(8-35)则得到挡墙地震主

动土压力最大值的下界。

以水平向地震为例的地震主动土压力的计算结果见表 8-5。其中的计算值为地震主动土压力计算值与静主动土压力计算值之差;实测值为根据振动台模型试验实测数据,按照相似比换算为原型后的结果。计算值与实测值的比较如图 8-12 所示。

表 8-5 重力式挡墙地震主动土压力计算结果

测点高度 /m	k_h/g					
	0.1		0.2		0.4	
	实测值/kN	计算值/kN	实测值/kN	计算值/kN	实测值/kN	计算值/kN
5.52	3.44	0.469	5.312	1.082	11.424	2.192
3.00	53.704	18.316	88.864	42.268	206.600	85.613
0.48	113.784	62.012	136.848	143.101	215.872	289.851

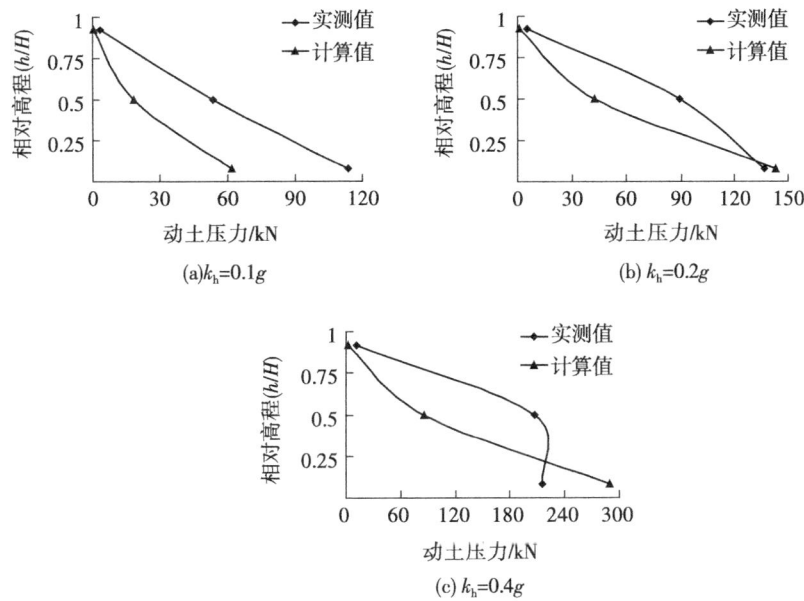

图 8-12 水平地震作用下动土压力计算值与实测值比较

水平加速度 $k_h = 0.1g$ 时的实测结果大于计算值,而 $k_h = 0.2g$ 和 $0.4g$ 时计算结果大于实测值。分析认为这应为试验误差所致。

实例二(见文献[50]):某三级直立肋柱式锚杆挡土墙,每级高度为 6m,总高度 18m,平台宽 2m,每一级挡墙布置两排锚杆,与水平向的下倾角 $\zeta = 20°$,边坡 $\alpha = 45°$。岩土参数为 $\varphi = 50°, c = 0, \gamma = 20 \text{kN/m}^3$。根据本节方法,对其中第一、二级挡墙的静、动主动土压力进行计算。

首先计算第一级挡墙的主动土压力。根据已知条件可设 $\alpha_2 = 0, \alpha_1 = 1, d = 0$, $\beta_1 = 90°, H = 6\text{m}$,以及 $T_i = 0$。根据式(8-35)可得地震主动土压力计算公式为

$$P_a = \frac{1}{2}\gamma H^2 \cdot 2 \cdot \left(\frac{H}{R_0}\right)^{-2} \cdot \frac{(1-k_v) \cdot F_1 + k_h \cdot F_2}{f_{12}} \quad (8-47)$$

式中，$F_1 = f_1 - f_2 - f_3 - f_4 - f_5$，其中，$f_3 = f_4 = 0$，$f_5 = \frac{1}{3} \cdot \frac{H}{R_0} \cdot \cos^2\theta_h e^{2(\theta_h - \theta_0)\tan\varphi}$；$f_{12} = \sin(\theta_h + \delta) \cdot e^{(\theta_h - \theta_0)\tan\varphi} - \frac{1}{3} \cdot \frac{H}{R_0} \cdot \cos\delta$。计算时取 $\delta = \frac{\varphi}{2} = 25°$。当 $k_h = k_v = 0$ 时为静力条件下的主动土压力。

边坡稳定安全系数取值：无震条件下 $\geqslant 1.25$，有震条件下 $\geqslant 1.1$。在对土体抗剪强度参数进行折减时，无震静力条件下取 $F_s = 1.25$，有震条件下取 $F_s = 1.1$。

此时 $E_a = 2 \cdot \left(\frac{H}{R_0}\right)^{-2} \cdot \frac{(1-k_v) \cdot F_1 + k_h \cdot F_2}{f_{12}}$，由于 E_a 为 θ_0 和 θ_h 的函数，通过 $\frac{\partial E_a}{\partial \theta_0} = 0$ 以及 $\frac{\partial E_a}{\partial \theta_h} = 0$ 求其最大值。本节采用半图解法求解。不考虑竖向地震作用时的主动土压力计算结果见表 8-6，求解结果比较如图 8-13 所示。

表 8-6 第一级挡土墙主动土压力计算结果

计算项目	k_h/g			
	0	0.1	0.2	0.4
不考虑强度折减时的计算结果/(kN/m)	85.738	127.451	158.328	242.075
考虑强度折减时的计算结果/(kN/m)	159.815	165.838	206.301	315.174
不考虑强度折减时规范法计算结果/(kN/m)	88.415	102.912	122.685	215.624

注：$k_h = 0$ 时为静力条件下的主动土压力值

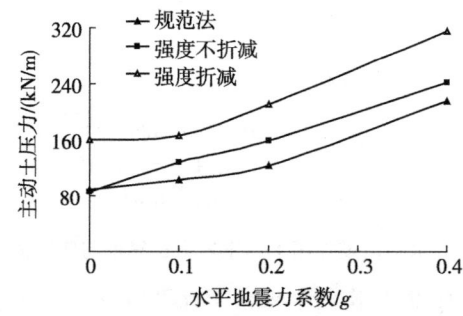

图 8-13 第一级挡墙主动土压力求解结果比较图

（1）规范法计算的静主动土压力值为 88.415kN/m，而文献[50]通过库仑理论近似计算的结果为 80.14kN/m，本节不考虑强度折减时的静主动土压力计算结果为 $P_a = 85.738$kN/m，介于两者之间。这也验证了本节方法的正确性。

（2）当不考虑强度折减时，计算得到的地震主动土压力值稍大于规范法计算的结果，但两者较为接近。

（3）基于强度折减的主动土压力值，大于不考虑强度折减时的 F_s 倍，无震时为

1.86倍,而有震条件下超过1.30倍。

在计算第二级挡墙土压力时,可设 $\alpha_1=\alpha_2=\dfrac{1}{2}$,$\beta_1=\beta_2=90°$,$H=12\text{m}$,$d=2\text{m}$。如不考虑上挡墙的影响,则 $T_i=0$。将有关参数代入式(8-35),通过求取 P_a 的最大值,以得到 θ_0、θ_h,再代入式(8-35)则得到第二级挡墙主动土压力最大值的下界。如考虑第一级挡墙的影响,则将第一级挡墙的土压力由其两根锚杆的抗力来平衡,第一、二排锚杆 $\dfrac{z_1}{H}=\dfrac{1.538}{8}$ 和 $\dfrac{z_2}{H}=\dfrac{5}{8}$。将有关参数代入式(8-35),通过求取 P_a 的最大值,以得到 θ_0、θ_h,以及 θ_1 和 θ_2,再代入式(8-35)则得到第二级挡墙主动土压力最大值的下界。计算结果见表8-7,求解结果比较如图8-14所示。

表8-7 第二级挡土墙主动土压力计算结果

计算项目	k_h/g			
	0	0.1	0.2	0.4
不计上墙影响且不考虑强度折减时的计算结果/(kN/m)	190.486	366.047	541.608	782.566
不计上墙影响但考虑强度折减时的计算结果/(kN/m)	460.172	575.402	844.864	1214.113
考虑上墙影响但不考虑强度折减时的计算结果/(kN/m)	149.183	295.539	428.937	616.693
考虑上墙影响且考虑强度折减时的计算结果/(kN/m)	394.313	492.465	737.646	1103.810

注:$k_h=0$ 时为静力条件下的主动土压力值

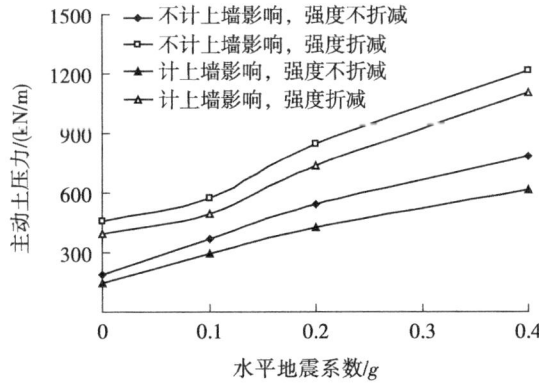

图8-14 第二级挡墙主动土压力求解结果比较图

(1)当不考虑上挡墙影响和强度折减时,静主动土压力计算值190.486kN/m与文献[50]的计算结果186.99kN/m较为接近。如考虑第一级挡墙的影响,则第二级挡墙静主动土压力为149.183kN/m,主动土压力减少了21.68%。

(2) 当不考虑上挡墙影响,但将岩土抗剪强度参数进行折减时,静力和地震条件下的主动土压力值增大,分别超过了抗剪强度参数不折减时的 F_s 倍,无震时为 2.40 倍,有震时超过 1.55 倍。

(3) 如考虑上墙的影响,但抗剪强度参数不折减,静力、地震条件下的主动土压力值,比不计上墙影响时相应减少,无震时减少 22%,有震时减少 20%。

(4) 如考虑上墙的影响,且将抗剪强度参数进行折减,静力、地震条件下的主动土压力值,比抗剪强度参数不折减时相应增大,无震时为 2.64 倍,有震时超过 1.67 倍。

通过上述计算与分析,在多级支挡结构抗震设计中,可考虑上墙的影响,并将岩土体抗剪强度参数按边坡稳定安全系数进行折减,然后计算地震主动土压力值,这样使得计算结果更趋合理。

参 考 文 献

[1] Steedman R S, Zeng X. The influence of phase on the calculation of pseudo-static earth pressure on a retaining wall. Geotechnique, 1990, 40(1): 103-112.

[2] Choudhury D, Nimbalkar S. Seismic passive resistance by pseudo-dynamic method. Géotechnique, 2005, 55(9): 699-702.

[3] Choudhury D, Nimbalkar S S. Pseudo-dynamic approach of seismic active earth pressure behind retaining wall. Geotechnical and Geological Engineering, 2006, 24(5): 1103-1113.

[4] Choudhury D, Nimbalkar S S. Seismic rotational displacement of gravity walls by pseudo-dynamic method: Passive case. Soil Dynamics and Earthquake Engineering, 2007, 27(3): 242-249.

[5] Nimbalkar S S, Choudhury D. Sliding stability and seismic design of retaining wall by pseudo-dynamic method for passive case. Soil Dynamics and Earthquake Engineering, 2007, 27(6): 497-505.

[6] Choudhury D, Nimbalkar S S. Seismic rotational displacement of gravity walls by pseudodynamic method. International Journal of Geomechanics, ASCE, 2008, 8(3): 169-175.

[7] Ghosh P. Seismic passive earth pressure behind non-vertical retaining wall using pseudo-dynamic analysis. Geotechnical and Geological Engineering, 2007, 25(6): 693-703.

[8] Kolathayar S, Ghosh P. Seismic active earth pressure on walls with bilinear backface using pseudo-dynamic approach. Computers and Geotechnics, 2009, 36(7): 1229-1236.

[9] Ghosh S. Pseudo-dynamic active force and pressure behind battered retaining wall supporting inclined backfill. Soil Dynamics and Earthquake Engineering, 2010, 30(11): 1226-1232.

[10] Ghosh S, Sharma R. Pseudo-dynamic active response of non-vertical retaining wall supporting c-φ backfill. Geotechnical and Geological Engineering, 2010, 28(5): 633-641.

[11] Shafiee A H, Eskandarinejad A, Jahanandish M. Seismic passive earth thrust on retaining walls with cohesive backfills using pseudo-dynamic approach. Geotechnical and Geological Engineering, 2010, 28(4): 525-531.

[12] Ahmad S M, Choudhury D. Pseudo-dynamic approach of seismic design for waterfront reinforced soil-wall. Geotextiles and Geomembranes, 2008, 26(4): 291-301.

[13] Azad A, Yasrobi S, Ali P. Seismic active pressure distribution history behind rigid retaining walls. Soil Dynamics and Earthquake Engineering, 2008, 28(5): 365-375.

[14] Basha B M, Sivakumar G L. Seismic rotational displacements of gravity walls by pseudodynamic method with curved rupture Surface. International Journal of Geomechanics, ASCE, 2010, 10(3): 93-105.

[15] 王丽艳, 刘汉龙. 可液化回填土中重力码头地震旋转残余角位移的拟动力法计算. 土木工程学报, 2009, 42(10): 97-103.

[16] 夏唐代, 华伟南, 王志凯. 倾斜挡土墙后黏性土的地震主动土压力分析. 世界地震工程, 2010, 26(增): 315-321.

[17] Shekarian S, Ghanbari A, Farhadi A. New seismic parameters in the analysis of retaining walls with reinforced backfill. Geotextiles and Geomembranes, 2008, 26(4): 350-356.

[18] Ahmadabadi M, Ghanbari A. New procedure for active earth pressure calculation in retaining walls with reinforced cohesive-frictional backfill. Geotextiles and Geomembranes, 2009, 27(6): 456-463.

[19] Vieira C S, Lurdes L M, Caldeira L M. Earth pressure coefficients for design of geosynthetic reinforced soil structures. Geotextiles and Geomembranes, 2011, 29(5): 491-501.

[20] 刘忠玉, 杨会朋, 何盛东. 刚性挡土墙地震主动土压力的非线性分布. 郑州大学学报(工学版), 2004, 25(2): 36-38.

[21] 王立强, 王元战, 迟丽华. 挡土墙地震土压力及其分布. 中国港湾建设, 2007, 151(5): 1-5.

[22] 杨剑, 高玉峰, 程永锋, 等. 地震条件下倾斜挡土墙被动土压力研究. 岩土工程学报, 2009, 31(9): 1391-1397.

[23] 杨剑, 王荣文, 沈晔, 等. 挡土墙与土界面摩擦角为负的地震被动土压力解析解. 岩土工程学报, 2011, 33(5): 785-791.

[24] 林宇亮, 杨果林, 赵炼恒, 等. 地震动土压力水平层分析法. 岩石力学与工程学报, 2010, 29(12): 2581-2591.

[25] 林宇亮, 杨果林, 赵炼恒. 地震条件下挡墙后黏性土主动土压力研究. 岩土力学, 2011, 32(8): 2479-2486.

[26] 李刚, 张凤涛. 不同变位模式下刚性挡土墙的动主动土压力. 湖南大学学报(自然科学版), 2011, 38(9): 16-21.

[27] Song F, Zhang J M. Estimation of seismic earth pressures against rigid retaining structures with rotation mode. The Open Civil Engineering Journal, 2011, 5: 52-60.

[28] Kumar J. Seismic passive earth pressure coefficients for sands. Canadian Geotechnical Journal, 2001, 38(4): 876-881.

[29] Kumar J, Chitikela S. Seismic passive earth pressure coefficients using the method of characteristics. Canadian Geotechnical Journal, 2002, 39(2): 463-471.

[30] Cheng Y M. Seismic lateral earth pressure coefficients for c-φ soils by slip line method. Computers

and Geotechnics,2003,30(8):661-670.

[31] Soubra A H. Static and seismic passive earth pressure coefficients on rigid retaining structures. Canadian Geotechnical Journal,2000,37(2):463-478.

[32] Lancellotta R. Lower bound approach for seismic passive earth resistance. Geotechnique,2007, 57(3):319-321.

[33] Yang X L. Upper bound limit analysis of active earth pressure with different fracture surface with nonlinear yield criterion. Theoretical and Applied Fracture Mechanics,2007,47(1):46-56.

[34] Mylonakis G,Kloukinas P,Papantonopoulos C. An alternative to the Mononobe-Okabe equations for seismic earth pressures. Soil Dynamics and Earthquake Engineering,2007,27(10):957-969.

[35] 李广信. 高等土力学. 北京:清华大学出版社,2004.

[36] 陈惠发. 极限分析与土体塑性. 詹世斌译. 北京:人民交通出版社,1995.

[37] Soubra A H,Macuh B. Active and passive earth pressure coefficients by a kinematical approach. Geotechnical Engineering,2002,21(1):119-131.

[38] Yang X L,Yin J H. Estimation of seismic passive earth pressure with nonlinear failure criterion. Engineering Structures,2006,28(3):342-348.

[39] 杨小礼,李亮,刘宝琛. 非线性破坏准则对被动土压力的影响. 工程力学,2004,21(1):31-36.

[40] Nian T K,Chen G Q,Luan M T,et al. Limit analysis of the stability of slopes reinforced with piles against landslide in nonhomogeneous and anisotropic soils. Canadian Geotechnical Journal, 2008,45(8):1092-1103.

[41] Zhao L H,Li L,Yang F,et al. Upper bound analysis of slope stability with nonlinear failure criterion based on strength reduction technique. Journal of Central South University of Technology, 2010,17(4):836-844.

[42] Bishop A W. The use of the slip circle in stability analysis of slopes. Geotechnique,1955,5(1): 7-17.

[43] 林杭. 基于线性与非线性破坏准则的边坡强度折减法研究. 长沙:中南大学博士学位论文,2009.

[44] 赵尚毅,郑颖人,时为民,等. 用有限元强度折减法求边坡稳定安全系数. 岩土工程学报,2002, 24(3):343-346.

[45] 年廷凯,栾茂田. 阻滑桩加固土坡稳定性分析的上限解法. 岩土力学,2004,25(增):167-173.

[46] 年廷凯,栾茂田,郑德凤,等. 考虑边坡内孔隙水压力效应的抗滑桩简化分析方法. 岩土力学, 2008,29(4):1067-1073.

[47] 赵尚毅,郑颖人,王建华,等. 基于强度折减安全系数的边坡岩土侧压力计算方法探讨. 岩石力学与工程学报,2010,29(9):1760-1766.

[48] 中华人民共和国铁道部. 铁路工程抗震设计规范(GB50111-2006). 北京:中国计划出版社,2009.

[49] 中华人民共和国交通部. 公路工程抗震设计规范(JTJ004-89). 北京:人民交通出版社,2003.

[50] 李海光. 新型支挡结构设计与工程实例. 北京:人民交通出版社,2004.

第9章 支挡结构抗震设计方法

9.1 国外抗震规范支挡结构抗震设计方法

在地震过程中,铁路、公路等生命线工程中支挡结构的破坏是很常见的。不同强度的地震可能会引起挡土结构物的变形,造成挡土结构物的整体破坏、局部破坏甚至坍塌。历史上,国内外的诸多地震事例中由于地震引发的支挡结构破坏事例屡见不鲜,造成了很多人员伤亡和很大的经济损失。

有关支挡结构抗震设计方面,通过对欧洲、美国、日本、新西兰、印度等的抗震设计规范的对比分析发现,在挡土墙的抗震设计方面比较全面的规范包括日本规范、欧洲规范、新西兰规范和美国规范。

9.1.1 日本规范

日本《铁道构造物等设计标准及解说抗震设计》[1]中有关支挡结构的设计要点如下:

(1) 支挡结构设计预期地震动分为以下两种:

(a) L1 地震动,即结构物的设计使用期内可能会发生数次的地震动。

(b) L2 地震动,即结构物的设计使用期内发生的概率虽很低,但强度非常大的地震动。

(2) 支挡结构的抗震性能如下所示:

(a) 抗震性能Ⅰ:地震后不必修补即能保持其性能,且不产生过大的变形。

(b) 抗震性能Ⅱ:地震后虽需修补,但能早期恢复其功能。

(c) 抗震性能Ⅲ:结构物不会因地震而整体性崩溃。

(3) 支挡结构的抗震性能,对于 L1 地震动应满足抗震性能Ⅰ;对于 L2 地震动,重要性高的结构物应满足抗震性能Ⅱ;其他的结构物应满足抗震性能Ⅲ。

(4) 支挡结构设计地震动的设定一般规定:

(a) 设计地震动必须在水平方向和竖向方向设定。

(b) 设计竖向地震动,其弹性加速度反应谱或加速度波形取设计水平地震动之值的 1/2。

(c) 必须用设计地震动计算地表的设计地震动。但在计算地表面的竖向地震动时,可不考虑表层地基的影响。

(5) 一般规定:主要论述了 L 形挡墙和重力式挡墙的抗震设计;挡土墙的抗震设

计是考虑设计地震动对周边地基包括构造物整体稳定性的抗震性能的检查。

(6) 地震荷载采用静力法计算：

$$p_{hw} = k_h W \tag{9-1}$$

式中，W 为墙后土楔体的重量；k_h 为设计水平地震系数，在 L1 地震动作用下其计算方法如表 9-1 所示。

表 9-1 设计水平地震系数

设计震度的设定方法	设计水平地震系数
由 PGA 规定的场合	$K_h = k_{eq} \cdot \text{PGA}/g$（式中，$k_{eq}=1$）
采用规定值的场合	$K_h = v_a \cdot K_{h0} = 0.20 v_a$（式中，$v_a$ 为地区系数）

注：PGA 为假想地面峰值加速度；k_{eq} 为等效化系数；K_{h0} 为设计水平地震系数的标准值。

对于 L2 地震动的情况，一般不采用静力法来求，因为按照此法来算难以确保挡墙的安全性，一般采用动力法来计算变形量，通过变形性能来校核评价填土的损伤等级。

(7) 在计算结构物的土压力反应值时，考虑地震时的土压力，一般考虑地震时的主动土压力。因为结构物在抵抗土压力所产生的允许变形时，作用的土压力接近于主动状态。

(8) L1 地震动的地震时主动土压力强度和总的主动土压力计算：

$$p_{AE} = \gamma h K_{AE} + \frac{q\cos\alpha}{\cos(\alpha-\beta)} K_{AE} \tag{9-2}$$

$$E_{AE} = \left[\frac{1}{2}\gamma H^2 + \frac{q\cos\alpha}{\cos(\alpha-\beta)} H\right] K_{AE} \tag{9-3}$$

式中，p_{AE} 为地震时主动土压力强度；E_{AE} 为地震时总的主动土压力；γ 为墙背土的重度；h 为从地表面至推算土压力强度位置的深度；q 为斜面上单位面积的均布荷载；α 为结构物背面或假想背面与铅直面所成的角度；β 为结构物背面后的地表面与水平面所成的角度；H 为挡墙的高度；K_{AE} 为 L1 地震动的地震时主动土压力系数：

$$K_{AE} = \frac{\cos^2(\varphi-\alpha-\theta)}{\cos\theta\cos^2\alpha\cos(\alpha+\delta+\theta)\left[1+\sqrt{\frac{\sin(\varphi+\delta)\sin(\varphi-\beta-\theta)}{\cos(\alpha+\delta+\theta)\cos(\alpha-\beta)}}\right]^2} \tag{9-4}$$

其中，φ 为墙背土的内摩擦角；δ 为结构物背面和土的摩擦角或位于假想背面的摩擦角；θ 为合力的倾斜角度，$\theta = \arctan(a_{max}/g)$，$a_{max}$ 为地表面的加速度，g 为重力加速度。

(9) L2 地震动的地震时主动土压力计算：

L2 地震动地震时主动土压力计算公式原则上还是可以采用式(9-2)和式(9-3)来计算。但是在强震下，应该考虑挡墙的变形、土体沿着滑移面的应变区域化和峰值强度的降低等影响，主动土压力系数的计算采用修正的 M-O 公式，如下：

$$K_a = \frac{\cos(\psi-\varphi)(1+\tan\alpha\tan\alpha)(1+\tan\alpha\tan\beta)[\tan(\psi-\varphi)+\tan\theta]}{\cos(\psi-\varphi-\alpha-\delta)(\tan\psi-\tan\beta)} \quad (9\text{-}5)$$

式中,K_a 为修正的 M-O 的地震时主动土压力系数;ψ 为滑动面的倾斜角,可以依据如下公式计算得到:

$$\cot(\psi-\beta) = -\tan(\varphi+\delta+\alpha-\beta) + \sec(\varphi+\delta+\alpha-\beta) \cdot \sqrt{\frac{\cos(\alpha+\delta+\theta)\sin(\varphi+\delta)}{\cos(\alpha-\beta)\sin(\varphi-\beta-\theta)}}$$
$$(9\text{-}6)$$

(10) 作用在挡墙上地震时动水压力(仅一面有水)的计算:

$$P = \frac{7}{12} a_h \rho_w b h^2 \quad (9\text{-}7)$$

式中,P 为作用在挡墙上的全部动水压力;a_h 为地基面的最大加速度;ρ_w 为水的重度;h 为水深;b 为与动水压作用方向垂直的墙体的高度。

从地基面到全部动水压力合力作用点的距离 h_g 按下式计算:

$$h_g = \frac{1}{2} h \quad (9\text{-}8)$$

9.1.2 欧洲规范

欧洲规范 Eurocode-8[2] 的第 5 部分介绍了挡土结构的抗震设计方法,该规范在挡墙设计方面的主要内容如下。

1) 总体的抗震要求

(1) 挡土墙的设计应满足在地震中和地震后不发生重大结构性破坏的要求。

(2) 基于挡墙滑动和倾覆(由于基础下土不可避免的变形)产生的永久位移能够满足挡墙的正常使用和美观要求。

2) 挡墙的选择和总体设计考虑

(1) 挡墙结构类型的选择要根据正常使用条件来合理选取。

(2) 注重附加地震荷载作用对挡墙结构的影响,并以此选出最合理的挡墙结构形式。

(3) 挡土结构物后的填土材料应该认真筛选,并尽可能使其与原地层土相一致。

(4) 挡土结构物后的排水系统应具有不影响其使用功能下的瞬间和永久位移的抵抗能力。

(5) 特别是在含水的黏性土中,排水系统应设置在墙后潜在破裂面的适当位置以下才会起到好的效果。

(6) 在地震作用下,支承土要有足够的强度来防止液化。

3) 挡墙的分析方法

(1) 一般分析方法:

(a) 基于以结构和土体的动力学理论和以试验及观察为支撑所建立的方法,是目前用于评价地震作用下挡墙安全性的普遍能接受的方法。

(b) 分析应考虑以下几方面：

ⓐ考虑土体与挡土结构动力相互作用过程中土体的非线性。

ⓑ考虑土体、结构在重力下或者可能在相互作用过程中存在的其他形式荷载所引起的惯性力。

ⓒ考虑墙前后的动水压力。

ⓓ当存在锚杆时,应该考虑土体及挡墙与锚杆的变形协调性。

(2) 简化分析方法(拟静力分析法)：

(a) 拟静力分析法的基本模型包括挡土结构、结构基础、墙后处于主动极限平衡状态下的土楔体、作用在土楔体上的附加荷载和可能存在的墙前底部处于被动极限平衡状态的土体。

(b) 在设计地震下,要想墙后土体达到主动极限状态,墙体必须发生一定的位移,对于柔性挡墙,可以通过墙身的弯曲来实现,而对于重力式挡墙,可以通过滑移和转动来实现。

(c) 对于地下室挡墙、建于岩石和桩基础上的重力式挡墙等刚性挡墙,一般没有足够的位移,难以达到主动土压力状态,一般用静止土压力计算更能反映它们的状态。对于不允许有位移的锚固式挡墙也同样适用。

(3) 地震作用：

(a) 对于拟静力分析,地震力用水平和竖向力表示,这些力等于重力乘以相应的地震系数。

(b) 竖向地震作用应考虑地震力可能的向上或向下方向,以此来确定最不利的情况。

(c) 在给定的地震区域,这种等效地震力的强度取决于能够接受和允许的挡墙的位移量。

(d) 在无需特别研究的情况下,水平和竖向地震系数可以用下式表示：

$$k_h = \alpha \frac{S}{r} \tag{9-9}$$

当 $a_{vg}/a_g > 0.6$ 时, $k_v = \pm 0.5 k_h$,其他情况下, $k_v = \pm 0.33 k_h$。式中, α 为设计地面加速度比, $\alpha = a_g/g$; a_{vg} 为竖向的设计地面加速度; a_g 为相应场地下的设计地面加速度; k_h 和 k_v 分别为地震水平加速度系数和竖向加速度系数。S 为土壤系数,其值见表 9-2。

表 9-2 土壤系数 S 取值

场地类型	A	B	C	D	E
S	1	1.2	1.15	1.35	1.4

r 为水平地震影响系数,其值见表 9-3,取决于挡土结构的类型,对于墙高小于 10m 的挡土结构,地震系数沿墙高是常数。

表 9-3 水平地震影响系数 r

挡土结构类别	r
最大位移容许值 $d_r=300\alpha \cdot S(\text{mm})$ 重力式挡土墙	2
最大位移容许值 $d_r=200\alpha \cdot S(\text{mm})$ 重力式挡土墙	1.5
柔性钢筋砼挡墙、锚杆挡土墙、建于桩基上钢筋砼挡墙、桥台挡墙、地下室挡墙	1

(4) 墙后的填土为渗透性土时,不用考虑土和水相互耦合作用,应该分开考虑动水压力和静水压力。

(5) 作用在挡土墙结构上总的合力可表示如下:

$$E_d = \frac{1}{2}\gamma^*(1\pm k_v)K_{a(p)}H^2 + E_{ws} + E_{wd} \tag{9-10}$$

式中,γ^* 为土的有效重度;H 为墙高;E_{ws} 为静水压力;E_{wd} 为动水压力;$K_{a(p)}$ 为地震主动(被动)土压力系数(静力+动力)。

根据 M-O 法,主动土压力系数表示如下:

(a) 当 $\beta \leqslant \varphi'_d - \theta$ 时。

$$K_a = \frac{\sin^2(\psi+\varphi'_d-\theta)}{\cos\theta \sin^2\psi \sin(\psi-\theta-\delta_d)\left[1+\sqrt{\frac{\sin(\varphi'_d+\delta_d)\sin(\varphi'_d-\beta-\theta)}{\sin(\psi-\theta-\delta_d)\sin(\psi+\beta)}}\right]^2} \tag{9-11}$$

(b) 当 $\beta > \varphi'_d - \theta$ 时。

$$K_a = \frac{\sin^2(\psi+\varphi-\theta)}{\cos\theta \sin^2\psi \sin(\psi-\theta-\delta_d)} \tag{9-12}$$

被动土压力系数表示为

$$K_p = \frac{\sin^2(\psi+\varphi'_d-\theta)}{\cos\theta \sin^2\psi \sin(\psi+\theta)\left[1-\sqrt{\frac{\sin\varphi'_d \sin(\varphi'_d+\beta-\theta)}{\sin(\psi+\beta)\sin(\psi+\theta)}}\right]^2} \tag{9-13}$$

式中,φ'_d 为土的剪切角设计值,$\varphi'_d = \arctan(\tan\varphi'/\gamma'_\varphi)$,$\varphi'$ 为土体有效应力的剪切角,γ'_φ 为土体的分项系数,取为 1.25;β、ψ 为墙后填土与水平面的倾角和墙背与基底水平面的夹角;δ_d 为墙后填土和墙背的摩擦角设计值,$\delta_d = \arctan(\tan\delta/\gamma'_\varphi)$,$\delta$ 为墙背与填土间的摩擦角;θ 角的定义见下文具体说明。

(6) 动水压力 E_{wd} 和 θ 角的计算。

(a) 对于水位线在挡土结构以下的情况:

$$\begin{cases} \tan\theta = k_h/(1\mp k_v) \\ E_{wd} = 0 \end{cases} \tag{9-14}$$

或者表示为

$$\begin{cases} \tan\theta_A = k_h/(1+k_v) \\ \tan\theta_B = k_h/(1-k_v) \end{cases} \quad (9\text{-}15)$$

相当于整个挡土墙系统旋转了一个角度 θ_A 或 θ_B，相应的重力加速度变为

$$\begin{cases} g_A = g(1+k_v)/\cos\theta_A \\ g_B = g(1-k_v)/\cos\theta_B \end{cases} \quad (9\text{-}16)$$

(b) 对于挡墙结构水位线以下的非渗透性土：

$$\begin{cases} \gamma^* = \gamma - \gamma_w \\ \tan\theta = \dfrac{\gamma}{\gamma - \gamma_w} \cdot \dfrac{k_h}{1 \mp k_v} \\ E_{wd} = 0 \end{cases} \quad (9\text{-}17)$$

式中，γ 为土的饱和容重；γ_w 为水的容重。

(c) 对于挡墙结构水位线以下的渗透性土：

$$\begin{cases} \gamma^* = \gamma - \gamma_w \\ \tan\theta = \dfrac{\gamma_d}{\gamma - \gamma_w} \cdot \dfrac{k_h}{1 \mp k_v} \\ E_{wd} = \dfrac{7}{12} k_h \gamma_w H'^2 \end{cases} \quad (9\text{-}18)$$

式中，γ_d 为土的干重度；H' 为墙底到水位线的高度。

(d) 当挡土墙外墙侧有水作用时，其动水压力为

$$q_z = \pm \dfrac{7}{8} k_h \gamma_w \sqrt{hz} \quad (9\text{-}19)$$

式中，h 为水的高度；z 为自水面以下垂直坐标。

(7) 土压力和水压力设计计算原则：

(a) 在设计地震作用下，土压力和水压力在墙体前后的土体达到极限状态时确定的。

(b) 地震下挡墙结构的土压力，是静态土压力和动态土压力增量的合力。

(c) 静土压力作用点为距基底的 $1/3H$ 处，一般情况下动土压力的作用点为墙的中点，动水压力的作用点为基底以上 $0.4H$ 处。

(d) 对于可以绕墙趾转动的挡土结构，其动力和静力合力作用点重合。

(e) 一般情况下，土体的渗透系数小于 5×10^{-4} m/s 时，土体中的孔隙水不能自由移动，而地震一般在非排水情况下作用，所以土体可以看成单向介质。

(f) 当墙后是透水性良好的填料时，地震作用引起的土体和水中的动力效应不考虑相互之间的耦合效应。

(g) 当动水压力存在时，将会与静水压力叠加，动水压力的计算见式(9-18)，两者合力的作用点取决于动水压力。

9.1.3 新西兰规范

新西兰规范[3]中有关支挡结构的设计要点如下。

(1) 挡土墙的分类。

按照与桥梁的关系,挡土墙可以分为与桥梁相关的挡土墙和与桥梁无关的挡土墙。其中与桥梁相关的挡土结构主要与桥台关系紧密,但与桥台是断开的,称为独立挡墙。

(2) 桥台和挡土墙设计要求。

桥台和挡土墙设计强度不应小于极限状态荷载组合计算所得力,在适当的荷载组合下,应该检验挡墙的稳定性,此时土体的折减系数不小于0.9,除非墙体在地震荷载作用下能够维持永久变形,此时荷载系数可以取为1。

(3) 荷载组合。

在一般情况下,活荷载都有作用短暂的特性,如交通荷载,只要考虑地震作用压力和静态重力压力,此时静态重力压力包括水压力和附加应力。

(4) 安全系数。

挡墙的设计中必须要防止由于土体的破坏或墙体结构的屈服所导致的挡墙可能发生的向外移动。所以在重力和地震荷载的组合作用下需要考虑如下的安全系数:

(a) 抗滑移稳定系数:$FS_s \geqslant 1.2$;

(b) 抗倾覆稳定系数:$FS_o \geqslant 1.5$。

(5) 地震作用下的永久位移。

在设计地震下可以把支挡结构设计成保持弹性状态或在强震作用下允许在控制范围内的永久位移。在设计此类挡墙时注意以下几点:

(a) 在估计挡墙的滑动位移时,所取的土体强度参数应是在土体发生大应变时的土体强度参数。

(b) 墙体应取用合理的结构形式以保证墙体的滑动,而不至于发生倾覆破坏和内部失稳。

(c) 设计地震产生的期望位移不应进入公路、铁路的最小净空或不会导致附近财物设施的损害。

(d) 在估计引起墙体位移的临界加速度的上下限时,应考虑土体参数的变化范围。

(e) 挡墙结构在抗震设计时,或者保持弹性状态,或者在强震时向外位移不超过极限控制位移,而且在设计时应确保挡土墙发生位移时,不引起相邻结构或设施发生破坏。地震时最大允许位移见表9-4。

表 9-4　地震时最大允许位移

挡土墙位置	挡土墙类型	最大允许位移/mm
桥台挡土墙	所有类型	0
路堑挡土墙	所有类型	0
路堤或路肩挡土墙（车流量＞2500 辆/d）	刚性挡土墙	100
	柔性挡土墙（不发生结构破坏）	150
路堤或路肩挡土墙（车流量＜2500 辆/d）	刚性挡土墙	100
	柔性挡土墙（不发生结构破坏）	200

(6) 在挡墙的抗震设计中，要考虑有意义的竖向加速度。在强地震作用时，地震地面运动的能量和频率成分以及竖向地震运动对挡墙的结构性能具有很大的影响。

(7) 水平地震系数：

$$C(t) = C_o R Z \tag{9-20}$$

式中，$C(t)$ 为 t 时期设计地面加速度系数；C_o 为重现期为 150 年的地震反应；Z 为地区区域系数；R 为风险系数，值取 0.8～1.3。

初始时期的水平地震系数：

$$C(0) = 0.4 R Z \tag{9-21}$$

式中，$C(0)$ 为初始时期设计地面加速度系数。

(8) 非整体桥台与独立挡墙的惯性力和位移。

在计算非整体桥台与独立挡墙的惯性力和位移时，要计算结构的水平设计加速度和水平设计速度。

设计加速度：

$$C(0)g = 0.25 R Z g \tag{9-22}$$

设计速度：

$$v(0) = 0.36 R Z \tag{9-23}$$

式中，$C(0)$ 为初始设计地面加速度系数；g 为重力加速度；Z 为地区区域系数；R 为风险系数，值取 0.8～1.3。

(9) 动水压力的计算：

$$P_w = 0.58 C(0) \gamma_w h_w^2 \tag{9-24}$$

式中，γ_w 为水的重度；h_w 为水深。动水压力的作用点为距墙底水深的 0.4 倍处。

(10) 土压力的计算。

在地震中总的土压力等于三部分之和：

(a) 荷载产生的静态土压力；

(b) 地震产生的动土压力增量；

(c) 挡墙填料在回填时位移产生的墙体压力（压实力产生的土压力）。

(11) 地震动土压力增量的计算。

(a) 对于完全刚性的挡土墙。

对于墙背完全光滑的刚性挡土墙,墙背土体对挡墙的地震土压力增量分布如图 9-1 所示。

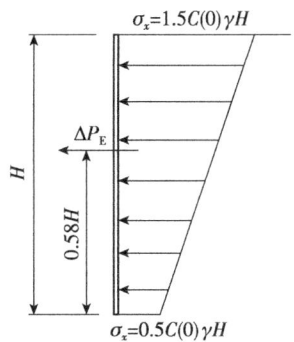

图 9-1 完全刚性挡土墙地震动土压力增量分布图示

此时地震动土压力增量值为

$$\Delta P_E = C(0)\gamma H^2 \tag{9-25}$$

动土压力增量值的作用点为距墙底以上大概 $0.6H$ 位置处。地震引起的土压力强度和地震力取决于土体的泊松比。

对于墙背填土为斜坡的情况,可以通过有限单元法来进行分析,研究发现满足 M-O 假定,墙背填土倾斜与墙背填土水平时两者土压力的增量存在一定的比例,且此比例适用于各种刚性挡墙,所以填土倾斜时动土压力增量大小可以用墙背填土水平时的大小乘以相应的比例得到。通过刚性挡墙的分析,可以得知墙背填土倾斜 ($0\sim20°$) 的刚性挡墙的动土压力增量中心处的作用点高度要比墙背填土水平时低 $0.1H$,同时动土压力增量的分布形状与墙背填土水平时一致,但是对于墙背填土倾斜角度大于 $25°$ 的挡墙要进行特殊的研究来确定动土压力增量。

(b) 对于允许有一定位移的刚性挡土墙。

在静态和动态土压力的作用下,墙体顶部发生 $0.1\%H\sim0.2\%H$ 的位移,这将导致刚性挡土墙的土压力有所减小。墙顶位移为 $0.2\%H$ 时其动土压力增量如图 9-2 所示。

此时地震动土压力增量值为

$$\Delta P_E = 0.75C(0)\gamma H^2 \tag{9-26}$$

对于墙顶位移小于 $0.2\%H$ 的挡土墙,其动土压力增量强度和大小可以通过墙顶位移为 $0.2\%H$ 的挡土墙和完全刚性挡土墙两者之间的线性插值来求解。对于墙背填土为倾斜时,可以采取与完全刚性挡土墙一样的方法来求得。

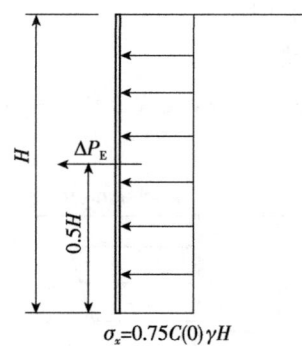

图 9-2　墙顶位移为 0.2%H 时其动土压力增量分布图示

(c) 柔性挡土墙。

如果墙顶部在重力和地震动土压力共同作用下至少发生 0.5%H 的位移，达到主动土压力的位移限制，其值可以通过库仑滑动土楔体理论和 M-O 公式求得。

M-O 公式所计算值包括静态主动土压力或被动土压力以及各自水平和竖向地震加速度所引起的土压力增量之和。一般竖向加速度影响相对水平方向的加速度影响要小得多，在实际计算中经常忽略。

柔性墙的 M-O 地震动主动土压力增量分布如图 9-3 所示。

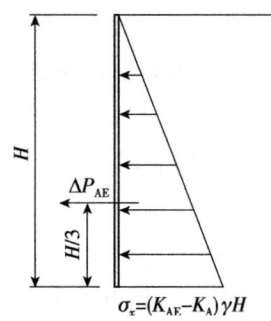

图 9-3　柔性墙的地震动主动土压力增量分布图示

其合力作用点位置距墙底以上 0.33H 处，其值为

$$\Delta P_{AE} = 0.5(K_{AE} - K_A)\gamma H^2 \tag{9-27}$$

式中，K_{AE} 为结合重力和地震荷载下的主动土压力系数：

$$K_{AE} = \frac{\cos^2(\varphi - \alpha)}{\cos^2\alpha \left[1 + \sqrt{\dfrac{\sin\varphi \cdot \sin(\varphi - \alpha)}{\cos\alpha}}\right]^2} \tag{9-28}$$

其中，φ 为填土内摩擦角；α 为结构物背面或假想背面与铅直面所成的角度，$\alpha = \arctan C(0)$。K_A 为静态下的主动土压力系数。

地震动主动土压力增量分布强度大小可以用下式计算：

$$\Delta p(z) = [\Delta K_{AE}/C(0)] \cdot C(0)\gamma z = [(K_{AE}-K_A)/C(0)] \cdot C(0)\gamma z \quad (9-29)$$

式中，$\Delta p(z)$ 为墙顶以下 z 处动土压力增量强度大小；$C(0)$ 为初始时期设计地面加速度系数。

对于墙背填土光滑、内摩擦角为 30°～35°的无黏性土挡墙的地震动主动土压力增量的计算也可以用以下公式计算：

$$\Delta P_{AE} = 0.5C(0)\gamma H^2 \quad (9-30)$$

式中，$C(0)$ 为初始时期设计地面加速度系数，此处一般取 0.2～0.3。

9.1.4 美国规范

美国规范 NCHRP[4] 中有关支挡结构的设计要点如下。

(1) 挡土墙的分类。

(a) 填方式挡土墙结构：①刚性重力式、半刚性重力式挡土墙；②预制模块重力式挡土墙；③加筋土挡土墙；④加筋护坡结构。

(b) 挖方式挡土墙结构：①非重力式的悬臂式挡土墙；②锚固式挡土墙；③原位加筋挡墙（如土钉墙，微桩墙）。

(2) 地震作用下的主、被动土压力的计算，采用 M-O 公式。

主动土压力：

$$P_{ae} = 0.5\gamma H^2(1-k_v)K_{AE} \quad (9-31)$$

被动土压力：

$$P_{pe} = 0.5\gamma H^2(1-k_v)K_{PE} \quad (9-32)$$

式中，主动土压力的系数为

$$K_{ae} = \frac{\cos^2(\varphi-\theta-\beta)}{\cos\theta\cos^2\beta\cos(\delta+\beta+\theta)\left[1-\sqrt{\frac{\sin(\varphi+\delta)\sin(\varphi-\theta-i)}{\cos(\delta+\beta+\theta)\cos(i-\beta)}}\right]^2} \quad (9-33)$$

被动土压力系数为

$$K_{pe} = \frac{\cos^2(\varphi-\theta+\beta)}{\cos\theta\cos^2\beta\cos(\delta-\beta+\theta)\left[1-\sqrt{\frac{\sin(\varphi+\delta)\sin(\varphi-\theta+i)}{\cos(\delta-\beta+\theta)\cos(i-\beta)}}\right]^2} \quad (9-34)$$

其中，γ 为土的重度；H 为挡墙的高度；φ 为土体的内摩擦角；δ 为墙背与填土间的摩擦角；k_h 为水平加速度系数；k_v 为竖向加速度系数；i 为墙后填土坡面与水平面的夹角；β 为墙背面与竖向面的夹角；$\theta = \arctan(k_h/(1-k_v))$。

(3) 锚杆挡土墙。

美国国家公路与运输协会（AASHTO）规定：锚杆挡土墙，也按照拟静力法考虑地震作用，将地震力等价为等效的静力。地震土压力按照 M-O 公式计算，忽略墙体本身的惯性力。地震产生的最大水平地震系数按照 $k_h = 1.5A$ 计算。

NCHRP 规范按照如下步骤进行锚杆挡墙的抗震设计：

(a) 锚杆挡墙静态设计仍然按照 AASHTO 规程进行设计。

(b) 首先确定地面峰值地震动系数 k_{max} 以及谱加速度 S_1，然后再确定与场地相关的加速度修正系数。

(c) 由 S_1 及地面峰值加速度（PGA）组成的相关系数方程确定相应的 PGA。

(d) 根据墙高效应（加速度沿着墙高的放大效应）对 k_{max} 进行修正，除非要求挡墙完全刚性，不允许有任何变形，其不适用于 AASHTO 规定的 1.5 倍系数。

(e) 根据 M-O 公式计算地震主动土压力。若允许挡墙有 1～2ft（1ft＝0.3048m）的永久位移，地震系数乘以 0.5 的修正系数进行修正。如果不允许挡墙有任何变形或者要求变形小于 1～2in（1in＝0.0254m），地震系数将不乘以修正系数，仍为初始确定后的地震系数。被动土压力系数根据规范中有关图表来确定。

(f) 地震动土压力分布采用与静态土压力分布相同的形式，根据荷载曲线，检验地震荷载下钢筋及锚固区的受力是否超过正常使用极限状态，确保锚固区在破裂面之外。

(g) 应用极限平衡法分析墙体的整体稳定，并考虑墙高效应（加速度沿着墙高的放大效应）对地震系数的修正。假设临界滑动面位于墙体单元下部，如果计算承载能力与要求的承载能力的比例系数小于 1，可以得出墙体此时将可能发生位移。

(h) 对于陡坡、PGA 较高的场地、墙后土体不能满足 M-O 公式的假定，M-O 公式不再适用的情况下，可使用极限状态分析法来计算墙后主动土压力。

9.2 国内抗震规范支挡结构抗震设计方法

9.2.1 公路规范

我国《公路工程抗震设计规范》（JTJ004-89）[5]有关挡土墙抗震设计的主要内容如下。

(1) 在验算挡土墙的抗震强度和稳定性时，只考虑垂直路线走向的水平地震荷载，不考虑竖向地震荷载。地震荷载应与结构重力、土的重力和水的浮力相结合，其他荷载均不考虑。

(2) 地震荷载采用拟静力法计算，挡土墙第 i 截面以上墙身重心处的水平地震荷载，按下式进行计算：

$$E_{ihw}=C_iC_zK_h\varphi_{iw}G_{iw} \quad (9-35)$$

式中，E_{ihw} 为第 i 截面以上墙身重心处的水平地震荷载；C_i 为重要性系数；C_z 为综合影响系数，取 $C_z=0.25$；φ_{iw} 为水平地震荷载沿墙高的分布系数，当挡墙的高度 $H\leqslant$ 12m 时，取 $\varphi_{iw}=1$，当挡墙的高度 $H\geqslant 12$ 时，对于三、四级公路，$\varphi_{iw}=1$，对于高速公路和一、二级公路，$\varphi_{iw}=1+H_{iw}/H$，其中，H_{iw} 为验算第 i 截面以上墙身重心至墙底的高度；G_{iw} 为第 i 截面以上墙身圬工的重力；K_h 为水平地震系数，K_h 按表 9-5 取用。

表 9-5　水平地震系数 K_h

基本烈度	7度	8度	9度
水平地震系数 K_h	0.1	0.2	0.4

(3) 作用于挡土墙上的地震主动土压力按库仑公式计算时，公式中土的重度 γ、土的内摩擦角 φ 和墙背与填土间的摩擦角 δ，均应按表 9-6 所列的地震角 θ 分别修正为 $\gamma/\cos\theta$、$\varphi-\theta$ 和 $\delta+\theta$，即可得到地震作用下的主动土压力计算公式：

$$P_{ae}=\frac{1}{2}\gamma H^2 K_{ae} \tag{9-36}$$

$$K_{ae}=\frac{\cos^2(\varphi-\alpha-\eta)}{\cos\eta\cos^2\alpha\cos(\alpha+\delta+\eta)\left[1+\sqrt{\frac{\sin(\varphi+\delta)\sin(\varphi-\beta-\eta)}{\cos(\alpha-\beta)\cos(\alpha+\delta+\eta)}}\right]^2} \tag{9-37}$$

式中，P_{ae} 为考虑地震作用时的总主动土压力；K_{ae} 为考虑地震作用时的主动土压力系数；α 为挡土墙墙面与竖直线的夹角；φ 为填土的内摩擦角；δ 为填土与挡土墙墙面的摩擦角；β 为填土表面的坡脚；η 为考虑地震作用时合成加速度与竖直线的夹角；γ 为填土的重度；H 为挡土墙的高度。K_h 为水平地震系数，根据挡土墙所在地区的设计地震烈度按表 9-5 选用。K_v 为竖向地震系数，通常取 $K_v=\frac{2}{3}K_h$。

表 9-6　地震角 θ

条件	不同烈度的 θ 值		
	7度	8度	9度
非浸水	1°30′	3°	6°
浸水	2°30′	5°	10°

式(9-36)适用于 $\alpha+\delta+\eta<90°$ 和 $\beta+\eta\leqslant\varphi$ 的情况，若 $\beta+\eta>\varphi$，按 $\varphi-\beta-\eta=0$ 计算。必须指出，用这种方法求出地震土压力 P_{ae} 后，在计算水平和竖向土压力 P_x 和 P_y 时，仍采用实际墙背摩擦角 δ，而不是 δ'。

(4) 挡土墙抗震强度和稳定性验算范围和要求。

(a) 当烈度为 7 度、8 度时，对于高速公路及一、二级公路：①当挡墙的地基土为液化土和软土时，需要验算挡墙强度和稳定性；②当挡墙的地基土为岩石、非液化土和非软土时，烈度为 8 度浸水情况和非浸水挡墙的高度大于 4m 的情况下，需要验算挡墙强度与稳定性。

(b) 当烈度为7度、8度时,对于三、四级公路,不需验算挡墙强度与稳定性。

(c) 当烈度为9度时,对于高速公路及一、二级公路和三、四级公路都需要验算挡墙强度与稳定性。

(5) 挡土墙的抗震强度与稳定性验算中,抗滑移稳定系数 $k_c \geqslant 1.1$,抗倾覆稳定系数 $k_o \geqslant 1.2$。

(6) 高速公路和一级公路不推荐使用干砌片石挡土墙。其余等级公路使用干砌片石挡土墙的高度,当基本烈度为8度时,不宜超过5m,当基本烈度为9度时,不宜超过3m。

(7) 浆砌片(块)石挡土墙的最低砂浆标号应按现行《公路路基设计规范》(JTJ30-2004)的要求提高一级采用。

9.2.2 铁路规范

我国《铁路工程抗震设计规范》(GB50111-2006)[6]中有关挡土墙抗震设计的主要内容如下。

(1) 在地震作用下,结构的性能应满足"小震不坏""中震可修""大震不倒"三级设防的要求。

(2) 挡土墙的抗震强度及稳定性应按设计地震进行验算。Ⅰ、Ⅱ级铁路的荷载包括恒载、活载和水平地震作用。水平地震作用应采用拟静力法计算。浸水挡土墙应计算常水位的静水压力和浮力。

(3) 作用在挡土墙上的力系可能有:

(a) 墙身自重及墙顶部的恒载;

(b) 作用于墙背的地震主动土压力(Ⅰ、Ⅱ级铁路包括列车活载的影响);

(c) 墙身重力所产生的水平地震力;

(d) 墙底法向反力和摩擦力;

(e) 常水位的水压力及浮力。

(4) 地震荷载采用拟静力法计算,挡土墙第 i 截面以上墙身重心处的水平地震荷载,应按下式计算:

$$F_{ihE} = \eta \cdot A_g \cdot \eta_i \cdot m_i \tag{9-38}$$

式中,F_{ihE} 为第 i 截面以上墙身重心处的水平地震荷载;η 为水平地震作用修正系数,岩石地基取0.20,非岩石地基取0.25;η_i 为水平地震荷载沿墙高的增大系数,当挡墙的高度 $H \leqslant 12m$ 时,取 $\eta_i = 1$,当挡墙的高度 H 大于12时,$\eta_i = 1 + h_i/H$,其中,h_i 为验算第 i 截面以上墙身重心至墙底的高度;m_i 为第 i 截面以上墙身的质量(t);A_g 为地震动峰值加速度(m/s²),A_g 按表9-7取用。

表 9-7 抗震设防烈度和地震动峰值加速度 A_g 的对应表

抗震设防烈度	地震动峰值加速度 A_g
6 度	$0.05g$
7 度	$0.10g$
	$0.15g$
8 度	$0.20g$
	$0.30g$
9 度	$0.40g$

(5) 地震主动土压力按库仑理论公式计算,将墙后土楔体产生的水平地震力作用在其质心处,然后用静力学的平衡原理求算,这种静力法计算地震主动土压力,有两个假定条件:

(a) 只考虑地面运动的水平分量影响,且墙身各点的水平加速度和地面相同,不计地面运动的竖向分量和转动分量的影响;

(b) 土的力学指标采用静力状态值。

(6) 作用于挡土墙上的地震主动土压力按库仑公式计算时,其计算公式与公路规范一样,见式(9-36),公式中土的重度 γ,土的内摩擦角 φ 或土的综合内摩擦角 φ_0,墙背与填土间的摩擦角 δ,均应按表 9-8 所列的地震角 θ 分别修正为 $\gamma/\cos\theta$、$\varphi-\theta$、$\varphi_0-\theta$ 和 $\delta+\theta$。

表 9-8 地震角 θ

条件	不同烈度的 θ 值			
	7 度($0.1g$、$0.15g$)	8 度($0.2g$)	8 度($0.3g$)	9 度($0.4g$)
水上	$1°30'$	$3°$	$4°30'$	$6°$
水下	$2°30'$	$5°$	$7°30'$	$10°$

(7) Ⅰ、Ⅱ级铁路挡土墙抗震强度和稳定性验算范围和要求。

(a) 当烈度为 7 度($0.10g$、$0.15g$)时:①当挡墙的地基土为液化土和软土时,需要验算挡墙强度和稳定性;②当挡墙的地基土为岩石、非液化土和非软土时,不需要验算挡墙强度和稳定性。

(b) 当烈度为 8 度($0.20g$、$0.30g$)、9 度($0.40g$)时,不论挡墙的地基土为液化土和软土,还是岩石、非液化土和非软土,都需验算挡墙强度和稳定性。

(8) 挡土墙抗震强度和稳定性验算中,抗滑移稳定系数为 $k_c \geqslant 1.1$,而抗倾覆稳定系数为 $k_0 \geqslant 1.3$。

(9) 设防烈度为 8 度($0.20g$、$0.30g$)、9 度($0.40g$)时,Ⅰ、Ⅱ级铁路挡土墙的高度应符合以下规定:

(a) 路肩、路堤和土质路堑重力式挡土墙高度不宜大于 8m;

(b) 石质路堑重力式挡土墙高度不宜大于 10m。

9.3 多级锚杆挡墙支护高边坡静动稳定性分析与抗震设计方法

目前,极限分析理论已广泛应用于岩土工程中,在边坡的静、动稳定性分析方面也取得了一定的进展。在支挡结构-边坡系统的稳定性分析方面,极限分析理论的应用研究主要集中在土钉、预应力锚索、加筋土和抗滑桩等支护边坡的静、动稳定性分析方面。在锚杆挡墙及其多级支护边坡以及锚杆挡墙与其他形式支挡结构组合支护边坡的稳定性分析研究方面,尤其是地震作用下的动力稳定性分析方面相对较少。

锚杆挡土墙是一种格构护坡与锚杆或预应力锚索等锚固工程相结合的新型柔性支挡结构,由框架、锚杆和墙后土体组成,其框架部分由立柱、横梁及挡土板三部分组成,协同承担边坡土压力并通过框架结构将土压力传给锚杆,锚杆则依靠锚固于稳定的岩土体内的抗拔力来平衡这种土压力。锚杆挡土墙包括柱板式、板肋式、格构式等类型。格构梁护坡与锚固工程的结合,形成格构锚固复合结构,在边坡稳定性防治方面有其独特性,既能保证边坡的深层加固又可兼顾浅层护坡,可顺地形而设不必开挖扰动边坡,静力变形协调能力强,地震条件下也表现出良好的动力稳定性能。周德培等[7]通过对汶川地震中道路边坡工程震害分析后认为,采用预应力锚索抗滑桩、框架锚杆支护加固的边坡,具有较好的抗震性能,其原因是锚索、锚杆将桩、框架结构与边坡岩土体牢牢地联系在一起而形成整体,使支挡结构与岩土体的位移变形能够协调一致。此外,框架锚杆的"加筋"作用也较为明显,能有效降低边坡体的应力集中程度,抑制坡表位移,从而发生破坏的可能性较小,因此在各类边坡工程、基坑工程等的防护治理中得到广泛推广和应用。

目前对这种支挡结构作用机理的研究还非常有限,主要集中在两个方面:一是通过研究锚固体与坡体间的相互作用机制,来研究锚固段的合理取值;二是研究框架梁内力计算方法和结构设计方法等。

由于拟建中的大瑞铁路沿线较多采用多级锚杆挡墙或锚杆挡墙与重力式挡墙、桩板式挡墙组合的支挡结构形式,所以本章将塑性极限分析上限定理与高边坡锚固支护有机结合,研究地震作用下多级锚杆挡墙、锚杆挡墙与其他形式支挡结构组合的多级支护边坡地震动力稳定性,对影响锚固边坡动态稳定性的一些参数进行敏感性分析,并给出了相关工程抗震设计建议,为深入研究地震作用下多级锚固边坡的稳定性分析方法、抗震设计理论与设计方法,指导工程设计提供新的途径。

9.3.1 极限分析上限法

在岩土边坡稳定性分析中,需要了解的是岩土结构最终达到塑性极限状态时,即开始产生无限制塑性流动时所对应的破坏荷载,并不一定需要知道应力和应变随外荷载如何变化的过程。传统的极限平衡法,因各条块之间复杂的相互作用力影响计算结果的准确性,而难以确保其解答是精确解的上限或下限;塑性极限分析方法绕过弹塑性的变形过程,其上限定理和下限定理得到的解答则为精确解答的上限和下限,为边坡稳定性分析提供了严格方法,并且又简化了求解过程,因而近年来在边坡加固工程措施中的应用日益广泛。

在支挡结构与边坡系统的稳定性分析中,可将岩土体和支挡结构或锚固结构作为两种独立的结构分别处理,这种方法称为结构性方法(structural approach)[8]或混合方法(mixed approach)。而在其地震动力稳定性分析中,工程实践中常采用拟静力法[9-11]将地震的动力效应简化为水平向和竖直向的惯性力作用于结构上。

基于此,本章将拟静力法和塑性极限分析上限定理有机结合,探讨地震作用下多级支护边坡的静动稳定性分析方法。在支挡结构与边坡系统中构造线性速度场,并使其满足屈服条件和流动法则,在速度边界上满足边界条件,根据能量耗散情况寻求问题的上限解析解。

虚功率原理表明,对于一个理想刚塑性体,任意一组静力容许的应力场和任意一组机动容许位移速度场,外力的虚功率等于物体所能接受的虚变形功率。在此基础上可推导出上限定理为:在与所有机动容许的塑性变形速度场相对应的荷载中,极限荷载最小[12]。极限分析静动法建立在塑性理论的上限定理基础之上,根据其理论的证明,塑性极限分析上限法应用于土体时应满足以下的假定:①岩土体为理想塑性材料;②岩土体屈服函数在应力空间内外凸;③岩土体遵循相关联流动法则。上限定理中,假设边坡破坏失稳时的岩土体以刚塑性体形式运动,要求对于任意机动容许的破坏机制,作用在边坡表面的力和体力所做的功率,不大于在容许运动速率场中的能量耗散,即外力功率不大于内能耗损功率,可用下式表示:

$$\int_S T_i v_i \mathrm{d}S + \int_V X_i v_i^* \mathrm{d}V \leqslant \int_V \sigma_{ij}^* \varepsilon_{ij}^* \mathrm{d}V \quad (9-39)$$

式中,S 和 V 分别为荷载边界和破坏的岩土体体积;T_i 为表面力矢量;X_i 为体积力矢量;v_i 为机动许可的速度场,在边界 S 上,$v_i^* = v_i$;ε_{ij}^* 为与 v_i 相容的应变率场;σ_{ij}^* 为与 X_i 和 T_i 相关联的应力场。方程左边和右边分别表示体系的外力功率和塑性内能功率。

对于无支护的岩土边坡的稳定性问题,外力功率为滑体的重力所做的功率,内能耗散功率则仅发生在速度间断面上。如考虑边坡超载、岩土体孔隙水压力以及地震荷载效应,则可在式(9-39)左边的第二项中加以考虑;如边坡进行了支护,支挡结构所做的功率考虑为能量耗散,则在式(9-39)右边加以计算。

9.3.2 基本假定

在进行多级锚固支护结构与边坡体系的地震动力稳定性分析时,参考有关研究

成果,应用如下基本假设:

(1) 按平面应变问题进行分析;

(2) 边坡岩土体为理想刚塑性体,遵循相关联流动法则,服从线性摩尔-库仑破坏准则,按照强度折减技术对岩土体抗剪强度参数 c 和 φ 进行折减;

(3) 不考虑填土孔隙水压力作用,也不考虑岩土体抗剪强度参数 c 和 φ 由于地震荷载作用而产生的变化;

(4) 不考虑地震荷载对锚固结构强度的影响,同时不考虑锚固结构以及框架部分的重力影响;

(5) 假定锚固结构在整个分析过程中保持良好状态,采用"结构性方法"分析锚固结构的内力;

(6) 采用拟静力法分析水平向、竖向地震效应。考虑到竖向地震较少与水平向地震同时达到加速度峰值,因而将竖向地震荷载效应等效为水平向等效静态力的一个分量,即 $k_v = a \cdot k_h$,a 为 k_v 相对于 k_h 的比例系数,研究时取 $a = 1/3, 2/3$ 和 1.0 进行参数分析。

因此,在进行极限分析上限能耗计算时,外力功率分别由边坡岩土体的重力和地震荷载所做的功,内能耗损功率则由破坏面内能损耗率和支挡结构抗力所做的功率组成。

9.3.3 破坏机构

对于多级锚固结构支护边坡,在锚固结构与边坡体系的动力稳定性分析中,建立如图 9-4 所示的三级锚杆挡土墙支护高边坡的破坏机构。

设滑动面 AB 为通过坡趾 B 点的对数螺旋面,锚杆挡土墙与边坡 $ABCC'DD'A'A$ 区域刚塑性土体绕转动中心 O,相对潜在对数螺旋线 AB 面以下的刚体材料,以角速度 Ω 转动。AB 面是一个速度间断面,当土体处于塑性流动或剪切滑动状态时,其上任意点的应变速度矢量 $V(\theta)$ 与该点处滑动切线的夹角为 φ,此时则为塑性极限分析的机动许可速度场,外力所做的功率等于内能耗损功率。

基线 OA 和 OB 的长度、倾角分别为 R_0、θ_0 和 R_h、θ_h,边坡总高度为 H(其中 α_1、α_2 和 α_3 为高度系数)。破坏机构可由 θ_0、θ_h 和 β_i 三个变量确定。$\overline{AA'}$、$\overline{CC'}$ 和 $\overline{DD'}$ 的长度分别为 L、d_1 和 d_2。

对数螺旋线方程见式(9-40),几何关系 $\dfrac{H}{R_0}$ 和 $\dfrac{L}{R_0}$ 分别见式(9-41)和式(9-42)。

$$R(\theta) = R_0 \cdot e^{(\theta - \theta_0) \cdot \tan\varphi} \tag{9-40}$$

式中,φ 为土的内摩擦角。

于是基线 OB 的长度则为 $R_h = R_0 \cdot e^{(\theta_h - \theta_0) \cdot \tan\varphi}$。

根据图 9-4 中的几何关系,可得到

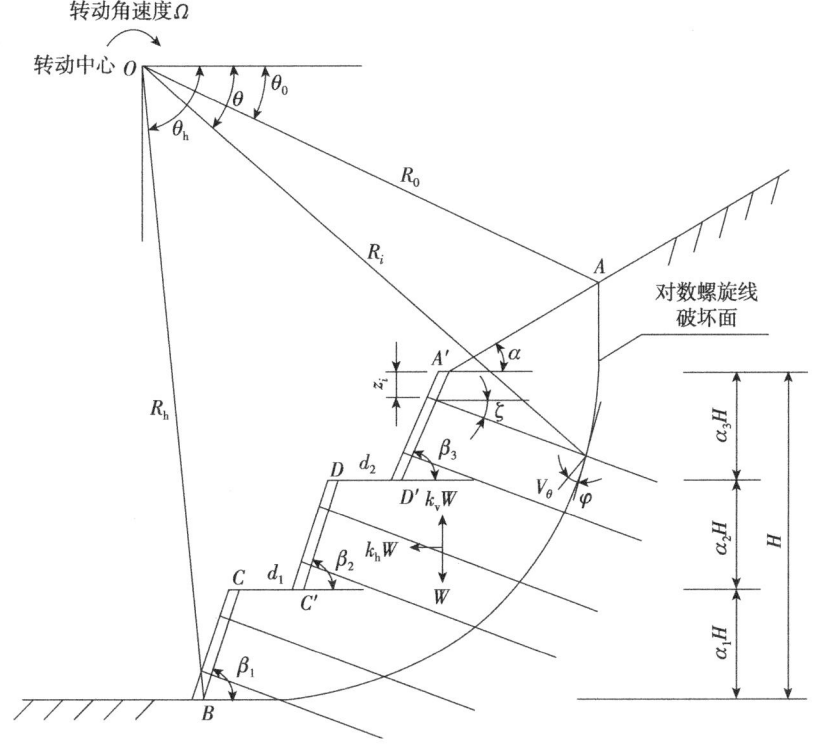

图 9-4　三级锚杆挡土墙支护高边坡稳定性分析破坏机构

$$\frac{H}{R_0}=\frac{\sin(\theta_h+\alpha)\cdot e^{(\theta_h-\theta_0)\cdot\tan\varphi}-\sin(\theta_0+\alpha)}{\cos\alpha-(\alpha_1\cot\beta_1+\alpha_2\cot\beta'_2+\alpha_3\cot\beta'_3)\cdot\sin\alpha} \quad (9-41)$$

$$\frac{L}{R_0}\cdot\cos\alpha=\cos\theta_0-\cos\theta_h\cdot e^{(\theta_h-\theta_0)\cdot\tan\varphi}-(\alpha_1\cot\beta_1+\alpha_2\cot\beta'_2+\alpha_3\cot\beta'_3)\cdot\frac{H}{R_0} \quad (9-42)$$

式中，β'_2 和 β'_3 分别为 CD 与 CC'、DA' 与 DD' 的夹角，且分别由 $\cot\beta'_2=\cot\beta_2+\dfrac{d_1}{\alpha_2 H}$ 以及 $\cot\beta'_3=\cot\beta_3+\dfrac{d_2}{\alpha_3 H}$ 确定。

9.3.4　能耗计算

根据塑性极限分析上限定理，在机动许可的速度场内，当外力功率与内能耗损功率相等时，刚塑性土坡产生破坏。据此进行塑性能耗计算与动力稳定性分析。

在图 9-4 所示的边坡破坏机构中，外力包括土体重力和地震荷载，内力包括支挡结构平衡土压力所需的抗力以及滑动面上的黏附力。因此，在使用塑性极限分析上限定理时，应变速度场上的外力功率有土体重力 W 的功率 $\dot{W}_s$，水平和竖向地震惯性力的功率 $\dot{W}_{k_h}$ 和 $\dot{W}_{k_v}$，其中 k_h 和 k_v 分别为水平和竖向地震力系数。因而外力所做的

功率为 $\dot{W}=\dot{W}_s+\dot{W}_{k_h}+\dot{W}_{k_v}$。内能耗散功率则包括速度间断面上的能量耗散 $\dot{D}_c$ 和锚杆抗力 T 所做的功率 $\dot{D}_T$，因而内能耗散功率为 $\dot{D}=\dot{D}_c+\dot{D}_T$。

1. 外力功率 $\dot{W}$

刚塑性土体重力、地震惯性力所做的外力功率包括三个部分：重力所做的外功率 $\dot{W}_s$、水平地震荷载所做的外功率 $\dot{W}_{k_h}$ 以及竖向地震荷载所做的外功率 $\dot{W}_{k_v}$。

1）土体重力功率 $\dot{W}_s$

土体重力功率 $\dot{W}_s$ 是由图 9-4 中刚塑性区 $ABCC'DD'A'A$ 土体重力所做的外功率，通过分别求出区域 OAB、OAA'、$OA'D'$、$OD'D$、ODC'、$OC'C$ 和 OCB 土体重力所做的功率，然后进行叠加，即单位宽度土体自重所做的外力动率，由下式计算：

$$\dot{W}_s = \gamma R_0^3 \Omega \cdot (f_1 - f_2 - f_3 - f_4 - f_5 - f_6 - f_7) \tag{9-43}$$

式中，γ 为土的重度，kN/m^3；$f_1 \sim f_7$ 为关于 (θ_h, θ_0) 的函数，见式(9-44)～式(9-50)，其他参数见前述。

$$f_1 = \frac{1}{3(1+9\tan^2\varphi)} [(3\tan\varphi\cos\theta_h + \sin\theta_h) \cdot e^{3(\theta_h-\theta_0)\tan\varphi} - (3\tan\varphi\cos\theta_0 + \sin\theta_0)] \tag{9-44}$$

$$f_2 = \frac{1}{6} \cdot \frac{L}{R_0} \cdot \left(2\cos\theta_0 - \frac{L}{R_0} \cdot \cos\alpha\right) \cdot \sin(\theta_0+\alpha) \tag{9-45}$$

$$f_3 = \frac{\alpha_3}{3} \cdot \frac{H}{R_0} \cdot \left[\cos^2\theta_0 + \frac{L}{R_0} \cdot \left(\frac{L}{R_0} \cdot \cos^2\alpha - \frac{1}{2} \cdot \frac{L}{R_0} \cdot \sin2\alpha\cot\beta_3 - 2\cos\theta_0\cos\alpha + \cos\theta_0\sin\alpha\cot\beta_3\right) + \sin\theta_0\cot\beta_3 \cdot \left(\cos\theta_0 - \frac{L}{R_0} \cdot \cos\alpha\right)\right]$$

$$-\frac{\alpha_3}{2} \cdot \frac{H}{R_0} \cdot \cot\beta_3 \cdot \left(\cos\theta_0 - \frac{L}{R_0} \cdot \cos\alpha + \sin\theta_0\cot\beta_3 + \frac{L}{R_0} \cdot \sin\alpha\cot\beta_3\right) \right] \tag{9-46}$$

$$f_4 = \frac{1}{3} \cdot \frac{d_2}{R_0} \cdot \left\{\alpha_3 \cdot \frac{H}{R_0} \cdot \left(\cos\theta_0 - \frac{L}{R_0}\cos\alpha - \alpha_3 \cdot \frac{H}{R_0}\cot\beta_3 - \sin\theta_0\cot\beta_3 - \frac{1}{2} \cdot \frac{d_2}{R_0}\right)\right.$$

$$-\frac{L}{R_0} \cdot \left[\sin(\theta_0-\alpha) + \frac{1}{2} \cdot \frac{L}{R_0}\sin2\alpha + \frac{1}{2} \cdot \frac{d_2}{R_0} \cdot \sin\alpha + \frac{H}{R_0} \cdot \alpha_3\sin\alpha\cot\beta_3\right]$$

$$\left. + \frac{1}{2} \cdot \sin2\theta_0 - \frac{1}{2} \cdot \frac{d_2}{R_0} \cdot \sin\theta_0\right\} \tag{9-47}$$

$$f_5 = \frac{\alpha_2}{3} \cdot \frac{H}{R_0} \cdot \left[\cos^2\theta_0 + \frac{L}{R_0}\right.$$

$$\cdot \left(\frac{L}{R_0} \cdot \cos^2\alpha - \frac{1}{2} \cdot \frac{L}{R_0} \cdot \sin2\alpha\cot\beta_2 - 2\cos\theta_0\cos\alpha + \cos\theta_0\sin\alpha\cot\beta_2\right)$$

$$+ \sin\theta_0\cot\beta_2 \cdot \left(\cos\theta_0 - \frac{L}{R_0} \cdot \cos\alpha - \frac{H}{R_0} \cdot \alpha_3\cot\beta_3 - \frac{d_2}{R_0}\right)$$

$$-\frac{\alpha_2}{2} \cdot \frac{H}{R_0} \cdot \cot\beta_2 \cdot \left(\cos\theta_0 - \frac{L}{R_0} \cdot \cos\alpha + \sin\theta_0\cot\beta_2 + \frac{L}{R_0} \cdot \sin\alpha\cot\beta_2 + \frac{d_2}{R_0}\right)$$

$$-\alpha_3 \cdot \frac{H}{R_0} \cdot \cot\beta_3 \cdot \left(\cos\theta_0 - \frac{L}{R_0} \cdot \cos\alpha + \frac{L}{R_0} \cdot \sin\alpha\cot\beta_3 - \frac{d_2}{R_0}\right)$$

$$-\frac{d_2}{R_0} \cdot \left(2\cos\theta_0 - \frac{L}{R_0} \cdot 2\cos\alpha + \frac{L}{R_0} \cdot \sin\alpha\cot\beta_2 - \frac{d_2}{R_0}\right)\Big] \tag{9-48}$$

$$f_6 = \frac{1}{3} \cdot \frac{d_1}{R_0} \cdot \Big\{ \alpha_2 \cdot \frac{H}{R_0}$$

$$\cdot \left(\cos\theta_0 - \frac{L}{R_0}\cos\alpha - \alpha_2 \cdot \frac{H}{R_0}\cot\beta_2 - \alpha_3 \cdot \frac{H}{R_0}\cot\beta_3 - \sin\theta_0\cot\beta_2 - \frac{1}{2} \cdot \frac{d_1}{R_0} - \frac{d_2}{R_0}\right)$$

$$+\alpha_3 \cdot \frac{H}{R_0} \cdot \left(\cos\theta_0 - \frac{L}{R_0}\cos\alpha - \alpha_2 \cdot \frac{H}{R_0}\cot\beta_2 - \alpha_3 \cdot \frac{H}{R_0}\cot\beta_3 - \sin\theta_0\cot\beta_3 - \frac{1}{2} \cdot \frac{d_1}{R_0} - \frac{d_2}{R_0}\right)$$

$$-\frac{L}{R_0} \cdot \left[\sin(\theta_0 - \alpha) + \frac{1}{2} \cdot \frac{L}{R_0}\sin2\alpha + \frac{1}{2} \cdot \frac{d_1}{R_0} \cdot \sin\alpha + \frac{d_2}{R_0} \cdot \sin\alpha + \alpha_2 \cdot \frac{H}{R_0} \cdot \sin\alpha\cot\beta_2\right.$$

$$\left.-\alpha_3 \cdot \frac{H}{R_0} \cdot \sin\alpha\cot\beta_3\right] + \frac{1}{2} \cdot \sin2\theta_0 - \frac{1}{2} \cdot \frac{d_1}{R_0} \cdot \sin\theta_0 - \frac{d_2}{R_0} \cdot 2\sin\theta_0 \Big\} \tag{9-49}$$

$$f_7 = \frac{\alpha_1}{3} \cdot \frac{H}{R_0} \cdot \left[\left(\cos^2\theta_h + \frac{1}{2}\sin2\theta_h\cot\beta_1\right) \cdot e^{2(\theta_h - \theta_0)\tan\varphi} \right.$$

$$\left. + \frac{\alpha_1}{2} \cdot \frac{H}{R_0} \cdot \cot\beta_1 \cdot (\cos\theta_h + \sin\theta_h\cot\beta_1) \cdot e^{(\theta_h - \theta_0)\tan\varphi} \right] \tag{9-50}$$

2) 水平地震力功率 $\dot{W}_{k_h}$

水平地震力功率 $\dot{W}_{k_h}$ 是由图 9-4 中刚塑性土体 $ABCC'DD'A'A$，在水平地震力作用下所做的外功率，同样采取分别求出区域 OAB、OAA'、$OA'D'$、$OD'D$、ODC'、$OC'C$ 和 OCB 土体重力，在水平地震惯性力作用下所做的功率，然后进行叠加，由下式计算：

$$\dot{W}_{k_h} = k_h \cdot \gamma R_0^3 \Omega \cdot (f_8 - f_9 - f_{10} - f_{11} - f_{12} - f_{13} - f_{14}) \tag{9-51}$$

式中，k_h 为水平地震系数；$f_8 \sim f_{14}$ 为关于 (θ_h, θ_0) 的函数，见式(9-52)～式(9-58)，其他参数见前述。

$$f_8 = \frac{1}{3(1+9\tan^2\varphi)} [(3\tan\varphi\sin\theta_h - \cos\theta_h) \cdot e^{3(\theta_h - \theta_0)\tan\varphi} - (3\tan\varphi\sin\theta_0 - \cos\theta_0)] \tag{9-52}$$

$$f_9 = \frac{1}{6} \cdot \frac{L}{R_0} \cdot \left(2\sin\theta_0 + \frac{L}{R_0} \cdot \sin\alpha\right) \cdot \sin(\theta_0 + \alpha) \tag{9-53}$$

$$f_{10} = \frac{\alpha_3}{3} \cdot \frac{H}{R_0} \cdot \Big\{ \cot\beta_3 \sin^2\theta_0 + \frac{1}{2} \cdot \sin2\theta_0 + \left(\frac{L}{R_0}\right)^2 \cdot \left(\cot\beta_3 \sin^2\alpha - \frac{1}{2} \cdot \sin2\alpha\right)$$

$$+ \frac{L}{R_0} \cdot [2\cot\beta_3 \sin\alpha\sin\theta_0 - \sin(\theta_0 - \alpha)]$$

$$+ \frac{\alpha_3}{2} \cdot \frac{H}{R_0} \cdot \left(\frac{L}{R_0} \cdot \cot\beta_3 \sin\alpha + \cot\beta_3 \sin\theta_0 + \cos\theta_0 - \frac{L}{R_0} \cdot \cos\alpha\right) \Big\} \tag{9-54}$$

$$f_{11} = \frac{1}{3} \cdot \frac{d_2}{R_0} \cdot \left(\alpha_3 \cdot \frac{H}{R_0} + \frac{L}{R_0}\sin\alpha + \sin\theta_0\right)^2 \tag{9-55}$$

$$f_{12} = \frac{\alpha_2}{3} \cdot \frac{H}{R_0} \cdot \left\{ \cot\beta_2 \sin^2\theta_0 + \frac{1}{2} \cdot \sin2\theta_0 + \left(\frac{L}{R_0}\right)^2 \cdot \left(\cot\beta_2 \sin^2\alpha - \frac{1}{2} \cdot \sin2\alpha\right) \right.$$
$$+ \frac{L}{R_0} \cdot \left[2\cot\beta_2 \sin\alpha\sin\theta_0 - \sin(\theta_0 - \alpha) \right]$$
$$+ \frac{\alpha_2}{2} \cdot \frac{H}{R_0} \cdot \left(\frac{L}{R_0} \cdot \cot\beta_2 \sin\alpha + \cot\beta_2 \sin\theta_0 + \cos\theta_0 - \frac{L}{R_0} \cdot \cos\alpha \right)$$
$$+ \alpha_3 \cdot \frac{H}{R_0} \cdot \left(\frac{L}{R_0} \cdot \cot\beta_2 \sin\alpha + \cot\beta_2 \sin\theta_0 + \cos\theta_0 - \frac{L}{R_0} \cdot \cos\alpha \right)$$
$$\left. - \frac{d_2}{R_0} \cdot \left(\frac{\alpha_2}{2} \cdot \frac{H}{R_0} + \alpha_3 \cdot \frac{H}{R_0} + \frac{L}{R_0} \cdot \sin\alpha + \sin\theta_0 \right) \right\} \quad (9\text{-}56)$$

$$f_{13} = \frac{1}{3} \cdot \frac{d_1}{R_0} \cdot \left[(\alpha_2 + \alpha_3) \cdot \frac{H}{R_0} + \frac{L}{R_0}\sin\alpha + \sin\theta_0 \right]^2 \quad (9\text{-}57)$$

$$f_{14} = \frac{\alpha_1}{3} \cdot \frac{H}{R_0} \cdot \left[\sin\theta_h \cdot e^{(\theta_h - \theta_0)\cdot\tan\varphi} - \frac{\alpha_1}{2} \cdot \frac{H}{R_0} \right] \cdot (\cos\theta_h + \sin\theta_h \cot\beta_1) \cdot e^{(\theta_h - \theta_0)\cdot\tan\varphi}$$
$$(9\text{-}58)$$

3) 竖向地震力功率 $\dot{W}_{k_v}$

竖向地震力功率 $\dot{W}_{k_v}$ 是由图 9-4 中刚塑性土体 $ABCC'DD'A'A$，在竖向地震力作用下所做的外功率，由下式计算：

$$\dot{W}_{k_v} = k_v \cdot \gamma R_0^3 \Omega \cdot (f_1 - f_2 - f_3 - f_4 - f_5 - f_6 - f_7) \quad (9\text{-}59)$$

式中，k_v 为竖向地震影响系数；其他参数同上。

设 $F_1 = f_1 - f_2 - f_3 - f_4 - f_5 - f_6 - f_7$，$F_2 = f_8 - f_9 - f_{10} - f_{11} - f_{12} - f_{13} - f_{14}$，于是得到外力总功率为

$$\dot{W} = \gamma R_0^3 \Omega \cdot [(1 - k_v) \cdot F_1 + k_h \cdot F_2] \quad (9\text{-}60)$$

2. 内能耗散功率 $\dot{D}$

内能耗散功率包括速度间断面上的能量耗散 $\dot{D}_c$ 和锚杆抗力 T 所做的功率 $\dot{D}_T$。

1) 速度间断面上的能量耗散 $\dot{D}_c$

边坡发生塑性破坏时，可认为刚塑性区 $ABCC'DD'A'A$ 内局部变形基本一致，其内部不产生功率耗散。假设岩土体服从线性摩尔-库仑屈服准则和相关联流动法则，对于二维平面应变问题，速度间断面 AB 上的能量耗散率 $\dot{D}_c$ 可通过对其能量损耗率的微分沿整个间断面进行积分而得到[12]，即

$$\dot{D}_c = \int_{\theta_0}^{\theta_h} c \cdot V\cos\varphi \cdot \frac{R \cdot d\theta}{\cos\varphi}$$
$$= \frac{cR_0^2 \Omega}{2\tan\varphi} \cdot [e^{2(\theta_h - \theta_0)\cdot\tan\varphi} - 1]$$
$$= cR_0^2 \Omega \cdot f_{15} \quad (9\text{-}61)$$

式中，c 为土的黏聚力。

$$f_{15} = \frac{1}{2\tan\varphi} \cdot [e^{2(\theta_h - \theta_0)\tan\varphi}] \qquad (9-62)$$

其他参数见前述。

2) 锚杆抗力 T 所做的功率 $\dot{D}_T$

当边坡在锚杆挡土墙支护下，挡墙承受的土压力通过框架传递给锚杆，由锚杆的抗拔力进行平衡，因此锚杆抗拔力所提供的总抗力 T 所做的功率 $\dot{D}_T$，按下式计算：

$$\dot{D}_T = R_0 \Omega \cdot \sum_{i=1}^{n} T_i \sin(\theta_i - \zeta) \cdot e^{(\theta_i - \theta_0)\cdot\tan\varphi} \qquad (9-63)$$

式中，T_i 为第 i 根锚杆所提供的抗力荷载，kN；θ_i 为第 i 根锚杆所在位置和 O 点的连线与过 O 点水平线的夹角，如图 9-4 所示；ζ 为锚杆的倾角，如图 9-4 所示；其他参数见前述。

θ_i 可通过式(9-64)和式(9-65)所确定的 $\frac{z_i}{H}$ 进行计算。由图 9-4 可得到以下几何关系：

$$b_i \sin\zeta + z_i + L\sin\alpha + R_0 \sin\theta_0 = R_i \sin\theta_i \qquad (9-64)$$

$$(d_1 + d_2) + (\alpha_1 \cot\beta_1 + \alpha_2 \cot\beta_2 + \alpha_3 \cot\beta_3) \cdot H - z_i \cot\beta_3 + b_i \cos\zeta$$
$$= R_i \cos\theta_i - R_h \cos\theta_h \qquad (9-65)$$

式中，b_i 为第 i 根锚杆自由段长度，由式(9-65)确定：

$$b_i = \frac{H}{\sin\zeta} \cdot \left[\left(\frac{H}{R_0}\right)^{-1} \cdot \sin\theta_i \cdot e^{(\theta_i - \theta_0)\cdot\tan\varphi'} - \frac{z_i}{H} - \frac{L}{R_0} \cdot \left(\frac{H}{R_0}\right)^{-1} \cdot \sin\alpha - \left(\frac{H}{R_0}\right)^{-1} \cdot \sin\theta_0\right]$$
$$(9-66)$$

z_i 为第 i 根锚杆在坡面的位置距离坡顶的垂直高度，m。根据式(9-66)和式(9-65)得到在高度 $\alpha_3 H$ 内的锚杆 $\frac{z_i}{H}$：

$$\frac{z_i}{H} \cdot \frac{H}{R_0} \cdot (1 + \cot\beta_3 \tan\zeta) = \frac{H}{R_0} \cdot (\alpha_1 \cot\beta_1 + \alpha_2 \cot\beta_2 + \alpha_3 \cot\beta_3) \cdot \tan\zeta$$
$$+ (\sin\theta_i - \cos\theta_i \tan\zeta) \cdot e^{(\theta_i - \theta_0)\cdot\tan\varphi'} + \cos\theta_h \tan\zeta \cdot e^{(\theta_h - \theta_0)\cdot\tan\varphi'}$$
$$- \sin\theta_0 - \frac{L}{R_0} \cdot \sin\alpha + \left(\frac{d_1}{R_0} + \frac{d_2}{R_0}\right) \cdot \tan\zeta \qquad (9-67)$$

同样，根据几何关系，可以得到在高度 $\alpha_2 H$ 内的锚杆 $\frac{z_i}{H}$ 为

$$\frac{z_i}{H} \cdot \frac{H}{R_0} \cdot (1 + \cot\beta_2 \tan\zeta) = \frac{H}{R_0} \cdot (\alpha_1 \cot\beta_1 + \alpha_2 \cot\beta_2 + \alpha_3 \cot\beta_2) \cdot \tan\zeta$$
$$+ (\sin\theta_i - \cos\theta_i \tan\zeta) \cdot e^{(\theta_i - \theta_0)\cdot\tan\varphi'} + \cos\theta_h \tan\zeta \cdot e^{(\theta_h - \theta_0)\cdot\tan\varphi'}$$
$$- \sin\theta_0 - \frac{L}{R_0} \cdot \sin\alpha + \frac{d_1}{R_0} \cdot \tan\zeta \qquad (9-68)$$

在高度 $\alpha_1 H$ 内的锚杆 $\frac{z_i}{H}$ 则为

$$\frac{z_i}{H} \cdot \frac{H}{R_0} \cdot (1+\cot\beta_1\tan\zeta) = \frac{H}{R_0} \cdot \cot\beta_1 \cdot \tan\zeta$$
$$+ (\sin\theta_i - \cos\theta_i\tan\zeta) \cdot e^{(\theta_i-\theta_0)\cdot\tan\varphi'}$$
$$+ \cos\theta_h\tan\zeta \cdot e^{(\theta_h-\theta_0)\cdot\tan\varphi'} - \sin\theta_0 - \frac{L}{R_0} \cdot \sin\alpha \quad (9\text{-}69)$$

于是得到内能耗散功率为

$$\dot{D} = \dot{D}_c + \dot{D}_T$$
$$= cR_0^2\Omega \cdot f_{15} + R_0\Omega \cdot \sum_{i=1}^{n} T_i\sin(\theta_i - \zeta) \cdot e^{(\theta_i-\theta_0)\cdot\tan\varphi} \quad (9\text{-}70)$$

9.3.5 基于强度折减技术的静动稳定性分析

极限平衡法将岩土体沿滑动面的抗剪强度参数进行折减，边坡沿该滑动面达到极限平衡状态时的折减系数即为边坡稳定安全系数。强度折减法是将整个边坡岩土体的抗剪强度参数进行折减，边坡达到临界失稳状态时的折减系数即为边坡稳定安全系数。

本章基于强度折减法原理，将边坡稳定安全系数定义为：当边坡沿某一潜在滑裂面上任意点的抗剪强度参数 c 和 φ，按同一比例系数 F_s 折减降低后，则土体沿此滑裂面处达到极限平衡状态，此时，折减系数 F_s 则为边坡稳定安全系数。以此稳定安全系数对支挡结构-边坡系统进行地震动力稳定性分析。根据强度折减原理，经过折减后的岩土材料抗剪强度指标 c' 和 φ' 则为

$$c' = \frac{c}{F_s}, \quad \tan\varphi' = \frac{\tan\varphi}{F_s} \quad (9\text{-}71)$$

式中，F_s 为边坡稳定安全系数；c 和 φ 分别为滑裂面土的黏聚力和内摩擦角。

对于岩土体抗剪强度指标 c 和 φ 的取值，则涉及岩土体强度破坏准则。在边坡稳定性分析中，经典极限平衡理论采用线性摩尔-库仑强度准则作为破坏条件，而经典的极限分析理论也常采用线性摩尔-库仑强度破坏准则。近来，非线性破坏准则、强度折减技术等，也被许多学者广泛采用，并且有学者将两者结合，利用极限分析理论对边坡的稳定性进行研究和探讨。

根据极限分析上限定理，当外力功率等于内能耗散功率时，即

$$\dot{W} = \dot{D} \quad (9\text{-}72)$$

即可进行边坡地震作用下的动态稳定性分析。根据式(9-71)和式(9-72)，即可得到基于强度折减技术的边坡地震拟静力分析上限解。

1) 边坡临界高度分析和计算

将式(9-60)和式(9-70)，代入式(9-72)并整理得到式(9-73)，通过求解式(9-73)可得到临界高度 H_{cr} 的一个上限，即边坡在一定锚固支护条件下的临界高

度值。而为了获得临界高度 H_{cr} 的最小上界,需满足条件式(9-74)。

$$\gamma[(1-k_v)F_1)+k_hF_2]\cdot\left(\frac{H}{R_0}\right)^{-2}\cdot H^2-c'f_{15}\cdot\left(\frac{H}{R}\right)^{-1}\cdot H-\sum_{i=1}^n T_i\sin(\theta_i-\zeta)\cdot e^{(\theta_i-\theta_0)\cdot\tan\varphi'}=0 \quad (9-73)$$

$$\frac{\partial H}{\partial \theta_0}=0, \quad \frac{\partial H}{\partial \theta_h}=0 \quad (9-74)$$

本节采用半图解法[12]对式(9-36)进行求解,并以序列二次优化迭代法进行核对。

2) 锚杆最小轴力分析和计算

同样可得到式(9-75),通过求解式(9-75)可得到锚杆轴力 T 的一个最大值下界,即边坡在一定高度下为防止失稳的最小锚杆轴力值。而为了获得锚杆轴力 T 的最大下界,需满足条件式(9-76)。

$$T_i=\frac{\gamma H^2\cdot\left(\frac{H}{R_0}\right)^{-2}\cdot[(1-k_v)\cdot F_1+k_h\cdot F_2]-c'H\cdot\left(\frac{H}{R_0}\right)^{-1}\cdot f_{15}}{\sum_{i=1}^n \sin(\theta_i-\zeta)\cdot e^{(\theta_i-\theta_0)\cdot\tan\varphi'}} \quad (9-75)$$

$$\frac{\partial T_i}{\partial \theta_0}=0, \quad \frac{\partial T_i}{\partial \theta_h}=0 \quad (9-76)$$

3) 屈服加速度分析和计算

将式(9-60)和式(9-70)以及 $k_v=a\cdot k_h$ 等,代入式(9-72)并整理得到式(9-77)。该式给出了边坡在一定高度和锚固条件下,水平向屈服加速度 k_c 的最小上界。为了求得 k_c 的最小上界,需满足条件式(9-78)。

$$k_c=\frac{c'H\cdot\left(\frac{H}{R_0}\right)^{-1}f_{15}+\sum_{i=1}^n T_i\sin(\theta_i-\zeta)\cdot e^{(\theta_i-\theta_0)\cdot\tan\varphi'}-\gamma H^2 F_1\cdot\left(\frac{H}{R_0}\right)^{-2}}{\gamma H^2(F_2-aF_1)\cdot\left(\frac{H}{R_0}\right)^{-2}} \quad (9-77)$$

$$\frac{\partial k_c}{\partial \theta_0}=0, \quad \frac{\partial k_c}{\partial \theta_h}=0 \quad (9-78)$$

4) 稳定性分析

根据极限分析上限定理,边坡稳定安全系数 F_s 可表达为

$$F_s=\frac{\dot{D}}{\dot{W}} \quad (9-79)$$

将式(9-60)和式(9-70)代入式(9-72)并整理得到

$$F_s=\frac{c'H\cdot\left(\frac{H}{R_0}\right)^{-1}\cdot f_{15}+\sum_{i=1}^n T_i\sin(\theta_i-\zeta)\cdot e^{(\theta_i-\theta_0)\cdot\tan\varphi'}}{\gamma H^2[(1-k_v)\cdot F_1)+k_h\cdot F_2]\cdot\left(\frac{H}{R_0}\right)^{-2}} \quad (9-80)$$

由于 F_s 是 θ_h、θ_0、β_i 或 β'_i 等未知参数的函数且隐含了折减系数 F, 当 θ_h、θ_0、β_i 或 β'_i 等满足条件

$$\frac{\partial F_s}{\partial \theta_h}=0, \quad \frac{\partial F_s}{\partial \theta_0}=0, \quad \frac{\partial F_s}{\partial \beta}=0 \text{ 或 } \frac{\partial F_s}{\partial \beta'}=0 \tag{9-81}$$

时,函数 $F_s=F_s(\theta_h,\theta_0,\beta \text{ 或 } \beta')$ 有一个最小上界,该最小值的上界即为边坡静动稳定性分析的稳定安全系数。

9.3.6 参数敏感性分析

以边坡临界高度 H_{cr} 为例,选择填土边坡中的 10 个参数进行敏感性分析。这 10 个影响参数为:水平、竖向地震系数 k_h 和 k_v,强度折减系数 F_s,锚杆挡墙倾角 β_i,土的抗剪强度参数 c 和 φ,锚杆轴力 T,锚杆水平向间距 S_x,边坡平台宽度 d 和锚杆倾角 ζ。根据工程设计经验,每个参数取 3 个水平,如表 9-9 所示,布置在 L_{27} 正交表中进行正交试验分析,如表 9-10 所示,不考虑参数间的交互作用。其中,k_v 的 3 个水平分别为 k_h 的 1/3 倍、2/3 倍和 1.0 倍。β_i 的 3 个水平分别为:Ⅰ水平为 $\beta_1=90°$,$\beta_2=80°$,$\beta_3=70°$;Ⅱ水平为 $\beta_1=80°$,$\beta_2=70°$,$\beta_3=60°$;Ⅲ水平为 $\beta_1=70°$,$\beta_2=60°$,$\beta_3=50°$。T 的 3 个水平分别为:Ⅰ水平为 $T_1=100\text{kN}$,$T_2=150\text{kN}$,$T_3=200\text{kN}$;Ⅱ水平为 $T_1=150\text{kN}$,$T_2=200\text{kN}$,$T_3=250\text{kN}$;Ⅲ水平为 $T_1=200\text{kN}$,$T_2=250\text{kN}$,$T_3=300\text{kN}$。计算时取 $\alpha=0°$,$\gamma=20\text{kN/m}^3$,$H=18\text{m}$,$\alpha_1=\alpha_2=\alpha_3=\frac{1}{3}$。

表 9-9 填土边坡正交试验方案表

水平	k_h/g	k_v/g	F_s	β_i	c/kPa	$\varphi/(°)$	T/kN	S_x/m	d/m	$\zeta/(°)$
1	0.1	$\frac{1}{3}k_h$	1.10	Ⅰ	5	20	Ⅰ	1.5	0	Ⅰ
2	0.2	$\frac{2}{3}k_h$	1.25	Ⅱ	10	30	Ⅱ	2.5	2	Ⅱ
3	0.4	k_h	1.50	Ⅲ	15	40	Ⅲ	3.5	4	Ⅲ

表 9-10 填土边坡正交试验表

试验号	k_h/g	k_v/g	F_s	β_i	c/kPa	$\varphi/(°)$	T/kN	S_x/m	d/m	$\zeta/(°)$	H_{cr}/m
1	0.1	$\frac{1}{3}k_h$	1.10	Ⅰ	5	20	Ⅰ	2.5	0	10	8.53
2	0.1	$\frac{1}{3}k_h$	1.25	Ⅱ	10	30	Ⅱ	3.5	2	20	12.59
3	0.1	$\frac{1}{3}k_h$	1.50	Ⅲ	15	40	Ⅲ	1.5	4	30	29.80
4	0.1	$\frac{2}{3}k_h$	1.10	Ⅰ	10	20	Ⅱ	3.5	4	30	10.48
5	0.1	$\frac{2}{3}k_h$	1.25	Ⅱ	15	30	Ⅲ	1.5	0	10	19.72

续表

试验号	k_h/g	k_v/g	F_s	β_i	c/kPa	$\varphi/(°)$	T/kN	S_z/m	d/m	$\zeta/(°)$	H_{cr}/m
6	0.1	$\frac{2}{3}k_h$	1.50	Ⅲ	5	40	Ⅰ	2.5	2	20	15.23
7	0.1	k_h	1.10	Ⅰ	15	20	Ⅲ	1.5	2	20	16.94
8	0.1	k_h	1.25	Ⅱ	5	30	Ⅰ	2.5	4	30	12.83
9	0.1	k_h	1.50	Ⅲ	10	40	Ⅱ	3.5	0	10	14.89
10	0.2	$\frac{1}{3}k_h$	1.10	Ⅱ	5	40	Ⅱ	1.5	0	20	18.97
11	0.2	$\frac{1}{3}k_h$	1.25	Ⅲ	10	20	Ⅲ	2.5	2	30	11.51
12	0.2	$\frac{1}{3}k_h$	1.50	Ⅰ	15	30	Ⅰ	3.5	4	10	9.73
13	0.2	$\frac{2}{3}k_h$	1.10	Ⅱ	10	40	Ⅲ	2.5	4	10	24.78
14	0.2	$\frac{2}{3}k_h$	1.25	Ⅲ	15	20	Ⅰ	3.5	0	20	9.23
15	0.2	$\frac{2}{3}k_h$	1.50	Ⅰ	5	30	Ⅱ	1.5	2	30	12.66
16	0.2	k_h	1.10	Ⅰ	15	30	Ⅰ	3.5	2	30	16.79
17	0.2	k_h	1.25	Ⅲ	5	20	Ⅱ	1.5	4	10	13.62
18	0.2	k_h	1.50	Ⅰ	10	30	Ⅲ	2.5	0	20	11.79
19	0.4	$\frac{1}{3}k_h$	1.10	Ⅲ	5	30	Ⅲ	3.5	0	30	8.96
20	0.4	$\frac{1}{3}k_h$	1.25	Ⅰ	10	40	Ⅰ	1.5	2	10	12.55
21	0.4	$\frac{1}{3}k_h$	1.50	Ⅱ	15	20	Ⅱ	2.5	4	20	7.32
22	0.4	$\frac{2}{3}k_h$	1.10	Ⅲ	10	30	Ⅰ	1.5	4	20	13.95
23	0.4	$\frac{2}{3}k_h$	1.25	Ⅰ	15	40	Ⅱ	2.5	0	30	10.46
24	0.4	$\frac{2}{3}k_h$	1.50	Ⅱ	5	20	Ⅲ	3.5	2	10	5.84
25	0.4	k_h	1.10	Ⅲ	15	30	Ⅱ	2.5	2	20	12.72
26	0.4	k_h	1.25	Ⅰ	5	40	Ⅲ	3.5	4	30	10.47
27	0.4	k_h	1.50	Ⅱ	10	20	Ⅰ	1.5	0	10	7.11

本章分析中,由于每一个参数的每个水平都对应于9组试验,所以取这9组试验所对应的临界高度的平均值作为H_{cr},比较该参数3个水平所分别对应的H_{cr}值,即可得出该参数对边坡临界高度的影响。以水平地震系数k_h为例,其3个水平分别对应的临界高度平均值为15.67、14.34和9.93,说明水平地震系数越大,边坡临界高度越小。以此类推得到其他参数各水平的临界高度平均值,如表9-11所示。

表 9-11 填土边坡正交试验极差分析表

水平	k_h	k_v	F_s	β_i	c	φ	T	S_x	d	ζ
1	15.67	13.33	14.68	11.51	11.90	10.06	11.77	16.15	12.18	13.60
2	14.34	13.60	12.55	14.00	13.29	12.77	12.63	12.80	12.98	12.94
3	9.93	13.02	12.71	14.43	14.75	17.11	15.53	11.00	14.78	13.40
极差	5.74	0.58	2.13	2.92	2.85	7.05	3.76	5.15	2.60	0.66

根据表 9-11 的结果对 10 个参数的敏感性进行排序为:φ、k_h、S_x、T、β_i、c、d、F_s、ζ、k_v。其中土的内摩擦角 φ 和水平地震系数 k_h 对边坡临界高度影响最大,而锚杆倾角和竖向地震系数的影响较小。

上面的分析中是以填土边坡为例,进行了边坡地震作用下的临界高度参数敏感性分析。而在基覆边坡中,由于土的抗剪强度参数 c 和 φ 是确定的,所以无需考虑其对边坡临界高度的影响。此外,由于竖向地震系数对边坡临界高度的影响较小,所以在基覆边坡地震条件下临界高度参数敏感性分析中,选择 7 个参数进行分析,这 7 个参数为:k_h、F_s、T、β_i、S_x、d 和 ζ。同样,每个参数取 3 个水平,如表 9-12 所示,布置在 L_{27} 正交表中进行正交试验分析,如表 9-13 所示,也不考虑参数间的交互作用。其中 β_i 和 T 的 3 个水平同上。各参数各水平的临界高度平均值见表 9-14。计算时取 $k_v=0$,$\alpha=0°$,$c=10\text{kPa}$,$\varphi=20°$,$\gamma=20\text{kN/m}^3$,$H=18\text{m}$,$\alpha_1=\alpha_2=\alpha_3=\dfrac{1}{3}$。

表 9-12 基覆边坡正交试验方案表

水平	k_h/g	F_s	T/kN	β_i	S_x/m	d/m	$\zeta/(°)$
1	0.1	1.10	Ⅰ	Ⅰ	1.5	0	10
2	0.2	1.25	Ⅱ	Ⅱ	2.5	2	20
3	0.4	1.50	Ⅲ	Ⅲ	3.5	4	30

表 9-13 基覆边坡正交试验表

试验号	k_h/g	F_s	T/kN	β_i	S_x/m	d/m	$\zeta/(°)$	H_{cr}/m
1	0.1	1.10	Ⅰ	Ⅰ	1.5	0	10	11.41
2	0.1	1.10	Ⅰ	Ⅰ	2.5	2	20	10.08
3	0.1	1.10	Ⅰ	Ⅰ	3.5	4	30	9.11
4	0.1	1.25	Ⅱ	Ⅱ	1.5	0	20	12.98
5	0.1	1.25	Ⅱ	Ⅱ	2.5	2	30	10.90
6	0.1	1.25	Ⅱ	Ⅱ	3.5	4	10	10.91
7	0.1	1.50	Ⅲ	Ⅲ	1.5	0	30	13.62
8	0.1	1.50	Ⅲ	Ⅲ	2.5	2	10	11.95
9	0.1	1.50	Ⅲ	Ⅲ	3.5	4	20	10.71

续表

试验号	k_h/g	F_s	T/kN	β_i	S_x/m	d/m	$\zeta/(°)$	H_{cr}/m
10	0.2	1.10	II	III	1.5	2	10	14.52
11	0.2	1.10	II	III	2.5	4	20	12.30
12	0.2	1.10	II	III	3.5	0	30	9.17
13	0.2	1.25	III	I	1.5	2	20	13.16
14	0.2	1.25	III	I	2.5	4	30	10.59
15	0.2	1.25	III	I	3.5	0	10	8.91
16	0.2	1.50	I	II	1.5	2	30	9.69
17	0.2	1.50	I	II	2.5	4	10	8.61
18	0.2	1.50	I	II	3.5	0	20	6.91
19	0.4	1.10	III	II	1.5	4	10	11.67
20	0.4	1.10	III	II	2.5	0	20	8.56
21	0.4	1.10	III	II	3.5	2	30	7.55
22	0.4	1.25	I	III	1.5	4	20	8.78
23	0.4	1.25	I	III	2.5	0	30	6.46
24	0.4	1.25	I	III	3.5	2	10	6.18
25	0.4	1.50	II	I	1.5	4	30	7.85
26	0.4	1.50	II	I	2.5	0	10	6.36
27	0.4	1.50	II	I	3.5	2	20	5.56

表 9-14 基覆边坡正交试验极差分析表

水平	k_h	F_s	T	β_i	S_x	d	ζ
1	11.30	10.49	8.58	9.23	11.52	9.38	10.06
2	10.43	9.87	10.06	9.75	9.53	9.95	9.89
3	7.66	9.03	10.75	10.41	8.33	10.06	9.44
极差	3.64	1.46	2.17	1.18	3.19	0.68	0.62

根据表 9-14 的结果对参数敏感性进行排序为：k_h、S_x、T、F_s、β_i、d、ζ。其中水平地震系数 k_h 和锚杆水平间距 S_x 对边坡临界高度影响最大，而边坡平台宽度和锚杆倾角的影响较小。如不考虑土的抗剪强度参数，参数敏感性分析结果与上文基本相同。

9.3.7 抗震设计方法与实例分析

在 9.3.6 节填土边坡临界高度参数敏感性分析中，得到的最优方案为 $(\varphi)_3$、$(k_h)_1$、$(S_x)_1$、$(T)_3$、$(\beta_i)_3$、$(c)_3$、$(d)_3$、$(F_s)_1$、$(\zeta)_1$ 和 $(k_v)_3$；基覆边坡的最优方案为 $(k_h)_1$、$(S_x)_1$、$(T)_3$、$(F_s)_1$、$(\beta_i)_3$、$(d)_3$ 和 $(\zeta)_1$，下标表示各参数的水平。这表示，当某

个参数在相应水平取值时,可使边坡在地震条件下的临界高度最大。但是在支挡结构抗震设计中,需要对这些参数的取值作如下处理:①首先需要确定支挡结构抵抗的地震烈度 k_h 和边坡稳定安全系数 F_s,不能仅根据其对临界高度的影响程度进行取值。②有些参数取较大值时,可提高支挡结构的抗震能力,如锚杆轴力 T 和平台宽度 d 等;有些参数取较小值时,可提高支挡结构的抗震能力,如挡墙倾角 β_i、锚杆水平间距 S_x、锚杆倾角 ζ 和强度折减系数 F_s 等。③有些参数在取值时,需要考虑工程施工工艺要求,如锚杆倾角 ζ 在 $15°\sim30°$ 是适宜的。锚杆水平间距 S_x 的取值也有一个适度范围,太小会产生土拱效应,太大对抗震不利。④在锚杆挡墙设计中,挡墙倾角 β_i 和边坡宽度 d 的取值,需要考虑边坡地形,因地形而定。⑤将边坡安全稳定系数直接作为岩土体抗剪强度参数的折减系数,并对支挡结构与边坡系统进行稳定性分析。

综合上述分析,在锚杆挡墙抗震设计中,主要考虑锚杆的轴力、倾角、水平向间距及其布置方式,以及边坡平台的宽度等。

下面给出两个三级锚杆挡墙的工程实例,对多级支挡结构的抗震设计方法进行分析探讨。

实例一(见文献[13]):某三级直立肋柱式锚杆挡土墙,每级高度为6m,总高度为18m,平台宽 $d=2$m,每一级挡墙布置两排锚杆,倾角 $\zeta=20°$,水平间距 $S_x=2$m,边坡 $\alpha=45°$。岩土参数为 $\varphi=50°,c=0,\gamma=20$kN/m³。

第6章已对该实例进行了静、动土压力的分析与计算,本章分析其在地震条件下,抵抗相应地震烈度时所需最小锚杆轴力,并与主动土压力计算结果进行对比分析。由于锚杆挡墙通过框架结构将土压力传给锚杆,锚杆则依靠锚固于稳定的岩土体内的抗拔力来平衡这种土压力,所以锚杆的轴力即为土压力值。

首先计算静力条件下的锚杆轴力,以便与第6章的计算结果和文献[13]的计算结果进行对比分析。设 $k_h=k_v=0,\beta_1=\beta_2=\beta_3=90°,F_s=1.0$。

在计算第一级挡墙锚杆轴力时,令 $\alpha_2=\alpha_3=0,\alpha_1=1,d_1=d_2=0,H=6$m。这样就转化为单级锚杆挡墙。

根据式(9-37),第一级锚杆轴力 T^I 的计算公式则为

$$T^I = \frac{S_x \cdot \gamma H^2 \cdot \left(\dfrac{H}{R_0}\right)^{-2} \cdot F_1}{\sum_{i=1}^{2} \sin(\theta_i - \zeta) \cdot e^{(\theta_i - \theta_0) \cdot \tan\varphi}} \tag{9-82}$$

将锚杆均匀布置在边坡高度中,取 $\dfrac{z_1}{H}=\dfrac{1}{4},\dfrac{z_2}{H}=\dfrac{3}{4}$,根据式(9-69)确定锚杆的位置 θ_i。

在计算第二级挡墙锚杆轴力 T^{II} 时,令 $\alpha_3=0,\alpha_1=\alpha_2=0.5,d_2=0,d_1=d=2$,$H=12$m,$\dfrac{z_3}{H}=\dfrac{5}{8},\dfrac{z_4}{H}=\dfrac{7}{8},T^I=0$。这样就转化为二级锚杆挡墙,且不考虑第一级挡

墙对第二级挡墙的影响,同样按式(9-82)计算第二级挡墙锚杆的轴力,但其函数 f_i 则按二级挡墙选取。同样根据式(9-69)确定第二级挡墙锚杆的位置 θ_i,第一级锚杆的位置 θ_i 则由式(9-68)计算。

在计算第三级挡墙锚杆轴力 T^{III} 时,令 $\alpha_1=\alpha_2=\alpha_3=\dfrac{1}{3}$,$d_1=d_2=d=2\text{m}$,$H=18\text{m}$,$\dfrac{z_5}{H}=\dfrac{9}{12}$,$\dfrac{z_6}{H}=\dfrac{11}{12}$,$T^{\text{I}}=T^{\text{II}}=0$。这样不考虑第一级、第二级挡墙对第三级挡墙的影响,同样按式(9-82)计算第三级挡墙锚杆的轴力,但其函数 f_i 则按三级挡墙选取,见附录。根据式(9-69)确定第三级挡墙锚杆的位置 θ_i,第二级锚杆的位置 θ_i 由式(9-68)计算,第一级锚杆的位置 θ_i 则由式(9-67)计算。

在所有可能的滑动面中,越危险的滑面其土压力值越大,支挡结构所需提供的抗力值则越大,也就是说,锚杆所需提供抗力值最大的滑面即为最危险滑面。由于锚杆 T 是 θ_h 和 θ_0 的函数 $T(\theta_h,\theta_0)$,于是通过求解 $\max[T(\theta_h,\theta_0)]$ 来求解锚杆轴力值。当 θ_h 和 θ_0 满足条件

$$\frac{\partial T}{\partial \theta_h}=0, \quad \frac{\partial T}{\partial \theta_0}=0 \tag{9-83}$$

时,函数 $T(\theta_h,\theta_0)$ 有一个最大值。因此,解出方程(9-83),并把所得到的 θ_h 和 θ_0 值以及锚杆 θ_i 值等代入式(9-82),便得挡土墙的锚杆轴力值。

通过上述方法,分别得到静力条件下各级挡墙锚杆总轴力值为 $2T^{\text{I}}=182.600\text{kN}$,$2T^{\text{II}}=408.789\text{kN}$,$2T^{\text{III}}=672.512\text{kN}$。文献[13]根据库仑土压力理论,按延长墙背法进行简化近似计算,得到第一级至第三级墙的土压力分别为 160.28kN、373.98kN 和 587.70kN。第 6 章计算得到的第一级、第二级挡墙的土压力值分别为 $2\times85.783=171.566\text{kN}$ 和 $2\times190.486=380.972\text{kN}$。三种方法的计算结果比较接近。

取 $F_s=1.1$,$k_v=0$,计算得到水平地震作用下各级挡墙锚杆轴力值,见表 9-15。

表 9-15 各级挡墙锚杆轴力计算结果

计算项目	k_h/g		
	0.1	0.2	0.4
第一级锚杆平均轴力 T^{I}/kN	185.628	245.754	366.100
第二级锚杆平均轴力 T^{II}/kN	300.346	467.399	669.113
第三级锚杆平均轴力 T^{III}/kN	635.967	784.026	1080.145

实例二:拟建中的大瑞铁路 D2K23+628.970～D2K23+657.200 段,拟设三级格构式锚索框架梁支护边坡,如图 9-5 所示。平台宽度 $d_1=d_2=2\text{m}$,每级挡墙自上而下依照边坡地形的坡率分别为 1:1.1、1:1.1 和 1:1.4,坡顶倾角 $\alpha=35°$,锚孔与水平面的下倾角 $\zeta=20°$,水平向间距 $S_x=2.5\text{m}$,垂直向按等高度布置,地震烈度为 Ⅷ

度,水平地震动峰值加速度为 $0.2g$,有震条件下的边坡稳定安全系数 $F_s \geqslant 1.1$。岩土参数为 $\varphi = 35°, c = 0, \gamma = 20 \text{kN/m}^3$。

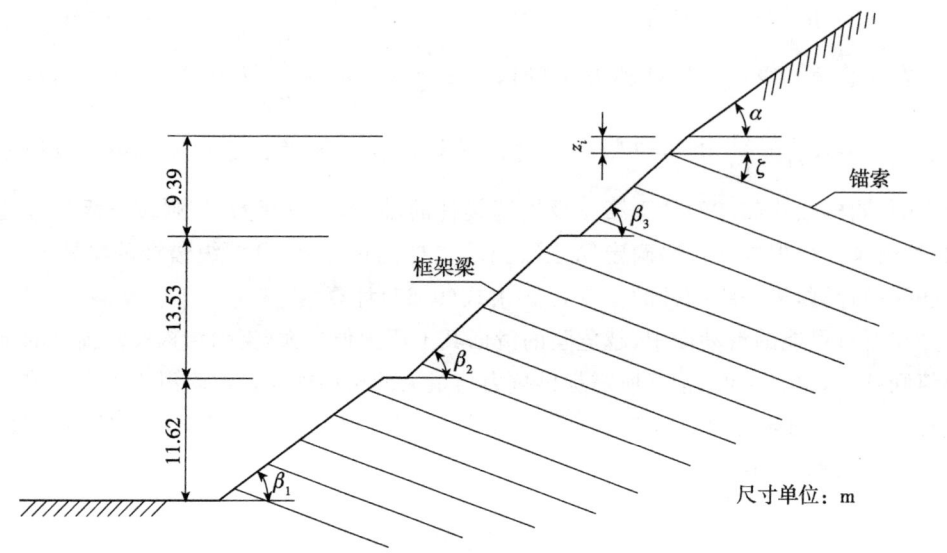

图 9-5　三级格构式锚索框架梁支护边坡设计图

根据已知条件可得到:$H = 34.54\text{m}, \alpha_1 = \frac{11.62}{34.54}, \alpha_2 = \frac{13.53}{34.54}, \alpha_3 = \frac{9.39}{34.54}, \tan\beta_1 = \frac{1}{1.4}, \tan\beta_2 = \tan\beta_2 = \frac{1}{1.1}, k_v = 0, k_h = 0.2$。边坡土的抗剪强度参数按照式(9-71)进行折减为 $\tan\varphi' = \frac{\tan\varphi}{F_s} = \frac{\tan 35°}{1.1}$。在各级锚索抗力分析中,不考虑上级墙锚索对下级墙锚索抗力的影响,根据式(9-75),锚杆最小轴力计算公式为

$$T_i = \frac{S_x \gamma H^2 \cdot (F_1 + k_h F_2)}{\sum_{i=1}^{n} \sin(\theta_i - \zeta) \cdot e^{(\theta_i - \theta_0) \cdot \tan\varphi'}} \cdot \left(\frac{H}{R_0}\right)^{-2} \quad (9-84)$$

1) 第一级锚索最小轴力

令 $\alpha_2 = \alpha_3 = 0, \alpha_1 = 1, d_1 = d_2 = 0, H = 9.39\text{m}$。第一排至第三排锚索:$\frac{z_1}{H} = \frac{1}{6}, \frac{z_2}{H} = \frac{3}{6}$ 和 $\frac{z_3}{H} = \frac{5}{6}$。经计算得到单根锚索的最小平均轴力为 794.336kN。

2) 第二级锚索最小轴力

令 $\alpha_3 = 0, H = 9.39 + 13.53 = 22.92\text{m}, \alpha_1 = 0.590, \alpha_2 = 0.410, d = 2\text{m}$。第二级锚索:$\frac{z_4}{H} = \frac{10.743}{22.92}, \frac{z_5}{H} = \frac{13.449}{22.92}, \frac{z_6}{H} = \frac{16.155}{22.92}, \frac{z_7}{H} = \frac{18.861}{22.92}, \frac{z_8}{H} = \frac{21.567}{22.92}$。经计算得到单根锚索的最小平均轴力为 1302.350kN。

若将平台宽度减小至 1m,轴力则提高至 1822.236kN;不设平台时,轴力则提高至 2429.660kN;若将平台宽度提高至 3m,锚索轴力则减小至 870.002kN。可见平台宽度对锚杆挡墙的抗震能力有较大的影响。

3) 第三级锚索最小轴力

令 $H=34.54\text{m}, a_1=\dfrac{11.62}{34.54}, a_2=\dfrac{13.53}{34.54}, a_3=\dfrac{9.39}{34.54}, d_1=d_2=2$。第三级锚索:$\dfrac{z_9}{H}=\dfrac{24.082}{34.54}, \dfrac{z_{10}}{H}=\dfrac{26.406}{34.54}, \dfrac{z_{11}}{H}=\dfrac{28.730}{34.54}, \dfrac{z_{12}}{H}=\dfrac{31.054}{34.54}, \dfrac{z_{13}}{H}=\dfrac{33.378}{34.54}$。经计算得到单根锚索的最小平均轴力为 4769.493kN。

如将两级平台加宽至 3m,轴力则减至 2298.435kN;减至 1m 则提高至 7188.939kN。如在第二级挡墙中增加一根锚索,且将两级平台加宽至 3m,第三级锚索轴力则为 2133.065kN。这说明上级墙对下级墙有一定的影响。

9.4 锚杆挡墙与重力式挡墙组合静动稳定性分析与抗震设计方法

本节对锚杆挡墙与重力式挡墙的组合结构形式所支护的边坡进行地震条件下的动力稳定性分析和抗震设计方法研究。第 6 章已对这种组合支挡结构形式的动土压力进行了研究,本节主要研究其动力稳定性和抗震设计方法。

9.4.1 破坏机构

对于锚杆挡墙与重力式挡墙的组合结构形式所支护的边坡,建立如图 9-6 所示的二级支护边坡的破坏机构。

设滑动面 AB 为通过坡趾 B 点的对数螺旋面,支挡结构与边坡 $ABCDEA$ 区域刚塑性土体绕转动中心 O,相对潜在对数螺旋线 AB 面以下的刚体材料,以角速度 Ω 转动。AB 面是一个速度间断面,其上任意点的应变速度矢量 $V(\theta)$ 与该点处滑动切线的夹角为 φ。基线 OA 和 OB 的长度、倾角分别为 R_0、θ_0 和 R_h、θ_h,边坡总高度为 H(其中 α_1、α_2 为高度系数)。破坏机构可由 θ_0、θ_h 和 β_i 三个变量确定。$\overline{AE}$ 和 $\overline{CD}$ 的长度分别为 L 和 d。对数螺旋线方程见式(9-40),几何关系 $\dfrac{H}{R_0}$ 和 $\dfrac{L}{R_0}$ 分别见式(9-85)和式(9-86)。

$$\frac{H}{R_0}=\frac{\sin(\theta_h+\alpha)\cdot e^{(\theta_h-\theta_0)\cdot\tan\varphi}-\sin(\theta_0+\alpha)}{\cos\alpha-(\alpha_1\cot\beta_1+\alpha_2\cot\beta'_2)\cdot\sin\alpha} \quad (9-85)$$

$$\frac{L}{R_0}\cdot\cos\alpha=\cos\theta_0-\cos\theta_h\cdot e^{(\theta_h-\theta_0)\cdot\tan\varphi}-(\alpha_1\cot\beta_1+\alpha_2\cot\beta'_2)\cdot\frac{H}{R_0} \quad (9-86)$$

式中,β'_2 为 CE 和 CD 的夹角,由 $\cot\beta'_2=\cot\beta_2+\dfrac{d}{\alpha_2 H}$ 确定。

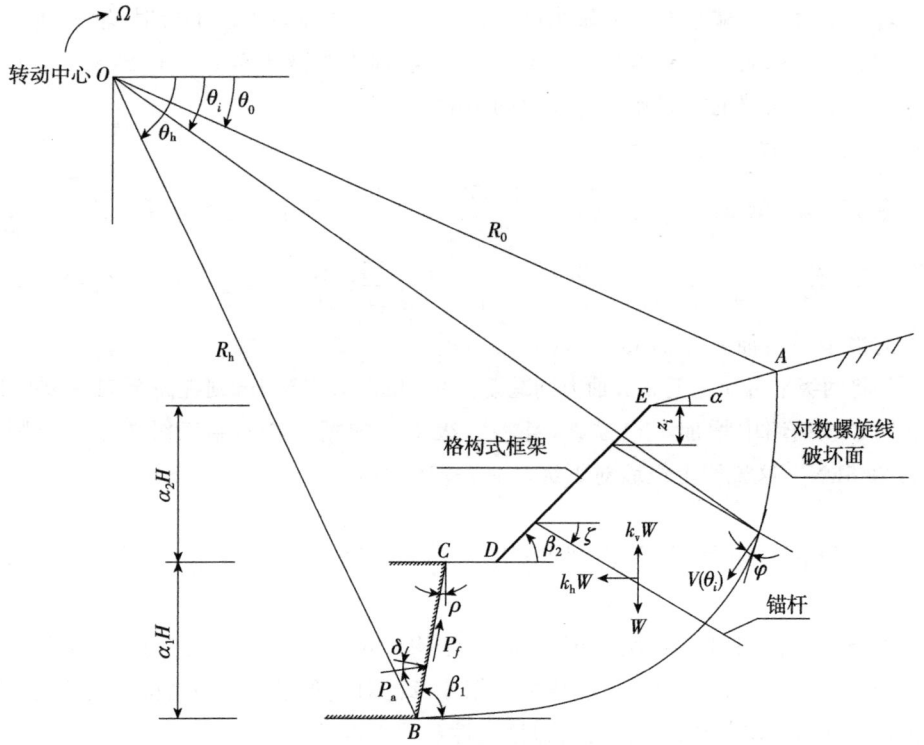

图 9-6 二级挡墙支护高边坡稳定性分析破坏机构

9.4.2 能耗计算

图 9-6 所示的边坡模型,其外力包括土体重力和地震荷载,内力包括支挡结构平衡土压力所需的抗力以及滑动面上的黏附力。因而外力所做的功率有土体重力 W 的功率 $\dot{W}_s$,以及水平和竖向地震惯性力的功率 $\dot{W}_{k_h}$ 和 $\dot{W}_{k_v}$,外力总功率为 $\dot{W}=\dot{W}_s+\dot{W}_{k_h}+\dot{W}_{k_v}$。内能耗散功率则包括速度间断面上的能量耗散 $\dot{D}_c$,锚杆抗力 T 所做的功率 $\dot{D}_T$,主动土压力 P_a 所做的功率 $\dot{D}_a$ 和墙土黏附力 P_f 的功率 $\dot{D}_f$,因而内能耗散功率为 $\dot{D}=\dot{D}_c+\dot{D}_T+\dot{D}_a+\dot{D}_f$。

(1) 外力功率 $\dot{W}$:

$$\dot{W}=\gamma R_0^3 \Omega \cdot [(1-k_v) \cdot F_1+k_h \cdot F_2] \tag{9-87}$$

式中,参数同前。

(2) 内能耗散功率 $\dot{D}$:

$$\dot{D}=cR_0^2\Omega \cdot (f_{15}+f_{16})+R_0\Omega \cdot \sum_{i=1}^n T_i \sin(\theta_i-\zeta) \cdot e^{(\theta_i-\theta_0)\cdot\tan\varphi}+P_a R_0 \Omega \cdot f_{17} \tag{9-88}$$

式中

$$f_{16} = \frac{H}{R_0} \cdot \frac{\alpha_1 \tan\delta \sin(\theta_h + \beta_1)}{\tan\varphi \sin\beta_1} \cdot e^{(\theta_h - \theta_0)\tan\varphi} \tag{9-89}$$

$$f_{17} = \sin(\beta_1 + \delta) \cdot \left[e^{(\theta_h - \theta_0)\tan\varphi} \sin\theta_h - \frac{\alpha_1}{3} \cdot \frac{H}{R_0} \right]$$

$$- \cos(\beta_1 + \delta) \cdot \left[e^{(\theta_h - \theta_0)\tan\varphi} \cos\theta_h + \frac{\alpha_1 \cot\beta_1}{3} \cdot \frac{H}{R_0} \right] \tag{9-90}$$

参数同前。

9.4.3 静动稳定性分析

根据极限分析上限定理,外力功率等于内能耗散功率进行边坡地震作用下的动态稳定性分析。土的抗剪强度参数按式(9-71)进行折减,这样即可得到基于强度折减技术的边坡地震拟静力分析上限解。求解方法同上。

1) 边坡临界高度上限解

根据式(9-87)、式(9-88),以及式(9-72),可得

$$\gamma[(1-k_v)F_1 + k_h F_2] \cdot \left(\frac{H}{R_0}\right)^{-2} \cdot H^2 - c' \cdot (f_{15} + f_{16}) \cdot \left(\frac{H}{R}\right)^{-1} \cdot H$$

$$- \sum_{i=1}^{n} T_i \sin(\theta_i - \zeta) \cdot e^{(\theta_i - \theta_0) \cdot \tan\varphi'} - P_a f_{17} = 0 \tag{9-91}$$

2) 锚杆最小轴力上限解

同样可得式(9-92),通过求解可得到锚杆轴力 T 的一个最大值下界,即边坡在一定高度下为防止失稳的最小锚杆轴力值。

$$T_i = \frac{\gamma H^2 \cdot \left(\frac{H}{R_0}\right)^{-2} \cdot [(1-k_v) \cdot F_1 + k_h \cdot F_2] - c'H \cdot \left(\frac{H}{R_0}\right)^{-1} \cdot (f_{15} + f_{16}) - P_a f_{17}}{\sum_{i=1}^{n} \sin(\theta_i - \zeta) \cdot e^{(\theta_i - \theta_0) \cdot \tan\varphi'}}$$

$$\tag{9-92}$$

3) 水平屈服加速度上限解

根据式(9-87)和式(9-88),以及 $k_v = a \cdot k_h$,可得到式(9-93)。该式给出了边坡在一定高度和支挡条件下,水平屈服加速度 k_c 的最小上界。

$$k_c = \frac{c'H \cdot \left(\frac{H}{R_0}\right)^{-1} \cdot (f_{15} + f_{16}) + \sum_{i=1}^{n} T_i \sin(\theta_i - \zeta) \cdot e^{(\theta_i - \theta_0) \cdot \tan\varphi'} + P_a f_{17} - \gamma H^2 F_1 \cdot \left(\frac{H}{R_0}\right)^{-2}}{\gamma H^2 (F_2 - aF_1) \cdot \left(\frac{H}{R_0}\right)^{-2}}$$

$$\tag{9-93}$$

4) 边坡稳定安全系数上限解

根据式(9-87)、式(9-88),以及式(9-79),可得到边坡稳定安全系数 F_s 的上限解为

$$F_s = \frac{c'H \cdot \left(\dfrac{H}{R_0}\right)^{-1} \cdot (f_{15} + f_{16}) + \sum_{i=1}^{n} T_i \sin(\theta_i - \zeta) \cdot e^{(\theta_i - \theta_0) \cdot \tan\varphi'} + P_a f_{17}}{\gamma H^2 \left[(1 - k_v) \cdot F_1 + k_h \cdot F_2\right] \cdot \left(\dfrac{H}{R_0}\right)^{-2}}$$

(9-94)

9.4.4 参数敏感性分析

以基覆边坡的地震主动土压力为例,进行参数敏感性分析。由于土的抗剪强度参数 c 和 φ 是确定的,以及在前面的研究中发现竖向地震系数对土压力的影响较小,所以在参数敏感性分析中不考虑这 3 个参数的影响,选择 7 个参数进行分析,这 7 个参数为:水平地震系数 k_h、支挡结构总高度 H、重力式挡墙倾角 β_1、锚杆挡墙倾角 β_2、锚杆轴力 T、锚杆倾角 ζ 和边坡平台宽度 d。每个参数取 3 个水平,如表 9-16 所示,布置在 L_{27} 正交表中进行正交试验分析,如表 9-17 所示,不考虑参数间的交互作用。各参数各水平的地震主动土压力平均值见表 9-18。计算时取 $k_v = 0$,$F_s = 1.1$,$\alpha = 0°$,$c = 10 \text{kPa}$,$\varphi = 20°$,$\delta = \dfrac{\varphi}{2} = 10°$,$\gamma = 20 \text{kN/m}^3$,$\alpha_1 = \alpha_2 = \dfrac{1}{2}$。

表 9-16 地震主动土压力正交试验方案表

水平	k_h/g	H/m	$\beta_1/(°)$	$\beta_2/(°)$	T/kN	$\zeta/(°)$	d/m
1	0.1	12	90	38.66	60	10	0
2	0.2	15	80	45.00	120	20	2
3	0.4	18	70	53.13	180	30	4

注:β_2 为上边坡锚杆挡墙的倾角,分别按坡率 1:1.25、1:1 和 1:0.75 计算得出

表 9-17 地震主动土压力正交试验表

试验号	k_h/g	H/m	$\beta_1/(°)$	$\beta_2/(°)$	T/kN	$\zeta/(°)$	d/m	P_a/(kN/m)
1	0.1	12	90	38.66	60	10	0	333.430
2	0.1	12	90	38.66	120	20	2	167.606
3	0.1	12	90	38.66	180	30	4	27.081
4	0.1	15	80	45.00	60	10	2	513.072
5	0.1	15	80	45.00	120	20	4	338.261
6	0.1	15	80	45.00	180	30	0	441.498
7	0.1	18	70	53.13	60	10	4	708.700
8	0.1	18	70	53.13	120	20	0	811.069
9	0.1	18	70	53.13	180	30	2	660.987
10	0.2	12	80	53.13	60	20	0	508.145
11	0.2	12	80	53.13	120	30	2	341.779

续表

试验号	k_h/g	H/m	$\beta_1/(°)$	$\beta_2/(°)$	T/kN	$\zeta/(°)$	d/m	$P_a/(kN/m)$
12	0.2	12	80	53.13	180	10	4	137.092
13	0.2	15	70	38.66	60	20	2	666.624
14	0.2	15	70	38.66	120	30	4	489.017
15	0.2	15	70	38.66	180	10	0	514.995
16	0.2	18	90	45.00	60	20	4	1293.710
17	0.2	18	90	45.00	120	30	0	1402.992
18	0.2	18	90	45.00	180	10	2	1150.229
19	0.4	12	70	45.00	60	30	0	1006.358
20	0.4	12	70	45.00	120	10	2	774.236
21	0.4	12	70	45.00	180	20	4	573.013
22	0.4	15	90	53.13	60	30	2	1935.096
23	0.4	15	90	53.13	120	10	4	1678.694
24	0.4	15	90	53.13	180	20	0	1819.307
25	0.4	18	90	38.66	60	30	4	2428.325
26	0.4	18	80	38.66	120	10	0	2585.176
27	0.4	18	80	38.66	180	20	2	2339.044

表 9-18 地震主动土压力正交试验极差分析表

水平	k_h	H	β_1	β_2	T	ζ	d
1	444.634	429.860	1089.794	1061.255	1043.718	932.847	1046.9967
2	722.731	932.952	1070.266	832.597	954.314	946.309	949.853
3	1682.139	1486.692	689.444	955.652	851.472	970.348	852.655
极差	1237.505	1056.832	400.35	228.658	192.246	37.501	194.342

从表 9-18 的结果对 7 个参数的敏感性进行排序为:k_h、H、β_1、β_2、d、T、ζ。其中 k_h、H 和 β_1 对地震主动土压力影响最大,而 T 和 ζ 的影响较小。除地震因素外,重力式挡墙自身因素,即墙高和倾角对抗震性能影响较大,而上挡墙对地震土压力的影响相对较小。

9.4.5 抗震设计方法与实例分析

在重力式挡墙抗震设计中,可采取以下几种方法,以提高其抗震性能:①控制墙高及组合支挡结构整体高度;②在基覆边坡中将重力式挡墙设置为仰斜式墙背,在填土边坡中也不宜设计成俯斜式墙背;③设置适宜宽度的边坡平台,间接降低支挡结构整体高度,即采用多级支护的方式以提高支挡结构整体抗震性能;④上边坡设计为锚杆挡墙时，其倾角尽量设计成坡率大于1:1的缓坡，如地形限制，可用适当增大锚杆轴力以减小重力式挡墙的动土压力的方法，来提高重力式挡墙的抗震能力；⑤上边坡锚杆挡土墙中的锚杆倾角可按15°～30°选取。

下面给出一个工程实例，分析上边坡设置锚杆挡墙对边坡系统地震稳定性的影响，计算参数为：某边坡设置两级挡土墙，其中下边坡设置重力式挡墙，墙背垂直，上边坡为格构式锚杆挡土墙，坡率为1:1，每级高度为6m，总高度为12m，平台宽2m，锚杆挡墙布置两排锚杆，倾角$\zeta=20°$，水平间距为2.5m。岩土参数为$\varphi=34°$，$\delta=17°$，$c=6.2\text{kPa}$，$\gamma=21\text{kN/m}^3$。地震烈度为Ⅷ度，水平地震动峰值加速度为$0.2g$，不考虑竖向地震的影响，边坡稳定安全系数$F_s \geqslant 1.1$。

根据式(9-92)锚杆轴力上限解计算，当重力式挡墙设计抵抗地震主动土压力值为100kN/m时，单根锚杆平均轴力最小值为114.337kN/m。当$P_a=100$kN/m，$T_i=120$kN/m时，根据式(9-93)计算得到边坡水平屈服加速度系数$k_c=0.210$，但安全稳定系数F_s根据式(9-94)计算只有1.026。如要满足$F_s \geqslant 1.1$的要求，则$T_i \geqslant 140$kN/m，此时水平屈服加速度系数$k_c=0.247$。可见，提高上挡墙锚杆轴力可显著提高支挡结构整体抗震性能。

9.5 锚杆挡墙与桩板式挡墙组合静动稳定性分析与抗震设计方法

9.5.1 破坏机构

本节对锚杆挡墙与桩板式挡墙的组合结构形式所支护的边坡，进行地震条件下的动力稳定性分析和抗震设计方法研究。对于这种支挡结构组合形式所支护的边坡，建立如图9-7所示的二级支护边坡的破坏机构。

设滑动面AB为通过坡趾B点的对数螺旋面，支挡结构与边坡$ABCDEA$区域刚塑性土体绕转动中心O，相对潜在对数螺旋线AB面以下的刚体材料，以角速度Ω转动。AB面是一个速度间断面，其上任意点的应变速度矢量$V(\theta)$与该点处滑动切线的夹角为φ。基线OA和OB的长度、倾角分别为R_0、θ_0和R_h、θ_h，边坡总高度为H（其中α_1、α_2为高度系数）。破坏机构可由θ_0、θ_h和β_2三个变量确定。$\overline{AE}$和$\overline{CD}$的长度分别为L和d。对数螺旋线方程见式(9-40)，几何关系$\dfrac{H}{R_0}$和$\dfrac{L}{R_0}$分别见式(9-95)和式(9-96)。

$$\frac{H}{R_0}=\frac{\sin(\theta_h+\alpha) \cdot e^{(\theta_h-\theta_0)\cdot\tan\varphi}-\sin(\theta_0+\alpha)}{\cos\alpha-\alpha_2\cot\beta'_2\sin\alpha} \tag{9-95}$$

$$\frac{L}{R_0}\cdot\cos\alpha=\cos\theta_0-\cos\theta_h\cdot e^{(\theta_h-\theta_0)\cdot\tan\varphi}-\alpha_2\cot\beta'_2\cdot\frac{H}{R_0} \tag{9-96}$$

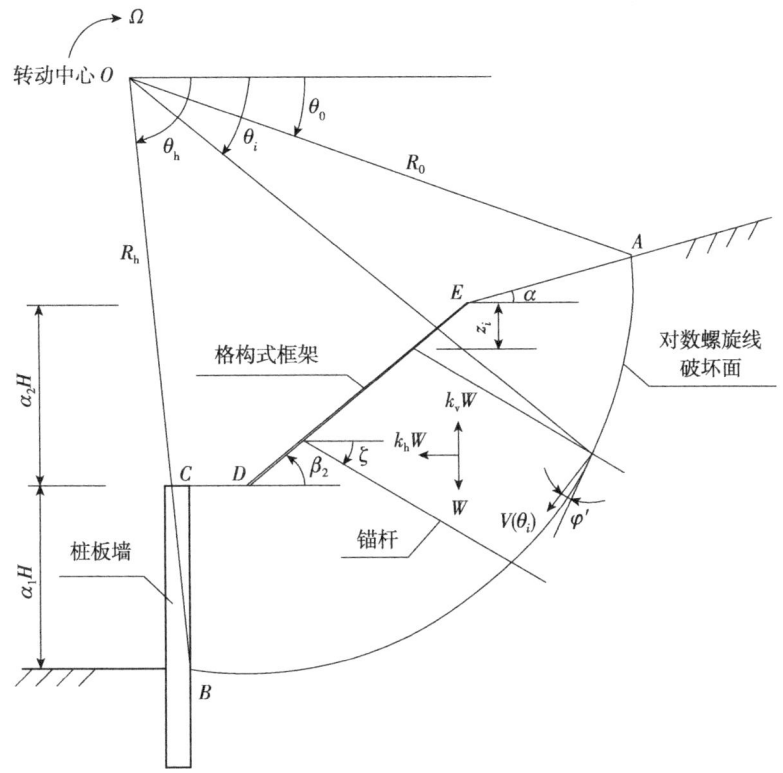

图 9-7 二级挡墙支护高边坡稳定性分析破坏机构

式中，β_2' 为 CE 和 CD 的夹角，由 $\cot\beta_2' = \cot\beta_2 + \dfrac{d}{\alpha_2 H}$ 确定。

9.5.2 能耗计算

图 9-7 所示的边坡模型，其外力包括土体重力和地震荷载，内力包括支挡结构平衡土压力所需的抗力以及滑动面上的黏附力。外力所做的功率有土体重力 W 的功率 $\dot{W}_s$，水平和竖向地震惯性力的功率 $\dot{W}_{k_h}$ 和 $\dot{W}_{k_v}$，外力总功率为 $\dot{W} = \dot{W}_s + \dot{W}_{k_h} + \dot{W}_{k_v}$。内能耗散功率则包括速度间断面上的能量耗散 $\dot{D}_c$，锚杆抗力 T 所做的功率 $\dot{D}_T$，桩板墙抵抗桩侧土压力的抗力 F 所做的功率 $\dot{D}_F$，因而内能耗散功率为 $\dot{D} = \dot{D}_c + \dot{D}_T + \dot{D}_F$。

（1）外力功率 $\dot{W}$：

$$\dot{W} = \gamma R_0^3 \Omega \cdot [(1-k_v) \cdot F_1 + k_h \cdot F_2] \tag{9-97}$$

式中，参数同前。

（2）内能耗散功率 $\dot{D}$：

$$\dot{D} = cR_0^2 \Omega \cdot f_{15} + R_0 \Omega \cdot \sum_{i=1}^{n} T_i \sin(\theta_i - \zeta) \cdot e^{(\theta_i - \theta_0) \cdot \tan\varphi} + \dot{D}_F \tag{9-98}$$

式中,有关参数同前,其中桩板墙抗力 F 所做的功率 $\dot{D}_F$ 按下式计算:

$$\dot{D}_F = F \cdot R_f \sin\theta_f \cdot \Omega - F \cdot mh \cdot \Omega$$
$$= F \cdot R_0 \sin\theta_f \Omega \cdot e^{(\theta_f - \theta_0) \cdot \tan\varphi} - F \cdot m\alpha_1 H \cdot \Omega \quad (9\text{-}99)$$

式中,θ_f 为抗滑桩所在位置和 O 点的连线与过 O 点水平线的夹角;m 为桩侧土压力分布经验系数。根据相关研究,当桩侧土压力为线性分布时,取 $m=\dfrac{1}{3}$;当桩侧土压力为均匀分布时,取 $m=\dfrac{1}{2}$;如只考虑桩的剪力效应,则 $m=0$。相应地,桩板式挡墙抵抗桩侧土压力的抗力荷载按上述三种方式处理。

其他参数同前。

9.5.3 静动稳定性分析

根据塑性极限分析上限定理,依据外力功率等于内能耗散功率,对支挡结构与边坡系统地震作用下的动态稳定性进行分析。土的抗剪强度参数按式(9-71)进行折减,这样即可得到基于强度折减技术的边坡地震拟静力分析上限解。边坡临界高度、桩板墙最小抗力、锚杆最小轴力、水平屈服加速度以及边坡稳定安全系数 F_s 的计算公式分别见式(9-100)～式(9-104)。求解方法同上。

1) 边坡临界高度上限解

根据式(9-97)、式(9-98),以及式(9-72),可得边坡临界高度上限解:

$$\gamma[(1-k_v)F_1) + k_h F_2] \cdot \left(\dfrac{H}{R_0}\right)^{-2} \cdot H^2 - c' f_{15} \cdot \left(\dfrac{H}{R}\right)^{-1} \cdot H$$
$$-\sum_{i=1}^{n} T_i \sin(\theta_i - \zeta) \cdot e^{(\theta_i - \theta_0) \cdot \tan\varphi'} - F\sin\theta_f e^{(\theta_f - \theta_0) \cdot \tan\varphi'} + F \cdot m\alpha_1 \dfrac{H}{R_0} = 0 \quad (9\text{-}100)$$

2) 桩板墙最小抗力上限解

根据式(9-97)、式(9-98),以及式(9-72),可得桩板墙最小抗力上限解。通过求解可得到桩板墙抵抗地震土压力的一个最大值下界。

$$F = \dfrac{\gamma H^2 \cdot \left(\dfrac{H}{R_0}\right)^{-2} \cdot [(1-k_v) \cdot F_1 + k_h \cdot F_2] - c' H \cdot \left(\dfrac{H}{R_0}\right)^{-1} \cdot f_{15} - \sum\limits_{i=1}^{n} T_i \sin(\theta_i - \zeta) \cdot e^{(\theta_i - \theta_0) \cdot \tan\varphi'}}{\sin\theta_f e^{(\theta_f - \theta_0) \cdot \tan\varphi'} - m\alpha_1 \cdot \dfrac{H}{R_0}}$$

$$(9\text{-}101)$$

3) 锚杆最小轴力上限解

根据式(9-97)、式(9-98),以及式(9-72),可得锚杆最小轴力上限解。通过求解可得到锚杆轴力 T 的一个最大值下界,即边坡在一定高度下为防止失稳的最小锚杆轴力值。

$$T_i = \frac{\gamma H^2 \cdot \left(\frac{H}{R_0}\right)^{-2} \cdot \left[(1-k_v) \cdot F_1 + k_h \cdot F_2\right] - c'H \cdot \left(\frac{H}{R_0}\right)^{-1} \cdot f_{15} - F \cdot \left(\sin\theta_f e^{(\theta_f - \theta_0) \cdot \tan\varphi'} - m\alpha_1 \cdot \frac{H}{R_0}\right)}{\sum_{i=1}^{n} \sin(\theta_i - \zeta) \cdot e^{(\theta_i - \theta_0) \cdot \tan\varphi'}}$$

(9-102)

4）水平屈服加速度上限解

根据式(9-97)、式(9-98)，以及式(9-72)，以及 $k_v = a \cdot k_h$，可得到式(9-65)。该式给出了边坡在一定高度和支挡条件下，水平屈服加速度 k_c 的最小上界。

$$k_c = \frac{1}{\gamma H^2 \cdot \left(\frac{H}{R_0}\right)^{-2} \cdot (F_2 - aF_1)} \cdot \left[c'H \cdot \left(\frac{H}{R_0}\right)^{-1} \cdot f_{15} + \sum_{i=1}^{n} T_i \sin(\theta_i - \zeta) \cdot e^{(\theta_i - \theta_0) \cdot \tan\varphi'}\right.$$
$$\left. + F\sin\theta_f \cdot e^{(\theta_f - \theta_0) \cdot \tan\varphi'} - Fm\alpha_1 \cdot \frac{H}{R_0} - \gamma H^2 \cdot \left(\frac{H}{R_0}\right)^{-2} \cdot F_1\right] \quad (9\text{-}103)$$

5）边坡稳定安全系数上限解

根据式(9-97)、式(9-98)，以及式(9-79)，可得到边坡稳定安全系数 F_s 的上限解为

$$F_s = \frac{c'H \cdot \left(\frac{H}{R_0}\right)^{-1} \cdot f_{15} + \sum_{i=1}^{n} T_i \sin(\theta_i - \zeta) \cdot e^{(\theta_i - \theta_0) \cdot \tan\varphi'} + F \cdot \left[\sin\theta_f e^{(\theta_f - \theta_0) \cdot \tan\varphi'} - m\alpha_1 \cdot \frac{H}{R_0}\right]}{\gamma H^2 \left[(1-k_v) \cdot F_1 + k_h \cdot F_2\right] \cdot \left(\frac{H}{R_0}\right)^{-2}}$$

(9-104)

9.5.4 参数敏感性分析

以基覆边坡的桩板式挡墙桩侧土压力为例，进行参数敏感性分析。同样不考虑土的抗剪强度参数 c 和 φ 以及竖向地震系数 k_v。选择 7 个参数进行分析，这 7 个参数为：水平地震系数 k_h、支挡结构总高度 H、桩侧土压力分布形式 m、锚杆挡墙倾角 β_2、锚杆轴力 T、锚杆倾角 ζ 和边坡平台宽度 d。每个参数取 3 个水平，如表 9-19 所示，布置在 L_{27} 正交表中进行正交试验分析，如表 9-20 所示，不考虑参数间的交互作用。各参数各水平的桩侧地震土压力平均值见表 9-21。计算时取：$k_v = 0$，$F_s = 1.1$，$\alpha = 0°$，$c = 10 \text{kPa}$，$\varphi = 20°$，$\gamma = 20 \text{kN/m}^3$，$\alpha_1 = \alpha_2 = 0.5$。

表 9-19 桩板墙抗力正交试验方案表

水平	k_h/g	H/m	m	$\beta_2/(°)$	T/kN	$\zeta/(°)$	d/m
1	0.1	12	0	38.66	60	10	0
2	0.2	15	1/3	45.00	120	20	2
3	0.4	18	1/2	53.13	180	30	4

注：β_2 为上边坡锚杆挡墙的倾角，分别按坡率 1:1.25、1:1 和 1:0.75 计算得出

表 9-20　桩板墙抗力正交试验表

试验号	k_h/g	H/m	m	β_2/(°)	T/kN	ζ/(°)	d/m	F/(kN/m)
1	0.1	12	0	38.66	60	10	0	346.010
2	0.1	12	0	38.66	120	20	2	168.969
3	0.1	12	0	38.66	180	30	4	27.970
4	0.1	15	1/3	45.00	60	10	2	585.502
5	0.1	15	1/3	45.00	120	20	4	400.279
6	0.1	15	1/3	45.00	180	30	0	556.294
7	0.1	18	1/2	53.13	60	10	4	966.551
8	0.1	18	1/2	53.13	120	20	0	1167.999
9	0.1	18	1/2	53.13	180	30	2	948.140
10	0.2	12	1/3	53.13	60	20	0	600.949
11	0.2	12	1/3	53.13	120	30	2	413.034
12	0.2	12	1/3	53.13	180	10	4	188.969
13	0.2	15	1/2	38.66	60	20	2	836.823
14	0.2	15	1/2	38.66	120	30	4	662.218
15	0.2	15	1/2	38.66	180	10	0	701.646
16	0.2	18	0	45.00	60	20	4	1254.933
17	0.2	18	0	45.00	120	30	0	1437.296
18	0.2	18	0	45.00	180	10	2	1145.877
19	0.4	12	1/2	45.00	60	30	0	1159.499
20	0.4	12	1/2	45.00	120	10	2	931.067
21	0.4	12	1/2	45.00	180	20	4	732.973
22	0.4	15	0	53.13	60	30	2	1903.805
23	0.4	15	0	53.13	120	10	4	1651.563
24	0.4	15	0	53.13	180	20	0	1798.863
25	0.4	18	1/3	38.66	60	30	4	2607.922
26	0.4	18	1/3	38.66	120	10	0	2764.260
27	0.4	18	1/3	38.66	180	20	2	2518.391

表 9-21　桩板墙抗力正交试验极差分析表

水平	k_h	H	m	β_2	T	ζ	d
1	574.190	507.716	1081.698	1181.579	1140.222	1031.272	1170.313
2	804.638	1010.777	1181.733	911.524	1066.298	1053.35322	1050.17867
3	1785.371	1645.708	900.768	1071.097	957.680	1079.575	943.709
极差	1211.118	1137.992	280.965	270.055	182.542	48.303	126.604

根据表 9-21 的结果对 7 个参数的敏感性进行排序为：k_h、H、m、β_2、T、d、ζ。其中 k_h、H 和 m 对桩板墙抗力影响最大，而 T、d 和 ζ 的影响较小。除地震因素外，桩板式挡墙自身因素，即墙高和桩侧土压力分布形式的选择对抗震性能影响较大，而上挡墙对其抗震性能影响相对较小。此外，上挡墙倾角为 45°时对下挡墙影响最大，这与 9.4.4 节分析结论相同。

9.5.5 抗震设计方法与实例分析

在桩板式挡墙抗震设计中，可采取以下几种方法，以提高其抗震性能：①控制墙高及组合支挡结构整体高度；②选择桩侧土压力为线性分布，取 $m=\frac{1}{3}$ 计算桩板墙所需的最小抗力；③设置适宜宽度的边坡平台，间接降低支挡结构整体高度，即采用多级支护的方式以提高支挡结构整体抗震性能；④上边坡设计为锚杆挡墙时，其倾角尽量设计成坡率大于 1:1 的缓坡，如地形限制，可用适当增大锚杆轴力以减小桩侧动土压力的方法，来提高挡墙的抗震能力；⑤上边坡锚杆挡土墙中的锚杆倾角可按 15°~30°选取。

下面以 9.4.5 节的工程实例，分析上边坡设置锚杆挡墙对边坡系统地震稳定性的影响，计算参数为：某边坡设置两级挡土墙，其中下边坡设置直立式桩板墙，上边坡为格构式锚杆挡土墙，坡率为 1:1，每级高度为 6m，总高度为 12m，平台宽 2m，锚杆挡墙布置两排锚杆，倾角 $\zeta=20°$，水平间距为 2.5m。岩土参数为 $\varphi=34°$、$\delta=17°$、$c=6.2\text{kPa}$、$\gamma=21\text{kN/m}^3$。地震烈度为 Ⅷ 度，水平地震动峰值加速度为 $0.2g$，不考虑竖向地震的影响，边坡稳定安全系数 $F_s \geq 1.1$。

根据式(9-102)锚杆最小轴力上限解，并假定桩侧地震土压力为线性分布进行计算，当桩板式挡墙设计抵抗地震主动土压力值为 100kN/m 时，单根锚杆平均轴力最小值为 114.584kN/m。当 $F=100\text{kN/m}$，$T_i=120\text{kN/m}$ 时，根据式(9-103)计算得到边坡水平屈服加速度系数 $k_c=0.217$，安全稳定系数 F_s 根据式(9-104)计算只有 1.056。如要满足 $F_s \geq 1.1$ 的要求，则 $T_i \geq 140\text{kN/m}$，此时水平屈服加速度系数 $k_c=0.251$。可见，提高上挡墙锚杆轴力可显著提高支挡结构整体抗震性能。

上述计算结果与 9.4.5 节计算结果基本相同，说明两种方法是等价的。

参 考 文 献

[1] 铁道第三勘察设计院. 日本铁道构造物等设计标准及解说：抗震设计. 北京：中国铁道出版社, 2003.

[2] European Standard 1998 Eurocode 8: Design of Structures for Earthquake Resistance Part 5: Foundations, Retaining Structures and Geotechnical Aspects. The Commission of the European Communities, 1998.

[3] New Zealand Standard 1992 Seismic Design of Bridge Section 9: Earth Retaining Structures. 1992.
[4] Building Seismic Safety Council (BSSC). NEHRP Guidelines for the Seismic Rehabilitation of Buildings (FEMA 273). Washington D C: BSSC, 1997.
[5] 交通部公路规划设计院. 公路工程抗震设计规范(JTJ004-89). 北京: 人民交通出版社, 1999.
[6] 铁道第一勘察设计院. 铁路工程抗震设计规范(GB50111-2006). 北京: 中国计划出版社, 2006.
[7] 周德培, 张建经, 汤涌. 汶川地震中道路边坡工程震害分析. 岩石力学与工程学报, 2010, 2(3): 565-576.
[8] Michalowski R L. Soil reinforcement for seismic design of geotechnical structures. Computers and Geotechnics, 1998, 23(1): 1-17.
[9] Sawada T, Chen W F, Nomachi S G. Assessment of seismic displacements of slopes. Soil Dynamics and Earthquake Engineering, 1993, 12(6): 357-362.
[10] Woodward P K, Griffiths D V. Comparison of the pseudo-static and dynamic behaviour of gravity retaining walls. Geotechnical and Geological Engineering, 1996, 14(4): 269-290.
[11] Ling H I, Leshchinsky D, Perry E B. Seismic design and performance of geosynthetic-reinforced soil structures. Geotechnique, 1997, 47(5): 933-952.
[12] Zhu D Y, Qian Q H. Determination of passive earth pressure coefficients by the method of triangular slices. Canadian Geotechnical Journal, 2000, 37(2): 485-491.
[13] 李海光. 新型支挡结构设计与工程实例. 北京: 人民交通出版社, 2004.